SABINE WEISS

DIE ÖSTERREICHERIN

SABINE WEISS

DIE ÖSTERREICHERIN

DIE ROLLE DER FRAU IN 1000 JAHREN GESCHICHTE

VERLAG STYRIA

Die Deutsche Bibliothek – CIP-Einheitsaufnahme

Weiss, Sabine:
Die Österreicherin : die Rolle der Frau in 1000 Jahren Geschichte /
Sabine Weiss. – Graz ; Wien ; Köln : Verl. Styria, 1996
ISBN 3-222-12376-4

Umschlaggestaltung: Zembsch'Werkstatt, München
Layout: Hans Paar, Graz
Produktion: Medienhaus Styria, Graz
ISBN 3-222-12376-4

ALLEN TUGENDSAMEN UND TÜCHTIGEN,
TAPFEREN UND TRÄNENLOSEN
ÖSTERREICHERINNEN
GEWIDMET

INHALT

ZUM GELEIT

Das Jahr 1996 bietet Anlaß, über tausend Jahre österreichischer Geschichte nachzudenken. Als man 996 von *Ostarrîchi* sprach, meinte man damit ein kleines Gebiet im Osten des Reiches, in weiterer Folge ging der Name auf ein immer größer werdendes Herrschaftsgebiet über, ehe Österreich in unserer Zeit wieder ein Kleinstaat, allerdings mit großer Vergangenheit, wurde. Die Bestimmung vom Reich her, also vom Westen, prägte die Geschichte Österreichs, gleichzeitig war die Bevölkerung stets offen für kulturelle Einflüsse aus dem Osten, aber abwehrbereit gegen feindliche Angriffe aus dieser Richtung.
Das Millennium wird sicher und zu Recht die Leistungen der Österreicher während dieses Zeitraums hervorheben. Aber denkt man auch daran, daß etwa die Hälfte der österreichischen Bevölkerung immer weiblich war? Hinter oder neben jedem Mann standen Mütter, Ehefrauen, Töchter. Sie bleiben in der Regel unbeachtet, außer sie hatten selbst Führungspositionen inne oder zogen aus anderen Gründen die Aufmerksamkeit der Zeitgenossen und damit auch der Nachwelt auf sich. Die politisch aktiven Babenberger, Habsburger und Görzer wird man zweifellos rühmend erwähnen, aber wer spricht davon, daß ohne ihre Frauen die genealogischen Ketten und damit Langzeitpolitik nicht möglich gewesen wären? Wer macht sich die Mühe, hinter die Kulissen der »Staatsheiraten« zu blicken? Wie kamen sie zustande? Welche Rolle spielten die Frauen im dynastischen System außer der biologischen Sicherung der Erbfolge noch? Was brachten die fürstlichen Ehefrauen »aus der Fremde« an Kapital, Kultur oder Begleitpersonen in ihre neue Heimat mit? Was blieb von ihnen? Und was geschah mit jenen Mädchen aus adeligem, aber auch bürgerlichem oder bäuerlichem Haus, die nicht verheiratet werden konnten, weil sie körperliche Mängel aufwiesen oder keine ausreichende Mitgift besaßen? War das Kloster für sie eine Zuflucht oder ein Ort der Trübsal? Was hatten weibliche Dienstboten, die weitgehend zur Ehelosigkeit verurteilt waren, vom Leben zu erwarten? Hing das Überleben der Bevölkerung in Zeiten, wo es

noch keine künstlichen Mittel zur Steigerung der landwirtschaftlichen Produktion gab, nicht auch vom freiwilligen oder unfreiwilligen Eheverzicht der Klosterfrauen und Mägde ab? Was geschah mit den Witwen?
Fragen über Fragen, die andeuten sollen, welche Bedeutung Frauen in der österreichischen Geschichte stets hatten. Sie trugen das Leben weiter und sorgten durch ihre häusliche Tätigkeit für das leibliche Wohl der Bevölkerung. Die ältesten Kultbilder auf österreichischem Boden, zwei weibliche Idole – die *Venus von Willendorf* und die *Tanzende Venus* (ca. 30.000 v. Chr.) – zeigen, daß die biologische Funktion der Frauen bereits in der Frühzeit hoch bewertet wurde.
Die allgemeinen Lebensumstände haben sich innerhalb von tausend Jahren natürlich wesentlich verändert, sie nachzuzeichnen war ein besonderes Anliegen des vorliegenden Buches. Es sollte damit der Hintergrund erhellt werden, vor dem sich das Leben der Frauen in der Vergangenheit abspielte. Gleichzeitig kann so auch die heutige Situation besser eingeschätzt werden. Um den Zugriff auf die entsprechenden Informationen zu erleichtern, wurden die relevanten Stichwörter in das Register aufgenommen, das damit als Wegweiser durch die österreichische Sozial- und Rechtsgeschichte in bezug auf Frauen dienen kann.
Das Bild der Österreicherin ist facettenreich. Bei der Auswahl der Themenkreise war die Überlegung maßgebend, welche Lebensbereiche die größte gesellschaftliche Relevanz besitzen. Was bedeutete es, wenn eine Frau regierte? Welche Auswirkungen hatten die dynastischen Heiraten? Wie paßten sich die ausländischen Ehefrauen der heimischen Gesellschaft an? Was taten sie für Österreich?
Die Eheschließung war in früheren Zeiten vor allem eine finanzielle Angelegenheit, nicht jeder konnte heiraten; bis in unser Jahrhundert gab es überdies Ehebeschränkungen. Die Ehe war daher stets ein wichtiger, aber keineswegs der häufigste Lebensbereich von Frauen. Die Heirat machte die Braut einst meist gleichzeitig auch zur Hausfrau, d. h. Herrin im Haus ihres Ehemanns. In dieser Position hatte sie wichtige Aufgaben zu erledigen, die Hausarbeit verlangte viel Können und Arbeitseinsatz. Die Ehe- und zugleich Hausfrau konnte dazu auf den Einsatz von Dienstboten rechnen, die ihrerseits in der Regel unverheiratet waren.
Das Dienen in fremden Häusern, verbunden mit dem Verzicht auf Privatleben und eigene Familie, hörte in Österreich erst auf, als sich durch zunehmende Berufsmöglichkeiten Alternativen zum Dienstbotendasein ergaben. Eine wesentliche Voraussetzung da-

für war die grundlegende Bildung der weiblichen Jugend, die 1774 durch die Einführung der Schulpflicht ihren Anfang nahm. Der Zugang zu höherer Bildung wurde Mädchen dagegen bis ins 20. Jahrhundert verwehrt, so daß sie erst seit relativ kurzer Zeit akademische Berufe ausüben können. Und die politische und juristische Gleichstellung der Frauen? Auch sie wurde erst in unserem Jahrhundert erreicht.

Das weibliche Rollenbild war im christlichen Abendland weitgehend von der Kirche bestimmt. Sie propagierte die Unterordnung der Frau unter den Mann, was auch den tatsächlichen ökonomischen und rechtlichen Abhängigkeitsverhältnissen entsprach. Fügten sich alle Frauen diesen Normen? Paßten sie sich an oder versuchten sie, eigene Wege zu gehen? Etwa im religiösen Bereich, indem sie sich neuen Glaubensrichtungen anschlossen und dafür Verfolgung in Kauf nahmen? Was geschah mit jenen, die die Gesellschaft ihrerseits ausgrenzte, als Aussätzige, Bettler, Zigeuner, Juden, Geisteskranke oder Hexen?

Das vorliegende Buch will nicht nur die Glanzseiten der österreichischen Geschichte aufzeigen, sondern auch die Schattenseiten beleuchten. Das Schicksal der Ausgegrenzten, von der traditionellen Geschichtsbetrachtung weitgehend verdrängt, soll zur Sprache kommen, um sie wenigstens der Vergessenheit zu entreißen. Dabei habe ich mich bemüht, die Geschehnisse objektiv darzustellen, ohne einseitige Schuldzuweisung.

Um den Text anschaulicher zu machen, wurde passendes Bildmaterial beigegeben. Die Illustrationen stammen bis auf wenige, unbedingt erforderliche Ausnahmen ausschließlich aus österreichischen Museen, Bibliotheken, Archiven und Klöstern. Der Standort des abgebildeten Stückes ist jeweils angegeben, lediglich bei Abbildungen aus dem *Bildarchiv der Österreichischen Nationalbibliothek* und der *Abteilung Bild- und Tonarchiv – Steiermärkisches Landesmuseum Joanneum* war er oft nicht zu ermitteln.

Bei der Erarbeitung der Themen habe ich mich auf die wissenschaftliche Fachliteratur und eigene Forschungen gestützt. Die reichlich vorhandene Trivialliteratur erwies sich als wertlos und großteils irreführend. Werke allgemeineren Inhalts – etwa von *Edith Ennen, Shulamith Shahar, Philippe Ariès* sowie die *Geschichte des privaten Lebens*, die *Geschichte der Frauen* oder *Die Chronik der Frauen* – waren interessant zu lesen, aber ohne Bezug auf Österreich und daher nicht verwertbar.

Um den Umfang des vorliegenden Buches nicht allzusehr anschwellen zu lassen, wurde der bereits ausgearbeitete Anmerkungsapparat schließlich weggelassen. Das Literaturverzeichnis gibt darüber Auskunft, aus welchen Werken die Angaben stam-

men. Dem Aussagewert der Quellen entsprechend, wurden besonders wichtige oder originelle Textstellen wortwörtlich zitiert und durch Kursivdruck kenntlich gemacht. Von den Quellen abweichend, habe ich die Endsilbe -in bei den weiblichen Familiennamen (z. B. Helene Kottannerin, Agnes Blannbekin) nach Möglichkeit weggelassen, da sie heute als abwertend empfunden wird.
Die »Österreicherin« – das sind die in Österreich geborenen und hier lebenden Frauen und Mädchen, aber auch jene, die von auswärts hierher kamen. Unberücksichtigt blieben dagegen diejenigen, die ins Ausland verheiratet wurden, etwa Habsburgs »verkaufte Töchter«. Mit »Österreich« ist unser heutiges Bundesgebiet gemeint, jedoch teilweise mit Einschluß Südtirols.
Bei meinen Arbeiten fand ich in den verschiedenen Institutionen überall freundliche Aufnahme und großes Entgegenkommen. Bei folgenden Damen und Herren möchte ich mich dafür auch an dieser Stelle besonders bedanken: Univ.-Prof. Dr. Gernot *Kocher*, Univ.-Prof. Dr. Helfried *Valentinitsch* und Dr. Ingeborg *Wiesflecker-Friedhuber* (Universität Graz), Univ.-Doz. Dr. Gottfried *Biedermann*, Irmgard *Kellner* und Mag. Karin *Leitner* (Landesmuseum Joanneum, Graz), Dr. Manfred *Rupert* (Tiroler Landesarchiv, Innsbruck), Dr. Herlinde *Menardi* (Tiroler Volkskunstmuseum, Innsbruck), Dr. Elisabeth *Vavra* (Institut für Realienkunde des Mittelalters und der frühen Neuzeit, Krems), Dr. Wolfgang *Scheffknecht* (Lustenau), Dr. Roswitha *Preiß* (Salzburger Landesarchiv, Salzburg), Dr. Adolf *Hahnl* (Stiftsbibliothek St. Peter, Salzburg), Dr. Lore *Telsnig* (Salzburger Museum Carolino Augusteum, Salzburg), Mater Provinzialoberin Ingeborg *Kapaun* (Institut der Englischen Fräulein, St. Pölten), Dr. Eva *Irblich* und Monika *Jagos* (Österreichische Nationalbibliothek, Wien), Univ.-Prof. Dr. Othmar *Hageneder* und Dr. Christian *Lackner* (Universität Wien) sowie Dr. Franz *Dirnberger*, Dr. Leopold *Kammerhofer* und Dr. Elisabeth *Springer* (Haus-, Hof- und Staatsarchiv, Wien).
Im Institut für Geschichte der Universität Innsbruck danke ich meiner Kollegin Frau Univ.-Prof. Dr. Brigitte *Mazohl-Wallnig* für anregende Gespräche und Frau Anni *Hummel* in der angeschlossenen Fachbibliothek für Geschichte, Zeitgeschichte und Politikwissenschaft für ihre Mithilfe bei der Literatursuche sehr herzlich.

Das vorliegende Buch möchte nicht nur informieren, sondern auch zum Nachdenken anregen. Wo stand die Österreicherin einst? Wo steht sie heute? Wie soll es weitergehen?

Innsbruck, im Frühjahr 1996 Sabine Weiß

Allgemeine Lebensbedingungen

Das Leben der Österreicherin über einen Zeitraum von 1000 Jahren schildern zu wollen, ist sicher ein Wagnis. Trotzdem wäre eine Betrachtung österreichischer Frauenschicksale unvollständig, wollte man die allgemeinen Lebensbedingungen und ihre Veränderungen unberücksichtigt lassen. Die weibliche Lebenswelt wandelte sich während dieser langen Zeit teilweise grundlegend.

SCHWANGERSCHAFT – GEBURT – KINDHEIT

Über die Entstehung und Entwicklung des menschlichen Lebens herrschten bis weit in die Neuzeit hinein sehr unklare Vorstellungen (Abb. 1). Allgemein galt das Kind im Mutterleib noch nicht als Mensch, sondern höchstens als Vorstufe dazu. Strittig war, wann der Embryo seine Seele erhielt, ob unmittelbar nach der Empfängnis oder erst später und mit unterschiedlichen Beseelungsterminen für Knaben und Mädchen. Als sicheres Zeichen des werdenden Menschen wertete man, wenn der Fötus menschliche Gestalt anzunehmen begann und sich im Mutterleib bewegte, also etwa ab der Schwangerschaftsmitte. Von diesem Zeitpunkt an wurde auch Schwangerschaftsabbruch, sofern er nicht aus medizinischen Gründen erfolgte, zunehmend als strafbare Handlung angesehen.

Die Zeit der Schwangerschaft war nicht unwesentlich bestimmt durch das soziale Umfeld der werdenden Mutter. Eine ledige Dienstmagd, die ihr Kind einem flüchtigen Beisammensein mit einem Mann verdankte, der sie nicht heiraten konnte oder wollte, brachte dem werdenden Leben vermutlich wenig freundliche

Abb. 1 *Die Empfängnis Christi stand außerhalb des natürlichen Geschehens und regte die Phantasie der Künstler an: Verkündigungsszene im Gebetbuch der Kaiserin Eleonore (1465/67). Das kreuztragende Christuskind schwebt, von Gottvater gesandt, hinter der Taube des Heiligen Geistes auf die Jungfrau Maria zu.*

Wien, ÖNB, Cod. 1942, fol. 57v.

Gefühle entgegen und konnte auch kaum auf Schonung seitens ihrer Herrin rechnen, da ihre Arbeitskraft gemindert wurde. Eine wohlhabende Bürgerin, die ihr erstes Kind erwartete, durfte auf Fürsorge und Anteilnahme ihres Ehemannes hoffen, weil sie sein Sozialprestige hob und den Fortbestand der Familie sicherte. Vollends konnte sich eine Fürstin, deren vordringlichste Aufgabe die Geburt des Thronfolgers war, optimaler Betreuung erfreuen, stand doch in Zeiten, in denen das Schicksal ganzer Länder vom Kindersegen einer Dynastie abhing, ihre Schwangerschaft im Mittelpunkt des öffentlichen Interesses. Und wie reagierten Bäuerinnen oder Fabriksarbeiterinnen auf ihre Schwangerschaft? Für

sie konnten allzu viele Geburten eher eine physische und finanzielle Belastung sein, da umfassender Mutterschutz sowie Kindergeld erst eine Errungenschaft unseres Jahrhunderts sind.
Solange die österreichische Gesellschaft weitgehend von christlichen Wertvorstellungen geprägt war, umgaben religiöse Bräuche das werdende Leben. Am besten sind wir über entsprechende Usancen am Kaiserhof unterrichtet, wo Familienereignisse offiziellen Charakter hatten und zeremonielle Ausgestaltung erfuhren. So wurde in der Barockzeit, sobald die Schwangerschaft der Kaiserin eindeutig feststand, diese Tatsache der Bevölkerung feierlich verkündet, auch Zeitungen verbreiteten die freudige Nachricht. Etwa zu Ende des dritten Schwangerschaftsmonats wurde die Monarchin in einem schönen Tragsessel in die Kirche getragen, wo man um einen guten Ausgang der Schwangerschaft und eine glückliche Geburt betete. An die Stände der habsburgischen Erblande und die Geistlichkeit ergingen Anweisungen für die Abhaltung von Andachten, in denen der göttliche Beistand für die Kaiserin erfleht werden sollte. Auch Prozessionen, besonders

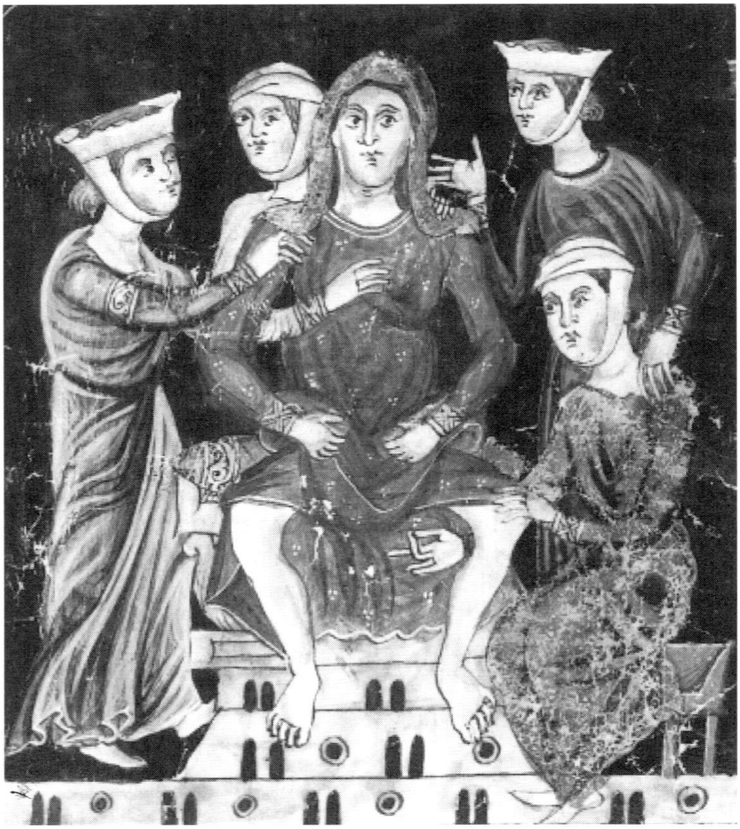

Abb. 2 *Eine Niederkunft im Mittelalter: Drei Frauen stehen der vornehmen Gebärenden, die angezogen auf einem Stuhl sitzt, bei; rechts vor ihr kauert die Hebamme und führt Koriandersamen zur Geburtsbeschleunigung ein.*

Wien, ÖNB, Cod. 93 (13. Jh.), fol. 102r (Detail).

Abb. 3 *Niederkunft auf einer Matte im Freien, die Geburt hat bereits stattgefunden.*

Wien, ÖNB, Cod. 2759 (Wenzelsbibel, Ende 14. Jh.), fol. 110r (Detail).

Abb. 4 *Glasfenster aus Straßengel (um 1380): Maria in den Wehen, auf einem Gebärstuhl sitzend (Ausschnitt).*

Graz, Joanneum, Alte Galerie, :N 7309.

zu Marienheiligtümern, wurden abgehalten, um den himmlischen Segen für die werdende Mutter und ihr Kind zu erbitten.

Um das Wohlbefinden der Herrscherin während der Schwangerschaft zu heben, wurde sie gewöhnlich dreimal zur Ader gelassen. Sobald sich der Geburtstermin näherte, wurden im 19. Jahrhundert dreitägige öffentliche Gebete angeordnet, um eine glückliche Entbindung der Kaiserin zu erflehen. Wenn die Herrscherin die ersten Wehen verspürte, zog sie sich in ihr Schlafgemach zurück, gleichzeitig wurde in der Hofburgkapelle das Allerheiligste ausgesetzt und zum Gebet aufgerufen.

In aller Ruhe wurde am Wiener Hof auch bereits vor der Geburt das Personal ausgewählt, das die Kaiserin und ihr Kind nach der Niederkunft betreuen sollte: Kammerfrauen, Kammerdienerinnen und Kammerdiener sowie Säugammen. Besondere Sorgfalt verwendete man auf die Wahl der Erzieherin, der das Neugeborene persönlich anvertraut wurde, die Aja mußte auf jeden Fall adelig sein. Meist waren es Witwen nach Hofbediensteten, manche hatten allerdings keine eigene Erfahrung im Umgang mit Säuglingen.

Bis ins 18. Jahrhundert war die Entbindung am Kaiserhof reine Frauensache. Weibliche Familienmitglieder und Hofangehörige sowie eine Hebamme standen der Kaiserin bei, wenn sie auf dem *Kindsstuhl* ihr Kind zur Welt brachte. Maria Theresia führte eine Änderung herbei, indem sie ihren Leibarzt Gerard van Swieten zu ihren Geburten beizog; er entband, nur von einer Hebamme unterstützt, die Herrscherin im Bett.

Während sich am Wiener Hof im 18. Jahrhundert die Geburt unter Aufsicht eines Arztes einbürgerte, kamen die meisten anderen Österreicherinnen weiterhin ohne ärztlichen Beistand nieder. Sie entbanden in der Regel mit Hilfe von Familienangehörigen, Nachbarinnen oder, sofern sie es sich leisten konnten, einer Hebamme (Abb. 2). Die Tätigkeit von speziellen Geburtshelferinnen ist in Österreich seit dem 14. Jahrhundert – so 1327 in der Stadt Salzburg – bezeugt, 1640 legte die erste Tiroler Hebamme vor einem Ärztekolleg ihre »Berufsprüfung« ab. Die steirischen Stände stellten seit dem 16. Jahrhundert eigene Hebammen an, desgleichen die Stadt Feldkirch. In Salzburg sollten Geburtshelferinnen seit 1689 vor ihrem Berufsantritt eine Prüfung ablegen, eine spezielle Berufsausbildung erfolgte aber erst seit dem Ende des 18. Jahrhunderts.

Welche der vier häufigsten Gebärpositionen (kniend, sitzend, stehend oder liegend) in Österreich während des Mittelalters vorherrschend war, läßt sich im einzelnen nicht feststellen (Abb. 3). In besseren Kreisen dürfte bereits damals die Entbindung auf speziellen Gebärstühlen üblich gewesen sein (Abb. 4). Zu Beginn der Neuzeit mehren sich die Belege für ihre Verwendung. Die Gebärende saß dabei angekleidet auf diesem Stuhl oder Sessel (mit Armlehnen), die Hebamme ließ sich auf einem niedrigen Hocker vor ihr nieder und führte, unter den weiten Röcken hantierend, die Geburt durch (Abb. 5, 6).

Und die ledige Magd? Sie kam wohl häufig ohne fremde Hilfe und an abgeschiedenem Ort – vielleicht sogar im wörtlichen Sinn – nieder, vor allem wenn sie die Schwangerschaft vor ihrer Umgebung geheimgehalten hatte.

Bereits eine normale Geburt war in der Vergangenheit wegen der geringen medizinischen Kenntnisse und mangelnden Hygiene ein Risiko für Mutter und Kind. Viele Österreicherinnen erflehten daher in ihrer »schweren Stunde« die Hilfe des Himmels, besonders der »Gottesgebärerin«. Kaiserin Maria, die Gemahlin Maximilians II., ließ sich während der Entbindungen ein Marienbild vorhalten, das sie nur einmal auf Drängen ihres protestantisch gesinnten Mannes durch ein Kruzifix ersetzte. Als Kaiserin Elisabeth Christine 1716 nach achtjähriger Ehe zum erstenmal niederkam, ließ Karl VI. kostbare Reliquien aus der Schatzkammer in das kaiserliche Schlafgemach bringen und auf den dort vorbereiteten Altar stellen; rund fünf Stunden später war der heißersehnte Thronfolger geboren.

Groß war die Gefahr, wenn sich bei der Entbindung Komplikationen einstellten; auch ein beigezogener Arzt konnte in solchen Situationen oft nicht mehr helfen. Staunenswert bleibt, was Frauen in früheren Zeiten bei vollem Bewußtsein an schmerzvollen Eingriffen aushalten mußten und auch tatsächlich ausgehalten haben.

Abb. 5 *Transportabler Gebärsessel (mit Armlehnen), Anfang 19. Jh.*

Graz, Joanneum, Abt. für Kunstgewerbe, IN 02201.

Wie oben (in zusammengeklapptem Zustand).

Abb. 6 *Niederkunft auf einem Gebärstuhl, die Hebamme sitzt auf einem niedrigen Hocker vor der Gebärenden.*

Wien, ÖNB, Sign. 24.385–D (Die Wunder von Maria Zell. Facsimile-Reproduction der 25 Holzschnitte eines unbekannten deutschen Meisters um 1520, München–Leipzig 1883).

Meist tödlich endete vor dem Siegeszug der modernen Medizin der sog. Kaiserschnitt. Aus diesem Grund wandte man ihn zunächst nur bei sterbenden oder bereits toten Müttern an, um wenigstens das Kind zu retten. Erst im 16. Jahrhundert ist eine erfolgreiche Schnittgeburt an einer lebenden Österreicherin bezeugt, allerdings mußte ihr nur ein totes Kind herausgenommen werden (Abb. 7). Seit dem 18. Jahrhundert wurden Kaiserschnitte an lebenden Müttern und Kindern häufiger, blieben aber weiterhin ein großes Risiko. Erst als man die Bedeutung der Hygiene als ausschlaggebend für den Erfolg dieser Operation erkannt hatte, änderte sich das Verhältnis allmählich zugunsten des Lebens.

Nicht jede Schwangerschaft endete glücklich mit der Geburt eines gesunden Kindes. Abgesehen von der willentlichen Abtreibung oder einer Schwangerschaftsvergiftung konnte es zu Fehlgeburten, Totgeburten oder Frühgeburten mit geringen Überlebenschancen kommen. Viele Kinder starben während der Geburt oder waren so schwach, daß sie unmittelbar danach ihr Leben aushauchten. Der Kindstod am Tag der Geburt war weit verbreitet und machte auch vor fürstlichen Familien nicht halt, wie etwa ein Blick in die Stammtafel der Habsburger zeigt. Auch die älteste bekannte Drillingsgeburt in Österreich, jene der Frau des Haller Arztes Dr. Guarinoni, endete tödlich; die drei Töchter, die 1604 drei Monate *vor rechter Zeit* zur Welt kamen, starben eine Stunde später, die Mutter überlebte.

Hatten Mutter und Kind die Geburt überstanden, begann die Zeit des Wochenbetts. Die Wöchnerin konnte sich nun einige Zeit von den Strapazen der Entbindung erholen (Abb. 8), den segenspendenden Priester oder andere Besuche empfangen und Geschenke entgegennehmen. Doch nicht immer verliefen die Tage des Kindbetts so angenehm und heiter. Innere Blutungen, Embolien oder das gefürchtete Kindbettfieber bedrohten das Leben der Mutter, ungeklärte Erkrankungen oder Verletzungen durch eine schwere Geburt ließen manchen Säugling in diesen Wochen sterben. Bis ins 19. Jahrhundert wußte man noch nicht, daß die unreinen Haken, Scheren und Messer, mit denen man Mutter und Kind bei der Entbindung malträtierte, ihren Tod verursachen konnten.

Die Zeit des Wochenbetts endete in früheren Zeiten jeweils mit

Abb. 7 *Darstellung eines Kaiserschnitts (Wien 1550). Am 10. November 1549 nahmen unter der Leitung des Wiener Universitätsprofessors Dr. Matthias Cornax drei Chirurgen an der Wirtin Margarete Woltzer, die vier Jahre lang ein totes Kind im Leib gehabt hatte, einen Kaiserschnitt vor.*

Wien, UB, Manuscripta I 698.

Abb. 8 *Meister des Schottenaltars: Geburt Mariens (1469/80). Die Wochenstube zeigt ein gutsituiertes Bürgerhaus mit entsprechendem Personal und Inventar. Die Wöchnerin ruht in einem Bett mit hochgezogenem Kopfteil, dessen Vorhänge zurückgezogen sind. An der Wand befinden sich Wasserbehälter, Waschschüssel und Handtuchhalter mit langem Handtuch. Blick in ein Zimmer mit Butzenscheibenfenstern. Zur Küche vgl. Abb. 145.*
Wien, Schottenstift.

Abb. 9 *Meister des Eggelsberger Altars: Geburt Mariens (1481). Das erste Bad des Neugeborenen, die Bademagd prüft die Wassertemperatur im hölzernen Zuber – mangels Thermometer – mit beiden Füßen. Eine Frau (Hebamme?) reicht der Wöchnerin eine flache Schüssel mit Wasser zum Händewaschen.*
Linz, Schloßmuseum.

der sog. Hervorsegnung. Die vierzigtägige Phase der »Unreinheit« war vorbei, die Wöchnerin begab sich, meist in Begleitung einiger Frauen, mit ihrem Kind zur Pfarrkirche, wo sie vom Pfarrer empfangen wurde. Mit rituellen Handlungen – Entzünden einer Kerze, Besprengen mit Weihwasser und Wechselgesang – geleitete sie der Priester in die Kirche, wo die eigentliche Segnung erfolgte. Ledige Mütter erhielten allerdings keine oder nur eine weniger feierliche Aussegnung.
Während die Frauen der sozialen Unterschichten bereits nach wenigen Tagen zur gewohnten Arbeit zurückkehren mußten, dauerte die Kindbettzeit am Wiener Hof meist wesentlich länger. Sie endete stets mit dem ersten Kirchgang der Kaiserin, die bei diesem *Herfürgang* gemeinsam mit ihrem Kind feierlich gesegnet wurde.
Neben die traditionelle Hausgeburt trat ab dem 18. Jahrhundert sukzessive die Entbindung in öffentlichen Anstalten. Zwei Gründe waren hiefür ausschlaggebend: Erstens galt dem aufgeklärt-absolutistischen Staat mit seinen physiokratischen Tendenzen eine hohe Bevölkerungszahl als größter Reichtum. Man setzte daher alles daran, daß möglichst viele Kinder gesund zur Welt kamen. Die Bevölkerungsgruppe, von der Abtreibung oder Kindstötung bei der Geburt am ehesten angenommen wurden, waren ledige Mütter, besonders Dienstboten, die aus Armut oder Angst vor Schande zu diesem verbotenen Mittel griffen. Für sie wurden

nun Gebäranstalten gegründet, in denen Schwangere kurz vor der Entbindung Aufnahme fanden; Unterkunft und Betreuung erfolgten entweder kostenlos oder gegen ein geringes Entgelt. Als Gegenleistung stellten die Aufgenommenen der Gesellschaft nicht nur ihre Kinder zur Verfügung, die oft im angeschlossenen Findelhaus untergebracht wurden, sondern sie dienten auch als Übungsmaterial für angehende Hebammen.

Zweitens kam der Ausbau der praktischen Geburtshilfe in den Gebäranstalten auch der medizinischen Wissenschaft zugute. Seit dem 17. Jahrhundert neigten Ärzte immer mehr zur Ansicht, daß die Leibesfrucht vom Moment der Zeugung an beseelt sei und daher von Anfang an als Mensch zu gelten habe. Schwangerschaft und Geburt wurden damit vermehrt zu einem Objekt der Medizin. Auch die österreichischen Universitäten verschlossen sich dieser Entwicklung nicht. Der entscheidende Anstoß kam von Maria Theresia, die auf Vorschlag van Swietens den 1750 in Wien zum Doktor der Medizin promovierten Heinrich Crantz auf ihre Kosten nach Paris entsandte, um ihn dort in Geburtshilfe ausbil-

Abb. 10 *Meister von Schloß Lichtenstein: Geburt Mariens (1440/50). Überreichungsszene: Das gebadete Kind wird seiner Mutter überreicht.*

Wien, ÖG, IN 4904.

Abb. 11 *Unbekannter Künstler: Geburt Mariens (1510/20). Die Wöchnerin sitzt im Bett mit Baldachin, dessen Vorhänge zurückgezogen sind; sie erhält Speise und Trank, eine Frau überreicht ihr das Kind, eine andere wäscht Windeln. Im Hintergrund ein Mädchen an der Kufenwiege mit Wiegenbändern, die das Herausfallen des Säuglings verhindern sollten.*

Linz, Schloßmuseum.

Abb. 12 *Franz Kollarz: Kronprinz Rudolf mit seiner mährischen Amme in Schloß Laxenburg (1858).*
Wien, HM, IN 16.128.

den zu lassen; nach seiner Rückkehr wurde er 1754 Professor für Geburtshilfe an der Wiener Universität. Sein Nachfolger, Raphael Johann Steidele aus Innsbruck, galt bereits als eine Autorität ersten Ranges in seinem Fach; er publizierte einige einschlägige Werke, so den *Unterricht für Hebammen* (Wien 1774), der mehrere Auflagen erlebte. Auch Johann Lukas Boër, der Begründer der natürlichen Geburtshilfe, veröffentlichte ab 1793 in Wien Unterrichtsbehelfe für Hebammen.

Um die Mitte des 19. Jahrhunderts hatte Wien die größte Gebärklinik der Welt, unterteilt in eine 1. Geburtshilfliche Klinik für die Ausbildung von Ärzten sowie eine 2. Geburtshilfliche Klinik für die Ausbildung von Hebammen. In die erstgenannte Klinik trat 1846 der in Budapest geborene Ignaz Philipp Semmelweis als Assistent ein und machte 1847 seine epochemachende Entdekkung. Er erkannte, daß die im Vergleich zur Hebammenklinik dreifach höhere Sterblichkeitsrate an der 1. Geburtshilflichen Klinik von den dortigen Ärzten und Studenten herrührte, die zuvor Leichen seziert hatten und mit ihren durch Leichengift verunreinigten Fingern die Gebärenden infizierten. Semmelweis verpflichtete daher die Ärzte und Studenten an seiner Klinik, nach den Leichensektionen die Hände mit Chlor zu waschen, und erreichte dadurch eine radikale Senkung der Sterblichkeitsrate der Wöchnerinnen. Die Infektion der Geburtsteile als Hauptursache für das Kindbettfieber war damit gefunden, und die Kenntnis

Abb. 13 *Josef Grandauer: Bild seines Sohnes Hans (um 1857). Der fest gefatschte Säugling wird mit Saugflasche ernährt (Ausschnitt).*
Wien, HM, IN 90.354.

dieser segensreichen Entdeckung verbreitete sich von Wien aus über die ganze zivilisierte Welt.
Auch an der zweiten damals bestehenden Volluniversität in Österreich, der Innsbrucker Universität, wurde die Geburtshilfe im 18. Jahrhundert ein eigenes Fach. Ab 1754 unterrichtete der Professor für Anatomie und Chirurgie die Medizinstudenten und Hebammen in Geburtshilfe. Seit 1765 führte die Medizinische Fakultät sechswöchige Hebammenkurse mit anschließendem einjährigen Praktikum und einer Abschlußprüfung durch; jedes Tiroler Gericht hatte auf eigene Kosten eine oder zwei Frauen zu diesen Kursen zu entsenden. Während der Lyzeumszeit (1811 bis 1869) wurde eine eigene Lehrkanzel für das *Medizinisch-chirurgische Studium für Landwundärzte und Hebammen* geschaffen. Ihre praktische Ausbildung erhielten die Studierenden in der 1818 eingerichteten Gebärabteilung des städtischen Spitals, die aber wegen des Fehlens eines Findelhauses wenig Zulauf hatte. Ab 1858 wurde daher die 1833 in Trient errichtete Gebär- und Findelanstalt nach Innsbruck verlegt und 1881 zur Landesgebärklinik umgestaltet mit dem Ziel, die *Sicherstellung eines hinlänglichen geburtshilflichen und gynäkologischen Lehrmaterials* für die Medizinische Fakultät zu gewährleisten; zu diesem Zweck

Abb. 14 *Erzherzogin Maria Christine (nach einer niederländischen Vorlage): Erzherzog Joseph am Wochenbett seiner Gemahlin Isabella von Parma (1762). Die kleine Maria Theresia erhält bereits Breinahrung.*
Wien, Schloß Schönbrunn (KHM, IN 7520).

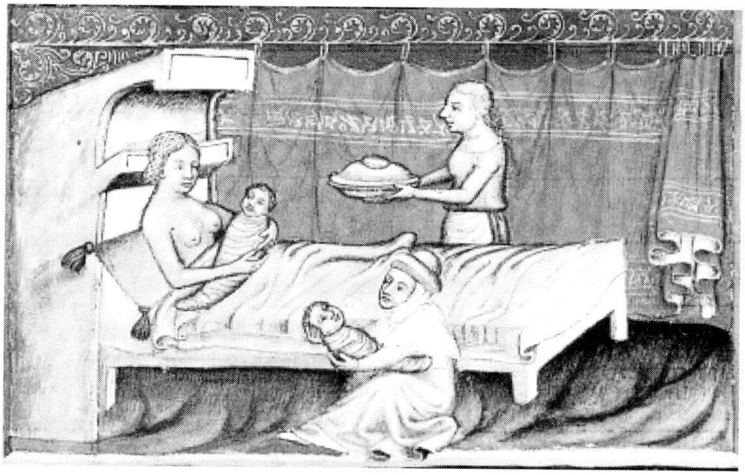

Abb. 15 *Rebekka im Wochenbett. Ihre beiden Zwillinge sind fest gefatscht.*

Wien, ÖNB, Cod. 2759 (Wenzelsbibel, Ende 14. Jh.), fol. 24r (Detail).

sollten ledige oder verheiratete Frauen ab dem achten Schwangerschaftsmonat aufgenommen und zugleich verpflichtet werden, *ohne Ausnahme der klinischen Lehre zu dienen.*

Mit der Geburt tritt das Kind in die menschliche Gesellschaft ein. Die Voraussetzungen für eine gedeihliche Entwicklung waren einst sehr wesentlich bestimmt vom sozialen Status der Mutter. Der erste pflegerische Akt für das Neugeborene war wohl immer das lauwarme Bad (Abb. 9). Danach wurde der Säugling, in warme Tücher gehüllt, seiner Mutter überreicht (Abb. 10) und erhielt seine erste Nahrung (Abb. 11). Konnte oder wollte die Mutter ihr Kind nicht selbst stillen, gab es mehrere Ersatzmöglichkeiten. Entweder übernahm eine Amme das Stillen oder man sorgte für eine andere Ernährung. Die Auswahl der Säugammen hing natürlich von der gesellschaftlichen Position der Mutter ab. Am Fürstenhof oder in einem wohlhabenden Bürgerhaus wurde die Amme sorgsam ausgesucht (Abb. 12), körperliche und charakterliche Eigenschaften gaben den Ausschlag. Sie wurde samt ihrem eigenen Kind – nach Möglichkeit einem Knaben – ins Haus genommen und gut ernährt, weil man sich davon positive Auswirkungen auf das Stillkind versprach. Anders die Situation jener ledigen Mütter, die das Neugeborene nicht bei sich behalten konnten und daher zu einer Amme in Pflege geben mußten. Sie hatten auf die Betreuung ihrer Kinder oft wenig Einfluß. Eine dritte Möglichkeit bestand darin, den Säugling anonym in ein Findelheim zu geben, wo er zunächst von Ammen aus der angeschlossenen Gebäranstalt gestillt und anschließend zu Bauern aufs Land gegeben wurde.

Künstliche Säuglingsnahrung bestand in früheren Zeiten aus Kuh-, Ziegen- oder Schafmilch, die in Saugflaschen (Abb. 13),

Saugkännchen oder Saughörner gefüllt wurde. Zusätzlich zur Mutter- oder Tiermilch erhielt der Säugling schon bald auch Breikost (Abb. 14). Die umfassende Babynahrung ist erst eine Errungenschaft unseres Jahrhunderts.

Sowohl während der Nahrungsaufnahme als auch in der Wiege oder im Korb war der Säugling meist fest in Fatschen eingewickelt (Abb. 15). Diese bis ins 19. Jahrhundert angewandte Praxis galt als sicheres Mittel, den geraden Wuchs der Glieder zu gewährleisten. Wenn die unter den Wickelbändern befindlichen Windeln – im barocken Kaiserhaus besaß man sogar geweihte Windeln – nur selten gewechselt wurden, war es um die Hygiene schlecht bestellt, Entzündungen konnten entstehen. Außerdem bedrohten mannigfache Krankheiten das Leben des Säuglings. Aus diesem Grund versuchte man in früherer Zeit, wenigstens die Seele des Neugeborenen vor ewigem Unheil zu bewahren, indem man das Kind möglichst schnell taufte.

Durch die Taufe wurde und wird der neugeborene Mensch von der Erbsünde befreit und in die christliche Gemeinschaft aufgenommen. Die Taufformen und Taufsitten haben sich im Lauf der Zeit vielfach geändert.

Die Kindertaufe war in Österreich zur Babenbergerzeit bereits üblich, man tauchte den Täufling nackt in den Taufbrunnen (Abb. 16). Das volle Untertauchen wurde später durch das Begießen oder Besprengen mit geweihtem Wasser aus einem Taufbecken ersetzt (Abb. 17), bei Taufen außerhalb der Kirche verwendete man dazu eine Taufschüssel (Abb. 18).

Abb. 16 *Kindstaufe in einem Taufbrunnen. Die Immersionstaufe, bei der der Täufling nackt in das Taufwasser eintauchte, war in Österreich im 12. Jahrhundert noch allgemein üblich.*

Lambach, Stiftsbibliothek, Cod. 73 (12. Jh.), fol. 36v, Detail (Aufnahme: Foto Schmitsberger, Steyr).

Abb. 17 *Kaiser Maximilian I., Der Weißkunig: Die Taufe Maximilians durch Begießen (oder Besprengen?) mit Taufwasser aus dem Taufbecken (25. März 1459). Die Infusions- oder Aspersionstaufe war im 15. Jahrhundert bereits die übliche Taufform in Österreich.*

Wien, ÖNB, Cod. 3032, fol. 95v.

Die Taufe mußte vom Ortspfarrer vorgenommen werden, nur Adelige hatten seit dem 14. Jahrhundert das Privileg der Haustaufe. Seitdem Entbindungen vielfach in Kliniken und Sanatorien durchgeführt werden, finden Taufen auch in deren Hauskapellen statt.

Bei Lebensgefahr kann die Taufe überall und von jedem Gläubigen vorgenommen werden, auch Ketzer und Gebannte, selbst Nichtchristen sind als Taufspender möglich. Wesentlich ist, die Taufformel zu sprechen und den Täufling gleichzeitig mit Wasser zu besprengen; steht kein geweihtes Wasser zur Verfügung, genügt normales Wasser.

Die Notwendigkeit einer Nottaufe ergab sich in früherer Zeit häufig. Daher sollte die Hebamme stets geweihtes Wasser bei sich haben, wenn sie zu einer Entbindung gerufen wurde. Die Taufe konnte entweder von der Hebamme selbst oder einer anderen Frau vorgenommen werden, waren Männer anwesend, so hatten diese Vorrang, beginnend mit den Geistlichen. Die Gültigkeit dieser »Weibertaufe« war allerdings fraglich, wenn statt Wasser Bier oder Suppe verwendet wurde; ungültig war der Taufakt,

Abb. 18 *Kaiser Maximilian I., Der Weißkunig: Die Taufe Erzherzog Philipps, historisch falsch als Haustaufe dargestellt (29. Juni 1478).*

Wien, ÖNB, MSS – S III A 6 (Druck von Joseph Kurzböck, Wien 1775), S. 129.

Abb. 19 *Votivbild aus Hollbruck (Osttirol), Ausschnitt: Ein totgeborener Knabe wird während der Messe zum Leben erweckt und kann daraufhin getauft werden (1679).*
Innsbruck, Volkskunstmuseum, IN 11.953.

wenn die Frauen Wein, Branntwein oder eine andere unpassende Flüssigkeit verwendeten.

Die Nottaufe konnte auch vorgenommen werden, wenn nur ein Teil des kindlichen Körpers aus dem Mutterleib herausragte, es war sogar gestattet, das noch ganz im Uterus befindliche Kind mit einer eingeführten Spritze zu taufen. Diese Praxis ist seit 1983 nicht mehr erlaubt, wohl aber können lebende Fehl- und Frühgeburten getauft werden.

Ungetaufte Kinder galten einst als gefährdet in ihrem Seelenheil und zugleich als Gefahr für ihre Umwelt; man nahm an, daß ihre Seelen nachts als Irrlichter in der Nähe des Heimatortes umherirrten. Sie durften auch nicht kirchlich beerdigt werden. Daher setzte man in früheren Zeiten alles daran, dem Neugeborenen wenigstens für einen Moment den Anschein des Lebens zu geben, um die Taufe vornehmen zu können. Oft wurde das angebliche Aufflackern des Lebens der wunderbaren Hilfe der Gottesmutter oder bestimmter Heiliger zugeschrieben, denen die dankbaren Eltern dann Votivbilder stifteten (Abb. 19).

Auch wenn keine akute Lebensgefahr für das Neugeborene bestand, ließ man einstmals die Taufhandlung meist schon ein bis

Abb. 20 *Cornelis Vermeyen: Erzherzogin Katharina Renea im Alter von einem Jahr, mit einer Puppe im Kindersessel sitzend (1577).*

Innsbruck, Schloß Ambras (KHM, IN 6934).

Abb. 21 *Geflochtenes Laufgestell (2. Hälfte 18. Jh.).*

Salzburg, SMCA, IN 1641/24.

zwei Tage nach der Geburt vornehmen. Die Mutter konnte an dieser Zeremonie nicht teilnehmen, da sie noch im Wochenbett lag. Während in bürgerlichen und bäuerlichen Kreisen die Hebamme den Täufling in die Kirche trug, übernahm am Kaiserhof die Aja des Neugeborenen diese Funktion. Das Taufzeremoniell wurde im Laufe der Zeit immer reicher ausgestaltet. Im 18. Jahrhundert fand die Taufe meist in der Ritterstube der Wiener Hofburg statt. Der Raum wurde dazu mit wertvollen Tapisserien bespannt und festlich beleuchtet, auf einer Bühne erhob sich ein Altar mit einem kostbaren Baldachin. Die Taufgarnitur, bestehend aus einer heute noch vorhandenen Schüssel und zwei Kannen aus Gold – Gießbecken und größere Kanne waren ursprünglich als Kredenzgarnitur ein Hochzeitsgeschenk zur Vermählung Erzherzog Karls II. mit Maria von Bayern (1571) –, wurde bereitgestellt, für den Täufling legte man die Taufgewänder zurecht, die Maria Theresia 1757 hatte anfertigen lassen; Gewänder, Decken und Polster sind ebenfalls noch heute in der Wiener Schatzkammer zu bewundern. Zum festgesetzten Termin fanden sich die geladenen Gäste in den kaiserlichen Gemächern ein und geleiteten den von der Aja gebrachten Täufling in das Taufgemach. Den Taufakt nahm üblicherweise der päpstliche Nuntius vor, bei seiner Verhinderung der Erzbischof von Wien; wenigstens zwei Bischöfe oder Prälaten assistierten ihm. Seit 1716 wurde die Taufe mit Jordanwasser vorgenommen. Die feierliche Zeremonie schloß mit einem Tedeum und Salutschüssen von den Bastionen.

Im 19. Jahrhundert spielte sich der Taufakt meist nicht mehr in der Hofburg, sondern im Stephansdom ab. Die Aja brachte das wenige Tage alte Neugeborene auf einem seidenen Polster aus den Gemächern der Kaiserin, der Kaiser und andere Familienmitglieder sowie die weibliche Dienerschaft gaben ihr das Geleit. In feierlichem Zug brachte man den Täufling durch ein Spalier von Akklamanten in den Stephansdom, wo der Erzbischof von Wien die Taufe vornahm. Während die Aja das Kind zu seiner Mutter zurückbrachte, schlossen ein feierliches Tedeum und Musketensalven den Taufakt ab.

Anders als am Wiener Hof ließ die innerösterreichische Linie der Habsburger in Graz im 16. Jahrhundert meist ein bis zwei Wochen verstreichen, ehe die Taufe vorgenommen wurde; der 1590 geborene Erzherzog Karl wurde sogar erst ein halbes Jahr nach seiner Geburt getauft. Möglicherweise war es Maria von Bayern, die diesen Aufschub veranlaßte, um als Mutter beim Taufakt zugegen zu sein. Dasselbe Motiv bewegt wohl auch heute viele Mütter, die Taufe einige Zeit hinauszuschieben, um von diesem wichtigen gesellschaftlichen Ereignis nicht ausgeschlossen zu sein.

Abb. 22 *Unbekannter Künstler: Erzherzogin Maria Amalia mit drei Kindern, die als Kopfschutz sog. Fallhauben tragen.*

Wien, Hofburg, Präsidentschaftskanzlei.

Abb. 23 *Matthäus Ranftl: Die schlimmen Kinder (1832). Ein offensichtlich fremdländisches Kindermädchen betreut vier Kinder, im Vordergrund eines mit offenem, weißem Hemdkittel ohne Hose.*

Wien, HM, IN 10.147.

Abb. 24 *Steirischer Hofmaler: Erzherzog Johann Karl etwa dreijährig in bodenlangem Kleid mit Schürze (1607/08). Am seidenen Gürtelband hängen Schutz- und Abwehramulette, an der Kette ist ein Christusmedaillon befestigt. In der rechten Hand hält er eine Rassel, zur Unterhaltung sind ihm Vögel beigegeben.*

Innsbruck, Schloß Ambras (KHM, IN 3209).

Abb. 25 *Cornelis Vermeyen: Erzherzogin Maria Christierna im Alter von drei Jahren (1577).*

Innsbruck, Schloß Ambras (KHM, IN 3392).

Bei der Taufe erhielt und erhält der neue Erdenbürger seinen Namen. Die Entscheidung darüber blieb stets den Eltern überlassen. Die Zahl der Taufpaten wechselte im Laufe der Zeit, seit dem Trienter Konzil (1545–1563) wurde sie generell auf einen beschränkt. In fürstlichen Häusern blieb man aber weiterhin der Gewohnheit treu, mehrere Paten oder Patinnen zur Taufe zu bitten.

Die Entwicklung des Kindes ist von der Natur vorgegeben und durchläuft verschiedene Phasen. Man suchte ihr auch in der Vergangenheit gerecht zu werden.

Spätestens beim Durchbruch der ersten Zähne wurde der Säugling entwöhnt und nahm festere Nahrung zu sich, die ersten Worte wurden ihm beigebracht. Sobald das Kleinkind sitzen und laufen lernte, wurde es nicht mehr gefatscht; es erhielt Sitzgestelle (Abb. 20) und Laufgeräte (Abb. 21), die Hände bekamen Spielzeug zu fassen. Der Kopf wurde durch einen gepolsterten Ring vor Sturzverletzungen geschützt (Abb. 22). Die Kleidung trug den Erfordernissen der Sauberkeitserziehung Rechnung, sie bestand aus kurzen, weißen Hemdkitteln ohne Hose (Abb. 23). Auf Repräsentationsbildern trugen die Kinder allerdings Kleider, das für kleine Buben und Mädchen übliche Gewand (Abb. 24).

Die Zeit kindlichen Herumtollens endete ungefähr mit dem siebenten Lebensjahr (Abb. 25, 26). Zu diesem Zeitpunkt konnten die Kinder richtig sprechen, sie galten als vernünftig und wurden in die Welt der Erwachsenen eingeführt. Man begann sie zu unterrichten und auf ihre künftige Arbeit vorzubereiten (Abb. 27). Ein wichtiger Einschnitt im Leben der heranwachsenden Jugend war die Pubertät. Für sie galten verschiedene Richtwerte. Bei Knaben setzte man die Zeugungsfähigkeit mit etwa 14 Jahren an, bei Mädchen sollte die erste Menstruation mit rund zwölf Jahren erfolgen. Ab der Geschlechtsreife waren die Jugendlichen heiratsfähig und wurden teilweise auch bereits sehr jung verheiratet.

Kindheit in Österreich, das bedeutete in der Vergangenheit oft auch Kinderelend. Schon früh wurden die Kinder der arbeitenden Bevölkerung in den Arbeitsprozeß ihrer Eltern in Haus, Wirtschaftsbetrieb oder Bauernhof eingebunden, im Montanbereich verdienten sie sich auch außerhalb des Hauses Geld durch verschiedene Hilfsdienste wie das Sortieren und Waschen des Erzes. Arme Kinder waren häufig gezwungen, sich ihren Lebensunterhalt durch Betteln zu verschaffen. Im Mittelalter wurden unversorgte Kinder in Spitäler aufgenommen, wo sie in Gemeinschaft mit Alten, Kranken, Irren und Vagabunden lebten. In der Neuzeit behielt man diese Versorgungsart zunächst noch bei. Im 1564 eingerichteten Wiener Hofspital wurden aufgrund einer Stiftung der Königin Anna 20 arme Waisenmädchen erzogen, *biß sie ihr brodt selbst gewinnen mügen*, vornehmlich als Dienstboten. Das 1693 von Leopold I. errichtete Großarmenhaus in Wien nahm

Abb. 26 *Ottavio Zanuoli (?): Erzherzogin Eleonore im Alter von fünf Jahren (1587).*
Innsbruck, Schloß Ambras (KHM, IN 3272).

Abb. 27 *E. K. Lautter: Die Spitzenklöpplerin (1. Hälfte 18. Jh.). Die ernsten Mienen zeigen, daß das Klöppeln hier nicht zum Vergnügen erlernt wird.*
Wien, ÖG, IN 4088.

neben alten und kranken Armen ebenfalls Kinder auf. Selbst in das vom Kaiser 1671 gegründete Wiener Zucht- und Arbeitshaus, dem weitere in anderen österreichischen Städten folgten, wurden *ungerathene* Kinder *zur Besserung* eingewiesen, die Eltern sollten nach Möglichkeit Kostgeld für sie bezahlen; seit 1718 nahm man auch Waisenkinder auf, die dann 1743 in das neue Waisenhaus am Rennweg überstellt wurden. Die Kinder erhielten dort Unterricht im Lesen, Schreiben und Rechnen, die Mädchen wurden auch im Stricken und Nähen angeleitet, ehe sie mit 15 Jahren in Dienst kamen. Auf Wunsch Maria Theresias sollten sowohl diese Waisen, wie auch jene in den in Graz, Klagenfurt und Linz errichteten Häusern Manufakturarbeit verrichten, um zu ihrem Unterhalt beizutragen und zugleich billige Waren zu erzeugen. Die Aktion war ein Mißerfolg. Andererseits verfügte die Kaiserin 1752, im Schloß Ebersdorf 50 bis 60 Waisenmädchen auf ihre Kosten zu erziehen. Für Kinder, die von ihren Müttern ausgesetzt wurden, plante Maria Theresia die Errichtung eines Findelhauses, doch gelangte dieses Vorhaben nicht zur Durchführung.

Joseph II. bemühte sich um eine differenziertere Behandlung hilfsbedürftiger Kinder. In seinen 1781 erlassenen *Directiv-Regeln* bestimmte er für die *Erhaltung der Menschheit und den Bedarf der verlassenen Jugend* unter anderem die Errichtung eines Findelhauses sowie einer Gebäranstalt in Wien *zur heimlichen Niederkunft lediger Personen von was immer für einem Stande*. In den folgenden Jahren setzte er diese Pläne in die Tat um. In der 1784 errichteten Gebär- und Findelanstalt konnten Frauen der gehobenen Gesellschaft anonym niederkommen, *um die verschämte bessere Menschenclasse vor Schande und anderen schweren Folgen zeitlebens zu bewahren*. Die überwiegende Mehrzahl der Mütter waren aber ledige Dienstboten, die nicht die Möglichkeit hatten, ihr Kind bei sich zu behalten; nach der kostenlosen Entbindung ließen sie es im angeschlossenen Findelhaus (Abb. 28) zurück, ihre Personalien waren der Anstaltsleitung bekannt. Nach den Vorstellungen Josephs II. sollten diese Findelkinder – alljährlich wurden etwa 7000 bis 8000 Säuglinge aufgenommen – in gut geordneten Familien auf dem Land aufwachsen und im Alter von fünf bis sechs Jahren den Bauern *unbedenklich* zur Arbeit überlassen werden, wodurch sich das Pflegegeld sukzessiv verringern könnte. Viele dieser Kinder starben aber bereits im Säuglingsalter oder wurden in der Findelpflege als billige Arbeitskräfte mißbraucht. Der Kaiser plante auch die Errichtung von Gebär- und Findelanstalten in anderen österreichischen Landeshauptstädten, konnte seine Vorstellungen jedoch nur teilweise realisieren.

Abb. 28 *Zeitungsartikel (1884), Ausschnitt: Das von Joseph II. 1788 in der Alserstraße in Wien eingerichtete Findelhaus.*
Wien, HM, IN 108.729/27.

Kinderarbeit wurde sowohl von Maria Theresia als auch von Joseph II. als geeignete Möglichkeit angesehen, mittellosen Kindern einen Verdienst zu verschaffen und sie vom Betteln abzuhalten. 1761 erlaubte die Kaiserin, die in Armenhäusern befindlichen *jungen Mägdelein* zum Seidenabwinden abzurichten und anschließend *zur eigenen Nahrungserwerbung* an die Fabriken abzugeben. Die Wiener Spitzenfabriken beschäftigten zahlreiche Mädchen ab dem siebenten Lebensjahr, später wurde das Aufnahmealter sukzessive auf zwölf Jahre hinaufgesetzt, Nachtarbeit war jedoch verboten. Kinder bis zum zwölften Lebensjahr wurden als *Arbeitskinder* bezeichnet, die älteren galten bereits als erwachsene Arbeitskräfte.
Die Einführung der allgemeinen Schulpflicht (1774) verschlechterte das Los der arbeitenden Kinder, da sie neben der Arbeit auch den Unterricht besuchen sollten. In den Fabriken wurden eigene

Abb. 29 *Johann Balthasar Antesperg, Das Josephinische Erzherzogliche A. B. C. Oder Namenbüchlein (Wien 1744), S. 10, Teilbild: Körperliche Züchtigung eines Kindes. Eine Strafe von zwölf Schlägen (12 = 1 Schilling) auf das nackte Hinterteil wurde vom 16. bis 19. Jahrhundert Produkt oder Schilling genannt.*

Graz, Joanneum, Abt. für Kunstgewerbe, IN 1121.

Fabriksschulen eingerichtet, in denen während der Mittagspause oder nach Arbeitsschluß – die Arbeit dauerte in der Regel von fünf Uhr früh bis sieben Uhr abends – zwei Stunden Unterricht erteilt wurde, allerdings nicht im Sommer. Joseph II. erlaubte 1786/87 die Kinderarbeit, doch sollten Kinder unter neun Jahren *nicht ohne Not* zur Fabriksarbeit herangezogen werden.

Im 19. Jahrhundert nahm die Zahl der Fabriken und damit der Kinderarbeit zu. Die in diesen Unternehmen arbeitenden Kinder hatten dieselbe Arbeitszeit wie die Erwachsenen und waren schweren gesundheitlichen Schädigungen ausgesetzt. In Vorarlberger Fabriken arbeiteten Kinder sogar nachts, nach einem zeitgenössischen amtlichen Bericht von 1836 *wie wahre Sklaven*; ihre Arbeitszeit betrug 13 bis 17 Stunden.

1851 wurde in Österreich Kinderarbeit in Fabriken vor dem siebenten Lebensjahr gesetzlich verboten, seit 1885 durften Kinder vor Vollendung des zwölften Lebensjahres nicht zu regelmäßiger gewerblicher Arbeit verwendet werden; ihr Maximalarbeitstag sollte acht Stunden betragen, Nachtarbeit war untersagt. Das Reichsvolksschulgesetz (1869) verlängerte die allgemeine Schulpflicht von zwölf auf 14 Jahre, aber Kinder, *welche in Fabriken, Gewerben, Bergwerken, Torfstichen u. dgl. beschäftigt sind und den Unterricht einer Fabrikschule genießen*, wurden davon befreit. Nach einer amtlichen Erhebung über Kinderarbeit in Österreich von 1908 gab es in allen österreichischen Ländern arbeitende Schulkinder.

Kinder arbeiteten nicht nur in Fabriken, sondern auch in Heimarbeit – besonders in der Textilindustrie – und in der Landwirtschaft. Hier gab es in Tirol und Vorarlberg eine Sondererscheinung, die sog. Schwabenkinder. Vermutlich seit dem 18. Jahrhundert zogen alljährlich mehrere hundert, zeitweise sogar über 2000 Kinder nach Schwaben, um dort von März bis Oktober zu arbeiten. Die Knaben verdingten sich als Viehhirten oder verrichteten verschiedene Haus-, Stall- und Feldarbeiten, die Mädchen arbeiteten als Kindsmagd oder halfen bei Küchen- und Gartenarbeiten. Die Kinder marschierten ursprünglich zu Fuß, seit dem Bau der Arlbergbahn (1884) fuhren sie mit der Bahn, sofern sie den Fahrpreis bezahlen konnten. Das Geld für die Ausstellung eines Reisepasses mußten sich viele Kinder erst auf der Straße erbetteln, ehe die Behörden dazu übergingen, kostenlose Legitimationsscheine auszugeben. Da die »Schwabenkinder« im Ausland keine Möglichkeit zum Schulbesuch hatten, sollten sie die österreichische Schule im Winter besuchen. Nach 1914 kam diese Form der saisonalen Kinderarbeit allmählich zum Erliegen.

Vollständig hörte Kinderarbeit in Österreich erst während der

Ersten Republik auf. Nach dem »Anschluß« (1938) begann sogar eine Epoche der gezielten Kinderförderung, da der NS-Staat an der Steigerung der Bevölkerungszahl interessiert war. Die Aufzucht von Kindern wurde daher gefördert, Abtreibung war streng verboten, um *die Lebenskraft des deutschen Volkes* nicht zu beeinträchtigen. Unter den Maßnahmen zur Steigerung der Kinderzahl ist besonders die Einführung von Kindergeld ab dem dritten Kind zu erwähnen. Die Obsorge des nationalsozialistischen Staates galt allerdings nur dem gesunden »arischen« Kind. Debilen und erbkranken Kindern entzog die herrschende Ideologie das Lebensrecht, sie sollten den »Gnadentod« erhalten; die diesbezüglichen Maßnahmen mußten aber bald eingestellt werden.

Der heutige Staat bemüht sich, alle Kinder gleichermaßen zu fördern. Auch private Organisationen wie *SOS-Kinderdorf, Pro Juventute, Rettet das Kind* kümmern sich um hilfsbedürftige Kinder.

Körperliche Züchtigung von Kindern war bis in unser Jahrhundert durchaus üblich, selbst in adeligen Kreisen und am Kaiserhof (Abb. 29, 30). Die Rute gehörte als Requisit der Erziehung zum kindlichen Alltag. Unterdessen sind die Erziehungsmethoden humaner geworden, trotzdem kommt Kindesmißhandlung auch heute noch in erschreckend hohem Ausmaß vor.

Abb. 30 *Erzherzogin Maria Christine (nach einer niederländischen Vorlage): Nikolobescherung in der kaiserlichen Familie (1762). Während Marie Antoinette und Maximilian Franz Geschenke erhalten, wird dem schlimmen Erzherzog Ferdinand die Rute angedroht.*

Wien, Schloß Schönbrunn (KHM, IN 7521).

HEIRAT – FAMILIE

Für die Planung von Frauenleben gab es bis ins vorige Jahrhundert, von wenigen Ausnahmen einer Berufsausübung abgesehen, drei Bereiche: die Ehe, freiwilligen Eheverzicht durch Eintritt in ein Kloster oder unfreiwillige Ehelosigkeit im Dienstbotendasein. Auf die Ehe als Hauptziel weiblichen Lebens wurde bereits in der Erziehung der Mädchen hingearbeitet. Als Tugenden einer guten Ehefrau galten Gehorsam gegenüber dem Ehemann, Sittsamkeit, angenehmes Wesen. Für die Führung des ehelichen Haushalts sollten weibliche Handarbeiten und Fertigkeiten erlernt werden, selbst wenn die Dame des Hauses dereinst über entsprechendes Personal verfügen würde. Diese »weiblichen« Tugenden und Kenntnisse konnten die Töchter von ihren Müttern lernen, doch auch Klosterschulen vermittelten ihren weltlichen Schülerinnen eine entsprechende Ausbildung. Wenn junge Damen ihren künftigen Ehemann aber mit Singen und Tanzen erfreuen sollten, mußten Sing- und Tanzmeister engagiert werden.

Spezielle Anleitungen für die Erziehung von Mädchen sind in Österreich aus dem Mittelalter nicht überliefert. Im 16. Jahrhundert, als sich sowohl katholische wie protestantische Autoren intensiv mit der Erziehung der Jugend beschäftigten, wurde diese Lücke geschlossen. 1523 publizierte der spanische Jesuit Juan Luis Vives eine lateinische Anleitung zur Mädchenerziehung, die 1544 auch in deutscher Sprache erschien: *Von underwaysung ayner christlichen Frawen.* Darin sowie in seinem Werk über die Pflichten des Ehemanns *(De officio mariti)* bezeichnete er die weibliche Erziehung als nötig, um den Mädchen Sittsamkeit und Anstand beizubringen. Die Ausbildung sollte aber zweckorientiert auf ihre spätere Ehe ausgerichtet sein und neben Lateinkenntnissen vor allem hauswirtschaftliche Fertigkeiten sowie Grundkenntnisse in der Krankenpflege vermitteln; eine derart gebildete Ehefrau könne ihrem Mann eine gute Beraterin, tüchtige Verwalterin seines Hauswesens und umsichtige Erzieherin seiner (!) Kinder sein.

Das jesuitische Erziehungsmodell programmierte die weibliche Jugend also auf die häusliche Sphäre und sah nicht vor, sie in den vom Orden im Lauf des 16./17. Jahrhunderts in mehreren österreichischen Städten errichteten Gymnasien zum Unterricht zuzulassen. Auch die Universitäten blieben weiterhin eine Domäne der männlichen Jugend.

Im Mittelpunkt der Mädchenerziehung stand somit die künftige

Ehe – und das hieß nach der Tradition der Kirche und Gesellschaft: Unterordnung der Frau unter den Mann (Abb. 31). Selbst am Kaiserhof wurde die Erziehung der Erzherzoginnen nach diesen Maximen ausgerichtet.
Als Maria Theresia ihre Töchter – darunter Marie Antoinette im Alter von 15 Jahren – an fremde Fürstenhöfe verheiratete, schärfte sie ihnen besonders ihre Pflichten als Ehefrauen ein: *Der Mann ist das Gesetz der Frau. Sie ist von ihm vollkommen abhängig, ihm ist sie Gehorsam schuldig, sie hat sich seinen Wünschen gegenüber ehrfürchtig, gehorsam und willig zu zeigen und sich ihm in allem und jedem bis zur Grenze der Schicklichkeit anzupassen.* Liebenswürdig und immer bemüht, den Wünschen des Gemahls zuvorzukommen, sollten die Erzherzoginnen fortwährend trachten, ihm zu gefallen und nützlich zu sein. Selbst die Launen ihrer Männer hätten die Töchter geduldig zu ertragen, laute Vorwürfe und Eifersuchtsszenen seien absolut verboten; auch jede Einmischung in die Staatsgeschäfte wurde ihnen untersagt. Die allerwichtigste Aufgabe der jungen Ehefrauen sollte aber die Geburt von Söhnen, besonders eines Thronfolgers, sein, um damit ihre Stellung am fremden Hof zu festigen.
Auch das Schreiben Maria Theresias an ihre Tochter Maria Christine, die 1766 den Mann ihrer Wahl heiraten durfte, enthält ähnliche Gedanken: *Ihr wißt, daß die Frau dem Manne untertan ist, daß wir unserem Gemahl Gehorsam schulden und daß er in*

Abb. 31 *Mittelalterliche Eheszene: Ein Ehepaar sitzt einträchtig auf einer Bank, zwei Kinder sind aus der harmonischen Vereinigung bereits hervorgegangen. Der Ehemann setzt zum Zeichen seiner Gewalt über die Ehefrau seinen rechten Fuß auf ihren linken.*
Wien, ÖNB, Cod. 507 (Reiner Musterbuch, 13. Jh.), fol. 1v (Detail).

Abb. 32 *Maximilian I., Der Weißkunig: Feierliche Einsegnung der bereits prokuratorisch geschlossenen Ehe Friedrichs III. mit Eleonore von Portugal, wobei der Papst die Trauung wiederholte (16. März 1452). Der durch die Handreichung ausgedrückte Ehewille ist der ehebegründende Akt.*
Wien, ÖNB, Cod. 3032, fol. 64v.

allem unsere Erfüllung ist, daß wir ihm dienen, helfen und in ihm unseren väterlichen Freund und besten Gefährten sehen sollen. Soweit die Ansichten Maria Theresias, kurz bevor sie die allgemeine Schulpflicht auch für Mädchen einführte und damit letztlich die Emanzipation der Frauen in Österreich einleitete.

Die Unterordnung der Frau unter ihren Ehemann war dann am ehesten zu erwarten, wenn sie möglichst jung aus der Obhut ihres Vaters in die Gewalt – auch Züchtigungsgewalt – ihres Gatten überging. Eine frühe Heirat brachte den beiden Familien auch noch andere Vorteile: Erstens konnte die weibliche Fruchtbarkeit dadurch voll ausgenützt werden, zweitens schloß man eventuelle Mitkonkurrenten frühzeitig aus. Beides galt besonders für dynastische Heiraten, bei deren Abschluß in den allermeisten Fällen nicht persönliche Zuneigung, sondern politische Interessen den Ausschlag gaben. Entsprechende Überlegungen begannen oft bereits mit der Geburt von Prinzen oder Prinzessinnen, ja sogar schon vorher. Ein besonders eindrucksvolles Beispiel hat die österreichische Geschichte aufzuweisen: Im März 1506 wurde in einer Heiratsabsprache zwischen Kaiser Maximilian I. und König Wladislaw von Böhmen-Ungarn vereinbart, daß Maximilians Enkel Ferdinand (drei Jahre alt) die einzige Tochter Wladislaws, die etwa gleichaltrige Prinzessin Anna, heiraten sollte, während ein erwarteter, d. h. noch ungeborener böhmisch-ungarischer Prinz die einjährige Erzherzogin Maria, Ferdinands Schwester, zur Frau nehmen sollte. Dieser Prinz wurde wenige Monate später tatsächlich geboren, und die 1506 vereinbarte und 1515 bekräftigte Verbindung führte schließlich nach dem vorzeitigen Aussterben der Jagellonen (1526) zur Erwerbung Böhmens und Ungarns durch die Habsburger.

Frühe Eheabsprachen, die vom Vater der Braut zu ernst genommen wurden, konnten für diese allerdings fatale Folgen haben. Auch dafür liefert die habsburgische Familiengeschichte ein Beispiel: Seit ihrem zweiten Lebensjahr galt die spanische Infantin Isabella Clara Eugenia als Braut Rudolfs II. Der Kaiser konnte sich jedoch nicht zur Heirat entschließen, und so heiratete die Infantin nach 25 Jahren vergeblichen Wartens Rudolfs Bruder Albrecht, der seit seiner Jugend am spanischen Hof lebte.

Erwiesen sich die Eheabsichten beider Seiten als beständig, konnten die näheren Details der Verbindung geregelt werden. Waren sie festgelegt, fand der erste konstitutive Akt der Heirat statt, die Verlobung. Dabei überreichte der Bräutigam seiner Braut meist ein passendes Geschenk, etwa einen Ring oder ein Bildnis. Nahm die Braut das Geschenk an, galt dies als gültiges Eheversprechen. Bei »Staatsheiraten« lebten die künftigen Ehepartner vielfach

Abb. 33 *Vinzenz Katzler: Die Trauung Franz Josephs mit Elisabeth, Herzogin in Bayern, in der Wiener Augustinerkirche (24. April 1854). Ausschnitt: Die Handreichung.*

voneinander entfernt, Brautwerbung und Geschenkübergabe erfolgten durch eine eigene Gesandtschaft.
Bevor das erste Zusammentreffen stattfinden konnte, waren in einem Heiratsvertrag wichtige rechtliche und finanzielle Fragen zu regeln: Heiratsgut (Mitgift), Aussteuer, Widerlage, Morgengabe und Witwenversorgung.
Die Höhe der Mitgift der Braut hing wesentlich vom Rang des Bräutigams ab, sie konnte die Brauteltern finanziell beträchtlich belasten. Bei dynastischen Ehen war es üblich, daß die Stände dem Fürsten bei der Verheiratung seiner Töchter eine Sondersteuer gewährten; sie ist auch in Österreich mehrfach nachweisbar. Die Aussteuer der Braut an Kleidern, Schmuck und kostbaren Gegenständen war von ihrer gesellschaftlichen Stellung abhängig; die Kosten dafür konnten sehr hoch sein.
Dem Heiratsgut der Braut entsprach die Widerlage des Bräutigams in meist gleicher Höhe. Zusätzlich sollte er seiner Frau nach der Hochzeitsnacht die Morgengabe entrichten. Für den Fall, daß die Braut Witwe wurde, mußte er ihr eine Witwenversorgung garantieren und einen Witwensitz zuweisen.

Sofern die Braut aus einer regierenden Dynastie stammte, war zu klären, ob sie auf ihr väterliches Erbe verzichten mußte oder nicht, denn davon konnte die Erwerbung eines Landes abhängen. Weiters waren bei zu naher Verwandtschaft der Brautleute päpstliche Dispense einzuholen, und schließlich mußte noch ausgehandelt werden, wie viele Begleiter(innen) die Braut in ihre neue Heimat mitbringen durfte.

Waren alle Modalitäten der Eheschließung geklärt, konnte die Hochzeit stattfinden. Dazu mußten Braut und Bräutigam zusammenkommen. In der Regel reiste die Braut zum Bräutigam, es konnte aber auch umgekehrt sein. Bei »Staatsheiraten« erfolgte die Trauung oft bereits vor der Abreise durch Prokuration *(per procurationem)*, d. h. einer der beiden Ehepartner gab sein Jawort durch einen bevollmächtigten Vertreter ab (Abb. 32).

Die Heirat fürstlicher Paare ging in Österreich wohl immer in kirchlichem Rahmen vor sich. Als Vermählungsform dürfte zunächst der Brauttor-Ritus vorgeherrscht haben, an den noch heute das »Brauttor« am ehemaligen Wiener Neustädter Dom erinnert. Dabei erwartete der Priester das Brautpaar vor dem Kirchenportal *(in facie ecclesiae)* und vergewisserte sich, daß kein Ehehindernis vorlag. Danach legte er die Stola auf die ineinandergelegten Rechten der Brautleute – die Handreichung war der ehebegründende Akt – und fragte sie nach ihrem Ehewillen; mit ihrem »Ja« spendeten sie sich anschließend das Ehesakrament, zur Bekräftigung konnte auch ein Ringwechsel stattfinden. Danach zog die Hochzeitsgesellschaft in die Kirche ein, wo Brautmesse und Brautsegen folgten.

Diese Vermählungsart, die noch vom Trienter Konzil als die gängige angesehen wurde, trat allmählich zugunsten der Trauung im Kircheninnern in den Hintergrund. Dabei fanden Handreichung, Sakramentspendung, Ringtausch und Brautmesse in einer Zeremonie meist vor dem Hochaltar statt (Abb. 33).

Nach der Hochzeitsfeier konnte das Beilager stattfinden, bei dem in früherer Zeit zumindest am Anfang ebenfalls Zeugen anwesend waren. Auch die Einsegnung der Ehe beim Eintritt des Brautpaares in das Brautgemach konnte vorgenommen werden.

Erst mit dem Vollzug war die Ehe vollgültig und nach kirchlicher Auffassung als göttliche Einrichtung unauflöslich.

Die kirchliche Ehedoktrin brachte den Frauen drei wesentliche Vorteile: Eheeinwilligung, Einehe und Unauflöslichkeit des Ehebandes. Der Ehekonsens galt als der eigentlich ehebegründende Akt, auf dem das Ehesakrament beruhte. Die Frau wurde dadurch von einem verfügbaren Objekt zu einem selbstbestimmenden Subjekt. Einehe und Unauflöslichkeit schützten sie davor, mut-

willig verstoßen zu werden, etwa bei Kinderlosigkeit. Eine gültig geschlossene und vollzogene Ehe konnte nur durch den Tod aufgelöst werden, eine Ehescheidung mit dem Recht auf Wiederverheiratung war nicht möglich. Bei zerrütteten Eheverhältnissen konnte lediglich die Trennung von Tisch und Bett ausgesprochen werden. Allerdings wurde im Lauf der Zeit von den Kirchenrechtlern eine Reihe von Ehehindernissen festgelegt, die eine Ehe auch nachträglich ungültig machten. Die wichtigsten waren zu nahe leibliche Verwandtschaft der Brautleute sowie geistliche Verwandtschaft zwischen Tauf- und Firmpaten mit ihren Patenkindern. Das öffentliche Bekanntwerden dieser Tatbestände machte eine Eheschließung nachträglich ungültig und daher aufhebbar, sofern nicht der Papst von diesen Hindernissen dispensierte.
Eine vollgültig geschlossene Ehe konnte nur in einem einzigen Fall aufgelöst werden, nämlich bei erwiesener Unfähigkeit des Mannes, den ehelichen Akt zu vollziehen. Dagegen führte die Unfruchtbarkeit eines Ehepartners nicht zur Auflösung.
Die kirchliche Eheschließung war in Österreich im Mittelalter nicht allgemein üblich. Die feierliche Hochzeit erscheint eher als Ausnahme, die sich nur Adelige und Bürger in dieser Form leisten konnten. Erst die religiösen Auseinandersetzungen der Reformationszeit führten zu einer entscheidenden Änderung. Im Bestreben, die gesamte Bevölkerung in allen Lebensbereichen voll zu erfassen, intensivierte die katholische Kirche auf dem Trienter Konzil ihre Bemühungen, auch die Eheschließung der Gläubigen unter ihre Kontrolle zu bringen. In der 24. Konzilssitzung (1563) wurden entsprechende Vorschriften erlassen, die im wesentlichen bis heute in Kraft geblieben sind. Demnach mußte die Trauung, nach vorherigem dreimaligen Aufgebot, vor oder in der Kirche durch den Ortspfarrer vor mindestens zwei Trauzeugen erfolgen, die Eheschließung also öffentlich sein; alle Trauungen waren in spezielle Trauungsbücher einzutragen. Ehen, die nur auf dem formlos vor der weltlichen Gemeinschaft bekundeten Ehewillen der Brautleute beruhten, galten von nun an als klandestin, d. h. als heimliche und nicht gültige Ehegemeinschaft. Eine Ausnahme bildete nur die kirchlich geschlossene Gewissensehe.
Bei der Durchsetzung der Trienter Ehebeschlüsse konnte die österreichische Kirche auf die Unterstützung seitens der katholischen Landesfürsten rechnen. Der aus der Gegenreformation gestärkt hervorgehende absolutistische Staat entwand ihr aber schließlich die alleinige Kompetenz in Ehesachen. Ausgangspunkt war die von der Aufklärung aufgeworfene Frage, welcher Tatbestand das Wesen der Ehe ausmache, ein auf dem Konsens begründeter Vertrag zwischen den Brautleuten oder das Sakra-

ment, das sie sich in einer kirchlichen Feier gegenseitig spendeten. Der aufgeklärte Staat sah im Ehekonsens den ehebegründenden Akt und in der sakramentalen Handlung lediglich eine Zutat; er forderte daher die Rechtshoheit über die Ehe.
In Österreich setzte Joseph II. diese Ideen in die Tat um. 1783 erließ er ein Ehepatent, das die Ehe zum zivilrechtlichen Vertrag erklärte und der Regierung das Recht zusprach, über die Gültigkeit oder Ungültigkeit des Ehevertrags zu entscheiden. Die Ehe selbst blieb aber unauflösbar.
Das josephinische Ehegesetz hatte auch wirtschaftliche Hintergründe. Der Kaiser wollte die Wirtschaftskraft seines Staates heben, und dazu benötigte er mehr Menschen. 1781 erlaubte er daher den Bauern, also dem zahlenmäßig größten Teil seiner Untertanen, ohne Einwilligung ihrer Grundherren zu heiraten.
Die staatliche Auffassung von der Ehe als bürgerlichem Vertrag schlug sich auch im *Allgemeinen Bürgerlichen Gesetzbuch* nieder, das 1811 publiziert wurde. Ein Hofdekret von 1819 regelte in weiterer Folge das Verfahren bei Ehetrennung (Scheidung von Tisch und Bett) und bei Ungültigkeitserklärung einer Ehe.
Das Revolutionsjahr 1848 brachte nicht nur die Aufhebung der Grundherrschaft, sondern auch die Forderung nach einer weltlichen Ehegerichtsbarkeit. Der im Herbst 1848 von Wien nach Kremsier (Mähren) verlegte Reichstag beschäftigte sich ebenfalls mit den Rechten der Staatsbürger. Der Kremsierer *Entwurf der Grundrechte des österreichischen Volkes* forderte die standesamtliche Eheschließung, die vor der kirchlichen Trauung erfolgen sollte. Dieser Entwurf wurde nicht in die Tat umgesetzt, vielmehr im Konkordat von 1855 die Kirche wieder voll in ihre Rechte eingesetzt, d. h. die Ehe erneut der kirchlichen Gerichtsbarkeit unterstellt. Nach der einseitigen Kündigung des Konkordats wurden aber 1868 in einem eigenen Ehegesetz die Vorschriften des *Allgemeinen Bürgerlichen Gesetzbuches* bezüglich der Ehegesetzgebung wiederhergestellt und die »Notzivilehe« eingeführt; verweigerte ein Geistlicher aus einem staatlich nicht anerkannten Grund die Eheschließung, konnte der Ehewillige die Trauung von der politischen Behörde begehren.
Die Zivilehe war ein Postulat der Aufklärung gewesen, sie wurde 1875 im Deutschen Reich und 1895 in Ungarn verpflichtend eingeführt. Beide Regelungen hatten später Rückwirkungen auf Österreich: Im ehemals ungarischen Burgenland blieb die Zivilehe auch nach seiner Angliederung an Österreich (1921) bestehen, und die deutsche Rechtsnorm wurde 1938 durch den »Anschluß« für Österreich rechtsverbindlich; seit diesem Jahr mußte also die standesamtliche Trauung vor der kirchlichen Eheschließung

Abb. 34 *Markgräfin Agnes und ihre elf überlebenden Kinder. Der älteste Sohn Adalbert könnte aber aus der ersten Ehe Leopolds III. stammen.*

Wien, ÖNB, Cod. 608 (1305/25), fol. Iv.

erfolgen. Gleichzeitig wurde durch diese Rechtsübertragung auch die Ehescheidung möglich. Die Zweite Republik behielt die während der NS-Zeit eingeführten Neuerungen betreffend Zivilehe und Ehescheidung bei, sie sind daher auch heute geltendes Recht.

Das Ehealter wurde in der kirchlichen Gesetzgebung meist mit dem Eintritt der Geschlechtsreife definiert, wofür man bei Knaben das 14. Lebensjahr, bei Mädchen das zwölfte Lebensjahr ansetzte; in Fürstenhäusern konnten gültige Eheversprechen aber bereits ab dem siebenten Lebensjahr der Brautleute erfolgen. Seit dem Trienter Konzil (1545–1563) hob man das Mindestalter für die Eheschließung generell auf 18 bzw. 16 Jahre an. Heute müssen beide Ehepartner volljährig, d. h. 19 Jahre alt sein; bei Gerichtsbeschluß über Ehemündigerklärung kann die Heirat aber bereits erfolgen, wenn der männliche Verlobte 18 bis 19 Jahre, die weibliche Verlobte 15 bis 16 Jahre alt ist.

Die Eheschließung war bis in unsere Tage die rechtliche Vorbedingung für die Gründung einer Familie. Der Wunsch nach einer eigenen Familie schloß in der Regel die Absicht mit ein, Kinder in die Welt zu setzen und großzuziehen. Familie und Kindersegen hatten aber in den verschiedenen sozialen und gesellschaftlichen Schichten unterschiedliche Relevanz.

In der adelig-feudalen Welt kam dem Nachwuchs große Bedeutung zu, da nur die ununterbrochene Geschlechterfolge den Bestand der Herrschaft gewährleistete. Bei Dynastenfamilien nahm die Frage nach Fortbestand oder Aussterben politische Dimensionen an und konnte die Bevölkerung mehrerer Länder betreffen. Den Bestand der Dynastie durch die Geburt von Kindern zu sichern, galt daher als hauptsächliche Aufgabe fürstlicher Ehefrauen. Österreichische Landesfürstinnen haben in dieser Hinsicht Höchstleistungen erbracht. Die Kaisertochter Agnes, die in ihrer ersten Ehe mit Herzog Friedrich von Schwaben elf Kinder geboren hatte, schenkte ihrem zweiten Ehemann, dem Babenberger Markgrafen Leopold III., 18 Kinder (Abb. 34), brachte es also auf insgesamt 29 Geburten.

Hinter der gebärfreudigen Agnes stehen alle weiteren Fürstinnen zurück, wenngleich auch ihre Leistungen beeindruckend sind: Königin Elisabeth von Görz beglückte ihren Gemahl, Albrecht I. von Habsburg, mit 21 Kindern und wurde so die Stammutter aller österreichischen Habsburger. Mit 16 Kindern gesegnet war die Ehe zwischen Kaiser Maximilian II. und Maria von Spanien, desgleichen die eheliche Verbindung zwischen Leopold II. und Maria Ludovica von Neapel-Sizilien. Besonders imponierend ist natürlich die Leistung Maria Theresias, die neben ihrer Regierungstätigkeit ebenfalls 16 Kinder gebar (Abb. 35).

Der Erwartungsdruck war in fürstlichen Ehen speziell zu Beginn groß, wenn es um die Geburt des Thronfolgers ging. Hier half bisweilen himmlischer Beistand: Johanna von Pfirt hatte trotz 15jähriger Ehe mit Herzog Albrecht II. dem Lahmen – er litt an fortschreitender Polyarthritis – noch nicht für einen Stammhalter gesorgt; auf Anraten ihrer Tante unternahm er eine Wallfahrt nach Aachen, worauf Johanna mit 39 Jahren den späteren Rudolf IV. zur Welt brachte; fünf weitere Kinder folgten.

Anna Katharina Gonzaga, die zweite Gemahlin Erzherzog Ferdinands II. von Tirol, der aus seiner Ehe mit Philippine Welser keine nachfolgeberechtigten Söhne hatte, soll ihren Mann während ihrer ersten Schwangerschaft angeregt haben, in der Hallerau nahe Innsbruck eine Kapelle nach dem Vorbild der *Casa Santa* in Loreto zu errichten. Das 1589 eingeweihte Kirchlein, das erste Loretoheiligtum in Österreich, wurde von der fürstlichen Familie reich ausgestattet, obwohl aus der Ehe nur Töchter hervorgingen. Kaiserin Eleonore (Abb. 36), die schöne zweite Gemahlin Ferdinands II., mußte zwar nicht unbedingt für einen Thronerben sorgen, da bereits ein solcher vorhanden war; sie erhoffte sich aber

doch Kinder, wie aus einer Schenkung zu vermuten ist: 1630, acht Jahre nach ihrer Vermählung, stiftete sie der Statue der *Schwangeren Muttergottes* von Bogenberg in Bayern einen perlenbesetzten Gnadenrock, wohl in der Hoffnung auf Nachwuchs (Abb. 37). Auch die auf ihre Initiative 1627 in der Wiener Augustinerkirche errichtete Loretokapelle dürfte nicht ohne Bezug auf den Kinderwunsch der Kaiserin zu sehen sein. Während sie selbst kinderlos blieb, flehten ihre Nachfolgerinnen in dieser Kapelle meist nicht vergeblich um einen Thronerben.

Abb. 35 *Martin van Meytens: Das kaiserliche Ehepaar Maria Theresia und Franz Stephan mit elf Kindern auf einer Schloßterrasse in Schönbrunn (ca. 1754).*

Wien, Schloß Schönbrunn (KHM, IN 7458).

Die Schwangerschaft der Herrscherin war stets ein Anlaß zur Freude, bisweilen wurde dieses Ereignis sogar bildlich festgehalten (Abb. 38). Der Verlauf der Schwangerschaft war auch im Kaiserhaus trotz aller Obsorge mit gesundheitlichen Risiken verbunden, einige Herrscherinnen erlitten Fehl-, Früh- oder Totgeburten. Kaiserin Maria Anna starb während ihrer sechsten Schwangerschaft an einer Schwangerschaftsvergiftung, das Kind wurde aus ihrem Leichnam herausgeschnitten, war aber nicht lebensfähig. Ihre Nachfolgerin Maria Leopoldine verschied 17jährig bei der Geburt ihres ersten Kindes, das ebenfalls nicht überlebte.

Abb. 36 *Justus Sustermans: Eleonore Gonzaga im Brautkleid (1621). An der Kette hängt in Taillenhöhe ein Medaillon mit dem Monogramm ihres kaiserlichen Bräutigams (F = Ferdinand II.). Das kostbare Spitzentaschentuch soll die vornehme Herkunft betonen.*

Innsbruck, Schloß Ambras (KHM, IN 7146).

Abb. 37 *Das Gnadenbild der »Schwangeren Muttergottes« von Bogenberg, nachgebildet als sog. Frautragfigur im Salzburger Lungau (Ende 18. Jh.). Das ungeborene Christuskind ist in segnender Haltung dargestellt.*

Salzburg, SMCA, IN 1715/24.

Im ersten Wochenbett starb Kaiserin Elisabeth Wilhelmine, im Kindbett nach der Geburt ihres zwölften Kindes Maria Theresia, beide waren Gemahlinnen von Kaiser Franz I. von Österreich. Gleichfalls im Wochenbett verschied 1547 Königin Anna, nachdem sie ihr 15. Kind zur Welt gebracht hatte.

Besonders berührt das Schicksal der spanischen Infantin Margarete, die seit ihrem 15. Lebensjahr mit Leopold I. verheiratet war und in sechs Ehejahren außer zwei Fehlgeburten vier Kinder zur Welt brachte, von denen nur eine Tochter am Leben blieb; die Kaiserin starb nach der letzten Geburt 21jährig an Erschöpfung, der Witwer heiratete bereits vier Monate später eine Tiroler Verwandte, um einen Thronerben zu erhalten.

Eine Herrscherin, die unfruchtbar war oder zumindest nicht den Thronfolger gebar, konnte einen schweren Stand haben. Sie mußte mit dem Bewußtsein leben, daß sie die Dynastie in Gefahr brachte und ihr Mann vielleicht auf ihr Ableben wartete, um durch eine jüngere Nachfolgerin zur gewünschten Nachkommenschaft zu gelangen. Kaiserin Elisabeth Christine, die Gemahlin

Abb. 38 *Lorenzo Lippi: Kaiserin Maria Leopoldine als Schwangere (1649). Sie starb noch im selben Jahr siebzehnjährig bei der Geburt dieses ihres ersten Kindes.*
Innsbruck, Schloß Ambras (KHM, IN 8119).

Karls VI., deren einziger Sohn jung gestorben war, wußte sicher nichts von den diesbezüglichen Gedanken ihres Mannes, auf jeden Fall überlebte sie ihn und sicherte so ihrer Tochter Maria Theresia den Thron.

Wie die Dynastie (Abb. 39), war auch der Adel am Fortbestand der Familie interessiert, um seine Herrschaft zu sichern. Anders als bei den meisten »Staatsheiraten« lernten junge Adelige ihre zukünftige Ehefrau aber oft persönlich kennen. Die Eheschließung konnte allerdings erst erfolgen, wenn die eigene Hausstandsgründung möglich war. Ähnlich wie beim Herrscherhaus wurde auch in Adelskreisen der »Wert« einer Ehefrau an der Zahl der Geburten gemessen. Adelige Damen konnten dabei mit glanzvollen Leistungen aufwarten. So brachte Anna von Thurn, die mit dem steirischen Landeshauptmann Hans von Ungnad (1493 bis 1564) verheiratet war, 20 Söhne und vier Töchter zur Welt, auch Elisabeth von Liechtenstein (1623–1688) gebar ihrem Ehemann innerhalb von 27 Jahren 24 Kinder, von denen allerdings nicht alle überlebten. In weiteren adeligen Stammbäumen finden

Abb. 39 *Johann Passini nach Peter Fendi: Familien-Vereinigung des österreichischen Kaiserhauses im Herbst 1834. Kaiser Franz I. und seine vierte Gemahlin Caroline Auguste im Kreise ihrer zahlreichen Familie.* Wien, HM, IN 70.399.

sich ähnliche Beispiele fruchtbarer Ehen mit über 20 Geburten. Es gab jedoch auch tragische Fälle: Alle 15 Kinder, die die Freifrau Maria von Kuefstein (1589–1623) in 15 Ehejahren gebar, starben als Frühgeburt, sie selbst verschied zwölf Tage nach der 15. Niederkunft im 33. Lebensjahr *sanfft und seeligklich.* Ob die oft angenommene Gleichung: viele Kinder = glückliche Ehe in diesem Fall wie auch sonst bei alljährlich wiederkehrenden Schwangerschaften stimmt, ist wohl die Frage.

Im Gegensatz zum Adel und zum vermögenden Bürgertum, das seinen Besitz weitervererben wollte (Abb. 40), war in sozial schwächeren Bevölkerungsschichten eine große Kinderschar eher Anlaß zur Sorge. Sie zehrte – vor der Einführung von Kindergeld – an der wirtschaftlichen Substanz der Familie. Vor allem im bäuerlichen Milieu blieben aber hohe Kinderzahlen eher die Regel. Nach Aussage des Haller Arztes Hippolyt Guarinoni brachten Tiroler Bäuerinnen im 17. Jahrhundert bis zu 28 Kinder zur Welt, von denen natürlich nicht alle am Leben blieben.

Mittel zur Familienplanung und Geburtenkontrolle waren bekannt und wurden auch angewendet, wie geringe Kinderzahlen und offensichtlich geplante Geburtstermine in verschiedenen untersuchten Orten zeigen. Zur Empfängnisverhütung durch sexuelle Enthaltsamkeit, bestimmte Sexualpraktiken oder langes Stillen traten verschiedene Arten der Abtreibung, die aber nicht immer ungefährlich für die werdende Mutter waren. Daß diese Mittel auch heute noch verwendet werden, bewies ein Fall in jüngster Vergangenheit: Im Februar 1995 wurde ein Tiroler zu einer Geldstrafe von S 32.400.– verurteilt, weil er einer 15jährigen Schwangeren geraten hatte, ein Gemisch aus Kampfer und Rotwein zu trinken; sie überlebte nur knapp, das Kind wurde anschließend »fachkundig« ärztlich abgetrieben. Um das besondere Risiko eines illegalen Schwangerschaftsabbruchs zu verringern ist in Österreich seit 1975 die sog. Fristenlösung erlaubt, d. h. ein ärztlicher Eingriff während der ersten drei Schwangerschaftsmonate. Über die Zahl der jährlichen Abtreibungen liegen keine verläßlichen Angaben vor, es werden hohe Dunkelziffern vermutet.

Abb. 40 *Ferdinand Georg Waldmüller: Die Familie des Gaudenzdorfer Bierbrauers Josef Leopold Gierster (1838).* Wien, HM, IN 73.050.

ALTER – KRANKHEIT – TOD

Senectus morbus ipse – das Alter an sich ist bereits eine Krankheit oder kann es zumindest sein. Diese Ansicht der alten Römer galt bis in unsere Tage weitgehend auch für die Lebensverhältnisse in Österreich. Der natürliche Alterungsprozeß brachte Verfallserscheinungen mit sich, die ohne die modernen medizinischen Errungenschaften zu einem frühen Tod führen konnten. Schadhafte oder ausgefallene Zähne erschwerten mit zunehmendem Alter die Nahrungsaufnahme, Hunger und Kälte zehrten an der Vitalität alternder Menschen, Frauen büßten durch zahlreiche Geburten viel von ihrer Lebenskraft ein. Arbeit bis zum Tod war die Regel, ein arbeits- und zugleich sorgenfreier Lebensabend blieb ein Traum, der erst in unserer Zeit für den Großteil der Bevölkerung Wirklichkeit wurde.

Insgesamt gab es früher weit weniger alte Menschen als heute. Die Erreichung eines höheren Alters war aber grundsätzlich möglich, auch auf Bildern sehen wir nicht selten rüstige Greise abgebildet. Etwa den Babenberger Markgrafen Leopold III. gemeinsam mit seiner Gattin Agnes – die trotz höheren Alters als jugendliche Fürstin erscheint (Abb. 41) – oder Graf Meinhard II. von Görz-Tirol mit seiner um zehn Jahre älteren und doch als junge Frau dargestellten Gemahlin Elisabeth (Abb. 126).

Die Stammbäume der Babenberger und Habsburger zeigen, daß nicht wenige Angehörige dieser Dynastenfamilien über 60 Jahre alt wurden. Das höchste Lebensalter erreichten Kaiser Friedrich III. mit 78 Jahren sowie Franz Joseph mit 86 Jahren.

Die Lebensdaten des Adels, der Bürger und Bauern sowie der Dienstboten und Angehörigen der sozialen Unterschichten sind natürlich weit weniger dokumentiert und lassen daher keine verläßliche Aussage zu. Sporadische Angaben zeigen allerdings, daß in allen Ständen ein höheres Alter möglich war. Am höchsten dürfte die Lebenserwartung unter den Geistlichen gewesen sein, vielleicht weil ihnen harte körperliche Arbeit erspart blieb. So gibt es einen Pfarrer von Flaurling namens Sigismund Ris (gest. 1532), der 101 Jahre alt wurde. Der Haller Arzt Dr. Guarinoni, der 1654 im 83. Lebensjahr starb, machte die Beobachtung, daß in seiner Umgebung der Adel und die bäuerliche Bevölkerung die höchste Lebenserwartung hatten. Im Jahr 1743 gab es 77jährige Witwen von Wiener Hofbediensteten, die in das kaiserliche Hofspital aufgenommen werden wollten, dagegen trat 1772 ein 87jäh-

Abb. 41 *Rueland Frueauf d. J.: Die Erbauung von Klosterneuburg (um 1505). Ausschnitt: Der greise Markgraf Leopold III. und seine um etwa drei Jahre ältere, aber jugendlich dargestellte Gemahlin Agnes.*
Klosterneuburg, Stiftsmuseum.

riger Hofbauamtsdiener aus dem Innsbrucker Hofspital wieder aus, weil ihm die Kost nicht zusagte.
Eine generelle Altersgrenze gab es bis in unser Jahrhundert nicht. Als alt wurde angesehen, wer keine Lebenskraft mehr besaß, hinfällig, siech und krank war. Der alte Mensch war in diesem Zustand auf die Nächstenliebe angewiesen, die als christliche Tugend galt und ewigen Lohn verhieß. Innerhalb der Familie verpflichtete das vierte Gebot die Kinder zu Hilfeleistung gegenüber ihren Eltern. »Familie« war aber auch ein weiterer Begriff, der das ganze Haus samt dem dazugehörigen Personal umfaßte. Innerhalb dieses Personenverbandes konnten selbst ledige Adelige oder zölibatäre Geistliche im familiären Ambiente bis zum Tod umsorgt werden, da beide Stände über lebenslange Einkünfte, die ohne körperliche Arbeit erworben wurden, verfügten. Die von ihnen zu erbringenden Leistungen konnten delegiert werden, indem der Nachfolger ihnen an die Hand ging. So hatte der römische Kaiser in der Regel bereits zu Lebzeiten einen römi-

schen König zur Seite, ein altersschwacher Bischof konnte von einem Koadjutor, ein Pfarrer von einem Vikar unterstützt werden. Anders gestaltete sich die Situation für Bürger, Bauern oder Dienstboten, die von ihrer Hände Arbeit leben mußten. Für sie konnte zunehmende Arbeitsunfähigkeit im Alter materielle Not bedeuten.

Im bürgerlichen Bereich arbeitete man bis zum Tod, die Lebenserwartung war aber hier besonders gering. Nach Guarinoni lebten Stadtbürger in Tirol im 17. Jahrhundert durchschnittlich nur 30 bis 40 Jahre.

Im bäuerlichen Leben hing das Schicksal der Alten weitgehend vom Ertrag des Hofes ab. War das Anwesen klein, mußten alle bis an ihr Lebensende arbeiten. Die heranwachsende Generation war dazu verurteilt, auf das Ableben des Bauern zu warten, ehe sie den Hof übernehmen konnte. Karl Schönherr hat in seinem Theaterstück *Erde* (1908) diese Situation, die er aus seiner Tiroler Heimat gut kannte, meisterhaft geschildert. Bei entsprechender Größe und Rentabilität des Hofes konnte für das alt gewordene Bauernehepaar dagegen ein Altenteil eingerichtet werden, das ihnen nach der Übergabe des Anwesens eine lebenslange Versorgung sowie Betreuung im Krankheitsfall garantierte. Bei guten familiären Verhältnissen arbeiteten aber auch die im Ausgedinge lebenden Altbauern ihren Kräften entsprechend weiter auf dem Hof mit.

Dienstboten waren im Alter auf das Wohlwollen ihres Dienstherrn oder ihrer Dienstherrin angewiesen. Für sie bedeutete Arbeitsunfähigkeit oft, ihren Dienstplatz zu verlieren und ihre alten Tage in einem Versorgungshaus oder als Einleger bei Bauern verbringen zu müssen. Auch Selbstmorde kamen in diesen Kreisen häufig vor.

Den Lebensabend außerhalb der gewohnten Umgebung – d. h. der Familie im engeren oder weiteren Sinn – zu verbringen, war wohl nie das Ziel alter Menschen. Die Suche nach Möglichkeiten, altersschwachen Mitmenschen ein menschenwürdiges Dasein zu verschaffen, hat die österreichische Gesellschaft jahrhundertelang beschäftigt. Der allmähliche Ausbau des sozialen Netzes zeigt, daß in dieser Beziehung gewaltige Fortschritte gemacht werden konnten.

In der Betreuung alter Menschen außerhalb des Familienverbandes war zunächst die Kirche führend. Sie verfügte auch über die entsprechende Institution zur Versorgung alter und kranker Menschen, das Spital.

Das mittelalterliche Hospital *(hospitium* oder *hospitale pauperum)* wurde bei allen Domkirchen und Klöstern eingerichtet, um im Sinn christlicher Hospitalität Fremde *(hospites)* zu beher-

bergen. Fromme Pilger und andere Reisende wurden außerhalb der Klausur gastlich aufgenommen, da sie Christus verkörperten. Zur gastlichen Aufnahme gesellten sich oft pflegerische Dienste, wenn die Ankömmlinge krank und/oder altersschwach waren.
Die Errichtung größerer Häuser für die Betreuung von Reisenden war besonders dort vonnöten, wo Fernstraßen für starken Verkehr sorgten oder gefährliche Pässe zu überwinden waren. An diesen neuralgischen Punkten entstanden im 12. Jahrhundert die ältesten Hospitäler Österreichs. Einige Orte, die sich um diese Spitäler herum bildeten, erhielten davon ihren Namen: Spital am Semmering, Spital am Pyhrn, Spittal an der Drau.
Im 13. Jahrhundert wurden zahlreiche weitere Hospitäler an den Durchzugsstraßen errichtet. Das wohl berühmteste Alpenhospiz, jenes von St. Christoph am Arlberg, verdankt sein Entstehen der Initiative eines Findelkindes, das in adelige Dienste trat und 1386 eine Bruderschaft zum Unterhalt seiner Stiftung ins Leben rief. Sie besteht bekanntlich bis heute.
Neben den Stiftungen für Pilger und Reisende entstanden allmählich auch in vielen Städten Österreichs Spitäler, die aber vornehmlich Hilfsbedürftige aus der eigenen Bevölkerung versorgten. Damit entwickelten sich die Städte längerfristig zu den wichtigsten Zentren einer systematischen Wohlfahrtspflege. Zu den großen Bürgerspitälern gesellten sich vielfach auch kleine Armen- oder Seelgeräthäuser, in denen die aufgenommenen altersschwachen Männer und Frauen durch ihre Gebete für das Seelenheil der Stifter sorgen sollten. Arme Stadtbewohner wurden auf Kosten der Stadt oder der Stifter als Pfründner in diese Versorgungshäuser aufgenommen, wohltätige Spender besserten nicht selten die Lebensbedingungen durch Zuwendungen an Lebensmitteln oder Kleidung auf, himmlischen Lohn vor Augen.
Ebenfalls in den Städten angesiedelt wurden Hofspitäler, die verschiedene österreichische Herrscher errichten ließen. Die älteste Einrichtung dieser Art stammt von Herzog Leopold VI., der 1211 ein Heiliggeistspital in Wien gründete. 1327 errichtete Friedrich der Schöne ebendort ein Spital bei der Gottsleichnamskapelle vor dem Werdertor, das 13 Pfründner aufnahm; 1343 aufgelassen, wurden seine Güter und Einkünfte mit dem Martinsspital vor dem Widmertor vereinigt, das Herzog Otto der Fröhliche um 1330 gegründet hatte. Das neue Spital war für 20 alte Männer und zehn alte Frauen bestimmt und nahm vermutlich besonders ehemalige Hofbedienstete auf. 1348 stifteten Albrecht II. und seine Gemahlin Johanna von Pfirt in Wien ein Spital für zwölf adelige und nicht mehr diensttaugliche weibliche Mitglieder ihres Hofstaats. 1518 verfügte Maximilian I. testamentarisch den Bau von je

einem Spital in Wien, Innsbruck, Linz, Graz und St. Veit an der Glan, in die nicht näher bezeichnete *arme leut* aufgenommen werden sollten. Er widmete diesen Versorgungshäusern je 1000 Gulden Jahreseinnahmen und gab Anweisungen über die Unterbringung, Verpflegung und Bekleidung sowie hygienische und seelsorgliche Betreuung der männlichen und weiblichen Insassen. In jedem Hofspital mußte eine Statue des Kaisers aufgestellt werden, die in ihrer Hand eine Kerze hielt; bei jedem Hochamt sollte sie ihm *zu seliger gedechtnuß* angezündet werden.

Gemäß dem Stiftungsauftrag seines Großvaters ließ Ferdinand I. ab der Mitte des 16. Jahrhunderts Hofspitäler in Wien, Innsbruck, Wels (statt Linz), Graz und St. Veit errichten; sie versorgten bis ins späte 18. Jahrhundert zahlreiche alte Pfleglinge beiderlei Geschlechts. Joseph II. hob diese Hofspitäler auf und ließ den Insassen aus dem Hofspitalsfonds jährliche Geldpfründen für den Lebensunterhalt außer Haus auszahlen. Die Zahlungen erfolgten bis in die NS-Zeit.

Eine kaiserliche Gründung war auch das Spanische Spital in Wien. Es wurde 1717 von Karl VI. zur Versorgung von altgewordenen Untertanen aus den ehemaligen spanischen Besitzungen der Habsburger gestiftet.

Neben die gnadenweise Versorgung altersschwacher Mitmenschen (Abb. 42) war bereits im Mittelalter die eigenfinanzierte Altersvorsorge durch Einpfründung getreten. Wohlhabende Männer, Frauen und auch Ehepaare nutzten die Möglichkeit, im Alter in einem klösterlichen oder städtischen Spital Pflegedienste zu genießen (Abb. 43). Sie übergaben dem Spital ihrer Wahl bereits in gesunden Tagen Grundstücke oder größere Geldbeträge und kauften sich damit eine Pfründe, d. h. Unterkunft und Verpflegung. Solange sie den Spitalsplatz in diesem »Altersheim« nicht beanspruchten, konnten sie die Erträge des eingebrachten Kapitals als Leibrente nutznießen, danach wurde davon die Pfründe finanziert. Die Modalitäten der Wohnung und Verköstigung dieser sog. Herrenpfründner wurden jeweils genau geregelt, sie traten in eine quasigeistliche Gemeinschaft ein und hinterließen dem Spital im Regelfall auch ihre gesamte Hinterlassenschaft.

Ein Teil der Herrenpfründner verdankte seine Aufnahme in ein Spital allerdings nicht dem eigenen Vermögen, sondern der Intervention hochgestellter Persönlichkeiten. So machten die österreichischen Landesfürsten verschiedentlich vom Recht der Ersten Bitte Gebrauch, um Personen ihrer Wahl in einem klösterlichen oder städtischen Spital unterzubringen. Ihre *Panisbriefe* stießen in den betroffenen Institutionen meist auf wenig Gegenliebe.

Bis ins 18. Jahrhundert nahmen alle Spitäler nicht nur alters-

Abb. 42 *Rudolf von Alt: Kleine Kommunstube im Salzburger Bürgerspital (1882). Spitäler waren vorwiegend Altersheime, nicht Krankenhäuser.*
Salzburg, SMCA, IN 233/54.

schwache Menschen, sondern auch geistig behinderte Kinder, verwahrloste Jugendliche, Debile, Irre oder nur zeitweise Erkrankte auf. Joseph II. ging daran, die einzelnen Gruppen voneinander zu trennen, um ihnen jeweils eine adäquate Versorgung angedeihen zu lassen. 1781 erließ er *Directiv-Regeln zu künftigen Einrichtung der hiesigen Spitäler und allgemeinen Versorgungs-Häuser*, die in Wien unter anderem die Schaffung eines Netzes von Alterspflegeheimen vorsahen. Die konsequente Durchführung dieser Direktiven hätte einer großen Zahl unversorgter Alter eine wesentliche Verbesserung ihrer Lebensbedingungen gebracht. Die Pläne konnten aber mangels finanzieller Mittel nur in bescheidenen Ansätzen verwirklicht werden.
Die Aufhebung der Grundherrschaft (1848) führte zu einem grundlegenden Wandel in der Altersversorgung. An die Stelle des Grundherrn, der in patriarchalischer Weise – etwa durch die Errichtung von Grundspitälern (Abb. 44) – für seine Untertanen zu sorgen hatte, trat nun die Gemeinde. Sowohl das provisorische

Abb. 43 *Salzburger Kostümbild (Ende 18. Jh.): Eine Pfründnerin im Salzburger Bürgerspital mit Stock und Rosenkranz. Die Kleidung läßt darauf schließen, daß sie sich einkaufte.*
Salzburg, SMCA, IN 2567/49.

Abb. 44 *Ausschnitt aus einem Zeitungsartikel (1886): Das bescheidene Grundspital St. Ulrich in Wien, Kaiserstraße.*
Wien, HM, IN 108.729/21.

Gemeindegesetz von 1849 als auch das Heimatgesetz von 1863 übertrugen den Gemeinden die Kompetenz der Armen- und damit auch Altersversorgung armer Gemeindemitglieder. Aber nur wer in der Gemeinde Heimatrecht besaß, hatte Anrecht auf diese Versorgung. Diejenigen, die fern ihrer Heimatgemeinde arbeiteten, konnten im Alter oft nicht mehr zurückkehren oder waren ungern gesehene Heimkehrer, die man widerwillig in Armenhäusern oder als Einleger versorgte.

Gegen Ende des 19. Jahrhunderts entstanden in den meisten österreichischen Städten Versorgungshäuser für alte Mitbürger. Auch die beiden Regierungsjubiläen Kaiser Franz Josephs boten Anlaß für entsprechende Stiftungen. Der Jubilar hatte gebeten, die für aufwendige Festivitäten erforderlichen Geldmittel lieber für humanitäre Zwecke zu verwenden, und so entstand z. B. 1908 das *Kaiser-Franz-Joseph-Jubiläums-Greisenasyl* in Innsbruck.

Neben der kosten- und arbeitsintensiven Versorgung alter Menschen in speziellen Anstalten wurde über die Jahrhunderte hinweg auch »offene« Altenhilfe praktiziert. Sie bestand in vorübergehender oder dauernder Bezahlung von Unterstützungsgeldern, sei es als Gnadengelder von Fürsten oder in Form von Geldpfründen seitens der Städte. Eine staatliche Unterstützung für völlig verarmte Staatsbürger wurde in Österreich erst in der Ersten Republik eingeführt, die seit 1927 ausbezahlte provisorische Alters-

fürsorgerente war allerdings, der damaligen Wirtschaftslage entsprechend, äußerst bescheiden.
Die Zeit des Gnadenbrots für alte Menschen war erst zu Ende, als durch die Schaffung von Pensionen allmählich ein Rechtsanspruch auf eine gesicherte Altersversorgung entstand.
Die Auszahlung von Alterspensionen war wesentlich mit der Entwicklung des modernen Staates verquickt. Im Zeitalter des aufgeklärten Absolutismus sollten die hochgeschätzten Diener des Staates, besonders im zivilen Bereich, durch die Gewährung einer sicheren Altersversorgung zu mehr Loyalität veranlaßt werden. Aufbauend auf einigen entsprechenden Verordnungen Maria Theresias, erließ Joseph II. 1781 das erste umfassende Pensionsgesetz für seine Beamten. Er regelte darin die Anspruchsberechtigung und Leistungshöhe der Altersversorgung, vor allem aber machte er sie von der Bedürftigkeit des einzelnen Staatsdieners unabhängig. Die Beamten erhielten einen rechtlichen Anspruch auf eine lebenslange Alterspension, die nach zehn Dienstjahren ein Drittel des letzten Bezuges betragen sollte; nach 40 Dienstjahren stieg dieser Betrag auf zwei Drittel, als außerordentliche Belohnung war bei längerer Dienstdauer sogar der Weiterbezug des vollen Gehalts vorgesehen.
Neben den Staatsbeamten wurden auch die Beschäftigten in diversen Staatsbetrieben (z. B. Tabakfabriken, Hauptmünzamt, Hof- und Staatsdruckerei) in die Altersvorsorge einbezogen. Allerdings sollten alle Beamten und Staatsbediensteten ihre Alterspensionen erst dann beanspruchen, wenn sie arbeitsunfähig geworden waren; der Staat erwartete von seinen Dienern also weiterhin lebenslange Dienste.
Trotzdem erwies sich die staatliche Pensionsregelung als Vorreiterin einer allgemeinen Altersversorgung; das Streben nach einem arbeitsfreien und sozial abgesicherten Lebensabend für alle arbeitenden Menschen wurde zu einem erklärten Ziel der Sozialpolitik. Verschiedene Versuche, durch die Gründung von Rentenversicherungen oder Pensionsfonds zu einer ausreichenden finanziellen Basis für die Altersversorgung zu gelangen, zeitigten nicht den gewünschten Erfolg. Sie wiesen aber in die richtige Richtung, d. h. durch die Einzahlung von Geldbeträgen während des gesamten Berufslebens die Versorgung im Alter sicherzustellen. Diese Art der sozialen Absicherung durch eine Rentenversicherung wurde im Deutschen Reich 1911 durch eine Reichsversicherungsordnung von Staats wegen eingeführt und nach dem »Anschluß« 1938 auch auf Österreich übertragen. Mit Inkrafttreten der *Verordnung über die Einführung der Sozialversicherung im Lande Österreich* am 1. Januar 1939 war ab diesem Zeitpunkt ein Groß-

teil der arbeitenden Bevölkerung unseres Landes erstmals altersversichert.
Die während der NS-Zeit eingeführte allgemeine Altersversicherung wurde auch in der Zweiten Republik beibehalten und sukzessive ausgebaut. 1955 wurde das *Allgemeine Sozialversicherungsgesetz* (ASVG) für die Arbeiter und Angestellten beschlossen, 1957 folgte das Gesetz über die Pensionsversicherung für die in der gewerblichen Wirtschaft selbständig Erwerbstätigen, 1957/69 wurde die Altersversicherung der Bauern gesetzlich geregelt. Seit 1978 bestand auch für bestimmte Gruppen freiberuflich Erwerbstätiger (z. B. Ärzte, Rechtsanwälte, Apotheker etc.) die Möglichkeit, eine Altersversicherung zu erhalten.
Die Alterspensionen wurden an die Erreichung eines entsprechenden Pensionsalters und die Einzahlung ausreichender Beiträge gebunden; Pensionisten, die den vorgesehenen Richtsatz nicht erreichten, sollten Ausgleichszulagen erhalten.
Mit der gesetzlich geregelten Altersversorgung, zu der auch der Staat durch Zuschüsse beiträgt, ist in unserem Jahrhundert endlich allen alten Menschen in Österreich ein relativ sorgenfreier Lebensabend gesichert. Anspruch auf eine Altersversorgung besitzt, wer mindestens 15 Jahre pensionsversichert war und das gesetzliche Pensionsalter – 65 Jahre bei Männern, 60 Jahre bei Frauen – erreicht hat; bei wenigstens 35 Versicherungsjahren ist es möglich, bereits im Alter von 60 bzw. 55 Jahren eine »Frühpension«, d. h. eine vorzeitige Alterspension in Anspruch zu nehmen. Es besteht auch die Möglichkeit einer Gleitpension, bei der die Arbeitszeit sukzessive reduziert wird.
Der Anteil der älteren Österreicher(innen) an der Gesamtbevölkerung ist in den letzten Jahrzehnten ständig gestiegen, bedingt durch den Rückgang der Sterblichkeit einerseits und die sinkende Geburtenzahl andererseits; 1992 waren 20,3 Prozent der Österreicher(innen) älter als 60 Jahre, 6,6 Prozent älter als 75 Jahre. Die Lebenserwartung der Männer lag bei 72,9 Jahren, diejenige der Frauen bei 79,4 Jahren. Der Lebensabschnitt »Alter« gibt heute vielen Menschen in Österreich die Chance, die arbeitsfreie Zeit des Ruhestands zu neuen Initiativen zu nutzen. Allerdings nehmen durch das durchschnittlich höhere Lebensalter auch degenerative Alterserkrankungen wie die Alzheimersche oder die Parkinsonsche Krankheit zu.

Abb. 45 *Prospekt des von Joseph II. 1784 errichteten Allgemeinen Krankenhauses in Wien. Im Hintergrund der »Narrenturm«.*
Wien, HM, IN 15.736.

Der eingangs angesprochene Konnex Alter–Krankheit ist damit noch einmal hergestellt, Krankheit läßt sich aber nicht auf das Alter beschränken, sondern begleitet den Menschen ein Leben lang. Wie ging man in Österreich mit diesem Problem um? Wie sah es mit der medizinischen Versorgung der Bevölkerung aus?

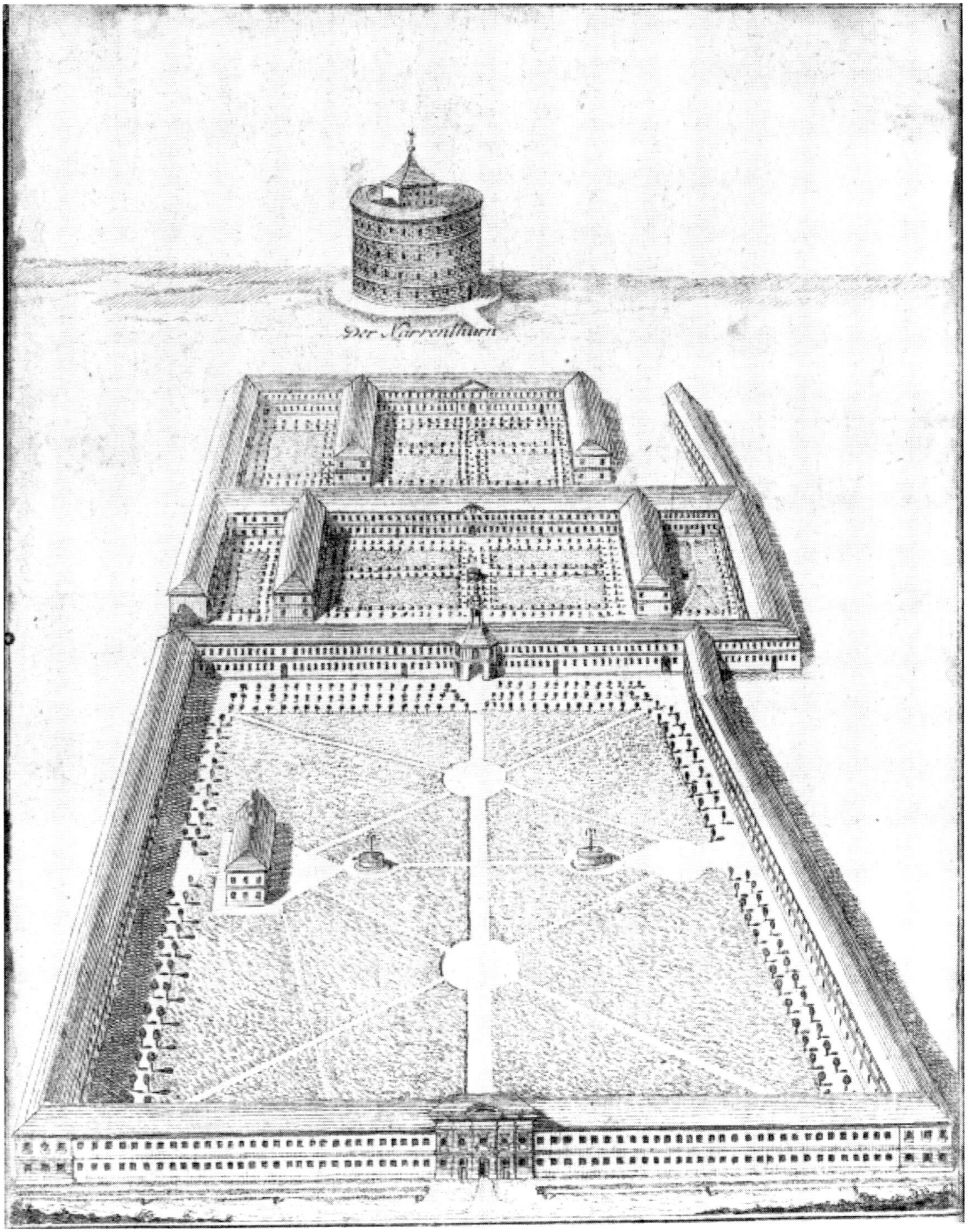
Der Narrenthurn

Die Pflege der Kranken gehört zu den Werken der christlichen Barmherzigkeit. Die ersten Zentren einer gezielten Versorgung waren daher die Klöster, die in ihren internen Krankenstationen (Infirmarien) die eigenen Insassen pflegten. Darüber hinaus versorgten sie in ihren Laienhospitälern außerhalb der Klausur bei Bedarf auch durchreisende Fremde. Aus diesen klösterlichen Spitälern sowie den adäquaten Einrichtungen in den Städten entwickelte sich das mittelalterliche Spitalswesen, in dem die Krankenpflege aber, wie bereits erwähnt, nur einen Teil der Aktivitäten ausmachte.

Das multifunktionale Hospital des Mittelalters wurde im Lauf der Zeit zum Krankenhaus im heutigen Sinn. Eine wesentliche Rolle spielten dabei die frühen Krankenorden, die sich in ihrem Klosterleben auf die Pflege von Kranken spezialisierten. Für Österreich kam dabei den Ordensgemeinschaften der Barmherzigen Brüder und der Elisabethinen eine Vorreiterrolle zu.

Im Jahr 1614 berief Kaiser Matthias die Barmherzigen Brüder nach Wien, 1615 gründeten sie auch in Graz ein Spital. Da die Barmherzigen Brüder nur männliche Patienten aufnahmen, entstand zunehmend Interesse an einem weiblichen Krankenorden, der Frauen versorgte. 1694 gründeten die Elisabethinen in Graz, wo es bereits im 14. Jahrhundert ein Spital für kranke adelige Frauen gegeben hatte, ihr erstes Kloster und Spital auf österreichischem Gebiet; 1709 kamen die ersten Schwestern von dort nach Wien und errichteten hier im folgenden Jahr ein Spital. Weitere Gründungen in Klagenfurt (1710) und Linz (1745) folgten.

Die bedeutendste Krankenhausgründung in Österreich geht aber auf die Initiative Josephs II. zurück. Auf einer Studienreise nach Frankreich 1777 hatte er in Paris das riesige *Hotel Dieu* auf der Seine-Insel kennengelernt und gründete daraufhin 1784 das *Allgemeine Krankenhaus* in Wien (Abb. 45). Es wurde frei in die Landschaft gebaut, um für gute Luft zu sorgen und gleichzeitig im Seuchenfall den Kontakt mit der Stadt und damit die weitere Ausbreitung der Krankheit zu unterbinden. 2000 Patienten konnten Aufnahme finden. Der großflächige Spitalskomplex beherbergte auch eine Gebärabteilung sowie ein Gebäude für Geisteskranke, den *Narrenturm*. Obwohl die Lebensbedingungen in diesem Tollhaus uns heute unmenschlich erscheinen, war damit ein Anfang in der medizinischen Betreuung geisteskranker Menschen gemacht.

Die Patienten des *Allgemeinen Krankenhauses* wurden nicht nur nach Geschlecht, sondern auch nach der Art der Erkrankung sowie nach ihrer Zahlungsfähigkeit unterschiedlich untergebracht;

Abb. 46 *Paracelsus, Die große Wundarznei (Frankfurt 1562), Teil 1, Titelblatt: Krankenbehandlung bei einem Wundarzt (Ausschnitt).*
Innsbruck, UB, Sign. 208.105.

für arme Kranke, die das Hauptkontingent stellten, erfolgte die Aufnahme kostenlos.

Schon bald nach seiner Eröffnung verwandelte sich das Krankenhaus, das, nach der Inschrift über dem Eingangsportal, *dem Wohlergehen und Trost der Kranken dienen* sollte, von einem Ort der Behandlung heilbarer Patienten in eine Stätte systematischer Lehre und Forschung. Bis zum Neubau seit den 1980er Jahren blieb es das führende Krankenhaus Wiens.

Ab dem 19. Jahrhundert wurden sowohl in Wien als auch in anderen österreichischen Städten zahlreiche weitere Krankenhäuser gebaut, so daß schließlich ein flächendeckendes Spitalsnetz für das gesamte Bundesgebiet entstand.

Neben der medizinischen Betreuung in eigenen Anstalten nahm stets die Hauskrankenpflege einen bedeutenden Platz ein. Sie wurde in der Regel von Frauen geleistet, die ihr Wissen von Generation zu Generation mündlich weitergaben. Unter den angewendeten Hausmitteln haben wohl die Heilpflanzen immer einen besonderen Stellenwert besessen, man pflanzte sie entweder selbst an oder sammelte sie in der Natur. Aus diesen Heilkräutern wurden Aufgüsse, Tinkturen oder Salben hergestellt.

Die professionelle Ausübung medizinischer Praktiken war seit dem Hochmittelalter in zwei Bereiche geschieden, in die Ebene des akademisch ausgebildeten Arztes (*medicus*, *physicus*, Bucharzt, Leibarzt) und die der handwerklich geschulten Wundärzte, Chirurgen, Bader und Barbiere. Ursache dieser Trennung war das für Kleriker 1163 erlassene Verbot, chirurgische Tätigkeiten auszuüben *(ecclesia non sitit sanguinem)*. Dadurch wurden die an den Universitäten lehrenden geistlichen Professoren der Medizin auf die Behandlung innerer Krankheiten beschränkt. Da auch das Sezieren von Leichen kirchlicherseits verboten war, tradierten sie das antike und islamische Wissen aus Büchern, ohne selbst praxisorientierte Kenntnisse zu besitzen.

Demgegenüber führten die Praktiker der Medizin verschiedene operative Eingriffe durch (Abb. 46), entfernten Blasen-, Nieren- und Gallensteine, behandelten Knochenbrüche, Kiefer- und Kopfleiden, brachen Zähne aus und kurierten Wunden. Zur Schmerzlinderung erhielten die Patienten Schlafschwämme, die in Aufgüsse von Bilsenkrautsamen oder Mandragora (Alraune) getaucht waren und einschläfernd wirkten.

Nur in Einzelfällen kam es zur Zusammenarbeit zwischen graduierten Ärzten und medizinischen Praktikern. Das berühmteste Beispiel in der österreichischen Geschichte ist sicherlich die Beinamputation an Friedrich III., die am 8. Juni 1493 von zwei Wundärzten unter Aufsicht zweier Leibärzte durchgeführt wurde, während drei weitere den Kaiser festhielten. Die Operation, die in Gegenwart zahlreicher Adeliger vorgenommen wurde, verlief erfolgreich, der Patient starb aber zwei Monate später, wahrscheinlich an den Spätfolgen. Dagegen überlebte eine Frau, an der 1549 drei Chirurgen unter Aufsicht eines akademischen Arztes einen Kaiserschnitt durchführten, den Eingriff (Abb. 7).

Die Überlebenschancen nach Operationen und Krankheiten waren im allgemeinen gering, was angesichts der mangelnden medizinischen Kenntnisse nicht verwundert. Ohne nähere Einsicht in den inneren Aufbau des menschlichen Körpers wurde bis ins 18. Jahrhundert die antike Lehre von der Krankheit als Disharmonie der vier Körpersäfte tradiert und kritiklos geglaubt. Dieser Viersäftelehre zufolge – sie wurde dem christlichen Abendland vor allem durch Claudius Galen, den Leibarzt Kaiser Mark Aurels (169–180 n. Chr.), vermittelt – bestand das Blut aus vier Flüssigkeiten, die ihren Sitz in verschiedenen Organen hatten: das rote Blut im Herzen, der weiße Schleim im Gehirn, die gelbe Galle in der Leber und die schwarze Galle in der Milz. Der Mensch wurde krank, wenn einer dieser Körpersäfte im Übermaß vorhanden oder verdorben war. Als bestes Mittel, das Gleichgewicht und damit die Gesundheit wiederherzustellen, galten daher die Entfernung überschüssiger Säfte und der Abbau aller im Körper befindlichen Giftstoffe. Durch das Purgieren, d. h. die Eingabe von Brechmitteln, wurden die Krankheitsstoffe aus dem Magen befördert, das Klistier diente der Entschlackung durch Darmreinigung; beim Schröpfen und Aderlaß (Abb. 47–51) wurde dem Körper vermeintlich überschüssiges oder verdorbenes Blut entzogen.

Abb. 47 *Wolf Helmhard von Hohberg, Georgica curiosa aucta, Teil 1 (Nürnberg 1716), S. 370: Schröpfen und Aderlassen im adeligen Haus.*
Innsbruck, UB, Sign. 101.976.

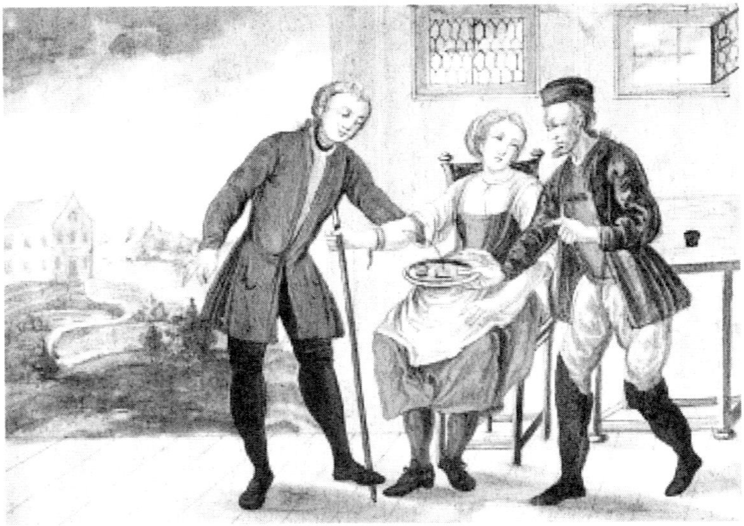

Abb. 48 *Salzburger Monatsbild, Mai: Frau beim Aderlassen (um 1760).*
Salzburg, SMCA, IN 1516/24.

Die Wißbegierde der europäischen Gelehrten setzte sich schließlich an mehreren Universitäten über das kirchliche Verbot der Leichenöffnung hinweg. Die Praxis des akademischen Sezierens war überall gleich: Während ein Bader oder Chirurg den Leichnam sezierte, las und interpretierte der Fachprofessor den entsprechenden Text aus den Schriften Galens. Was nicht mit dessen Angaben übereinstimmte, galt an der vorliegenden Leiche als verkümmert, krank oder seit der Antike etwas verändert.
In Österreich wurde erstmals am 12. Februar 1404 in Wien eine Sektion vorgenommen, allerdings nicht an der Universität – damit

Abb. 49 *Aderlaßschnäpper aus Stahl (Länge: 11 cm) zum Öffnen der Adern, steirisch (18. Jh.).*
Graz, Volkskundemuseum, IN 17.460.

Abb. 50 *Schröpfkopf aus Kufper (Bodendurchmesser: 32 mm), steirisch (18. Jh.). Beim Schröpfen ritzte man die Haut an mehreren Stellen leicht ein und setzte erwärmte Schröpfköpfe aus Glas oder Metall auf, die dem Körper bei ihrer Abkühlung Blut entzogen; mit ähnlichem Effekt wurden auch Blutegel angesetzt.*
Graz, Volkskundemuseum, IN 7935.

hätte man gegen das kirchliche Verbot verstoßen –, sondern in der Waschstube des außerhalb der Stadtmauern gelegenen Heiliggeistspitals. Der aus Padua an die Wiener Hochschule berufene Professor und herzogliche Leibarzt Galeazzo di Santa Sofia leitete die Sezierübung, als Anschauungsobjekt diente die Leiche eines Hingerichteten, die ein Chirurg vier Tage lang vor Angehörigen der Universität und zahlendem Publikum sezierte. 1416 wurde in Wien eine zweite *Zergliederung* an einem männlichen Objekt vorgenommen, 1452 folgte die erste Sektion einer weiblichen Leiche.

Abb. 51 *Aderlaßmännchen, aus einer Bauernpraktika (19. Jh.). Die Merkfigur gibt an, in welchen Sternbildern die Leiden bestimmter Körperteile (z. B. Widder = Kopf) durch Aderlaß bekämpft werden sollten.*
Graz, Volkskundemuseum, IN 7025.

Trotz dieser vereinzelten Leichenöffnungen stand die Medizin den meisten Krankheiten und vor allem den verheerenden Seuchen hilflos gegenüber, weil man die Ursachen anhand des überlieferten Wissensstandes nicht erkennen konnte; auch die zu Ende des Mittelalters auftretenden Schußverletzungen waren mit den traditionellen Methoden nicht zu heilen, da sie in der Antike noch nicht vorkamen und daher in den überkommenen Lehrbüchern nicht behandelt wurden. Die europäische Medizin mußte sich daher allmählich von den antiken Autoritäten emanzipieren, um den neuen Herausforderungen gewachsen zu sein.
Die Viersäftelehre Galens wurde erstmals von Theophrast Bombast von Hohenheim (1493–1541) massiv angezweifelt. Als Sohn

Der ander Theil
Der grossen Wundarcz-
ney deß weitberhümpten / bewerten / vnnd
erfahrnen / Theophrasti Paracelsi von Hohenheim /
der Leib vnd Wundartzney Doctorn / Von der offnen
Schäden vrsprung vnd heylung. Auß rechtem grundt vnd
bewerten stücken treüwlich an
Tag geben.
Mit Röm. Keis. Maiestet Freyheit nicht
nachzudrucken,

Abb. 52 *Paracelsus, Die große Wundarznei (Frankfurt 1562), Teil 2, Titelblatt.*
Innsbruck, UB, Sign. 208.105.

eines Arztes aus Hohenheim (bei Stuttgart) im schweizerischen Einsiedeln geboren, kam Theophrast als Kind mit seinem Vater nach Villach und nahm hier an alchimistischen Versuchen teil. Nach dem Studium der Medizin und Chirurgie (?) an der Universität Ferrara führte er ein unruhiges Wanderleben, ehe er sich 1540 in Salzburg niederließ, wo er bereits ein Jahr später starb. Statt blind Galen zu folgen, fand Theophrast im umfangreichen Werk des römischen Autors Celsus viel Wissenswertes, das er in seiner ärztlichen Kunst anwenden konnte. Er nannte sich daher *Paracelsus*, d. h. Anhänger des Celsus. Paracelsus lernte aber auch bei den Praktikern der Medizin, bei Wundärzten und Badern. Statt sich in seiner Heilkunst auf Aderlaß und Abführmittel sowie Heilkräuter zu beschränken, sah er in Eisen und Kupfer, Schwefel und Arsen ebenfalls heilende Kräfte und wurde so zum Vorläufer der modernen Therapie mit chemischen Arzneimitteln.

Paracelsus veröffentlichte seine Werke teilweise in deutscher Sprache (Abb. 52) und zog sich dadurch die Verachtung seiner lateinisch schreibenden Fachkollegen zu. Sein unsteter Lebenswandel und seine philosophischen Ansichten ließen ihn auch literarisch weiterleben, u. a. war er das Vorbild für den bösen Geist *Lumpazivagabundus* in der gleichnamigen Zauberposse von Johann Nestroy.

Die folgenden Jahrhunderte brachten epochemachende neue Erkenntnisse auf dem Gebiet der Medizin: Zu Beginn des 17. Jahrhunderts entdeckte der englische Arzt William Harvey den Blutkreislauf, zu Ende des 18. Jahrhunderts propagierte sein Landsmann Edward Jenner die Pockenimpfung mit Rinderlymphe als bestes Mittel zur Immunisierung gegen diese gefährliche Krankheit.

Nun bereits allgemein praktizierte Leichensektionen boten die Möglichkeit zu umfangreichen anatomischen Studien, durch die die Humoralpathologie endgültig überwunden und die Organpathologie begründet wurde, d. h. die Erkenntnis, daß die Krankheiten nicht mit dem Blut und seinen vier Säften *(humores)* im ganzen Körper kreisen, sondern fast immer in einzelnen Organen lokalisiert sind. Krankheit wurde nun als Prozeß verstanden, der entweder fortschreitet oder erfolgreich beendet werden kann.

Neue Heilmittel wie Chinin oder Opium wurden angewendet, aber auch Eisen gegen Anämie oder Quecksilber gegen Syphilis. Neue Krankheiten wurden konstatiert und behandelt. Seitdem man die Atmung als Gasaustausch begriff, konnten auch bei Lungenkrankheiten Erfolge erzielt werden, u. a. bei Tuberkulose durch Luftkuren.

Auch neue Untersuchungsmethoden setzten sich durch: Der

Grazer Gastwirtssohn Leopold Auenbrugger (1722–1809) übertrug die ihm von Kindheit an vertraute Methode, durch Abklopfen der Weinfässer deren Pegelstand festzustellen, als Professor in Wien auf seine Patienten; er klopfte sie ab und erkannte so die Flüssigkeitsmenge in ihren Körperhöhlen. Seine Methode der Perkussion wurde aber erst durch Jean Corvisart, den Leibarzt Napoleons, allgemein verbreitet. Der Franzose René Theophile Laennec führte 1819 das Stethoskop (Hörrohr) zur mittelbaren Auskultation in die medizinische Praxis ein; das Abklopfen und Abhören der Patienten gehörte fortan zu jeder Standarduntersuchung.
Die gezielte Anwendung des Mikroskops ermöglichte im 19. Jahrhundert grundlegende Einsichten in den Mikrokosmos Mensch. Was bereits im 16. Jahrhundert von einigen vermutet wurde, daß lebende Krankheitserreger bestimmte Krankheiten entweder direkt von Mensch zu Mensch oder im Umweg über verseuchte Tiere und Gegenstände übertrugen, konnte nun wissenschaftlich nachgewiesen werden. Die Erreger der wichtigsten Infektionskrankheiten – Bakterien, Bazillen, Pilze – wurden identifiziert, zu ihrer Bekämpfung entwickelte der Chemiker Louis Pasteur (gest. 1895) die entsprechenden Impfstoffe.
Die zunehmende Kenntnis des menschlichen Körpers und seiner Funktionen eröffnete neue Behandlungsbereiche, wobei bei Operationen verbesserte Narkosemöglichkeiten die Eingriffe für die Patienten erträglicher machten. Neben die Vollnarkose mit Äther, Lachgas oder Chloroform trat die Lokalanästhesie für kleinere Anwendungsgebiete. Die Forderung nach absoluter Sauberkeit bei medizinischen Eingriffen führte zu entsprechenden antiseptischen und aseptischen Maßnahmen, wodurch das Sterberisiko gesenkt werden konnte. Die Entdeckung der Röntgenstrahlen durch Wilhelm Conrad Röntgen (1895) eröffnete bisher unbekannte Einblicke in den lebenden Menschen, die Erforschung der Blutgruppen durch den gebürtigen Wiener Karl Landsteiner (1901) machte risikolose Bluttransfusionen und damit die Rettung zahlloser Menschenleben möglich. Die medizinischen Fortschritte der letzten Jahre (Transplantationen, Operationen mit Laser, Computertomographie, Antibiotika u. a. m.) erweiterten die Chancen, kranken Menschen zu helfen, in bisher ungeahnter Weise.

Vor diesem Hintergrund spielte sich die medizinische Versorgung der österreichischen Bevölkerung ab. Während sich die Habsburger in Wien und in den anderen Residenzen eigene Leibärzte leisten konnten und auch der Adel auf gute Ärzte Wert legte, stand

es mit der medizinischen Betreuung der übrigen Bevölkerung nicht zum Besten. Zwar gab es spätestens ab dem 15. Jahrhundert in verschiedenen österreichischen Städten eigens angestellte Ärzte, die Hauptaufgabe dieser Stadtphysici war aber die Bekämpfung von Seuchen.
Der berühmteste von ihnen war zweifellos Dr. Hippolyt Guarinoni, der zunächst Leibarzt im Haller Damenstift sowie seit 1601 auch Stadtphysikus in dieser Stadt war, ehe er das Amt eines Gewerkenarztes übernahm sowie schließlich noch die Erzherzoginnen Maria Christierna und Eleonore im Stift ärztlich betreute. Guarinoni, 1571 in Trient als illegitimer Sohn eines kaiserlichen Leibarztes geboren, entfaltete in seinem Haller Wirkungskreis eine rege Tätigkeit, setzte eine hygienische Prophylaxe gegen Seuchen durch, mokierte sich in seinem 1610 erschienenen Werk *Grewel der Verwüstung Menschlichen Geschlechts* über die unbequemen und unreinen Betten sowie die unsauberen Patienten, die er bei seinen Krankenbesuchen antraf. Die Medikamente stellte Guarinoni selbst her und sah es daher nicht gern, wenn ihm die Apotheker darin Konkurrenz machten. Über seine akademischen Fachkollegen wußte er wenig Lobenswertes zu berichten, die Behandlungsmethoden der Bader und Wundärzte kritisierte er als lebensgefährlich.
In den Händen dieser Praktiker lag aber weitgehend die medizinische Versorgung der städtischen und ländlichen Bevölkerung, die sich die Honorare der graduierten Ärzte nicht leisten konnte. Die Behandlung der Kranken erfolgte entweder ambulant durch ansässige und umherziehende Wundärzte (Abb. 53) oder durch Bader und Barbiere in den im Mittelalter in großer Zahl vorhandenen öffentlichen Badehäusern. Hier wurde nicht nur gebadet und geschwitzt, sondern auch zur Ader gelassen und geschröpft, wurden Zähne ausgebrochen und operative Eingriffe vorgenommen.
Die Bäder bildeten aber zugleich gefährliche Ansteckungsorte für Infektionskrankheiten und wurden daher, als zu Ende des Mittelalters vermehrt Seuchen auftraten, großteils geschlossen. Überlebt haben aber jene Wildbäder, die als Heilbäder galten und auch von Guarinoni zur Behandlung bestimmter Krankheiten empfohlen wurden. Sie bestanden weiter und wurden selbst vom Adel gerne aufgesucht; 1777 entstand auf Initiative Maria Theresias der erste Bäderkatalog Österreichs.
Von den Krankheiten, denen die österreichische Bevölkerung in früheren Epochen weitgehend hilflos ausgeliefert war, sind zunächst die großen Seuchen zu nennen. Die zeitlich früheste von ihnen war die Lepra, auch Aussatz genannt, eine bereits im

Altertum bekannte chronische Infektionskrankheit, die durch Bakterien hervorgerufen wurde. Sie führte zu entstellenden Hautveränderungen (Abb. 54), zu Verstümmelungen an Fingern und Zehen und letztlich zum Verfall des gesamten Körpers bis hin zur Erblindung. Die allgemein sichtbaren Symptome machten es möglich, die an dieser langsam fortschreitenden Krankheit leidenden Menschen gezielt von der übrigen Bevölkerung abzusondern. Das prominenteste Opfer dieser Seuche, die oft schon im Kindesalter übertragen wurde, war in der österreichischen Geschichte Herzog Ottokar IV. von Steiermark, der im Bewußtsein seines baldigen Todes 1186 einen Erbvertrag mit Leopold V. von Österreich schloß, so daß 1192 die Steiermark an die Babenberger übergehen konnte. Zu Ende des 16. Jahrhunderts erlosch die Seuche generell in Europa und damit auch in Österreich. Anders die wohl gefürchtetste Seuche, die Pest. Sie war ebenfalls eine bakterielle Infektionskrankheit und bereits im Altertum bekannt. Die Pest, primär eine Erkrankung von Nagetieren, wurde durch Flöhe von infizierten Ratten auf den Menschen übertragen. Es gab mehrere Varianten: Bei der Beulenpest kam es nach dem Biß eines Rattenflohs durch das Eindringen des Erregers in die

Abb. 53 *Stefan Kessler (1622–1700): Das Pallonespiel. Als Detail am rechten Rand ist die Zahnextraktion durch einen Wundarzt zu sehen.*

Graz, Joanneum, Alte Galerie, IN L 39.

Abb. 54 *Meister des Laufener Nothelferaltars: Die hl. Elisabeth pflegt Aussätzige (1495/1505). Ausschnitt: Eine aussätzige Frau im Badezuber.*

Laufen (Bayern), Stiftskirche.

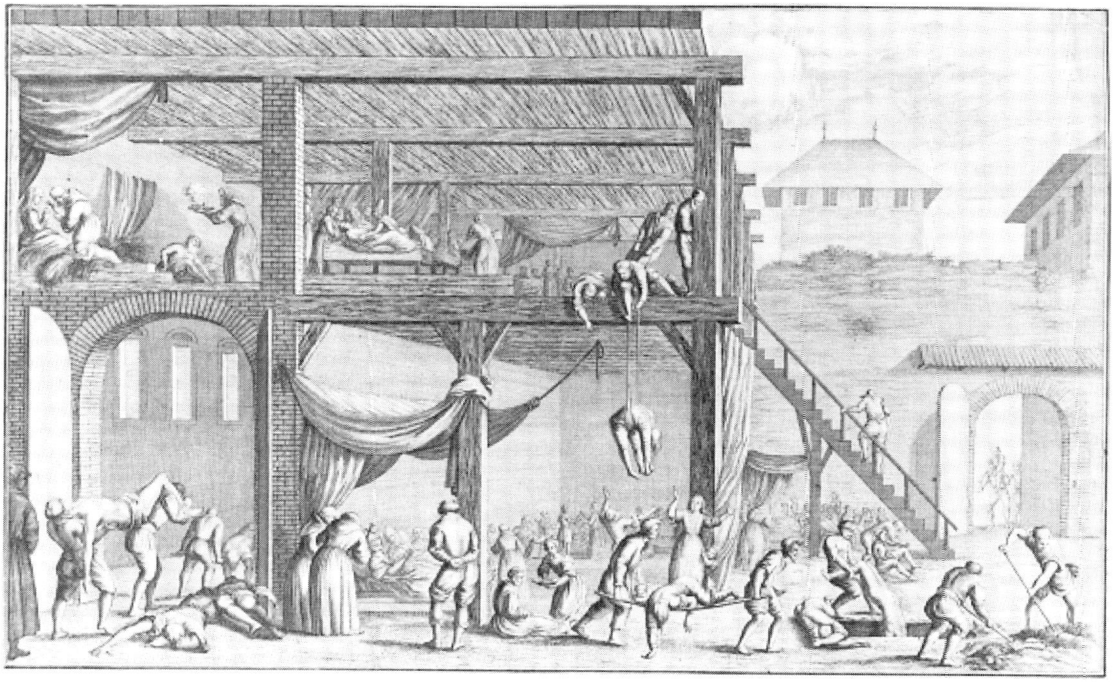

Abb. 55 *Anonymer Kupferstecher nach Lodovico Burnacini: Lazarett mit Pestkranken in Wien (um 1679).*
Wien, HM, IN 20.891.

Lymphknoten zu deren Entzündung, worauf sie stark anschwollen und mit blutig-eitrigem Sekret zerfielen; Heilung war in diesem Stadium noch möglich. Gelangte der Erreger aber in die Blutbahn und in die Kapillargefäße der Haut, so kam es dort zu ausgedehnten Blutungen, die Haut färbte sich dadurch schwarz, und der Infizierte erlitt den »schwarzen Tod«. Absolut tödlich war auch die durch Tröpfcheninfektion hervorgerufene Lungenpest, bei der der Erreger direkt in die Lunge eindrang; auf Husten und schwarz-blutigen Auswurf folgten Lungenödem und Kreislaufkollaps.
Die Pest kam erstmals 1348 nach Österreich und forderte zahlreiche Opfer. Da man die Infektionskette Ratte–Floh–Mensch nicht erkannte, sondern giftige Dünste als Urheber des Massensterbens ansah, suchte man der Krankheit durch Ausräuchern der Krankenzimmer und Schwitzkuren zu begegnen. In weiterer Folge vermied man den Kontakt zu Pestkranken und flüchtete beim ersten Anzeichen einer Pestepidemie aus der Stadt. Neben der Pest des Jahres 1348 forderten auch die großen Epidemien der Jahre 1679 (Abb. 55) und 1713 zahlreiche Todesopfer unter der österreichischen Bevölkerung. 1728 ließ Karl VI. einen Pestkordon einrichten, den seine Tochter Maria Theresia quer durch den Balkan verlängerte und so das weitere Vordringen dieser und anderer

Seuchen aus Asien verhinderte. Die Pest kam dadurch in Österreich im 18. Jahrhundert zum Erlöschen.
Aus Südamerika wurde 1493 die Syphilis nach Europa eingeschleppt. Das Söldnerheer Karls VIII. von Frankreich erlitt bei der Belagerung von Neapel 1495 durch diese infektiöse Geschlechtskrankheit große Ausfälle, die anschließend in ihre Heimatländer zurückkehrenden Soldaten infizierten bald große Gebiete. Im Jahr 1497 ist die »Franzosenkrankheit« in Wien nachweisbar, über die Behandlung der männlichen wie weiblichen Syphiliskranken erschien hier 1498 ein eigenes Werk (Abb. 56). Einige Jahrzehnte später beschäftigte sich auch Paracelsus mit dieser Krankheit (Abb. 57). Als Heilmittel trank man einen Absud aus Spänen des Guajakbaumes, dessen Holz aus Südamerika importiert wurde. Ein prominenter Kranker war Erzherzog Ferdinand II., der während seines Aufenthaltes in Prag 1548–1554 am *morbus gallicus*

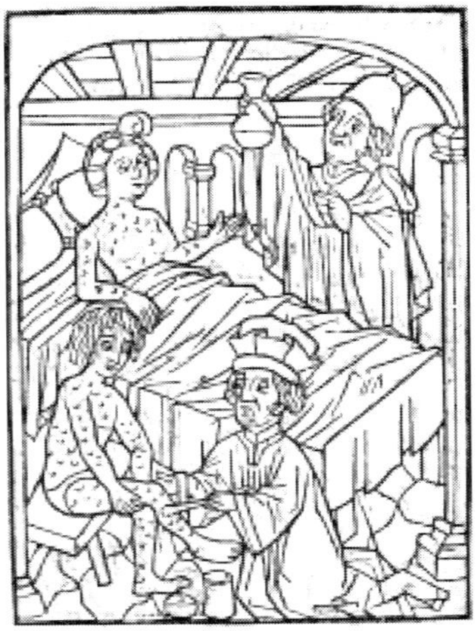

Abb. 56 *Behandlung von weiblichen und männlichen Syphiliskranken, beschrieben vom Wiener Universitätsprofessor Dr. Bartholomäus Steber. Der Arzt führt bei der erkrankten Frau die Harnschau (Uroskopie) durch.*
Wien, ÖNB, Ink. 24. G. 18 (Wien 1498), fol. 1r.

Der dritte Theil
Der grossen Wundtartzney deß weitberhümpten / bewerten / vnnd erfahrnen / Theophrasti Paracelsi von Hohenheim / der Leib vnd Wundartzney Doctorn. Von der vergifften schädlichen Kranckheit / die franzosen genannt.

Mit Röm. Keis. Maiestet Freyheit nicht nachzudrucken.

Abb. 57 *Paracelsus, Die große Wundarznei (Frankfurt 1562), Teil 3, Titelblatt: Arztvisite bei einem reichen Syphiliskranken.*
Innsbruck, UB, Sign. 208.105.

Abb. 58 *Unbekannter Künstler: Die durch Pockennarben im Gesicht entstellte Erzherzogin Maria Elisabeth als Äbtissin des Innsbrucker Damenstifts (nach 1781).*

Innsbruck, Damenstift.

erkrankte, aber durch die Anwendung von Guajakholz geheilt wurde. Nicht behandelte Kranke hatten durch furchtbare Entstellungen, die ihre Verfehlungen allgemein sichtbar machten, besonders zu leiden.

Zu Beginn des 16. Jahrhunderts verschreckte eine weitere Seuche die österreichische Bevölkerung. Der »Englische Schweiß« griff damals von England auf das Festland über und erreichte 1529/30 auch Österreich. Die Krankheit befiel vor allem Menschen mittleren Alters, die Kranken litten an heftigen Schweißausbrüchen, oft gefolgt von Gehirnhautentzündung. Vermutlich handelte es sich um eine Virusinfektion.

Im 18. Jahrhundert forderten die Pocken, auch Blattern genannt, viele Opfer. Diese hochansteckende Virusinfektion verursachte zunächst blaßrote, juckende Flecken auf der Haut, die sich zu Knötchen und Pusteln entwickelten. Kam es anschließend zu schweren Blutungen der Haut, der Schleimhäute und verschiedener Organe, so endete die Krankheit tödlich. Trockneten die Pusteln aber ein, so bestand Aussicht auf Heilung, allerdings entstanden durch die abgestoßenen Krusten häßliche Narben, besonders im Gesicht.

Zu Ende des 18. Jahrhunderts gab es, wie erwähnt, bereits die Möglichkeit einer Pockenschutzimpfung. Nachdem einige Mitglieder der kaiserlichen Familie an den Blattern gestorben waren, ließ Maria Theresia die übrigen impfen; nur Erzherzogin Maria Elisabeth weigerte sich, wurde angesteckt und überstand die Krankheit mit schweren Entstellungen im Gesicht (Abb. 58). Die Kaiserin selbst erkrankte 1767 noch vor dieser Impfaktion, worauf vom 2. bis 4. Juni in der Wiener Hofburgkapelle vor dem ausgesetzten Allerheiligsten Betstunden verschiedener Hofbediensteter abgehalten wurden. Außerdem beteten auf ihren Wunsch hin kleine Kinder von Hofdienern, sog. *Blatternbeter,* für ihre Genesung; Maria Theresia überstand die gefährliche Erkrankung aber wohl vor allem dank ihrer robusten Konstitution.

Auch im 19. Jahrhundert traten immer wieder Blatternepidemien auf, erst gegen Ende des Jahrhunderts gingen sie aufgrund der strikten Impfbestimmungen rapid zurück.

Eine sehr gefährliche Seuche war auch die Cholera, die von Bakterien hervorgerufen und von Mensch zu Mensch übertragen wurde. Sie kam im 19. Jahrhundert aus dem Orient nach Österreich. Erst die Einführung scharfer Sanitätskontrollen, vor allem an den Grenzen und in den Eisenbahnen, sowie die Anwendung von Desinfektionsmitteln brachten die Krankheit schließlich zum Erliegen.

Nicht nur diese Infektionskrankheiten, auch jede andere Erkrankung konnte lebensbedrohend sein, solange man die wahren Krankheitsursachen nicht erkannte oder mit den begrenzten medizinischen Möglichkeiten nicht wirksam bekämpfen konnte. Daher war häufig die Hilfe des Himmels das letzte Mittel, um aus schwerer Krankheit wieder zu genesen. Aus vielen Votivbildern der Barockzeit können wir erkennen, woran die österreichische Bevölkerung zu dieser Zeit besonders litt: Kopf-, Hals-, Zahn-, Ohren- und Augenkrankheiten, Podagra, Epilepsie, Schwindsucht, Ruhr, Geschwüre und Geschwülste sowie verschiedene Frauenleiden.

Erst unter Maria Theresia finden wir konkrete Ansätze, die medizinische Versorgung in Österreich systematisch zu organisieren. 1742 ordnete die Kaiserin an, daß alle im Wiener Bürgerspital oder in anderen Versorgungshäusern der Stadt Verstorbenen sowie die in Wien und Umgebung Hingerichteten der Universität unentgeltlich übergeben werden müßten. 1754 erhielt der auf Betreiben van Swietens nach Wien geholte Arzt Anton de Haen je sechs Männer- und Frauenbetten im Wiener Bürgerspital zur Verfügung gestellt, um seinen Studenten Anschauungsunterricht am Krankenbett bieten zu können; als Joseph II. 1784 das *Allgemeine Krankenhaus* errichtete, verlegte er diese zwölf Krankenbetten dorthin. Im großräumigen Spitalskomplex wurde anschließend auch ein *Leichen- und Sektionshaus* eingerichtet, das den angehenden Ärzten bessere Kenntnisse des menschlichen Körpers vermitteln sollte.

Joseph II. ging noch einen Schritt weiter. Er hatte während des bayerischen Erbfolgekrieges (1779) Einblicke in *den geradezu erbärmlichen Zustand des Feld-Sanitätswesen* gewonnen und entschloß sich daraufhin, die Ausbildung der Chirurgen zu reformieren. Die Chirurgie sollte nicht mehr wie bisher als Handwerk bei Badern oder Wundärzten erlernt, sondern als wissenschaftliches Fach studiert werden. 1785 gründete er daher in Wien das *Josephinum*, das 1786 in den Rang einer Akademie erhoben wurde.

In der Folgezeit mußten sich auch alle Medizinstudenten an der Universität chirurgische Fachkenntnisse aneignen, der Doktorgrad der Medizin wurde fortan für die gesamte Heilkunde verliehen; der Berufsstand der Wundärzte starb daraufhin aus.

Auf diese Erste Wiener medizinische Schule, die dem Wirken van Swietens zu verdanken ist und für das österreichische Gesundheitswesen von grundlegender Bedeutung war, folgte in der Mitte des 19. Jahrhunderts eine weitere Blütezeit der Medizin in Wien. In dieser Zweiten medizinischen Schule wirkten berühmte Professoren (z. B. Rokitansky, Hyrtl, Billroth, Skoda), die nicht nur

für ein hohes Niveau der wissenschaftlichen Forschung, sondern auch für eine gediegene Ausbildung der Medizinstudenten sorgten.
Die von Wien ausgehenden Impulse – 1786 wurde auch in Graz ein *Allgemeines Krankenhaus* mit Gebärabteilung und Tollhaus errichtet – führten schließlich zu einer allgemeinen medizinischen Versorgung der österreichischen Bevölkerung, zu der auch die Ende des 19. Jahrhunderts einsetzende berufliche Ausbildung des Krankenpflegepersonals wesentlich beitrug. Die Spezialisierung im Gesundheitswesen wurde im 20. Jahrhundert weiter fortgeführt, die unterschiedlichen Universitätskliniken leisteten bedeutende Forschungsarbeiten zum Wohle der Kranken. Heute ist die österreichische Bevölkerung medizinisch gut versorgt, obschon nicht überall im gleichen Ausmaß.
Selbst die optimalsten medizinischen Versorgungsmöglichkeiten helfen dem Kranken nichts, wenn er sie aus Geldmangel nicht in Anspruch nehmen kann. Hierin haben erst die Sozialgesetze des 19./20. Jahrhunderts einen grundlegenden Wandel gebracht. Während in früheren Zeiten die Versorgung durch die private Gemeinschaft (Kloster, Familie, Spital, Bruderschaft etc.) erfolgte, übernahm nun sukzessive der Staat die Aufgabe, die materielle Absicherung im Krankheitsfall zu gewährleisten. 1888/89 wurde in Österreich die obligatorische Krankenversicherung für bestimmte Gruppen von Arbeitern eingeführt, 1920 folgte die Ausweitung auf die Staatsbeamten sowie 1921 auf alle in einem Arbeits-, Dienst- oder Lohnverhältnis stehenden Personen samt ihren Familienangehörigen. Damit waren bereits 60 Prozent der österreichischen Bevölkerung krankenversichert.
Während der NS-Zeit wurden auch die Rentner(innen) in die Krankenversicherung einbezogen und diese Regelung nach 1945 beibehalten. Durch das *Allgemeine Sozialversicherungsgesetz* von 1955 und einige Folgegesetze wurde die Pflichtkrankenversicherung auf immer mehr unselbständig und selbständig Erwerbstätige ausgedehnt, wenn auch mit unterschiedlichen Konditionen. 1992 waren rund 99 Prozent der österreichischen Wohnbevölkerung sozialversichert, die Kosten dafür werden von den Arbeitnehmern, den Arbeitgebern sowie vom Staat getragen.
Trotz aller medizinischen und sozialen Erfolge, das Leben lange lebenswert zu gestalten, setzt der Tod jedem Erdendasein einmal ein Ende. Die Formen des Sterbens sowie die Manifestation des Todes haben sich im Verlauf der Jahrhunderte gewandelt, offiziell gleichgeblieben ist in Österreich vom Mittelalter bis heute der christliche Glaube an ein ewiges Leben, wodurch der Tod die Funktion des Übergangs erhielt. Der kreatürlichen Angst vor dem

Abb. 59 *Hans Schnatterpeck (Werkstatt): Jüngstes Gericht (1500/25). Der vom Tod überraschte Bauer wird vom Teufel geholt.*

Kortsch (Südtirol), Kuratiekirche.

Sterben wurde die Hoffnung auf Auferstehung und Erlösung entgegengesetzt, aber das Bewußtsein der eigenen Sündhaftigkeit ließ doch in manchem Gläubigen die bange Sorge vor dem Jüngsten Gericht aufkeimen. Würde die Bilanz des eigenen Lebens ausreichen, um in die ewige Seligkeit einzugehen? Würde man im »Buch des Lebens« verzeichnet sein? Was würde mit jenen ge-

Abb. 60 *Totentanzfresko (um 1500), Ausschnitt.*

Metnitz (Kärnten), Pfarrkirche (ehemals an der Außenseite des Karners).

schehen, die überraschend starben und nicht mehr die Möglichkeit hatten, ihre Sünden zu bereuen und absolviert zu werden? Büßten sie diese zeitliche Verfehlung mit ewiger Verdammnis (Abb. 59)?

Das gläubige Vertrauen auf einen gnädigen Gott wurde durch das massenhafte, im Einzelfall aber oft einsame und priesterlose Sterben während der ersten großen Pestepidemie in der Mitte des 14. Jahrhunderts schwer erschüttert. Die Kirche reagierte auf dieses Schockerlebnis mit einer Mahnung an alle Gläubigen, allzeit auf den Tod gefaßt zu sein. *Memento mori* hieß es und *mitten im Leben sind wir vom Tod umfangen (media vita in morte sumus)*. In vielen Gotteshäusern sollten bildliche Totentanzzyklen die Betrachter eindringlich daran erinnern, daß der – nun personifiziert dargestellte – Tod alle Menschen ohne Unterschied niedermähte, arm und reich, jung und alt, hoch und niedrig, Mann, Frau und Kind (Abb. 60). Auch der qualvoll am Kreuz hängende Christus, der in der Gotik den triumphierenden Heiland ablöste, sollte als Mahner zur Einkehr dienen, während sich viele Gläubige der Illusion hingaben, durch den Anblick eines Bildes des hl. Christophorus wenigstens an diesem Tag vor einem jähen Tod geschützt zu sein.

Wer sich auf seinen Tod vorbereiten wollte, fand im Mittelalter eine eigene Literaturgattung vor, die sich als Anleitung zum »guten« Sterben verstand: die »Sterbekunst« *(ars moriendi)*. In

Abb. 61 *Unbekannter Künstler: Jüngstes Gericht (um 1470). Ausschnitt: Die Seligen werden vom hl. Petrus am Himmelstor erwartet (links), die Verdammten von Teufeln zum Höllenschlund geschleppt (rechts).*

St. Florian, Stiftsmuseum.

Österreich waren diese Sterbebüchlein weit verbreitet, 1434 verfaßte auch der Wiener Hofburgpfarrer Thomas Peuntner ein solches Werk: *Kunst des heilsamen Sterbens*. Es sollte aber nicht nur als Anleitung für einen »guten« Tod dienen, sondern gab auch Hinweise für eine christliche Gestaltung des gesamten Lebens als Vorbereitung auf das Jenseits.

Die Kirche stellte den verängstigten Gläubigen aber noch eine andere Heilsmöglichkeit zur Verfügung, das Fegefeuer. Statt die Zeit bis zum Jüngsten Gericht untätig im Todesschlaf zu verbringen, sollte der Verstorbene die Chance haben, sich einem Läuterungsprozeß zu unterziehen, um bei der endgültigen Abrechnung am Tag des Gerichts dem ewigen Feuer der Hölle zu entgehen. Die Lebenden konnten den »armen Seelen« der Verstorbenen im Fegefeuer mit Gebeten, Messen und auch Ablässen zu Hilfe kommen, der Allerseelentag am 2. November diente dem allgemeinen Gedenken an die vielleicht im Fegefeuer schmachtenden Toten. Das Läuterungsmodell setzte ein individuelles Gericht unmittelbar nach dem Tod voraus, auf das man sich daher beim Sterben sorgsam vorbereiten sollte (Abb. 61).

In der Renaissance kam eine andere Einstellung zur Ewigkeit zum Tragen. Der selbstbewußte Mensch wollte sein Leben nicht mehr nur im Hinblick auf das Leben nach dem Tod gestalten, er suchte die Erfüllung seines Erdendaseins bereits im Diesseits und trachtete, sich auch in der irdischen Welt ein Überleben zu sichern.

Abb. 62 *Der Gedanke an die Vergänglichkeit des Lebens sollte allgegenwärtig sein. Handtuchhalter in Gestalt einer jungen Frau, deren eine Hälfte als Totengerippe dargestellt ist (18. Jh.).*
Innsbruck, Volkskunstmuseum, IN F 289.

Durch ruhmvolle Taten oder monumentale Grablegen wollte er im Gedächtnis der Nachwelt weiterleben.
Die Kirche suchte diesen weltlichen Tendenzen gegenzusteuern. Im Zeitalter der Reformation und Gegenreformation wurden die Schrecken eines Todes in Sünde und die Vergänglichkeit allen irdischen Treibens grell herausgestellt (Abb. 62), doch auch die Möglichkeit betont, durch reuige Umkehr noch in letzter Minute gerettet zu werden. In der Barockzeit sollten Theaterspiele den Zuschauern die Bedeutung der Buße und damit der Erlösung vor Augen führen, während andererseits die Qualen der Hölle drastisch ausgemalt wurden. Das Jesuitenschauspiel *Cenodoxus*, 1602 erstmals aufgeführt, zeigte den Zuschauern wirkungsvoll, wie der uneinsichtige Mensch Gefahr lief, auf ewig verdammt zu werden. Hugo von Hofmannsthal plante, dieses Stück zu bearbeiten, wandte sich aber dann dem *Jedermann* nach englischem Vorbild zu, mit dem 1920 die Salzburger Festspiele eröffnet wurden. In diesem »Spiel vom Sterben des reichen Mannes« retten der Glaube und einige gute Werke die Seele des reichen Prassers in letzter Minute vor dem Zugriff des Teufels.
Seit dem 18. Jahrhundert begannen die christlichen Jenseitsvorstellungen langsam zu zerbröckeln, das Sterben erhielt damit eine neue Dimension. Der Tod wurde zu einem Abschied für immer, zu einem melancholischen Lebewohl. Das Sterben war nicht mehr ein Übertritt aus der Gemeinschaft der Lebenden in die Gemeinschaft der Toten, sondern ein privates Abschiednehmen von einem geliebten Menschen, bei dem der geistliche Beistand vielfach zum rituellen Beiwerk erstarrte. Statt des Priesters erhielt der Arzt eine zentrale Funktion am Sterbebett zugewiesen, er sollte das Leben verlängern, um die Frage nach dem »Danach« möglichst hinauszuzögern. Schließlich verlagerte man das Sterben immer mehr ins Spital und verheimlichte dem Todkranken das nahende Ende, um nicht mit dessen Angst konfrontiert zu werden.
Wie starb man vor dieser metaphysischen Kulisse in Österreich? Solange der christliche Glaube das Leben der Menschen prägte, war das Sterben ein Gemeinschaftserlebnis. Der Sterbende nahm im Wissen um seinen baldigen Tod Abschied von der Welt, versammelte seine Angehörigen und Freunde um sich, gab letzte Anweisungen, bat alle um Verzeihung und vergab jenen, von denen er selbst Unrecht erlitten hatte. Vater und Mutter erteilten ihren Kindern den väterlichen oder mütterlichen Segen. Wer etwas zu vererben hatte, sollte tunlichst sein Testament machen, um seinem »Letzten Willen« verbindlich Ausdruck zu geben. Wer um sein Seelenheil besorgt war, stiftete im Anblick des Todes noch Messen und Jahrtage. Um den Anreiz zur Teilnahme an diesen

Seelgerätstiftungen zu erhöhen, wurden sie oft mit Armenspenden verbunden, d. h. bedürftige Mitmenschen erhielten Geld oder sonstige Vergünstigungen, wenn sie für den Verstorbenen beteten. Das Gebet der Armen galt als besonders wirksam bei Gott. Der im Leben erworbene Reichtum konnte auf diese Weise auch nutzbringend für die Ewigkeit angelegt werden, denn fromme Werke zählten bei der Endabrechnung am Jüngsten Tag.
Nachdem der Sterbende diese irdischen Dinge bei klarem Bewußtsein geregelt hatte, sollte er sich ganz dem bevorstehenden Eintritt in das jenseitige Leben zuwenden. Der Priester wurde geholt, der ihm die Letzte Ölung gab, die Beichte abnahm und die Eucharistie als Wegzehrung reichte. Eine geweihte Kerze wurde angezündet und dem Sterbenden in die Hand gegeben, um ihn gegen die Nachstellungen von Teufeln und Dämonen zu sichern; demselben Zweck diente auch das Besprengen mit Weihwasser (Abb. 63). Während all dieser Handlungen beteten Priester, Sterbegemeinschaft und nach Möglichkeit auch der Sterbende selbst, dessen Gesicht im Mittelalter gen Osten gerichtet wurde;

Abb. 63 *Meister des Albrechtsaltars: Der Tod Mariens (1438/39). Der Marientod galt als Vorbild für gutes Sterben. Die Gottesmutter hält eine brennende Kerze in der Hand und wird mit Weihwasser besprengt, beides zum Schutz gegen böse Geister. Über dem Sterbebett ist Christus zu sehen, der die Seele der Verstorbenen als Seelenkind in Empfang nimmt.*

Klosterneuburg, Stiftsmuseum.

als Sterbegebete waren besonders die letzten Worte Christi *(Herr, in deine Hände befehle ich meinen Geist)* oder Psalmen gebräuchlich.

Nachdem der Tod eingetreten war, drückten in der Regel die engsten Angehörigen dem Toten die Augen zu und schlossen seinen Mund, durch den die Seele entwichen war; so wurde der Eindruck friedlichen Schlafes vermittelt. Zugleich schützte man sich dadurch auch vor dem bösen Blick und der zurückkehrenden Seele (Abb. 64), die den Verstorbenen zu einem gefährlichen Wiedergänger machen konnte.

Anschließend wurde der Tote mit ausgestreckten Beinen auf den Rücken gelegt, wodurch nach mittelalterlicher Ansicht der Seele der Ausgang erleichtert wurde. Sie konnte – so der Volksglaube – durch das Fenster entweichen, das man kurz nach Eintritt des Todes öffnete. Danach durfte der Raum, in dem der Verstorbene aufgebahrt wurde, nicht mehr gelüftet werden, um den Verwesungsprozeß einzudämmen.

Seit dem Mittelalter war es üblich, die Arme der aufgebahrten Toten auf der Brust zu kreuzen, später gab man ihnen meist ein Handkreuz und/oder einen Rosenkranz in die Hände (Abb. 65). Bis zur Beisetzung blieben die Verstorbenen im Haus, Angehö-

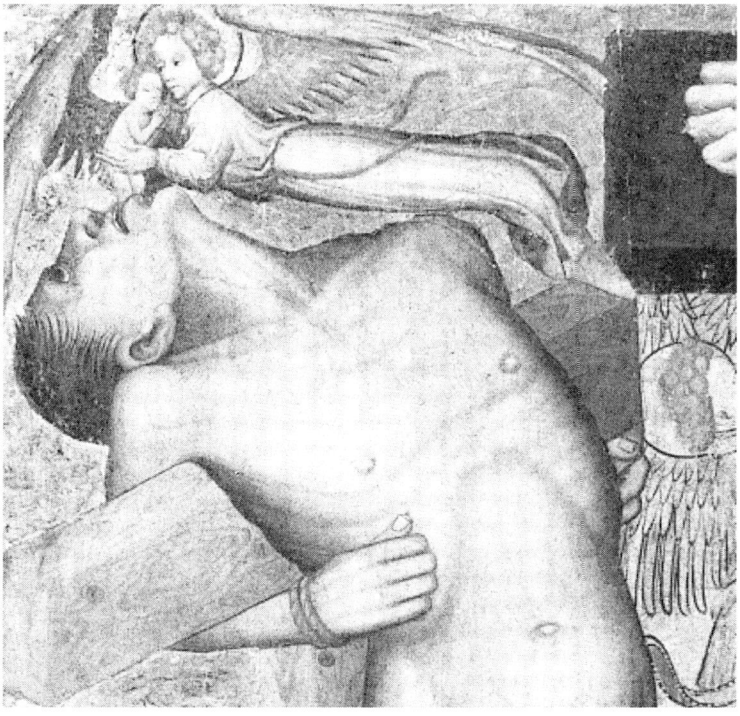

Abb. 64 *Unbekannter Künstler: Wiltener Kreuzigung (1420/30). Ausschnitt: Die Seele des linken Schächers entweicht durch den Mund und wird von einem Engel in Empfang genommen.*
Wien, ÖG, IN 4915.

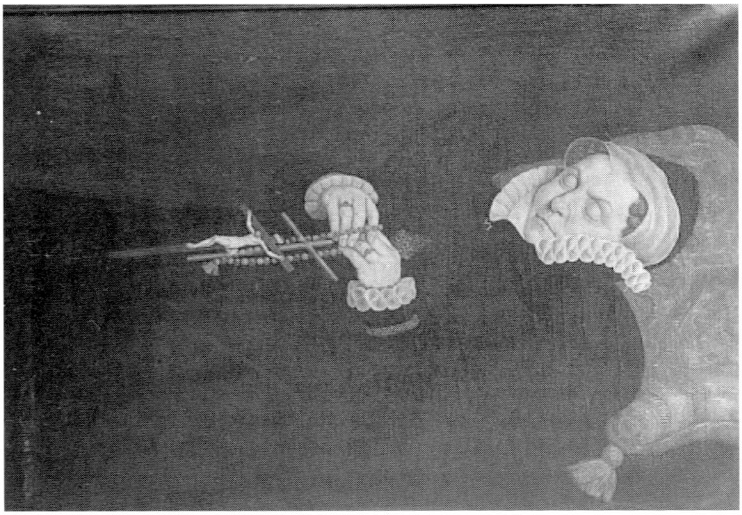

Abb. 65 *Unbekannter Künstler: Philippine Welser auf dem Paradebett (1580).*
Wien, KHM, IN 5604.

rige, Verwandte und Nachbarn beteten an der Leiche und hielten die Totenwache. Im Jahr 1756 ordnete Maria Theresia an, daß jeder Tote erst nach 48 Stunden beerdigt werden dürfe, um die Beisetzung Scheintoter zu verhindern; wer den Verstorbenen wegen beengter Wohnverhältnisse nicht zu Hause belassen konnte, sollte ihn in die Totenkammern bringen, die bei den Friedhöfen errichtet wurden. 1784 wurde die Totenbeschau gesetzlich vorgeschrieben.

Alle diese Regelungen gelten bis heute. Die Sterbekultur hat aber weitgehend aufgehört, der Tote wird meist sofort aus dem Haus gebracht. Nur in ländlichen Gebieten, wo die Leichenkammern weit entfernt sind, werden die Verstorbenen bis in unsere Tage zu Hause aufgebahrt, allerdings nicht mehr wie einst auf Leichenbrettern oder der Ofenbank, sondern im Sarg, der vom Bestattungsinstitut gebracht wird. Bis zum Begräbnistag halten Familienangehörige und Nachbarn die Totenwache mit gemeinsamem Gebet.

Österreich gilt als ein Land mit besonderer Begräbniskultur. Sie ist zumindest teilweise ein Erbe jener pompös gestalteten Leichenbegängnisse österreichischer Herrscher, die seit 1438 zugleich die römische Kaiserwürde innehatten und seit 1804 die österreichische Kaiserkrone samt mehreren Königskronen trugen. An ihren Begräbnissen nahmen daher bis zum Ende der Monarchie stets Abgesandte aus anderen Ländern teil, doch auch der heimische Adel war vertreten. Der dabei entfaltete »Pompe funèbre« hatte bald Vorbildwirkung für adelige und schließlich auch bürgerliche Leichenbegängnisse.

Das erste Begräbnis dieser Art war die Leichenfeier für Friedrich III., der am 19. August 1493 in Linz starb. Vor der Aufbahrung wurde der Leichnam geöffnet, das Herz samt den Eingeweiden herausgenommen, der Körper einbalsamiert. Diese Praxis entsprach mittelalterlicher Gepflogenheit, weil damit einerseits der Transport von Leichen besser zu bewerkstelligen war und andererseits bei der öffentlichen Zurschaustellung des Verstorbenen die Zeichen der Verwesung weniger wahrnehmbar wurden.
Nach den Exequien (Totenfeiern) in der Linzer Stadtpfarrkirche, wo auch Herz und Eingeweide beigesetzt wurden, brachte man den Sarg per Schiff nach Wien und deponierte ihn vorübergehend in der Herzogsgruft des Stephansdomes, da das kaiserliche Grabmal noch nicht fertiggestellt war. Nachdem Friedrichs Sohn Maximilian und einige männliche – keine weiblichen – Verwandte sowie eine Reihe von Abgesandten aus dem Reich eingetroffen waren, fanden am 6. und 7. Dezember 1493 im Stephansdom noch einmal Exequien statt, diesmal in feierlicher Form. Dabei wurde das traditionelle Trauergerüst in Form eines hölzernen Ziboriums mit vier Säulen und kerzenbestückter Bedachung errichtet, in dem der Katafalk stand. Auf der Bahre lagen die kaiserlichen Insignien: Krone, Schwert, Zepter und Reichsapfel. Die beim Opfergang dargebrachten Funeralwaffen (Fahnen, Helme, Schilde) wurden anschließend im Stephansdom aufgehängt. Als das Hochgrab 1513 fertiggestellt war, übertrug man den Leichnam Friedrichs III. aus der Herzogsgruft feierlich in seine neue Grabstätte.
Von den Begräbnisfeierlichkeiten für den ersten habsburgischen Kaiser setzte sich die Beisetzung seines Sohnes deutlich ab. Maximilian I. hatte die Kaiserkrönung nicht erreicht, es gab daher keine aufwendigen Leichenfeiern, ehe er nach seinem Tod (12. Januar 1519) in schlichter Form in seiner Heimatstadt Wiener Neustadt, in der Georgskapelle der Burg, bestattet wurde. Wohl aber erschien eine gedruckte Totenklage eines kaiserlichen Hofdichters, die auf einem Holzschnitt eine fiktive Totenfeier der männlichen und weiblichen Verwandten zeigte (Abb. 66).
Die Exequien für den 1564 verstorbenen Ferdinand I., der seinem Großvater Maximilian 1521/22 in den Erblanden nachgefolgt war, demonstrierten bereits den gewaltigen Machtzuwachs, den das Haus Habsburg unterdessen erlangt hatte. Ferdinand war nicht nur König von Böhmen und Ungarn geworden, sondern hatte auch die Kaiserkrone an die österreichische Linie seines Hauses gebracht und seinem Sohn Maximilian II. die Nachfolge im Reich gesichert. Die spanische Linie der Habsburger beherrschte außer den Königreichen Kastilien und Aragon sowie den Niederlanden und

Abb. 66 *Hans Springinklee (?): Darstellung einer fiktiven Totenfeier für Maximilian I. (1519). Um das Trauergerüst, unter dem der Katafalk mit den Funeralinsignien (Krone, Reichsapfel, Schwert und Zepter) steht, ist die Verwandtschaft versammelt.*
Innsbruck, UB, Sign. 161 E 23, Adl. 2.

Burgund weite Teile Italiens und Südamerikas. Die *Casa de Austria* war zur führenden Dynastie in Europa geworden.
Die Vorbereitungen für die Begräbnisfeierlichkeiten in Wien, die sich die Brüsseler Totenfeier beim Tod Karls V. zum Vorbild nahmen, dauerten über ein Jahr. Die Trauergottesdienste im Wiener Stephansdom (6. bis 8. August 1565) gestalteten sich zu einer Schaustellung habsburgischer Macht; anstelle eines einfachen Holzgerüstes war ein pompöses *castrum doloris* nach spanischem und niederländischem Muster errichtet worden, in das der Sarg

hineingestellt wurde. Anschließend brachte man den Leichnam in feierlichem Zug nach Prag, wo Ferdinand I. neben seiner bereits 1547 verstorbenen Gemahlin Anna im Veitsdom beigesetzt wurde.

Als Mitte des 17. Jahrhunderts die Wiener Kapuzinergruft fertiggestellt war, lief das Funeralzeremoniell am Kaiserhof folgendermaßen ab: Nach Eintritt des Todes wurde der Leichnam eröffnet, Herz, Eingeweide und z. T. auch andere Körperteile (Augen, Zunge, Gehirn) entnommen, der restliche Körper einbalsamiert. Danach legte man den Kaiser zur öffentlichen Schaustellung drei Tage lang auf ein Paradebett in der Hofburg, umgeben von den Insignien seiner Würde. Anschließend wurde der eingesargte Leichnam in einer Prozession in die Hofkirche zu St. Augustin und von dort in die Kapuzinerkirche gebracht, wo man den Sarg in der Gruft abstellte; der kostbare Sarkophag wurde erst später angefertigt. Die Urne mit dem Herzen kam in die Loretokapelle in der Augustinerkirche, der Kessel mit den Eingeweiden in die Herzogsgruft unter St. Stephan.

Rund sechs Wochen nach der Beisetzung fanden in der Augustinerkirche die offiziellen Totenfeiern statt. Nicht nur die Kirche wurde aus diesem Anlaß entsprechend drapiert, auch die Trauergerüste erfuhren eine immer kunstvollere Ausgestaltung. Aus Holz, Leinwand, Draht und Stuck wurde eine üppige Trauerarchitektur errichtet, die durch ihre Bemalung sowie die versilberten und vergoldeten Teile den Anschein erwecken wollte, als wäre sie für die Ewigkeit bestimmt. Das *castrum doloris* war zu einem Repräsentationsobjekt geworden, dessen zentrales Thema die allegorische Verherrlichung des verstorbenen Kaisers bildete.

Je nach Ansehen des Herrschers fanden oft auch in weiteren Wiener Kirchen sowie in anderen österreichischen Städten Totenfeiern mit entsprechenden Funeralapparaten statt. Viele Exequien und Trauergerüste wurden bildlich für die Nachwelt festgehalten. Der pomphaft inszenierte Totenkult der Barockzeit wurde zur Zeit der Frühaufklärung fragwürdig. Mit den Wiener Exequien zu Ehren Kaiser Karls VI. (1740) ging der zwei Jahrhunderte geübte Brauch prunkvoller Funeralfeiern allmählich zu Ende; das 1765 errichtete Trauergerüst für Franz Stephan von Lothringen war der letzte aufwendige Apparat dieser Art in Österreich.

Die Leichenbegängnisse der Kaiserinnen – beginnend mit Eleonore von Portugal – entsprachen dem für Kaiser üblichen Zeremoniell. Auch ihre Körper wurden vor der Postierung auf dem Paradebett seziert und einbalsamiert. Einige Herrscherinnen äußerten aber testamentarisch Sonderwünsche: Kaiserin Eleonore Magdalena untersagte, ihren Körper zu waschen oder von Män-

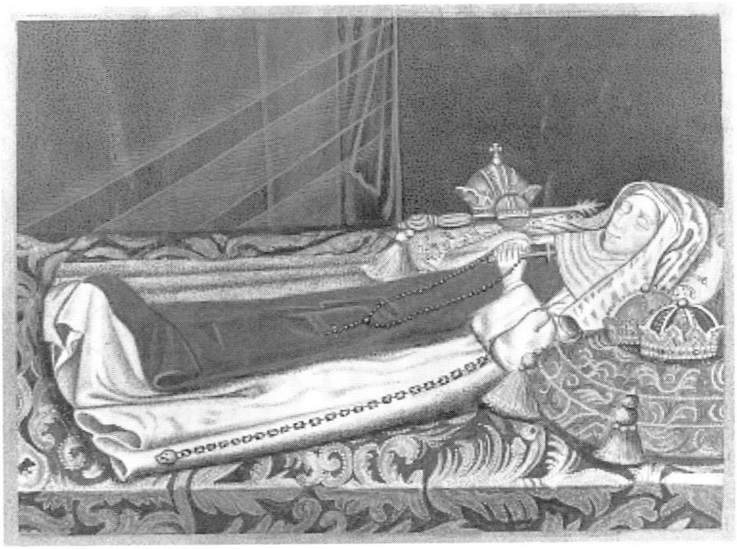

Abb. 67 *Unbekannter Künstler: Kaiserin Eleonore Magdalena auf dem Paradebett (1720). Flankiert von der Kaiserkrone (rechts) und den Kronen von Böhmen und Ungarn (links), trägt die Tote das Gewand der sog. Marianischen Mägde, deren Skapulier als Unterpfand des ewigen Heils galt.* Wien, HHStA, Direktionskanzlei, IN 4128.

nern entblößen, eröffnen und einbalsamieren zu lassen; lediglich Gesicht und Hände, die bei der öffentlichen Aufbahrung (Abb. 67) zu sehen waren, sollten von ihrer Kammerfrau gewaschen werden. Claudia Felicitas wollte nur ihr Herz in der Kapuzinergruft beisetzen lassen, Kaiserin Amalia ordnete an, daß ihr Körper weder seziert noch einbalsamiert werden sollte, nur ihr Herz möge man entnehmen und in einer Urne zu Füßen ihres Gemahls bei den Kapuzinern deponieren. Caroline Auguste verbat sich die Trennung von Leib, Herz und Eingeweiden.

Die Begräbnisse der Kaiserinnen waren während der Barockzeit sehr prunkvoll. Bei den Exequien für die 1646 verstorbene Maria Anna wurde ein Trauergerüst aufgestellt, das die Verstorbene mit ihren Kindern, auf den Wolken thronend, darstellte, mehrere vollplastische Figuren standen auf dem *castrum doloris* (Abb. 68). Auch bei den Totenfeiern für Maria Leopoldine (gest. 1649), Eleonore (gest. 1655), Margarete (gest. 1673), Claudia Felicitas (gest. 1676), Eleonore (gest. 1686) und Eleonore Magdalena (gest. 1720) wurden Trauergerüste aufgestellt (Abb. 69). Die letzten aufwendigen Funeralapparate erhielten Elisabeth Christine (gest. 1751) und Maria Theresia (gest. 1780) (Abb. 70).

Leichenreden wurden auch bei den Exequien von Kaiserinnen gehalten, überliefert sind sie für Maria Anna, Maria Leopoldine, Eleonore Magdalena und Elisabeth Christine. Maria Theresia untersagte, bei ihren Totenfeiern eine Leichenpredigt zu halten. Über die Bestattung der zahlreichen kaiserlichen Kinder liegen

Abb. 68 *E. Widemann nach F. Lucchese: Trauergerüst für Kaiserin Maria Anna in der Wiener Augustinerkirche (1646). Vgl. Abb. 111.*

Wien, Albertina, Wiener Histor. Blätter 1646, Blaue Nr. 11.

Abb. 69 *J. A. Delsenbach nach A. Ospel: Trauergerüst für Kaiserin Eleonore Magdalena im Wiener Stephansdom (1720).*

Wien, Albertina, Wiener Histor. Blätter 1720, Blaue Nr. 102.

wenige Nachrichten vor. Die drei im Säuglingsalter gestorbenen Kinder Kaiser Friedrichs III. wurden in Wiener Neustadt beigesetzt, die Särge der frühverstorbenen Kinder Maximilians II. stehen in der Herzogsgruft des Wiener Stephansdomes. Als der kaiserlichen Familie seit der Mitte des 17. Jahrhunderts die Kapuzinergruft als Grablege zur Verfügung stand, brachte man von nun an die toten Kinder hierher. Vor ihrer Beisetzung wurden auch sie seziert, einbalsamiert und aufgebahrt (Abb. 71).
Für zwei an den Pocken verstorbene Töchter Leopolds I., Maria Theresia (zwölf Jahre alt) und Maria Josepha (16 Jahre alt), wurden Trauergerüste errichtet, für die in jüngeren Jahren gestorbenen Kinder fanden offenbar keine großen Totenfeiern statt.
Als 1716 der einzige Sohn Karls VI., Erzherzog Leopold, wenige Monate nach der Geburt starb, war die Trauer groß. Sie klang noch 1740 nach, als der Kaiser einen kostbaren Sarkophag anfertigen und darauf seinen Schmerz verewigen ließ; die Empfindungen der Mutter, die wohl ebenfalls um ihren Sohn trauerte, waren ihm dagegen keine Erwähnung wert. Auch auf dem Sarg der 1730

verstorbenen jüngsten Tochter des Kaiserpaares wird diese nur als Tochter Karls VI. bezeichnet, die Mutter nicht erwähnt.
Von den 16 Kindern Maria Theresias liegen sechs jung verstorbene bei den Kapuzinern. Beim Begräbnis Karl Josephs (gest. 1761) wurde die Bahre noch von 24 Kammerherren und zwölf Kammerdienern zur Gruft getragen. Danach verwendete man Leichenwagen, wie sie auch bei der Beisetzung Kaiser Franz Josephs benutzt wurden, der letzten »schönen Leich« der untergehenden Monarchie.
Mit der Prunkentfaltung kaiserlicher Begräbnisse in Wien konnten die Habsburger in den Residenzen Graz und Innsbruck nicht

Abb. 70 *Johann Ziegler nach Giovanni David: Trauergerüst für Maria Theresia in der Wiener Minoritenkirche (1781).*
Wien, HM, IN 19.819.

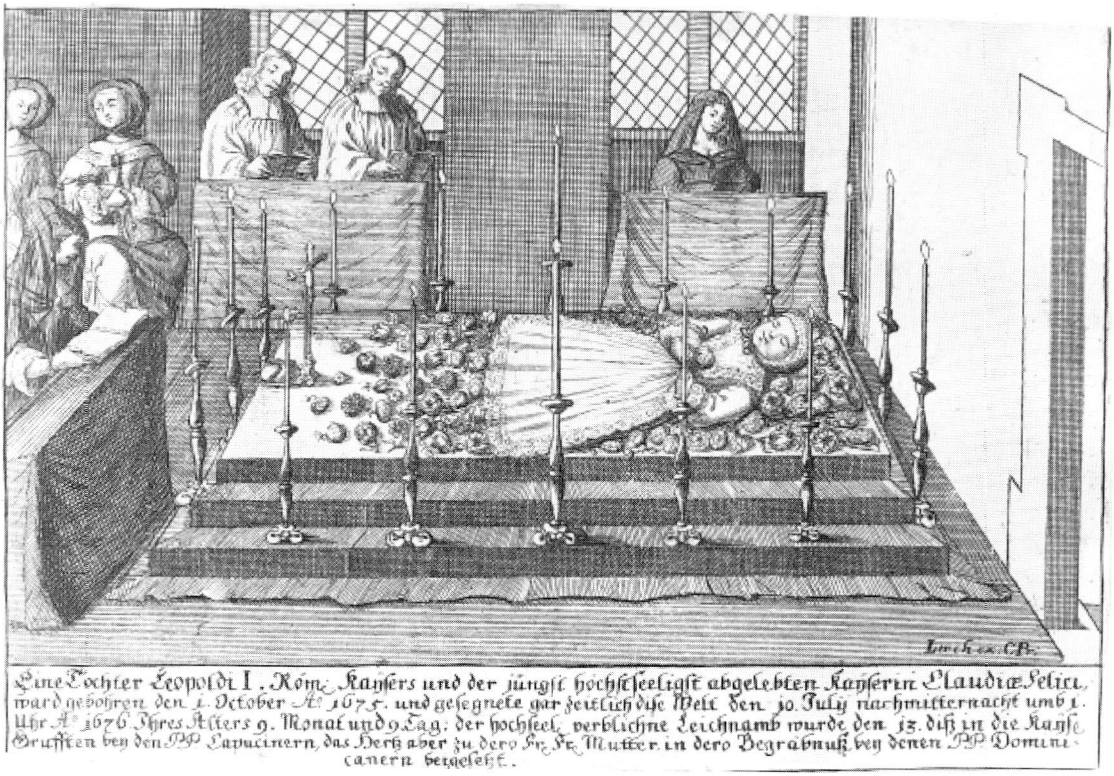

Abb. 71 *Johann Martin Lerch: Die Aufbahrung der im Alter von 9 Monaten und 9 Tagen verstorbenen Erzherzogin Maria Josepha Clementine (1676). Ihr Leichnam wurde in der Kapuzinergruft, ihr Herz bei ihrer Mutter Claudia Felicitas im Wiener Dominikanerinnenkloster beigesetzt.*

Wien, Albertina, Wiener Histor. Blätter 1676, Blaue Nr. 28.

konkurrieren. Ihr Herrschaftsgebiet war weit kleiner, die finanziellen Mittel beschränkter, die Zahl der Teilnehmer an den Funeralien bescheidener. Dennoch forderte die Zugehörigkeit zu einer europäischen Großdynastie ein gewisses Maß an Repräsentation, auch im Tod.

Im 16. und 17. Jahrhundert, als die habsburgische Macht in voller Blüte stand, wurden daher auch in Graz und Innsbruck aufwendige Leichenbegängnisse mit Trauergerüsten abgehalten. Als die innerösterreichische Linie nach der Erlangung der Kaiserwürde durch Ferdinand II. (1619) nach Wien übersiedelte und die Tiroler Linie 1665 ausstarb, fanden nur noch selten habsburgische Begräbnisse in den Ländern statt.

Die prunkvollen Leichenbegängnisse der Dynastie suchte der Adel, der oft in deren Trauerkondukten mitging, nachzuahmen. Den finanziellen Aufwand kostspieliger Trauerzurüstungen konnten sich allerdings nur vermögende Adelige leisten.

Die Beisetzung der reichen Bürger und der übrigen Bevölkerung war weniger zeremoniell ausgerichtet, aber als Repräsentation der sozialen Stellung des Verstorbenen und seiner Familie innerhalb

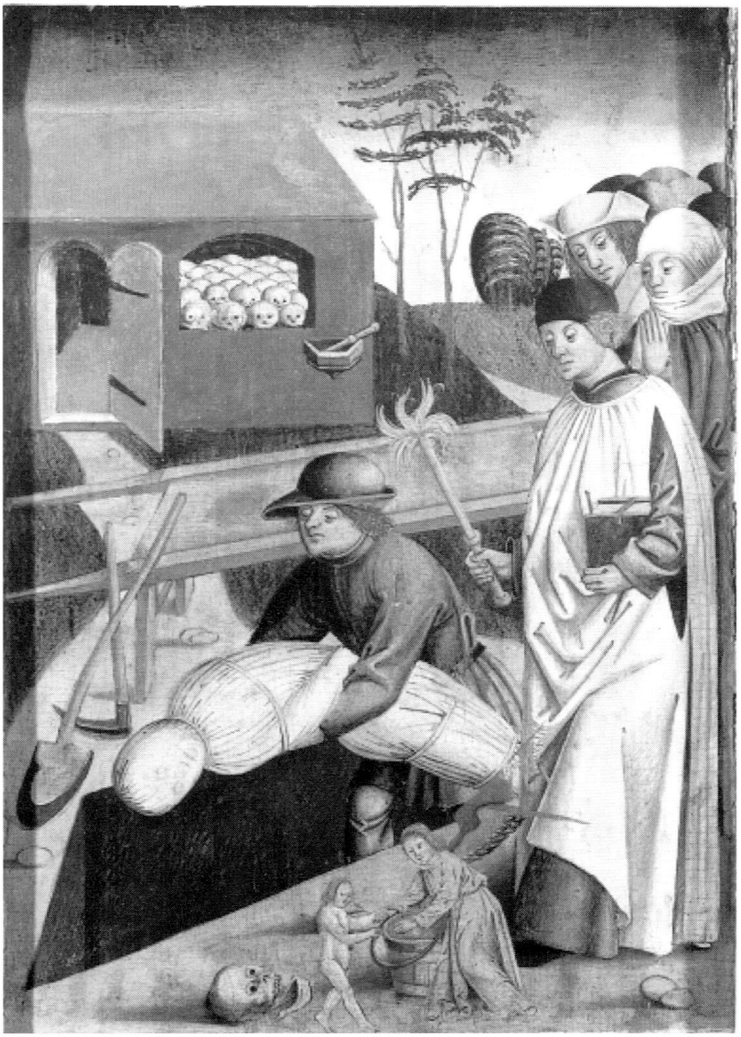

Abb. 72 *Meister S. H.: Werke der Barmherzigkeit, »Die Toten begraben« (1490/1500). Beerdigung eines Toten im Leichentuch ohne Sarg, im Hintergrund ein Beinhaus.*
Linz, Schloßmuseum.

der Gesellschaft stets ein wichtiges Ereignis. Eine »anständige Leich« galt als passender Abschluß eines erfolgreichen Lebens. In den mittelalterlichen Zünften sorgten die Bruderladen für ein standesgemäßes Begräbnis ihrer Mitglieder, in der Neuzeit sicherten Sterbekassen und Lebensversicherungen diese Auslagen für ihre Mitglieder.
Joseph II. verbot die Beisetzung in Kirchen und ordnete 1784 die Anlegung neuer Friedhöfe außerhalb der Siedlungsgebiete an. Als er überdies befahl, die Leichen mit Kalk zu bestreuen, in Leinensäcke einzunähen und in einem mehrfach verwendbaren Sarg, der nach unten aufklappbar war, in das offene Grab zu befördern,

Abb. 73 *Frans Pourbus d. J. (Werkstatt): Kaiserin Anna, die Stifterin des Wiener Kapuzinerklosters, als Erzherzogin (um 1603).*

Innsbruck, Schloß Ambras (KHM, IN 9383).

empörte sich die Bevölkerung derart, daß er diese Verfügung 1785 wieder zurücknehmen mußte. Für die ärmeren Volksschichten waren die neuen Regelungen allerdings altgewohnt. Ihre Toten mußten seit eh und je mit Erdgräbern außerhalb der Kirchen vorliebnehmen, die Verstorbenen wurden nicht eingesargt, sondern nur in Leichentücher gehüllt und auf Totenbrettern in die ausgehobene Grube hinabbefördert (Abb. 72).

Spurlos aus dem Leben zu scheiden, diese Vorstellung schmerzte die Menschen, seitdem ihr Selbstbewußtsein zunahm und sich ihre Jenseitshoffnungen mit irdischen Wünschen verbanden. Das Grab sollte die Erinnerung an ihr Erdendasein bewahren und an kommende Generationen weitergeben. Als bester Begräbnisplatz im Hinblick auf die künftige Auferstehung galt im Mittelalter ein Platz in der Kirche, möglichst nahe zum Altar mit seinen Heiligenreliquien, wo der Priester oft und oft die Messe las und dabei auch der Verstorbenen gedachte. Noch vorteilhafter war es, sich in einem Kloster beisetzen zu lassen und durch fromme Stiftungen das heilsame Gebet der Mönche und Nonnen zu erwirken. Am sichersten sorgte für sein jenseitiges Heil, wer ein Kloster als Grablege gründete und so als Stifter oder Stifterin ewiges Gedächtnis genoß.

Die Babenberger Markgrafen und Herzöge sowie die frühen Habsburger ließen sich samt ihren Gemahlinnen in verschiedenen österreichischen Klöstern beisetzen, die Grafen von Görz-Tirol bestimmten die von ihnen gegründete Zisterze Stams als Grablege für die Tiroler Landesfürsten. Die aus Tirol stammende Kaiserin Anna (Abb. 73) gründete testamentarisch ein Kapuzinerkloster in Wien, in dessen Gruft ab 1633 fast alle Habsburger beigesetzt wurden, als letzte Kaiserin Zita 1989.

In den Kapitelsälen und Kreuzgängen der Klöster, im Fußboden von Kirchen, in Grabkapellen, Grüften, Hochgräbern und Wandnischen entfaltete sich die österreichische Sepulkralkunst des Mittelalters und der Neuzeit. Bedeutende Grabmonumente wurden errichtet, wie das Hochgrab Kaiser Friedrichs III. im Wiener Stephansdom, das Kenotaph Maximilians I. in der Innsbrucker Hofkirche, das Nischengrab Erzherzog Ferdinands II. in der Silbernen Kapelle ebendort, das Grabmonument Maximilians des Deutschmeisters in der Innsbrucker Jakobskirche (heute Dom), das Mausoleum Kaiser Ferdinands II. in Graz.

Unter den Grabstätten des Adels ragt eines durch seine eigenwillige Widmung hervor: Der 1611 verstorbene kaiserliche Generaloberstfeldzeugmeister Ruprecht von Eggenberg ließ für sich und alle katholischen männlichen Familienmitglieder im Offiziersrang ein Mausoleum im südsteirischen Ehrenhausen errichten, schloß

aber *Weibspersonen* von der Beisetzung in diesem Grabbau ausdrücklich aus.
Als bescheidener Ersatz für aufwendige Grabanlagen dienten dem Adel seit dem Spätmittelalter hölzerne Totenschilde als bleibende Erinnerungsmonumente. Sie wurden nach der Bestattung angefertigt und möglichst nahe beim Grab an der Wand aufgehängt. Der Brauch blieb in Österreich bis ins 17. Jahrhundert lebendig, doch haben nur verhältnismäßig wenige Totenschilde die Zeiten überdauert (Abb. 74). Nach dem Aussterben eines Geschlechts verschwanden meist auch die Relikte seines Ahnenkults, die barocken Umbauten vieler Kirchen forderten weitere Opfer, und schließlich wandte man sich im Zeitalter der Aufklärung auch kirchlicherseits gegen diesen Brauch, der die Gotteshäuser zu Stätten adeligen Geschlechterkults umfunktioniert hatte.
Als die Fußböden der Kirchen für die Beisetzung der Toten und die Anbringung von Grabsteinen über dem Grab knapp wurden, ging man ab dem 16. Jahrhundert dazu über, die Toten an nicht markierter Stelle zu bestatten und Totengedenktafeln an den Wänden anzubringen. Ein solches Epitaph konnten sich auch Bürgerliche setzen und künstlerisch ausgestalten lassen.
Nachdem seit dem ausgehenden 18. Jahrhundert die Kirchen und Klöster als Grabstätten verschlossen waren, ließen sich die Honoratioren in Stadt und Land ihre Familiengrüfte in den Arkaden der neu angelegten Friedhöfe errichten, ganz nach dem Muster der Grabstätten in den klösterlichen Kreuzgängen. Auch bei den Erdgräbern und Erdgrüften, bei denen sich im 19. Jahrhundert immer mehr der aufrecht stehende Grabstein durchsetzte, brachten imposante Grabmonumente das Sozialprestige der Verstorbenen und ihrer Familien zum Ausdruck. Ein Spaziergang durch alte österreichische Friedhöfe gleicht daher oft einer stimmungsvollen Reise durch eine längst versunkene Zeit mit ihren Titeln und Prädikaten.
Als schlichter Versuch, das Andenken an einen Verstorbenen zu bewahren, sind schließlich die bemalten oder unbemalten Totenköpfe und Gebeine in manchen Beinhäusern zu betrachten. Die Sitte, die Leichen auf den Friedhöfen nach einer gewissen Zeit zu exhumieren, läßt sich in Österreich seit der Romanik nachweisen, einige der damals errichteten Karner stehen heute noch, allerdings ohne die seinerzeit darin enthaltenen Gebeine (Abb. 75). Dagegen hat sich die Gewohnheit, Totengebeine anderweitig aufzubewahren, in mehreren österreichischen Orten bis in die Gegenwart erhalten.
Die Zahl der Grabmonumente ist unübersehbar, auch Frauen haben ihren Anteil daran. Seit dem 13. Jahrhundert bewahrte man

Abb. 74 *Totenschild für den 1573 verstorbenen Hans Dreyling, Bergwerksunternehmer und Rat Erzherzog Ferdinands II.*
Schloß Tratzberg (Tirol), ehemals in der Pfarrkirche Schwaz.

Abb. 75 *Der ehemalige Hartberger Karner (Rundbau mit Dreiviertelapsis), um 1200 erbaut.*
Hartberg (Oststeiermark).

Abb. 76 *Niklas Gerhaert van Leyden: Grabstein der Kaiserin Eleonore (1467). Die Tote trägt ihre Krönungsinsignien als Kaiserin: Mitrakrone mit Bügel und Kreuz, Reichsapfel und Zepter.*
Wiener Neustadt, Neukloster.

ihr Andenken in Hochgräbern und Einzelgrabsteinen, die teils von den Hinterbliebenen, teils aber auch von ihnen selbst in Auftrag gegeben wurden. Die ältesten bekannten Beispiele sind die Hochgräber für Anna von Böhmen (gest. 1313) und Euphemia von Schlesien (gest. 1347), die Gemahlinnen der Herzöge Heinrich und Otto von Kärnten, die jedoch nicht erhalten blieben. Friedrich III. ließ seiner früh verstorbenen Gemahlin Eleonore von Portugal von Niklas Gerhaert van Leyden ein Grabmal im Wiener Neustädter Neukloster errichten (Abb. 76), Maximilian I. wollte seiner zweiten Gemahlin Bianca Maria Sforza *ein Begräbniss aufrichten* lassen, nahm davon aber wieder Abstand. Für Philippine Welser schuf auf Wunsch Erzherzog Ferdinands II. Alexander Colin ein Wandgrab in der Silbernen Kapelle in Innsbruck (Abb. 77), das als edelstes Grabdenkmal der Renaissance in Tirol gilt. Auch ein anderer Witwer hat seiner verstorbenen Ehepartnerin ein schönes Denkmal gesetzt: Herzog Albert von Sachsen-Teschen ließ für Erzherzogin Maria Christine (gest. 1798) von

Abb. 77 *Alexander Colin: Grabmal der Philippine Welser in Innsbruck, Silberne Kapelle (1581), Zeichnung.*

Abb. 78 *Antonio Canova: Grabdenkmal (Kenotaph) für Erzherzogin Maria Christine (1798/1805).*

Wien, Augustinerkirche.

Abb. 80 *Totengedächtnisschild aus Blech für die am 10. Juli 1765 verstorbene Schloßherrin von Tratzberg, Gräfin Maria Helena Elisabetha von Tannenberg, geb. Freiin von Risenfels.*

Schloß Tratzberg (Tirol), ehemals in der Pfarrkirche Schwaz.

Abb. 79 *Epitaph der Katharina von Hollenegg, Gattin des steirischen Landesverwesers Adam von Hollenegg, gest. 1527 im Alter von 28 Jahren.*

Hollenegg, Pfarrkirche, Außenwand.

Abb. 81 *Grabstein der Christina Clario von Sparbersbach, gest. 1617, 14 Stunden nach der Geburt.*

Graz, Pfarrkirche St. Peter, Außenwand.

Antonio Canova in der Wiener Augustinerkirche ein imposantes Marmorgrab errichten und der *besten Gattin (Uxori optimae)* widmen (Abb. 78). Viele weitere Beispiele finden sich in ganz Österreich (Abb. 79). Das Gedenken auf Totenschilden blieb Frauen verwehrt, da sie nicht waffentragend waren. Doch es gab auch Ausnahmen: Auf einem Tiroler Totenschild ist eine Frau aufgeführt, Praxedis von Wolkenstein (gest. 1492), allerdings nur gemeinsam mit ihren früh verstorbenen Brüdern. Im 18./19. Jahrhundert wurden in Tirol für einige Damen des Adels sogar eigene Totenschilde aus Blech (Abb. 80) oder Papier angefertigt, letzte Ausläufer eines adeligen Totenbrauchtums.
Die berührendsten Zeugnisse des Gedenkens sind wohl Kindergrabmäler. Seit dem 15. Jahrhundert finden sich auch Mädchen aller Altersstufen darauf verewigt (Abb. 81). Den schönsten Sarg erhielt zweifellos Erzherzogin Maria Theresia, die 1770 im Alter von acht Jahren verstorbene Tochter Josephs II.; der Vater ließ sein einziges, in der Kapuzinergruft ruhendes Kind ganzfigurig plastisch, von Girlanden und Blumen umgeben, auf dem Sarkophag verewigen.

CHRISTLICHE LEBENSWELT – WEIBLICHE RECHTSSTELLUNG

Österreich ist ein katholisches Land, daran besteht kein Zweifel. Kirchen prägen das Bild der Städte und Dörfer, Kalvarienberge und Wegkreuze laden zu besinnlichem Verweilen ein. Der Wiener Stephansdom gilt als das Wahrzeichen Österreichs, das ganze Land ist seit 1675 dem hl. Josef geweiht (Abb. 82). Noch immer sind die staatlich gebotenen kirchlichen Feiertage zahlreicher als in anderen katholischen Ländern, bei wichtigen öffentlichen oder privaten Anlässen ist die Geistlichkeit eingebunden. Und doch: Die vielgerühmte *pietas Austriaca* ist brüchig geworden. Immer mehr Katholiken kehren ihrer Kirche den Rücken, leben ohne konfessionelle Bindung oder suchen sich eine neue religiöse Gemeinschaft, in der sie sich mehr geborgen fühlen. Religion ist weitgehend Privatsache geworden. Das war nicht immer so.
Die Anfänge des Christentums reichen in Österreich in die Spätantike zurück. Zur Zeit der Babenberger war die Bevölkerung bereits voll christianisiert, die Seelsorgeorganisation fest gefügt. Jeder Getaufte unterstand einer bestimmten Pfarre, mußte zum Unterhalt des Pfarrers beitragen und in seiner Pfarrkirche die Sakramente empfangen. Zum Pfarrzwang gehörte auch die Ver-

pflichtung, auf dem Pfarrfriedhof beerdigt zu werden; nur wenigen wurde gestattet, sich innerhalb der Pfarrkirche oder in einem Kloster beisetzen zu lassen. So war das Leben der Gläubigen von der Taufe bis zur Bestattung fest in der Hand der Kirche. Die christlichen Glaubenssätze und Gebote waren verbindlich und wurden bereits den Kindern beigebracht.
Die österreichische Bevölkerung suchte mehrmals nach Alternativen zur herrschenden Glaubenslehre. Im Mittelalter fanden Waldenser und Katharer, die sich gegen die verweltlichte und hierarchisch gegliederte Amtskirche wandten, zahlreiche Anhänger in Österreich. Sie wurden als Ketzer verfolgt und zum Verschwinden gebracht.
Zu Beginn der Neuzeit eröffnete Martin Luther eine neue Sicht des Glaubens: Nicht durch seine noch so zahlreichen Werke werde der Christ gerettet, sondern allein durch den Glauben an Christus. In der von Luther ins Deutsche übersetzten und durch den neu aufgekommenen Buchdruck weit verbreiteten Bibel konnten nun ungezählte Österreicher(innen) in ihrer Muttersprache lesen und Vergleiche zwischen der Urkirche und der bestehenden Kirchenverfassung ziehen. Ein massenweiser Abfall begann, immer mehr Österreicher(innen) sympathisierten mit den Ansichten des Wittenberger Reformators, der nur die Heilige Schrift als Glaubensgrundlage gelten lassen wollte. Aber auch die Wiedertäufer und Calvinisten, die ebenfalls die Bibel als Fundament ihrer Lehren ansahen, fanden Anhänger in Österreich.
Die Kirche versuchte, die neuen Glaubenslehren als Häresien zu brandmarken und einzudämmen, angesichts der großen Zahl der Ketzer waren diese Bemühungen aber zum Scheitern verurteilt; nur die Wiedertäufer als sozial schwächste Gruppe konnten erfolgreich bekämpft werden.
Die in ihrer Existenz bedrohte alte Kirche, die durch die reichsrechtliche Anerkennung der protestantischen Konfession (1530) zur katholischen Kirche wurde, verdankte den habsburgischen Landesfürsten des 16. und 17. Jahrhunderts ihr Wiedererstarken in Österreich. Unterstützt durch verschiedene Orden (Jesuiten, Kapuziner, Serviten), führten sie die Gegenreformation durch, wiesen gemäß den Bestimmungen des Augsburger Religionsfriedens (1555) alle Andersgläubigen aus und schufen durch die von ihnen geförderte intensive religiöse Betreuung der Bevölkerung die Grundlage für den aufblühenden Barockkatholizismus.
Im Vertrauen auf göttlichen Beistand fochten die Habsburger ihren Kampf gegen die Glaubensfeinde im Innern wie nach außen. Die Siege über die aufständischen Böhmen sowie die islamischen Türken galten ihnen als Siege der Gottesmutter und

Abb. 82 *Unbekannter Künstler: Kaiser Leopold I. übergibt die Erblande dem Schutz des hl. Joseph (um 1690).*
Innsbruck, Schloß Ambras (KHM, IN 6160).

Abb. 83 *Altarretabel aus St. Katharein an der Laming: Schutzmantelmadonna (1475), Mittelteil. Unter ihrem Mantel rechts Kaiser Friedrich III.*
Graz, Joanneum, Alte Galerie, IN 328.

des Kreuzes. Als Dank für die Rettung seiner Länder vor innerer Rebellion und äußeren Feinden wollte Kaiser Ferdinand II. das Fest der »Unbefleckten Empfängnis« einführen, drang aber damit beim Papst nicht durch; erst 1854 wurde das Dogma von der unbefleckten Empfängnis Mariens verkündet und das Fest offiziell eingeführt. Der 8. Dezember ist in Österreich bis heute ein Feiertag geblieben.

Die Marienverehrung der Habsburger war besonders ausgeprägt. Ferdinand II. sah in der Gottesmutter seine *Generalissima* und *das oberste Kriegshaupt* seiner Heere, Leopold I. nannte sie die *Generalissima familiae Austriacae*. Ferdinand III. weihte sich, seine Familie und seine Länder der *Jungfrau, Gottesgebärerin*

und unbefleckt Empfangenen, durch welche die Fürsten herrschen, als der besonderen Herrin und Patronin Österreichs.
Zentrum der marianischen Frömmigkeit des Kaiserhauses war Mariazell. Seit dem 15. Jahrhundert eng mit den Habsburgern verbunden, erlebte der Marienwallfahrtsort im 17. und 18. Jahrhundert einen großen Aufschwung. Hierher pilgerte die kaiserliche Familie, um die Geburt eines Thronfolgers zu erflehen, zweimal wurden ihre Bitten erhört: Sowohl Joseph I. (geb. 1678) als auch Leopold, der 1716 geborene Sohn Karls VI., galten als Gebetserhörung. Als Erzherzog Leopold nach wenigen Monaten starb, ließ der Vater ein silbernes Jesuskind mit dem Gewicht und Aussehen des Thronfolgers nach Mariazell bringen.
Unter Maria Theresia begann sich das Bild der Gottesmutter von der Herrin zur Gnadenmutter und Schutzherrin zu wandeln. Die Verbundenheit des Hauses Habsburg zur *Immaculata* blieb aber bestehen und hat sogar die Monarchie überdauert. Im Januar 1993 fand hier die Hochzeit von Karl Habsburg-Lothringen und Francesca Thyssen-Bornemissza statt.
Die tiefe Religiosität der Habsburger hinterließ auch sonst Spuren. Die Gelöbnisse anläßlich der Pestepidemien von 1679 und 1713 führten zur Errichtung der Dreifaltigkeitssäule am Graben sowie der Karlskirche in Wien. Die Vorliebe für den hl. Josef und den hl. Leopold äußerte sich in der Wahl der Taufnamen, zusammen mit dem Namen Maria wurden sie immer häufiger gewählt. Dem Beispiel der Dynastie folgten der Adel und die übrige Bevölkerung, erst in jüngster Zeit wurden diese Namen durch modernere weitgehend verdrängt.
Die vom Kaiserhaus gelebte barocke *pietas Austriaca* prägte das gesamte Leben in Österreich. Zur Zeit der Aufklärung wich die öffentlich zur Schau gestellte Frömmigkeit allmählich einer intimeren Religiosität. Die wichtigsten kirchlichen Feste wurden aber weiterhin prunkvoll begangen, die feierliche Fronleichnamsprozession ist bis heute sichtbarer Ausdruck des religiösen Lebens in Österreich geblieben.
Die bis in unser Jahrhundert dominante Religion bot den Menschen viel Positives: Hoffnung auf Erlösung, auf eine ausgleichende Gerechtigkeit im Jenseits, auf die Sinnhaftigkeit des eigenen Daseins, auf Trost in allen Lebenslagen. Die christliche Lebenswelt war angefüllt mit Heiligen, zu denen man aufblicken konnte, auf deren Hilfe man in Notsituationen vertraute. Jeder Stand, jedes Lebensalter hatte »seinen« Heiligen oder »seine« Heilige. Die Gottesmutter war für alle da und nahm sie unter ihren schützenden Mantel (Abb. 83).
Frauen und Mädchen konnten vor allem in Maria reiche Identi-

fikationsmöglichkeiten finden. Sie war ein gelehriges Kind, eine erwartungsvolle Schwangere, eine liebevolle Mutter; sie litt durch ihren Sohn vielfachen Schmerz, sie triumphierte aber auch durch ihn. Marienleben war Frauenleben mit all seinen Höhen und Tiefen. Durch Dogmen wurde die Gottesmutter allerdings der irdischen Sphäre immer mehr entrückt, unbefleckte Empfängnis, jungfräuliche Geburt des Gottessohnes und leibliche Aufnahme in den Himmel hoben sie über alle Frauen hinaus.

Weiblichen Emanzipationsbestrebungen konnte Maria trotzdem nicht dienen, denn ihr Leben, wie es in der Heiligen Schrift überliefert ist, war geprägt von Unterordnung. Für die Unterwerfung unter Gottes Ratschluß *(Lukas 1,38: Siehe, ich bin die Magd des Herrn, mir geschehe nach deinem Worte)* erntete sie freilich höchsten Lohn, sie wurde Himmelskönigin.

Die christliche Religion bot Hilfe und Erklärungsmodelle in allen Lebenssituationen. Krankheiten und Unfruchtbarkeit galten als Strafe Gottes für begangene Sünden oder als auferlegte Prüfung; sie konnten durch Bußfertigkeit und besondere Frömmigkeit überwunden werden. Wallfahrten waren ein beliebtes Mittel, sich der direkteren Hilfe des Himmels und seiner Heiligen zu versichern.

Neben ihren Gnadenschätzen vermittelte die Kirche noch etwas: Der obligate sonntägliche Kirchgang, die gemeinsamen Prozessionen erzeugten ein Gemeinschaftsgefühl. Alt und jung, arm und reich waren eingebunden in die Gemeinschaft der Gläubigen. Das soziale Gefüge basierte so jahrhundertelang auf der christlichen Gesellschaftsordnung.

Diese kompakte Gemeinschaft vermittelte allerdings nicht nur Geborgenheit, sondern grenzte auch aus. Wer die kirchlichen Gesetze grob mißachtete, wurde exkommuniziert, d. h. aus der kirchlichen Gemeinschaft ausgeschlossen. Im Mittelalter bedeutete Exkommunikation aber noch mehr, sie war eine reale Gefahr für Herrschaftsträger; mit der Reichsacht verknüpft, entband sie die Untertanen des Treueids und gefährdete so die Herrschaft. In der Neuzeit verloren die kirchlichen Sanktionen an Bedeutung, die öffentliche Brandmarkung konnte aber noch immer sehr unangenehm sein.

Vor allem Frauen hatten unter kirchlicher Diskriminierung zu leiden, wenn sie gegen das sechste Gebot verstießen. Außereheliche Sexualbeziehungen wurden als »Unzucht« bestraft, die ledige Mutter und ihr Kind, sofern es sich nicht um eine antizipierte Ehe handelte, stigmatisiert. Um Abtreibung und Kindsmord zu verhindern, wurden im 18. Jahrhundert Gebär- und Findelanstalten gegründet, wo ledige Mütter unerkannt niederkommen und ihr Kind zurücklassen konnten. Zumindest physisch unbelastet kehrten sie von einer solchen »Reise« wieder in ihre gewohnte Umgebung zurück. Der Bedarf an diesen Einrichtungen war groß, kam doch Ende des 19. Jahrhunderts jedes vierte Kind in Österreich unehelich zur Welt. Aber nicht nur die Geburt war für arme Schwangere in diesen Anstalten kostenlos, sie konnten sich auf diese Weise auch die für uneheliche Kinder besonders hohen Taufgebühren sparen.

Die Ausgrenzung aus der kirchlichen und damit gesellschaftlichen Gemeinschaft reichte oft bis zum Tod. Im Kirchenbann Verstorbene, Ketzer und Selbstmörder wurden nicht auf dem Friedhof beerdigt, die Leichen von Verbrechern überhaupt nicht bestattet, sondern ausgesetzt und anschließend verscharrt. Schuldlos kamen aber auch ungetauft gestorbene Kinder nicht in den Genuß eines kirchlichen Begräbnisses, erst das neue Kirchenrecht hat hier eine Änderung gebracht.

Die Monopolstellung der katholischen Religion und Kirche wurde in Österreich durch die Toleranzgesetzgebung Josephs II. beendet. Von nun an konnten sich Österreicher(innen) offen zur evangelischen Konfession Augsburger oder Helvetischen Bekenntnisses bzw. zum jüdischen Glauben bekennen und Gebäude für ihre Religionsausübung errichten. Im *Allgemeinen Bürgerlichen Gesetzbuch* (1811) wurde festgelegt, daß die *Verschiedenheit der Religion auf die Privatrechte keinen Einfluß* habe, das Staatsgrundgesetz von 1867 gewährleistete jedermann in der österreichischen Reichshälfte *volle Glaubens- und Gewissensfreiheit*; der Genuß der bürgerlichen und politischen Rechte sollte vom Religionsbekenntnis unabhängig sein, jede gesetzlich anerkannte Kirche und Religionsgemeinschaft erhielt das Recht der gemeinsamen öffentlichen Religionsausübung, den Anhängern eines gesetzlich nicht anerkannten Religionsbekenntnisses wurde *die häusliche Religionsübung* gestattet, sofern *dieselbe weder rechtswidrig noch sittenverletzend* war.

Trotz der Zulassung anderer Konfessionen und Religionen blieb die katholische Kirche in Österreich weiterhin dominant. Auch nach dem Ende der Monarchie (1918) konnte sie ihre Position im wesentlichen behaupten, wenngleich sie im sozialdemokratischen und deutschnationalen Lager auf starke Gegnerschaft stieß. Während der nationalsozialistischen Ära wurde die katholische Kirche aus dem öffentlichen Leben ausgeschaltet und in ihren Einkünften beschnitten. Sie überstand diese Zeit ungewohnter Demütigungen großteils unbeschadet, aber der emanzipierte Staat gab 1945 einige wichtige Kompetenzen hinsichtlich der Staatsbürger nicht mehr in kirchliche Hand zurück. Von der Geburt über Eheschlie-

ßung oder Ehescheidung bis hin zur Beerdigung konnte sich das gesamte Leben der Österreicher(innen) nun ohne die Kirche abspielen.
Die allmähliche Emanzipation der österreichischen Gesellschaft von traditionellen Normen spiegelt sich auch in der Rechtsentwicklung wider. Frauen waren davon speziell betroffen, da das weibliche Rollenbild jahrhundertelang christlich geprägt war. Die Kirche entwickelte zwei gegensätzliche Frauentypen: Eva, die Stammutter, galt als Verführerin und Ursache des Sündenfalls – Maria, die Gottesgebärerin, wurde als Heilsbringerin und Siegerin über das Böse verehrt. Beiden Frauen gemeinsam war die Unterordnung unter den Mann, wofür die Bibel als Beleg diente *(Genesis 3,16* und *1. Korintherbrief 11,3)*.
Darüber hinaus wurde die Frau kirchlicherseits als »Minderwesen« betrachtet, basierend auf der aristotelischen Meinung, wonach sie *ein verhinderter Mann* sei. Zwar sahen die christlichen Autoritäten des Mittelalters Frauen ebenfalls als Ebenbilder Gottes an, doch war Eva von Gott nicht direkt erschaffen worden, sondern aus einer Adamsrippe entstanden (Abb. 84); folglich stand sie unter ihm. Die *in ihrer Natur begründete Schwäche* hatte angeblich zur Verführbarkeit der ersten Frau geführt, die sittliche Gefährdung der Frauen machte somit ihre Beaufsichtigung durch den Mann erforderlich.
Diese theologischen Ansichten blieben nicht ohne Auswirkung auf die Rechtswirklichkeit. Eine weitere Wurzel der besonderen Rechtsstellung der Frau waren weltliche Satzungen, die mehr ihre physische Kondition in den Vordergrund stellten.
Zu Beginn der Babenbergerzeit waren auf dem heute österreichischen Staatsgebiet noch die Stammesrechte der im 6. Jahrhundert eingewanderten Volksstämme in Geltung. Sie basierten auf dem Personalitätsprinzip, d. h. jeder Stammesangehörige wurde nach dem in seinem Stamm geltenden Recht behandelt. Entsprechend der Besiedlung war für den größten Teil der österreichischen Länder das bairische Stammesrecht maßgebend, für Vorarlberg und das westliche Nordtirol galt das alemannische Stammesrecht, für das südliche Tirol das langobardische Recht; die vorwiegend im Osten siedelnden Slawen lebten nach ihren Rechtssätzen. Nimmt man – anhand der Ortsnamen und sonstiger Zeugnisse – an, daß auch Franken, Sachsen und Schwaben auf österreichischem Territorium siedelten, kann man sich von der Rechtsvielfalt ein ungefähres Bild machen.
Von allen Stammesrechten hatte die *Lex Baiuvariorum* von Anfang an den größten Geltungsbereich und war auch am längsten in Kraft, nämlich bis ins 14. Jahrhundert. Da ihre Rechtssätze

Abb. 84
Die Erschaffung der Eva.
Wien, ÖNB, Cod. 2759 (Wenzelsbibel, Ende 14. Jh.), fol. 4r (Detail).

teilweise identisch waren mit jenen der *Lex Alamannorum*, kann sie als die für Österreich wichtigste Rechtsordnung der Frühzeit angesehen werden.

Das bairische Stammesrecht enthielt eine Reihe von Satzungen betreffend die weibliche Lebenswelt. Im Mittelpunkt des Stammesinteresses standen der Schutz der Frauen und des werdenden Lebens, die Aufrechterhaltung von sexueller Disziplin sowie der weibliche Besitz. Der gesellschaftlichen Schichtung entsprechend, bestanden in der rechtlichen Behandlung große Unterschiede zwischen freien, freigelassenen und unfreien Frauen. Die wichtigsten Satzungen sahen dabei folgendes vor:

Abb. 85 *Die Tötung eines ehebrecherischen Paares »auf handhafter Tat« durch den Ehemann war nach bairischem Stammesrecht straffrei. Hier eine adäquate Szene aus dem Alten Testament.*

Vorau, Stiftsbibliothek, Cod. 273 (Vorauer Volksbibel, 1467), fol. 115v (Detail).

> Wenn eine freie Frau verwundet oder getötet wird, soll diese Tat doppelt so hoch gebüßt werden wie bei einem Mann, da sich eine Frau nicht mit den Waffen verteidigen kann. Wenn sie aber so beherzt ist, daß sie kämpfen will wie ein Mann, soll ihr Bußgeld nicht verdoppelt werden.
>
> Wer beim Ehebruch mit einer freien Frau ertappt wird, soll dies (= die anschließende Tötung der Ehebrecherin) ihrem Ehemann mit dem Wergeld (= Schadenersatz für die Tötung) der Frau büßen. Wenn er zugleich mit der Frau im Ehebett getötet wird, soll sein Tod ungestraft bleiben (Abb. 85). Wenn er das Bett nur mit einem Fuß bestiegen hat und von der Ehefrau an weiterem Tun gehindert wurde, soll er dies mit 15 Schilling büßen.
>
> Wenn ein Knecht Ehebruch mit einer freien Frau begangen hat und beide getötet wurden, soll das Wergeld der Frau um 20 Schilling verringert werden; den Rest muß sein Herr bezahlen. Entkommt der Knecht, soll er dem Ehemann, dessen Frau geschändet wurde, ausgeliefert werden. Wenn jemand eine freie Ehefrau oder Jungfrau unzüchtig anfaßt, soll er sechs Schilling Bußgeld zahlen. Wenn er ihnen die Kleider über die Knie hochhebt, soll er zwölf Schilling Bußgeld entrichten. Wenn er der Frau die Kopfbedeckung herunterreißt oder der Jungfrau in Geilheit Haare vom Kopf reißt – unverheiratete Mädchen trugen die Haare offen und kamen erst durch die Ehe »unter die Haube« –, soll er dies ebenfalls mit zwölf Schilling büßen.
>
> Wer eine Jungfrau gegen ihren Willen und den ihrer Verwandten raubt, soll dafür 40 Schilling Bußgeld (an die Verwandten) und 40 Schilling an den Fiskus zahlen.
>
> Wer mit einer freien Frau mit deren Einwilligung Unzucht getrieben hat, sie aber nicht heiraten will, soll dafür nur zwölf Schilling bezahlen, weil sie sich freiwillig schänden ließ. Wenn ein Knecht mit einer freien Frau Unzucht begeht, soll ihn sein Herr den Verwandten der Geschändeten zur verdienten Bestrafung oder Tötung übergeben.
>
> Wer mit einer freigelassenen Ehefrau Ehebruch begeht, soll an deren Verwandte, Herrn oder Ehemann 40 Schilling bezahlen. Wer einer

freigelassenen Jungfrau beiliegt, soll an deren Verwandte oder Herrn acht Schilling bezahlen. Wer mit der Magd eines anderen Herrn Ehebruch begeht, soll an deren Herrn 20 Schilling bezahlen. Wer einer Magd, die noch Jungfrau ist, beiliegt, soll vier Schilling Bußgeld zahlen.

Wenn ein freier Mann seine freie Ehefrau, ohne daß sie einen Defekt an sich hat, aus Widerwillen verstößt, soll ihren Verwandten 48 Schilling zahlen. Die Frau selbst soll ihr Wittum entsprechend ihrer Abstammung erhalten und, was sie an väterlichem Gut in die Ehe mitgebracht hat, zurückbekommen.

Wenn ein freier Mann seine freie Verlobte verläßt, soll er den Verwandten 24 Schilling bezahlen. Wer die Braut eines anderen raubt und zur Heirat überredet, soll sie zurückgeben und 80 Schilling Bußgeld zahlen.

Wenn eine Magd einen Trank zur Abtreibung eingibt, soll sie 200 Stockhiebe erhalten. Wenn eine freie Frau diesen Trank eingibt, soll sie unfrei werden. Wenn ein Mann eine Abtreibung vornehmen läßt, muß er sofort zwölf Schilling zahlen und danach bis ins siebente Glied jährlich einen Schilling; diese lange Bußzeit ist notwendig, weil die Seele, *nachdem sie einmal Fleisch angenommen hat, aber noch nicht geboren wurde*, ohne Taufe *eine lange Strafe in der Hölle erleiden muß.*

Wer einer Frau durch einen Stoß eine Frühgeburt verursacht, woran sie stirbt, soll als Totschläger behandelt werden. Wenn nur die Leibesfrucht zugrunde geht, soll er, wenn die Frucht *noch nicht lebendig war*, 20 Schilling Bußgeld zahlen; war sie bereits lebend, soll er das Wergeld bezahlen. Wer eine Magd so mißhandelt, daß sie eine Frühgeburt hat, soll dies, wenn die Leibesfrucht noch nicht lebte, mit vier Schilling büßen; bei einer lebenden Leibesfrucht soll er der Herrin der Magd zehn Schilling Bußgeld zahlen.

Witwen sollen den gleichen Anteil wie ihre Söhne am nachgelassenen Vermögen lebenslang zur Nutznießung erhalten. Geht die Frau eine neue Ehe ein, verliert sie dieses Recht. Falls sie eigenes Vermögen besitzt, erhält sie dieses und ihr gesetzmäßiges Wittum. Hat sie in der zweiten Ehe weder Söhne noch Töchter, fällt das gesamte Erbe an die Söhne der ersten Ehe zurück. Sind keine Kinder vorhanden, erhält die Witwe die Hälfte des Erbes, die andere fällt an die Verwandten des Mannes. Hat der verstorbene Ehemann keine Verwandten und schenkt oder vermacht er seiner Witwe das gesamte Vermögen, kann sie es behalten und nach Belieben vererben.

Das in der ersten Hälfte des 8. Jahrhunderts aufgezeichnete bairische Stammesrecht spiegelt noch die Situation der Völkerwanderungszeit wider, als wehrhafte Frauen sich selbst mit Waffengewalt verteidigten. Nach der Seßhaftwerdung wurde diese Wehrhaftigkeit in der männlich dominierten Haus- und Familiengemeinschaft weitgehend überflüssig. Die körperliche Stärke der

Germanin erhielt nur noch in der Heldensage einen ehrenvollen Platz, wo sie auch weiterhin »ihren Mann« stellte. Im tatsächlichen Leben wurde die Frau, die ihrem Mann körperlich überlegen war und dies auch ausnützte, zur Spottfigur.
Die weibliche Gesellschaft, wie sie im bairischen Stammesrecht zutage tritt, war durch unterschiedliche Wertigkeit differenziert. Den höchsten »Wert« hatte die freie Frau, deren Verletzung oder Tötung doppelt so hoch bestraft wurde wie die eines freien Mannes. Für Vergewaltigung und »sexuelle Belästigung« waren ebenfalls hohe Bußgelder vorgesehen, die Zahlung erfolgte aber nicht an die betroffenen Frauen, sondern an ihre männlichen Bezugspersonen (Ehemann, Herr, männliche Verwandtschaft). Die Geldbußen waren gedacht als Kompensation für die durch die Missetat eingetretene »Wertminderung«. Der Schutz der schwangeren Frauen und ihrer Leibesfrucht zeigt die Bedeutung, die man ihnen in biologischer Hinsicht beimaß; die hohen Strafen für Abtreibung, die nach dem Grad der »Lebendigkeit« bemessen wurden, weisen auf kirchliche Einflüsse hin. Schließlich zeigt die Erwähnung von Mitgift und Wittum, daß freie Frauen bei ihrer Verheiratung von ihrer männlichen Verwandtschaft und vom Ehemann materiell ausgestattet wurden.
Im weiteren Verlauf der Babenbergerzeit wurde das Personalitätsprinzip nach und nach durch das Territorialprinzip ersetzt. Die Rechtsgewohnheiten des überwiegenden Teils der Bevölkerung galten nun als Recht der Landesbewohner insgesamt.
Die Rechte der Bewohner des Herzogtums Österreich wurden im 13. Jahrhundert aufgezeichnet. Dieses österreichische Landrecht enthielt auch eine Reihe von Bestimmungen, die Frauen betrafen. So mußte eine Frau, die einen Mann wegen Notzucht vor dem Landgericht verklagte, zwei Zeugen unterschiedlichen Geschlechts beibringen, die den Gewaltakt gesehen oder ihr Schreien gehört hatten; danach sollte man *ir richten nach landes gewohnhait als recht ist.* Hatte der Übeltäter die Tat gebüßt, sollte sie ihm weder an seinem Gut noch an seiner Ehre und an seinem Recht abträglich sein. Frauen konnten gemäß Landrecht Eigengut erben und vererben, Lehen aber weder weiterleihen noch vererben. Wenn ein Mann nochmals heiratete, sollten die Kinder aus der zweiten Ehe nicht das hinterlassene mütterliche Gut der Kinder der ersten Ehe erben; starb ein Mann ohne Testament, sollte nur seine Ehefrau *(hausfrau)* Anrecht auf seine fahrende Habe besitzen. Jede Frau konnte ihre Morgengabe eidlich beschwören und auch sonst bei Gericht *auf iren prusten mit iren zwain fingern* schwören. Falls Vater und Mutter frühzeitig starben, sollten die Kinder die Erbschaft erst antreten, wenn sie

volljährig waren, wofür bei Mädchen ein Alter von zwölf Jahren angesetzt war.
Das österreichische Landrecht zeigt eine Weiterentwicklung gegenüber dem bairischen Stammesrecht. Es tritt nur mehr die freie Frau in Erscheinung, die unterdessen das Recht hatte, Grundbesitz zu erwerben und zu vererben, und nach der Hochzeit eine Morgengabe erhielt. Im Lehenswesen war sie allerdings beschränkt, sie konnte Lehen nicht weiterleihen oder vererben.
Neben das Landrecht des Herzogtums Österreich traten in weiterer Folge Landrechte und Landesordnungen für andere Territorien in unserem Raum, die vom jeweiligen Landesfürsten erlassen wurden. So das Landrecht Meinhards II. für Tirol in den 1280er Jahren, die Salzburger Landesordnung von 1328 oder das steirische Landrecht aus dem 14. Jahrhundert.
Außer diesen schriftlich niedergelegten Rechtssatzungen galt weiterhin das Gewohnheitsrecht, das nicht geschaffen, sondern von erfahrenen und rechtskundigen Landesbewohnern – meist alten Männern – gewiesen wurde. Erst allmählich ging man dazu über, auch diese Rechtsgewohnheiten schriftlich zu fixieren.
Parallel zur Entwicklung vom Stammesrecht zum Landrecht verlief eine weitere entscheidende Veränderung. Vom Großverband der Sippe war man allmählich zum kleineren Verband der Familie übergegangen. Der Begriff *familia* wurde weit gefaßt, er umfaßte alle Personen, die dem Schutz und der Verfügungsgewalt eines Herrn unterstanden. Dem Familienoberhaupt unterstellt waren nicht nur das Gesinde, sondern auch die Familie im engeren Sinn, also Ehefrau und Kinder. Bei der Verheiratung ging die Braut aus der Munt ihres Vaters in die Schutzgewalt ihres Ehemannes über. Da Frauen auch in der christlichen Weltordnung eine untergeordnete Stellung zugewiesen erhielten, wurde die Unterordnung der Frau unter den Mann zur allgemein geltenden Norm.
Neben der Zugehörigkeit zu einer Familien- und zugleich Hausgemeinschaft war auch der jeweilige Stand als Rechtsgemeinschaft von Bedeutung. Die Frauen des Adels und Bürgertums genossen persönliche Freiheit, die bäuerliche Frau war bis 1781 mehr oder weniger unfrei. Neben diesen grundsätzlichen Regelungen gab es noch unterschiedliche Stadtrechte, das Lehensrecht, Sonderbestimmungen von Grundherrschaften u. a. m. Zu Beginn der Neuzeit wurde im österreichischen Raum zunehmend auch das römische Recht rezipiert. Es bestanden also bis weit ins 18. Jahrhundert hinein sehr heterogene Rechtsordnungen in unseren Gebieten.
Doch nicht die ungleichen Rechtsordnungen, sondern die ungleichen Rechte der Menschen wurden den fortschrittlichen

Denkern der Aufklärung immer mehr zum Problem. Freiheit und Gleichheit galten ihnen als natürliche, angeborene Rechte aller Menschen. In Österreich wandte sich Joseph von Sonnenfels 1765 gegen die Leibeigenschaft und die grundherrlichen Rechte. Erstere wurde 1781, also noch vor Ausbruch der Französischen Revolution 1789, abgeschafft, die Grundherrschaft aber erst 1848. Während die persönliche Freiheit oder Unfreiheit leicht zu definieren war, bereitete die Forderung nach Gleichheit Schwierigkeiten. War damit die Gleichheit vor dem Gesetz oder auch die politische Gleichheit aller Staatsbürger(innen) gemeint?
Das *Allgemeine Bürgerliche Gesetzbuch* von 1811 beschränkte sich auf die Sicherung der Freiheit, indem es *Sclaverey oder Leibeigenschaft und die Ausübung einer darauf sich beziehenden Macht* in den österreichischen Erblanden nicht gestattete. Hinsichtlich der Gleichheit drückte es sich vage aus: *Jedermann ist unter den von den Gesetzen vorgeschriebenen Bedingungen fähig, Rechte zu erwerben.*
In der Pillersdorf'schen Verfassung von 1848 wurden sowohl die persönliche Freiheit wie auch die Gleichheit aller Staatsbürger vor dem Gesetz garantiert. Die Dezemberverfassung von 1867 übernahm diese Grundsätze in ähnlicher Formulierung.
Nachdem die Frauen 1918 mit dem Wahlrecht die politische Gleichstellung erlangt hatten, sprach die Bundesverfassung von 1920 erstmals davon, daß Vorrechte *des Geschlechts* ausgeschlossen seien; in dieser Form wurde die weibliche Gleichberechtigung auch 1964 in der Neufassung der Bundesverfassung verankert.
Ausdrückliche Erwähnung fanden die Frauen in der Verfassung des Ständestaates von 1934. Darin hieß es in Art. 16: *Frauen haben die gleichen Rechte und Pflichten wie die Männer, soweit nicht durch Gesetz anderes bestimmt ist.*
Die zunehmende politische Mitbestimmung von Frauen in der Zweiten Republik führte 1982 zur Konvention zur Beseitigung jeder Form von Diskriminierung der Frau sowie 1985 zum Bundesgesetz über die *Gleichbehandlung von Frau und Mann im Arbeitsleben.* Im Gleichbehandlungspaket (1992) wurden weitere Regelungen zum Abbau der Diskriminierung von Frauen in der Arbeitswelt verankert.
Konform mit der politischen Gleichstellung erfolgte auch eine Änderung in dem für die meisten Frauen wichtigsten zivilrechtlichen Bereich, in Ehe und Familie. Frau und Kinder standen bis in die jüngste Zeit unter der Gewalt des Familienoberhauptes. Hauptgrund dafür war die Tatsache, daß der Ehemann und Vater weitgehend den Lebensunterhalt der Familie bestritt. Daher wies ihm auch das *Allgemeine Bürgerliche Gesetzbuch* von 1811 die

Führungsrolle zu: *Der Mann ist das Haupt der Familie. In dieser Eigenschaft steht ihm vorzüglich das Recht zu, das Hauswesen zu leiten.* Er sollte seiner Ehegattin einen *anständigen Unterhalt* verschaffen und sie nach außen vertreten; diese wiederum hatte ihm in der Haushaltung und Erwerbung nach Kräften beizustehen und die von ihm getroffenen Maßregeln betreffend die häusliche Ordnung zu befolgen bzw. von den Dienstboten befolgen zu lassen.

Die Kinder unterstanden bis zu ihrer Großjährigkeit, die mit Vollendung des 24. Lebensjahres erreicht wurde, der väterlichen Gewalt. Wenn eine minderjährige Tochter heiratete, kam sie *zwar mit Rücksicht ihrer Person unter die Gewalt des Mannes*, starb der Ehemann aber während ihrer Minderjährigkeit, so kehrte sie wieder *unter die väterliche Gewalt* zurück. Die eheliche Gewalt endete erst, wenn die Ehefrau Witwe wurde.

Die Ehe als Versorgungsinstitut, wie sie aus diesen Bestimmungen hervorleuchtet, wurde erst überflüssig, als im Verlauf des 19. Jahrhunderts immer mehr Frauen eine Berufsmöglichkeit erhielten und damit ökonomisch unabhängig wurden. Die Heirat konnte nun ohne wirtschaftliche Zwänge, rein aus persönlicher Neigung erfolgen. Die patriarchalische Auffassung von Ehe und Familie wurde aber erst in unserem Jahrhundert von moderneren Anschauungen abgelöst. Das *Eherechtswirkungen-Gesetz* von 1975 ersetzte die eheliche Leitungsgewalt des Mannes durch das Partnerschaftsprinzip; die Rechte und Pflichten der Ehegatten zueinander wurden als gleich definiert, die Ehepartner sollten ihre Lebensgemeinschaft unter Rücksichtnahme aufeinander und das Wohl der Kinder einvernehmlich gestalten. Damit waren die Rollen von Vater und Mutter neu verteilt, Entscheidungen über die Kinder nicht mehr primär Sache des Vaters.

Der Gleichheitsgrundsatz manifestierte sich auch darin, daß Ehepaare seit 1986 den Familiennamen der Ehegattin führen können und seit 1990 Väter ebenfalls Anspruch auf Karenzurlaub haben.

Die Aufwertung des Kindes führte dazu, daß in Österreich bereits während der NS-Zeit und anschließend auch in der Zweiten Republik (seit 1950) Kinderbeihilfen gezahlt wurden. 1967 in Familienbeihilfe umbenannt, stehen diese staatlichen Direktzahlungen seit 1992 vorrangig jenem Elternteil zu, der überwiegend den Haushalt des Kindes führt, in der Regel also der Mutter. 1957 wurde im Anschluß an den Mutterschutz der Karenzurlaub eingeführt und seither ständig ausgeweitet. Dabei werden alleinerziehende Mütter finanziell bevorzugt, wodurch angeblich deren Bereitschaft, eine Ehe einzugehen, hinausgezögert wird. Weil die aus diesem Grund unehelich zur Welt kommenden Kinder – rund

ein Drittel der Erstgeborenen – rechtlich kaum benachteiligt sind und zudem durch die spätere Eheschließung ihrer Eltern legitimiert werden, dürfte dieser Trend weiter anhalten.
Die Diskriminierung unverheirateter Mütter und unehelicher Kinder hat seit der NS-Zeit weitgehend aufgehört. Die Rechtsstellung dieser Mütter gegenüber den Vätern ihrer Kinder wurde unterdessen weiter verbessert, das uneheliche Kind dem ehelichen fast gleichgestellt. Es kann den Familiennamen des Vaters erhalten und hat auch Erbrecht zum väterlichen Nachlaß; allerdings gehen ihm dabei die ehelichen Nachkommen des Vaters vor.

Soweit die Rahmenbedingungen für das Leben in Österreich von der Babenbergerzeit bis heute. Die allgemeinen Lebensverhältnisse haben sich während dieser Zeit für den Großteil der Bevölkerung in sozialer, wirtschaftlicher und rechtlicher Hinsicht auf jeden Fall verbessert. Für Frauen im besonderen wurde die Gleichwertigkeit der Geschlechter zum selbstverständlichen Gemeingut, wenngleich sich in der praktischen Anwendung der Gleichberechtigung oft Schwierigkeiten ergeben.
Auf einem Gebiet wird Frauen sogar ein Vorrang eingeräumt, in der Hauswirtschaft. Aber auch in diesem Bereich haben sich im Lauf der Zeit grundlegende Veränderungen vollzogen. Die Ernährung wurde umgestellt, die arbeitsintensive Nahrungszubereitung durch den Einsatz moderner Küchenmaschinen wesentlich vereinfacht. Neue Energiequellen und Haushaltsgeräte erleichtern auch die übrigen Tätigkeiten im Haushalt, wie im einschlägigen Kapitel über die Hausfrau nachzulesen ist. Einer Gleichberechtigung beider Geschlechter, der immer auch eine Gleichverpflichtung entsprechen sollte, stünde also, sofern die Hausfrau nicht nur im Haus tätig ist, hier ebenfalls nichts im Wege.

Die Herrscherin

Seit dem Jahr 1156 hatten Frauen in Österreich – genauer gesagt: im Herzogtum Österreich – das Recht, die Herrschaft auszuüben. Dieses für die damalige Zeit außergewöhnliche Privileg war eine Vergünstigung des Kaisers gegenüber dem österreichischen Herzog, der im Interesse des Reichsfriedens auf das von ihm besessene Herzogtum Bayern verzichtet hatte. Heinrich II. Jasomirgott erhielt dafür nicht nur eine Rangerhöhung zugestanden – aus der Markgrafschaft Österreich wurde ein Herzogtum –, sondern auch eine Reihe wichtiger Privilegien; unter ihnen war die weibliche Erbfolge besonders ungewöhnlich, allerdings nicht, wenn man weiß, daß Herzog Heinrich mit einer byzantinischen Prinzessin verheiratet war und 1156 nur eine Tochter besaß. »Frauen auf dem Thron« – das war in Byzanz nichts Ungewöhnliches, es gab sowohl souveräne Kaiserinnen als auch Herrscherinnen, die als Vormund unmündiger Kinder regierten. Die Mitbelehnung der Herzogin Theodora kann also wohl als Ausdruck eines hohen Selbstbewußtseins gewertet werden, das die byzantinische Kaisernichte aus ihrer Heimat nach Österreich mitbrachte.

Im Anschluß an die feierliche Zeremonie, bei der Heinrich II. und seine Gemahlin am 8. September 1156 auf freiem Feld außerhalb der Stadt Regensburg gemeinsam belehnt wurden, erfolgte die schriftliche Fixierung der gewährten Privilegien. In dieser Urkunde, dem sog. *Privilegium minus* vom 17. September 1156, wurde u. a. festgelegt, daß das Herzogspaar und nach ihm seine Söhne und Töchter das Herzogtum Österreich erblich innehaben sollten *(... ipsi et liberi eorum post eos indifferenter filii sive filie iam dictum Austrie ducatum hereditario iure a regno teneant et possideant)*. Gemeint war zweifellos, daß, sobald das Ehepaar männliche Nachkommen erhalten würde, Söhne den Vorrang vor Töchtern haben sollten. In der Fälschung dieses »kleineren« Privilegs durch Rudolf IV. (1358/59), im sog. *Privilegium maius*,

wurde der diesbezügliche Passus daher entsprechend verändert. Nun sollte das Herzogtum, wenn der Herzog – die Herzogin wird nicht mehr erwähnt – ohne männlichen Erben starb, an die älteste Tochter fallen.
Seit 1156 war Österreich also ein »Weiberlehen«. Die weibliche Erbfolge war auf die direkten Nachkommen des jeweiligen Herzogs beschränkt, weibliche Seitenverwandte hatten kein Erbrecht. Trotz dieser Bestimmung bestand immerhin die Möglichkeit, daß auch sie zum Zug kommen konnten, wenn es die Situation ergab. Die Entscheidung hing auf jeden Fall vom Reichsoberhaupt ab. Als Friedrich II. der Streitbare am 15. Juni 1246 in der Schlacht an der Leitha fiel, starb mit ihm das babenbergische Geschlecht in männlicher Linie aus. Der Herzog war zweimal verheiratet gewesen, von beiden Ehefrauen hatte er sich wegen Kinderlosigkeit getrennt, eine geplante dritte Ehe verzögerte sich, weil die zweite Gemahlin gegen die Trennung ihrer Ehe an den Papst appelliert hatte. Da der kinderlose Herzog nicht mit seinem Tod rechnete und daher kein Testament abgefaßt oder gar dem Kaiser einen Nachfolger nominiert hatte, standen die beiden Herzogtümer Österreich und Steiermark plötzlich ohne Landesfürst da. Es gab aber zwei Babenbergerinnen, die für eine Nachfolge unter Umständen in Frage kamen: Margarete, die Schwester Friedrichs II., und Gertrud, seine Nichte. Margarete war mit König Heinrich, dem ältesten Sohn Kaiser Friedrichs II. von Hohenstaufen, verheiratet gewesen und seit 1242 Witwe. Gertrud, die 1245 die Ehe mit dem gebannten Kaiser abgelehnt hatte, war seit April 1246 mit Prinz Wladislaw von Böhmen vermählt. Beide Babenbergerinnen hatten nach dem Wortlaut des *Privilegium minus* kein Erbrecht, fraglich war überdies, ob die weibliche Erbfolge auch für das 1192 an die Babenberger gekommene Herzogtum Steiermark galt.
Kaiser Friedrich II. betrachtete beide Herzogtümer als heimgefallene Reichslehen und setzte einen Reichsverweser ein. Dieser konnte sich aber nicht durchsetzen, da der in Italien weilende und im Kirchenbann befindliche Herrscher selbst über wenig Autorität verfügte und die staufische Herrschaft in Deutschland durch einen Gegenkönig beeinträchtigt war. Als der Kaiser 1250 starb, ging es nicht nur im Reich, sondern auch in den babenbergischen Ländern drunter und drüber, es begann »die schreckliche, die kaiserlose Zeit«.
In dieser Situation riefen die österreichischen Adeligen den böhmischen Thronfolger Ottokar Przemysl ins Land. Dieser ließ sich die günstige Gelegenheit des Ländergewinns nicht entgehen und sicherte seine Herrschaft in Österreich durch die Ehe mit Mar-

garete (11. Februar 1252). Nachdem Gertrud, die Witwe nach Ottokars Bruder Wladislaw, im gleichen Jahr in dritter Ehe einen Verwandten des Ungarnkönigs geheiratet hatte, folgten Auseinandersetzungen zwischen Böhmen und Ungarn um die österreichisch-steirischen Gebiete. Schließlich setzte sich Ottokar, der 1253 auch König von Böhmen geworden war, durch und erweiterte sein Reich u. a. durch die Erwerbung von Kärnten und Krain (1269).

Bereits 1261 hatte sich Ottokar II. von der wesentlich älteren und vor allem kinderlos gebliebenen Margarete getrennt – die Ehe wurde wegen zu naher Verwandtschaft annulliert – und eine Enkelin des Ungarnkönigs geheiratet. Sie sorgte durch die Geburt eines Sohnes, Wenzels II., für die gewünschte Nachkommenschaft, doch starben die Przemysliden bereits 1306 mit dessen Sohn Wenzel III. in männlicher Linie aus.

Margarete, die nach ihrer Trennung von Ottokar in Österreich blieb, nannte sich zunächst noch Herzogin von Österreich und Steiermark *(ducissa Austrie et Stirie)*, die Herrschaft über diese Länder übte aber der Böhmenkönig aus. Geblieben ist ihr der Titel einer römischen Königin, mit dem sie auch ihre letzte Urkunde siegelte (Abb. 86). Sie starb am 29. Oktober 1266 und wurde ihrem Wunsch entsprechend bei ihrem Vater im Kloster Lilienfeld beigesetzt.

Auch Margaretes Nichte Gertrud führte den Titel einer Herzogin von Österreich und/oder Steiermark, hielt also ebenfalls an ihrem Anspruch auf beide babenbergischen Länder fest (Abb. 87). Doch auch sie und ihre Kinder übten keine tatsächliche Herrschaft aus. Ihr Sohn Friedrich, der sich *dux Austrie et Stirie* nannte, wurde 1268 gemeinsam mit dem Hohenstaufen Konradin in Neapel enthauptet, Gertrud selbst verließ Österreich und starb nach 1288 in einem sächsischen Kloster. Mit ihrer Tochter Agnes erlosch im Jahr 1295 das babenbergische Haus völlig.

Zurück zu König Ottokar II., unter dem Österreich, die Steiermark und Kärnten erstmals in einer Hand vereinigt waren. Als Rudolf von Habsburg, 1273 zum römisch-deutschen König gewählt, die usurpierte Macht des Böhmenkönigs brechen wollte, fand er in Graf Meinhard II. von Görz-Tirol den stärksten Bundesgenossen. Zum Lohn für diese Waffenhilfe verlieh er ihm, nachdem Ottokar in der Schlacht auf dem Marchfeld (1278) besiegt und getötet worden war, das Herzogtum Kärnten (1286). Damit schuf er die Voraussetzung, daß eine Görzerin die erste selbständige Herrscherin auf heute österreichischem Gebiet werden konnte.

Abb. 86 *Margarete von Österreich, als römische Königin tituliert auf dem Siegel ihrer letzten Urkunde (27. Oktober 1266).*

Lilienfeld, Stiftsarchiv (Aufnahme: Foto Schindlecker, Wilhelmsburg).

Abb. 87 *Die Babenbergerin Gertrud, als Herzogin von Österreich tituliert auf dem Hängesiegel ihrer Urkunde vom 23. Mai 1249.*

Klosterneuburg, Stiftsarchiv (Aufnahme: Inge Kitlitschka, Klosterneuburg).

Margarete Maultasch, Erbin von Tirol und Kärnten, war auch Tochter eines Böhmenkönigs. Ihr Vater Heinrich, ein Sohn Meinhards II., war seit Februar 1306 mit Anna, der ältesten Schwester Wenzels III., verheiratet und wurde, nachdem der König im August 1306 ermordet worden war, von den böhmischen Ständen zu dessen Nachfolger gewählt. Der römisch-deutsche König Albrecht I. von Habsburg zog Böhmen aber als erledigtes Reichslehen ein und vergab es 1307 an seinen Sohn Rudolf, der unterdessen ebenfalls zum böhmischen König gewählt worden war. Da Rudolf noch im gleichen Jahr starb, konnte sich König Heinrich weiterhin in Böhmen behaupten, die Unzufriedenheit mit seiner Herrschaft wuchs aber. Als sich seine Schwägerin Elisabeth, die jüngere Schwester der Königin Anna, nach Deutschland begab und beim König, unterdessen Heinrich VII. aus dem Hause Luxemburg, Klage gegen ihren gebannten Schwager erhob, verlieh der König Böhmen am 31. August 1310 an seinen gerade 14 Jahre alt gewordenen Sohn Johann, der tags darauf die 18jährige Elisabeth heiratete.

Vor der luxemburgischen Streitmacht mußten König Heinrich und seine Gemahlin Anna im Dezember 1310 aus Böhmen weichen. Sie zogen sich nach Kärnten und Tirol zurück, deren Herrschaft ihnen unterdessen zugefallen war. Nachdem Anna im September 1313, ohne Kinder zu hinterlassen, gestorben war, heiratete Heinrich von Kärnten, der sich aber weiterhin König von Böhmen nannte, ein zweites Mal. Mitte September 1315 hielt er im Kloster Wilten bei Innsbruck glanzvoll Hochzeit mit Adelheid von Braunschweig.

Die neue Gemahlin gebar ihrem Ehemann nur Töchter: 1317 Adelheid, die zeitlebens siech blieb, und 1318 Margarete, die nach dem frühen Tod ihrer Mutter (1320) als künftige Erbin angesehen werden konnte, da ihr Vater zunächst keine weitere Ehe mehr einging.

Diese Aussicht auf die Erwerbung zweier Länder veranlaßte Johann von Luxemburg, Heinrichs ehemaligen Rivalen um den böhmischen Thron, ihm eine Eheverbindung zwischen ihren beiden Häusern anzubieten (1327). Sein 1322 geborener jüngerer Sohn Johann Heinrich sollte eine der Töchter des Görzer Grafen heiraten. Der fünfjährige Prinz wurde daraufhin nach Tirol gebracht, wo er gemeinsam mit der zu seiner Braut bestimmten Margarete aufwuchs. Da die 1328 geschlossene dritte Ehe ihres Vaters kinderlos blieb, konnte Margarete weiterhin als mögliche Erbin von Tirol und Kärnten gelten. Die Entscheidung über ihre Nachfolge lag aber beim Reichsoberhaupt. Ludwig der Bayer, der erste römisch-deutsche König aus dem Hause Wittelsbach, sagte

Herzog Heinrich am 6. Februar 1330 die Erbfolge seiner Tochter und seines Schwiegersohnes zu. Daraufhin fand am 16. September 1330 in Innsbruck die Hochzeit zwischen der zwölfjährigen Margarete und dem achtjährigen Johann Heinrich von Luxemburg statt.

Trotz des jugendlichen Alters der Brautleute war die Eheschließung kanonisch gültig. Um die Ehe unauflöslich zu machen, war jedoch ihr Vollzug erforderlich. Dabei ergaben sich Probleme. Der junge Prinz hatte offenbar wenig Interesse an seiner Ehefrau. Er vergnügte sich lieber mit männlichen Gefährten auf der Jagd oder beim Spiel. Da er bei seiner Heirat noch minderjährig war, führte zunächst sein Vater die Vormundschaft über ihn und Margarete.

Als 1335 Herzog Heinrich von Kärnten starb, zeigte sich, daß Kaiser Ludwig nicht mehr zu seiner Zusage vom 6. Februar 1330 stand. Am 26. November 1330 versprach er vielmehr den Herzögen von Österreich als Enkeln Meinhards II. das Herzogtum Kärnten, sobald es durch Heinrichs Tod frei würde; dafür sagten ihm beide ihre Unterstützung bei der Erwerbung Tirols zu. Der Kampf um das Erbe der Meinhardiner Linie der Görzer, an das auch die albertinische Linie Ansprüche stellen konnte, hatte damit begonnen.

Die beim Tod ihres Vaters 17jährige Margarete und ihr 13jähriger Gemahl waren ahnungslos. Sie sandten Abt Johann von Viktring, einen Vertrauten Herzog Heinrichs, zum Kaiser, um die Belehnung mit Tirol und Kärnten zu erhalten. Als der Abgesandte an seinem Bestimmungsort Linz eintraf, mußte er erfahren, daß die Habsburger Kärnten beanspruchten und es notfalls mit Waffengewalt übernehmen wollten. Er wurde auch Zeuge ihrer feierlichen Belehnung in Linz (5. Mai 1335) und der anschließenden Inbesitznahme in Kärnten (2. Juli 1335), wodurch dieses Land in habsburgische Hände überging.

Um nicht auch Tirol zu verlieren, kam 1336 Markgraf Karl von Mähren, der ältere Bruder Johann Heinrichs, ins »Land im Gebirge«. Nachdem er sowie das junge Fürstenpaar zugesichert hatten, Tirol nie zu veräußern, leisteten ihnen Vertreter der Grafschaft Ende Januar 1336 den Treueid; das Gerücht, daß die Luxemburger Tirol gegen die Mark Brandenburg, die sich im Besitz der Wittelsbacher befand, tauschen wollten, hatte König Johann von Böhmen bereits 1335 dementiert.

So blieb Tirol in luxemburgischer Hand. Die Rückgewinnung Kärntens gelang dagegen nicht, der Böhmenkönig verzichtete im Frieden von Enns (9. Oktober 1336) auch im Namen Margaretes und Johann Heinrichs auf alle Ansprüche.

Markgraf Karl von Mähren, der nun die Regierung in Tirol führte, stellte fest, daß sein Bruder in seiner geistigen und körperlichen Entwicklung hinter seiner Ehefrau zurückgeblieben war; 1337 bezeichnete er den unterdessen 15jährigen Prinzen als *puer et parvus*. Vor allem aber war Johann Heinrich seiner ehelichen »Pflicht« noch nicht nachgekommen, so daß die um vier Jahre ältere Margarete ihn für impotent hielt.

Als der Ehemann 18 Jahre alt war und die Ehe noch immer nicht vollzogen hatte, beschloß die enttäuschte Margarete, sich seiner zu entledigen. Im Einvernehmen mit einigen Tiroler Adeligen, die mit dem böhmischen Regiment unzufrieden waren, unternahm sie im Frühjahr 1340, als Markgraf Karl und sein Bruder außer Landes weilten, den Versuch, die Luxemburger aus Tirol zu vertreiben. Der Plan scheiterte, der eilends zurückgekehrte Johann Heinrich ließ seine Frau auf Schloß Tirol streng bewachen. Trotzdem gab Margarete ihren Vorsatz, den ungeliebten Gatten loszuwerden, nicht auf.

Als Johann Heinrich am 2. November 1341 von einem Jagdausflug abends nach Schloß Tirol zurückkehrte, wurde er nicht eingelassen. Auch die übrigen Burgen des Landes blieben ihm verschlossen, so daß der luxemburgische Prinz, heimatlos geworden, nach Böhmen zurückkehren mußte.

Diese spektakuläre Vertreibung riskierten Margarete und die Tiroler Adeligen, die mit ihr im Bunde standen oder sie zu ihrem Tun veranlaßten, erst, nachdem sie sich der Unterstützung durch den Kaiser vergewissert hatten. Ludwig der Bayer, der den Habsburgern 1335 Kärnten überlassen mußte, selbst aber Tirol nicht erlangt hatte, sah in diesem Ehezwist der Tiroler Landesfürstin eine Möglichkeit, dieses Land doch noch an sein Haus zu bringen. In Verhandlungen, die im Oktober 1341 im damals noch bayerischen Kufstein zwischen ihm und Abgesandten Margaretes stattfanden, wurden vermutlich die grundsätzlichen Vereinbarungen getroffen, die zur Verjagung Johann Heinrichs führten. Mitte November 1341 reisten mehrere Tiroler Adelige als Vertreter ihrer Landesfürstin nach München, um deren Ehe mit dem Sohn des Kaisers endgültig festzulegen.

Der begehrte Kaisersohn war Ludwig der Brandenburger, der älteste Sohn Ludwigs des Bayern. Er hatte 1323 die Markgrafschaft Brandenburg übernommen und 1324 im Alter von neun Jahren Margarete von Dänemark geheiratet, die 1340 kinderlos starb. Die Vorstellung, in Tirol in die Fußstapfen eines ebenfalls im Kindesalter verheirateten glücklosen Vorgängers zu treten, scheint Ludwig nicht behagt zu haben; erst auf intensives Drängen seines Vaters gab er im Interesse seines Hauses nach und erklärte sich zur Ehe mit Margarete bereit. Die Tiroler Stände

Abb. 88 *Der sog. Brautbecher der Margarete Maultasch (14. Jh.).*
Wien, KHM, IN 52.

ließen sich am 28. Januar 1342 in einem eigenen »Freiheitsbrief« die Wahrung ihrer Rechte seitens der bayerischen Herren zusichern.

Ohne die Annullierung ihrer Ehe mit Johann Heinrich abzuwarten und ohne die erforderliche päpstliche Dispens wegen zu naher Verwandtschaft einzuholen, hielt die unterdessen 24 Jahre alt gewordene Margarete am 10. Februar 1342 auf Schloß Tirol Hochzeit mit dem 27jährigen Ludwig von Brandenburg. Ob der neue Ehemann ihr aus diesem Anlaß den berühmten »Brautbecher« aus getriebenem Silber (Abb. 88) schenkte, erscheint fraglich. Denn die Inschrift *(Liebes langer mangel ist míínes herzen angel)*, gedeutet als Schmerz über langen Liebesentzug, wäre doch etwas allzu anzüglich.

Im Gegensatz zur ersten Ehe ergaben sich im neuen Eheleben keine Schwierigkeiten. Durch die Geburt eines Sohnes, Meinhards III., war auch bald die Erbfolge gesichert. Allerdings drohte dem Ehepaar Unheil von anderer Seite: Die Luxemburger waren nicht gewillt, die Vertreibung Johann Heinrichs und vor allem den Verlust Tirols widerstandslos hinzunehmen. Bereits Ende November 1341, also nicht einmal einen Monat nach der provokanten Aussperrung des Prinzen, begann ein kirchliches Verfahren gegen Margarete Maultasch. Auf Initiative der Luxemburger ließ der Papst, der bereits Ludwig den Bayern mit dem Kirchenbann belegt hatte, Margarete durch den Patriarchen von Aquileia auffordern, von der Heirat mit Ludwig dem Brandenburger abzustehen; bei Mißachtung dieses Gebots wurden ihr sowie ihren Räten und Helfern die Exkommunikation, dem Land das Interdikt angedroht. Trotzdem ließ sich die Gräfin nicht von ihrem Vorhaben abbringen und heiratete. Daraufhin kam das angedrohte Strafverfahren in Gang, das am 15. März 1342 mit der Verhängung des Kirchenbanns über das Ehepaar sowie des Interdikts über ihr Land endete. Es konnten also keine öffentlichen Gottesdienste, Hochzeiten, Begräbnisse oder Taufen stattfinden, das Bußsakrament nicht gespendet werden, die Untertanen waren ihrer Treuepflicht enthoben, bis die Gebannten wieder in den Gehorsam der Kirche zurückkehrten.

Außer durch kirchliche Maßnahmen versuchten die Luxemburger Tirol auch militärisch zurückzugewinnen. Im Frühjahr 1347 unternahm Markgraf Karl, 1346 als Karl IV. zum Gegenkönig Ludwigs des Bayern gewählt, von Süden her einen militärischen Vorstoß, angeblich von etlichen Tiroler Adeligen herbeigerufen. Im Zuge dieser kriegerischen Auseinandersetzungen hatte Margarete Maultasch die Aufgabe, Schloß Tirol zu verteidigen, was sie angeblich heldenhaft tat. Als Ludwig der Brandenburger mit seinen Truppen nach Brixen vorrückte und den Rückzug Karls IV. gefährdete, zog sich dieser nach Böhmen zurück und gab Tirol verloren.

Dank des Rückhalts am Kaiser, der Sohn und Schwiegertochter bald nach ihrer Heirat mit den Reichslehen belehnt hatte, konnte sich das Ehepaar im Besitz Tirols behaupten. Der Tod Ludwigs des Bayern im Oktober 1347 und die allgemeine Anerkennung Karls IV. bedeuteten allerdings eine Gefährdung ihrer Position. Doch Margarete und ihr Gemahl hatten zwei Trümpfe in der Hand: Tirol besaß die bequemste Durchzugsroute nach Italien, und das Fürstenpaar war im Besitz der Reichskleinodien; Ludwig der Brandenburger hatte sie nach dem Tod seines Vaters nach Stams bringen lassen.

Der neue König mußte daher daran denken, seine Beziehungen zu ihnen zu verbessern. 1349 kam es zu einer Vereinbarung zwischen Karl IV. und Ludwig, bei der der Markgraf den König anerkannte und ihm beim Romzug freien Durchzug durch Tirol zusicherte. Dagegen gab der luxemburgische Herrscher seine Ansprüche auf Tirol auf und versprach, sich beim Papst für die Lösung der beiden Gebannten einzusetzen; anschließend sollte Ludwig dem König die Reichskleinodien ausliefern. Doch bereits nach seiner Belehnung mit Tirol (16. Februar 1350) ließ der Markgraf die Kleinodien nach München überbringen, von wo sie zunächst nach Karlstein und im 15. Jahrhundert nach Nürnberg transferiert wurden, ehe sie 1796 nach Wien kamen.

Unterdessen hatte Margarete Maultasch ihrem Gemahl weitere Kinder geboren, aber auch Johann Heinrich war Vater eines unehelichen Kindes geworden. Nachdem er damit seine Zeugungsfähigkeit demonstriert hatte, wollte er eine Ehe eingehen. Dazu mußte aber erst seine noch immer bestehende Verbindung mit Margarete Maultasch aufgelöst werden. Er wandte sich daher 1348 mit einem entsprechenden Ansuchen an den Papst, wobei er angab, daß er diese Ehe nie vollzogen habe. Gleichzeitig wies er auf eine weitere kirchenrechtliche Möglichkeit zur Annullierung hin, nämlich die Tatsache, daß er bei seiner Eheschließung nicht gewußt habe, daß er und Margarete im vierten Grad miteinander verwandt waren. Aufgrund dieser Voraussetzungen konnte die Annullierung problemlos erfolgen. Am 17. Dezember 1348 beauftragte der Papst den Patriarchen von Aquileia und den Bischof von Chur mit den entsprechenden Maßnahmen. Das Verfahren fand im Sommer 1349 im Stift Stams statt, der Vertreter Margaretes beeidete, daß Johann Heinrich seiner Frau zehn Jahre lang beigewohnt habe, mindestens drei Jahre lang hätten sie redlich versucht, die körperliche Vereinigung zu erreichen; aber der Prinz sei ihr gegenüber verhext gewesen, so daß es nie zum Vollzug der Ehe gekommen sei.

Die Verhexung, von der Kirche als Ehehindernis anerkannt und nach den Anschauungen der Zeit auf Zauberei, Hexenfluch oder böse Geister zurückgehend, führte auch für Johann Heinrich und Margarete zur Auflösung ihrer Ehe. Im Endurteil des Bischofs von Chur vom 21. Juli 1349 wurde ihre Verbindung *wegen vorgekommener Zauberei* für aufgelöst erklärt. Nach Meinung des Zeitgenossen Johann von Viktring hatte die dritte Gemahlin Herzog Heinrichs dem luxemburgischen Prinzen die Impotenz angezaubert, weil sie um ihr Wittum fürchtete.

Diese salomonische Lösung, die das Ansehen der beiden Ehepartner schonte und die Schuld an der Ehemisere einer bereits verstorbenen dritten Person zuschob, ermöglichte ihnen, eine neue Ehe einzugehen. Während Johann Heinrich bereits Ende 1349 Margarete von Troppau heiratete und Vater mehrerer Kinder wurde, mußte Margarete Maultasch aber noch geraume Zeit warten, ehe ihre Verbindung mit Ludwig dem Brandenburger kirchlich sanktioniert wurde.

Als Vermittler an der Kurie bot sich nun Herzog Albrecht II. von Österreich an. Für die Habsburger waren gute Beziehungen zum Tiroler Fürstenpaar nicht nur wegen des ungestörten Besitzes von Kärnten von großer Bedeutung, sie dachten offenbar bereits weiter, an den möglichen Erwerb Tirols, das als Landbrücke zu ihren schwäbischen und schweizerischen Besitzungen dienen konnte. Eine Eheverbindung zwischen beiden Häusern sollte die Basis dafür bieten. 1352 erfolgte die Verlobung des etwa achtjährigen Meinhard III. von Tirol mit der um zwei Jahre jüngeren ältesten

Tochter Herzog Albrechts des Lahmen. Der künftige Tiroler Landesfürst wurde nach Wien gebracht, um hier erzogen zu werden. Im Juni 1358 fand in Passau die Vermählung statt, die Feier hatte allerdings einen Schönheitsfehler, der Bräutigam war kirchenrechtlich ein illegitimer Fürstensproß.
Die bevorstehende Hochzeit hatte die Bemühungen der beiden Familien intensiviert, das Eheverhältnis zwischen Ludwig dem Brandenburger und Margarete Maultasch zu sanieren und ihre Kinder zu legitimieren. Bevor es dazu kam, starb Albrecht II. (20. Juli 1358). So blieb es seinem Sohn, Rudolf IV. dem Stifter, vorbehalten, vom Papst die Aufhebung der kirchlichen Sanktionen, unter denen nicht nur das Tiroler Fürstenpaar, sondern auch die Bevölkerung und die Geistlichkeit zu leiden hatten, zu erreichen. Nachdem Innozenz VI. bereits im Frühjahr 1358 die Vollmacht erteilt hatte, die beiden Gebannten unter bestimmten Voraussetzungen vom Anathem zu lösen, ihre Ehe zu trennen, ihnen aber anschließend die Wiederverheiratung zu gestatten, wozu die erforderliche päpstliche Dispens wegen zu naher Verwandtschaft gewährt wurde, konnten im Sommer 1359 die entsprechenden Maßnahmen gesetzt werden. Am 30. August 1359 trafen die beiden päpstlichen Kommissare mit Ludwig dem Brandenburger und Margarete Maultasch in deren Residenz München, wohin auch Herzog Rudolf IV. gekommen war, zusammen. Der Markgraf mußte ein Schuldbekenntnis ablegen, als Buße wurde ihm auferlegt, dem Papst auf Verlangen 100 Ritter mit je einem Knappen und drei Pferden ein Jahr lang zum Kampf gegen Rebellen zur Verfügung zu stellen. Außerdem sollten Ludwig und Margarete innerhalb von zwei Jahren in der Grafschaft Tirol ein Kloster für zwölf Kartäuser oder Benediktiner gründen und dem Petersdom sowie dem Kloster St. Paul in Rom je eine vergoldete Statue schenken. Die Bürgschaft für die Erfüllung dieser Auflagen übernahm der österreichische Herzog.
An den beiden ersten Septembertagen 1359 wurde das Fürstenpaar in der Margaretenkapelle des Münchner Schlosses vom Kirchenbann absolviert, ihre Ehe getrennt, ihnen aber am 3. September 1359 gestattet, sich mit päpstlicher Dispens neuerlich zu verheiraten; die Kinder wurden legitimiert. Meinhard III. erhielt gleichzeitig Dispens zur Ehe mit Margarete von Österreich. Im Anschluß an die Aufhebung des Kirchenbanns fand auch das langjährige Interdikt sein Ende.
Nicht lange konnten sich Ludwig und Margarete, die übrigens weder ein Kloster stifteten noch die versprochenen Statuen nach Rom sandten, ihres neuen Familienglücks erfreuen. Bereits 1361 starb der Markgraf auf der Reise von Tirol nach München. Er

Abb. 89 *Die älteste Darstellung der Margarete Maultasch auf ihrem großen Siegel (17. Januar 1363) zeigt keine auffallende Mundpartie.*
Wien, HHStA, Allgemeine Urkundenreihe.

wurde nicht in der Fürstengruft in Stams, sondern bei seinen Eltern in der Münchner Frauenkirche beigesetzt.
Als Tiroler Landesfürst und Herzog von Oberbayern folgte ihm Meinhard III. nach. Er hatte seit 1360 bei seinem Vater in München gelebt und kam erst im Oktober 1362 nach Tirol, nachdem ihn die Tiroler Stände dazu aufgefordert hatten. Mit Margarete Maultasch scheint er sich nicht gut vertragen zu haben, Zeitgenossen erfuhren von Streitigkeiten zwischen Mutter und Sohn. Als der junge Fürst am 13. Januar 1363 in Meran kinderlos starb, war die Meinhardiner Linie der Görzer in männlicher Linie ausgestorben.
Mit 44 Jahren hatte Margarete nun erstmals völlige Unabhängigkeit erreicht. Als selbständige Herrscherin ließ sie sich ein neues Siegel anfertigen, auf dem sie ganzfigurig, unter einem Baldachin stehend, abgebildet ist (Abb. 89). Als Herzogin von Bayern und Kärnten sowie Gräfin von Tirol siegelte sie damit am 17. Januar 1363 eine Urkunde, die allerdings das Ende ihrer eigenständigen Regierung bedeutete. Sie verpflichtete sich darin, ohne Wissen und Willen des Tiroler Landeshauptmanns, ihres Hofmeisters und des Burghauptmanns von Schloß Tirol sowie weiterer Räte weder Lehen noch Ämter neu zu besetzen, keine Verhandlungen über ihre Herrschaft zu führen, keine Fremden ins Land zu bringen, kein Bündnis zu schließen oder Land und Herrschaft jemandem zu vermachen. Kurz, der Tiroler Adel wollte über die Zukunft des Landes selbst entscheiden. Im Hintergrund standen wahrschein-

lich Befürchtungen, daß Bayern Ansprüche erheben und Margarete Maultasch entsprechende Abmachungen eingehen würde.
Die Hoffnung, die kinderlos gewordene Witwe – über das Schicksal ihrer anderen Kinder ist nichts bekannt – in seinem Sinn beeinflussen zu können, beflügelte auch Herzog Rudolf IV. Auf die Nachricht von Meinhards III. Krankheit und Tod eilte er mitten im Winter nach Tirol und traf am 20. Januar 1363 in Bozen mit Margarete zusammen. Was beide miteinander besprachen, ist nicht überliefert, vermutlich versuchte der Habsburger die in getrübter Gemütsverfassung befindliche Fürstin zu überreden, ihm die Herrschaft zu übertragen, um sich gegen die Bevormundung durch den Tiroler Adel und die Gefahr eines bayerischen Angriffs zu wehren. Gegen diese Preisgabe ihrer Rechte dürfte sich Margarete gesträubt haben, aber man kam überein, daß sie Tirol den Habsburgern nach ihrem Tod vermachen würde, bis dahin aber weiter die Herrschaft ausüben sollte. Da Rudolf, um Tirol friedlich zu übernehmen, auf die Zustimmung der mächtigsten Landherren Wert legte, wurden auch sie in die Verhandlungen einbezogen und gewonnen. Am 26. Januar 1363 vermachte Margarete, im Einverständnis mit den wichtigsten Vertretern des Landes, Tirol als Geschenk unter Lebenden an Rudolf und seine minderjährigen Brüder Albrecht und Leopold. Sie gab bekannt, daß sie an Leib und Seele gesund *(gesunt leibs und muetes)*, aber erbenlos, *nach zeitigem und fürsichtigem rat aller unsrer lantherren und ratgeben gemainleich, doch sunderleich und mit namen der, die hienach geschriben stent*, die vorgenannten Herzöge von Österreich zu rechten Erben angenommen und ihnen Land und Herrschaft Tirol samt Görz übertragen habe; an ihrer Statt werde sie dieses Land innehaben und gegen jedermann verteidigen. Die Städte und Gerichte erhielten gleichzeitig mit dieser Kundmachung den Befehl, den Herzögen von Österreich zu huldigen, was sie problemlos taten. Bevor Rudolf IV. Ende Februar 1363 Tirol verließ, stellte er Margarete einen Berater zur Seite, der sie wohl nicht nur beraten sollte.
Es scheint, daß Margarete Maultasch nach dieser Vereinbarung mit den Habsburgern auch Kontakte zu den Wittelsbachern aufnahm, die berechtigte Ansprüche auf das Erbe Ludwigs des Brandenburgers zu stellen hatten. Auf jeden Fall dürfte Rudolf IV. um die Verläßlichkeit seiner Tiroler Statthalterin gebangt haben. Er verhandelte daher im Herbst 1363 mit Vertretern des Landes über ihre Abdankung. Es gelang, Margarete zur Aufgabe ihrer Herrschaft zu bewegen. Am 11. September 1363 bekundeten der Landeshauptmann, der Hofmeister und weitere 27 Landherren, der Bankier Botsch sowie Vertreter der gesamten adeligen und

nichtadeligen Bevölkerung Tirols in Bozen, daß ihre Fürstin *nach zeitigem rat irs rates* die Herrschaft freiwillig niedergelegt und den Habsburgern übertragen habe, weil sie nicht für den allgemeinen Nutzen und Schutz habe sorgen können; für ihre Versorgung seien entsprechende Regelungen getroffen worden.
Margarete selbst beurkundete ihre Abdankung am 29. September 1363 in Meran. Sie gab bekannt, daß sie aus Krankheitsgründen *(angesehen die chranchait frewliches geslechtes)* und weil sie für Land und Leute nicht entsprechend sorgen könne, nach Rat ihres Rates und der gemeinen Landschaft Land und Herrschaft an Rudolf und seine Brüder Albrecht und Leopold übergeben habe; falls die drei habsburgischen Brüder – sie waren allesamt noch kinderlos – ohne Leibeserben sterben würden, sollten Tirol und Kärnten wieder an sie zurückfallen.
Die Wittelsbacher reagierten auf diese Abtretung Tirols mit militärischen Angriffen. Es gelang Rudolf IV. nur zum Teil, sie zurückzuschlagen. Als er Mitte Dezember 1363 Tirol verließ, nahm er Margarete Maultasch mit nach Wien. Sie bezog hier ein Haus in der Nähe der Minoritenkirche. Nach ihrem Tod am 3. Oktober 1369 wurde sie im Chor dieser Kirche beigesetzt, ihr Grab ist aber nicht erhalten geblieben.
Die Erbin von Tirol und Kärnten lebte nicht so sehr durch ihre Leistungen, sondern durch ihr persönliches Schicksal im Gedächtnis der Nachwelt weiter. Ihre beiden ungewöhnlichen Ehen boten Stoff zu phantasievoller Ausschmückung. Weil sie den ersten Mann wegen angeblicher Impotenz vertrieb und sich überschnell neuerlich verheiratete, entstand das Bild einer liebeshungrigen Frau, das auch durch den anzüglichen Spruch auf ihrem angeblichen »Brautbecher« genährt wurde. Man unterstellte ihr zahlreiche Liebschaften und überhaupt ein ausschweifendes Leben. Um ihr verbotenes Verhältnis zu ihrem Hofmeister zu vertuschen, sollte sie ihren zweiten Mann vergiftet haben. Es gab auch das Gerücht, daß sie Rudolf IV. mit einer venerischen Krankheit angesteckt habe.
Zu wilden Spekulationen führte ihr Beiname »Maultasch«, der Ende des 14. Jahrhunderts erstmals aufscheint. Er wies angeblich auf ihren üblen Lebenswandel hin, da Maultasche das weibliche Geschlechtsorgan und im übertragenen Sinn Hure bedeuten sollte. Daneben gab es aber auch eine harmlosere Deutung dieses Beinamens, wonach er von ihrem übergroßen Mund und hängenden Backen kam. Da Maultasch in der frühen Neuzeit ein üblicher Ausdruck für einen Schlag aufs Maul, d. h. auf den Mund war, führte ein Geschichtsschreiber des 17. Jahrhunderts ein neues Erklärungsmodell ein; demzufolge hatte Margarete 1359 von

Markgraf Ludwig einen solchen Schlag mit einem Pantoffel erhalten, was namengebend gewesen sei. Und schließlich wurde der Beiname von einem ihrer Schlösser abgeleitet, das diesen Namen allerdings erst viel später erhielt.

Da bisher, abgesehen von ihrem großen Siegel, kein Bild der Fürstin aufgetaucht ist, kann über ihre Schönheit oder Häßlichkeit nichts ausgesagt werden. Auch ihr Leben bleibt weitgehend im dunkeln, die direkten Quellen lassen jedenfalls keine fundierten Aussagen über ihren Lebenswandel, ihre Persönlichkeit, ihre Krankheit zu. Nur einmal berichtet der Zeitgenosse Johann von Viktring, der die Ereignisse genau beobachtete, von einer Aktivität Margaretes: 1335, als ihr Vater starb und sie ihren Schwiegervater und Vormund, König Johann von Böhmen, vergeblich aufforderte, sie im Besitz der Länder zu schützen, beklagte sie sich öffentlich darüber, daß er sie als sein Mündel um ihr Recht bringe. Der Protest war vergeblich, Kärnten ging den Görzern verloren. Nun auf Tirol beschränkt, scheinen bei den entscheidenden Schnittpunkten in Margaretes Leben stets Tiroler Adelige in das Geschehen involviert. An der Vertreibung Johann Heinrichs (1340/41) waren ihr Rat sowie Tiroler Landherren beteiligt, die Heiratsabsprache mit Ludwig von Brandenburg führten Tiroler Adelige, nach dem Tod des Markgrafen forderten die Tiroler Stände Meinhard III. auf, ins Land zu kommen.

Als Mittvierzigerin erhielt Margarete nach dem Tod ihres Sohnes Ende Januar 1363 erstmals die Möglichkeit, allein zu herrschen. Doch wieder machten sich Rat und Landherren führend bemerkbar, nötigten ihrer Landesfürstin den Verzicht auf selbständige Entscheidungen ab. Sie wurden von Rudolf IV. in die Verhandlungen über die Schenkung Tirols an die Habsburger eingebunden und waren auch im Herbst 1363 zur Stelle, als Margarete angeblich aus Krankheitsgründen auf ihre Herrschaft verzichtete. Obwohl die Quellen nicht erlauben, hinter die Kulissen dieser Geschehnisse zu blicken, scheint die Herrscherin doch eher zu Entscheidungen gedrängt worden zu sein, als daß sie selbst das Heft in der Hand hatte. Vom Tiroler Adel unter Druck gesetzt, suchte sie Halt bei ihren habsburgischen Verwandten, die sich 1335 nicht gescheut hatten, ihr Kärnten mit leeren Worten zu entreißen. Nun überließ sie ihnen auch den zweiten Teil ihres Erbes, Tirol. Eine starke Herrscherpersönlichkeit dürfte sie jedenfalls nicht gewesen sein.

Unter ähnlichen Vorzeichen übernahm die bedeutendste Erbin in der österreichischen Geschichte die Herrschaft, die Habsburgerin Maria Theresia. Auch auf ihr Erbe hatten männliche Zeitgenossen Appetit und zögerten nicht, die ohne jegliche Regierungs-

erfahrung auf den Thron gekommene 23jährige Fürstin in ihrem Besitz zu bedrohen. Konnte sie das von ihrem Vater übernommene Erbe bewahren? Wie wurde sie ihrer Rolle als Herrscherin gerecht?
Seit den Tagen der Görzerin Margarete Maultasch hatte sich der habsburgische Herrschaftsbereich gewaltig erweitert. Er umfaßte beim Regierungsantritt Maria Theresias nicht nur die österreichischen Erblande, also Ober- und Niederösterreich, Steiermark, Kärnten, Krain, Görz, Gradisca, Triest, Tirol und die Vorlande, sondern auch Böhmen und Ungarn, die Niederlande (= Belgien) und Mailand. Dieser umfangreiche Länderkomplex war von Karl VI., dem Vater Maria Theresias, in der *Pragmatischen Sanktion* (19. April 1713) für unteilbar erklärt worden. Anlaß für diese *immerwährende Satzung* waren Rangstreitigkeiten am Wiener Hof, wo es außer dem Kaiser als einzigem männlichen Habsburger nur weibliche Familienmitglieder gab. Die beiden Kaiserinwitwen nach Leopold I. (gest. 1705) und Joseph I. (gest. 1711) beanspruchten jeweils den Vorrang. Die ältere Kaiserinwitwe Eleonore Magdalena forderte für ihre beiden unverheirateten Töchter Maria Elisabeth (33jährig) und Maria Magdalena (24jährig) den Vorrang vor der jüngeren Kaiserinwitwe Amalia mit deren Töchtern Maria Josepha (14jährig) und Maria Amalia (zwölfjährig). Die absolute Vorrangstellung der »regierenden« Kaiserin, der Gemahlin Karls VI., war unbestritten; Elisabeth Christine befand sich zu dieser Zeit aber noch auf der Heimreise aus Spanien.
Als die jüngere Kaiserinwitwe um eine Regelung der Rangordnung bat, entschloß sich Karl VI., die bisher geheimgehaltene Erbfolgeregelung, das *Pactum mutuae successionis* von 1703, in dem die Erbfolge zwischen Kaiser Leopold I. und seinen Söhnen Joseph und Karl geregelt worden war, bekanntzugeben. Diesem Familienvertrag zufolge hatte jeweils die männliche Linie den Vorrang vor der weiblichen Deszendenz, beginnend mit Joseph I.; hatte er keine Söhne, ging die Thronfolge auf Karl VI. und dessen Söhne und Töchter über. Wenn beide karolinischen Linien ausstarben, sollten die Töchter Josephs I. die Erbfolge antreten. Das *Pactum* schloß also das Erbrecht der Töchter Leopolds I. aus, damit auch ihren Vorrang. Da Karl VI. 1713 noch kinderlos war, galten zunächst die Töchter Josephs I. als Thronanwärterinnen. Als 1716 ein Thronfolger geboren wurde, war dieser Thronerbe, nach seinem Tod im selben Jahr avancierte Maria Theresia (geb. 1717) zur Thronfolgerin.
In der *Pragmatischen Sanktion* war nicht nur die weibliche Erbfolge proklamiert worden, sondern auch die Unteilbarkeit und

Untrennbarkeit der habsburgischen Länder; der jeweilige Herrscher sollte den Länderkomplex also nicht aufteilen, und die einzelnen Länder sollten untrennbar mit dem Haus Habsburg verbunden bleiben. Seit 1720 erklärten sich die Stände der Länder dazu bereit, diese Regelung zu akzeptieren, zuletzt Ungarn im Jahr 1723.

Karl VI. legte auch Wert auf die Anerkennung der *Pragmatischen Sanktion* durch die europäischen Staaten. Als erstes Land stimmte Spanien dieser Erbfolgeregelung zu (1725), es folgten Rußland und Preußen (1726), 1731 England, 1732 die Reichsfürsten – außer Bayern, Sachsen und Pfalz – sowie zuletzt Frankreich (1735). Da Karl VI. keine männlichen Erben hinterließ, fiel bei seinem Tod (1740) der gesamte Länderbesitz an seine älteste, am 13. Mai 1717 geborene Tochter Maria Theresia.

Die Verheiratung der Thronfolgerin war angesichts ihres Länderbesitzes eine Angelegenheit von europäischer Bedeutung. Das mit Habsburg verbündete England wünschte, daß Maria Theresia mit keinem regierenden Herrscher vermählt werden dürfe, um das politische Gleichgewicht in Europa nicht zu stören. Die Heirat der Erzherzogin mit Franz Stephan von Lothringen kam dieser Forderung entgegen, entsprang aber anderen Motiven. Die Lothringer waren mit dem Kaiserhof verschwägert, Karl von Lothringen, der Großvater Franz Stephans, hatte 1678 Eleonore, eine Schwester Kaiser Leopolds I., geheiratet und die Statthalterschaft in Tirol übernommen; in den Türkenfeldzügen bewährte er sich als kaiserlicher Feldherr. Sein ältester Sohn Leopold wurde in Innsbruck geboren und am Wiener Hof erzogen, von ihm stammte der Plan, die Häuser Habsburg und Lothringen durch eine Ehe zwischen Maria Theresia und dem lothringischen Erbprinzen noch enger zu verbinden. Als der für diese Verbindung vorgesehene älteste Sohn 1723 starb, rückte sein jüngerer Bruder Franz Stephan (1708–1765) nach.

Im August 1723 traf der 15jährige Erbprinz in Böhmen erstmals mit Karl VI., Kaiserin Elisabeth Christine sowie den beiden Erzherzoginnen Maria Theresia und Maria Anna zusammen; die kaiserliche Familie und speziell die sechsjährige Thronfolgerin (Abb. 90) fanden großes Gefallen an ihm. Statt wie vorgesehen in das den Lothringern vom Kaiser verliehene Herzogtum Teschen zu reisen, folgte Franz Stephan dem Herrscherpaar nach Wien, wo er in der Hofburg untergebracht wurde. Er sollte am Kaiserhof erzogen werden und als künftiger Schwiegersohn ständig präsent sein.

Als sein Vater 1729 starb, übernahm der Erbprinz sein lothringisches Erbe, die Herzogtümer Lothringen und Bar; mit dem fran-

Abb. 90 *Andreas Möller: Erzherzogin Maria Theresia im Alter von zehn Jahren, mit Erzherzogshut und hermelinbesetztem Mantel (1727). Den Erzherzogstitel führten die Mitglieder des Hauses Habsburg seit dem 15. Jahrhundert.*
Innsbruck, Schloß Ambras (KHM, IN 2115).

zösischen Anteil wurde er 1730 von Ludwig XV. persönlich belehnt. Doch bereits 1731 verließ er seine Heimat wieder, um über mehrere Stationen nach Wien zurückzukehren, wo er, von der unterdessen 15jährigen Erzherzogin Maria Theresia schon sehnsüchtig erwartet, im Mai 1732 einlangte. Er wurde zum Statthalter in Ungarn – mit Sitz in Preßburg nahe Wien – ernannt, was für einen regierenden Herzog von Lothringen eigentlich kein angemessenes Amt war. Dieser Sorge wurde Franz Stephan aber enthoben, als die Franzosen 1735 sein Heimatland besetzten. Da der Kaiser, um Frieden mit Frankreich schließen zu können, auf das Reichsland Lothringen verzichten wollte, wurde Franz Stephan vor die Alternative gestellt: Aufgabe seines Fürstentums und Heirat mit Maria Theresia oder Kampf um Lothringen und Verzicht auf die Erzherzogin. Er entschied sich schweren Herzens

Abb. 91 *Unbekannter Künstler: Franz Stephan von Lothringen, Großherzog der Toskana, und Maria Theresia als junges Ehepaar (ca. 1737).*

Wien, ÖNB, Porträtsammlung (Lothringer-Täfelchen).

für die Preisgabe seiner Heimat und behielt nur die Grafschaft Falkenstein sowie das Herzogtum Teschen. Als Ausgleich sollte er nach dem erwarteten Aussterben der Medici das Großherzogtum Toskana erhalten.

Im Dezember 1735 wurde die Verlobung Maria Theresias mit Franz Stephan offiziell bekanntgegeben, am 12. Februar 1736 fand in der Augustinerkirche in Wien die Trauung statt. Zuvor hatte Maria Theresia für sich und ihre Nachkommen auf die Erbfolge verzichtet, falls entweder Karl VI. noch Söhne erhalten sollte oder nicht sie selbst, sondern ihre jüngere Schwester Maria Anna männliche Nachkommen haben würde. Franz Stephan mußte sich gleichzeitig verpflichten, für seine Person nie Anspruch auf die habsburgischen Erbländer zu erheben.

Nachdem im Juli 1737 der letzte Großherzog der Toskana aus dem Hause Medici gestorben war, brach Franz Stephan, bereits seit Januar 1737 mit diesem Reichslehen belehnt, im Sommer 1738 in seine neue Wirkungsstätte auf; Maria Theresia, die unterdessen zwei Töchter geboren hatte, begleitete ihn (Abb. 91). Bereits im Herbst reiste das großherzogliche Paar aber wieder ab und kehrte nach Wien zurück. Maria Theresia brachte hier am 12. Januar 1740 ihre dritte Tochter zur Welt, eine herbe Enttäuschung für die gesamte kaiserliche Familie.

Am 20. Oktober 1740 starb Karl VI., der letzte männliche Habsburger, an einer Pilzvergiftung. Bis zuletzt hatte er gehofft, noch einen Sohn als Nachfolger zu erhalten. Seine Gemahlin Elisabeth Christine kränkelte, er selbst war gesund, eine zweite Ehe daher nicht ausgeschlossen. Wohl aus diesem Grund hatte der Kaiser seinen Schwiegersohn nicht zum römischen König wählen lassen. Noch am Todestag ihres Vaters übernahm Maria Theresia die Regierung. Unter dem Thronhimmel stehend, empfing sie die greisen Minister und bestätigte sie in ihren Ämtern. Mit dem Datum ihrer Thronbesteigung nahm sie den Titel einer Königin von Böhmen und Ungarn an. Als Regierungsdevise wählte sie: *Justitia et clementia* – mit Gerechtigkeit und Milde (Abb. 92). Am 21. Oktober 1740 führte die Königin erstmals den Vorsitz in der Geheimen Konferenz, Franz Stephan, bereits von Karl VI. zum Mitglied dieses obersten Beratungsgremiums ernannt, saß zu ihrer Linken. In den folgenden Wochen und Monaten fragte sie ihn noch oft nach seiner Meinung. Im Gegensatz zu ihr verfügte er über einige politische Erfahrung – er kannte die Fürstenhöfe von Paris, Brüssel, London, Berlin und Wolfenbüttel –, auch auf militärischem Gebiet hatte er während seiner Statthalterschaft in Ungarn wenn schon nicht Lorbeeren, so doch Erfahrungen gesammelt. Am 21. November 1740 ernannte ihn Maria Theresia zu ihrem Mitregenten. Um die Position des rangmäßig weit unter ihr stehenden Großherzogs zu verbessern, versuchte die Königin auch, ihm die Kaiserwürde zu verschaffen; ihre Bemühungen waren vergeblich, der bayerische Kurfürst Karl Albrecht verfügte von vornherein über drei wittelsbachische Kurstimmen und wurde von der Mehrheit der Kurfürsten zum Reichsoberhaupt gewählt – erstmals seit 1438 hatte kein Habsburger die Kaiserwürde inne.

Abb. 92 *»Justitia et clementia« – von Maria Theresia eigenhändig eingetragen in die Chronik der Herz-Jesu-Bruderschaft anläßlich ihres Besuches im Klagenfurter Ursulinenkloster (13. Juli 1765).*

Klagenfurt, Ursulinenkloster (Aufnahme: E. Martins, Klagenfurt).

Der neue Kaiser, Karl VII., war seit 1722 mit der jüngeren »josephinischen« Erzherzogin Maria Amalia verheiratet, die aus diesem Anlaß auf ihr Erbrecht verzichten mußte. Trotzdem machte Bayern beim Regierungsantritt Maria Theresias Erbansprüche geltend. Aufgrund des Testaments Kaiser Ferdinands I. von 1543 samt Kodizill von 1547 beanspruchte Kurfürst Karl Albrecht die Nachfolge nach Karl VI. Erst als nach langem Suchen das Original des Testaments gefunden wurde – dieser Suche verdankt das Wiener Haus-, Hof- und Staatsarchiv sein Entstehen –, zeigte sich die Nichtigkeit dieser Forderung, da Ferdinand I. das bayerische Erbrecht erst nach dem Aussterben der ehelichen – nicht männlichen – Leibeserben dekretiert hatte. Trotzdem fürchtete man in Wien mit Recht, daß Bayern seine Versuche, wenigstens Teile des habsburgischen Gebietes zu erwerben, nicht aufgeben werde.
Ähnliches erwartete man von Sachsen. Der sächsische Kurfürst Friedrich August hatte 1719 die ältere »josephinische« Erzherzogin geheiratet, Maria Josepha verzichtete bei dieser Gelegenheit ebenfalls auf ihr Erbrecht. Als Preis für die Unterstützung seiner Bewerbung um die polnische Königskrone hatte Friedrich August 1733 die *Pragmatische Sanktion* anerkannt, aber er mißbilligte die Übertragung der böhmischen Kur an Franz Stephan und dessen Ernennung zum Mitregenten.
Während der Wiener Hof mit Gebietsansprüchen Bayerns und Sachsens gerechnet hatte, kam der erste Angriff aus Preußen. Mitte Dezember 1740 rückte Friedrich II., der Ende Mai die Regierung übernommen hatte, in Schlesien ein. Erst danach unterbreitete er Maria Theresia das Angebot, ihr gegen Abtretung dieses Landes Hilfe gegen eventuelle Feinde zu gewähren. Diesen Preis wollte die Herrscherin allerdings keinesfalls zahlen, denn sie hätte dadurch selbst das Signal zur Zerstückelung ihres Erbes gegeben. Der Versuch, Friedrich II. das reiche Schlesien wieder zu entreißen, mißlang aber, so daß das Land schließlich nach drei Kriegen 1763 endgültig an Preußen abgetreten werden mußte.
Weit gefährlicher als der preußische Vorstoß nach Schlesien war der Eintritt Frankreichs in die Phalanx der Gegner. Am 28. Mai 1741 schlossen die mit den Franzosen verbündeten Bayern auch einen Allianzvertrag mit Spanien, dem am 4. Juni ein Bündnis zwischen Frankreich und Preußen folgte. Als die Kunde davon in Wien eintraf, sanken – nach Aussage eines Zeitgenossen – die Minister leichenblaß in ihre Stühle zurück, *nur ein Herz blieb standhaft, es war das der Königin selbst.*
Als der bayerische Kurfürst im September 1741 in Oberösterreich einmarschierte, befand sich Maria Theresia in Ungarn, wo sie am 25. Juni 1741 zur Königin gekrönt wurde und den Landtag zur

Abb. 93 *Martin van Meytens: Maria Theresia mit ihrem dreijährigen Sohn Joseph (1744). Auf dem Tischpolster liegen Erzherzogshut, Stephans- und Wenzelskrone.*
Wien, HM, IN 49.808.

raschen Aufstellung von Truppen bewegen wollte. Obgleich sie die ungarischen Magnaten sowohl durch ihre Persönlichkeit wie auch durch ihr Redetalent beeindruckte, so daß sie am 11. September 1741 sogar Blut und Leben *(vitam et sanguinem)* für sie opfern wollten, verliefen die Verhandlungen mit dem Landtag äußerst zäh. Auch als Maria Theresia am 21. September den aus Wien nach Preßburg gebrachten Thronfolger, den am 13. März 1741 geborenen Joseph II., präsentierte, ließen sich die versammelten Ungarn nicht zu Begeisterungsstürmen hinreißen, wie später legendenhaft behauptet wurde. Immerhin beschloß der Landtag aber die Aufstellung von Truppen.

Unterdessen hatte sich der bayerische Kurfürst, dem die Stände in Linz bereits als ihrem neuen Landesherrn huldigten, zwar nicht, wie befürchtet, nach Wien, sondern nach Prag gewandt. Maria Theresia konnte darüber allerdings nicht erfreut sein, da sich Karl Albrecht im Dezember 1741 nun auch als König von Böhmen huldigen ließ. Als er am 24. Januar 1742 überdies noch zum Kaiser gewählt wurde, hatte sie aber bereits das Ende seiner Erfolgsserie eingeleitet. Zur Jahreswende 1741/42 eroberten ihre Truppen Oberösterreich zurück und drangen anschließend nach Bayern vor, am 14. Februar 1742 wurde sogar München besetzt. Nachdem auch Prag im Dezember 1742 unter habsburgische Herrschaft zurückgekehrt war, konnte sich Maria Theresia am 12. Mai 1743 ihrerseits zur Königin von Böhmen krönen lassen (Abb. 93). Schließlich beendete der Tod Karls VII. (21. Januar 1745) die Gefahr, die den Habsburgern von seiten der Wittelsbacher drohte. Der neue bayerische Kurfürst Maximilian Joseph gab im Frieden von Füssen (22. April 1745) alle Ansprüche auf habsburgische Gebiete auf und versprach Franz Stephan bei der nächsten Kaiserwahl seine Stimme. Damit war der Weg frei für die Fortsetzung der alten habsburgischen Kaisertradition. Mit der Wahl und Krönung des Großherzogs von Toskana (13. September/4. Oktober 1745) kam die Kaiserkrone zwar nicht an die Habsburger zurück, aber sie blieb doch in der Familie. Und vor allem: Wien wurde durch Kaiser Franz I. wieder Kaiserstadt.

Maria Theresia reiste zur Krönungszeremonie nach Frankfurt, ließ sich aber nicht zur Kaiserin krönen. Als Grund gab sie gegenüber Franz Stephan ihre Schwangerschaft an, Zeitgenossen vermuteten aber, daß sie die selbst erworbenen Kronen von Ungarn und Böhmen höher einschätzte als die Kaiserkrone, die ihr nur als Gemahlin des Kaisers zufiel.

Franz I. kam seinen neuen Verpflichtungen mit Würde, aber ohne übertriebenen Eifer nach. Auch als Mitregent erfüllte er seine Aufgaben, wenn seine Frau im Wochenbett lag. Ansonsten lebte er weitgehend als Privatmann, erwarb mehrere Güter und baute sie zu Wirtschaftsbetrieben aus, die Gewinn abwarfen. Seine finanziellen Transaktionen wurden mehr im geheimen abgewickelt und bildeten den Grundstock für das habsburgisch-lothringische Privatvermögen. Den naturwissenschaftlichen Interessen des Kaisers verdankt Österreich wertvolle Sammlungen und den Schönbrunner Tiergarten.

1748 wurde der Österreichische Erbfolgekrieg, in dem halb Europa gegen Österreich in Waffen stand, mit dem Frieden von Aachen beendet. Maria Theresia mußte einige italienische Besitzungen (Parma, Piacenza und Guastalla) an Spanien abtreten, hatte sich aber sonst im Kreis der europäischen Großmächte behauptet. Der Verlust Schlesiens zeigte, daß der Hauptgegner künftig Preußen hieß und man ihn am ehesten durch ein Bündnis mit Frankreich in Schranken halten konnte; dem diente die Neuorientierung der österreichischen Außenpolitik in den folgenden Jahren.

Nach dem überraschend frühen Tod des Kaisers (1765) ernannte Maria Theresia ihren ältesten Sohn Joseph, der seit 1764 römischer König war, zum Mitregenten. Im Gegensatz zu seinem wenig ehrgeizigen Vater brannte er darauf, an den Regierungsgeschäften teilzuhaben. Die unterschiedlichen Auffassungen zwischen dem neuerungssüchtigen Sohn und der immer bedächtiger werdenden Mutter führten oft zu persönlichen Spannungen. Maria Theresia überließ Joseph II. nur das Militärwesen und die Mitwirkung bei der Gestaltung der Außenpolitik. Wenn man, wie in damaliger Zeit üblich, außenpolitische Erfolge an Ländergewinn mißt, so war Maria Theresia in späteren Jahren durchaus erfolgreich: 1772 wurde Galizien gewonnen, 1775 die Bukowina, 1779 das Innviertel; an allen Erwerbungen hatte Joseph II. maßgeblichen Anteil.

Im Inneren des Reiches wurden, nachdem 1748 das Erbe gesichert war, zahlreiche Veränderungen vorgenommen. Nicht reformerisches Sendungsbewußtsein oder persönliches Machtstreben, sondern konkrete Erfordernisse führten zu einer Reihe von Maßnahmen, die in ihrer Gesamtheit als großes Reformwerk der Kaiserin in die Geschichte eingingen. In ihrer Zeit wurden die Grundlagen des modernen, auf den Ideen der Aufklärung basierenden Staates geschaffen.

Ausgehend von der Notwendigkeit, die Kosten für den Erbfolgekrieg bereitzustellen, wurde zunächst das Steuerbewilligungsrecht der Stände ausgehöhlt und damit deren politische Macht gebrochen. 1751 erfolgte eine Vermessung und Verzeichnung des gesamten Grundbesitzes in einem Kataster; die bisherige Steuer-

freiheit des Adels und des Klerus wurde beseitigt, der Steuersatz für Bauernland war allerdings doppelt so hoch wie für Dominikalland. Die Grundherrschaft als Haupteinnahmequelle der grundbesitzenden Stände ließ Maria Theresia unangetastet.
Eine neue Behörde, die Kreisämter, sorgte für die Durchführung der obrigkeitlichen Anordnungen bis hinunter zum bäuerlichen Untertan. Um die leibeigenen Bauern vor der Willkür ihrer Grundherren zu schützen, erließ Maria Theresia für einzelne Länder Robotpatente, in denen das Ausmaß der Robot, also der dem Grundherrn unentgeltlich zu leistenden Dienste, festgelegt wurde. In einigen Staatsdomänen hob Maria Theresia bereits die Leibeigenschaft auf. 1754 fand die erste Volkszählung statt, sie ergab für Niederösterreich und Oberösterreich, Steiermark, Kärnten sowie Tirol und Vorarlberg, also in etwa in unserem heutigen Staatsgebiet, ca. 2,725.000 Bewohner. 1777 sollte auch die weibliche Bevölkerung gezählt werden, die entsprechende Zählung wurde aber nicht durchgeführt.
Das Hauptziel der Reformmaßnahmen war die Stärkung der Staatsgewalt, um einen Einheitsstaat zu schaffen. Dazu wurden neue Zentralbehörden eingerichtet und auch das Rechtswesen vereinheitlicht. Die Justiz wurde von der Verwaltung getrennt, die Bedeutung einer übergreifenden Rechtsordnung für die Entwicklung der Gesamtstaatsidee erkannt. Mit dieser Zielsetzung begann man, die verschiedenen Rechtsordnungen zu kodifizieren und nach Möglichkeit zu unifizieren. Den Anfang machten das Strafrecht und das Strafprozeßrecht, für die 1768 ein neues Strafgesetzbuch, die *Constitutio Criminalis Theresiana*, erlassen wurde. Dieses Gesetzeswerk atmete noch nicht den Geist der Aufklärung, es enthielt Delikte wie Zauberei, Hexerei und Wahrsagerei, die Folter war zur Wahrheitsfindung vorgesehen, barbarische Strafen sollten abschreckend wirken. In der Anwendung zeigte sich Maria Theresia milder, es wurden keine Hexen mehr verurteilt, 1776 die Folter abgeschafft. Die Kodifikation der übrigen Rechtsbereiche (Zivilrecht, allgemeine Gerichtsordnung) gelangte in ihrer Zeit zu keinem Abschluß, die Gesetzgebung profitierte dadurch von den moderneren Anschauungen aufgeklärter Juristen.
Im kirchlichen Bereich brachte Maria Theresia die Überordnung des Staates über die Kirche zur Geltung. Der Schriftverkehr der Bischöfe mit der Kurie wurde kontrolliert, die Zahl der Feiertage eingeschränkt, der Grundbesitz des 1773 aufgehobenen Jesuitenordens in staatlichen Besitz übergeführt. Der aus dem Vermögen des Ordens gespeiste Studienfonds ermöglichte die Finanzierung der Bildungsinitiativen der Kaiserin im Universitäts- und Volksschulbereich. Nur für männliche Zöglinge stiftete sie das *There-*

sianum im ehemaligen kaiserlichen Sommerschloß *Favorita* (1746), die Wiener Neustädter Militärakademie (1751) sowie die Orientalische Akademie, letztere zur Ausbildung des diplomatischen Dienstes (1754). Die geplante Gründung der Akademie der Wissenschaften gelangte dagegen nicht zur Durchführung.

Persönlich überaus fromm, war Maria Theresia gegen Andersgläubige höchst intolerant. Sie ließ Protestanten ausweisen, aber nicht ins Ausland, sondern nach Siebenbürgen und in das Banat; die Transmigranten sollten das Siedlungswerk in den entvölkerten Gebieten des Balkans fortführen. Demgegenüber wurden Andersgläubige, die sich zur katholischen Religion bekehren ließen, für ihre Konversion mit Geldzahlungen belohnt.

Im wirtschaftlichen Bereich kam es zur Gründung von Manufakturen und privilegierten Fabriken, in denen arbeitsteilig gearbeitet wurde und Maschinen teilweise die menschliche Arbeitskraft ersetzten. Die berühmteste dieser Manufakturen war die Wiener Porzellanmanufaktur *Augarten*, die Maria Theresia 1744 von ihrem verschuldeten Gründer Du Paquier kaufte. Einige Unternehmer errichteten ihre Betriebe in der Nähe von Zucht-, Waisen- und Findelhäusern, um von der billigen Arbeitskraft der Insassen, auch der Kinder, zu profitieren.

Im Geldwesen gab es ebenfalls einige Neuerungen: 1761 wurde in Wien die erste Börse eröffnet, man druckte erstmals Papiergeld. Die Prägung des Mariatheresientalers erwies sich als solcher Erfolg, daß sie auch nach dem Tod der Kaiserin weitergeführt wurde.

Nicht geringe Aufmerksamkeit wandte Maria Theresia dem Heerwesen zu. Häufig inspizierte sie Truppen, 1757 stiftete sie den *Militär-Maria-Theresien-Orden* für besonders tapferes Verhalten im Felde. Offiziere konnten in Uniform bei Hof erscheinen. Die bereits erwähnte Militärakademie in Wiener Neustadt besteht bekanntlich bis heute.

In ihrer 40jährigen Regierungszeit hat Maria Theresia ein schier unglaubliches Arbeitspensum erledigt. Nach Aussage von Zeitgenossen arbeitete sie fast den ganzen Tag. Bereits zeitig am Morgen begann sie mit der Erledigung von Akten, gab Audienzen, las einlangende Depeschen, verfaßte Denkschriften oder überprüfte auslaufende Schriftstücke. Abends zog sie sich früh zurück und saß oft bis spät in die Nacht am Schreibtisch. Durch diese intensive Tätigkeit gewann sie einen umfassenden Einblick in das ihr anvertraute Staatswesen.

Maria Theresia faßte ihre Herrschaft als persönliche Verpflichtung auf, der sie mit großem Verantwortungsbewußtsein nachkam. In den ersten Jahren suchte sie noch Rat bei Franz Stephan und den von ihrem Vater übernommenen Räten, später wählte sie sich neue Ratgeber, von denen sie sich beraten, aber nicht führen ließ. Das gemeinsame Ziel war die Stärkung der Staatsgewalt im Sinne des aufgeklärten Absolutismus; die zu diesem Zweck eingeleiteten Reformen konzentrierten sich auf die österreichischen Erbländer und Böhmen, während Ungarn, die Niederlande und Mailand weitgehend unangetastet blieben. Auch wenn sich Maria Theresia gern als Landesmutter präsentierte, ihr Hauptziel war nicht die »Glückseligkeit« der Untertanen, sondern das Interesse des Staates. Diesem Ziel ordnete sie zum Teil auch die eigene Familie unter. Die Verheiratung der Söhne und Töchter erfolgte, von einer einzigen Ausnahme abgesehen, aus rein politischen Gründen.

Das Privatleben der Kaiserin, das allerdings ebenfalls Öffentlichkeitscharakter hatte, erstaunt in seiner Intensität fast ebenso wie ihre »hauptberufliche« Regierungstätigkeit. Im Mittelpunkt der immer zahlreicher werdenden Familie stand zunächst Franz Stephan, den sie schon bald – wenig schmeichelhaft, aber doch liebevoll – *mein lieber Alter (mon cher Alter)* nannte. Zu ihm hatte nicht nur Maria Theresia, sondern die ganze Kinderschar ein herzliches Verhältnis.

Den kaiserlichen Kindern galt ihre besondere Aufmerksamkeit. Obwohl viel Personal für die Bedürfnisse der heranwachsenden Jugend sorgte, kümmerte sich die Mutter selbst um die wesentlichen Belange. Ihren strengen Blicken entging nichts, was die Kinder betraf.

Den Sommer verbrachte der Hof meist in Schlössern in der Umgebung von Wien, vorzugsweise in Schönbrunn, das Maria Theresia baulich ausgestalten ließ. Im Winter gab es Schlittenfahrten, Bälle und Theateraufführungen. Durch diese Veranstaltungen wurde einerseits der Kontakt zum Adel gepflegt und andererseits den Kindern des Kaiserpaares Gelegenheit geboten, sich an Auftritte in der Öffentlichkeit zu gewöhnen.

Den musikalischen Interessen der kaiserlichen Familie verdankte der junge Mozart seine Auftritte am Wiener Hof. Die Epoche Maria Theresias, in der viele Werke Mozarts, Haydns und Glucks in Wien uraufgeführt wurden, gilt als »goldenes Zeitalter« der Musik. Dagegen schränkte die Kaiserin das traditionelle höfische Vergnügen, die Jagd, gleich zu Beginn ihrer Regierungszeit radikal ein.

Nach dem Tod Franz Stephans (1765) begannen am Wiener Hof allmählich stillere Zeiten. Die meisten Töchter wurden ins Ausland verheiratet, auch die jüngeren Söhne verließen die Heimat. Die Familie Josephs II. bot keinen Ersatz, da sie bald vom Tod

Abb. 94 *Unbekannter Künstler: Maria Theresia beim Briefschreiben.*
Wien, Hofburg, Präsidentschaftskanzlei.

ausgelöscht wurde. Einen Ausgleich für die fehlende Konversation bei Hof fand die Kaiserin in einem ausgedehnten Briefwechsel, den sie mit abwesenden Familienmitgliedern und befreundeten Personen führte, vielfach in französischer Sprache (Abb. 94). Erst gegen Ende ihres Lebens ließ ihre Spannkraft nach, und sie beklagte sich, zunehmend vereinsamt, über ihr Alter: *So vergehen meine alten Tage, weder nützlich, noch angenehm, zur Last der anderen und noch mehr zur meinen.* Wenige Monate nach dieser Klage starb sie am 29. November 1780 im Alter von 63 Jahren (Abb. 95).

Größe und Bedeutung historischer Persönlichkeiten mißt man gewöhnlich an ihren Leistungen, ihren Erfolgen, ihrem Nachwirken. In allen drei Bereichen wird man Maria Theresia Größe bestätigen können, als »große Kaiserin«, die »große Habsburgerin«, die »größte Österreicherin« wird sie daher häufig gepriesen. Es gibt aber auch negative Urteile über sie, man wirft ihr Herrschsucht und Bigotterie vor; ihre große Freigebigkeit wird als Verschwendung angesehen, ihr sorgloser Umgang mit dem Geld bemängelt. Ihre konservative Grundeinstellung kann man gleichfalls kritisieren. Umwälzenden gesellschaftlichen Veränderungen war sie abgeneigt, die Aufhebung der Untertänigkeit hielt sie 1742 für untunlich, der Unterschied zwischen Herren und Untertanen müsse bleiben. Die Würde der eigenen Familie schätzte sie hoch, 1755 führte sie die Anrede *Königliche Hoheit* für die kaiserlichen Kinder ein.

Ihr größtes Verdienst für die – von ihr keineswegs beabsichtigte – Emanzipation der Frauen in Österreich war, daß sie die gesamte

Abb. 95 *Hieronymus Löschenkohl: Maria Theresias letzter Tag (1780).*
Wien, Albertina, Ö. K. p. 18, Blaue Nr. 24.

weibliche Jugend in die von ihr eingeführte allgemeine Schulbildung einbezog und so den Grundstein für deren kommende berufliche Aufstiegsmöglichkeiten schuf.

Die österreichische Geschichte kennt nicht nur selbständige Herrscherinnen, sondern auch einige Frauen, die stellvertretend Herrschaftsfunktionen ausübten. Sie vertraten Herrscher, die längere Zeit abwesend oder minderjährig waren; ihre Kompetenzen wurden von Fall zu Fall genau definiert, in der Regel waren männliche Verwandte oder Ratgeber in die Entscheidungsbefugnisse der Regentinnen eingebunden. Im Jahr 1521 setzte Erzherzog Ferdinand I. für die Zeit seiner Reise in die Niederlande seine Gemahlin Anna von Böhmen-Ungarn zur *obrist Regirerin* ein, 1636 wurde Königin Maria Anna während der Abwesenheit Kaiser Ferdinands II. mit der Leitung des Hofes betraut. Als offizielle Regentin fungierte nach dem überraschenden Tod Josephs I. (17. April 1711) dessen Mutter Eleonore Magdalena,

sie führte gemeinsam mit den Ministern bis zur Abreise König Karls aus Spanien (im Herbst 1711) die Interimsregierung.
Solange es in Österreich habsburgische Seitenlinien gab, konnten Frauen auch hier zu Regentinnen ernannt werden; allerdings stand ihre Ernennung im Belieben des kaiserlichen Familienoberhauptes. Als der Thronerbe Ferdinand aus der innerösterreichischen Linie beim Tod seines Vaters (1590) noch minderjährig war, erhielt seine Mutter Maria von Bayern nicht die Regentschaft übertragen, da noch männliche Familienmitglieder verfügbar waren; es wurden daher nacheinander zwei Erzherzöge als Statthalter eingesetzt.
Anders in der Tiroler Linie: Als 1632 Erzherzog Leopold V. starb und nur zwei minderjährige Söhne hinterließ, standen keine männlichen Habsburger als Statthalter zur Verfügung. Kaiser Ferdinand II. ernannte daher die Witwe Claudia de' Medici zur Regentin und Mitvormunderin *(gevolmechtigte gwalttragerin und*

Abb. 96 *Lorenzo Lippi: Claudia de' Medici vor ihrer Vermählung, mit nachträglich aufgesetztem Erzherzogshut (um 1626).*
Innsbruck, Schloß Ambras (KHM, IN 4392).

Abb. 97 *Charles Brendel: Erzherzogin Eleonore als Gemahlin Karls von Lothringen, mit dem lothringischen Herzogshut (1684).*
Innsbruck, Schloß Ambras (KHM, IN 2750).

selbs mitvormunderin), die von 1633 bis zur Volljährigkeit Erzherzog Ferdinand Karls (1646) die Regierungsgeschäfte führte (Abb. 96). Mit ihrem zweiten Sohn Sigismund Franz erlosch 1665 die Tiroler Linie.
In die verwaiste Innsbrucker Hofburg zog 1678 ein Statthalterpaar ein: Herzog Karl von Lothringen und Erzherzogin Eleonore (Abb. 97), Schwester Kaiser Leopolds I. und Witwe nach König Michael von Polen. Die Ehe zwischen dem Herzog von Lothringen und der Königinwitwe galt als nicht ganz standesgemäß, woraus am Kaiserhof leicht Etiketteschwierigkeiten entstehen konnten. Ein eigener Hof in Innsbruck, der weitgehend aus den Landeseinnahmen finanziert wurde, sowie ein Statthalterposten, der ein jährliches Gehalt von 120.000 Gulden verschaffte, erschien daher als günstige Lösung. Karl von Lothringen, der als kaiserlicher Feldherr erfolgreich gegen die Türken und Franzosen kämpfte, weilte meist nur im Winter in Tirol. Während seiner Abwesenheit führte die Königinwitwe die Regentschaft, nach seinem Tod (1690) war sie alleinige Regentin. Da auch sie häufig abwesend war, lag die Führung der Regierungsgeschäfte großteils bei ihrem Obersthofmeister. Als sie am 17. Dezember 1697 in Wien starb, befand sich nur noch die Hälfte ihrer Habe in Innsbruck.

Die Ehefrau aus der Fremde

Wie Habsburgs »verkaufte« Töchter, die ins Ausland verheirateten Erzherzoginnen, sahen auch viele Bräute, die ihren Ehemännern in Österreich zugeführt wurden, Familie und Heimat nie wieder. Andererseits bestand aber zwischen beiden Gruppen ein wesentlicher Unterschied: Während anläßlich der Verheiratung der Habsburgerinnen und anderer Bräute viel Bargeld und Ausstattungsgut ins Ausland ging – sie wurden also nicht »verkauft«, sondern kosteten im Gegenteil viel –, brachten die einheiratenden Frauen dieses Kapital nach Österreich mit.

Fürstentöchter konnten sogar ganze Länder in die Ehe einbringen, was den dynastischen Heiraten große Bedeutung verlieh. Wer denkt dabei nicht an den berühmten Vers: *Bella gerant alii, tu felix Austria nube* – Kriege mögen andere führen, du, glückliches Österreich, heirate! Dieser angeblich von Matthias Corvinus stammende Ausspruch – nach Ovid, *Heroiden* 13,84 – wies auf die großen Erfolge hin, die die Habsburger mit ihren Heiraten verbuchen konnten. Die wirklich spektakulären Ländergewinne mittels Ehe standen zu dieser Zeit zwar noch bevor, aber der Aufstieg zur ranghöchsten Familie in Europa war ihnen bereits gelungen, wofür eine günstige Heirat die Voraussetzung geschaffen hatte.

Nicht aus Sympathie für die versunkene Monarchie, sondern wegen der politischen Tragweite der dynastischen Heiraten soll das Augenmerk zunächst auf die fürstlichen Ehefrauen gerichtet werden, die als Ausländerinnen nach Österreich kamen. Dabei geht es nicht primär um eine Biographie der betreffenden Damen, sondern eher um die Beantwortung folgender Fragen: Was brachten sie in ihre neue Heimat mit? Wie lebten sie sich hier ein? Was verdankt ihnen Österreich?

Die Ehefrauen der beiden wichtigsten »österreichischen« Dynastien, der Babenberger (976–1246) und der Habsburger (1282 bis 1918), stammten alle aus dem Ausland. Beide Geschlechter kamen als Herrscherfamilien ins Land und wählten sich ihre Gemahlinnen aus Prestigegründen nicht aus dem hier ansässigen Adel, sondern aus dem Reich oder der näheren Umgebung ihrer neuen Wirkungsstätte, aus Böhmen, Ungarn und Polen.

Die politisch bedeutsamste Ehefrau der Babenberger war Agnes, die Tochter Kaiser Heinrichs IV. Sie war in erster Ehe mit Friedrich von Staufen, Herzog von Schwaben, vermählt, ehe sie als Witwe 1105 dem ebenfalls verwitweten Markgrafen Leopold III. zur Frau versprochen wurde. Diese Heiratsabsprache war der Lohn dafür, daß sich der Markgraf im Kampf zwischen dem Kaiser und dessen Sohn Heinrich V., unter Verletzung seiner Gefolgschaftspflicht, auf die Seite des letzteren schlug. Der Gewinn aus diesem Frontwechsel war enorm, Leopold III. heiratete damit in die Herrscherdynastie des Reiches ein und verschwägerte sich gleichzeitig mit den Staufern, aus deren Reihen mehrere künftige Könige hervorgingen. Als die Salier 1125 mit Heinrich V. ausstarben, war Leopold III. im Gespräch für die Nachfolge im Reich, lehnte aber eine Kandidatur ab. Seine Söhne aus der Ehe mit der Kaisertochter profitierten jedoch davon, daß ihr Halbbruder Konrad von Staufen 1138 König wurde. Er belehnte Leopold IV. 1139 mit dem Herzogtum Bayern, während Heinrich II. 1140 die Pfalzgrafschaft bei Rhein erhielt.

Abb. 98 *Glasfenster im Brunnenhaus des Stiftes Heiligenkreuz: Markgräfin Agnes (Ende 13. Jh.).* Stift Heiligenkreuz.

Nach der Heirat mit Agnes (1106) errichtete Leopold III. eine Residenz in Neuburg an der Donau, wo er 1113/14 ein Kollegiatskapitel stiftete, das anschließend in ein Augustiner-Chorherrenkloster umgewandelt wurde; die neue Babenbergerresidenz erhielt davon ihren Namen: Klosterneuburg. 1133 gründete der »fromme Markgraf« Heiligenkreuz, das erste Zisterzienserkloster in Österreich, 1136 das Benediktinerkloster Kleinmariazell im Wienerwald. Möglicherweise hat Markgräfin Agnes, die auch als Mitbegründerin des Chorfrauenstiftes in Klosterneuburg bezeichnet wird, hierzu ihren finanziellen Beitrag geleistet (Abb. 98).

Nach dem Tod ihres Ehemanns (1136) blieb die Witwe mit ihrem Hofstaat in Klosterneuburg und machte großzügige Schenkungen. Im Tod – sie starb am 24. September 1143 – war sie bescheiden, ohne Sarg und Beigaben wurde sie an der Seite des Markgrafen im Kapitelsaal des Stiftes Klosterneuburg beigesetzt.

In das politische Geschehen griff Agnes ein, als es um die Nachfolge in der Herrschaft ging. Auf ihr Einwirken hin folgte nicht Adalbert, der älteste Sohn aus der ersten Ehe Leopolds III., sondern ihr eigener Lieblingssohn, der zweitgeborene Leopold IV.

Erst nach dessen Tod (1141) kam ihr erstgeborener Sohn Heinrich an die Reihe.
Heinrich II. Jasomirgott war in erster Ehe mit Gertrud, Tochter Kaiser Lothars III. und Witwe nach Herzog Heinrich von Bayern, vermählt, die 1143 im Kindbett starb. Als Witwer nahm er am 2. Kreuzzug (1147/49) teil, der mit einer schweren Niederlage der christlichen Truppen endete. Der österreichische Markgraf konnte aber einen Erfolg für sich verbuchen: In Konstantinopel heiratete er Theodora, die Nichte des byzantinischen Kaisers. Wohl der Initiative dieser vornehmen Ehegattin verdankt Österreich, daß die Markgrafschaft 1156 in ein Herzogtum mit weiblicher Erbfolge umgewandelt wurde. Bereits 1155 hatte Heinrich Jasomirgott seine Residenz nach Wien verlegt, wo der Name »Am Hof« noch heute an die ehemalige Hofhaltung erinnert.
Auch zwei weitere österreichische Herzöge nahmen byzantinische Prinzessinnen zur Frau: Leopold VI., der 1192 der Dynastie das Herzogtum Steiermark zugebracht hatte, heiratete 1203 in Wien Theodora, die Enkelin des Kaisers Isaak II. Angelos (Abb. 99); sein Sohn Friedrich II. ehelichte 1226 Sophie, die Tochter von Kaiser Theodoros I. Laskaris. Mit diesen Heiraten suchten die byzantinischen Herrscher, ihren Einfluß über Ungarn hinaus weiter nach Westen auszudehnen.
Herzog Friedrich, dem man den Beinamen »der Streitbare« gegeben hat, verstieß 1229 seine byzantinische Gemahlin wegen Kinderlosigkeit und heiratete Agnes, die Tochter von Herzog Otto von Meranien und Nichte des Markgrafen Heinrich von Istrien. Sie brachte die Herrschaften Schärding und Ried in die Ehe mit und verhalf Friedrich zu einer stärkeren Stellung in Krain, weshalb er sich *Dominus Carniole* nannte. Mit diesem Titel ließ Friedrich II. 1243 die kinderlos gebliebene Ehe mit Agnes annullieren, die von ihr in die Ehe eingebrachten Besitzungen behielt er aber.
Was blieb von den Ehen mit den drei byzantinischen Prinzessinnen? Leider wissen wir darüber kaum etwas. Anläßlich der Hochzeit von 1203 weilte Walter von der Vogelweide am Wiener Hof, um bei diesem gesellschaftlichen Großereignis dabei zu sein. Daß man am Babenbergerhof byzantinische Wiegenlieder – das bekannte *Heidi popeia* – sang, scheint eine spätere Legende zu sein. Byzantinisch-griechische Kultureinflüsse wurden auf jeden Fall wirksam, sie müssen aber nicht unbedingt von den byzantinischen Fürstinnen herrühren. Wien war zur Zeit der Kreuzzüge ein wichtiger Sammelpunkt für Orientfahrer, die auch auf ihrer Rückreise die Stadt berühren konnten.
Unter ihren Söhnen Heinrich »dem Grausamen« und Friedrich

Abb. 99 *Theodora, Herzogin von Österreich und Steiermark, auf dem Siegel einer Urkunde des Jahres 1226.*
Klosterneuburg, Stiftsarchiv (Aufnahme: Inge Kitlitschka, Klosterneuburg).

Abb. 100 *Babenberger-Stammbaum, Medaillon Heinrich der Grausame (1489/91): Die Vertreibung der Herzogin Theodora aus der Residenz Hainburg 1226 (links im Bild).*

Klosterneuburg, Stiftsmuseum.

»dem Streitbaren« hatte Herzogin Theodora viel Ungemach zu erdulden (Abb. 100). Trotzdem war ihr Kummer, als Friedrich II. in der Schlacht an der Leitha (15. Juni 1246) als letzter männlicher Sproß dieser Dynastie fiel, angeblich so groß, daß sie eine Woche später starb.

Ob sie und ihre verstoßene Schwiegertochter Sophie sich in Österreich je heimisch gefühlt haben?

Nach dem Aussterben der Babenberger in männlicher Linie folgten Auseinandersetzungen um das Erbe, in denen die beiden weiblichen Babenbergerinnen Margarete und Gertrud im wesentlichen die Rolle des Opfers spielten. Schließlich gewann Ottokar von Böhmen die Oberhand und beherrschte Österreich und die Steiermark. In der Schlacht auf dem Marchfeld besiegt und getötet, hinterließ er die beiden Herzogtümer dem römischen König Rudolf I., der 1282 seine beiden Söhne Albrecht und Rudolf, von denen letzterer noch minderjährig war, damit belehnte. Im Vertrag von Rheinfelden (1283) wurde Albrecht schließlich allein mit der Landesherrschaft betraut.

Mit Albrecht I. beginnt die geschlossene Reihe habsburgischer Herrscher in Österreich. Bereits ein Jahr nach der Wahl seines Vaters zum römischen König hatte der damalige Graf von Habsburg Elisabeth von Görz geheiratet, die ihm 21 Kinder schenkte, von denen aber nur elf am Leben blieben. Damit wurde sie zur Stammutter aller späteren Habsburger und stellte der Dynastie genügend »politisches Kapital« zur Verfügung, um Heiratsverbindungen mit anderen Fürstenhäusern einzugehen.

Die unter Albrecht I. geglückte Kombination der Herzogtümer Österreich und Steiermark mit der Reichskrone setzte sich unter seinen beiden Söhnen fort. Diesem Rang entsprechend, waren beide mit Königstöchtern vermählt. Die Hochzeit der französischen Prinzessin Blanche von Valois mit Rudolf III. fand zu Pfingsten 1300 in Paris statt, die Braut erhielt eine reiche Ausstattung. Als sie zu Weihnachten 1300 in ihre neue Heimat kam, registrierte man hier erstaunt ihren Kleiderluxus und ihre Vorliebe für Schmuck.

Herzogin Blanche hat sich als Stifterin einen Namen gemacht. 1303 rief sie die Klarissen nach Wien und schenkte ihnen zunächst ein Haus; gemeinsam mit Rudolf III. stiftete sie 1305 für sie ein Klarissenkloster, das in den folgenden Jahren erbaut wurde. Sie wollte auch in der Wiener Minoritenkirche einen neuen Chor zu Ehren ihres königlichen Großvaters, des hl. Ludwig von Frankreich, errichten lassen, wie aus ihrem 1304 abgefaßten Testament ersichtlich ist. Das hierfür vorgesehene Geld wurde aber widmungswidrig für den Bau des Klarissenklosters verwendet; so fand Blanche von Valois, als sie 1305 starb, im alten Chor in einem Hochgrab ihre letzte Ruhestätte. Die Tumba, auf der sie gemeinsam mit ihrer einzigen, früh verstorbenen Tochter abgebildet ist, wurde für die Rezeption der französischen hochgotischen Stilformen in Österreich von großer Bedeutung.

Auch Rudolf III. starb früh (1307), so daß die Herrschaft über Österreich an seinen jüngeren Bruder Friedrich I. überging. Für ihn wurde bereits 1304 eine Heiratsverbindung mit Isabella von Aragon ins Auge gefaßt, die 1311 in greifbare Nähe rückte. 1313 wurde die Ehe *per procurationem* in Barcelona geschlossen, anschließend begab sich die Infantin mit einem großen Hofstaat, der 64 Personen – darunter zwei Hofnarren – umfaßte, auf die Reise nach Österreich. Zu ihrer Brautausstattung gehörten drei mit Steinen besetzte Kronen, 14 Ringe, 24 Armbänder und andere Schmuckstücke; auch kostbare Stoffe sowie je ein Schach- und Würfelspiel und einige wertvolle Bratspieße fehlten nicht. Die mitgegebenen silbernen Waschbecken, in denen man sich nach dem Essen die Hände reinigen konnte, zeigen, daß man damals in Aragon und sicher auch in Österreich selbst bei Hof noch mit den Fingern aß. Auch ein goldener Stab, der als Giftanzeiger beim Essen dienen sollte, gehörte zur Aussteuer.

Mitten im Winter 1314 traf die vermutlich 14jährige, nicht an alpine Kälte gewöhnte Braut mit Friedrich in Judenburg zusammen, wo am 31. Januar die Hochzeit gefeiert wurde. In Wien, wohin das herzogliche Paar anschließend reiste, gefiel es der Infantin, die in Österreich Elisabeth (Abb. 101) genannt wurde, offenbar gut; in einem lateinischen Schreiben an ihren Vater lobte sie den festlichen Empfang und die schöne österreichische Landschaft. Ob auch der 25jährige Gemahl ihr gefiel, ist fraglich, er wird von den Zeitgenossen als hochmütig geschildert; den Beinamen »der Schöne« erhielt er erst im 16. Jahrhundert.

Abb. 101 *Siegelbild der Königin Elisabeth (Isabella von Aragon) auf ihrer letzten Urkunde (4. Juli 1330). Sie sitzt auf einem Thron, die Linke ruht segnend auf der Brust, die Rechte hält den Reichsapfel.*

Wien, HHStA, Allgemeine Urkundenreihe.

Am 19. Oktober 1314 wurde Friedrich I. von einem Teil der deutschen Fürsten zum römischen König gewählt – als solcher Friedrich III. –, worauf die Krönung Elisabeths zur Königin erfolgte (1315). Einen Tag nach dem Habsburger war aber auch Ludwig von Bayern zum Reichsoberhaupt erwählt worden, was jahrelange Kämpfe zwischen den beiden Rivalen zur Folge hatte; Elisabeth mußte wiederholt ihren Schmuck opfern, um die Truppen zu bezahlen. Als Friedrich der Schöne nach der verlorenen Schlacht von Mühldorf (1322) in die Gefangenschaft seines Gegners geriet, unternahm die Königin Wallfahrten, fastete streng und unterzog sich schweren Kasteiungen, die ihre Gesundheit untergruben. Sie wurde auch von einem schweren Augenleiden befallen, das Abt Johann von Viktring den vielen Tränen zuschrieb, die sie über die lange Inhaftierung ihres Gemahls vergoß, so daß sie erblindete. In Wahrheit litt die Königin an grauem Star und ersuchte ihren Vater 1326, ihr einen erfahrenen Arzt aus Aragon zu schicken, weil die österreichischen Ärzte zu wenig ausgebildet seien.

1325 kehrte Friedrich nach Österreich zurück, nominell noch König, in Wirklichkeit aber ohne Macht. Er starb im Januar 1330, seine Gemahlin folgte ihm im Juli im Tod nach (Abb. 102); von den drei Kindern dieser Ehe war der einzige Sohn bereits 1322 gestorben, von den beiden Töchtern blieb die ältere unvermählt, während die jüngere um 1328 Herzog Heinrich von Bayern heiratete.

Was verdankt Österreich Isabella von Aragon? In ihrem Testament bedachte sie über hundert Klöster und Spitäler mit Geldern, auch einzelne Personen, darunter eine treue Dienerin, erhielten Zuwendungen. Sie griff den von ihrer französischen Vorgängerin gefaßten Plan, in der Wiener Minoritenkirche einen neuen Chor zu errichten, auf und stiftete dazu ihre Kleinodien. In den Jahren 1316–1328 wurde ein zweijochiger Langchor erbaut, der jedoch nicht dem heiliggesprochenen König von Frankreich, sondern dem hl. Ludwig, Bischof von Toulouse, geweiht wurde. Der Schlußstein dieses Chores befindet sich heute im Historischen Museum der Stadt Wien. Im Chor stand einst das Grabmal der Stifterin, hierher wurde auch jenes von Blanche von Valois übertragen; beide Grabmäler wurden 1784 zerstört. Erhalten geblieben ist ein Gebetbuch aus Elisabeths Besitz, das noch heute im Wiener Minoritenkloster aufbewahrt wird.

Die Nachfolge nach Friedrich I. ging auf seinen jüngeren Bruder Albrecht II. über. Unter ihm drohten die Habsburger nicht nur auszusterben – erst eine Wallfahrt nach Aachen führte zu erstaunlichem Kindersegen –, der Verlust der Reichskrone ließ sie auch in ihrer Bedeutung als Fürsten absinken. Die Dynastie der Luxemburger lief ihnen den Rang ab. Obwohl sie in den folgenden Jahrzehnten mehrere Gebiete hinzugewannen – Kärnten (1335), Tirol (1363) und die Vorlande (ab 1363) –, schwächten die Länderteilungen 1379 und 1411 ihre politische Stärke. Den neuerlichen Aufstieg zur höchsten Würde der Christenheit verdankten sie einer günstigen Heirat:

Herzog Albrecht V. (1397–1439) gewann durch seine Heirat mit Elisabeth von Luxemburg, der letzten ihres Geschlechts, nicht nur die Kronen Ungarns und Böhmens, sondern auch die Reichskrone; sie konnten zwar nicht »vererbt« werden, da in allen drei Reichen der König von den Ständen gewählt wurde. Aber die Verschwägerung mit der luxemburgischen Dynastie war auf jeden Fall ein Vorteil für Albrecht, der so 1438 die Nachfolge nach seinem Schwiegervater, Kaiser Sigismund, antreten konnte.

Bereits im Alter von zwei Jahren wurde Elisabeth von Luxemburg (geb. 1409) mit dem um zwölf Jahre älteren Herzog verlobt, als sie 13 Jahre zählte, fand 1422 im Wiener Stephansdom die Hochzeit statt. Erst zehn Jahre später wurde die erste Tochter geboren, der 1437 eine weitere folgte. Beim frühen Tod Albrechts II. (1439) war Elisabeth in anderen Umständen und brachte 1440 den erwarteten Thronerben zur Welt, Ladislaus Postumus. Für ihn ließ sie die ungarische Krone entwenden, mit der der Säugling gekrönt

Abb. 102 *Meister des Albrechtsaltars: Schutzmantelmadonna (1438/39). Ausschnitt: Herzog Albrecht V. (als König Albrecht II.) und Elisabeth von Luxemburg.*
Klosterneuburg, Stiftsmuseum.

wurde. Danach mußte sie aber Sohn und Stephanskrone an den Senior der Familie, Friedrich V. von der innerösterreichischen Linie, abgeben. Ihr weiteres Leben spielte sich vornehmlich in Ungarn ab, wo sie auch – erst 33 Jahre alt – 1442 starb.

Was verdanken die Habsburger der letzten Luxemburgerin? Letztlich ihren Aufstieg zur Großmacht. Denn mit der Wahl Albrechts V. zum römischen König 1438 begann die bis 1740 ununterbrochene Reihe habsburgischer Kaiser, gefolgt vom Haus Habsburg-Lothringen. Ausschlaggebend war für die Entscheidung der Kurfürsten wohl stets der Besitz der Länder Böhmen und Ungarn; Böhmen als größtes Kurfürstentum und Ungarn als Schutzschild gegen die Türken verliehen dieser Dynastie eine Position, die andere Fürstenfamilien nicht aufweisen konnten. Allerdings gingen beide Königreiche den Habsburgern nach dem Tod des Ladislaus Postumus vorübergehend wieder verloren (1457), geblieben ist ihnen aber stets die Kaiserwürde.

Ein Kaisertum, hinter dem keine starke Hausmacht stand, war eine klägliche Sache. Diese Erfahrung mußte bereits die erste Braut machen, die sich für einen habsburgischen Kaiser entschied, Eleonore von Portugal (geb. wohl 1434). Als Herzog Friedrich V. (geb. 1415), seit 1440 als römischer König Friedrich IV., vermutlich 1448 eine Gesandtschaft nach Portugal schickte, um über die 14jährige Infantin Eleonore Erkundigungen einzuholen und sie malen zu lassen, soll sie einen anderen Bewerber mit dem Bemerken abgewiesen haben, daß sie nur den Kaiser heiraten wolle. Nachdem 1451 in Lissabon die prokuratorische Trauung erfolgt war, trat die Infantin nach einer stürmischen Seereise in Siena das erste Mal ihrem Gemahl, der um 19 Jahre älter und von stattlicher Statur war, gegenüber; Augenzeugen berichten, daß er beim Anblick der schmächtigen Achtzehnjährigen ganz blaß wurde. Getrennt reiste man nach Rom, wo der Papst am 16. März 1452 das Paar feierlich einsegnete (Abb. 103); drei Tage später wurden Friedrich und Eleonore zu Kaiser und Kaiserin gekrönt. Nach einem Besuch in Neapel, wo Eleonores Onkel regierte, trat das Herrscherpaar – in allen italienischen Städten durch Empfänge geehrt – die Reise nach Österreich an. Am 19. Juni 1452 langte Eleonore in Wiener Neustadt an, wo Friedrich – als Kaiser nun Friedrich III. – meist residierte. Man kann sich vorstellen, welchen Eindruck die verschlafene Kleinstadt auf die vom portugiesischen Hofleben und ihren bisherigen Erlebnissen verwöhnte Kaiserin machte. Auch das alltägliche Leben, das sie in der Burg erwartete, gestaltete sich ziemlich monoton. Friedrich III. war kein Freund rauschender Feste oder glanzvoller Turniere. Er liebte Blumen und Pflanzen, interessierte sich für Edelsteine und die Astronomie. Sein Herz hing an einem riesigen Garten, den er bei der Wiener Neustädter Burg anlegte, auch einen Tiergarten für Damwild hatte er eingerichtet. Er war Mitglied des von Eleonores Großvater gestifteten Kannenordens, dessen Devise *Halt Maß* seinem Wesen bestens entsprach. In der Verachtung des Weingenusses war er zwar eines Sinnes mit Eleonore, den von ihr geliebten Tanzfreuden konnte er dagegen nichts abgewinnen. Überhaupt scheint die Harmonie zwischen den beiden Ehepartnern sehr gering gewesen zu sein, sie lebten zeitweise getrennt.

Als drei von den fünf Kindern – darunter der erstgeborene Sohn (geb. 1455) – früh starben, gab der Kaiser seiner Gemahlin die Schuld daran. Er mißbilligte die vielen Süßigkeiten, mit denen sie die Säuglinge fütterte; der kleine Maximilian (geb. 1459) aß soviel davon, daß er fast gestorben wäre. Als die 1465 geborene Tochter Kunigunde erkrankte, ließ der Vater sie in sein Schlafzimmer bringen, wo er sie mit heimischer Kost ernährte und gesund pflegte.

Abb. 103
Hans Burgkmair d. Ä. (?): Kaiserin Eleonore (1468, Kopie).
Innsbruck, Schloß Ambras (KHM, IN 4399).

Eleonore erlebte in Österreich bewegte Zeiten, den Bruderkrieg zwischen Friedrich III. und seinem jüngeren Bruder Albrecht VI. 1462 wurde die kaiserliche Familie in der Wiener Burg wochenlang belagert und mußte schließlich schmählich abziehen. Kampflos einigte sich Friedrich auch mit seinem Rivalen um die ungarische Krone. Obwohl er selbst von einigen Magnaten 1459 zum König gewählt und in Wiener Neustadt mit der Stephanskrone gekrönt worden war, verzichtete er im Ödenburger Vertrag (Juli 1463) auf Ungarn und behielt nur den Titel samt eventuellem Nachfolgerecht; gegen die Zahlung von 80.000 Gulden lieferte er Matthias Corvinus die Stephanskrone aus. Die von ihm selbst stammenden Deutungen seiner Devise *AEIOU* als *Alles Erdreich ist Österreich untertan* oder *Austriae est imperare orbi universo* stimmten damit schwerlich überein.

Drückend scheint die Geldnot der Kaiserin gewesen zu sein. Die Mitgift von 60.000 Gulden wurde nur schleppend ausbezahlt, auch mit der Widerlage gab es Schwierigkeiten. Ein Wiener Neustädter Bürger hinterließ ihr 50 Gulden, wohl ein beschämendes Legat für eine Herrscherin. Als sie 1466, nach der Geburt ihrer letzten Tochter, kränkelte und zur Kur nach Baden reiste, wurde auf der Rückfahrt ihr Gepäckwagen von Raubrittern geplündert; Eleonore war vor allem über den Verlust zweier Hemden verärgert, da sie nur drei Stück besaß. Nach ihrem Tod (1467) mußte Friedrich III. viele Schulden an ihren Hofstaat bezahlen. Was blieb von ihr erhalten? Neben ihrem schönen Grabstein im Neukloster von Wiener Neustadt (Abb. 76) vor allem ihr Gebet-

Abb. 104 *Kaiserin Eleonore (mit dem portugiesischen Wappen) und ihr Sohn Maximilian (mit dem Bindenschild), unter der Dreifaltigkeit kniend (1465/67).*
Wien, ÖNB, Cod. 1942 (Gebetbuch der Kaiserin Eleonore), fol. 9v.

buch, in dem sie mit ihrem Söhnchen Maximilian mehrmals dargestellt ist, allerdings nicht porträtgetreu (Abb. 104). Ein wohl aus einem anderen Gebetbuch stammendes Einzelblatt – früher als Teil eines Reisealtärchens bezeichnet –, das die Kaiserin allein zeigt, befindet sich heute in Berlin. Zwei Meßgewänder, die sie für die Burgkapelle von Wiener Neustadt stickte, haben dagegen die Zeiten nicht überdauert, wohl aber der Hochzeits-Prunkwagen Eleonores, der sich im Landesmuseum Joanneum in Graz befindet.

Bei Maximilian, dem einzigen überlebenden Sohn der Kaiserin, machten sich bereits die Vorteile des habsburgischen Kaisertums bemerkbar. Als Preis für die von Friedrich III. erhoffte Erhebung zum König bot der reiche Burgunderherzog Karl der Kühne dem Kaiser die Heirat des Kronprinzen mit seiner einzigen Tochter an; die Rangerhöhung kam nicht zustande, wohl aber 1477 die Heirat des Kaisersohnes mit der burgundischen Erbtochter Maria. Damit fielen die niederländisch-burgundischen Gebiete an das Haus Habsburg. Mit den Kindern aus dieser Ehe, Philipp und Margarete, glückte überraschend die Erwerbung der beiden spanischen Königreiche Kastilien und Aragon (1506/16), mit den beiden Enkelkindern Ferdinand und Maria wurde zielstrebig der Anfall von Böhmen und Ungarn vorbereitet, der 1527 tatsächlich eintrat. Im Besitz des Kaisertums und von vier Königreichen konnten sich die Habsburger nun ihre Bräute aus den führenden Dynastien Europas wählen. Die konfessionelle Spaltung engte den Kreis der in Frage kommenden Familien allerdings gleich wieder ein, England und die skandinavischen Länder schieden aus. Es blieben die Königshäuser von Frankreich, Spanien und Portugal, einige italienische Dynastien sowie deutsche Fürstenfamilien, die der katholischen Kirche treu geblieben waren. Auch katholische Herrscherhäuser in Osteuropa standen zur Auswahl.

Um es gleich vorwegzunehmen: Keine französische Prinzessin wurde nach Österreich verheiratet, aus dem Osten kam nur eine einzige Braut. Sie war allerdings von großer Bedeutung, weil mit dieser Heirat die Hoffnung auf die neuerliche Erwerbung von Böhmen und Ungarn verknüpft war.

Anna, Tochter König Wladislaws V. von Böhmen und Ungarn, wurde 1503 in Prag geboren. Im Alter von drei Jahren einem der Enkel Maximilians I. versprochen, blieb die Frage, welcher von den beiden Kaiserenkeln die jagellonische Prinzessin heiraten sollte, zunächst offen, weshalb sich der Kaiser entschloß, selbst die Ehe mit ihr einzugehen. Als Termin für die geplante doppelte Eheverbindung zwischen Habsburg und den Jagellonen – außer Anna sollte ihr Bruder Ludwig die Kaiserenkelin Maria heiraten – wurde eine Fürstenversammlung in Wien im Sommer 1515 vereinbart. Beim ersten Treffen zwischen Maximilian und den Jagellonen, am 16. Juli 1515 auf freiem Feld nahe Trautmannsdorf an der Leitha, fuhr die zwölfjährige Prinzessin in einer vergoldeten, von acht weißen Pferden gezogenen Kutsche. Auch nach dem Einzug in Wien wurde allerseits großer Prunk entfaltet. Am Morgen des 22. Juli fand im Stephansdom die Trauung zwischen dem 56jährigen Kaiser und der jungen Anna statt, am Abend nahm das Paar an der prunkvollen Hochzeit des kaiserlichen Freundes und Silberkämmerers, des Freiherrn Sigismund von Dietrichstein, teil (Abb. 105). Den ganzen Tag über gab es Festveranstaltungen, abends sogar ein Feuerwerk. Österreich wollte sich von seiner besten Seite zeigen, obwohl die Prachtentfaltung keineswegs den realen finanziellen Möglichkeiten entsprach. Maximilian hatte sich viel Geld ausleihen müssen, um seine jagellonischen Gäste durch meisterhaft inszenierten Prunk zu beeindrucken.

Nach tränenreichem Abschied von ihrem Vater blieb Anna, nun bereits Kaiserin genannt, zunächst in Wien, um – in sicherer Entfernung von Ungarn und eventuellen anderen Heiratskandidaten – gemeinsam mit ihrer Schwägerin Maria erzogen zu werden. Als die vereinbarte einjährige Frist zur Bekanntgabe des endgültigen habsburgischen Ehepartners nahte, gab der in Spanien lebende Erzherzog Ferdinand in Madrid die Erklärung ab, daß er Anna heiraten werde; daraufhin wurde der Heiratsvertrag zwischen Maximilian und Anna für ungültig erklärt und am 20. Juli 1516 in der Wiener Hofburg der Ehebund zwischen Anna und dem Vertreter des abwesenden Ferdinand geschlossen. Nichtsdestoweniger war noch immer nicht entschieden, welcher von den beiden Kaiserenkeln Anna tatsächlich heiraten sollte. Nicht nur die seit dem Tod Maximilians (1519) wieder zur Erzherzogin degradierte jagellonische Prinzessin, auch die Ungarn wurden immer ungeduldiger. Erst am 7. November 1520 fiel die endgültige Entscheidung, wonach Ferdinand einen Teil der Erblande zur Regierung erhalten und Anna ehelichen sollte. Am 11. Dezember 1520 fand daraufhin in Innsbruck, wo die Braut seit Ende März 1517 residierte, die prokuratorische Eheschließung statt.

Nach dem Wormser Teilungsvertrag (23. April 1521) trat Ferdinand die Reise nach Österreich an, auch Anna brach von Innsbruck auf und traf am 25. Mai 1521 am vereinbarten Treffpunkt Linz ein. Hier fand noch am selben Abend die Hochzeitsfeier statt.

Anna hatte aus dem Erbe der Kaiserin Bianca kostbare Kleider und auch Schmuck erhalten. Auf eine Mitgift mußte sie verzichten, sie hob sich mit derjenigen der Erzherzogin Maria auf; als jährlicher Betrag aus ihrer Widerlage sollten ihr aber 25.000 Gulden zur Verfügung stehen.

Unmittelbar nach der Hochzeit begab sich Ferdinand auf eine Rundreise durch seine Länder, um die Erbhuldigung der Stände entgegenzunehmen. Bei dieser Gelegenheit gewann er den Eindruck, daß die Finanzkraft der ihm übertragenen Gebiete (Nieder- und Oberösterreich, Steiermark, Kärnten und Krain) zu gering war, um der sich täglich mehr abzeichnenden Türkengefahr entgegentreten zu können. Als er im Sommer 1521 in die Nieder-

lande abreiste, um von seinem Bruder die reicheren westlichen Erblande zu erhalten, setzte er Anna als Regentin ein. In dieser Eigenschaft schrieb sie Landtage nach Wiener Neustadt, Wels und Graz aus, um Geld zur Türkenabwehr aufzubringen.

Durch den Teilungsvertrag von Brüssel (30. Januar 1522) wurden Ferdinand auch Tirol und die Vorlande zugestanden, doch sollte er hier einstweilen nur als Statthalter seines kaiserlichen Bruders agieren. Damit waren 1521/22 zwei habsburgische Teillinien entstanden, eine spanische und eine österreichische; die österreichische Linie umfaßte die gesamten Erblande, also etwa unser heutiges Territorium.

Nach dem Tod König Ludwigs von Böhmen und Ungarn (1526) konnte Ferdinand dank seiner Heirat mit der letzten Jagellonin und der Initiative seiner Schwester Maria die Nachfolge in beiden Ländern antreten. Zwar erstreckte sich die Herrschaft über Ungarn nur auf Gebiete im Westen des Landes, aber Ferdinand trug von nun an zwei Königskronen. Dies und sein Einsatz in der Reichspolitik führten dazu, daß er 1531 von den Kurfürsten zum

Abb. 105 *Unbekannter Künstler (17. Jh., nach Vorlage aus früherer Zeit): Die zwölfjährige Jagellonin Anna als Gast an der Hochzeitstafel Sigismunds von Dietrichstein (22. Juli 1515), Ausschnitt.*

Graz, Joanneum, Abt. für Kunstgewerbe, IN 01107.

Abb. 106 *Jakob Seisenegger: Königin Anna von Böhmen-Ungarn im Alter von 41 Jahren (1544).*

Wien, ÖNB, Cod. Series nova 2624 (Gebetbuch Kaiser Ferdinands I.), fol. 252r.

römischen König gewählt wurde und auf diese Weise letztlich den Übergang der Kaiserwürde auf die österreichische Linie der Habsburger vorbereitete. Nach der Abdankung Karls V. in Brüssel (1556) folgte ihm Ferdinand im Kaisertum nach, noch vor Karls Tod wurde er am 14. März 1558 in der Bartholomäuskirche zu Frankfurt in feierlicher Weise zum Kaiser proklamiert.
Diesen Aufstieg der österreichischen Habsburger hat Königin Anna nicht mehr erlebt, sie war 1547 nach der Geburt ihres 15. Kindes im Wochenbett gestorben. Ferdinand hat ihr zeitlebens ein liebendes Andenken bewahrt und nicht mehr geheiratet. In sein Gebetbuch legte er ein Porträt (Abb. 106) und ein Stück des Schleiers seiner Gemahlin ein; das Schleierstück war noch vor einigen Jahrzehnten vorhanden, ist aber seither verschollen.
Anna begleitete ihren Mann häufig auf Reisen ins Reich sowie nach Böhmen und Ungarn, sie wurde auch zur Königin von Böhmen (25. Februar 1527) und Ungarn (4. November 1527) gekrönt. In Österreich residierte sie an mehreren Orten, in Wien,

Linz und Innsbruck. Wegen der Türkengefahr – 1529 fand die erste Türkenbelagerung Wiens statt – wuchs ein Teil der Kinder im sicheren Innsbruck auf. Anna selbst scheint am liebsten in ihrer Geburtsstadt Prag geweilt zu haben, wo sie auch starb.

In ihrem Testament bestimmte die Königin, daß von ihrer niederösterreichischen Herrschaft Wolkersdorf Kostplätze für 20 arme Mädchen im Wiener Hofspital finanziert werden sollten; *zu bemelter unserer liebsten gemal seel und trost* stiftete Ferdinand I. anläßlich ihres Todes im genannten Spital 80 Plätze für arme Männer.

Der reiche Kindersegen des königlichen Paares (Abb. 107) ermöglichte viele Eheverbindungen. Unter ihnen nahmen die Heiraten zwischen der spanischen und der österreichischen Linie der Habsburger bereits zu Ferdinands Zeiten, vor allem aber später einen besonderen Stellenwert ein, da der Madrider Hof als sehr reich galt. Durch die Verheiratung österreichischer Erzherzoginnen nach Spanien hoffte man nicht nur, an diesem Reichtum

Abb. 107 *Unbekannter Künstler: Die Familie Ferdinands I.*
Wien, KHM, IN 4975.

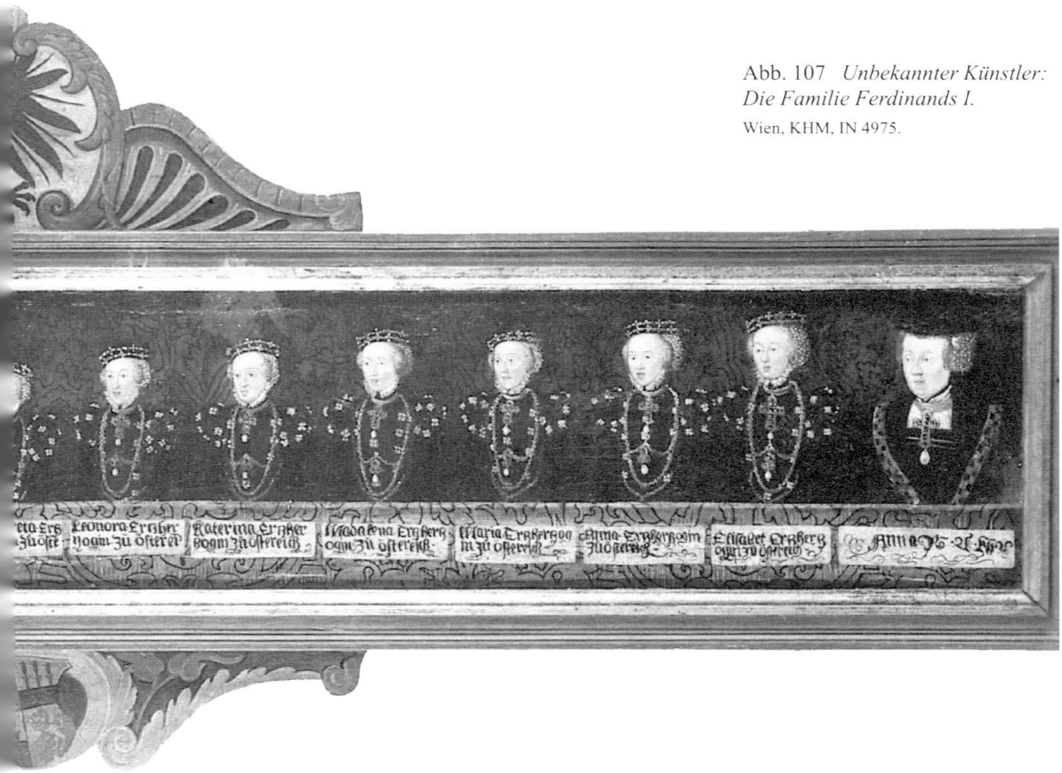

teilhaben zu können, sondern irgendwann auch das spanische Erbe anzutreten. In derselben Intention erfolgten umgekehrt die Heiraten spanischer Infantinnen an den Wiener Hof. Sie mußten bei ihrer Eheschließung nicht auf ihr Erbrecht auf Spanien verzichten und erhielten eine reiche Mitgift zugesagt. Über die enge Blutsverwandtschaft der Ehepartner machte man sich offenbar keine Gedanken.

Die erste spanische Habsburgerin am Wiener Hof war Maria (geb. 1528), die älteste Tochter Karls V. aus seiner Ehe mit Isabella von Portugal; sie sollte Ferdinands I. ältesten Sohn, Erzherzog Maximilian (geb. 1527), heiraten. Der von den beiden Vätern am 24. April 1548 abgeschlossene Ehevertrag setzte die Mitgift mit 300.000 Dukaten fest, dazu sollte Schmuck im Wert von 40.000 Gulden kommen; österreichischerseits wurden Maria 85.000 Gulden jährlich zugesagt.

Zur Heirat reiste der Bräutigam nach Spanien, wo am 13. September in Valladolid die Hochzeit stattfand. Bereits ein Jahr später kam eine Tochter zur Welt, 1551 der erste Sohn. Im gleichen Jahr kehrte Maximilian mit seiner Familie nach Österreich zurück. Die Reise führte über Turin und Innsbruck nach Wien, wo das fürstliche Paar im April 1552 eintraf; beim festlichen Empfang wurden ein Elefant und Papageien mitgeführt, das Ehepaar saß in einem achtspännigen vergoldeten Wagen. Es folgten prunkvolle Festlichkeiten bei Hof, und auch die Stadt Wien gab sich alle Mühe, mit Festzügen und einer Illumination den Einzug gebührend zu feiern.

Gleichzeitig machte sich aber am Hof Geldnot bemerkbar, da die Mitgiftzahlungen bis dahin großteils ausgeblieben waren. Die Mißstimmung innerhalb der fürstlichen Familie stieg, weil sich Maria in Österreich nicht von ihrem Hofstaat trennen wollte. Die Spanier behielten auch in Wien ihre Gebräuche bei, was bei der protestantisch gesinnten Bevölkerung Mißfallen erregte. Als die spanische Bruderschaft zu Mariä Himmelfahrt 1554 in bizarren Trachten, mit vermummten Gesichtern und Schellen an den Füßen eine Prozession mit Tänzen veranstaltete, wurde sie in einer Flugschrift verhöhnt. Die Neigung Maximilians zum Protestantismus bekümmerte seine katholische Gattin, die täglich mindestens einmal die Messe hörte, sehr.

Ansonsten verlief das Familienleben harmonisch. Maria brachte außer einer Totgeburt 15 Kinder zur Welt, von denen allerdings nur neun das Kindesalter überlebten (Abb. 108). Sie war am Hof immer präsent. Wenn Maximilian Verhandlungen führte, hörte sie schweigend zu, mit einer Handarbeit beschäftigt. 1562 wurde sie zur Königin von Böhmen gekrönt, danach begleitete sie ihren

Abb. 108 *Giuseppe Arcimboldo: Erzherzog Maximilian mit seiner Gemahlin Maria und drei Kindern (im Vordergrund stehend Anna, dahinter Rudolf, im Wiegenbett Ernst), Ende 1553.*
Innsbruck, Schloß Ambras (KHM, IN 3448).

Mann nach Frankfurt, wo seine Krönung zum römischen König stattfand; im Sommer 1563 reiste das fürstliche Paar gemeinsam mit den vier ältesten Kindern nach Ungarn, wo Maria am 9. September zur Königin gekrönt wurde. Nach dem Tod Kaiser Ferdinands I. trat sein Sohn als Maximilian II. die Nachfolge an, wodurch Maria zur Kaiserin avancierte.
Trotzdem behielt sie stets Spanien im Auge. Sie begrüßte es sehr, daß ihre beiden ältesten Söhne Rudolf und Ernst 1563 nach Madrid gesandt wurden, um im katholischen Ambiente erzogen zu werden und vielleicht die Nachfolge – nach dem kranken Don Carlos – anzutreten.
Als der spanische Thronfolger 1568 starb, wurde die ihm als Braut zugedachte älteste Tochter Marias, die Erzherzogin Anna, mit seinem Vater und zugleich ihrem Onkel Philipp II. vermählt (1570). Maria gab ihr einen Teil ihres spanischen Hofstaats auf

die Reise mit. Da im gleichen Jahr auch ihre zweitälteste Tochter Elisabeth heiratete und Personen aus dem Hofstaat ihrer Mutter in den ihren übernahm, schrumpfte die Zahl der spanischen Dienerschaft am Wiener Hof stark zusammen. Man blieb aber weiterhin eng mit Spanien verbunden. Als Königin Anna 1571 einen Sohn gebar, wurde dieses Ereignis in Wien mit einem feierlichen Tedeum und einem Konzert in den Privatgemächern der Kaiserin gefeiert.

Im Jahr 1576 kam Maximilian II. auf dem Reichstag in Regensburg zum Sterben, Maria bemühte sich vergeblich, ihn zu Beichte und Kommunion zu bewegen. Ihrer verzweifelten Bekehrungsversuche überdrüssig, verwehrte er ihr zeitweise den Zutritt zu seinem Zimmer. Als der Kaiser am Morgen des 12. Oktober 1576 starb, war sie nicht zugegen, sondern in der Messe.

Im Sommer 1581 kehrte die Kaiserin mit der jüngsten verbliebenen Tochter Margarete nach Spanien zurück; sie wollte offensichtlich ihre finanzielle Lage verbessern, da Maximilian II. keine testamentarische Verfügung über ihre Versorgung hinterlassen hatte und sich ihr Schuldenstand auf über 200.000 Gulden belief. Es gelang ihr, Geld und den beweglichen Nachlaß ihrer 1573 verstorbenen Schwester, der Königin Johanna von Portugal, zu erhalten.

In dem von Johanna gegründeten Kloster der *Descalzas Reales (Nuestra Señora de la Consolacion de las Descalzas)* in Madrid nahm die mit zunehmendem Alter immer melancholischer werdende Kaiserinwitwe Quartier. Hier starb sie 1603 in den Armen ihrer Tochter Margarete, die 1584 in den Konvent eingetreten war; ihrem Wunsch gemäß wurde sie nicht im Escorial, sondern bei den *Descalzas Reales* beigesetzt.

Ihr am 20. August 1581 in Wien abgefaßtes Testament, das durch vier Kodizille ergänzt wurde, enthielt u. a. Legate an das Jesuitenkolleg und das Franziskanerkloster in Wien sowie Geld für die Rückreise ihrer österreichischen Diener; der kaiserliche Gesandte in Spanien, Hans Khevenhüller, der ihr oft und oft seine Aufwartung machte und viele Angelegenheiten für sie erledigte, erhielt eine lebenslange Pension.

In der nächsten Habsburgergeneration kam keine Spanierin nach Österreich, die Heirat Rudolfs II. mit der Infantin Isabella Clara Eugenia zerschlug sich, Matthias vermählte sich mit seiner Cousine Anna von Tirol. Erst Kaiser Ferdinand II., dessen Schwester Margarete 1598 Philipp III. geheiratet hatte, bemühte sich für seinen ältesten Sohn Johann Karl um eine spanische Infantin. Als der Thronfolger jung starb, sollte der nachrückende Ferdinand III. eine spanische Braut erhalten.

Die Auserwählte war die Infantin Maria Anna (geb. 1606), die Tochter seiner Tante Margarete. Die Heiratsverhandlungen begannen 1625, mit der Übersendung des Bildes der 19jährigen Infantin (Abb. 109) traten sie in ein konkretes Stadium, 1626 wurde mit den Reisevorbereitungen begonnen. Der Kaiser wünschte, daß möglichst wenige Spanier seine Schwiegertochter begleiten sollten, was aber nicht durchsetzbar war. 1628 wurde der Heiratsvertrag unterzeichnet, wonach Maria Anna eine Mitgift von 500.000 Kronen erhalten sollte, während Ferdinand II. ihr jährlich 30.000 Gulden für Haushaltskosten zu geben versprach. Am 25. April 1629 fand die offizielle Verlobung statt, ab diesem Tag trug Maria Anna nach ihrem künftigen Gemahl, der seit 1625 die ungarische Krone trug, den Titel einer Königin von Ungarn. Die Abreise verzögerte sich aber weiter. Erst am 26. Dezember 1629 brachen Maria Anna, Philipp IV. und ihre beiden jüngeren Brüder von Madrid auf, in Zaragoza verließ der König seine Schwester

Abb. 109 *Bartolomé González: Die Infantin Maria Anna im Alter von elf Jahren (1617).*
Innsbruck, Schloß Ambras (KHM, IN 3165).

Abb. 110 *Friedrich Stoll: Kaiserin Maria Anna mit ihrem ältesten Sohn Ferdinand (1634).*
Innsbruck, Schloß Ambras (KHM, IN 3113).

am 14. Januar 1630 heimlich, um ihr den Trennungsschmerz zu erleichtern.
Nach einer abenteuerlichen Seereise, bei der sich bereits Geldmangel unangenehm bemerkbar machte, traf die Braut erst am 26. Januar 1631 in Triest ein, wo sie Erzherzog Leopold V., der Bruder des Kaisers, in Empfang nahm. Über Laibach ging es gemeinsam nach Kärnten weiter, wo Leopolds Gemahlin Claudia de' Medici zur Reisegesellschaft stieß. Über Judenburg und Bruck an der Mur gelangte man nach Mürzzuschlag, wo am 22. Februar 1631 Ferdinand III. und sein Bruder Leopold Wilhelm inkognito erschienen, die Infantin ihren Gemahl aber doch erkannte. Sie war über die Begegnung mit ihm sehr beruhigt, nachdem böse Zungen ihr zuvor berichtet hatten, er sei häßlich und nicht normal veranlagt.
Für den 26. Februar 1631 war der Einzug der Braut in Wien geplant, wobei die Infantin in höchste Bedrängnis geriet, da die schweren Gepäckwagen mit den Brautkleidern den Weg verfehlt hatten und erst verspätet eintrafen. So mußte sie sich in aller Eile und Unbequemlichkeit in einer Poststation von den ihr entgegengesandten Hofdamen der Kaiserin ankleiden lassen, ehe sie aufbrechen konnte.
Der Einzug der Braut erfolgte in 46 sechsspännigen Kutschen. Nach der offiziellen Begrüßung durch Ferdinand III. gruppierte man den Zug um, wobei mehr als 5000 Reiter am festlichen Aufzug mitwirkten. Das Ziel war die Augustinerkirche, wo Kaiser und Kaiserin das Brautpaar erwarteten. Sofort nach ihrem Eintreffen wurden Ferdinand und Maria Anna in die Loretokapelle geleitet, wo die kirchliche Ehezeremonie stattfand.
Der Trauung folgten die obligaten glänzenden Festlichkeiten. Als Morgengabe erhielt die Königin ein Diamanthalsband, Maria Anna ihrerseits verteilte in den nächsten Tagen zahlreiche aus Spanien mitgebrachte Geschenke, die insgesamt 365.280 Gulden gekostet hatten.
Wegen des spanischen Hofstaats gab es von Anfang an Probleme. Der Kaiser wollte nur elf Bedienstete aus seinen Mitteln besolden, gestand aber schließlich vier weitere Diener zu. Er wünschte auch, daß seine Schwiegertochter wenigstens noch eine zweite deutsche Dame zu ihrer persönlichen Bedienung zulassen sollte, damit diese lernte, wie die Königin frisiert und angezogen werden wollte.
Von den 68 Spanierinnen, die Maria Anna nach Österreich begleitet hatten, mußten die meisten wieder abreisen, weil der Wiener Hof nicht für ihren Unterhalt aufkommen wollte. Ihr eigentlicher Hofstaat umfaßte schließlich acht spanische und sechs deutsche

Hofdamen, die 40 Bedienstete zu ihrer persönlichen Verfügung hatten. Dazu kamen noch ein Leibarzt, acht Edelknaben, drei Offiziere und über 60 Diener und Dienerinnen, ferner zwölf Kammerherren mit vielfach sehr ansehnlichem Gesinde, sechs Trompeter, sieben Lakaien, vier Hofzwerge und vier Zergadner (zuständig für das Speisemagazin); der Hofstaat der Königin umfaßte somit insgesamt über 150 Personen. Die Gehälter wurden teils von Spanien, teils aus der österreichischen Widerlage bestritten.

Die prunkvolle Hochzeit hatte mitten im Dreißigjährigen Krieg stattgefunden. Wenige Monate später, am 7. September 1631, erlitten die kaiserlichen Truppen bei Breitenfeld eine vernichtende Niederlage. Die Schweden drangen siegreich immer weiter nach Süden vor, auch der Tod König Gustav Adolfs in der Schlacht bei Lützen (6. November 1632) konnte ihren Siegeszug nicht aufhalten. Als der kaiserliche Oberbefehlshaber Wallenstein in Verdacht geriet, mit ihnen in geheimem Einverständnis zu stehen, ließ Ferdinand II. ihn in Abwesenheit zum Tod verurteilen und anschließend töten (25. Februar 1634).

Nach der Ermordung Wallensteins übernahm Ferdinand III. den Oberbefehl über das kaiserliche Heer. Gemeinsam mit den spanischen Truppen unter dem Kommando des Kardinalinfanten Ferdinand, des Bruders der Infantin, erfocht er den entscheidenden Sieg bei Nördlingen (6. September 1634), der zum Zerfall der protestantischen Front im Reich führte. Für den Sieg der kaiserlichen Waffen gelobte Ferdinand II., drei Klöster der spanischen Benediktiner von Montserrat, auch Schwarzspanier genannt, zu gründen. Diesen Orden hatte Maria Anna, deren Beichtvater Prior des Benediktinerklosters von Montserrat war, in ihre neue Heimat gebracht. Eines dieser Klöster wurde 1633 in Wien errichtet.

Der weiterhin günstige Kriegsverlauf veranlaßte den Kaiser, im Jahr 1636 nach Regensburg zu reisen, um die Nachfolge seines Sohnes zu erreichen. Königin Maria Anna übernahm während der Abwesenheit des Kaiserpaares und ihres Gemahls erstmals politische Funktionen, indem sie gemeinsam mit Erzherzog Leopold Wilhelm den Hof leitete (Abb. 110).

Unterdessen wurde aber bereits ihre eigene Reise nach Regensburg vorbereitet, wo sie zur römischen Königin gekrönt werden sollte. Die Abreise aus Wien erfolgte am 1. Oktober 1636, 475 Personen begleiteten die Königin; 200 davon gehörten zu ihrem persönlichen Hofstaat, die übrigen waren zum Krönungsgefolge Ferdinands III. bestimmt. Nachdem die Wahl und Krönung des römischen Königs erfolgt war (22./30. Dezember 1636), wurde auch Maria Anna am 21. Januar 1637 im Regensburger Dom zur römischen Königin gekrönt. Da Ferdinand II. bereits am 15. Februar 1637 starb, wurde Maria Anna bald darauf Kaiserin, am 14. Februar 1638 erfolgte ihre Krönung zur Königin von Ungarn.

Als im Verlauf des Krieges die Schweden im Frühjahr 1645 nach Österreich vordrangen, schickte der Kaiser seine drei Kinder, seine Mutter und Gemahlin nach Graz. Im Juni erfolgte die Rückkehr des Hofes nach Wien. Da hier aber eine Epidemie herrschte, brach man sofort wieder auf und gelangte schließlich nach Linz. In dieser Stadt starb Kaiserin Maria Anna am 13. März 1646 an einer Schwangerschaftsvergiftung, den Fraisen. Nach ihrem Tod stellte man fest, daß das Kind in ihrem Leib noch lebte, weshalb es operativ herausgehoben wurde. Es handelte sich um eine Tochter, die sofort notgetauft wurde, aber unmittelbar danach starb.

Abb. 111 *Trauergerüst für Kaiserin Maria Anna (wie Abb. 68), Detail: Die an den Fraisen Verstorbene thront samt der ihr entnommenen und kurz danach ebenfalls gestorbenen Tochter, die als Wickelkind dargestellt ist, zuoberst auf dem Funeralapparat. Ihre beiden früh verstorbenen Söhne komplettieren die Totengruppe*

Was nun folgte, ist für unser heutiges Empfinden makaber: Die Kaiserin und ihr Kind wurden einbalsamiert, in einem kostbaren Sarg unter goldenem Baldachin im Rittersaal des Linzer Schlosses aufgebahrt und dann in feierlicher Prozession in die Kapuzinerkirche gebracht. Von dort geleiteten sie der Kaiser, ihr Oberst-hofmeister sowie ihre treuesten Kammerherren und Hofdamen zur Donau, auf welcher 26 schwarzverhangene Schiffe die beiden Leichname in die Kapuzinergruft nach Wien brachten. Die Trauerschiffe erreichten die Kaiserstadt am 27. Mai 1646 nachmittags, der Sarg wurde um 8 Uhr abends in einer Sänfte in einer großen Prozession zum Stephansdom geleitet und von dort von 46 Adeligen in die Kapuzinergruft getragen; am Kondukt nahm eine riesige Menschenmenge mit Kerzen und Pechkränzen teil. In den folgenden Monaten wurden in Wien und in anderen Städten feierliche Exequien abgehalten, bei denen auch Trauergerüste aufgestellt waren. Auf dem in der Wiener Augustinerkirche errichteten *castrum doloris* thronte die Kaiserin mit der aus ihrem Leib herausgeschnittenen Tochter, die als Wickelkind dargestellt ist, zuoberst auf dem Funeralapparat (Abb. 111).

Maria Anna hatte nicht mit ihrem frühen Tod gerechnet und kein schriftliches Testament verfaßt. Nach ihrem mündlich erklärten Letzten Willen erhielten u. a. ihre spanischen Bediensteten eine lebenslange Pension, außerdem jede Dame ein Schmuckstück. Die deutschen Hofdamen wurden nicht entlassen, sondern konnten, wenn sie wollten, im Hofstaat der Erzherzogin Maria Anna, ihrer Schwägerin, weiter dienen.

Der Nachlaß der Kaiserin bereitete dem Wiener Hof noch zahlreiche Unannehmlichkeiten, da die spanischen Angehörigen ihres Hofstaats alle möglichen Ansprüche stellten. Die Schulden der

Kaiserin ihnen gegenüber sowie bei verschiedenen Lieferanten betrugen über 100.000 Gulden; an Pensionszahlungen mußte der Wiener Hof jährlich fast 60.000 Gulden leisten.
Trotz der unerfreulichen Erfahrungen mit den spanischen Begleitpersonen der beiden Kaiserinnen wollte der Wiener Hof die Heiratsverbindungen mit Madrid nicht abreißen lassen. Daher

Abb. 112 *Gerard Du Chateau (?): Die 14jährige Infantin Margarete als Braut Kaiser Leopolds I., dessen Bild sie als Medaillon auf der Brust trägt (wohl 1665).*
Innsbruck, Schloß Ambras (KHM, IN 3075).

wurde nicht nur die älteste Tochter Ferdinands III. mit dem spanischen Infanten verlobt und heiratete nach dessen Tod Maria Annas Bruder Philipp IV., auch der älteste Sohn des Kaiserpaares sollte eine spanische Braut erhalten. Ferdinand IV., für den die Infantin Maria Theresia vorgesehen war, starb jedoch 1654, worauf sich sein jüngerer Bruder und nunmehrige Thronfolger Leopold um die wegen ihrer Erbaussichten besonders begehrte älteste Infantin bemühte. Der Madrider Hof beschloß jedoch, diese wertvolle Partie dem Frieden mit Frankreich zu opfern, so daß Maria Theresia 1660 mit König Ludwig XIV. vermählt wurde.
Als Leopold I. nach dem Tod Ferdinands III. (1657) die Nachfolge antrat, bot ihm Philipp IV. seine jüngere Tochter Margarete an; 1651 geboren, war sie die einzige überlebende Tochter aus seiner Ehe mit Maria Anna, Leopolds Schwester. Um den Familienfrieden und die politischen Beziehungen zum Kaiser – sie waren auch für Spanien im Hinblick auf seine Reichslehen wichtig – zu fördern, wurde das Heiratsprojekt 1660 beschlossen. Die Braut war zu dieser Zeit ein neunjähriges Kind, ihr Bräutigam und Onkel stand im 20. Lebensjahr und hatte somit eine lange Verlobungszeit zu gewärtigen. Ein Bild der Infantin – wahrscheinlich von Diego Velasquez – wurde nach Wien geschickt, es gefiel dem Kaiser aber nicht. Er gab daher seinem Gesandten, Graf Eusebius von Pötting, den Auftrag, unter der Hand ein Bildnis der Infantin zu erwerben oder wenigstens deren Körpermaße mitzuteilen. In weiterer Folge wurden auch etliche offizielle Bilder der Infantin nach Wien gesandt.
Obwohl 1663 die Verlobung in Madrid öffentlich bekanntgegeben wurde (Abb. 112), dauerte es noch bis 1666, ehe die Abreise der nun 15jährigen Braut, die zuvor noch *per procurationem* mit Leopold getraut worden war, erfolgte. Zu Schiff reiste die bereits Kaiserin genannte Infantin nach Finale, von dort per Wagen nach Rovereto, wo sie am 17. Oktober 1666 den kaiserlichen Abgesandten übergeben wurde. Mit den üblichen Empfängen ging es dann weiter über Trient, Bozen, Brixen, Lienz, Villach, St. Veit, Judenburg und Mürzzuschlag nach Schottwien, wo der Kaiser am 26. November 1666 angeblich inkognito, aber vorher genau geplant, erstmals mit seiner Gemahlin zusammentraf. Der festliche Einzug in Wien fand am 5. Dezember nachmittags statt, am Abend erhielt das kaiserliche Paar in der Augustinerkirche den Ehesegen. Es folgten die traditionellen Festveranstaltungen.
Margarete sollte laut Heiratskontrakt 500.000 Escudos Mitgift aus Spanien sowie 30.000 Gulden Unterhaltskosten seitens des Kaisers erhalten. Leopold I. hatte auch Wert darauf gelegt, daß der

spanische Hofstaat seiner Braut möglichst klein sein sollte, weil man sich am Wiener Hof noch gut daran erinnerte, *was einer mit die spanischen Weiber für Ungelegenheit haben muess.*
Der engere Hofstaat der Kaiserin umfaßte, vom niederen Dienstpersonal abgesehen, 42 Spanier(innen). Trotzdem versuchten sie bei Hof spanische Sitten und Gebräuche einzuführen, was den Kaiser verärgerte. Unannehmlichkeiten bereitete auch die Tatsache, daß die Gelder aus Spanien nur sehr verspätet oder gar nicht einlangten.
Das Interesse des Wiener Hofes konzentrierte sich in den folgenden Monaten ganz auf die erwarteten Geburten der Kaiserin, da von ihnen das Überleben der Dynastie – Leopold I. war der einzige lebende Habsburger – abhing. Bereits am 28. September 1667, also neun Monate nach ihrer Hochzeit, gebar die Kaiserin den ersehnten Thronerben. Doch zum Leidwesen aller starb der kleine Ferdinand Wenzel schon nach wenigen Monaten (13. Januar 1668).
Am 18. Januar 1669 brachte Margarete eine Tochter zur Welt, die auf den Namen Maria Antonia getauft wurde; am 20. Februar 1670 erlitt sie eine Frühgeburt, der Sohn starb unmittelbar nach der Nottaufe. Auch die nächste Schwangerschaft endete am 27. August 1670 *ohne einzige erfindliche Ursach*, am 25. März 1671 hatte die Kaiserin eine Fehlgeburt. Margarete war zu dieser Zeit bereits durch einen Kropf verunstaltet, und man überlegte eine Kur für sie. Am 9. Februar 1672 gebar sie eine Tochter, die aber bald danach starb. Der kaiserliche Vater kommentierte diesen Tod folgendermaßen: *Wär es ein Sohn gewest, wie man es verlangt, was wär dies vor ein Leid jezo, aber ein Madl kann man leichter verschmerzen.*
Im August 1672 war Margarete bereits wieder schwanger, zu Jahresbeginn 1673 wurde sie krank und starb am 12. März unter Krämpfen; ihr Leichnam wurde geöffnet – man stellte fest, daß sie den ersehnten Thronfolger unter dem Herzen trug.
Die Zeremonie ihrer Beisetzung folgte der traditionellen Praxis der Zeit: Für die feierliche Schaustellung in der Hofburg wurde das Aufbahrungszimmer schwarz ausgehängt, auf einer Bühne lag die Tote mit Krone und Zepter. Einen Tag später brachten zwei Kammerherren und zwei Edelknaben das Herz der verstorbenen Kaiserin in einem Silberbecher in die Loretokapelle der Augustinerkirche, die Eingeweide und die Leibesfrucht nach St. Stephan. Am 15. März abends wurde die Einbalsamierte selbst in feierlichem Leichenzug in die Kapuzinergruft geleitet, der gesamte spanische und deutsche Hofstaat nahm daran teil. Der Kaiser selbst, von Schmerz überwältigt, blieb fern. Da Margarete nur

eine Tochter – Maria Antonia – hinterlassen hatte, gab er bereits im Juli 1673 bekannt, daß er seine Cousine Claudia Felicitas heiraten werde. Von dieser möglichen Verbindung sprach man am Wiener Hof bereits zu Lebzeiten der Kaiserin, auch sie erfuhr davon und reagierte eifersüchtig.

Margarete machte kurz vor ihrem Tod ihr Testament, in dem sie dem Kaiser eines jener großen Schmuckstücke schenkte, die sie aus Spanien mitgebracht hatte. Den spanischen Angehörigen ihres Hofstaats setzte sie die üblichen lebenslangen Pensionen aus, sie konnten aber erst in ihre Heimat zurückkehren, als Ende September 1673 aus Spanien das nötige Geld zur Begleichung ihrer Schulden in Wien eingetroffen war.

Mit Margarete starb die letzte spanische Herrscherin in Österreich. Der Plan des Wiener Hofes, mittels Heirat das spanische Erbe zu sichern, ging nicht in Erfüllung, die von ihrer Schwester Maria Theresia herrührenden Ansprüche Frankreichs erwiesen sich als stärker.

Was bedeuten die drei spanischen Kaiserinnen für Österreich? Eigentlich wenig. In politischer Hinsicht war ihr Einfluß offenbar gering. Kaiserin Maria war zwar bei Beratungen und Konferenzen Maximilians II. mit Ministern und Diplomaten zugegen, beteiligte sich aber nicht daran; Maria Anna nahm Repräsentationspflichten wahr, Margarete kam neben ihrem um 20 Jahre älteren Gemahl, der in ihr vor allem die Mutter seines Thronerben sehen wollte, nie zur vollen persönlichen Entfaltung. Angeblich geht aber auf ihren Einfluß die Vertreibung der Juden aus Wien (1670) zurück. Alle drei Kaiserinnen waren sehr religiös und verbrachten viel Zeit mit Andachten und frommer Lektüre, daneben beschäftigten sie sich mit Handarbeiten.

Der Geldsegen, den man sich in Wien von den spanischen Heiraten erhoffte, fiel weniger reichlich aus als die Ehekontrakte erwarten ließen. Die Zahlungen gingen meist nur langsam ein, was die Kaiserinnen in unangenehme Situationen versetzte; Kaiserin Maria mußte 1561 sogar ihren Schmuck verpfänden. Die kostbaren Gegenstände, die die Infantinnen aus Spanien mitbrachten, waren großteils zum Verschenken bestimmt; was davon in Österreich erhalten blieb, wäre noch zu eruieren. Die Kaiserinnen schickten aber auch Geschenke nach Spanien oder kauften dort Modeartikel ein, wodurch Geld aus dem Land floß. Überhaupt gestaltete sich das Hofleben der damaligen Zeit sehr aufwendig, wovon die österreichische Wirtschaft wohl nur mäßig profitierte, weil Luxusgüter aus dem Ausland importiert wurden. Für die vielen Arbeiten, die das ganze Jahr über bei freudigen oder traurigen Ereignissen anfielen, hatte man Hofbedienstete zur

Hand, lediglich bei besonderen Festveranstaltungen kamen auch andere Handwerker zum Zug.
Was sahen die Kaiserinnen von ihrer neuen Heimat? Auf ihrem Brautzug lernten sie das offizielle Österreich mit festlichen Empfängen und Triumphpforten kennen, in Wien spielte sich das Hofleben im Winter in der Hofburg, im Frühjahr in Laxenburg, im Sommer in der Favorita und im Herbst in Ebersdorf ab. Die Kaiserinnen nahmen auch an religiösen Zeremonien in der Stadt teil.
Wenn der Aufenthalt in Wien wegen Seuchen- oder Kriegsgefahr zu gefährlich war, übersiedelte der Hof nach Wiener Neustadt, Linz oder Graz. Sowohl Kaiserin Maria als auch Maria Anna sahen mehr vom Land, weil sie einige Reisen unternahmen.
Für das kulturelle Leben dieser Zeit war der spanische Einfluß wenig bedeutend, es setzten sich bereits die Italiener durch. Nicht nur das große Roßballett anläßlich der Hochzeitsfeiern 1666 wurde von italienischen Künstlern inszeniert, auch die Opern stammten von Italienern wie Antonio Draghi oder Marco Antonio Cesti *(Il pomo d'oro)*; dagegen wurden nur einige Stücke von Calderon oder anderen spanischen Dichtern in Wien gespielt.
Was blieb von den drei spanischen Kaiserinnen am Wiener Hof? Eine Kapelle zu Ehren des hl. Petrus von Alcantara in der Wiener Franziskanerkirche, die von Kaiserin Margarete in Auftrag gegeben und 1672 in ihrem Beisein geweiht wurde. Der spanische Reitstall wird ebenfalls in ihrer Zeit (1672) genannt, womit die heutige *Spanische (Hof-)Reitschule* gemeint war; die Stallungen für die begehrten spanischen Pferde gab es aber bereits seit Maximilian II. Die spanische Kolonie schrumpfte 1673 nach der Heimreise des Hofstaats dieser Kaiserin zusammen und erfuhr erst durch den Zuzug von Spaniern zur Zeit Karls VI. eine Verstärkung; auch das steife spanische Hofzeremoniell wurde erst von ihm am Wiener Hof eingeführt.

Neben Spanien war Italien mit seinen zahlreichen Fürstenhäusern ein bevorzugtes Ziel für habsburgische Heiratspolitik. Italienische Bräute kamen seit dem 14. Jahrhundert an verschiedene Habsburger Residenzen und waren hier – wie die Spanierinnen – durch die Sprachbarriere von der österreichischen Bevölkerung getrennt, sofern sie die deutsche Sprache nicht beherrschten. Wie ging es ihnen in ihrer neuen Heimat? Was blieb von ihnen? Repräsentativ für alle sollen die an den Kaiserhof verheirateten Italienerinnen, über die naturgemäß am meisten bekannt ist, Auskunft geben. Italien galt seit der Renaissance als Land höchster Kultur, aber nicht alle italienischen Fürstentöchter, die nach

Österreich kamen, waren Kulturträgerinnen. Das bewies bereits die erste Kaiserin, die Mailänderin Bianca Maria Sforza.

Die Sforza waren eine Usurpatorenfamilie, die sich 1450 durch einen Handstreich des Herzogtums Mailand bemächtigt hatte. Um statt seines Neffen, des rechtmäßigen Erben, mit dem vom Reich zu Lehen gehenden Herzogtum belehnt zu werden, begann Lodovico Sforza, genannt *il Moro*, Verhandlungen mit dem römischen König Maximilian, dem er 1490 seine Nichte Bianca mit einer immensen Mitgift zur Ehe anbot. Konkrete Vereinbarungen konnten aber erst nach dem Tod Friedrichs III. getroffen werden, da der Kaiser die Belehnungsbitten Lodovico Moros stets abgelehnt hatte und von ihm auch keine Einwilligung zur Heirat seines Sohnes mit der nicht ebenbürtigen Mailänderin zu erwarten war. Nachdem Maximilian seine Mitgiftforderungen auf 400.000 Dukaten festgelegt hatte, wozu noch eine Brautausstattung im Wert von 60.000 Dukaten kam, konnte die Ehe am 30. November 1493 in Mailand *per procurationem* geschlossen werden. Anfang Dezember machte sich die 21jährige Braut mit ihrer kostbaren Fracht an Kleidern, Schmuck und wertvollen Gebrauchsgegenständen auf den Weg zu ihrem seit elf Jahren verwitweten Ehemann. Nach strapaziöser Reise über verschneite Alpenpässe langte sie kurz vor Weihnachten 1493 in Innsbruck an, wo sie vom Tiroler Landesfürstenpaar freundlich aufgenommen wurde. Der Bräutigam ließ allerdings bis zum Frühjahr auf sich warten, ehe er am 9. März 1494 in der Burg Hasegg in Hall das Beilager mit Bianca feierte.

Das Leben der Königin – seit 1508 Kaiserin – war geprägt vom Reisekönigtum Maximilians. Ohne feste Residenz zog er umher, wobei nur Innsbruck wegen der Jagdmöglichkeiten in der Umgebung ein bevorzugter Aufenthaltsort war.

Die erste gemeinsame Reise des Königspaares führte im Frühjahr 1494 in die Niederlande, wo Bianca die Kinder ihres Mannes aus erster Ehe kennenlernte. Aber sie lernte noch etwas anderes kennen: die ständige Geldnot ihres königlichen Gemahls, der ihren Aufenthalt nicht bezahlen konnte und sie daher als Pfand zurückließ. Auch in späteren Jahren erlebte sie auf ihren Reisen unwürdige Szenen, mußte ihren Schmuck versetzen, war ganz vom Willen des Gemahls abhängig, ob sie ihm folgen durfte oder nicht; die Erlaubnis dazu wurde ihr immer seltener erteilt. Immerhin sah Bianca auf ihren Fahrten nicht nur Tirol, sondern auch Oberösterreich und die Steiermark. Welchen Eindruck sie von den Erblanden gewann, ist unbekannt.

Das stabile Leben der Kaiserin spielte sich in der Innsbrucker Hofburg ab. Hier zeigte sich bald die Tragik einer Fürstin, die

Abb. 113 *Bernhard Strigel (Werkstatt): Kaiserin Bianca (um 1505/10, Replik).*
Innsbruck, Schloß Ambras (KHM, IN 4404).

kinderlos blieb und dieses Manko auch nicht durch andere Qualitäten auszugleichen vermochte. Das von Anfang an geringe Interesse Maximilians an Bianca schwand rasch, als sich keine Nachkommenschaft einstellte. Die mehrfach vermuteten Schwangerschaften erwiesen sich als Fehlanzeige, wohl zurückgehend auf die zunehmende Korpulenz der Mailänderin, die viel und üppig aß. Aber nicht nur bei den gemeinsamen Mahlzeiten mit ihren Hofdamen langte sie tüchtig zu, sie aß auch heimlich kniend in ihrem Zimmer. Zur übergroßen Eßlust kamen ab 1495 laufend Krankheiten, die nicht eindeutig zu bestimmen waren.

Sehr mißfällig wurde am Innsbrucker Hof Biancas Putzsucht vermerkt. Aus einem italienischen Modezentrum kommend, legte die Kaiserin in ihrer neuen Heimat ebenfalls großen Wert auf modische Kleidung und kostbaren Schmuck (Abb. 113). Sie kaufte in Florenz teure Stoffe, bestellte Schmucksachen bei deutschen Juwelieren, nur die für eine verheiratete Frau obligaten Kopfbedeckungen ließ sie sich in Tirol anfertigen; für ihre Toilette kamen Parfüms, Duftpuder und Haarpflegemittel aus Mailand.
All diese Käufe sollten wohl ihre Anziehungskraft auf den Kaiser erhöhen; Eßwut, unbestimmbare Krankheiten und Kleiderluxus könnten aber auch als psychisches Alarmzeichen gedeutet werden, als verzweifelter Versuch, Aufmerksamkeit zu erregen. Die zunehmende Vernachlässigung durch ihren Gemahl drückte auf ihr Gemüt, so daß sogar ihr Hofmeister Mitleid mit ihr hatte, weil sie *immer so traurig* sei; ihre Bitte, Maximilian möge ihr *von zeit zu zeit ein klains priefl* schreiben, blieb unerfüllt. Den Kaiser verband wenig mit seiner geistig anspruchslosen und kulturell desinteressierten Frau. Einem Vergleich mit Maria von Burgund konnte sie nicht standhalten. Ob es sie erfreute, daß er auf dem Erker des Goldenen Dachls in Innsbruck, das bald nach seiner zweiten Heirat errichtet wurde, auch seine erste Gemahlin abbilden ließ?
Das Dasein in der Innsbrucker Hofburg glich einem Leben im goldenen Käfig. Der Tag im Frauenzimmer begann mit einer Messe um 7 Uhr, bei der nur ein Kaplan mit zwei Edelknaben als Ministranten kurzfristig anwesend sein durfte; danach wurden die Räume wieder verschlossen. Zur Vorbereitung der Mittagstafel kamen Silberkämmerer, Mundschenk, Vorschneider und Tafelknecht, bei Tisch saßen die Kaiserin und ihr Hofstaat genau nach Rangordnung. Nach dem Mittagessen sollten sich die Hofdamen und Hoffräulein mit nützlichen Arbeiten beschäftigen, Bianca spielte meist Karten oder saß im verdunkelten Gemach auf dem Sofa. Allerdings verfertigte sie auch feine Handarbeiten, meist Goldstickereien; nicht umsonst hatte sie in ihrer Aussteuer 9000 Nähnadeln mitgebracht. Die Damen des Hofstaats erhielten Tanzunterricht, für Unterhaltung sorgte eine Närrin.
Am Abend wurde von der Hofmeisterin das Zeichen zum Schlafengehen gegeben, danach wurde das Frauenzimmer verschlossen. Für den Notfall gab es eine Glocke an der Tür, wo ein Türhüter Wache hielt. Herrenbesuch war im Frauenzimmer von der Erlaubnis der Hofmeisterin abhängig, nur Maximilian selbst besaß uneingeschränkten Zutritt; er hatte eine Stube im Frauentrakt, wo er bei seinen seltenen Besuchen wohnte.
Kein Wunder, daß Bianca gern auf Reisen gehen wollte, um

dieser Eintönigkeit zu entgehen. Es gab aber auch in Innsbruck einige Abwechslung, wenn der Hof zur Jagd aufbrach oder Ausritte in die nähere Umgebung machte. Im Sommer weilten die Königin und ihr Frauenzimmer gern in Schloß Fragenstein, das von Wein- und Lustgärten umgeben war.

Bianca hatte aus ihrer Heimat zahlreiche italienische Begleitung nach Österreich mitgebracht, die sich in Innsbruck unangenehm bemerkbar machte. Maximilian befahl daher 1496, den Hofstaat seiner Gemahlin zu verkleinern. Nach der Einnahme Mailands durch die Franzosen (1500) kamen zahlreiche Flüchtlinge an den Innsbrucker Hof, darunter Biancas Bruder Hermes, der hier 1503 starb, sowie ihre beiden Cousins. Der Kreis italienischer Landsleute um die Kaiserin wechselte, italienische Kapläne und Beichtväter dürften aber immer dazugezählt haben, da Bianca die deutsche Sprache nie richtig erlernte.

Zu Jahresende 1510 wurde die Kaiserin ernstlich krank und verschied in der Silvesternacht 1510/11 in der Innsbrucker Hofburg, wahrscheinlich an Schwindsucht. Maximilian war zu dieser Zeit abwesend, er kam auch nicht zur Beisetzung im Kloster Stams; das von ihm geplante Grabmal blieb unausgeführt.

Die Mailänderin hatte sich ihr Leben als ranghöchste Dame im Reich sicherlich anders vorgestellt, als es ihr in den 17 Ehejahren beschieden war. In politischer Hinsicht erlangte sie keine Bedeutung, ihr Privatleben verlief eher trist; ihrem Ehemann gegenüber zeigte sie angeblich einen ausgeprägten Eigenwillen und Eigensinn. 1499 hoffte ihr Hofmeister, sie werde sich künftig Maximilian gegenüber *williger* erweisen. Trotz ihrer riesigen Mitgift war die Finanzierung ihres Hofstaats nicht nur auf Reisen, sondern auch in Innsbruck ein ständiges Problem, bisweilen konnten die Damen nicht neu eingekleidet werden, weil das Geld fehlte. Bianca selbst erhielt nur eine bescheidene Summe zu ihrer persönlichen Verfügung, sie machte daher Schulden, die nach ihrem Tod beglichen werden mußten.

Was blieb von dieser ersten Kaiserin aus einer italienischen Fürstenfamilie? Schöne Kleider und Schmuck, die 1521 zur Brautausstattung der Erzherzogin Maria und der Prinzessin Anna von Böhmen-Ungarn verwendet wurden, während der habsburgische Bräutigam Ferdinand das aus Mailand mitgebrachte Prunkbett erhielt. Aus dem Besitz der Mailänderin stammen auch noch sechs Bücher, die sich heute in der Österreichischen Nationalbibliothek in Wien befinden (Cod. 2369, 2417, Series nova 2597, 2621, 2622 und 12.594). Es handelt sich dabei um zwei lateinische Lehrbücher, zwei Andachtsbücher (Abb. 114), eine Sammlung von Sonetten eines Mailänder Hofdichters sowie eine

Abb. 114 *Reimoffizium zum Heiligen Geist aus dem Besitz der Kaiserin Bianca. Das Andachtsbuch wurde ihr noch vor ihrer Heirat gewidmet und zeigt sie vor einer Flußlandschaft (Anfang 1490er Jahre).*

Wien, ÖNB, Cod. Series nova 2622, fol. 5v.

Hochzeitsansprache, alle mit teils lateinischen, teils italienischen Texten.

Ein ganz anderes Bild als die unglückliche Bianca Maria Sforza vermittelt die nächste Kaiserin aus einem italienischen Fürstenhaus: Eleonore Gonzaga von Mantua. Dabei wies beider Leben durchaus Parallelen auf, denn auch die Mantuaner Prinzessin wurde mit einem verwitweten Herrscher vermählt und ihre Ehe blieb kinderlos; allerdings hatte nicht die Mitgift den Ausschlag für seine Wahl gegeben, sondern der Ruf ihrer Schönheit und Frömmigkeit (Abb. 36).

Kaiser Ferdinand II. war seit 1616 verwitwet, seine erste Gemahlin Maria Anna von Bayern, die als wenig anziehend galt, hatte

Abb. 115 *W. Kilian nach Jeremias Günther: Kaiserin Eleonore Gonzaga mit den Insignien ihrer Würde: Krone, Zepter und Reichsapfel (1630).*
Wien, Albertina, HB 52 (1) Nr. 4, p. 16, Blaue Nr. 35.

ihm zwei Söhne und zwei Töchter hinterlassen. 1622 heiratete er in Innsbruck, wo sein jüngerer Bruder Leopold die Hochzeit ausrichtete, die 24jährige Eleonore, die somit um 20 Jahre jünger war als ihr Gemahl. Anschließend begab sich das Fürstenpaar gemeinsam mit den kaiserlichen Kindern nach Wien, wo der Kaiser seit 1619 residierte.

Am Wiener Hof gewöhnte sich die Kaiserin schnell ein, sie verstand die deutsche Sprache vollkommen und schrieb mit ihrem Sekretär alle Briefe in Deutsch, abgesehen natürlich von ihrem Schriftwechsel mit ihren Mantuaner Angehörigen. Wie die kaiserliche Familie, kleidete auch sie sich nach spanischer Manier, also schwarz-weiß.

In Staatsangelegenheiten mischte sich Eleonore nicht ein, obwohl der Mantuaner Hof gehofft hatte, durch diese Verbindung die Entscheidungen des Kaisers zu seinen Gunsten beeinflussen zu können. Als die Gonzaga 1627 in der Hauptlinie ausstarben, wurde im darauffolgenden Mantuaner Erbfolgestreit (1628–1631) die Stadt sogar von kaiserlichen Truppen besetzt.

Kaiser Ferdinand ließ seiner jungen Gemahlin alle in Frage kommenden Ehren zuteil werden: Noch im Hochzeitsjahr 1622 wurde sie zur Königin von Ungarn gekrönt, 1627 – nach der Niederwerfung des böhmischen Aufstands – zur Königin von Böhmen, 1630 schließlich zur römischen Kaiserin (Abb. 115). Auf diesen Reisen lernte sie Land und Leute zumindest oberflächlich kennen.

Das tägliche Leben am Wiener Hof war bestimmt durch die stark ausgeprägte Religiosität des Kaisers. Jeden Morgen hörte er in seiner Privatkapelle zwei Messen, eine davon für die Seele seiner verstorbenen ersten Gemahlin. An Festtagen empfing er nach diesen Messen die Kommunion, wozu er sich in die Augustinerkirche begab und dort eine deutsche Predigt anhörte; nach der Predigt wohnte er dem Hochamt bei, das mit ausgesuchter Musik gefeiert wurde. Nachmittags hörte er an Festtagen die italienische Predigt in der Hofburgkapelle, danach die Vesper, die bis in die Nachtstunden dauern konnte.

Die Kaiserin paßte sich den religiösen Lebensgewohnheiten des Kaisers völlig an. Am Karsamstag besuchte sie mit ihrem Gemahl und seinen beiden Söhnen alle Heiligen Gräber in Wien, am Gründonnerstag wusch sie zwölf armen Witwen die Füße, allerdings nicht in der Öffentlichkeit wie der Kaiser, sondern in ihren Privatgemächern. Bisweilen besuchte die ganze Familie das Wiener Jesuitenkolleg.

Außer für religiöse Übungen hatte Ferdinand II. eine besondere Vorliebe für die Jagd. Eleonore begleitete ihn auch dabei und schoß selbst einige Tiere. Sogar am Scheibenschießen des Kaisers fand sie Gefallen, was den päpstlichen Nuntius, dem wir eine Schilderung des Wiener Hoflebens dieser Zeit verdanken, zu der Bemerkung veranlaßte: *Durch solche Art weiß sie des Kaisers warme Liebe zu fesseln.* Überhaupt sah er es als Zeichen ihrer großen Klugheit an, daß sie sich ganz den Neigungen Ferdinands anpaßte, *so daß sie in den Willen und den Geschmack ihres Gemahls völlig aufgegangen scheint.* Kein Wunder, daß dem Kaiser die engelsgleiche und seinen Neigungen vollkommen entsprechende Prinzessin von Mantua bestens gefiel.

Nach des Tages Mühen speiste Ferdinand II. abends bei der Kaiserin, dabei gab es immer Musik, da er – wie der päpstliche Nuntius bemerkte – ein großer Musikliebhaber war; von der Musikliebe der Kaiserin berichtet der Gesandte nichts.

Diese Familienidylle wurde nur dadurch getrübt, daß der schönen Mantuanerin Kindersegen versagt blieb, was Ferdinand II. nach Meinung des Nuntius sehr bedauerte, *da er ein großes Verlangen nach Söhnen hat*; an der Geburt von Töchtern war er demnach nicht so interessiert. Doch Eleonore selbst hegte ebenfalls den Wunsch nach Kindern, wie aus einer Stiftung, die sie der *Schwangeren Muttergottes* im bayerischen Bogenberg machte, zu vermuten ist. Sie stiftete aber auch in Wien eine Kapelle, der wohl dieselbe Intention zugrunde liegt: die Loretokapelle in der Augustinerkirche. Drei Architekten wurden von ihr nach Loreto gesandt, um dort die *Casa santa* zu studieren und in der Hofkirche nachzubauen. Sie beschenkte diese Kapelle, die sich bald zu einer Privatkultstätte des Kaiserhauses entwickelte, reichlich. In ihr beteten die folgenden Kaiserinnen – und wohl sie selbst – um Kindersegen, hier wurde auch häufig die Zeremonie der »Hervor-

Abb. 116 *Frans Luycx: Kaiserin Eleonore Gonzaga-Nevers als Diana (ca. 1651).*
Innsbruck, Schloß Ambras (KHM, IN 4508).

segnung«, also des ersten Kirchganges der kaiserlichen Wöchnerinnen, vorgenommen.

Eleonore Gonzaga hatte 300.000 Gulden Mitgift erhalten, über 2000 Gulden konnte sie monatlich frei verfügen. Da sie nur einen kleinen Hofstaat unterhielt und vermutlich ohne großen Luxus lebte, verfügte sie über genügend Geld, um Stiftungen zu machen. In Wien gründete sie 1625 ein Klarissenkloster, 1629 im Komplex rund um das Haus *Zu den sieben Büchern* ein Karmelitinnenkloster, das danach Siebenbücherinnenkloster genannt wurde. Seit 1637 verwitwet, stiftete sie 1643 auch in Graz, wo Ferdinand II. begraben lag, ein Karmelitinnenkloster. Alle drei Klöster wurden von Joseph II. aufgehoben.

Im Wiener Siebenbücherinnenkloster starb die fromme Mantuanerin am 27. Juni 1655, hier erfolgte auch ihre Beisetzung in einem steinernen Sarg. Die Totenfeiern wurden vom 5. bis 7. August 1655 in der Augustinerkirche abgehalten, wo auch ein Trauergerüst aufgestellt war. Nach der Demolierung des Klosters (1782) wurde der Sarkophag der Kaiserin in die Herzogsgruft im Wiener Stephansdom überführt.

Durch Eleonore Gonzaga kam auch ihre gleichnamige Cousine aus der Nebenlinie Gonzaga-Nevers an den Wiener Hof. Ihr Stiefsohn, Kaiser Ferdinand III., war seit 1646 verwitwet und wollte sich noch einmal vermählen. Der Heiratsplan wäre fast gescheitert, da die kaiserlichen Mitgiftforderungen horrend hoch waren. Schließlich einigte man sich aber doch, und die 21jährige Eleonore heiratete am 30. April 1651 in der Wiener Neustädter Burg in aller Stille den 43jährigen Witwer (Abb. 116). Nach der Geburt von vier Kindern, von denen nur zwei Töchter überlebten, war die Kaiserin 1657 bereits selbst Witwe.

Eleonore Gonzaga-Nevers machte sich vor allem als Mäzenin einen Namen. Sie brachte italienische und andere zeitgenössische Musiker, Bühnenarchitekten und Maler nach Wien, wodurch das künstlerische Leben am Kaiserhof starken Auftrieb erhielt. Sie ließ sowohl in Wien wie auch in den ihr überlassenen Schlössern Schönbrunn und Favorita geistliche und weltliche Musik- und Theaterstücke aufführen, die teilweise von ihr in Auftrag gegeben wurden. Die dichtende Mantuanerin regte die Gründung einer literarischen Akademie an und stellte Geld für den Bau des Leopoldinischen Traktes der Wiener Hofburg zur Verfügung. Sie sorgte auch für die Neugestaltung der Fassade der Jesuitenkirche *Zu den neun Chören der Engel*, von deren Balustrade Papst Pius VI. am Ostersonntag 1782 den Segen »Urbi et orbi« verkündete und Kaiser Franz II. 1806 durch einen Reichsherold die Niederlegung der römischen Kaiserkrone verkünden ließ.

Die Kaiserinwitwe holte 1660 die Ursulinen nach Wien und legte 1665 den Grundstein für den Bau ihrer Kirche; sie kümmerte sich auch darum, daß dieser Orden 1670 in Klagenfurt eine Niederlassung erhielt. Damit nicht genug: Sie gründete 1662 den Orden der »Sklavinnen der Tugend« und 1668 den »Sternkreuzorden«, der für besonders tugendhaftes Leben sowie Taten der Barmherzigkeit vergeben wurde; er war bis zum Ende der Monarchie der höchste adelige Damenorden.

Mit ihren vielseitigen Aktivitäten, die auch der Verheiratung ihrer beiden Töchter galten, machte sich Eleonore nicht nur Freunde am Wiener Hof. Schließlich zog sie sich vor der neuen Kaiserin Claudia Felicitas, deren Heirat mit Kaiser Leopold I. (1673) sie hatte verhindern wollen, freiwillig auf ihren Witwensitz Favorita zurück. Sie überlebte ihre Rivalin und starb am 6. Dezember 1686; die Exequien wurden vom 14. bis 16. Januar 1687 in der Augustinerkirche gehalten, das dortige Trauergerüst soll sehr pompös gewesen sein.

Mit Eleonore Gonzaga-Nevers endete vorerst die Reihe italienischer Kaiserinnen, deutsche Fürstenfamilien gewannen den Wettlauf um die begehrte Verbindung zum Kaiserhof. Erst die Annäherung zwischen Österreich und Frankreich führte ab der Mitte des 18. Jahrhunderts dazu, daß wieder italienische Bräute nach Wien kamen, allesamt aus dem Haus Bourbon stammend.

Wohl jeder, der das Bild der jungen Isabella von Parma sieht (Abb. 117), wird nachempfinden können, wie sehr der österreichische Thronfolger Joseph II. davon entzückt war. Auch Maria Theresia, vom verliebten Sohn bestürmt, ließ sich umstimmen und kündigte seine geplante Heirat mit Ludovica von Bourbon-Neapel auf, statt ihrer sollte er die schöne Prinzessin aus Parma als Gattin heimführen dürfen. Isabella ihrerseits war mit dieser Verbindung ebenfalls zufrieden, schon bald nach ihrer Verlobung ließ sie ihre zukünftige Schwägerin, Erzherzogin Maria Christine, wissen, daß sie die Deutschen liebe *nicht allein aus Pflicht, sondern aus Neigung*. Sie versicherte ihr, *daß ich eine gute Österreicherin bin*. Am 7. September 1760 fand in Parma die prokuratorische Trauung statt, danach brach die Braut mit reichlichem Gefolge in ihre neue Heimat auf. Nach ihrer Ankunft in Wien am 6. Oktober 1760 begeisterte die 19jährige Prinzessin nicht nur ihren etwa gleichaltrigen Gemahl, sondern die gesamte kaiserliche Familie. Sie war vielseitig interessiert, verfaßte Abhandlungen über Kulturgeschichte, den Handel, über den Sinn des Lebens. Joseph II. hatte in ihr nicht nur eine intelligente Gesprächspartnerin, er konnte auch die Abende in angenehmer Atmosphäre bei Hausmusik mit ihr verbringen. Die Unterhaltung

bei Hofe wurde meist in Französisch geführt, Isabella beherrschte aber auch die deutsche Sprache, wie ein von ihr stammendes Brieflein an Erzherzogin Maria Christine zeigt; darin gab sie ihrer Freude Ausdruck, daß Joseph II. wieder gesund geworden war, und stellte fest, daß trotz ihrer Zuneigung zur Schwägerin *der Ertzhertzog gehet vorhero*.
1762 gebar Isabella eine Tochter, die nach ihrer kaiserlichen Großmutter auf den Namen Maria Theresia getauft wurde; zwei Fehlgeburten folgten. Während einer neuerlichen Schwangerschaft erkrankte die Kronprinzessin am 18. November 1763 an den Blattern, brachte am 22. November vorzeitig eine Tochter zur Welt, die zwei Stunden später starb, und verschied selbst am 27. November 1763, noch nicht 22 Jahre alt.
Isabella von Parma hat die Mit- und Nachwelt durch ihre schwärmerische Todessehnsucht in Erstaunen versetzt. Man nahm an, daß der Tod ihrer Mutter ein Jahr vor ihrer Heirat der Grund dafür gewesen sein könnte. Vielleicht liegt der Kern ihres Verhaltens aber darin, daß das Leben, das sie gemäß ihrer gesellschaftlichen Stellung führen mußte, sie nicht befriedigte. Die Ehe erschien der empfindsamen und schwermütig veranlagten Prinzessin als ein Opfer, sie fühlte sich unnütz. Der enge Kontakt zu ihrer Schwägerin Maria Christine, der sich in vielen gefühlvollen Briefen niederschlug, hat zu wilden Spekulationen Anlaß gegeben; um eine intime Liebesbeziehung dürfte es sich jedoch nicht gehandelt haben. Obwohl die gesamte kaiserliche Familie – außer der eifersüchtigen Erzherzogin Maria Anna – der schönen und geistreichen Prinzessin von Herzen zugetan war, scheint sich diese am Wiener Hof nicht wohl gefühlt zu haben.
Auch Josephs Bruder und Nachfolger, Kaiser Leopold II., wurde mit einer bourbonischen Prinzessin vermählt – Maria Ludovica von Bourbon-Spanien –, desgleichen sein Neffe Franz II. Er heiratete 1790 in zweiter Ehe Maria Theresia von Bourbon-Neapel, die den Sturz der bourbonischen Herrschaft in Frankreich, Spanien und Unteritalien miterlebte.
Die letzte österreichische Kaiserin aus dem Haus Bourbon, die 1989 verstorbene Zita von Bourbon-Parma, kann man nicht als Ehefrau »aus der Fremde« bezeichnen, da sie, aus einer exilierten Dynastie stammend, zwar in Pianore (Lucca) geboren wurde, ihre Kindheit und Jugend aber großteils in Schloß Schwarzau am Steinfeld zubrachte. Hier lernte sie auch Erzherzog Karl kennen, der im nahegelegenen Schloß Wartholz aufwuchs.

Mit dem exotischen Flair der Südländerinnen konnten sich die Kaiserbräute aus dem deutschen Sprachraum nicht messen. Für

Abb. 117 *Jean Marc Nattier: Isabella von Parma im Alter von 17 Jahren (1758).*
Wien, KHM, IN 2069.

Abb. 118 *Franz Werner Tamm: Kaiserin Eleonore Magdalena (um 1680).*
Innsbruck, Schloß Ambras (KHM, IN 5617).

ihre Wahl sprachen meist ebenfalls politische Motive, darüber hinaus aber wohl auch die Hoffnung, daß der Gleichklang der Erziehung und Lebensgewohnheiten zur Harmonie im privaten Bereich beitragen würde. Grundvoraussetzung für die Entscheidung des Kaiserhofes war auf jeden Fall, daß die Braut katholisch war oder vor der Hochzeit konvertierte; gemeinsam war allen Prinzessinnen aus der Pfalz, aus Braunschweig oder Bayern auch, daß sie aus kleinen Fürstenhöfen nach Wien kamen und hier erst lernen mußten, mit dem ausgeprägten Zeremoniell des Kaiserhofes umzugehen.
Die erste Ehefrau »aus der Fremde«, aber doch aus vertrautem Milieu, war Eleonore Magdalena von Pfalz-Neuburg. Der zweifach verwitwete Kaiser Leopold I. warb um sie, nachdem sein Leibarzt, von einer heimlichen Besichtigungstour an mehrere europäische Fürstenhöfe zurückgekehrt, sie wegen ihrer voraussichtlichen Fruchtbarkeit empfohlen hatte; außerdem galt die 21jährige älteste Tochter des Herzogs und späteren Kurfürsten von der Pfalz als besonders fromm, was den 36jährigen Monarchen sehr für sie einnahm (Abb. 118). Die Hochzeit fand 1676 in Passau statt, in den folgenden Jahren erfreute Eleonore Magdalena ihren Gemahl, der aus seinen bisherigen Ehen nur eine Tochter hatte, mit zehn Kindern, darunter die beiden späteren Kaiser

Joseph I. und Karl VI. Sie diente dem Kaiser auch als Privatsekretärin, nächtelang dechiffrierte sie einlangende Botschafterberichte und gewann so Einblick in die Politik. 1681 wurde sie zur Königin von Ungarn, zu unbekannter Zeit zur Königin von Böhmen, 1690 zur Kaiserin gekrönt. Leopold I. setzte sie testamentarisch zur Regentin ein, falls der Thronfolger bei seinem Tod minderjährig sein sollte. Das war dann nicht der Fall, Joseph I. war beim Tod seines Vaters (1705) bereits volljährig, aber dieses Vertrauen in ihre politischen Fähigkeiten bewog die Wiener Minister auch nach dem frühen Tod Josephs (1711), sie zur Regentin zu ernennen, da der Thronerbe Karl im fernen Spanien weilte. Sie nahm ihre Regentenpflicht sehr ernst und ließ von ihren beiden Töchtern Maria Elisabeth und Maria Magdalena sogar ein Protokoll über ihre Tätigkeit führen.

Eleonore Magdalena war Mitglied der Bruderschaft der »Leibeigenen Dienerinnen Mariae«. In ihrem Testament – sie starb am 19. Januar 1720 – verbot sie, ihren Leichnam auszuziehen und zu waschen, vielleicht weil sie, laut Aussage ihres jesuitischen Biographen, an einer *peinlichen* Krankheit litt. Über ihr Sterbegewand sollte das *Todtenkleid der Sclaven Bruderschaft* gezogen und ihr nur das Skapulier und ein hölzerner Rosenkranz belassen werden (Abb. 67). In der Kapuzinergruft wollte sie in einem *ganz kleinen, glatten schlechten Sarg* zu Füßen Leopolds I. liegen; sollte sie anderswo sterben, wollte sie in der dortigen Kirche beigesetzt werden, in beiden Fällen ohne alles Gepränge und ohne Leichenrede. Testamentarisch stiftete sie 20.000 Gulden für Messen gleich nach ihrem Tod sowie für Almosen an Bedürftige, 100.000 Gulden widmete sie der finanziellen Unterstützung von Neubekehrten.

Entgegen ihrer letztwilligen Verfügung fanden in mehreren Wiener Kirchen für die Kaiserin aufwendige Exequien mit prächtigen Trauergerüsten (Abb. 69) und Leichenpredigten statt, nur der Sarg wurde ihrem Wunsch gemäß einfach verfertigt und in der Kapuzinergruft abgestellt.

Der frommen Kaiserin und ihrem nicht weniger frommen Gemahl hatte das Schicksal einen Thronerben beschert, der gänzlich aus der Art geschlagen war: Joseph I. Er liebte galante Abenteuer mit adeligen Damen und sogar Dienstmädchen bei Hof. Trotzdem war der 1678 geborene Kaisersohn eine überaus begehrte Partie, und mehrere Fürstenhäuser bemühten sich, ihm eine Braut zu präsentieren. Das Rennen machte schließlich das Haus Braunschweig-Lüneburg. Der 1692 zum Kurfürsten von Hannover erhobene Herzog Ernst August hoffte, durch eine Eheverbindung seiner Nichte Wilhelmine Amalie mit dem bereits 1690 zum römischen

König gekrönten Joseph weitere politische Erfolge zu erzielen. Seit 1693 unternahm der Kurfürst vorsichtige Schritte in dieser Richtung am Kaiserhof. 1696 ließ er dem 18jährigen Thronfolger ein Miniaturbild seiner Nichte zuspielen, das diesem außerordentlich gut gefiel; seiner Meinung nach war Wilhelmine Amalie die schönste unter allen ihm bisher angebotenen Prinzessinnen. Auch ein weiteres Bild der Braunschweigerin erweckte Josephs Sehnsucht, so daß er seine Eltern bedrängte, ihm die baldige Heirat zu ermöglichen. Der Wiener Hof betrachtete die Verbindung aber mit Skepsis, vor allem Kaiserin Eleonore Magdalena war gegen diese Ehe, weil Wilhelmine Amalie nicht nur fünf Jahre älter war als Joseph I., sondern angeblich auch zu füllig und mit einem Augenleiden behaftet. Erst als der kaiserliche Leibarzt die Prinzessin, die bei ihrer Mutter in Modena lebte, in Augenschein nahm und keine medizinischen Bedenken äußerte, kamen die Verhandlungen zügig voran.

Ein letztes Hindernis tat sich auf, als Leopold I. von Gegnern dieser Heirat darauf hingewiesen wurde, daß Wilhelmine Amalie in direkter Linie von Lucrezia Borgia, der berüchtigten illegitimen Tochter Papst Alexanders VI., abstammte. Der bigotte Kaiser war entsetzt, konnte aber schließlich beruhigt werden. Die langwierigen Heiratsverhandlungen kamen daraufhin zum Abschluß. Laut Ehevertrag vom 7. Januar 1699 erhielt Wilhelmine Amalie 75.000 Gulden Heiratsgut, denen eine Widerlage in gleicher Höhe entsprach, während die Morgengabe 50.000 Gulden betragen sollte. Insgesamt kostete diese Vermählung den Hannoveraner Hof über 150.000 Gulden, wobei die Bestechungsgelder für einflußreiche Förderer dieses Eheprojekts am Kaiserhof keinen geringen Betrag ausmachten.

Nach der prokuratorischen Trauung in Modena (15. Januar 1699) reiste die nun bereits als römische Königin titulierte Wilhelmine Amalie in Begleitung ihrer Mutter nach Wien. Am 18. Februar traf sie in Tulln erstmals mit ihrem Gemahl zusammen. Wie üblich, sollte ihr der Bräutigam bei dieser ersten Begegnung inkognito gegenübertreten. Joseph I. hatte sich dazu eine Überraschung ausgedacht: Vier Kammerherren baten, bei der königlichen Braut zum Handkuß vorgelassen zu werden. Drei von ihnen küßten ihr dabei erwartungsgemäß die Hand, der vierte drückte sie leicht, es war Joseph selbst. Wilhelmine Amalie erkannte ihn daraufhin und wollte vor dem König auf die Knie gehen, was dieser aber verhinderte. Bei der anschließenden Unterhaltung zeigten beide Gefallen aneinander, was von der Begleitung als günstiges Vorzeichen für die künftige Lebensgemeinschaft gewertet wurde.

Nach dem feierlichen Einzug der Braut in Wien am 24. Februar 1699 fand noch am selben Abend in der Augustinerkirche die Einsegnung der Ehe statt. Als das jungvermählte Paar die Hochzeitsnacht bis in den folgenden Nachmittag ausdehnte, galt auch dies als glückliches Omen. Tatsächlich begann die Ehe zwischen der 26jährigen Welfenprinzessin, die sich nun Amalia nannte, und dem 21jährigen Habsburgersproß durchaus harmonisch. Bereits im ersten Ehejahr 1699 wurde die Tochter Maria Josepha geboren, in den beiden nächsten Jahren folgten ein Sohn, der nach zehn Monaten aus ungeklärter Ursache starb, sowie die Erzherzogin Maria Amalia.

Doch schon bald erkaltete die anfängliche Liebe des Königs zu seiner Gemahlin, deren ernster Charakter und fromme Lebensart ihm zunehmend mißfielen (Abb. 119). So nahm der Thronfolger das lockere Leben seiner Junggesellenzeit wieder auf, ohne sich um die Vorwürfe seiner besorgten Eltern zu kümmern. Nach der Thronbesteigung (1705) wurden seine Ausschweifungen durch die Berichte der ausländischen Gesandten allgemein bekannt. Neben seiner Liaison mit dem Hoffräulein Marianne Pálffy, der Tochter des ungarischen Bans, unterhielt er noch weitere Liebschaften. Während der Sitzungen der Geheimen Konferenz schrieb er angeblich Liebesbriefe an seine Favoritinnen.

Kaiserin Amalia wußte zunächst nichts von der Untreue ihres Mannes. Sie litt aber an einer Geschlechtskrankheit, mit der Joseph I. sie angesteckt hatte; dadurch schwand die Aussicht auf weitere Kinder, vor allem einen Thronfolger, was auch staatspolitisch zum Problem werden konnte. Zu Beginn des Jahres 1711 machte sie Joseph I. und Marianne Pálffy, als diese von einem gemeinsamen Jagdausflug zurückkehrten, in aller Öffentlichkeit eine Szene, eine durchaus unübliche Vorgangsweise für eine fürstliche Ehefrau.

Kurz danach erkrankte der Kaiser an den Blattern und zeigte in dieser ernsten Situation Reue über sein bisheriges Verhalten. Er bat Amalia um Verzeihung und versprach, die Gräfin Pálffy und die übrigen Mätressen vom Hof zu entfernen. Nach seinem Tod (17. April 1711) stellte sich jedoch heraus, daß er das Testament nicht entsprechend abgefaßt oder korrigiert hatte. Seiner Geliebten vermachte er Schmuck und Kleider im Wert von 500.000 Gulden, während die Ehefrau nur eine jährliche Rente von 150.000 Gulden und seine beiden Töchter von je 20.000 Gulden erhalten sollten; am wenigsten großzügig erwies er sich gegenüber seiner Mutter, sie sollte lediglich eine Jahresrente von 50.000 Gulden beziehen. Eleonore Magdalena rächte sich, indem sie Marianne Pálffy zwang, die Juwelen herauszugeben, und sie

schließlich vor die Alternative stellte, entweder zu heiraten oder den Kaiserhof zu verlassen.
Während ihrer zwölfjährigen Ehe mit Joseph I. lebte Amalia ausschließlich am Wiener Hof, nur im Jahr 1702 begleitete sie ihren Gemahl zu den kaiserlichen Truppen am Rhein. Da sie weder zur Kaiserin noch zur Königin von Böhmen oder Ungarn gekrönt wurde, entfielen die aus diesem Anlaß erforderlichen Reisen. Das Leben am Kaiserhof spielte sich im offiziellen Rahmen ab, im Winter in der Hofburg, im Sommer in den Schlössern in und um Wien. Hier veranstaltete die Kaiserin die üblichen höfischen Festlichkeiten wie Turniere, Damenschießen oder Schlittenfahrten.
Zu Beginn ihrer Ehe suchte Amalia ihren Einfluß zugunsten ihrer Familie in Deutschland und Italien – ihre Schwester war seit 1696 mit Herzog Rinaldo III. von Este vermählt – geltend zu machen, hatte damit aber wenig Erfolg. Die Politik am Kaiserhof wurde von verschiedenen Hofparteien gelenkt, Amalia konnte sich im höfischen Intrigenspiel keine starke Position aufbauen. Das zeigte sich auch nach dem Tod Josephs I., als nicht sie, sondern die resolute Kaiserinwitwe Eleonore Magdalena zur Regentin ernannt wurde.
Mit 38 Jahren verwitwet, lebte Amalia mit ihren Töchtern fortan in dem nach ihr benannten Amalientrakt der Wiener Hofburg; den Vorschlag des neuen Kaisers, ihres Schwagers Karl VI., sich aus Wien zurückzuziehen, lehnte sie ab. Als 1713 Karls Gemahlin aus Spanien an den Kaiserhof kommen sollte und dadurch Rangstreitigkeiten zwischen beiden Kaiserinwitwen auslöste, veranlaßte Amalia den Kaiser durch ein Schreiben zur Klärung der Rangfrage. In der *Pragmatischen Sanktion* vom 19. April 1713 stellte Karl zu ihrer Befriedigung den Vorrang ihrer Töchter vor jenen der älteren Kaiserinwitwe fest, wodurch ihnen auch, bevor der Kaiser eigene Nachkommen erhielt, der Status als Thronanwärterinnen zukam. Der Verheiratung ihrer Töchter widmete sich Amalia daher in den folgenden Jahren mit großem Eifer.
Nachdem Maria Josepha 1719 den Kurprinzen von Sachsen geheiratet hatte und Maria Amalia 1722 dem bayerischen Kurprinzen Karl Albrecht angetraut worden war, zog sich die Mutter gänzlich vom Hofleben zurück. Bereits 1717 hatte sie Salesianerinnen aus Belgien nach Wien kommen lassen und ihnen ein Grundstück am Rennweg gekauft. Am 13. Mai 1717 – dem Geburtstag ihrer Nichte Maria Theresia – legte sie den Grundstein für das auf ihre Kosten erbaute Salesianerinnenkloster, das ihr zugleich als künftige Klosterresidenz dienen sollte. Am 25. No-

Abb. 119 *Unbekannter Künstler: Kaiserin Amalia.*
Wien, KHM, IN 8363.

vember 1722 übersiedelte sie aus der Hofburg in den Palasttrakt des Klosterkomplexes.
Auf Wunsch der Kaiserin sollten sich die Salesianerinnen der Erziehung armer Mädchen widmen und sie im Lesen, Schreiben und Rechnen, in Handarbeiten und Malen unterrichten; viel Wert legte Amalia, die einen Großteil ihrer Jugend in Frankreich verbracht hatte, auch auf die Vermittlung der französischen Sprache. Neben der Sorge um eine angemessene Ausbildung armer Mädchen galt die Wohltätigkeit der Kaiserin auch Armen und Kranken sowie ihrem Dienstpersonal. In ihrem Testament bedachte sie ihre Obersthofmeisterin und andere weibliche Bedienstete mit Schmuckstücken, die gesamte Dienerschaft sollte gut versorgt werden. Auch zahlreiche Bedürftige erhielten anläßlich ihres Todes die übliche Verdienstmöglichkeit, da Amalia anordnete, daß 100 arme *weibs personen* und ebenso viele arme Männer an den ersten drei Tagen nach ihrem Hinscheiden für ihre Seele beten und dafür täglich je zwei Taler bekommen sollten.
Die fromme Kaiserinwitwe verbrachte ihre Zeit bei den Salesianerinnen vorwiegend mit geistlicher Lektüre und der Sorge um ihr Seelenheil. Nur einmal wurde sie politisch aktiv, als man daranging, das Erbe nach Karl VI. zu zerstückeln. Im Interesse ihrer Tochter Maria Amalia stellte sie sich zunächst auf die Seite Bayerns, als der bayerische Kurfürst aber kriegerisch gegen Maria Theresia vorging, rückte sie von ihm ab und ergriff die Partei ihrer Nichte.
Amalia litt im Alter an zunehmender Wassersucht und starb am 10. April 1742. Sie ließ ihren Körper nicht öffnen, nur das Herz sollte herausgenommen und zu Füßen ihres Gemahls in der Kapuzinergruft beigesetzt werden. Sie selbst wurde im Habit einer Salesianerin in der Schwesterngruft unter dem Hochaltar der Klosterkirche, einer der schönsten Barockkirchen Wiens, bestattet.
Das bittere Los der betrogenen Ehefrau blieb Elisabeth Christine von Braunschweig-Wolfenbüttel, der Gemahlin Karls VI. und Verwandten Amalias, erspart, problemlos verlief ihr Leben aber dennoch nicht. Bereits ihre Wahl zur Braut des zweitgeborenen Kaisersohnes, der 1703 als Karl III. die Nachfolge in Spanien antrat, erforderte von ihr viel Engagement.
Nachdem zunächst verschiedene andere Prinzessinnen in Betracht gezogen worden waren, entschied man sich am Wiener Hof schließlich für die von Kurfürst Johann Wilhelm von der Pfalz, dem Bruder der Kaiserin Eleonore Magdalena, vermittelte Elisabeth Christine, die von ihrem Großvater in Vorschlag gebracht worden war. Obwohl die eingeholten Informationen über ihre

Abb. 120 *Unbekannter Künstler: Kaiserin Elisabeth Christine im Jagdkostüm.*
Wien, KHM, IN 2720.

Gesundheit – und damit Gebärfähigkeit –, ihre Schönheit und Bildung zufriedenstellend ausfielen, schwankte Karl III. in Spanien noch immer zwischen ihr und einer französischen Kandidatin, deren Bild ihm besser gefiel; er konnte sich nur schwer zur lebenslangen Bindung entschließen *(... und der pfaf sagt halt, bis euch der todt scheid)*, zumal er gerade eine Liebschaft mit einem nicht näher bekannten Mädchen *(madl)* angefangen hatte. Da Karl seine Zustimmung zur Heirat hinauszögerte, verfiel man in Wien auf den Ausweg, daß Elisabeth Christine vorerst auf Verwandtenbesuch zu ihrer Tante Amalia nach Österreich kommen sollte, um hier die Entscheidung des Königs abzuwarten.

In Wolfenbüttel ging man unterdessen daran, die Aussteuer der Prinzessin zusammenzustellen. Elisabeth Christine mußte sich verpflichten, die Kosten dafür wie auch für alle anderen Aufwendungen, die mit ihrer Vermählung zusammenhingen, mit Zinsen zurückzuzahlen. Im Frühjahr 1707 reiste die zum katholischen Glauben übergetretene Fürstentochter nach Wien, wo sie bis zum Herbst auf die Antwort Karls III. warten mußte. Am 16. Oktober 1707 war es endlich soweit, Elisabeth Christine wurde öffentlich zur königlich-spanischen Braut erklärt, am 23. April 1708 fand in Hietzing die prokuratorische Trauung der 17jährigen Prinzessin mit dem 23 Jahre alten König statt.

Anschließend begab sich die Braut auf die Reise. In Spanien angelangt, gefiel sie Karl III. zu ihrem Glück bestens. Befriedigt notierte er in sein Tagebuch: *Königin so schön, gar content.* Das königliche Wohlgefallen war auch dringend notwendig, denn Elisabeth Christine mußte ihrem Gemahl gestehen, daß sie sich wegen ihrer Heirat hoch verschuldet hatte. Der König fand sich nach anfänglichem Befremden mit diesem Tatbestand ab und zahlte bis zum Jahr 1721 ihre Schulden zurück.

Die habsburgische Herrschaft in Spanien wurde von Frankreich bekämpft, Karl III. mußte sich kriegerisch mit seinem Rivalen Philipp V. von Anjou auseinandersetzen. Als er 1710 zur Armee aufbrach, ernannte er seine Gemahlin zur Regentin. Auch als er im September 1711 – nach dem Tod Josephs I. – Spanien verließ, vertrat ihn Elisabeth Christine und bewährte sich bestens. Nachdem die Situation aber aussichtslos geworden war, berief der inzwischen zum Kaiser gekrönte Karl VI. sie nach Wien zurück (1713).

Der Tod Josephs I. hatte für die aus ruhmreichem, aber verarmtem Geschlecht stammende Welfenprinzessin den Weg zum Kaiserthron freigemacht (Abb. 120). Nun war es ihre vordringlichste Aufgabe, für den Fortbestand der Dynastie zu sorgen, da der verstorbene Kaiser keinen Sohn hinterlassen hatte. Im Juni 1715 flehte das noch immer kinderlose Paar in Mariazell um einen Thronerben, die bald danach eintretende Schwangerschaft der Kaiserin wurde dieser Wallfahrt zugeschrieben. 1716 brachte sie den heißersehnten Thronfolger zur Welt, der aber nach wenigen Monaten starb; danach folgten nur noch drei Töchter: Maria Theresia (geb. 1717), Maria Anna (geb. 1718) und Maria Amalia (geb. 1724), von denen die letzte noch vor den Eltern vom Tod hinweggerafft wurde.

Unter Karl VI., der sie in Spanien liebevoll seinen *Engel* genannt hatte, während sie in seinen späteren Tagebucheintragungen nur als *weib* aufscheint, besaß Elisabeth Christine wenig politischen

Einfluß, obwohl sie entsprechende Ambitionen hatte. Auch ihre Tochter Maria Theresia setzte diese Tradition fort und hielt die durch den überraschenden Tod Karls VI. (1740) mit 48 Jahren zur Witwe gewordene Kaiserin vom politischen Geschehen fern. Sie ließ ihre Mutter aber an ihrem reichen Familienleben teilhaben und richtete ihr in Hetzendorf einen künstlerisch wertvollen Sommersitz ein. Nach ihrem Tod (21. Dezember 1750) wurde Elisabeth Christine durch feierliche Exequien und eine Leichenrede – gegen ihren ausdrücklichen Wunsch – geehrt, das Trauergerüst in der Augustinerkirche reichte bis zum Kirchengewölbe hinauf.

Abb. 121 *Martin van Meytens: Kaiserin Maria Josepha. Auf dem Bild ist ihre Hautkrankheit nicht zu sehen.*
Wien, Schloß Schönbrunn (KHM, IN 2126).

Maria Theresia richtete ihre Heiratspolitik zunächst nach Frankreich und Italien aus. Erst als der Thronfolger Joseph nach dem Tod seiner Gemahlin Isabella von Parma (1763) erneut verheiratet werden sollte, wurden auch deutsche Prinzessinnen in Betracht gezogen. Die Kaiserin wünschte eine Verbindung mit Sachsen oder Bayern, die während des österreichischen Erbfolgekrieges zu ihren Gegnern gehört hatten und nun wieder enger an das Haus Habsburg gebunden werden sollten.

Joseph II. willigte in eine neue Ehe ein und begab sich im Herbst 1764 auf »Brautschau«, die aber aus Schicklichkeitsgründen als zufällige Begegnung deklariert wurde. Die zuerst in Augenschein genommene Prinzessin Kunigunde von Sachsen war, wie der Thronfolger seinen Eltern meldete, zwar tugendhaft und verständig, *aber doch auch ohne irgend welchen körperlichen Reiz.* Also besichtigte Joseph, dem elterlichen Wunsch nachkommend, am 2. November 1764 die zweite Ehekandidatin, die Wittelsbacherin Maria Josepha, Schwester des kinderlosen bayerischen Kurfürsten. Auch sie schreckte ihn durch ihre Häßlichkeit ab. Wie er seinem ehemaligen Schwiegervater, dem Herzog von Parma, schrieb, hatte die 26jährige Prinzessin eine *kleine und dicke Gestalt ohne jugendlichen Reiz, Bläschen und rote Flecken im Gesicht, häßliche Zähne.* Trotzdem erklärte sich Joseph II. zur Ehe bereit. Als die Braut nach der prokuratorischen Trauung in München (13. Januar 1765) nach Österreich kam, war selbst Maria Theresia vom Äußeren ihrer neuen Schwiegertochter betroffen.

Nach der kirchlichen Einsegnung der Ehe (23. Januar 1765) und den üblichen Hochzeitsfestivitäten begann für die römische Königin Josepha der Ehealltag. Obwohl sie sich redlich bemühte, die Zuneigung des von ihr geliebten Ehemannes zu erringen, steigerte sich dieser in immer größere Abneigung gegen sie hinein, vor allem wegen ihrer Hautkrankheit (Abb. 121). Kindersegen blieb unter diesen Umständen natürlich aus. Als Josepha –

seit 1765 Kaiserin – im Frühjahr 1767 an den Blattern erkrankte, wurde sie von der übrigen Familie abgesondert und starb einsam am 28. Mai 1767. Joseph II., der bereits geblattert hatte, also immun war, kümmerte sich nicht um sie, sondern nur um seine Mutter, die sich durch eine letzte Umarmung der unglücklichen Schwiegertochter mit den Pocken infiziert hatte.

Auch die beiden letzten interessanten Kaiserbräute »aus der Fremde« entstammten dem Haus Wittelsbach – und waren doch grundverschiedene Charaktere. Die bescheidene Caroline Auguste, vierte Gemahlin des ersten österreichischen Kaisers Franz I., erwies sich als große Wohltäterin, Kaiserin Elisabeth, deren Liebreiz den jungen Franz Joseph bezaubert hatte, führte ein sehr ichbezogenes und wenig altruistisches Leben.

Als 1792 in Mannheim die zweite Tochter des Pfalzgrafen Maximilian Josef von Zweibrücken zur Welt kam und auf den Namen Charlotte *(Charlotta Augusta)* getauft wurde, stand Europa im Zeichen großer Veränderungen. Die Französische Revolution hatte eine neue soziale Ordnung geschaffen, Königtum und Aristokratie verloren ihre privilegierte Stellung, das revolutionäre Frankreich begann seine Kriege gegen die Nachbarstaaten, darunter auch Österreich.

Als Prinzessin Charlotte drei Jahre alt war, wurde ihr Vater nach dem söhnelosen Tod seines älteren Bruders regierender Herzog von Zweibrücken, anschließend Kurfürst von Bayern (1799) und schließlich, von Napoleons Gnaden, Bayerns erster König (1806). Die politische Bindung an Frankreich bestimmte auch die Heirat der Prinzessin Charlotte, 16jährig wurde sie 1808 mit dem Kronprinzen von Württemberg vermählt. Der Ehemann behandelte seine junge Gemahlin ausnehmend schlecht und ließ die Ehe, die nie vollzogen worden war, nach dem Sturz Napoleons annullieren (1814). Damit wurde Charlotte frei für eine neuerliche Vermählung.

Im April 1816 war Kaiser Franz I. von Österreich zum dritten Mal Witwer geworden. König Maximilian von Bayern bot ihm die Hand seiner inzwischen 24jährigen Tochter an, die erst nachträglich davon erfuhr. Der Kaiser entschied sich für sie wegen ihres blühenden Aussehens, er wollte nicht schon bald wieder Witwer werden. Im Oktober 1816 fand in München die prokuratorische Trauung der bayerischen Prinzessin, die sich seit 1814 der deutschen Namensform Caroline Auguste bediente, mit dem 48jährigen österreichischen Monarchen statt (Abb. 122).

Die Ehe mit Kaiser Franz gestaltete sich zu ihrer Freude sehr harmonisch, Caroline Auguste bemühte sich, ihrem vielbeschäftigten Ehemann eine angenehme häusliche Atmosphäre zu schaffen. Sie begleitete den Herrscher auf seinen Reisen und lernte so Land und Leute, aber auch die Not der Bevölkerung kennen. 1821 schrieb sie an ihren Bruder: *Mein Kaiser lebt für seine Völker; ich für ihn; so ist unser Verhältnis, so wird es bleiben. Er freut sich meiner Liebe und Hingebung, ich bin selig, wenn ich bemerke, daß er sich dadurch glücklich fühlt.* Auch im Jahr 1832 äußerte sie sich ähnlich: *Bey mir soll er Erholung finden. Dieß ist mein schöner beneidenswerther Beruf; und ich fühle mich glücklich, überglücklich einem solchen Mann etwas zu seyn.*

Abb. 122 *Carl von Sales: Kaiserin Caroline Auguste (1818).* Salzburg, SMCA, IN 81/77.

Caroline Auguste hielt sich von der Politik fern, nahm aber am kulturellen Leben regen Anteil. Ihrem Lesehunger war es zu verdanken, daß Franz Grillparzers Drama *König Ottokars Glück und Ende*, das zwei Jahre lang bei der Zensur gelegen hatte, in ihre Hände geriet. Sie erkannte seine patriotische Tendenz, worauf es am 19. Februar 1825 ohne größere Zensurprobleme am Wiener Hofburgtheater aufgeführt werden konnte.

Die Ehe der Kaiserin, die 1825 zur Königin von Ungarn gekrönt wurde, blieb kinderlos. Trotzdem mußte sie auf Familienglück nicht verzichten, in der großen Familie ihres Mannes fand sie freundliche Aufnahme. In ihrem Auftrag porträtierte Peter Fendi 1834 die kaiserliche Großfamilie in biedermeierlicher Häuslichkeit als Familienvereinigung (Abb. 39). Ein Jahr später war die 43jährige Kaiserin bereits Witwe, ihr Stiefsohn Ferdinand bestieg den Thron. Auf Wunsch ihrer Stiefkinder wurde sie aber nicht Kaiserinwitwe, sondern Kaiserinmutter genannt, als Zeichen ihrer Wertschätzung innerhalb der kaiserlichen Familie.

Als 1848 in Wien die Revolution ausbrach, begab sich Caroline Auguste nach Salzburg, das seit den Tagen der Zugehörigkeit zu Bayern (1810–1816) eng mit den Wittelsbachern verbunden war. Sie blieb hier bis Ende 1850, die Stadt und ihre Umgebung, die sie bereits von früheren Aufenthalten her kannte, gefielen ihr. Nach Wien zurückgekehrt, fand sie ihre Halbschwester Sophie in beherrschender Stellung vor, die Erzherzogin beanspruchte seit der Thronbesteigung Franz Josephs (2. Dezember 1848) auch den Titel einer Kaiserinmutter. Von ihr in den Hintergrund gedrängt, kam Caroline Auguste nun jedes Jahr im Sommer nach Salzburg, wo sie als Repräsentantin des Kaiserhauses höchst willkommen war.

Die alljährlichen Aufenthalte der Kaiserinwitwe hoben nicht nur das Prestige der Salzachmetropole, die 1850 Hauptstadt eines eigenen Kronlandes geworden war, sie wirkten sich auch in gesellschaftlicher, kultureller und sozialer Hinsicht äußerst positiv aus. Bereits 1842 hatte Caroline Auguste einen wesentlichen Spendenbeitrag zur Errichtung des Mozartdenkmals geleistet, sie

unterstützte auch das 1841 gegründete *Mozarteum* finanziell. 1850 übernahm sie die Patronanz über das von privater Seite ins Leben gerufene Salzburger Museum, das daraufhin den Namen *Carolino Augusteum* erhielt; ihre finanziellen Zuwendungen und ihr Protektorat kamen dieser Kultureinrichtung sehr zugute.
Caroline Auguste war nicht nur kulturell interessiert, besuchte in Salzburg Ausstellungen und Konzerte, sie war vor allem karitativ tätig. Wie in ihrem bisherigen und auch weiterhin zentralen Aktionsfeld Wien beschränkte sich ihre Wohltätigkeit nicht auf Einzelaktionen, sondern erfolgte planmäßig. So unterstützte sie Kleinkinderbewahranstalten, Dienstbotenerziehungsanstalten, Gesellenvereine, Knabenerziehungsanstalten, das k. k. Staatsgymnasium (für Knaben) sowie besonders das Knabenseminar *Borromäum*. Sie übernahm die Kosten für die Erziehung armer Mädchen im Stift Nonnberg und bei den Ursulinen, sie zahlte die Mitgift für arme Kandidatinnen, die bei den Barmherzigen Schwestern eintreten wollten. Auch invalide und verwundete Soldaten erfreuten sich ihrer Zuwendung, sie unterstützte die Soldatenspitäler in der Stadt und bemühte sich um die finanzielle Versorgung von Kriegsinvaliden. Sie spendete für den Bau und die Ausstattung von Kirchen, aber auch für ein Feuerlöschgerät der Stadt Salzburg.
Die Kaiserin starb am 9. Februar 1873 in Wien und wurde in der Kapuzinergruft beigesetzt. In ihrem Testament bedachte sie nicht nur zahlreiche Institutionen, sondern auch ihre Dienerschaft reichlich. In traditioneller Weise um ihr Seelenheil besorgt, stiftete sie darüber hinaus 5000 Gulden zur Abhaltung von ebenso vielen Messen in verschiedenen Orten der Monarchie.
Caroline Auguste ist heute weitgehend vergessen. Sie hätte sich aber durch ihr kulturelles und vor allem soziales Engagement, das weit über das für Herrscherinnen übliche Maß hinausging, sehr wohl ein ehrendes Andenken verdient.
Zu den zahlreichen Wittelsbacher Verwandten der Kaiserin gehörte neben ihrer Halbschwester Sophie und ihrem Neffen Franz Joseph auch eine Nichte, die unerwartet Karriere machte: Elisabeth, Herzogin in Bayern, *Sisi* genannt. Die 1837 geborene Prinzessin war eine Tochter ihrer Halbschwester Ludovika, die mit Herzog Maximilian in Bayern, einer Seitenlinie des bayerischen Königshauses, verheiratet war. Das herzogliche Ehepaar lebte ziemlich unkonventionell, der Vater war künstlerisch ambitioniert und umgab sich mit bürgerlichen Gelehrten und Künstlern. In seiner Münchner Residenz führte er Reiterkunststücke vor und produzierte sich als Zitherspieler. Die Mutter, eine vielfach betrogene Ehefrau, lebte meist auf dem Land in Schloß Possenhofen

Abb. 123 *Vinzenz Katzler: Die Trauung Franz Josephs mit Elisabeth, Herzogin in Bayern, in der Wiener Augustinerkirche (24. April 1854).*

am Starnberger See. Sie besaß ebenfalls wenig Standesdünkel und erzog ihre große Kinderschar selbst.

Unter diesen Vorzeichen war die Ehe der blutjungen Elisabeth mit dem Herrscher eines riesigen Reiches, das auf eine jahrhundertelange Kaisertradition zurückblickte und diese sorgsam pflegte, ein Risiko. Die Zukunft mußte zeigen, wie sie mit der ihr zugedachten Rolle als Kaiserin zurechtkam.

Nach der überraschenden Verlobung in Ischl (18. August 1853) – die Mietvilla, in der sich das Brautpaar begegnet war, ließ Erzherzogin Sophie später ankaufen und zur *Kaiservilla* ausbauen – folgte ein gedrängtes Unterrichtsprogramm. *Sisi* mußte Französisch und Italienisch lernen und vor allem mit der österreichischen Geschichte vertraut gemacht werden. Diese Aufgabe übernahm der ungarische Graf Johann Mailáth, der eine dreibändige *Geschichte des österreichischen Kaiserstaates* (1834–1842) verfaßt hatte und in der künftigen Kaiserin das Interesse für Ungarn weckte.

Nach der mit Lernen ausgefüllten Brautzeit fand am 24. April 1854 in der Wiener Augustinerkirche die Hochzeit der sechzehn Jahre jungen Wittelsbacherin mit ihrem 24jährigen Cousin Franz Joseph statt (Abb. 123). Die anstrengende Trauungszeremonie und der anschließende Galaempfang in der Hofburg machten der ungezwungenen, auf dem Land aufgewachsenen Kaiserbraut klar, welches Leben sie erwartete. Die Flitterwochen in Laxenburg, unter der strengen Aufsicht der Schwiegermutter und Tante Sophie, die sie in das komplizierte Hofzeremoniell eingewöhnen wollte, empfand die junge Ehefrau als sehr unangenehm. Umgeben von lauter fremden Menschen, die aus ihr eine pflichtbewußte Herrscherin machen wollten, sie ständig beobachteten und wegen ihrer Unerfahrenheit in höfischen Dingen bekrittelten, fühlte sie sich völlig verlassen und fand Trost nur in den aus Possenhofen mitgebrachten Tieren. Der junge Ehemann, der tagsüber seinen Amtsgeschäften in der Hofburg nachging, stand auf der Seite seiner Mutter.

Die erste gemeinsame Reise des Herrscherpaares führte im Juni 1854 nach Böhmen und Mähren, wo die Kaiserin die ihr zugedachten Aufgaben einer Landesmutter pflichtgemäß erfüllte. Allein oder gemeinsam mit Franz Joseph besuchte sie Waisenhäuser, Schulen, ein Armenspital, eine Taubstummenanstalt, ein Irrenhaus. Auch in den nächsten Jahren begleitete Elisabeth ihren Gemahl in verschiedene Teile der Monarchie, wobei sich ihre Gegenwart stets positiv auswirkte. Auf der ersten Reise nach Ungarn (Frühjahr 1857) empfand die Kaiserin große Sympathie für Land und Leute, die ungarischen Magnaten bestärkten sie in ihren freundschaftlichen Empfindungen, hofften sie doch, auf diese Weise die ungarnfeindliche Politik des Kaisers und seiner Mutter verändern zu können.

Unterdessen hatte Elisabeth zwei Töchter geboren – Sophie (1855) und Gisela (1856) –, am 21. August 1858 kam endlich der Thronfolger Rudolf zur Welt (Abb. 124). Die Mutter durfte den Kronprinzen – wie die beiden ersten Kinder – nicht selbst stillen, sondern mußte ihn einer von ihrer Schwiegermutter ausgesuchten fremdsprachigen Amme überlassen (Abb. 12). Auch die Aja wurde von Erzherzogin Sophie bestimmt, es war die 45jährige kinderlose Freifrau Karoline von Welden, Witwe nach Feldzeugmeister Ludwig von Welden, der sich bei der Niederwerfung des ungarischen Aufstandes 1848/49 hervorgetan hatte.

Als sich Franz Joseph 1859 auf den Kriegsschauplatz nach Italien begab, wollte ihn die besorgte Ehefrau unbedingt begleiten, was er natürlich ablehnte. Der Kaiser bat seine *liebste Engels-Sisi*, ihn statt dessen in der Heimat zu unterstützen, indem sie karitative Anstalten besuchte. Tatsächlich richtete sie in Laxenburg ein Verwundetenspital ein, wofür der in der blutigen Schlacht von Solferino (24. Juni 1859) geschlagene kaiserliche Feldherr ihr *innigsten Dank* sagte. Ihre politischen Ratschläge schob er allerdings beiseite, in der Politik blieb weiterhin ausschließlich die Kaiserinmutter bestimmend.

Abb. 124 *Josef Kriehuber: Kaiserin Elisabeth mit ihren Kindern (1858). Im Steckkissen Kronprinz Rudolf, stehend die zweijährige Gisela, an der Wand ein Bild der 1857 verstorbenen Erzherzogin Sophie.*

Wien, Albertina, IN 34.670, Bd. 27a, Österr. XIX.

Infolge des verlorenen Krieges mußte Franz Joseph im Frieden von Zürich (10. November 1859) die reiche Lombardei – im Umweg über Napoleon III. – an das Haus Savoyen-Sardinien abtreten, auch die Bevölkerung der habsburgischen Sekundo- und Tertiogeniturstaaten Toskana und Modena entschied sich in Volksabstimmungen für den Anschluß an das Königreich Sardinien. Der außenpolitisch geschwächte Herrscher war gezwungen, auch innenpolitisch von seinem bisherigen absolutistischen Kurs abzurücken und eine zahlenmäßig sehr beschränkte Volksvertretung zu akzeptieren.

Als 1860 im Zuge der italienischen Einigungsbewegung auch das bourbonische Königreich Neapel-Sizilien in Gefahr geriet und Elisabeths jüngere Schwester, Königin Marie, von dort Hilferufe nach Wien sandte, bemühte sich die Kaiserin vergeblich, Franz Joseph zu einem militärischen Eingreifen zu bewegen. Seine

Weigerung belastete die Beziehungen zwischen dem Ehepaar, die ständigen Reibereien mit der Schwiegermutter zerrten zusätzlich an den Nerven der jungen Ehefrau, deren Gesundheitszustand durch übersteigerten Bewegungsdrang und Essensverweigerung bereits schwer in Mitleidenschaft gezogen war. Da sie ständig hüstelte, diagnostizierte ein Lungenspezialist eine gefährliche Lungenerkrankung und verordnete ihr einen Kuraufenthalt auf Madeira. Im November 1860 verließ Elisabeth Wien und blieb bis zum Frühjahr 1861 auf der portugiesischen Insel, wo sie die meiste Zeit mit Tieren und beim Kartenspiel verbrachte. Auf der Heimreise nützte sie die Gelegenheit, sich – nach Möglichkeit inkognito – Sehenswürdigkeiten in Spanien sowie auf Malta und Korfu anzusehen.

Am Wiener Hof stellten sich sofort wieder die alten Krankheitssymptome ein, die Kaiserin bekam Husten- und Fieberanfälle, aß nichts und schlief schlecht, stets war sie in Tränen aufgelöst. Sie verweigerte sich auch dem Eheleben. Als der Arzt eine galoppierende Lungenschwindsucht feststellte, konnte sie Wien verlassen und nach Korfu reisen. Um die Rückkehr nach Wien hinauszuzögern, erklärte sie sich nach einem Besuch Franz Josephs im Oktober 1861 bereit, nach Venedig zu übersiedeln, das damals noch unter österreichischer Herrschaft stand. Dort machten ihr stets geschwollene Füße zu schaffen und ließen Zweifel an der Richtigkeit der bisherigen Diagnose aufkommen. Als Elisabeth im Frühjahr 1862 nach Österreich zurückkehrte und, um Wien und Franz Joseph aus dem Weg zu gehen, in Reichenau an der Rax Aufenthalt nahm, stellte der aus Bayern herbeigeholte Hausarzt ihrer Familie fest, daß sie an Wassersucht litt. Daraufhin reiste sie im Juni 1862 zur Kur nach Bad Kissingen.

Ständige Kuren in verschiedenen Orten prägten auch in den kommenden Jahren das Leben der Kaiserin, deren Krankheiten vermutlich psychisch bedingt waren. Bei der angeblichen Wassersucht handelte es sich wahrscheinlich um Hungerödeme, die sie sich durch ihre Hungerkuren ungewollt selbst zuzog. Auf jeden Fall widmete sie ihrem körperlichen Wohlbefinden nun große Aufmerksamkeit, betrieb ausgiebig Reitsport und hielt sich durch zeitaufwendige Turnübungen fit.

Inzwischen zu einer viel bewunderten Schönheit geworden, verwendete sie viel Zeit auf die Erhaltung dieses Kapitals und trieb mit ihrer Haarpracht geradezu einen Kult. Ihre höfischen Verpflichtungen schränkte sie dagegen nach Möglichkeit ein.

Seit 1863 lernte Elisabeth Ungarisch, 1864 nahm sie die ungarische Kleinadelige Ida von Ferenczy als Vorleserin, in Wirklichkeit aber als vertraute Gesprächspartnerin in ihren Hofstaat auf. Sie

perfektionierte ihre Sprachkenntnisse derart, daß sie am 8. Januar 1866 einer Abordnung ungarischer Magnaten, die ihr in der Hofburg eine Einladung nach Ungarn überbrachte, zur allgemeinen Überraschung in fehlerlosem Ungarisch antworten konnte. Auch bei der darauffolgenden Ungarnreise des Herrscherpaares sprach sie Ungarisch und erzielte damit großen Erfolg. Die Aussöhnung zwischen Franz Joseph und den Ungarn wurde dadurch wesentlich erleichtert und vor allem ihr zugute gehalten.
Als nach der Niederlage der Österreicher bei Königgrätz (3. Juli 1866) preußische Truppen Wien bedrohten, wurden außer den wichtigsten Schätzen auch die Kaiserin und ihre Kinder nach Ungarn gebracht, in deutlicher Parallele zur Krisensituation unter Maria Theresia 1741. Tatsächlich bemühte sich die Kaiserin, eine Verständigung zwischen Wien und Budapest herbeizuführen, und ihrer Einflußnahme war es letztlich auch zuzuschreiben, daß 1867 der »Ausgleich« zustande kam, der die Monarchie in zwei weitgehend unabhängige Reichshälften teilte und Ungarn eine bevorzugte Stellung im Vielvölkerstaat verschaffte. Die Ungarn würdigten Elisabeths Bemühungen durch ihre Krönung zur ungarischen Königin, die gleichzeitig mit jener Franz Josephs am 8. Juni 1867 stattfand. Die Königin ihrerseits honorierte die Tätigkeit ihres Mannes mit ehelicher Zuwendung, zu ihrem Leidwesen war das am 22. April 1868 in Budapest geborene Kind aber kein Sohn, sondern eine Tochter. An Marie Valerie kostete die inzwischen 31jährige Elisabeth erstmals ausgiebig Mutterfreuden aus.
In den folgenden Jahren verbrachte die Kaiserin viel Zeit in Ungarn, vor allem auf Schloß Gödöllö, das die ungarische Nation ihrem Königspaar zum Geschenk gemacht hatte. 1871 nahm sie eine weitere Ungarin in ihre engste Umgebung auf, die Gräfin Marie Festetics wurde Hofdame. Als sie nach mehr als zwanzigjährigem anstrengenden Dienst vom Hof schied, rückte ihre Landsmännin Gräfin Irma Sztáray als Hofdame nach.
In Wien war die Kaiserin immer seltener zu sehen. Außer zu Kuraufenthalten oder Familienbesuchen in Possenhofen fuhr sie zu Reitjagden nach England und Irland, streifte unerkannt in London umher und besichtigte inkognito Paris; dagegen vermied sie offizielle Auslandsverpflichtungen soweit wie möglich. Als sie die Reitjagden 1882 unvermittelt aufgab, verlegte sie sich, bewegungshungrig wie immer, auf ausgiebige Fußmärsche, sehr zum Entsetzen ihrer hungrigen Begleitung, die keine Gelegenheit zum Essen erhielt. Um auf ihren Gewaltmärschen nicht erkannt zu werden, wanderte die drahtige und sportlich trainierte Kaiserin auch nachts. Daneben nahm sie Fechtunterricht und machte lange

Ausritte zu Pferd. Für gesellschaftliche Verpflichtungen blieb da nur wenig Zeit.
Seit 1887 entwickelte Elisabeth eine besondere Vorliebe für Griechenland und die griechische Kultur. Sie lernte Alt- und Neugriechisch, engagierte einen griechischen Studenten in Wien zur Konversation und den österreichischen Konsul auf Korfu, Alexander von Warsberg, als Reisebegleiter in Griechenland. Sie beschloß, sich auf Korfu häuslich niederzulassen, und ließ auf einem Hügel am Meer die Villa *Achilleion* erbauen. Die Einrichtung war aber nicht griechisch, sondern dem pompejanischen Stil nachempfunden. Die Möbel wurden von neapolitanischen Handwerkern hergestellt und, bevor sie nach Korfu kamen, in Wien ausgestellt, was die heimischen Industriellen und Handwerker sehr verdroß. Lediglich ein österreichischer Maler erhielt Gelegenheit, mit Aufträgen für das *Achilleion* Geld zu verdienen.
Aber weder das kostbar ausgestattete Musenheim auf Korfu noch die Villa *Hermes* in Lainz, mit der Franz Joseph die unruhige Kaiserin an Wien binden wollte, ließen sie zur Ruhe kommen. Nach dem Tod Kronprinz Rudolfs (1889) und der Heirat ihrer Lieblingstochter Marie Valerie (1890) begann eine wahre Odyssee der Kaiserin. Immer zielloser reiste sie umher, Franz Joseph blieb einsam, aber von Katharina Schratt getröstet, in Wien zurück. Wenn Elisabeth in den 1890er Jahren alljährlich wenige Wochen in Österreich weilte, lebte sie zurückgezogen in der *Hermesvilla*.
So ereilte sie der Tod auch nicht in der Heimat, sondern auf einer Reise in die Schweiz. Am 10. September 1898 wurde sie am Genfer See vom italienischen Anarchisten Luigi Lucheni, der eigentlich König Umberto I. von Italien ermorden wollte, mit einer Feile erdolcht. Die seit 1889 (Tod Kronprinz Rudolfs) stets schwarz gekleidete Kaiserin, die inkognito reiste, war nur von ihrer ungarischen Hofdame Irma Sztáray begleitet gewesen (Abb. 125). Ihr Leichnam wurde nach Wien gebracht und in der Kapuzinergruft beigesetzt. Laut Testament vom 14. Juni 1896 erbten Elisabeths Töchter Gisela und Marie Valerie sowie ihre Enkelin Elisabeth den gesamten Besitz *(Hermesvilla, Achilleion)* und Schmuck der Kaiserin. Die Erbinnen waren verpflichtet, der Vorleserin Ida von Ferenczy für die Dauer ihres Lebens jährlich 4000 Gulden zu zahlen, Elisabeths jüngere Schwester Mathilde – sie hatte 1861 Graf Ludwig von Trani, einen Bruder des Exkönigs von Neapel-Sizilien, geheiratet und war seit 1886 verwitwet – sollte von ihnen solange 30.000 Mark jährlich erhalten, bis sie von der italienischen Regierung entschädigt werden würde. Den lebenslangen Fruchtgenuß an der *Hermesvilla* und am *Achilleion*

überließ die Kaiserin ihrem *vielgeliebten Herrn und Gemahl, dem Kaiser und König Franz Joseph I. Gott erhalte ihn noch lange!* Elisabeth hinterließ keine testamentarische Verfügung über Seelgerätstiftungen, auch keine Legate an geistliche oder weltliche Institutionen. Sie unterschied sich darin von allen ihren Vorgängerinnen. Auch sonst war die Religion in ihrem Leben weit weniger dominant als bei den anderen Kaiserinnen, die einen nicht unbeträchtlichen Teil ihrer Zeit mit religiösen Übungen verbrachten.

Elisabeth verwendete ihre »Freizeit« weitgehend für ihre persönlichen Interessen, zur angestrebten Selbstverwirklichung. Mit zunehmendem Alter rückte sie immer mehr von der katholischen Religion ab, betete den *großen Jehova* an, glaubte an Prädestination. Auf diese Weise kam auch die großteils religiös motivierte karitative Tätigkeit früherer Kaiserinnen bei ihr nicht zum Tragen. Ihre private Wohltätigkeit entsprang momentanen Eingebungen. Das spezielle Interesse für Geisteskranke – 1871 erbat sie sich von Franz Joseph als Namenstagsgeschenk *ein vollständig eingerichtetes Narrenhaus*, 1886 besuchte sie unangemeldet die Wiener Landesirrenanstalt am *Brünnlfeld* – entsprang keinem Hilfsbedürfnis, sondern ihrer geheimen Sorge, selbst in dieser Hinsicht erblich belastet zu sein.

Abb. 125 *Ein Schnappschuß wenige Tage vor ihrem Tod: Kaiserin Elisabeth mit ihrer Hofdame Irma Sztáray in Territet am Genfer See (3. September 1898).*

Sisi, die letzte Kaiserin »aus der Fremde«, hat sich in Österreich nie heimisch gefühlt. Die ersten Jahre am Kaiserhof waren geprägt von Auseinandersetzungen mit der Kaiserinmutter, der Wittelsbacherin Sophie, die ihrer Nichte Pflichtbewußtsein und höfisches Benehmen beibringen wollte. Da dies Elisabeths künstlerischem und egozentrischem Wesen nicht entsprach und sie die von ihr verlangten Repräsentationsaufgaben als wenig sinnvoll ansah, reagierte sie darauf mit psychischer Erkrankung und Flucht.

Das Leben am Wiener Hof war tatsächlich wenig angenehm. Hinter einer glanzvollen Fassade verlief das alltägliche Dasein sehr einfach und unkomfortabel. In drei wesentlichen Bereichen herrschten geradezu altertümliche Verhältnisse: Die sanitären Anlagen waren vorsintflutlich, es gab kein Bad, keine Toilette mit Wasserspülung. Man wusch sich in Waschschüsseln und benützte Leibstühle. Erst auf Initiative der Kaiserin wurden Badezimmer und Wasserklosetts installiert.

Ähnlich altmodisch waren in der Hofburg auch die Heizanlagen. Die Öfen stammten aus dem 18. Jahrhundert, die offenen Kamine aus noch früherer Zeit. Sie brachten in den zugigen Räumen keine richtige Wärme zustande, Elisabeth ließ daher in einigen Zimmern zusätzliche Kachelöfen aufstellen. Im Sommer dagegen

bildete sich in der Hofburg ein Hitzestau, der den Aufenthalt nahezu unerträglich machte.
Auch die kaiserlichen Mahlzeiten servierte man höchst unmodern. Das Essen wurde in der Hofküche zubereitet und durch viele Räume getragen, ehe es, hinter einem Paravent aufgewärmt, serviert werden konnte. Die Speisen waren daher nie richtig warm. Kein Wunder, daß Franz Joseph die privaten Essen bei Frau Schratt, wo alles frisch und heiß auf den Tisch kam, genoß. Elisabeth ihrerseits aß ihrer schlanken Figur zuliebe immer weniger und schließlich nur noch kalt.
Die Kaiserin fand an Österreich viel auszusetzen. Sie haßte die sie umgebende hocharistokratische Hofclique und den Adel überhaupt, war aber selbst eine Nutznießerin dieser Gesellschaftsordnung und nahm die Annehmlichkeiten ihrer Standeszugehörigkeit sehr wohl in Anspruch. Für die einfache Bevölkerung tat sie – im Gegensatz etwa zu ihrer Tante Caroline Auguste – kaum etwas. Durch ihre kostspieligen Vergnügungen und Auslandsreisen (mit reichlicher Begleitung) floß viel Geld aus Österreich ab. Die häufige Abwesenheit der ehemüden Kaiserin veranlaßte Franz Joseph zu einem langjährigen Verhältnis mit Anna Nahowski sowie zu noch längeren Beziehungen zur Seelenfreundin Katharina Schratt; beide Frauen erhielten vom Kaiser hohe Geldsummen.
Kaiserin Elisabeth nahm die Pflichten ihrer Stellung nur ungern wahr. Sie führte mehr und mehr ein Privatleben, allerdings auf Staatskosten. Ihre auf diese Weise gewonnene Freizeit nützte sie zur Weiterbildung, für die Bildung der Bevölkerung setzte sie sich nicht ein. An der großartigen Umgestaltung Wiens, wo zu ihrer Zeit die Ringstraßenbauten entstanden, nahm sie keinen erkennbaren Anteil, für die zeitgenössische Kunst zeigte sie wenig Interesse. Der Eröffnung des neuen Opernhauses – der heutigen Staatsoper – im Jahr 1869 blieb sie aus fadenscheinigen Gründen fern, obwohl sich die Künstler gerade mit dem *Salon der Kaiserin* besondere Mühe gegeben hatten.
Als 1867 in Österreich die konstitutionelle Monarchie eingeführt wurde und das demokratische Leben seinen Anfang nahm, erhielt es von der Kaiserin, die als Republikanerin galt, keine Unterstützung; sie fürchtete – ihren eigenen Worten zufolge – *das Volk als Masse*. Obwohl sie über 30 Jahre lang in Österreich lebte, blieb sie zeitlebens eine Fremde.

Neben den Babenbergern und den Habsburgern war auch die dritte bedeutende Dynastie auf heute österreichischem Territorium, das Haus der Görzer, durch Heiraten mit anderen Fürsten-

Abb. 126 *Johann Fuchs: Meinhard II. und Elisabeth von Wittelsbach als Stifter von Stams (um 1630).*

Stams (Tirol), Kunstkammer des Stiftes (Aufnahme: Jörg Moser, Telfs).

geschlechtern verbunden. Die Grafen holten sich ihre Bräute aus Schlesien, Böhmen, Ungarn, Italien, Savoyen und aus deutschen Adelsfamilien. Zwei dieser Fürstinnen haben sich in der österreichischen Geschichte einen Namen gemacht:

Die Wittelsbacherin Elisabeth, die nach kurzer Ehe mit König Konrad IV. aus dem Geschlecht der Staufer bereits mit 27 Jahren Witwe war, heiratete nach fünfjähriger Witwenschaft 1259 Graf Meinhard IV. von Görz, der rangmäßig weit unter ihr stand und vermutlich zehn Jahre jünger war als sie. Der junge Ehemann sah in dieser Verbindung eine Möglichkeit, sein Ansehen und seinen Besitz zu vergrößern, vor allem die staufischen Güter im Inntal waren für Meinhard IV., der seit der Erbteilung mit seinem jüngeren Bruder Albert (1271) die Grafschaft Tirol – als Meinhard II. – innehatte, eine willkommene territoriale Abrundung seiner Herrschaft.

Den Oberinntaler Besitzungen wurde das Stiftungsgut für das Zisterzienserkloster Stams entnommen, in das 1273 die ersten Mönche aus dem schwäbischen Kaisheim einzogen. Sie kamen vor allem auf Wunsch der Königin Elisabeth nach Tirol, die in Stams möglicherweise – so nach späterer Klostertradition – eine Gedächtnisstiftung für Konradin, ihren einzigen Sohn aus erster Ehe, schaffen wollte (Abb. 137); er war 1268 in Neapel als letzter Stauferspróß hingerichtet worden.
Von Anfang an war Stift Stams aber sicher als Grablege für die Görz-Tiroler Landesfürsten gedacht, und Elisabeth selbst wurde hier als erste Fürstin dieses Hauses beigesetzt (1273). Als 1284 der Neubau von Kloster und Kirche feierlich geweiht wurde, übertrug man ihren Leichnam sowie die sterblichen Überreste ihrer vier früh verstorbenen Kinder in die neue Klosterkirche.
Die übrigen Nachkommen aus ihrer Ehe mit Meinhard II. setzten das Geschlecht fort und verbanden es bereits in der nächsten Generation mit den Habsburgern. Elisabeths gleichnamige Tochter heiratete 1274 den späteren König Albrecht I. und wurde so die Stammutter aller habsburgischen Herrscher in Österreich. Mit ihrem jüngsten Sohn Heinrich, der auch Kärnten innehatte, sowie dessen Tochter Margarete Maultasch, die sich nur in Tirol halten konnte, starb die meinhardinische Linie der Görzer 1335 bzw. 1369 aus, in beiden Ländern von den Habsburgern beerbt.
Die Albertiner Linie des görzischen Hauses bestand bis zum Jahr 1500. Sie beherrschte ein zersplittertes Territorium in Oberitalien und Osttirol, als Residenz diente im 14. Jahrhundert Schloß Bruck bei Lienz.
Leonhard, der Letzte seines Geschlechtes, hatte 1478 die vermutlich 15jährige Paula Gonzaga von Mantua geheiratet, die durch ihren aufwendigen Brautschatz im Gedächtnis der Nachwelt erhalten blieb. In zwölf Truhen verpackt, umfaßte er kostbaren Schmuck, Kleidung, Bettvorhänge und Bettwäsche, Teppiche, Tischwäsche, Handtücher, Toilettegegenstände – darunter einen Läusekamm –, Spiegel, Messer, Scheren und einen Fliegenwedel aus Pfauenfedern. An Leibwäsche brachte die Braut 26 Hemden unterschiedlicher Machart, acht Paar Hosen und zwei Paar Hosenbänder mit, eine große Anzahl Schuhe und Sandalen vervollständigte ihre Garderobe. Für ihre Beschäftigung hatte sie Spielbretter, einen Spinnrocken, 25 Nähnadeln, Goldfäden zum Sticken sowie Borten mitgebracht. Der Eßkultur dienten silberne Kannen und Becken, diverse Schüsseln, Trinkgefäße, Konfektschalen und Teller, aber auch zwölf Löffel und sechs kleine Gabeln, wohl zum Aufnehmen des Konfekts. Für die Beleuchtung bei Tisch sollten zwei Tischleuchter sorgen.

Wie üblich, enthielt die Aussteuer auch wertvolle religiöse Ausstattungsgegenstände. Über das gewöhnliche Maß hinaus ging aber der Schatz an geistiger Kultur, den die Mantuaner Prinzessin in ihre neue Heimat mitnahm: Er umfaßte Werke des Kirchenvaters Augustinus *(De civitate Dei)*, einen illuminierten Vergil, Sallusts *Bellum Jugurtinum*, eine Grammatik des Donat sowie das *Doctrinale* des Alexander de Villa Dei, zwei Abhandlungen von Cicero, ein Mathematiklehrbuch *(ein Buchl, lernt Rechnung machen)* sowie erbauliche Schriften.

Neben der reichen Aussteuer sollte Paula noch eine hohe Mitgift erhalten. Die Auszahlung dieser Summen zog sich aber jahrelang hin, erst 1493 war das Heiratsgut ausbezahlt.

Die junge Gräfin brachte einen Hofstaat von 15 Personen nach Lienz mit, großteils Frauen und Jungfrauen, aber auch einen Arzt und einen Kaplan. Die Ehe zwischen der feingebildeten Italienerin, deren Mutter eine gebürtige Markgräfin von Brandenburg war, und dem weit älteren Grafen von Görz scheint nicht sehr harmonisch gewesen zu sein. Paula war herzkrank und körperlich etwas verunstaltet, die Mantuaner Verwandtschaft schickte ihr häufig Arzneien und Ärzte. Die Fürstin besuchte auch Bäder, um Heilung zu finden. Die Ehe blieb ohne männliche Nachkommen, eine Tochter starb jung (Abb. 127). Sie selbst dürfte 1495 gestorben sein, ihr Begräbnisort ist unbekannt.

Die vier wertvollsten Brauttruhen kamen vermutlich als Seelgerätstiftung an den St.-Georgs-Orden nach Millstatt. Nach dessen Aufhebung gelangten die beiden Elfenbeintruhen nach Graz, wo sie 1617 zu Reliquienschreinen umgewandelt wurden und noch heute im Dom, links und rechts vor dem Triumphbogen, stehen. Eine der beiden vergoldeten Holztruhen verblieb in Millstatt, die zweite ist verschollen; zwei von diesen beiden Truhen abgelöste Stuckreliefs befinden sich heute im Kärntner Landesmuseum in Klagenfurt.

Nach dem söhnelosen Tod Graf Leonhards (1500) übernahmen die Habsburger auch diesen Teil der Görzer Erbschaft, die sog. vordere Grafschaft Görz.

Der Dynastie eiferte stets der Adel nach, auch in seinen Eheverbindungen. Solange die fürstlichen Gemahlinnen aus dem Ausland kamen und in ihrem Hofstaat Frauen aus ihrer Heimat mitbrachten, konnten diese mit österreichischen Adeligen verheiratet werden. Der heimische Adel reiste aber auch selbst zur Ausbildung oder in herrscherlichen Diensten ins Ausland und wählte sich dort seine Ehepartnerin. Wie die Dynastie war auch die österreichische Aristokratie weitgehend international.

Abb. 127 *Unbekannter Künstler: Sog. Görzer Altar (um 1500). Detail auf dem rechten Seitenflügel: Paula Gonzaga mit ihrer Tochter.*

Lienz, Schloß Bruck, Kapelle (Aufnahme: Lois Ebner).

Für die übrige Bevölkerung kamen andere Kontakte in Betracht. Ihre Bräute kamen meist auf der Suche nach Arbeit ins Land. Der Berufsmöglichkeiten im Haushalt oder in Fabriken gab es zur Zeit der Monarchie viele, unterdessen finden Frauen und Mädchen auch in anderen Bereichen Arbeit. Aus persönlicher Bekanntschaft wurden und werden Liebesbeziehungen und schließlich Ehen.

Natürlich kamen nicht nur Ehefrauen, sondern auch Ehemänner »aus der Fremde«, man denke nur an Franz Stephan von Lothringen. Da in beiden Fällen der Familienname der Frau – von Ausnahmen abgesehen – verschwindet, ist der Grad der Vermischung bei nichtadeligen Heiraten nur durch aufwendige Quellenforschung eruierbar.

Soviel aber steht fest: Der »österreichische Mensch«, jene angeblich besondere biologische und kulturelle Mischung – er ist auch ein Produkt vieler Ehefrauen »aus der Fremde«.

Die Unebenbürtige

Eine konventionelle Ehe mit einer Unbekannten aus der Fremde, die nach Staatsräson und Familieninteressen ausgewählt wurde, oder das Glück an der Seite einer Frau, die man persönlich kennen- und liebengelernt hatte? Diese Frage wurde in der Regel nicht theoretisch gestellt, sondern aus konkretem Anlaß, wenn eine Liebesbeziehung legalisiert werden sollte. Die Mißachtung der gesellschaftlichen Normen der Zeit war immer ein Wagnis, im Falle einer Eheverbindung zwischen Angehörigen unterschiedlichen Standes führte sie oft zu lebenslangen Schwierigkeiten.
Unebenbürtigkeit ist ein Begriff, der heute keine rechtliche Relevanz mehr besitzt. Anders in Zeiten, wo die durch Geburt begründete Zugehörigkeit zu einem privilegierten Stand, dem Adel, große Bedeutung hatte. Besonders der Hochadel stützte seinen Herrschaftsanspruch auf zwei Grundsätze: die magische Kraft des Blutes *(sanguis regius)* und die göttliche Gnade. Die Berechtigung zur Herrschaft kam daher nicht nur dem Herrscher zu, sondern auch seiner ganzen Familie; männliche wie weibliche Familienmitglieder führten, selbst wenn sie nicht herrschten, denselben Titel (Kaiserliche Hoheit, Königliche Hoheit etc.). Mit diesem Geblütsrecht verband sich die Idee des Gottesgnadentums. Der Adel herrschte seiner Überzeugung nach »von Gottes Gnaden« *(Dei gratia)*, wodurch die Herrschaft theokratisch untermauert wurde.
Mit diesen Prinzipien war die Heirat eines Adeligen mit einer sozial niedriger gestellten Frau schwer vereinbar. Standesungleiche Eheschließungen wurden daher in Adelskreisen nicht gern gesehen und nach Möglichkeit verhindert. Der Eindämmung solcher Ehen diente auch die rechtliche Diskriminierung der unebenbürtigen Ehepartnerin und ihrer Kinder; die Ehefrau wurde nicht in den Familienverband des Mannes aufgenommen, die Nachkommenschaft auf den Status der sozial tiefer stehenden

Mutter herabgestuft, die Söhne vom Nachfolgerecht ausgeschlossen.
In der Neuzeit wurden die germanischen Rechtsbegriffe des Geblütes weitgehend von den Grundsätzen des wiederentdeckten römischen Rechts verdrängt, das nur zwischen Freien und unfreien Sklaven unterschied; auf die neuzeitliche Gesellschaft übertragen, galten Adelige und Bürgerliche als frei, die Bauern hingegen als unfrei. Eheschließungen zwischen Angehörigen des Adels und des Bürgertums stellten daher rechtlich kein Problem dar, was auch dem Selbstverständnis vieler reich gewordener Bürgerfamilien entsprach. Der hohe Adel blieb sich aber seiner Sonderstellung stets bewußt und sah die Ehen zwischen Dynastensprößlingen und Bürgerlichen weiterhin als untragbar an. Es wurden Hausgesetze erlassen, die die Eheschließungen des jeweiligen Adelshauses regelten. Meist erhielt die als unebenbürtig angesehene Ehefrau nicht den Rang ihres adeligen Ehemannes, die Kinder wurden von der Nachfolge ausgeschlossen. Der Kaiser als oberste Gnadeninstanz sowohl im Heiligen Römischen Reich (bis 1806) wie auch im Kaisertum Österreich (ab 1804) konnte »das Objekt der Mißheirat« allerdings vor der Eheschließung in einen entsprechenden Adelsrang versetzen oder die Mesalliance nachträglich heilen, indem er die standesungleiche Ehefrau und ihre Kinder in den Adelsstand erhob.
Die Aufklärung sah die Gleichheit aller Menschen (vor dem Gesetz) als allgemeines Grundrecht an, die Französische Revolution verhalf diesen Ideen weltweit zum Durchbruch. In Österreich hatte bereits Joseph II. den privilegierten Gerichtsstand der Adeligen aufgehoben, die Rechtsgleichheit aller Bürger wurde seit 1848 in den Verfassungen festgeschrieben. Die Abschaffung des Adels erfolgte am 3. April 1919.
Die Kirche bemühte sich seit dem frühen Mittelalter, auch für den Bereich der Ehe das kanonische Recht zur Geltung zu bringen. Das kirchliche Eherecht kannte keine Standesunterschiede, wohl aber diskriminierte es nichteheliche Sexualbeziehungen. Es gab jedoch zwei Möglichkeiten für »Standespersonen« und ihre Partnerinnen, dieser Diskriminierung zu entgehen: heimliche Eheschließung oder morganatische Ehe.
Die Eheschließung ohne Priester und öffentlichen Kirchgang war bis zum Trienter Konzil allgemein üblich, danach wurde die sog. klandestine Ehe *(matrimonium clandestinum)* kirchlicherseits bekämpft. Die heimliche Eheschließung mit Priester, aber ohne öffentliche Verkündigung war jedoch weiterhin möglich und wurde als Gewissensehe *(matrimonium conscientiae)* bezeichnet. Die morganatische Eheschließung erfolgte öffentlich. Ihr Name

leitet sich von der Morgengabe ab, die der Bräutigam auch der sozial unter ihm stehenden Braut darbrachte, während sie weder Mitgift noch Aussteuer, wie bei standesgleicher Eheschließung erforderlich, beistellte; es entfielen damit die Widerlage und das Wittum, auf das sie sonst Anspruch hatte. Die Rechtsfolgen der morganatischen Ehe – auch »Ehe zur linken Hand« genannt, weil ihr kein rechtshändig geschlossener Ehevertrag zugrunde lag – wurden jeweils genau festgelegt, die standesungleiche Ehefrau hatte nicht Teil am Titel, Rang und Wappen ihres Ehepartners, sie und ihre Nachkommen besaßen auch kein Erbrecht in dessen Familie und kein Nachfolgerecht. Selbst wenn der Kaiser eine Rangerhöhung aussprach, blieb die gesellschaftliche Diskriminierung der morganatischen Ehefrau und ihrer Kinder bestehen und verblaßte erst nach Generationen.

Die österreichische Geschichte kennt mehrere Fälle, in denen Mitglieder des Hauses Habsburg »unter ihrem Stand« heirateten. Die männlichen Habsburger waren in der Überzahl, sie wagten diesen Schritt gegen die Konvention häufiger, weil das Problem des Rangunterschiedes gegenüber einer Partnerin für sie wesentlich leichter überwindbar war.

Philippine Welser, eine reiche Augsburger Patrizierstochter und zugleich ihrer Schönheit wegen berühmt, war bereits 30 Jahre alt, als der um zwei Jahre jüngere Erzherzog Ferdinand, Sohn Kaiser Ferdinands I., 1557 auf Schloß Bresnitz in Böhmen heimlich die Ehe mit ihr einging (Abb. 128). Die »schöne Welserin« hatte dort 1556 ihre Tante Katharina von Loxan, die Mutter des Burghauptmanns, besucht, der Erzherzog war zu dieser Zeit Statthalter in Böhmen. Zeugen dieser heimlichen Eheschließung, die vom Beichtvater Ferdinands vorgenommen wurde, waren Philippines Tante und einige andere Frauen.

Als Ferdinands Gattin am 15. Juni 1558 ihren ersten Sohn zur Welt brachte, wurde er von Katharina von Loxan nachts zwischen die Tore des Schlosses Bresnitz gelegt, wo ihn der Torwart morgens fand. Der Säugling wurde der Mutter als »Findelkind« überbracht, wodurch sie ihn in ihre Obhut nehmen konnte.

Nach der Geburt dieses Sohnes, der auf den Namen Andreas getauft wurde, setzte der Erzherzog seinen Vater von der Heirat in Kenntnis. Der Kaiser hatte für ihn glänzende Partien in Aussicht genommen, die nun hinfällig waren; wie er die Mitteilung über die hinter seinem Rücken vorgenommene Eheschließung aufnahm, entzieht sich unserer Kenntnis, erfreut war er sicher nicht. Er ließ sich von den beiden Ehepartnern die Geheimhaltung der Heirat versprechen und stellte daraufhin am 1. August 1559

Abb. 128
Hans Bocksberger d. Ä. (?): Philippine Welser. Handschuhe und Taschentuch in ihren Händen sollen sie als vornehme Dame kennzeichnen.
Innsbruck, Schloß Ambras (KHM, IN 4387).

einen Gnadenbrief aus, worin er die Ehe anerkannte und den Kindern den Familiennamen »von Österreich« gewährte; die Söhne sollten eine jährliche Rente von je 10.000 Gulden erhalten und Herrschaften übernehmen können, den Töchtern wurde Heiratsgut bis zu 10.000 Gulden versprochen, auch Philippine erhielt ein Wittum von 3000 Gulden zugesagt.

Als Ferdinands Gattin am 22. November 1560 in Schloß Bürglitz bei Pilsen einen zweiten Sohn gebar, der den Namen Karl erhielt, und am 7. August 1562 ebendort einem – bald wieder verstorbenen – Zwillingspaar das Leben schenkte, wurde erneut die »Auffindungskomödie« gespielt.

1567 übersiedelte Ferdinand mit seiner Familie nach Tirol. Bereits 1564 hatte er seiner Gattin Schloß Ambras bei Innsbruck zum Geschenk gemacht, wo sie nun mit ihren beiden Söhnen, ihrer Mutter und ihrer Tante Katharina von Loxan lebte, während der Erzherzog als Landesfürst in die offizielle Residenz, die Innsbrucker Hofburg, einzog. Als Schloßherrin von Ambras nahm die als erzherzogliche Konkubine geltende Philippine, die 1567 zur Freiin von Zinnenberg erhoben wurde, an den vielen Festlichkeiten teil, die Ferdinand II. im kostbar eingerichteten Ansitz veranstaltete. Er machte Ambras zu einem Zentrum höfischer Kultur und brachte hier auch seine berühmte Kunst- und Wunderkammer unter.

Die habsburgische Familie fand sich mit der unstandesgemäßen Verbindung nur schwer ab. Ferdinands Brüder, Kaiser Maximilian II. und Erzherzog Karl II. von Innerösterreich, waren darüber *zum allerhöchsten entsetzt und bekümmert*, sie bestanden darauf, daß die Erbfolge der Söhne Philippines eingeschränkt wurde; Kaiser Karl V. sprach von der Ehefrau seines Neffen Ferdinand 1566 als *von der losen Brekin*, d. h. Hündin, zur Hochzeit Karls II. mit Herzogin Maria von Bayern (1571) wurde Philippine nicht eingeladen.

Erst als sich Ferdinand II. bemühte, seinem Sohn Andreas, der in den geistlichen Stand gedrängt worden war, die Kardinalswürde zu verschaffen, erlebte die Mutter eine späte Genugtuung. Da für das Kardinalat eheliche Geburt erforderlich war, gab Ferdinand durch seinen ehemaligen Beichtvater das Geheimnis seiner Eheschließung preis; die Kurie wollte die Zeugenschaft der damals anwesenden Frauen zunächst nicht gelten lassen, lenkte aber schließlich ein. Am 21. August 1576 entband Papst Gregor XIII. das fürstliche Paar vom seinerzeitigen Schweigegelöbnis, so daß Philippine Welser nun als Gemahlin Ferdinands II. galt.

Die Augsburger Bürgerstochter war eine treusorgende Ehegattin und tüchtige Hausfrau. Sie hatte nicht nur Interesse an der Koch-

kunst – ein von ihr benütztes Kochbuch ist erhalten geblieben –, sondern auch an der Heilkunst. Sie legte in Ambras einen Kräutergarten an und richtete eine Apotheke ein, die Schloßbewohner und Bedürftige aus der Umgebung versorgte. Vor allem kümmerte sie sich natürlich um ihren Gemahl, der häufig krank war. Er nahm jeden Morgen ein Bad, sowohl die Innsbrucker Hofburg wie auch Ambras waren zu diesem Zweck mit Badekammern ausgestattet; das berühmte »Bad der Philippine Welser« in Ambras diente wohl beiden Ehepartnern zur Ergötzung; denn auch die Fürstin kränkelte seit 1570, weshalb das Ehepaar seit dieser Zeit mehrmals zur Kur nach Karlsbad reiste.
Philippine Welser starb am 24. April 1580 in Ambras, in Gegenwart Ferdinands II. (Abb. 65). Sie wurde in der von ihm 1578 errichteten Silbernen Kapelle, die an die Innsbrucker Hofkirche angebaut war, in einem von Alexander Colin geschaffenen Grabmal beigesetzt. Sie ruht hier, durch ein Eisengitter von ihrem Gemahl getrennt, in einem Wandgrab (Abb. 77). Der Standesunterschied wurde von Ferdinand dadurch betont, daß er kein gemeinsames Doppelgrab in Auftrag gab, die jetzige räumliche Distanzierung stammt aber erst von Maximilian dem Deutschmeister.
Von den Söhnen Philippines starb Kardinal Andreas im Jahr 1600 in Rom, während Karl die Markgrafschaft Burgau erhielt und erst 1618 verschied. Er hatte aus der Ehe mit seiner Cousine Sybille von Jülich-Kleve keine Nachkommen, wohl aber drei »natürliche« Kinder von einer Klara von Ferreri; sie erhielten den Namen Hohenberg, das Geschlecht starb im 18. Jahrhundert aus. Die nächste unebenbürtige Verbindung im Haus Habsburg erfolgte erst im 19. Jahrhundert. Wieder hielt sich ein Kaisersohn nicht an die Standesgrenzen, sondern folgte dem Ruf seines Herzens.

Abb. 129 *Unbekannter Miniaturmaler: Anna Plochl (1819). Auf der Rückseite deren eigenhändiger Vermerk: »So war ich, als mich mein Erzherzog am Toplitzsee 1819 erstemahl sah. A. Gfn. Meran.«* Privatbesitz.

15 Jahre jung war Anna Plochl, die Ausseer Postmeisterstochter, als *Seine Kaiserlich Königliche Hoheit, der durchlauchtigste Erzherzog Johann von Österreich* sie am 12. August 1819 erstmals sah (Abb. 129). Der »Steirische Prinz« zählte zu diesem Zeitpunkt bereits 37 Jahre und hatte ein bewegtes Leben hinter sich. Als dreizehntes von 16 Kindern des Großherzogs Leopold von Toskana und der spanischen Infantin Maria Ludovica von Bourbon 1782 in Florenz geboren, wuchs Johann im italienischen Ambiente auf und lernte Deutsch nur von einer Kammerfrau seiner Mutter. Als sein Vater 1790 die Nachfolge in Österreich antrat, reiste der Erzherzog mit seinen Geschwistern nach Wien und sah bei dieser Gelegenheit erstmals die imponierende

Bergwelt der Alpen. Zwei Jahre später war er Vollwaise, da Leopold II. 1792 überraschend starb und seine Witwe ihm binnen zweier Monate in den Tod nachfolgte.

Ab 1799 wurden dem Erzherzog verschiedene militärische Aufgaben übertragen, wobei er sich nicht sehr bewährte. Seit 1800 bereiste er als Verantwortlicher für die Befestigungen die Erblande und besonders Tirol. 1804 sollte er die Landesverteidigung gegen Napoleon organisieren, doch wurde Tirol im Preßburger Frieden 1805 kampflos an Bayern abgetreten und blieb bis 1815 in bayerischer Hand.

Statt Tirol wurde nun die Steiermark Johanns Hauptbetätigungsfeld. Er hatte sie durch seine Dienstreisen und auch private Wanderungen gut kennengelernt, 1811 gründete er in Graz das *Joanneum* als Museum und Lehranstalt, 1818 ersteigerte er, nachdem ihm Herzog Albert von Sachsen-Teschen 200.000 Gulden hinterlassen hatte, den *Brandhof* in der Obersteiermark und richtete hier ein Mustergut für Viehzucht ein; 1819 gründete er die *Landwirtschaftsgesellschaft* neu, 1822 erwarb er ein Radwerk in Vordernberg, um den Eisenabbau am Erzberg zu modernisieren. Er war vielbeschäftigt, aber noch ledig.

Zurück zur schicksalhaften Begegnung mit der jungen Anna Plochl, auf die der Erzherzog ebenfalls Eindruck gemacht hatte. Bereits einen Tag später, am 13. August 1819, ergab sich bei einem Ausflug in größerer Gesellschaft die Gelegenheit zu einem Gespräch, und schon beim nächsten Wiedersehen am 29. August 1819 fragte Johann die Postmeisterstochter, ob ihr Herz noch frei sei; als sie bejahte, bat er sie: *... seyn Sie mir gut.* Drei Jahre später, am 9. Juli 1822, nach einer einstündigen Aussprache unter freiem Himmel, gab er ihr sein *Versprechen*, verlobte sich also mit ihr.

Die Romanze zwischen dem Erzherzog und einer Bürgerlichen blieb am Kaiserhof nicht unbemerkt, man holte Erkundigungen über Anna und ihre Familie ein. Am 5. Februar 1823 kam es in Wien zu einer Unterredung zwischen Johann und seinem ältesten Bruder, Kaiser Franz I. Der Erzherzog glaubte aus den kaiserlichen Worten eine Zustimmung zur Ehe mit Anna herauszuhören und ließ schon Brautkleid, Kranz und sonstige Brautausstattung besorgen. Der Kaiser hatte aber keineswegs die Ehegenehmigung erteilt, sondern versuchte im Gegenteil, seinen Bruder von der unstandesgemäßen Verbindung abzubringen, allerdings vergeblich.

1823 nahm Erzherzog Johann seine *Nani* zur Führung des Haushalts in sein Radmeisterhaus in Vordernberg auf. Das Leben unter einem Dach, mit männlichem und weiblichem Personal, wurde

Abb. 130 *Ernst Christian Moser: Anna Freiin von Brandhofen mit ihrem Sohn Franz (1839).*
Privatbesitz.

von ihm streng geregelt und sah folgendermaßen aus: Nach dem gemeinsamen Frühstück erledigte jeder bis zum Mittagessen und auch danach seine besonderen Aufgaben; abends versammelte man sich zum Gespräch, diskutierte die Tagesereignisse, der Erzherzog beredete mit *dem Mädchen* und seinen Sekretären, was am nächsten Tag zu geschehen hatte; zwischen 9 und 10 Uhr abends ging jeder in sein Zimmer, *das Mädchen mit den weiblichen Dienstboten hinauf* in das obere Stockwerk, der Hausherr schloß sich in sein *einsames Stübchen*, d. h. sein Schlafzimmer ein. Das *Mädchen* Anna Plochl war also Haushälterin, sonst nichts.
1824 übernahm Anna, im Vordernberger Haushalt erprobt, zwanzigjährig die Leitung der Wirtschaft am Brandhof. Als 1828 die dortige Kapelle eingeweiht wurde, trat sie bereits als Hausfrau, also Frau des Hauses auf, die die zahlreichen Gäste jeglichen Standes bewirtete. Die Situation war für sie aber alles andere als

angenehm, sie kam nun unweigerlich ins Gerede. Schließlich befahl der Kaiser selbst seinem Bruder, *der Sache durch des Priesters Segen ein Ende zu machen*, also zu heiraten. Am 18. Februar 1829 fand daraufhin in der Kapelle des Brandhofes die schlichte Trauung des Kaisersohnes mit der Postmeisterstochter statt.

Die Schwierigkeiten in Annas Leben waren damit aber nicht behoben. Da sie nicht in die Familie ihres Mannes aufgenommen wurde, hatte sie keinen Familiennamen. Erzherzog Johann bat daher den Kaiser, seiner Frau den *erbländischen Freiherrenstand von Brandhofen* zu verleihen, was Franz I. am 10. März 1834 tat. Als 1839 der einzige Sohn geboren und nach dem Kaiser auf den Namen Franz getauft wurde, erhielt er 1845 den Titel eines Grafen von Meran (Abb. 130). Schließlich wurde auch Anna Plochl am 9. Januar 1850 zur Gräfin von Meran erhoben, nachdem der Kaiser dem Erzherzog 1849 die Erfüllung eines Wunsches freigestellt und dieser um die Rangerhöhung seiner Frau gebeten hatte. Die Ehe mit einer Bürgerlichen brachte Erzherzog Johann große Popularität seitens des Bürgertums ein. 1848 wurde die *erlauchte Gemahlin Seiner k. k. Hoheit* in Wien von einer großen Menschenmenge jubelnd empfangen. Als der Erzherzog das Amt des Deutschen Reichsverwesers übernahm (1848), übersiedelte die Freiin von Brandhofen mit ihrem Sohn ebenfalls nach Frankfurt. Nachdem er die undankbare Funktion 1849 niedergelegt hatte, wohnte die Familie ab 1850 meist in Graz, im neu erbauten Palais Meran. Zum Familienbesitz gehörten auch ein Weingut in Pickern bei Marburg sowie das Schloß Stainz, das Erzherzog Johann ein Jahr nach der Geburt seines Sohnes gekauft und mit erheblichen Kosten hatte renovieren lassen. Zum Dank dafür wählten ihn die Stainzer 1850 zu ihrem Bürgermeister.

An der Seite ihres politisch, kulturell, sozial und volksbildnerisch aktiven Mannes – vor allem die Steiermark verdankt ihm viel – führte Anna Plochl ein einfaches Leben. Inwieweit sie an seinen geistigen Aktivitäten teilhatte, läßt sich nicht feststellen, ihr Hauptbetätigungsfeld dürfte die Hauswirtschaft gewesen sein, was aber keine leichte Aufgabe war, gehörten doch auch kaiserliche Persönlichkeiten – z. B. Kaiser Franz I. und sein Sohn Ferdinand I. – zu den Gästen der Familie. In die Öffentlichkeit trat die Freiin von Brandhofen nur einmal: 1843 stiftete sie in Graz das Anna-Kinderspital, nach Paris, Petersburg und Wien die vierte Einrichtung dieser Art in Europa. Sie starb am 4. August 1885 im Alter von 81 Jahren in ihrem Geburtshaus in Aussee, an der Seite ihres bereits 1859 verstorbenen Mannes fand sie in der Familiengruft des Schlosses Schenna bei Meran ihre letzte Ruhestätte.

Während die Beziehungen dieses Kaisersohnes mit einer Bürgerlichen friedlich ausklangen, endete die Ehe des Thronfolgers Franz Ferdinand mit der Gräfin Chotek mit beider Ermordung in Sarajevo (1914). Der dadurch ausgelöste Weltenbrand brachte nicht nur drei Kaiserreiche zum Einsturz, sondern führte in Österreich in weiterer Folge auch zur Abschaffung des Adels, wodurch das Problem der Unebenbürtigkeit bald ohne Belang war.
Wann sich die Lebenswege von Sophie Chotek und Franz Ferdinand von Österreich-Este erstmals kreuzten, läßt sich nicht mehr rekonstruieren, möglicherweise bei jener Abendsoiree, die der böhmische Statthalter im Spätherbst 1894 in Prag gab; der 31jährige Erzherzog, der in Budweis stationiert war, nahm als Ehrengast daran teil. Unter den geladenen Gästen befand sich die 26jährige Gräfin Sophie Chotek (Abb. 131). Sie war die Tochter von Graf Bohuslaw Chotek von Chotkowa und Wognin, der als kaiserlicher Botschafter in Stuttgart, Berlin, Petersburg und Brüssel gedient und sich dabei – wie auch andere Adelige im Dienste Seiner Majestät – finanziell übernommen hatte. 1894 lebte er als Pensionist und Witwer in Dresden, Sophie führte ihm und ihrer noch unverheirateten jüngeren Schwester den Haushalt; die übrigen Schwestern und der einzige Bruder waren bereits außer Haus. Die Choteks waren nicht reich, gehörten aber zum böhmischen Uradel. Sophie hatte eine gute Erziehung genossen, sonst gab es über sie nicht viel zu berichten.

Abb. 131 *Foto (o. J.): Gräfin Sophie Chotek (als Gedächtnisfoto 1914 arrangiert).*

Wesentlich mehr war natürlich von Franz Ferdinand bekannt. 1863 in Graz geboren, war er der älteste Sohn von Karl Ludwig, dem jüngeren Bruder Kaiser Franz Josephs, aus dessen zweiter Ehe mit Maria Annunziata von Neapel-Sizilien; er hatte noch zwei jüngere Brüder, Otto und Ferdinand Karl, sowie eine Schwester. Die Mutter starb nach neunjähriger Ehe an Schwindsucht; sein Vater heiratete daraufhin die 18jährige Maria Theresia, Tochter des ehemaligen Königs von Portugal, die ihm zwei Töchter schenkte, aber auch den Kindern aus der zweiten Ehe eine liebevolle Mutter wurde.
Als Franz Ferdinand zwölf Jahre alt war, erbte er das Vermögen des kinderlos verstorbenen letzten Herzogs Franz V. von Modena-Este mit der Auflage, künftig den Namen Österreich-Este zu führen. Zu diesen ererbten Besitzungen aus der ehemaligen Tertiogenitur des Hauses Habsburg gehörten nicht nur Schlösser in Ungarn und Böhmen, sondern auch die Villa d'Este in Tivoli mit ihren Kunstschätzen.
Ohne eine besonders intensive Erziehung genossen zu haben, trat Franz Ferdinand in die Armee ein und wurde seiner hohen Geburt zufolge sehr rasch befördert. Nach dem Tod Kronprinz Rudolfs

(1889) wurde sein Vater nächster Thronanwärter, da dieser aber nur drei Jahre jünger war als der Kaiser, galt bereits Franz Ferdinand als Thronfolger.

Seit dieser Zeit bekam der Erzherzog auch schon kleinere repräsentative Aufgaben übertragen. 1892 machte sich bei ihm das gleiche Lungenleiden bemerkbar, dem seine Mutter zum Opfer gefallen war. Um es zu bekämpfen, unternahm er 1892 bis 1893 eine Weltreise, von der er allerdings nicht völlig gesund zurückkehrte. Er mußte daher erneut auf Kur gehen.

In dieser Krisenzeit intensivierte Franz Ferdinand seine Bekanntschaft mit Sophie Chotek. Wie die Verbindung zwischen Dresden, wo die Gräfin wohnte, und Budweis oder Wien, den Aufenthaltsorten des Thronfolgers, aufrechterhalten blieb, ist nicht bekannt, auf jeden Fall gaben die Briefe, die Sophie dem um seine Gesundung ringenden Erzherzog nachsandte, diesem neuen Lebensmut. Denn sie bestärkte den sehr ungeduldigen Kranken in seinem Überlebenswillen, während andere ihn bereits abgeschrieben hatten. Erst 1898 war Franz Ferdinand vollständig genesen und kehrte an den Wiener Hof zurück.

Der begehrteste Junggeselle der Monarchie – er war unterdessen 35 Jahre alt – dachte wohl auch schon ans Heiraten, aber die Wahl fiel ihm schwer. Als ihm geraten wurde, eine liebe, gescheite, schöne und gute Frau zu nehmen, fragte er: *Ja sagen Sie mir, wo läuft denn so etwas herum? Es ist ja ein Unglück, daß es gar keine Auswahl unter den heiratsfähigen Prinzessinnen gibt; lauter Kinder, lauter siebzehn- oder achtzehnjährige Piperln, eine schiecher als die andere. Und erst die Erziehung meiner Frau zu besorgen, dazu bin ich zu alt, dazu habe ich weder Zeit noch Lust. Ich kann mir sehr gut das Ideal einer Frau vorstellen, wie ich sie gerne haben möchte und mit der ich auch glücklich werden könnte. Es müßte ein nicht zu junges Wesen sein, mit bereits vollkommen gefestigtem Charakter und Anschauungen. So eine Prinzessin gibt es nicht und da finde ich es besser, ledig zu bleiben, als sich zeitlebens unglücklich zu machen.*

Die nicht allzu junge Partnerin mit gefestigtem Charakter gab es aber bereits in Franz Ferdinands Leben: Sophie Chotek.

Um Sophie möglichst in seiner Nähe zu haben, überredete er die Gräfin nach dem Tod ihres Vaters, eine Stelle als Hofdame bei Erzherzog Friedrich und dessen Gemahlin Isabella anzutreten, die in Preßburg nahe Wien residierten. Der Thronfolger kam nun oft dorthin, was die Erzherzogin irrig als Interesse an ihrer ältesten Tochter deutete. Die Entrüstung war groß, als Franz Ferdinand 1899 bei einem Besuch in Preßburg seine Uhr samt Anhänger liegen ließ und die Erzherzogin darin ein Foto ihrer Hofdame

Sophie Chotek entdeckte. Die daraufhin fristlos Entlassene begab sich zunächst zu ihrer Schwester, die als Hofdame bei Kronprinzessin Stephanie, der Witwe Rudolfs, diente, und anschließend zu ihrer in Dresden verheirateten Schwester.
Für Franz Ferdinand war nun die Zeit gekommen, sich offen zu Sophie zu bekennen. Als Franz Joseph, von Erzherzogin Isabella über die peinliche Angelegenheit informiert, von ihm Aufklärung verlangte, eröffnete er ihm, daß er die Gräfin zu heiraten beabsichtige. Der Kaiser gab ihm Bedenkzeit, aber der Thronfolger ließ sich nicht von seinem Vorhaben abbringen. Alle Angehörigen und Freunde rieten ihm von dieser Verbindung ab, nur seine Stiefmutter Maria Theresia verwendete sich beim Kaiser für ihn. Auf ihr Bitten hin erteilte Franz Joseph am 8. April 1900 die Erlaubnis zur Heirat, die aber als morganatische Ehe gelten sollte. Nach einem letzten vergeblichen Versuch, eine standesgleiche Ehe zu erreichen, fand sich Franz Ferdinand mit dieser Lösung ab. Das habsburgische Familienstatut vom 3. Februar 1839, das die Heirat eines Mitglieds des Allerhöchsten Kaiserhauses nur mit einem Angehörigen eines anderen regierenden Fürstenhauses erlaubte, wurde in einem Nachtrag vom 12. Juni 1900 dahingehend ergänzt, daß die Namen der in Frage kommenden Häuser aufgezählt wurden; der Name Chotek war nicht darunter.
Nach einer letzten Audienz beim Kaiser am 25. Juni erklärte sich Franz Ferdinand mit der morganatischen Ehe einverstanden, und am 28. Juni 1900 fand in der Geheimen Ratsstube der Hofburg in Gegenwart Franz Josephs und aller volljährigen Erzherzöge sowie einer Reihe von Ministern der feierliche Renuntiationsakt statt. Franz Ferdinand stellte darin fest, daß seine Ehe mit Gräfin Sophie Chotek *keine ebenbürtige, sondern eine morganatische Ehe* sei, weshalb seine Gemahlin und die künftigen Kinder sowie deren Nachkommen nicht jene Rechte, Ehren, Titel, Wappen und Vorzüge beanspruchen könnten, die den ebenbürtigen Gemahlinnen der Erzherzöge zukämen; insbesondere sollte den erzherzoglichen Kindern und Nachkommen kein Nachfolgerecht in Österreich *(in den im Reichsrate vertretenen Königreichen und Ländern)* und Ungarn *(in den Ländern der ungarischen Krone)* zustehen. Franz Ferdinand beschwor die deutsche Ausfertigung dieser Erklärung und unterschrieb dann sowohl die deutsche wie die ungarische Fassung der Verzichtserklärung.
Drei Tage später, am 1. Juli 1900, fand in Schloß Reichstadt, dem Witwensitz der Erzherzogin Maria Theresia, die schlichte Trauung des Thronfolgers mit Sophie Chotek statt. Außer der Hausherrin und ihren beiden Töchtern war kein Mitglied der kaiserlichen Familie anwesend, dagegen zahlreiche Verwandte der

Braut. Franz Joseph erhob Sophie mit 1. Juli taxfrei in den erblichen Fürstenstand mit dem Namen *Hohenberg* und dem Prädikat »Fürstliche Gnaden«; außerdem erhielt sie von ihm ein Brillantdiadem als Brautgeschenk, das sie zur Hochzeit trug.

Die Flitterwochen verbrachte das Paar in Schloß Konopischt in Böhmen. Hier bewährte sich die Fürstin von Hohenberg als fürsorgliche Ehefrau. Ein Schreiben Franz Ferdinands vom 9. Juli 1900 an seine Stiefmutter zeigt uns eine häusliche Idylle: *Wir sind beide unsagbar glücklich. Dieses Glück verdanken wir in erster Linie Dir! Wo wären wir heute, wenn Du Dich nicht in so edler rührender Weise unser angenommen hättest! Sophie liest diesen Brief nicht, da sie gerade Bettelbriefe ordnet. Also kann ich Dir sagen liebste Mama unter vier Augen, daß Sophie ein Schatz ist, daß ich unbeschreiblich glücklich bin! Sie sorgt so für mich, mir geht es famos, ich bin so gesund und viel weniger nervös. Ich fühle mich wie neugeboren ...*

Das häusliche Glück wurde durch die Geburt dreier Kinder vervollständigt: 1901 Sophie, 1902 Maximilian, 1904 Ernst; ein viertes Kind kam 1909 tot zur Welt. Die Familie lebte meist in Konopischt. Vier Jahre nach der Hochzeit schwärmte Franz Ferdinand noch immer von seiner Frau: *Sie ist mein Alles, meine Frau, meine Ratgeberin, mein Doctor, ... mit einem Wort mein ganzes Glück*. Die Heirat mit Sophie sei das *Allergescheiteste* gewesen, was er je getan habe. *Soph*, wie der Thronfolger sie etwas robust nannte, bereitete ihm ein gemütliches Heim. Die Abende zu Hause waren bürgerlich einfach: Franz Ferdinand rauchte seine Zigarren und las die Zeitung, *Soph* strickte, die Kinder tollten herum.

Für schrille Mißtöne in dieser Harmonie sorgte allerdings die Behandlung der Fürstin von Hohenberg im offiziellen Protokoll des Wiener Hofes. Franz Joseph fand sich zwar bereit, seinen Neffen und dessen Gattin am 5. September 1900 in der Hofburg zu empfangen, und er schrieb anschließend an Katharina Schratt: *Es ging ganz gut, sie war natürlich und bescheiden, sieht aber nicht mehr jung aus. Er scheint vor der Hand sehr zufrieden zu sein.*

Im Zeremoniell hatte die Fürstin den Rang hinter den Erzherzoginnen. Sie durfte auch im Hofburgtheater und in der Hofoper nicht in der Hofloge sitzen, an der Hoftafel nicht neben ihrem Gemahl Platz nehmen. Selbst die Erzherzogin Elisabeth, die Tochter Kronprinz Rudolfs, empörte sich, als die Fürstin es wagte, sie anzusprechen.

Als 1909 die 100. Wiederkehr des Tiroler Freiheitskampfes festlich begangen werden sollte, fragte Franz Ferdinand beim Kaiser

an, ob die Fürstin die an sie ergangene Einladung annehmen dürfe; Franz Joseph antwortete, sie solle zu Hause bleiben, da es sich um eine offizielle Veranstaltung handle.
Sehr erfreut waren Franz Ferdinand und seine Gattin daher, als sie anschließend eine Einladung nach Rumänien erhielten. Aber auch hier mokierte sich die Königin heimlich über die unterschiedliche Abstammung. Die Einladung brachte allerdings doch einen Erfolg, am 4. Oktober 1909 ernannte der Kaiser Sophie zur Herzogin mit der hohen Adeligen vorbehaltenen Anrede »Hoheit«.
Über den Einfluß der Herzogin von Hohenberg ist viel gemunkelt worden. Fest steht nur, daß sie sehr religiös war und sich selbst in der Rolle einer Retterin sah. Ihrer betont katholischen Einstellung war es auch zuzuschreiben, daß sich der Erzherzog mehr um die katholischen Belange zu kümmern begann und u. a. das Protektorat des *Katholischen Schulvereins* übernahm, der die Einführung der konfessionellen Schule anstrebte; der Kaiser war über diese einseitige Stellungnahme zugunsten einer Religionsgemeinschaft in seinem Staat, in dem es nicht nur viele Nationen, sondern auch viele religiöse Bekenntnisse gab, sehr ungehalten.
Politisch hatte Sophie vermutlich wenig Einfluß, da auch Franz Ferdinand vom Kaiser von der Politik ferngehalten wurde. Sein

Abb. 132 *Foto: Aufbahrung des Thronfolgerpaares im Konak von Sarajevo (28. Juni 1914).*

Hauptbetätigungsfeld war die Armee; trotzdem machte er sich natürlich über die Entwicklung der Monarchie Gedanken. Er war mit der kaiserlichen Politik großteils nicht einverstanden. Vor allem auf dem Balkan sah Franz Ferdinand eine große Gefahr, wo die Schwäche der Türkei zu nationalen Unabhängigkeitsbestrebungen der einzelnen Balkanvölker führte und Rußland als Beschützer der orthodoxen Serben auftrat, während die Habsburgermonarchie als Schutzmacht der katholischen Kroaten galt. 1878 hatte Österreich-Ungarn auf dem Berliner Kongreß das Mandat zur Okkupation von Bosnien und der Herzegowina erhalten, 1908 wurden beide Gebiete annektiert, was die antiösterreichischen Emotionen auf dem Balkan weiter anheizte. Schon wurden Morddrohungen gegen den Thronfolger laut, der klar erkannte, daß ein Vorgehen gegen Serbien den Krieg mit Rußland nach sich ziehen würde. In seiner drastischen Art formulierte er das so: *Sollten sich der Kaiser von Österreich und der Zar gegenseitig vom Thron stoßen und der Revolution die Bahn freigeben?*

Trotz der Kenntnis österreichfeindlicher Agitation trat das Thronfolgerpaar im Juni 1914 getrennt seine Reise nach Bosnien an, Franz Ferdinand nahm an Manövern teil, Sophie wollte an seiner Seite sein. Am 28. Juni 1914 wurden beide vom bosnischen Serben Gavrilo Princip in Sarajevo auf offener Straße erschossen (Abb. 132). Die Leichen beförderte man per Schiff und Bahn nach Wien.

Das Begräbnis des Thronfolgerpaares demonstrierte noch einmal den protokollarischen Rangunterschied. Während für Franz Ferdinand auf jeden Fall Aufbahrung und Requiem in der Hofburg vorgesehen waren, ehe beide in die als Begräbnisort bestimmte Gruft des Schlosses Artstetten gebracht wurden, sollte der Sarg der toten Herzogin am Bahnhof bleiben. Erst Erzherzog Karl, der Neffe Franz Ferdinands und nunmehrige Thronfolger, bewog den Kaiser, beide Särge in die Hofburgkapelle bringen zu lassen. Das offizielle Trauerzeremoniell wurde auf das Mindestmaß beschränkt, ausländische gekrönte Häupter waren ersucht worden, nicht zum Leichenbegängnis nach Wien zu kommen.

Gräfin Sophie Chotek empfand ihre protokollarische Zurücksetzung als demütigend und versuchte sie Schritt für Schritt zu umgehen. Zugute kam ihr dabei der Thronfolgerstatus Franz Ferdinands und dessen Privatvermögen, das ihm eine gewisse Unabhängigkeit von seiner Apanage ermöglichte. Diese Vorteile hatten die Bürgerlichen, die Liebesbeziehungen mit Habsburgern eingingen, nicht. Ihre Einheirat in die kaiserliche Familie war undenkbar, die Legalisierung des Verhältnisses ein finanzielles Risiko, da der Kaiser jeden Erzherzog, der eine unstandesgemäße

Ehe einging, aus der Familie ausschloß und die Apanage strich. Drei Erzherzöge entschlossen sich trotzdem zur Heirat mit einer Bürgerlichen:

Abb. 133 *Foto (o. J.): Ludmilla Stubel im Stubenmädchenkostüm.*

Abb. 134 *Foto (1888): Ludmilla Stubel im Alter von 36 Jahren, kurz vor ihrer Heirat.*

Johann Salvator (geb. 1852) begann wahrscheinlich im Jahr 1871 ein Liebesverhältnis mit der ebenfalls 1852 geborenen Balletteuse Ludmilla Stubel von der Wiener Oper (Abb. 133). Er nahm seine Geliebte in seine Garnisonsstädte mit und erregte dadurch den Unmut der obersten Hof- und Militärkreise. *Milli* erlebte bittere Stunden des Alleinseins, des Versteckspiels vor der Öffentlichkeit, aber schließlich siegte sie über jeden gesellschaftlichen Zwang: Im Dezember 1889 heiratete sie ihr Geliebter (Abb. 134), allerdings nicht als Erzherzog, sondern als Johann Orth; diesen Namen wählte er nach dem Seeschloß Ort im Traunsee, das er 1876 kaufte. Im Oktober 1889 hatte er Franz Joseph seinen Austritt aus dem Kaiserhaus mitgeteilt, seinen Lebensunterhalt wollte er künftig als Schiffseigentümer bestreiten. Gemeinsam begaben sich Ludmilla und Johann Orth im Juli 1890 auf eine Schiffsreise

Abb. 135 *Foto (o. J.): Wilhelmine Adamovic.*

nach Südamerika, von der sie nie zurückkamen. Ihr Schiff geriet vor der südchilenischen Küste in einen Orkan und ging in der Nacht vom 20. zum 21. Juli 1890 unter.

Ein freundlicheres Schicksal erlebte Wilhelmine Adamovic, die 1877 geborene Tochter eines Postbeamten im südmährischen Lundenburg (Abb. 135). Sie lernte Erzherzog Leopold Ferdinand (geb. 1868) aus der entthronten Toskaner Linie des Hauses Habsburg vermutlich 1897 im Wiener Augarten kennen; Franz Joseph reagierte auf seine Ehepläne natürlich ablehnend und ließ den Erzherzog in eine Heilanstalt einweisen. Am 14. Dezember 1902 sandte Leopold Ferdinand dem Kaiser ein Schreiben, worin er ihn bat, Stellung und Rang als Erzherzog ablegen und den Namen Leopold Wölfling annehmen zu dürfen; dies wurde ihm erlaubt, und nachdem die finanziellen Fragen geklärt waren, heiratete der nun bürgerlich gewordene Erzherzog am 25. Juli 1903 seine langjährige Freundin. Das eheliche Glück währte nur kurz. 1907 verließ Wölfling seine Frau und heiratete ein zweites Mal, wiederum eine Bürgerliche. Auch die Ehe mit Maria Ritter ging in die Brüche, völlig verarmt ehelichte er schließlich 1933 die ebenfalls bürgerliche Clara Gröger. Sie war bereits 1935 Witwe.

Einen anderen Weg ging Erzherzog Ferdinand Karl, der 1868 geborene jüngste Bruder Franz Ferdinands. Er verliebte sich 1902 in die Tochter eines Wiener Universitätsprofessors namens Bertha Czuber (geb. 1879) und bat den Kaiser um die Heiratserlaubnis (Abb. 136). Franz Joseph verweigerte sie selbstredend, und der Erzherzog versprach, die Beziehung abzubrechen. Am 25. August 1909 heiratete er aber heimlich und setzte zwei Jahre später den Kaiser davon in Kenntnis. Franz Joseph lehnte es ab, die unstandesgemäße Ehe seines Neffen im nachhinein zu sanktionieren, und forderte ihn auf, um seinen formellen Austritt aus dem Kaiserhaus anzusuchen. Ferdinand Karl kam diesem Wunsch nach und nahm den bürgerlichen Namen Ferdinand Burg an. Er erhielt eine jährliche Rente von 44.000 Kronen zugesichert, da er an Tuberkulose litt. Der Aufenthalt in Österreich wurde ihm aber – wie den beiden anderen Erzherzögen – verboten; nur zur Beisetzung seines Bruders in Artstetten (1914) kehrte er mit kaiserlicher Erlaubnis kurz in seine Heimat zurück.
Von seiner gebildeten Gattin aufopfernd gepflegt, starb der ehemalige Erzherzog bereits am 10. März 1915. Die Witwe Bertha Burg überlebte ihren Mann um mehr als 50 Jahre und war als gütige, vielseitig interessierte, belesene und bis ins hohe Alter geistig regsame Frau jahrzehntelang ein Mittelpunkt der Meraner

Gesellschaft; sie hat ihrem Mann in Meran ein Grabdenkmal errichten lassen.
Die Ehe eines Adeligen mit einer Unebenbürtigen war stets die Ausnahme, ein »Verhältnis« dagegen gang und gäbe. Auch die Habsburger – um bei der bekanntesten Adelsfamilie des Landes zu bleiben – machten darin keine Ausnahme, wenngleich sie stets bemüht waren, ihrem Image als katholische Dynastie gerecht zu werden; offizielle Mätressen gab es nie, wohl aber eine Reihe von Liaisonen. Die illegitimen Kinder des Herrscherhauses wurden in der Regel gut versorgt, die Mütter finanziell abgefunden oder anderweitig verheiratet.
Was sich im Mittelalter und in der frühen Neuzeit auf diesem Gebiet abspielte, konnte leicht geheimgehalten werden. Im ausgehenden 19. Jahrhundert war völlige Diskretion nur mehr schwer möglich. Nicht nur die breiter gewordene Öffentlichkeit, auch die zunehmende Schriftlichkeit verhinderte, daß die verschiedenen Liebesbeziehungen vor der Mit- und Nachwelt verborgen blieben. Auf diese Weise erhalten auch wir Einblick in die Rolle, welche den Frauen in den unterschiedlichen gesellschaftlichen Ebenen zugedacht war und wie sie sich damit zurechtfanden.
Die folgenden drei Frauenschicksale aus dem Umkreis des Kaiserhauses zeigen drei Konstellationen, die sich im Spannungsfeld von Liebe und Sexualität zwischen adeligem Liebhaber und unebenbürtiger Geliebter ergeben konnten: Während die sexuelle Befriedigung nach den moralischen Kriterien des 19. Jahrhunderts als »niedrig« und »schmutzig« galt, wurde eine Beziehung, in der sich die Auserwählte dem männlichen Drängen versagte, als hochstehend bewertet; eine »anständige« Frau sollte mit ihrem Verehrer auf geistiger Ebene verkehren, ihn unterhalten und zerstreuen, kurz ihm die Zeit, die er bei ihr verbrachte, möglichst angenehm gestalten. Die Ehe mit einer adeligen Dame wurde dadurch natürlich nicht tangiert, die hochgeborene Gemahlin mußte dieses Gesellschaftsspiel mitmachen und die Spielregeln befolgen; sie hatte über die Untreue oder außerhäuslichen Interessen ihres Mannes hinwegzusehen, um den Schein eines intakten, christlichen Familienlebens zu wahren.

Abb. 136 *Foto (o. J.): Bertha Czuber in jungen Jahren.*

Anna Nahowski, Tochter des Korbwarenfabrikanten Karl Nowak, deckte bei Kaiser Franz Joseph I. den Bereich der »niederen« Liebe ab. Der 45jährige, verheiratete Monarch lernte die 15jährige Jungvermählte – sie war mit Johann Heuduk verheiratet – im Sommer 1875 bei einem Morgenspaziergang im Schönbrunner Schloßpark kennen. In der Folgezeit traf man sich öfter, nun im abgesperrten Teil des Parks und zeitig in der Früh, um nicht gesehen zu werden. 1878 mietete Anna, unterdessen geschieden, ein Sommerhaus unweit Schönbrunn, wo der Kaiser sie aufsuchte; die Besuche fanden zwischen 4 und 5 Uhr morgens statt und dienten einem eindeutigen Zweck (Abb. 137).

Unterdessen heiratete Anna wieder, der zweite Ehemann Franz Nahowski, Angestellter bei einer Eisenbahngesellschaft, tolerierte die kaiserlichen Visiten, weil sie Geld ins Haus brachten. 1884 kaufte das Ehepaar eine Villa, die Schönbrunn noch näher lag, so daß Franz Joseph seine Geliebte frühmorgens oder auch tagsüber bequem besuchen konnte. Der Kaiser, der Anna stets mit »Sie« anredete und von ihr mit »Majestät« tituliert wurde, honorierte ihre Dienste mit Geld und einem bescheidenen Schmuckstück, einer kleinen Busennadel; anläßlich der Geburt der Tochter Helene (1883) – sie heiratete später den Komponisten Alban Berg – spendierte er eine hohe Summe (50.000 Gulden), wohl weil es sich um sein Kind handelte.

Im Februar 1886 bat Franz Joseph Frau Nahowski, den Schönbrunner Schloßpark zu meiden, da er hier jetzt häufig mit der Kaiserin spazierengehe; als im Sommer desselben Jahres seine Kontakte zu Katharina Schratt enger wurden und er auch mit ihr den Schönbrunner Park aufsuchte, richtete er es so ein, daß Anna während dieser Zeit gerade mit ihrer Familie beim Mittagessen saß. Die Besuche im Haus Nahowski wurden nun seltener, und im Frühjahr 1889 – nach dem Drama von Mayerling – beendete Franz Joseph seine Beziehung in der üblichen Art: Frau Nahowski wurde vom Direktor des habsburgischen Familienfonds in die Hofburg vorgeladen, wo er ihr mitteilte, daß der Kaiser Auftrag gegeben habe, ihr ein Geschenk zu überreichen, d. h. sie abzufertigen.

Der Direktor fragte nach der Zahl ihrer – vielleicht von Franz Joseph stammenden – Kinder und zahlte ihr für drei Kinder insgesamt 200.000 Gulden bar aus. Dafür mußte Anna eine Erklärung unterschreiben, daß sie über die Begegnung mit dem Kaiser jederzeit schweigen werde. Auch das Dienstmädchen der Familie Nahowski, das in die Affäre eingeweiht war und gekündigt wurde, erhielt 1000 Gulden und schwor, über die Privat- und sonstigen Verhältnisse ihrer Dienstgeberin ewig zu schweigen.

Tatsächlich wären die kaiserlichen Amouren für immer geheim geblieben, hätte Anna Nahowski nicht ein Notizbuch geführt, das die Zeiten überdauert hat. Aus ihm wird ersichtlich, daß sie zwar die Beziehung zu Franz Joseph vor allem des Geldes wegen schätzte, sich aber keineswegs emotionslos hingab. Zumindest am Anfang scheinen persönliche Zuneigung und sogar Verliebtheit das Verhältnis bestimmt zu haben. Es dauerte immerhin drei

Jahre, ehe der Kaiser 1878 erklärte: ... *wenn Sie mich lieb haben, erwarten Sie mich im Bett.* Anna war geschockt, denn *gerade Ihm gegenüber wollte ich standhaft sein, wollte mir derartiges nicht zu schulden kommen lassen.* Schließlich gab sie seinem Drängen aber doch nach. Als ihr in Katharina Schratt eine Konkurrentin erwuchs, reagierte sie eifersüchtig und machte ihrem Liebhaber am 30. März 1887, bei seinem ersten Besuch nach einem halben Jahr, eine Szene; sie fühlte sich vernachlässigt und versuchte, sich wieder mehr in seine Gunst zu setzen. Vergeblich beteuerte Franz Joseph, daß Frau Schratt *eine sehr anständige Frau* sei und ihn nur Freundschaft mit ihr verbinde. Anna blieb weiterhin von Eifersucht gepeinigt und ging dem Kaiser, als sie ihn im Frühjahr 1888 im Schönbrunner Schloßpark beim Treffen mit einer Dame – Katharina Schratt – beobachtete, sogar nach. Franz Joseph nahm ihr das sehr übel und stellte sie zur Rede. Sie war vor allem deshalb gekränkt, weil er mit einer Schauspielerin, also nach damaliger Ansicht einer moralisch eher bedenklichen, auf jeden Fall aber unebenbürtigen Person öffentlich spazierenging, während er sie nur heimlich aufsuchte. Als der Kaiser kurz danach wieder zu Besuch kam, gab es erneut eine Szene, und Anna bat um ihren »Abschied«; d. h. sie wagte nicht, die Beziehung von sich aus zu beenden. Franz Joseph, durch seine Freundschaft zu Katharina Schratt vitalisiert, wollte aber keineswegs auf erotische Befriedigung verzichten, so daß es zum gewohnten Kontakt kam. Noch nach dem Ende ihrer Beziehung zum Kaiser litt Anna unter ihrer Eifersucht. Als Frau Schratt – vermutlich ahnungslos über die amourösen Zusammenhänge – im Frühjahr 1889 gerade ihr Haus kaufen wollte, um dem Kaiser in Schönbrunn näher zu sein, war die ehemalige Geliebte empört. Nachdem die Schauspielerin dann eine Villa in der Nähe gekauft hatte und Franz Joseph dort seine ersten Besuche machte, veranlaßte ihn Anna durch einen ostentativen Auftritt auf ihrem Balkon, künftig eine andere Route zu ihrer siegreichen Nebenbuhlerin einzuschlagen.

Abb. 137 *Foto (o. J.): Anna Nahowski in jungen Jahren.*
Wien, Alban-Berg-Stiftung.

Und doch verdächtigte sie den Kaiser zu Unrecht. Denn wie er Anna Nahowski mehrfach versicherte, verband ihn nur Freundschaft mit Katharina Schratt, so daß hier – nach der Terminologie der Zeit – ein Fall der »hohen« Liebe vorlag. Bei der gefeierten Schauspielerin suchte Franz Joseph nicht sexuelle Befriedigung, sondern Unterhaltung und Ablenkung. Nur unter dieser Voraussetzung hatte Kaiserin Elisabeth die Kontakte zwischen dem ungleichen Paar geknüpft, die Unebenbürtigkeit garantierte ihr, daß die Beziehung für sie nicht gefährlich werden konnte.

Der Plan der ehemüden Kaiserin, die vom Verhältnis ihres Mannes zu Anna Nahowski keine Ahnung hatte, ging auf. In Katharina

Abb. 138 *Foto (o. J.): Katharina Schratt in jüngeren Jahren.*

Schratt fand der kontaktarme und auf Distanz bedachte Kaiser eine Gesprächspartnerin, die ihn insgesamt 30 Jahre lang mit menschlicher Wärme und Behaglichkeit umgab und ihm über viele Tiefen seines Lebens hinweghalf, wenngleich die Beziehung nicht immer problemlos verlief (Abb. 138).

Katharina Schratt, 1853 als Tochter eines wohlhabenden Kaufmanns in Baden bei Wien geboren, war ein schauspielerisches Naturtalent. 1873 sah der Kaiser sie zum ersten Mal, als sie anläßlich seines 25jährigen Regierungsjubiläums in einer Galavorstellung am Wiener Stadttheater auftrat. 1879 heiratete sie den Ungarn Nikolaus Kiss von Ittebe und bekam einen Sohn. Sie wollte die Bühnenlaufbahn aufgeben, was aber angesichts der ständigen Schulden ihres Mannes nicht möglich war. So trat sie unter ihrem Mädchennamen wieder als Schauspielerin auf.
Seit 1883 war sie am Hofburgtheater engagiert, das damals noch aus der kaiserlichen Privatschatulle finanziert wurde. Sie war bereits Franz Josephs Lieblingsschauspielerin, als sie 1885 bei einem Treffen zwischen dem Kaiser und Zar Alexander von Rußland in Kremsier (Mähren) in einer Sondervorstellung auftrat und anschließend gemeinsam mit den anderen Künstlern zum Souper eingeladen wurde; bei dieser Gelegenheit lernte auch Kaiserin Elisabeth sie persönlich kennen und bemerkte, wie sehr die sich natürlich gebende und fröhlich veranlagte Schauspielerin Franz Joseph gefiel; sie vermittelte bald ihrem offensichtlich verliebten 55jährigen Ehemann die nähere Bekanntschaft mit der 35jährigen, von ihrem Mann getrennt lebenden Katharina Schratt. Beim Maler Heinrich von Angeli gab sie ein Bild der Schauspielerin in Auftrag, und als der Kaiser es im Atelier besichtigte, traf er mit der ahnungslosen Frau Schratt zusammen. Gesprächsweise stellte man fest, daß die Schauspielerin ihren Sommerurlaub in der Nähe von Ischl, der traditionellen Sommerfrische des Kaiserhofes, verbringen würde, worauf ein Besuch vereinbart wurde. Zwei Tage später erhielt Katharina Schratt vom Kaiser einen kostbaren Smaragdring und einen Brief, worin er sie bat, den Ring *als Zeichen meines innigsten Dankes dafür anzunehmen, daß Sie sich der Mühe unterzogen haben, zu dem Angelischen Bilde zu sitzen*; unterzeichnet war das Schreiben mit: *Ihr ergebener Bewunderer.*
Kurz danach erkundigte sich der Kaiser, in welcher Villa Frau Schratt am Wolfgangsee wohnen werde, und bevor sie dort noch ihre Koffer ausgepackt hatte, kündigte er ihr, unterdessen selbst in Ischl eingetroffen, bereits seinen Besuch für den übernächsten Tag an.

Abb. 139 *Foto: Katharina Schratt als Schauspielerin, vermutlich als »Frau Wahrheit« im Fastnachtsspiel von Hans Sachs, »Frau Wahrheit will niemand beherbergen«. In dieser Rolle wurde sie 1895 von Franz von Matsch porträtiert.*

Dieser erste Besuch in der Villa Frauenstein nahe St. Wolfgang fiel sehr zur Zufriedenheit des Kaisers aus, er aß mit großem Appetit das vorbereitete Frühstück und rauchte die angebotenen Zigarren. Die Atmosphäre behagte ihm, und als sich auch Kaiserin Elisabeth und ihre Tochter Marie Valerie in der Schratt-Villa einfanden und der Gegenbesuch in der Kaiservilla in Ischl absolviert war, galt die Schauspielerin als gemeinsame Freundin des Kaiserpaares.

Auch in Wien gingen die Kontakte unter der Patronanz der Kaiserin weiter. Franz Joseph ging mit Katharina Schratt im Schloßpark von Schönbrunn spazieren, er eilte ins Hofburgtheater, wenn sie auftrat (Abb. 139), er schrieb ihr Briefe, wenn er die Kaiser-

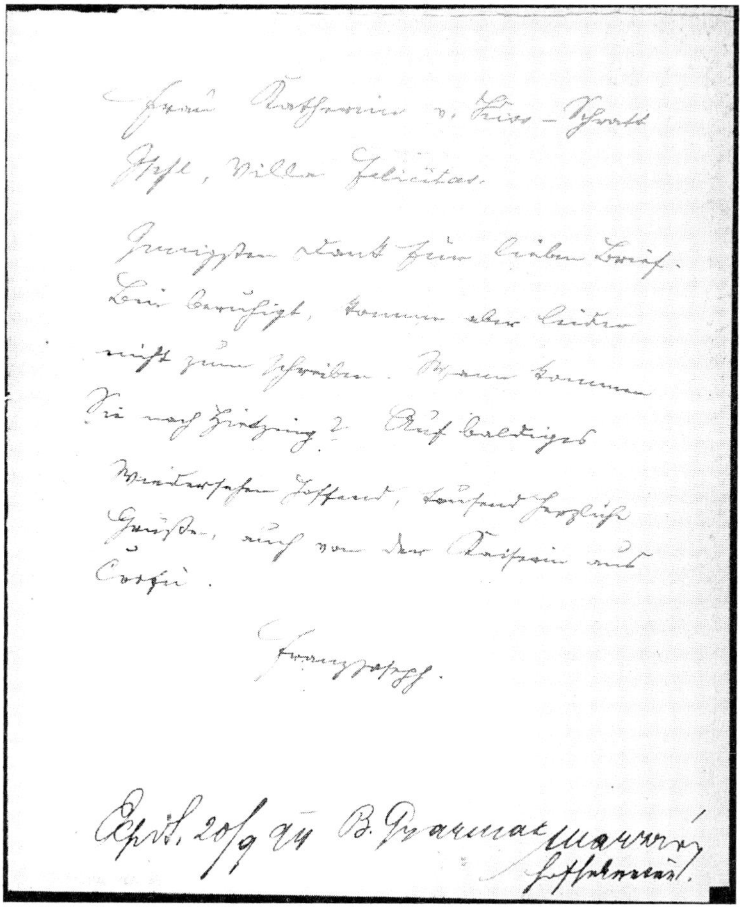
Frau Katharina v. Kiss-Schratt
Ischl, Villa Felicitas.

Innigsten Dank für lieben Brief.
Bin beruhigt, komme aber leider
nicht zum Schreiben. Wann kommen
Sie nach Hietzing? Auf baldiges
Wiedersehen hoffend, tausend herzliche
Grüße, auch von der Kaiserin aus
Corfu.

Franzjoseph.

Exp. 20/9 94

Abb. 140 *Eigenhändiger Brief Franz Josephs an Katharina Schratt nach Bad Ischl, expediert am 20. September 1894.*

stadt verlassen mußte (Abb. 140). Als die Schauspielerin ihm Avancen machte, eröffnete er ihr zwar, daß er sie anbete, betonte jedoch gleichzeitig: *Dabei muß es aber bleiben und unser Verhältnis muß auch künftig das Gleiche sein, wie bisher, wenn es dauern soll und das soll es, denn es macht mich ja so glücklich* (14. Februar 1888). Franz Joseph wies Katharina Schratt also in die Schranken.

Seit Dezember 1888 besuchte die Schauspielerin die Kaiserfamilie in der Hofburg; als Kontaktperson diente die vertraute Hofdame der Kaiserin, Ida von Ferenczy, in deren Wohnung bald die Treffen zwischen Franz Joseph und Frau Kathi stattfanden. Als zu Weihnachten 1888 der Sohn der Schauspielerin an Masern erkrankte und der Kaiser die Mutter nun eine Zeitlang nicht sehen durfte, fühlte er beim Gedanken an die bevorstehende lange Trennung so recht innig, *wie lieb ich Sie habe* (27. Dezember 1888).

Durch die Tragödie von Mayerling (30. Januar 1889) wurde die Beziehung zwischen Katharina Schratt und der kaiserlichen Familie entscheidend vertieft; Elisabeth überließ es ihr, dem Kaiser in seinem ersten Schmerz beizustehen. Die vertraute »Freundin der Kaiserin« versuchte auch weiterhin, Trost zu spenden, und es gelang ihr, den zunächst gramgebeugten Vater abzulenken. Bald nahm er sein gewohntes Leben wieder auf. In seinen Briefen spiegelt sich die enger werdende Freundschaft wider. Statt wie bisher mit *Ihr treu ergebener* oder *in treuer Freundschaft ergebener* unterschrieb er nun: *In treuer Liebe und Anhänglichkeit Ihr herzlichst ergebener Franz Joseph.*

Nach einem Besuch in Mayerling, wo unterdessen ein Karmelitinnenkloster eingerichtet worden war, unterschrieb der Kaiser seinen Brief vom 3. November 1889 erstmals mit: *Ihr Sie innigst liebender Franz Joseph.* Auch sonst spielte er in seinen Briefen jetzt mehrfach auf seine Zuneigung an: *Sie wissen es gewiß nicht, wie lieb ich Sie habe ...* (5. November 1889), und er schloß sein Schreiben vom 6. Dezember 1889, *indem ich in Gedanken und Sehnsucht Ihre lieben Hände küsse.*

In der Folgezeit kam sich das Paar offenbar noch näher. Am 6. Juni 1890 unterfertigte der Kaiser sein Schreiben *mit vielen Gedankenstricherln* – d. h. Küssen –, auch am 16. Juli 1891 sandte er *in Gedanken unzählige Stricherln*, desgleichen in zahlreichen weiteren Schreiben bis zum 6. März 1898.

Das Jahr 1898 brachte dann eine Abkühlung der Beziehungen. Kaiserin Elisabeth war am 10. September ermordet worden, die kaiserliche Familie – besonders Erzherzogin Marie Valerie – war gegen die enge Verbindung der Schauspielerin mit dem Allerhöchsten Herrscher. Katharina Schratt zog sich – auch aus anderen Gründen – zurück, Franz Joseph vereinsamte mehr und mehr. Die Besuche der Freundin in der Hofburg wurden seltener, der Briefkontakt spärlicher. 1911 erhielt die Schauspielerin, die 1909 Witwe geworden war, vom Kaiser eine gigantische Abfindung. Der letzte Brief Franz Josephs an sie stammt vom 4. April 1915, er dankte darin seiner *theuersten Freundin* für die schönen Blumen und die guten Wünsche. *Gott erhalte und beschütze Sie in diesen schweren Zeiten und bewahre mir Ihre Freundschaft. Hoffentlich auf Wiedersehen Morgen um 1 Uhr. Mit den herzlichsten Grüßen Ihr Sie innigst liebender Franz Joseph.* Am 19. November 1916 besuchte die inzwischen 63jährige alte Dame den Kaiser zum letzten Mal in der Hofburg, zwei Tage später starb er.

Die kaiserliche Familie erlaubte Katharina Schratt, Franz Joseph am Totenbett zwei weiße Rosen in die Hände zu geben, mit denen

er in den Sarg gelegt wurde; am offiziellen Begräbnis durfte sie aber nicht teilnehmen. Auch im Testament des Kaisers wurde sie zu ihrer Enttäuschung nicht bedacht.
War Katharina Schratt nur eine Freundin oder mehr? Soweit sich aus dem Briefwechsel herauslesen läßt, sicher nur ersteres. Zwar verwendete Franz Joseph häufig das Wort »Liebe«, aber offensichtlich nur im Sinn einer »hohen« Liebe. Auch Küsse sind bei einer derartig langen, vertraulichen Beziehung sicher nur Ausdruck der Zusammengehörigkeit. Das wesentliche Bindeglied bildete Kaiserin Elisabeth; als sie tot war, intensivierte der Kaiser sein Verhältnis zu Frau Schratt nicht, sondern liebte es, mit ihr über *unsere liebe Verklärte* zu sprechen, und war dankbar, daß sie am 10. September 1901 *unsere unvergeßliche Verklärte* in der Kapuzinergruft besuchte. Ein »Verhältnis« oder gar eine geheime Ehe, wie jüngst vermutet wurde, ist daher höchst unwahrscheinlich.
Trotz unterwürfig scheinender Formulierungen in seinen Briefen blieb sich Franz Joseph des Rangunterschiedes sehr wohl bewußt. Was er erwartete, waren Plauderstunden, gemeinsame Spaziergänge, gutes Essen in gemütlicher Atmosphäre. Die Themen der Unterhaltung wurden von ihm bestimmt, sie bewegten sich auf der Ebene leichter Konversation; er erzählte ihr von seinen Sorgen und Erlebnissen und wollte aufgeheitert werden. Die morgendlichen Besuche, bei denen es jeweils frischen Gugelhupf gab, waren für die Schauspielerin, die abends oft spät ins Bett kam, sehr anstrengend. Außerdem wollte Franz Joseph Frau Schratt möglichst für sich allein besitzen, während sie keineswegs daran dachte, ihren Bekannten- und Freundeskreis einzuschränken.
Der Kaiser betrachtete es als selbstverständliche Kavalierspflicht, seine *liebe, gute Freundin* finanziell zu unterstützen, da sie durch ihn ja beträchtliche Auslagen hatte; er schenkte ihr auch, als Zeichen seiner Wertschätzung, kostbaren Schmuck und wollte ihr 1889, als sie der Kaiserin und ihm *in der schwersten Stunde unseres Lebens mit treuer Anhänglichkeit* beistand, testamentarisch eine hohe Summe aussetzen, was er dann aber nicht tat bzw. vorher in eine Abfindung umwandelte. Sie bekam nur einen Orden, über den sie sich laut Aussage ihrer Nichte absolut nicht freute.

Das Ende einer Beziehung zwischen Partnern ungleicher gesellschaftlicher Herkunft konnte viele Facetten aufweisen, eine Version kam aber äußerst selten vor, nämlich der gemeinsame Freitod. Der spektakulärste Fall dieser Art ereignete sich in der österreichischen Geschichte, als der Thronfolger Rudolf und die

junge Baronesse Vetsera am 30. Januar 1889 ihrem Leben gemeinschaftlich ein Ende machten (Abb. 141).
Mary Vetsera, deren Familie zur besseren Wiener Gesellschaft zählte, aber nicht dem höheren Adel angehörte, sollte nach den Plänen ihrer Mutter in die Hocharistokratie einheiraten. Es gab auch schon einen Bewerber um die Hand der 1871 geborenen Baronesse, Prinz Miguel von Braganza, einen lebenslustigen Witwer mit drei Kindern. Das junge Mädchen schwärmte aber für Kronprinz Rudolf, dessen Ehe mit Prinzessin Stephanie von Belgien allgemein als unglücklich galt.
Die Affäre begann wahrscheinlich im Frühjahr 1888, als Mary dem Kronprinzen in einem Brief ihre Liebe gestand. Es folgten intime Kontakte, zu denen die Baronesse zu mitternächtlicher Stunde heimlich in die Hofburg gebracht wurde. Der von vielen Frauen umworbene Thronfolger nahm die Liebschaft aber nicht allzu ernst. Er hielt seine Beziehungen zu seiner langjährigen Vertrauten, der Lebedame Mizzi Caspar, weiterhin aufrecht und hegte Selbstmordgedanken. Seine fortschreitende Geschlechtskrankheit, die zerrüttete Ehe, der mißlungene Plan einer Ehescheidung, politische Schwierigkeiten, all das zerrte an seinen Nerven. In diese labile Stimmungslage fiel Rudolfs Verhältnis mit Mary Vetsera, die bald ein Kind von ihm erwartete. Seinen Vorschlag, den Prinzen von Braganza zu heiraten, lehnte sie ab, auch vom Plan, eine Auslandsreise zur heimlichen Entbindung anzutreten, wollte sie nichts wissen. Eine Ehe mit der aus niederem Adel stammenden, also nicht ebenbürtigen 17jährigen Mary war für den 30jährigen Thronfolger nicht nur unmöglich, sondern auch nicht beabsichtigt. So spitzte sich die Lage zu.
Am 13. Januar 1889 entschloß sich das Paar, gemeinsam aus dem Leben zu scheiden, wobei die Motive unterschiedlich waren. Für die junge Baronesse war es offenbar schwärmerische Liebe, für Rudolf der Wunsch, bei seinem letzten Schritt nicht allein zu sein. Zur Ausführung der Tat wählte man das Jagdschloß Mayerling im Wienerwald, wohin sich der Kronprinz und seine *kleine Vetsera* am 28. Januar 1889 getrennt begaben. Am 30. Januar wurden beide tot aufgefunden, die näheren Umstände ihres Aufenthaltes und Todes sind bis heute ungeklärt und werden es wohl für immer bleiben.
Während für den toten Thronfolger das übliche Zeremoniell eines prunkvollen Begräbnisses in der Kapuzinergruft abrollte, wurde Mary Vetsera unter entwürdigenden Umständen auf dem Friedhof von Heiligenkreuz nahe Mayerling beigesetzt. Der Kaiserhof verleugnete offiziell ihre Anwesenheit im Jagdschloß und ihren Tod, der wohl durch Rudolfs Hand erfolgte.

Abb. 141 *Foto (o. J.): Baronesse Mary Vetsera.*

In den 1990er Jahren wurde Marys Grabesruhe empfindlich gestört. Ein Linzer Möbelhändler entwendete ihren Leichnam aus der Heiligenkreuzer Gruft, angeblich wollte er das »Geheimnis von Mayerling« lüften. Es gelang auch ihm – wie vielen anderen vor ihm – nicht, eine bei dieser Gelegenheit durchgeführte gerichtsmedizinische Untersuchung förderte ebenfalls keine neuen Tatbestände zutage.

Die Hausfrau

Die Tätigkeit der Hausfrau wird von der heutigen Gesellschaft vielfach als minderwertig abgetan, Hausfrauenarbeit gilt nicht als Beruf. Die »Nur-Hausfrau« hat keine Berufsausbildung, ihre Arbeitszeit ist unbegrenzt und wird nicht entlohnt; es gibt im Hausfrauendasein keine Aufstiegschancen, die produzierten Waren werfen keinen Gewinn ab, trotz gewisser Gestaltungsmöglichkeiten bleibt die häusliche Tätigkeit weitgehend monoton.
Dieses Erscheinungsbild entspricht der Entwicklung, die die geschlechtsspezifische Berufstätigkeit seit Beginn der Neuzeit genommen hat. Der zunehmend außer Haus arbeitende Mann ließ seine Frau im häuslichen Bereich zurück, wenn er abends heimkehrte, erwartete er sich hier Ruhe und Behaglichkeit. Die tagsüber erledigte Arbeit der Hausfrau registrierte er kaum, die häusliche Atmosphäre erschien ihm als friedliche Idylle. Die hausfrauliche Tätigkeit galt gegenüber der männlichen Berufsarbeit als weniger qualifiziert und einfach.
Im Mittelalter hatte das Wort »Hausfrau« noch seine wörtliche Bedeutung. Es bezeichnete diejenige Frau im Haus, die die weibliche Gegenposition zum Herrn des Hauses innehatte, also die Herrin des Hauses. Da die Schaffung eines eigenen Hausstands in der Regel mit der Heirat zusammenhing, bei der die Braut als Gattin in das Haus ihres Ehemanns einzog, war der Begriff »Hausfrau« identisch mit »Ehefrau«. Wenn die Quellen von der *hausfraw* sprechen, meinen sie bis weit in die Neuzeit hinein stets die Ehefrau.
Die Hausherrin und Ehefrau hatte einen großen Aufgabenbereich. Sie mußte erstens eine wachsende Familie betreuen, zu der neben dem Ehemann und den Kindern oft auch Geschwister, Eltern und Großeltern gehörten; darüber hinaus galt es, das auf dem Bauernhof, im Stadthaus oder auf dem adeligen Landsitz reichlich vorhandene Gesinde zu beschäftigen und zu beaufsichtigen. Zwei-

Abb. 142 *Schmiedeeiserner Kerzenleuchter mit Trauftasse und verstellbarer Kerzentülle (Alter unbestimmbar, Form gotisch).*
Innsbruck, Volkskunstmuseum, IN 11.878.

Abb. 143 *Schmiedeeiserner Kerzenleuchter mit Spiralschaft (17. Jh., Form gotisch).*
Innsbruck, Volkskunstmuseum, IN 3442.

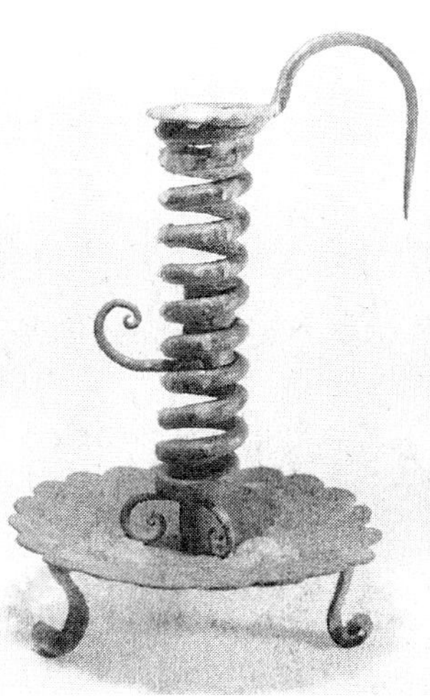

tens hatte die Frau des Hauses die Bedürfnisse des täglichen Lebens für ihre Hausgemeinschaft zu befriedigen. Sie mußte also, unterstützt von Dienstboten, für die notwendigen Nahrungsmittel sorgen, diese zubereiten, die Speisen und Getränke auf den Tisch bringen, abends für entsprechende Schlafmöglichkeiten sorgen, das ganze Haus in Ordnung halten.

Die Häuser waren im mittelalterlichen Österreich noch großteils aus Holz gebaut, nur in den Städten errichtete man zunehmend Gebäude aus Naturstein oder Ziegeln, auch Burgen waren aus Stein und Mauerwerk erbaut. Die Häuser hatten nur kleine Fensteröffnungen, die entweder durch dünn geöltes Pergament oder hölzerne Fensterläden geschlossen wurden; Glasfenster (Butzenscheiben) waren selten, Fenstervorhänge gab es überhaupt noch nicht.

Die Beleuchtung der Räume erfolgte durch Kienspäne oder Fackeln (mit beträchtlicher Ruß- und Rauchentwicklung), durch Kerzen (meist aus Talg/Unschlitt) oder durch Lichttiegel und Lampen, die mit Talg oder Öl gefüllt waren; Wachskerzen und Hängeleuchter hatten Seltenheitswert (Abb. 142, 143).

Das Zentrum des Hauses war die Feuerstelle mit dem offenen Feuer. Es gab zwei Herdformen: Bei der primitiveren Variante loderte das Feuer fast direkt auf dem Fußboden unter einem offenen Kamin (Abb. 144), bei der fortschrittlicheren Form befand sich die Feuerstelle auf einem lehmgefügten oder gemauerten, etwa hüfthohen Unterbau und hatte einen Rauchabzug (Abb. 145, 146). Über dem offenen Feuer hingen die Kessel und wurden die Bratspieße gedreht, am Feuer standen eiserne Roste sowie Kessel und Pfannen auf Dreifüßen.

Einen Fortschritt gegenüber dem Einraum, in dem das Feuer brannte und die Familie wohnte und schlief, stellte die von der Küche separierte Stube dar. Sie wurde von außen beheizt und besaß eine Holzdecke, oft auch eine hölzerne Wandverkleidung als Kälteschutz; in ihr wurde gegessen, hier wurden die häuslichen Arbeiten verrichtet und vielfach auch geschlafen (Abb. 147). Die weitere Entwicklung führte zu eigenen Schlafräumen. In diesen ungeheizten Kammern standen die Betten, in der Regel eine massive Bettstatt mit vier Pfosten, die erhöht vom kalten Fußboden abgesetzt war, so daß man Trittbretter oder Truhenbänke (Fürbänke) als Einstiegshilfen benötigte (Abb. 148). Die Schlafenden wurden hier wie auch bei einem anderen Typ, bei dem der Kopfteil hochgezogen war (Abb. 8), durch Vorhänge von der Umwelt abgeschirmt, der Betthimmel (Baldachin) schützte sie zusätzlich vor herabfallendem Schmutz oder Ungeziefer. Zur Bettausstattung gehörten Strohsäcke oder Matratzen, ein Leintuch

sowie hohe Pölster und Federbettdecken. Man schlief in halb aufrechter Stellung, weshalb die mittelalterlichen Betten ziemlich kurz waren. Der Temperaturunterschied von der warmen Stube in die kalte Schlafkammer, wo man sich vor dem Zubettgehen nackt auszog, wurde durch die rasch wärmenden Federbettdecken erträglich gemacht. Das Bett war eine gemeinschaftliche Schlafstätte nicht nur der Eheleute, sondern auch ihrer Kinder; nicht selten kam es daher vor, daß Säuglinge von ihren Müttern im Bett erdrückt wurden.

Während der Hausherr mit seiner Familie wohl stets ein Bett zur Verfügung hatte, schliefen die Dienstboten vielfach im Stall, auf dem Dachboden oder in der Stube auf der Bank. Die völlige Untergliederung der Räumlichkeiten nach Wohnen, Kochen, Essen und Schlafen war im Mittelalter noch nicht üblich, vor allem auf dem Land lebte man sehr primitiv – und das teilweise bis in unser Jahrhundert (Abb. 149). Nur ein Raum hatte aus

Abb. 144 *Mittelalterliche Küchenszene: Der Herr des Hauses schwingt eine Geißel, eine Frau rührt im Kessel, der an einem Haken über dem Bodenfeuer hängt, ein Tier wird geschlachtet.*

Wien, ÖNB, Cod. 507 (Reiner Musterbuch, 13. Jh.), fol. 2v (Detail).

Abb. 145 *Meister des Schottenaltars: Geburt Mariens (1469/80), Ausschnitt. Blick in eine Küche mit Tischherd, auf dem ein offenes Feuer brennt. An der Wand hängen u. a. ein Blasebalg zum Anfachen des Feuers und ein Salzbehälter, Frischluft und Licht kommen durch ein vergittertes Fenster.*

Wien, Schottenstift.

Abb. 146 *Gemauerter Herd mit einst offenem Feuer, Funkenhut (= Rauchabzug) und diversen Gerätschaften in der Küche des ehem. Sommerhauses der Haller Stiftsdamen (Anfang 18. Jh.).*

Hall, Faistenberger Garten.

Abb. 147 *Holzgetäfelte Stube aus Ladis im Oberinntal (1692). Der weiß getünchte Ofen ist mit grünglasierten Schüsselkacheln verziert.*

Innsbruck, Volkskunstmuseum.

naheliegenden Gründen stets eine einzige Zweckbestimmung: der Abtritt.

Die Möblierung der Räume war im Mittelalter noch bescheiden, sie umfaßte vor allem Truhen zum Aufbewahren von Kleidung und Wäsche, Tische und Bänke zum Essen, Arbeiten und Schlafen, vereinzelt auch Sessel und Wandregale. In reicheren Adels- und Bürgerhäusern gab es zusätzliches Mobiliar (Abb. 8).

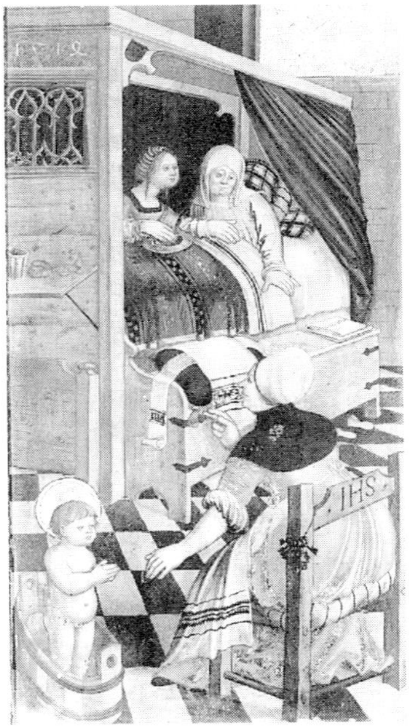

Abb. 148 *Unbekannter Künstler: Die Geburt des hl. Nikolaus (1514). Die Wöchnerin sitzt in einem Kastenbett mit Vorhang und Klapptisch, der Einstieg vom gefliesten Boden ins Bett erfolgt über eine Truhenbank.*
Meran (Südtirol), Städtisches Museum.

Abb. 149 *Rauchküche, steirisch (1. Hälfte 20. Jh.).*

Abb. 150 *Wolf Helmhard von Hohberg, Georgica curiosa aucta, Teil 1 (Nürnberg 1716), S. 293: Zwei Frauen in der Vorratskammer. Die Kupferstiche dieser erweiterten Ausgabe stammen aus der Erstauflage von 1682 und geben daher Verhältnisse des 17. Jahrhunderts und z. T. auch noch früherer Zeit wieder.*
Innsbruck, UB, Sign. 101.976.

Abb. 151 *Salzburger Monatsbild (um 1760), August: Bei der Getreideernte. Diese Darstellung sowie die folgenden aus dem 17./18. Jahrhundert geben Szenen wieder, wie sie sich ähnlich auch im Mittelalter abspielten.*
Salzburg, SMCA, IN 1516/24.

Abb. 152 *Salzburger Monatsbild (wie Abb. 151), September: Bei der Obsternte.*

Abb. 153 *Salzburger Monatsbild (wie Abb. 151), Oktober: Bei der Kraut- und Rübenernte.*

Abb. 154 *Salzburger Monatsbild (wie Abb. 151), Dezember: Beim Saustechen.*

Abb. 155 *Salzburger Monatsbild (wie Abb. 151), Juni: Bei der Schafschur und vergnüglichem Baden.*

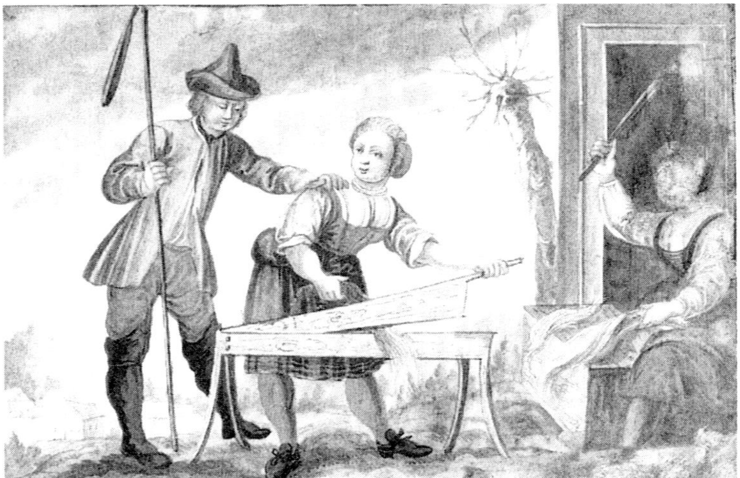

Abb. 156 *Salzburger Monatsbild (wie Abb. 151), November: Beim Flachsbrechen.*

Abb. 157 *W. H. von Hohberg (wie Abb. 150), S. 276: Adeliges Frauenzimmer. Zwei Mädchen sind mit Spinnen beschäftigt, zwei andere mit Sticken. An den Butzenscheibenfenstern hängen Vorhänge.*

Das »Reich« der Hausfrau war nicht auf das Haus allein beschränkt, es erstreckte sich auch auf den Keller und den Hausgarten. Die tüchtige Hausmutter kümmerte sich um die Vorratshaltung für den Winter (Abb. 150), sie züchtete und erntete in ihrem Garten allerlei Gemüse und Kräuter, half ihrem Mann bei Bedarf bei der Ernte (Abb. 151–153), versorgte die kleineren Haustiere und war beim Schlachten der größeren hilfreich zur Stelle (Abb. 154). Sie verstand sich aufs Schafscheren und Flachsbrechen, aufs Spinnen, Weben, Nähen und Sticken (Abb. 155–159), sie fertigte die Kleidungsstücke für die Familie und diverse Gebrauchsgegenstände an.

Die zentrale Wirkungsstätte der Hausfrau war aber die Küche mit dem offenen Feuer. Hier hantierte sie mit ihrem Kochgeschirr aus Ton oder Metall, mit Kesseln und Pfannen, Pfannenknecht, Rost und Bratspieß; hier zerkleinerte sie mit Mörsern Salz, Gewürze, Fleisch und Früchte (Abb. 160).

Die Zubereitung der Speisen war sehr arbeits- und zeitintensiv, zumal oft für viele Personen gekocht wurde. Da der mittelalterliche Mensch seinen Tagesablauf nach dem Sonnenstand ausrichtete und bereits beim Morgengrauen aufstand, mußte die Hausfrau ihr Tagwerk frühzeitig beginnen, um die Morgenmahlzeit vor Arbeitsbeginn herzurichten. Am Vormittag gab es dann das sog. Frühmahl, gegen Sonnenuntergang das Nachtmahl; an langen, arbeitsreichen Sommertagen konnte auch eine Jause (Merende) eingeschoben werden.

Der Speiseplan des Mittelalters unterschied sich ganz wesentlich vom heutigen. Erstens lebte man hauptsächlich von der eigenen Erzeugung, wodurch die Ernährung saisonalen und regionalen Schwankungen unterworfen war. Zweitens bildete Getreide, das in vielen Sorten angebaut wurde, die Nahrungsgrundlage. Roggen, Hafer, Gerste, Weizen oder Dinkel, um die wichtigsten Getreidesorten zu nennen, wurden großteils in flüssiger Konsistenz genossen, d. h. als Suppe oder Brei (Mus). Die Suppe war ein fester Bestandteil jeder Mahlzeit, das Mus aß man gewöhnlich morgens und abends (Abb. 161). Brot, selten gebacken und daher meist hart, war im Mittelalter noch nicht allgemein verbreitet, Semmeln galten als etwas Besonderes.

Neben dem Getreide spielten verschiedene Gemüsesorten (Kraut, Kohl, Kohlrabi, Karotten, Gurken) und Hülsenfrüchte (Erbsen, Bohnen, Linsen) eine wichtige Rolle. Salate, die mit Essig und Öl sowie Gewürzen aus dem heimischen Garten (Minze, Salbei, Dill, Knoblauch, Zwiebel, Kümmel, Anis, Petersilie, Schnittlauch) angemacht wurden, waren im mittelalterlichen Österreich bereits bekannte, aber noch seltene Gerichte.

Abb. 158 *Mittelalterliche Webstube: Frau am senkrecht stehenden Webstuhl.*

Wien, ÖNB, Cod. 507 (Reiner Musterbuch, 13. Jh.), fol. 2r (Detail).

Abb. 159 *Mädchen, am waagrecht stehenden Webstuhl sitzend.*

Vorau, Stiftsbibliothek, Cod. 273 (Vorauer Volksbibel, 1467), fol. 25r (Detail).

Abb. 160 *W. H. von Hohberg (wie Abb. 150), S. 289: Köchin in einer adeligen Küche.*

Abb. 161 *Unbekannter Künstler: Werke der Barmherzigkeit, Teilbild »Die Hungrigen speisen« (ca. 1465). Die beiden armen Männer erhalten Suppe oder Brei, die Hauptnahrung der sozialen Unterschichten. Löffel und Teller sind aus Holz.*

Salzburg, Stift Nonnberg, Kryptenaltärchen.

Wie häufig Fleisch als wichtiger Eiweißlieferant auf den Tisch kam, hing von den wirtschaftlichen Möglichkeiten der Familie ab. Beim Adel, der das Jagdrecht besaß, sowie im reichen Bürgertum wurde Fleisch sicher öfter gegessen, am Bauernhof nur zu bestimmten Zeiten, wenn geschlachtet wurde. Zur Fleischgewinnung hielt man Rinder, Schweine, Schafe, Ziegen und Geflügel, bei der Schlachtung wurden alle genießbaren Teile (auch Innereien und Knochen) verwertet.

Fleisch sowie die übrigen von warmblütigen Tieren stammenden Lebensmittel wie Milch, Milchprodukte (Käse, Topfen, Butter), Schmalz und Eier durften während der Fastenzeit nicht gegessen werden; statt dessen konnte man kaltblütige Tiere wie Fische oder Krebse verzehren, auch der fischfressende Biber galt als Fastenspeise. Da Österreich ein Binnenland war, gab es nur Süßwasserfische und Krebse in den heimischen Gewässern, die Anlage von Fischteichen konnten sich nur wenige leisten. Durch Handelsbeziehungen kamen Meeresfische getrocknet, eingesalzen oder gepökelt ins Land, waren aber nicht für jedermann erreichbar oder erschwinglich. Die bäuerliche und besonders die bergbäuerliche Bevölkerung hatte naturgemäß den geringsten Zugriff auf diese Lebensmittel.

Auch die an Fasttagen statt der tierischen Fette erlaubten pflanzlichen Öle standen nicht jedermann zur Verfügung, da es in Österreich nur wenige Ölfrüchte (Mohn, Leinsamen, Nüsse) gab und das aus Italien eingeführte Olivenöl (Baumöl) teuer war. Mit Wein als stärkendem Mittel zubereitete Speisen waren zur Fastenzeit

erlaubt, sie standen aber nicht auf der Speisekarte der Armen.
Da die Zahl der kirchlich gebotenen Fasttage sehr groß war – rund ein Drittel des Jahres –, litt die ärmere und schwer arbeitende Bevölkerung während dieser Zeit an Ernährungsmangel. Für alte und kranke Angehörige des Adels oder reicheren Bürgertums gab es Ausnahmeregelungen, ihnen konnte der Papst in sog. Butterbriefen gestatten, auch während der Fastenzeit Milch, Milchprodukte und Eier zu verzehren; ab 1491 wurde der Genuß dieser Lebensmittel an bestimmten Fasttagen dann allgemein zugelassen. Getränke waren während der Fastenzeit stets erlaubt.
Schließlich spielte Obst in der Ernährung der österreichischen Bevölkerung eine große Rolle, man kultivierte Kirschen, Pflaumen, Zwetschken, Birnen, Äpfel, Marillen und Beerenobst. Die Früchte kamen teils frisch, teils gekocht oder kandiert auf den Tisch. Zum Süßen verwendete man allgemein Honig, Zucker war als Importartikel aus dem Orient für den Normalverbraucher zu teuer.
All diese Nahrungsmittel stellte die eifrige Hausfrau selbst her und sorgte durch die Anlegung von Vorräten für die Versorgung ihrer großen Hausgemeinschaft das ganze Jahr über. Fleisch wurde geräuchert (Abb. 162), eingepökelt oder zu Würsten verarbeitet, Kraut eingesäuert, Feldfrüchte im Keller eingegraben, Obst und Gewürze gedörrt oder eingemacht. Möglichst gut abgeschmeckt, kam alles eßfertig auf den Tisch.
Zum Frühstück im Morgengrauen gab es meist eine Suppe (Milchsuppe, saure Rahmsuppe, Käsesuppe, Brennsuppe) oder

Abb. 162 *W. H. von Hohberg (wie Abb. 150), S. 309: Frau in der Selchkammer.*

ein Mus (Hafer-, Gersten-, Hirsebrei etc.), zum Frühmahl am Vormittag wieder eine Suppe (z. B. mit gequirlten Eiern oder Innereien), aber auch Fleisch (gesotten und gebraten), Kraut oder Mus; zum Nachtmahl kam ebenfalls eine Suppe auf den Tisch, eventuell auch Fleisch mit Rüben oder Mus. Bei der ärmeren Bevölkerung stand vielfach die Erbsensuppe – getrocknete Erbsen waren das ganze Jahr über verfügbar – bei allen Mahlzeiten als Hauptkost auf dem Tisch. Die Speisenauswahl war abgestimmt auf die Jahreszeit und den Tagescharakter; an Fasttagen aß man andere Speisen als an Festtagen. Die Köchin hatte daher relativ einförmige Grundnahrungsmittel sehr unterschiedlich zu kochen.

Das Essen selbst war natürlich vom Sozialstatus des Hauses abhängig. Die Landbevölkerung, also der überwiegende Teil der damaligen österreichischen Bevölkerung, aß aus einer Schüssel oder einer Pfanne, der Krug mit dem Getränk (Wasser, Met, Most, Wein oder Bier) ging reihum. Die Flüssigkeit (Suppe, Mus) wurde entweder mit dem eigenen, meist hölzernen Löffel herausgelöffelt oder mit Brot aufgetunkt, nach dem Fleisch langte man mit den Fingern. Messer und Löffel waren bereits Allgemeingut, Gabeln dagegen nicht. Sowohl die gemeinsame Schüssel wie auch die allmählich aufkommenden Teller waren meist aus Holz, desgleichen die Trinkgefäße.

Im adeligen und bürgerlichen Haus herrschten feinere Tischsitten. Man aß von Zinntellern und trank aus Zinnkrügen und Zinnbechern, vielfach auch schon aus Gläsern (Abb. 163). Neben Messern und Löffeln fand zunehmend die Gabel Verwendung, sie

Abb. 163 *W. H. von Hohberg (wie Abb. 150), S. 223: Tischkultur im adeligen Haus.*

Abb. 164 *Johann Berger (1846–1929): Wäschewaschende Frau vor dem Haus. Das Waschen der Wäsche mit Lauge und Seife, Bürste und Waschbrett war bis vor einigen Jahrzehnten sehr mühsam.*
Salzburg, SMCA, IN 528/75.

diente vor allem zum Aufspießen von kandierten Früchten oder zum Vorlegen von Fleisch.
Erschwerend für die Tätigkeit der Hausfrau wirkte sich der Mangel an Fließwasser im Haus aus. Das Wasser mußte – von ganz wenigen Ausnahmen abgesehen – vom Brunnen geholt oder aus der Zisterne geschöpft werden. Die Abwässer gingen den gleichen Weg, sie wurden außer Haus entsorgt. Was auf dem Land relativ einfach war, wurde in den Städten zunehmend zum Problem.
Das fehlende Fließwasser erschwerte nicht nur das Kochen, sondern auch das Waschen der Wäsche (Abb. 164). Vor dem eigentlichen Waschvorgang mußte die Hausfrau erst die Seife herstellen. Bei dieser äußerst umständlichen Prozedur wurde eine Brühe aus alten Knochen, Schwarten oder Talg nach Hinzufügung von Asche und frischem Kalk stundenlang gekocht, anschließend Kochsalz beigefügt und die erstarrte Seife geschnitten und getrocknet. Gewaschen wurde daher nur selten, dafür umso mehr auf einmal.
Weil Wasser kostbar war, stand es um die Hygiene meist nicht zum besten. Man wusch sich wenig, das Vollbad im Zuber mit warmem Wasser fand nur in größeren Zeitabschnitten statt (Abb. 165). Als Ersatz für fehlende Bademöglichkeiten im Haus verfügten im Mittelalter die Städte und vielfach auch die Dörfer über öffentliche Bäder, in denen Männer und Frauen gemeinsam

Abb. 165 *Meister des Laufener Nothelferaltars: Die hl. Elisabeth pflegt Aussätzige (1495/1505). Die Badeszene im Holzschaff spielt sich im Vorhaus ab, auf der Wandstange hängt das Badetuch. Das Reinigungsbad in der hölzernen Badewanne hielt sich in Österreich bis in unser Jahrhundert.*

Laufen (Bayern), Stiftskirche.

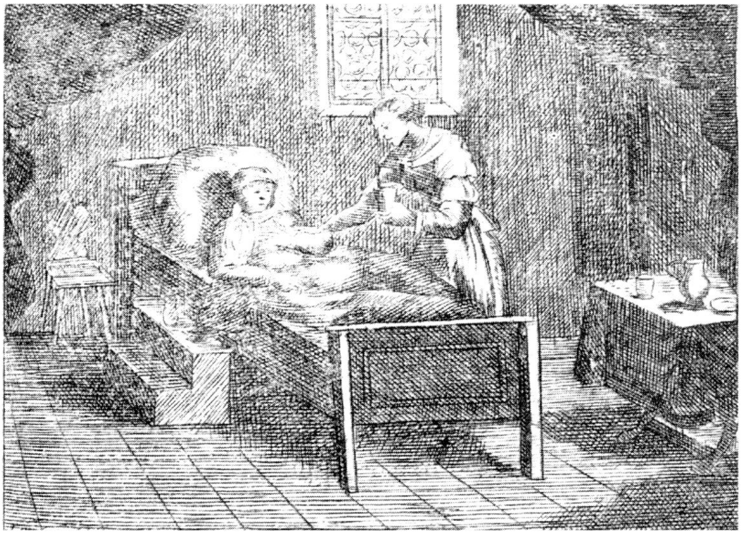

Abb. 166 *W. H. von Hohberg (wie Abb. 150), S. 439: Frau als Krankenpflegerin.*

badeten oder Schwitzkuren machten. Das an sich gesunde Baden konnte unter diesen Umständen leicht zur Übertragung ansteckender Krankheiten führen. Zu Ende des Mittelalters, als die Syphilis in Österreich grassierte, wurden daher die meisten Bäder geschlossen.

Da der Frau des Hauses das Wohl der gesamten Hausgemeinschaft anvertraut war, gehörte Krankenpflege ebenfalls zu ihren Obliegenheiten (Abb. 166). Sie sollte daher Grundkenntnisse in der medizinischen Diagnose und Betreuung besitzen, auch Krankenkost zubereiten können. Ihre Arzneien stellte die tüchtige Hausfrau selbst her, indem sie Heilkräuter anpflanzte und daraus verschiedene Präparate zubereitete (Abb. 167). Die Heilerfolge dürften aber nicht allzugroß gewesen sein, da die medizinischen Kenntnisse allgemein noch mangelhaft waren.

Der Aufgabenbereich einer mittelalterlichen Hausfrau war also vielgestaltig und verantwortungsvoll. Sie mußte ein großes Hauswesen mit den eigenen Angehörigen und den Dienstboten im Griff haben, sie hatte die Verfügungsgewalt über Haus und Keller, der Schlüsselbund war das Symbol ihrer Herrschaft. Andererseits sollte sie dem Herrn des Hauses gegenüber fügsam sein, seinen Befehlen gehorchen, seine hausväterliche Gewalt anerkennen (Abb. 168). Alles in allem also eine ambivalente Position, die viel Einfühlungsvermögen und umfangreiche Kenntnisse erforderte.

Wie eignete sich die Hausfrau diese Haltung und ihre vielen Fertigkeiten an? Das weibliche Rollenbild samt Grundkenntnissen wurde mündlich weitergegeben. Das Bauernmädchen erlernte es bei seiner Mutter am elterlichen Hof oder als Magd auf einem

Abb. 167 *W. H. von Hohberg (wie Abb. 150), S. 339: Zwei Frauen beim Destillieren.*

Abb. 168 *Malerei und Spruch auf einem Kachelofen, die die möglichen Folgen der Schlüsselgewalt der Hausfrau drastisch vor Augen führen: »Hat deine Frau des Schlüssel gwalt, O armer Mann, du bist schon zahlt« (18. Jh.).*
Bregenz, Vorarlberger Landesmuseum, IN L 180 (Detail).

anderen Bauernhof, die reiche Bürgerstochter konnte zusätzliche Fähigkeiten in einer Klosterschule erwerben, die junge Adelige erhielt entsprechende Anleitungen während ihres Aufenthalts in einer befreundeten Adelsfamilie oder bei Hof. Je nach Stand und Vermögen durfte die heranwachsende Hausfrau für ihr späteres Eheleben mit der Arbeitsleistung von Dienstboten rechnen.
Hausfrauliche Tätigkeiten wurden aber bereits im Mittelalter auch professionell betrieben. Am Fürstenhof war das angebliche »Reich der Frau« eine Männerdomäne. Verschiedene Köche (Mundkoch, gemeiner Koch, Pastetenkoch), Küchenbuben, Küchenschreiber, Kellermeister, Mundschenken, Vorschneider und andere Bedienstete sorgten für das leibliche Wohl des Herrschers und seiner Familie. Die Fürstin selbst stand sicher nicht mehr am Herd, inwieweit sie sich im einzelnen um den Haushalt kümmerte, hing von ihrem persönlichen Interesse ab.
Im Verlauf der Neuzeit begann sich das Leben der traditionellen Hausfrau allmählich und schließlich rasant zu verändern. Die Palette der Nahrungsmittel wurde erweitert, die Essenszubereitung vereinfacht, der Haushalt um wichtige Gebrauchsgegenstände bereichert.
Zur bisher vorherrschenden Zubereitungsart des Getreides in Form von Brei kamen als neue Varianten verschiedene Knödel, Teigwaren, Brotarten und Mehlspeisen hinzu (Abb. 169). Viele alte Getreidesorten wurden nicht mehr angebaut, als die Kartoffel Ende des 18. Jahrhunderts ihren Siegeszug als Volksnahrungs-

mittel antrat. 1767 hatte Maria Theresia noch Mühe, die *Erdäpfel* als gleichwertiges Nahrungsmittel neben dem Getreide zu propagieren, erst die Hungersnot von 1770/72 verhalf dem Kartoffelanbau auch hierzulande zum Durchbruch.
Wie die Kartoffel kamen auch der Mais, die Tomate und der Paprika aus Südamerika nach Österreich. Der Reis begann seit dem 17. Jahrhundert langsam die Rollgerste und die Hirse zu ersetzen. Neue Gemüsearten wurden angepflanzt oder von auswärts bezogen: Spinat, Spargel, Karfiol, Broccoli, Artischocken, Zucchini, Auberginen (Abb. 170).
Auch neue Genußmittel wurden eingeführt: Der Kaffee, ursprünglich aus Kaffa in Äthiopien stammend, kam im 17. Jahrhundert nach Österreich. Um 1685 eröffnete der Armenier Johann Diodat das erste Kaffeehaus in Wien; das warme Getränk fand wegen seiner anregenden Wirkung reißenden Absatz (Abb. 171). Ebenfalls zunächst ein Luxusgetränk war die Schokolade, deren Herstellung aus den Früchten des Kakaobaumes die Spanier im 16. Jahrhundert in Südamerika kennenlernten. Im 18. Jahrhundert wurde das Getränk auch am Kaiserhof getrunken, zwar nicht von Maria Theresia, wohl aber von ihrem Gemahl Franz Stephan. Auch an heimischen Adelshöfen wurde Schokolade serviert, wie

Abb. 169 *Salzburger Monatsbild (wie Abb. 151), Februar: Beim Krapfenbacken.*

Abb. 170 *Maria Anna Punz: Stilleben mit Küchengeschirr, Zwiebel und Kohlrabi (1754). Zwiebeln und Kohlrabi waren in Österreich bereits im Mittelalter heimisch, sind aber auf diesem Bild wohl erstmals abgebildet.*
Wien, ÖG, IN 6992.

Abb. 171 *Kaffeemühle mit Südtiroler Bäuerin (19. Jh.).*
Innsbruck, Volkskunstmuseum, IN 555.

das bekannte Pastellbild des hübschen Stubenmädchens Nandl Baldauf beweist, das der französische Maler Liotard 1743 als *La belle Chocolatière* malte und damit seinen Ruhm begründete (Abb. 172).
Der Tee kam im 17. Jahrhundert aus China über Rußland nach Österreich und wurde zunächst nur in Adelskreisen genossen. Wegen seiner belebenden Eigenschaften verdrängte er als »echter« oder »russischer« Tee im Lauf der Zeit manch heimischen Kräuterabsud. Alle drei neuen Warmgetränke verdankten ihre zunehmende Beliebtheit der Tatsache, daß sie – anders als in ihren Ursprungsländern – in Österreich mit Zucker gesüßt und teilweise mit Milch oder Rahm verfeinert wurden. Als teure Importgüter belegte sie Kaiser Karl VI. am 5. Mai 1740 mit einer Steuer; der eingeführte Aufschlag auf *cafee, thee, cioccolate oder cacau* sollte der Armenversorgung dienen. Auch unter Maria Theresia wurde der sog. Armeleuteaufschlag für die Armenfürsorge ver-

wendet. Erst allmählich konnten sich nicht nur die Begüterten, sondern alle Bevölkerungsschichten diese Genüsse leisten. Hinzu kam, daß der ursprünglich aus dem Orient bezogene Rohrzucker im 19. Jahrhundert durch den billigeren, weil im eigenen Land produzierten Rübenzucker ersetzt wurde. Durch die Portionierung in Würfelzucker – 1842 in Österreich erfunden – wurde seine Verwendung bei Tisch wesentlich erleichtert.

Abb. 172 *Jean-Etienne Liotard: Das Schokoladenmädchen (1743).*

Neben die Lebensmittel aus der Eigenproduktion traten immer mehr Nahrungsmittel, die zugekauft wurden. Dafür gab es bald eine Reihe von speziellen Geschäften, die entsprechende Waren anboten.

Auch die Eßkultur entwickelte sich weiter: Zu Löffel und Messer trat die Gabel als obligates Eßbesteck, die gemeinsame Schüssel oder der Einzelteller wurden aus besserem Material (Keramik, Porzellan) hergestellt, die Trinkgefäße zunehmend aus Glas.

Das Hauptinstrument des Kochens, der Herd, wandelte sich von der offenen Feuerstelle zum gemauerten Herd mit Kochplatte, zum Sparherd, Gasherd, Elektroherd bis hin zum Mikrowellenherd. Auch das Kochgeschirr wurde weiterentwickelt, bald gab es Emailkochtöpfe und schließlich Dampfdruckkochtöpfe.

Für die Beheizung der Wohnräume entstanden neue Ofenformen. Neben die offenen Kamine und Kachelöfen traten eiserne Öfen und als neueste Errungenschaft die Zentralheizung.

Eine wesentliche zivilisatorische Verbesserung war die Zuleitung von Fließwasser in die Häuser, zumindest in den Städten. Das Wasserklosett beseitigte die Geruchsbelästigung, ein eigenes Bad – zu Beginn der Neuzeit noch ein Luxus weniger Haushalte und selbst in der Wiener Hofburg erst im 19. Jahrhundert eingerichtet – wurde mehr und mehr als notwendig empfunden. Der Anschluß an eine Kanalisation behob das Abwasserproblem. Für die Pflege der Wäsche kamen neue Waschmittel auf, Waschmaschinen begannen der Hausfrau die mühevolle Wascharbeit abzunehmen, das Plätten und Glätten der Wäsche wurde seit dem 17. Jahrhundert allmählich vom Bügeln mit dem (Dampf-)Bügeleisen abgelöst. Der elektrische Strom für die Beleuchtung und den Betrieb der Haushaltsgeräte war eine weitere wesentliche Voraussetzung für den im vorigen Jahrhundert aufkommenden Komfort.

Verschiedene Küchen- und Haushaltsgeräte nahmen der Hausfrau manch harte Arbeit ab; der Kühlschrank und die zunehmende Verfügbarkeit von Lebensmitteln, die das ganze Jahr über eingekauft werden konnten, machten die traditionelle Anlegung von Lebensmittelvorräten weitgehend überflüssig. Außer Lebensmittelgeschäften mit kochfertig abgepackten Waren übernahmen auch verschiedene Spezialbetriebe wie Putzereien oder Wäschereien Arbeiten, die bis dahin zur traditionellen Tätigkeit der Hausfrau gehört hatten.

Parallel zur allmählichen Modernisierung der Haushalte verlief eine andere Entwicklung: Seitdem immer mehr Männer ihren Arbeitsplatz außer Haus verlegten, hörte die gemeinsame Arbeit von Mann und Frau im Haus auf, die Hausarbeit wurde zur alleinigen Domäne der Hausfrau.

Abb. 173 *Titelblatt einer NS-Frauenzeitschrift: Statt der an der Front kämpfenden Soldaten müssen Frauen an der »Heimatfront« Männerarbeit leisten.*

Nicht alle Frauen empfanden dieses Leben in häuslicher Gebundenheit als angenehm, sie fühlten sich eingeengt, die finanzielle Abhängigkeit von ihrem Ehemann bedrückte sie, eine außerhäusliche Berufstätigkeit erschien ihnen abwechslungsreicher. Dem stand aber das Prestigedenken des Bürgertums entgegen, wonach der Ehemann der alleinige Ernährer seiner Familie war. Nur für Arbeiterfrauen gab es die Alternative Haushalt oder Beruf nicht; sie mußten aus wirtschaftlichen Gründen beides vereinen, um den Familienunterhalt zu sichern.
Die gesellschaftlichen Wandlungen und zunehmenden Berufsmöglichkeiten für alle Frauen führten schließlich dazu, daß die berufstätige Hausfrau zum Regelfall wurde. Lediglich während der NS-Zeit versuchte der Staat, diese Entwicklung zu stoppen

und die Frauen wieder auf das Haus zu beschränken; die Kriegserfordernisse zwangen aber bald zum Abrücken von diesen Tendenzen (Abb. 173). Der Doppelbelastung durch Beruf und Hauswirtschaft suchten die Frauen durch eine möglichst rationelle Arbeitseinteilung und modern eingerichtete Haushalte Herr zu werden, käuflich erhältliche Produkte verkürzten die Zeit für die Zubereitung des Essens. Zur Betreuung der Kinder boten sich Kindergärten und Tagesheime an. Hauspersonal, in »besseren« Kreisen früher selbstverständlich, gehörte bald zu den Ausnahmen in den Haushalten.

Wer sich heute in Österreich eine Haushälterin, ein Stubenmädchen, eine Bedienerin hält, weiß, was deren Dienstleistungen kosten. Von der nicht professionellen Hausfrau werden diese Dienste kostenlos erwartet, das Wirtschaftsgeld dient nur der Bestreitung der Haushaltskosten. Die haupt- oder nebenberuflich als Hausfrau tätigen Österreicherinnen erzielen daher volkswirtschaftlich eine hohe Wertschöpfung. Hausarbeit ist ein wesentlicher Faktor der Nationalökonomie und sollte als solcher eine entsprechende Wertschätzung genießen. Die Bezeichnung »Hausfrau« ist allerdings nicht immer zutreffend, denn viele Frauen besitzen im Gegensatz zur ursprünglichen Bedeutung des Wortes kein Haus mehr, sondern nur eine Wohnung.

Das Heer der österreichischen Hausfrauen ist namenlos. Einige haben sich aber einen Namen gemacht, sei es als Gattin eines berühmten Mannes, sei es durch ihre eigenständige Tätigkeit.

Margarete von Schwangau verkörpert den Typ einer adeligen Hausfrau auf dem Land. Als Gemahlin Oswalds von Wolkenstein lebte sie meist auf der wildromantischen Südtiroler Burg Hauenstein, in räumlich ziemlich beengten Verhältnissen. Der Dichter hatte die erheblich jüngere, auf einem der Ansitze ihrer Familie in Süddeutschland geborene Adelige 1417 als bereits Vierzigjähriger geheiratet, ihre reiche Mitgift und ihr hübsches Äußeres spielten dabei wohl ebenso eine Rolle wie die Möglichkeit, mittels seiner *ehelichen hawsfrawen* Zugriff auf Schwangauer Reichslehen zu erhalten. Die ersten Ehejahre mit der stolzen Schwäbin verliefen harmonisch, mehrere *Margaretenlieder* bezeugen es. Man scherzte miteinander beim gemeinsamen Bad im Freien, nur die wachsende Kinderschar störte mit ihrem Lärmen bisweilen den empfindsamen Vater; wenn er die Kinder verjagte, kam die Mutter herbeigestürmt und schalt ihn. Die Enge der Burg war vor allem im Winter schwer zu ertragen.

Zum täglichen Umgang der adeligen Hausfrau gehörten das Vieh, das Gesinde und die einfachen Bauern der Umgebung. Eifrig trieb

sie ihre Mägde bei der Arbeit an: *Stand auff, Maredel! liebes Gredel, zeuch die rüben auss!! zünt ein! setz zü flaisch und kraut!* Während Oswald öfter verreiste, blieb Margarete auf der heimatlichen Burg. Wenn ihr *herzens liebster herr* abwesend war, mußte sie sich um den gesamten Wirtschaftsbetrieb kümmern, Vieh einkaufen, Schmalz verkaufen. So war sie geschäftig tätig und zog nebenher noch sieben Kinder groß.
Über die Ausstattung der Burg Hauenstein gibt ein Inventar Auskunft, das nach Oswalds Tod (1445) angefertigt wurde, als die Witwe den Ansitz ihrem ältesten Sohn übergab; es zeigt einen bescheidenen Hausrat, aber immerhin *zwehn betten klain und groß* sowie zwei Perserteppiche *(haidnisch tebich)*, die wohl als Wandbehang dienten.

Bereits über einen größeren Spielraum zur Entfaltung ihrer Persönlichkeit verfügte Philippine Welser, die Augsburger Patrizierstochter, die 1557 in Böhmen heimlich Erzherzog Ferdinand II. geheiratet hatte und ihm nach Tirol gefolgt war. Sie lebte auf Schloß Ambras bei Innsbruck inmitten eines beträchtlichen Hofstaats, kümmerte sich um das leibliche Wohl ihres Gemahls, ihrer beiden Söhne und zahlreicher Gäste, entfaltete aber darüber hinaus eine rege karitative Tätigkeit. Sie richtete beim Schloß eine Apotheke ein, in der sie selbst hergestellte Arzneien kostenlos an Bedürftige abgab.
Die Feste, die der Tiroler Landesfürst zu ihrer Zeit gab, waren berühmt. Nicht ohne Bedeutung dürften dabei die hausfraulichen Fähigkeiten und Interessen der schönen Welserin gewesen sein. Sie legte bereits in ihrer Augsburger Jugendzeit ein Kochbuch an, das sie auch in Ambras benutzte und laufend ergänzte. Es enthält über 200 Rezepte für Torten, Pasteten, gebackene und breiartige Speisen, Marzipan, Fischgerichte, Suppen sowie gesottenes und eingemachtes Fleisch. Der Großteil der Speisen war für die Fastenzeit bestimmt. Das Kochbuch beinhaltete aber auch medizinische Rezepte, die die tüchtige Hausfrau dieser Zeit üblicherweise selbst herstellte. Auch Philippine machte darin keine Ausnahme, sie notierte also nicht nur, wie Ingwer und Granatäpfel konserviert oder Quittensaft und Reis mit verschiedenen Zutaten zubereitet werden konnten, sie trug auch eigenhändig Mittel gegen Zahnschmerzen und die Rezeptur für ein gutes Gurgelwasser ein.
Die Gemahlin Ferdinands II. kochte aber nicht für den ganzen Hof – dazu gab es mehrere Berufsköche –, sondern nur für den engeren Familien- und Freundeskreis. Dazu hatte sie im Ambraser Hochschloß eine kleine Küche, von der aus sie auch spätabends

Gäste bewirten konnte. Für einen gutbestückten Tisch, auf dem Produkte aus dem Süden nicht fehlten, war in Ambras stets gesorgt.

Da reichlich gegessen und getrunken wurde, stellten sich bald entsprechende Krankheiten ein. Auch darum kümmerte sich die Schloßherrin. Sie besaß ein eigenes Arzneibuch, das u. a. Rezepte gegen entzündete Augenlider, Nasenbluten, Husten, Bauchgrimmen, Zahnschmerzen, Frostbeulen und Kopfweh enthielt. Gegen Pest, Blattern, Fraisen, Schwindsucht und Epilepsie empfahl es verschiedene Mittel, die uns allerdings sonderbar anmuten. Da die Ursachen der meisten Krankheiten nicht bekannt waren, behalf man sich bisweilen auch mit moralischen Vorsichtsmaßnahmen. So wurde empfohlen, sich vor zuviel Unkeuschheit zu hüten, wenn man keinen Kropf bekommen wollte. Das Arzneibuch wußte aber auch Rat bei schweren Geburten und gab Anweisungen, um das Sterben zu erleichtern. Insgesamt kann man den Eifer, mit dem Philippine den verschiedenen Leiden zuleibe rückte, nur bewundern, eine Heilung erscheint aber aufgrund der angegebenen Rezepturen kaum vorstellbar.

Nach dem Tod der Welserin (1580) hörte das gastliche Leben auf Ambras auf. Die zweite Gemahlin Ferdinands II., Anna Katharina Gonzaga, war stiller veranlagt und residierte in Schloß Ruhelust in Innsbruck. Auch sie interessierte sich für die Kochkunst, wie ein von ihr angelegtes Kochbuch zeigt. Es enthält 651 Rezepte, die der Mundkoch des Hofes im Verlauf eines Jahres zubereitete. Die Erzherzogin stellte die Sammlung im Jahr 1600 für ihre damals fünfjährige Tochter Anna zusammen, die sie aber als spätere Kaiserin wohl nicht verwenden konnte.

Der Buchdruck machte schließlich die weitere Verbreitung von Wissenswertem aus dem Bereich der Kochkunst und Heilkunde möglich:

1682 veröffentlichte der niederösterreichische Landadelige Wolf Helmhard von Hohberg (1612–1688), der im Zuge der Gegenreformation Österreich verlassen hatte, in Nürnberg ein Werk, das sich – in Anlehnung an Vergils *Georgica* – *Georgica curiosa oder Adeliches Land- und Feldleben* betitelte. 1687 erschien eine zweite, erweiterte Ausgabe, *Georgica curiosa aucta*, die auch nach Hohbergs Tod mehrfach gedruckt wurde.

Das dritte Buch des ersten Teiles dieses umfangreichen Kompendiums behandelte unter dem Titel *Haus-Mutter* den Wirkungsbereich der adeligen Hausfrau und Mutter. Nach einem Verhaltenskodex, wie sich die ideale Ehefrau gegenüber ihrem Mann, den Kindern und dem Gesinde benehmen sollte, folgten Ratschläge

Freywillig-Auffgesprungener

Granat-Apffel/

Deß

Christlichen Samaritans/

Oder:

Auß Christlicher Lieb deß Nächsten eröffnete

Gehaimbnuß

Viler vortrefflichen / sonders / bewährten Mitteln

und Wunder-heylsamen Artzneyen / wider unterschidliche Zuständ und Ubel deß Menschlichen Leibs / und Lebens; Welche mit sonderbahrem Fleiß / und auff das Heyl deß Nächsten allzeit nachdencklicher Sorg / auß viler Artzney-Erfahrner / und berühmter Leib-Artzten / oder Medicin-Doctorn, lang gepflogener Erfahrenheit;

Von der

Durchleuchtigen Hertzogin / Hochgebohrnen Fürstin / und FRAUEN / FRAUEN

ELEONORA, MARIA, ROSALIA,

Hertzogin zu Troppau / und Jägerndorff / deß Heil. Röm. Reichs Gefürsten Gräfin zu Gradisca, und Gräfin zu Adelsberg / gebohrnen Fürstin von Liechtenstein / Hertzogin zu Crummau / und Fürstin zu Eckenberg / zusammen getragen:

Auffs neue vermehrt / sambt einer kleinen Diaeta, wie sich bey jeder Kranckheit in Essen und Trincken zu verhalten; wie auch beygefügten neuen Koch Buch / in welchen allerhand rare und denen Patienten zu verschidenen Kranckheiten ersprießliche Speisen) nun zum sechstenmahl in offentlichen Druck verfertiget / zu allgemeinen Trost / Nutz und Hülff aller Beschwärt- und so wohl Rath- als Mittel-losen / armen Krancken / in Erinnerung dessen / der für uns die gehaimben Artzneyen seiner Liebe / in der zu unserer Seelen Heyl eröffneten Seyten / aller Welt entdeckt / allen Krancken gemein gemacht / und eröffnet worden.

Wienn in Oesterreich / druckts und verlegts Anna Francisca Voigtin / Wittib. 1708.

Abb. 174 *Eleonora Maria Rosalia Fürstin von Liechtenstein: Granatapfel, 6. Auflage (Wien 1708), gedruckt und verlegt von der Witwe Anna Franziska Voigt, Titelblatt.*

Innsbruck, UB, Sign. 206.610.

für die Erziehung der Kinder und die Stellung der Witwe. Den breitesten Raum nahmen aber detaillierte Anleitungen zur Herstellung bestimmter Speisen und zur Konservierung von Lebensmitteln ein. Auch der Krankenpflege sollte die gute Hausfrau ihr Augenmerk schenken, dazu eine eigene Apotheke anlegen und die wichtigsten Arzneimittel selbst herstellen.

Der Umfang dieses Werkes, in dem die Belange des Haushalts nur einen Teilaspekt darstellten, erschwerte seine praktische Benützbarkeit im täglichen Hausfrauenleben. Handlichere und auch billigere Bücher waren gefragt, die ihren großteils weiblichen Leserinnen Ratschläge für ihre hausfrauliche Tätigkeit gaben.

Das erste gedruckte Werk dieser Art in Österreich erschien 1686

Abb. 175 NN Obermayer: *Katharina Prato (1842).*
Privatbesitz.

anonym in Graz: *Ein Koch- und Artzney-Buch.* Es stammte wohl von einer herrschaftlichen Köchin oder ihrer Herrin, wie die Erwähnung des Kindskochs nahelegt.

Wenige Jahre später bewies Eleonora Maria Rosalia von Liechtenstein, die 1666 den Fürsten Seifried von Eggenberg geheiratet hatte, bereits mehr Mut und deklarierte sich offen als Autorin eines ähnlichen Werkes, das 1695 in Wien gedruckt wurde: *Freywillig auffgesprungener Granat-Apffel des Christlichen Samaritans* ... (Abb. 174). Das Buch enthielt vor allem medizinische Rezepte und erreichte als beliebtes Nachschlagewerk mindestens 13 Auflagen.

Als wahre Bestsellerautorin auf dem Gebiet der Haushaltskunde erwies sich schließlich Katharina Prato (Abb. 175). Sie wurde 1818 in Graz als Tochter des Privatiers Eduard Polt geboren und heiratete den Hauptmann Eduard Pratobevera. Ein Magenleiden ihres Gatten veranlaßte sie, sich immer neue Speisen auszudenken. Nach kaum einjähriger Ehe verwitwet, heiratete sie den steirischen Landeskonservator Joseph von Scheiger und begleitete ihren Mann häufig auf dessen Dienstreisen. Dabei sammelte sie in den verschiedenen Gasthäusern Kochrezepte. Auf Anraten von Bekannten gab sie ihre Rezeptsammlung unter dem Pseudonym Katharina Prato 1858 als *Süddeutsche Küche* heraus und hatte damit ungeahnten Erfolg. Dadurch ermutigt, verfaßte sie anschließend eine *Anleitung zu den Häuslichen Geschäften*, so daß eine zweibändige Haushaltskunde entstand. Nach ihrem Tod (1897) setzte ihre Enkelin Viktorine von Leitmaier ihr Werk fort. Die letzte, stark veränderte Auflage erschien im Jahr 1947, insgesamt erreichte die *Haushaltskunde* eine beachtliche Gesamtauflage von über 500.000 Exemplaren.

Die Witwe

Die schwarzgekleidete Witwe ist in der heutigen Gesellschaft, die den Gedanken an den Tod verdrängt hat, nicht präsent. In der Vergangenheit war die Trauer dagegen genau genormt und die auch lebenslang sichtbar trauernde Witwe keine Seltenheit. In Renaissance und Barock gaben »Witwenspiegel« Anleitungen, wie die verwitwete Frau ihr Leben gottgefällig gestalten sollte (Abb. 176).

Der Witwenstand bezog seine Definition vom Ehestand her, also vom Mann. Mit dem Gatten verlor die Ehefrau, sofern sie nicht berufstätig war, ihren Erhalter und konnte ins Elend geraten; andererseits bedeutete Witwenschaft oft relative Unabhängigkeit. »Arme Witwe« – »reiche Witwe«, dieses Gegensatzpaar zeigt an, daß für das Wohlergehen der Witwe vor allem ihr Vermögensstand ausschlaggebend war; ihn zu sichern, galt als Verpflichtung eines vorsorglichen Ehegatten.

Selbstverständlich wirkte sich der Witwenstand in den verschiedenen Ständen unterschiedlich aus. Im bäuerlichen Milieu, wo es eine geschlechtsspezifische Arbeitsteilung gab, sollten die beiden zentralen Rollen der Hausgemeinschaft, die des Bauern und der Bäuerin, stets besetzt sein. Die bäuerliche Witwe stand also aus arbeitstechnischen Gründen unter einem gewissen Zugzwang. Waren Hoferben bereits im heiratsfähigen Alter, konnte die Wiederverheiratung der verwitweten Mutter allerdings leicht zum Generationenkonflikt führen. So mußte in Gebieten, wo der älteste Sohn als Hoferbe galt, dieser vielleicht noch lange auf das Erbe warten, während in Ländern mit Jüngstenerbrecht das jüngste Kind fürchtete, durch weitere Geburten der Mutter überhaupt nicht mehr zum Zug zu kommen. Einen Ausweg aus dieser konfliktgeladenen Situation des bäuerlichen Güterrechts bot auf besser gestellten Bauernhöfen das Ausgedinge, in das die Witwe abgeschoben werden konnte.

Abb. 176 *Der »Witwenspiegel« der Gräfin Franziska Slavata, Obersthofmeisterin der Kaiserin Claudia Felicitas (Brünn 1694), Frontispiz.*

Wien, UB, Sign. I 273.296 A.

Ältere Witwen, die für die Weiterführung der Bauernwirtschaft männliche Arbeitskraft benötigten und nicht auf ihre Kinder zählen konnten, lockten mit der Möglichkeit zur Einheirat. So heirateten Bäuerinnen oft bedeutend jüngere Männer, die nach einem baldigen Tod auf eine Zweitehe mit einer jüngeren Partnerin hoffen konnten. Dabei waren auch Fehlspekulationen möglich, wie einige historische Beispiele belegen. So lebten in zwei Salzburger Orten, deren Bevölkerungsstruktur im 17. Jahrhundert jüngst untersucht wurde, ein 50jähriger Bauer, der mit einer 95jährigen Frau verheiratet war, und ein 42jähriger, der eine 73jährige Ehefrau hatte.

In den Städten mit ihren Handwerksbetrieben gestaltete sich die Lage der Witwen unterschiedlich. In diesen Betrieben waren zwar

Haushalt und Produktionsstätte meist unter einem Dach, aber doch arbeitsmäßig getrennt. Die Handwerkersgattin arbeitete nicht im Betrieb mit, versorgte aber die dort tätigen Personen in ihrem Haushalt mit. Wenn sie Witwe wurde, fiel diese Zusammenarbeit weg. In zünftisch organisierten Betrieben drängte die Zunft daher oft auf ihre Wiederverheiratung. Die Heirat mit einem – meist jüngeren – Gesellen verschaffte diesem die Möglichkeit, einen Meisterbetrieb zu übernehmen. Noch Joseph II. forderte, daß die Witwe nach einem Wundarzt innerhalb eines halben Jahres einen geeigneten Provisor haben oder sich mit ihm verheiraten sollte, andernfalls sie die Offizin verkaufen mußte.

Andererseits konnten Witwen von Schulmeistern die Schule auch – trotz männlicher Konkurrenz – allein weiterführen. Die wirtschaftliche Lage dieser verwitweten Schulmeisterinnen war aber nicht immer rosig, wie das Bittgesuch einer Haller Schulmeisterin beweist, die Kaiser Maximilian um eine finanzielle Unterstützung bat: *Soffia, tewtschi schullmaisterin*, eine *arme, ellende, petrübti wittib mit siben kindern*, führte eine Schule und unterrichtete Mädchen *(döchterlein)*, litt aber unter der Konkurrenz eines deutschen Schulmeisters in der Stadt.

Für Frauen der städtischen Unterschichten und der aufkommenden Arbeiterschaft war der Tod des Ehepartners oft kein gravierender Lebenseinschnitt, da sie selbst zeitlebens im Arbeitsprozeß standen und sich ihren Lebensunterhalt auch allein verdienen konnten.

Problematisch war die Lage der Witwen nach jenen außer Haus tätigen Männern, die ohne Berufstätigkeit im Haus verblieben und sich nur um die Familie kümmern sollten. Wenn der Ehemann früh starb, stand die Witwe mit minderjährigen Kindern oft unversorgt da und war auf ein Gnadengeld angewiesen. Hier schuf erst der moderne Staat Abhilfe. In richtiger Erkenntnis, daß die Staatsbeamten spät heiraten und eine Familie gründen konnten, die Kinder aus diesen Ehen aber das Potential für künftigen Beamtennachwuchs darstellten, führte Joseph II. 1781 für die Witwen der Staatsdiener die Witwenpension ein.

Diese Regelung war epochemachend und wurde schließlich allgemein gültig, d. h. immer mehr Witwen erhielten nach dem Tod ihres Mannes einen Teil seines Gehaltes (Lohnes) oder seiner Pension als Witwengeld ausbezahlt. Diese Versorgung bewirkte, daß Frauen nun weniger zur Wiederheirat gezwungen waren als früher. Heute sind daher aus diesem Grunde – und natürlich auch aus anderen Ursachen – weit mehr Frauen als Männer verwitwet.

Von größter gesellschaftlicher Relevanz war in der Vergangenheit die Position der adeligen Witwe, weil sie oft über großen Besitz verfügte. Ihre finanzielle Lage war zumindest theoretisch durch den Heiratsvertrag gesichert, der bereits die Witwenversorgung beinhaltete. Sowohl die Mitgift wie auch die Widerlage gingen nun in ihre Verfügungsgewalt über, auch die Einkünfte aus der Morgengabe flossen weiter. In der Praxis ergaben sich oft Komplikationen. Da das Witwendeputat verfiel, wenn die Witwe neuerlich heiratete, war sie seitens der Erben vielfach dem Druck zur Wiederverheiratung ausgesetzt.

Waren keine Kinder vorhanden, konnte die Witwe daran denken, ihr Vermögen für kirchliche Stiftungen zu verwenden. Diesen Weg beschritt Hemma, Gräfin von Friesach in Kärnten. Nach dem Tod ihres Gatten und ihrer beiden Söhne widmete sie ihren reichen Grundbesitz unter anderem der Errichtung von zwei Nonnenklöstern. Der geplante Frauenkonvent in Admont kam nicht zustande, wohl aber das Nonnenkloster in Gurk; hierher zog sich die Stifterin wahrscheinlich auch zurück, ehe sie um 1045 starb. Rund 30 Jahre danach hob der Salzburger Erzbischof dieses adelige Damenstift aber auf, angeblich weil die Nonnen allzu freizügig lebten. Der wahre Grund war, daß er das reiche Stiftungsgut der beiden Frauenklöster für andere Zwecke verwenden wollte: 1072 gründete er das Salzburger Eigenbistum Gurk, 1074 das Männerkloster Admont.

Um die einstige Stifterin Hemma begannen sich im Lauf der Zeit Legenden zu ranken. Bereits 1287 als Selige verehrt, wurde sie erst 1938 für heilig erklärt; inzwischen ist sie fast in die Rolle einer Kärntner »Nationalheiligen« und Landesmutter hineingewachsen.

Eine reiche adelige Witwe, die der Welt nicht entsagen wollte, wurde als gute Partie entsprechend umworben. Sie konnte sich auch wesentlich jüngere Männer zu Ehepartnern wählen, denen sich dadurch Aussichten auf das Erbe eröffneten. Ein solcher Ehestand hat stets das besondere Interesse der Mit- und Nachwelt erregt, zwei dieser Witwen gelangten dergestalt zu historischer Berühmtheit:

Anna Neumann, 1535 als Tochter eines durch Bergwerksbeteiligung reich gewordenen Villacher Handelsherrn geboren, schien zunächst nicht zu außergewöhnlichem Schicksal bestimmt. Ihr Vater hatte aus seiner ersten Ehe eine Tochter und aus seiner zweiten Verbindung vier Söhne, ehe Anna kurz vor seinem Ableben zur Welt kam; sie stand in der Erbfolge also an letzter Stelle. Mit etwa 21 Jahren heiratete sie Hans Jakob von Thannhausen, dem sie zwei Töchter – Elisabeth und Barbara – gebar. Nach dreijähriger Ehe wurde sie Witwe (1560). Anfang 1566 vermählte

sie sich mit Christoph von Liechtenstein, dessen Familie bei ihrer Mutter schwer verschuldet war, und zog zu ihm nach Murau. Während dieser Ehe, die kinderlos blieb, starb die Mutter, und da der Tod unterdessen auch ihre vier Brüder hinweggerafft hatte, war Anna Alleinerbin eines riesigen Vermögens. Ihr gehörten nun die Herrschaften Wasserleonburg und Treffen sowie weiterer Grundbesitz in Kärnten, darüber hinaus Bargeld und Pfandbriefe. Als Hauptgläubigerin ihrer Liechtensteiner Verwandten kaufte sie ihnen 1574 die Herrschaft Murau ab. 1580 zum zweiten Mal verwitwet, setzte sie sich erfolgreich gegen die Ansprüche der fünf noch lebenden Brüder des dahingeschiedenen Christoph durch.
1582 heiratete sie, inzwischen 46 Jahre alt, vermutlich aus persönlicher Neigung den 56jährigen Freiherrn Ludwig von Ungnad, der im Dienste der Habsburger viel herumgekommen war. Mit seinen Vermögensverhältnissen stand es schlecht, er machte häufig Schulden, die seine Frau bezahlen mußte. Das Eheglück endete bereits nach zwei Jahren (1584).
Die Schloßherrin von Murau (Abb. 177) gab nun nach zweijähriger Witwenschaft ihrem Gutsnachbarn, dem Freiherrn Karl von Teuffenbach, ihr Jawort. Die 1586 geschlossene Ehe dauerte 24 Jahre und war die längste im Leben von Anna Neumann. Während dieser Zeit starb 1592 ihre ältere Tochter Elisabeth trotz zweimaliger Ehe kinderlos, die jüngere Tochter Barbara war bereits 1587 unverheiratet verschieden.
Seit 1610 verwitwet und ohne direkte Erben, heiratete Anna Neumann bereits 1611 Graf Ferdinand von Ortenburg, der von seinen Brüdern zu dieser Ehe gedrängt wurde: Die Braut zählte 76 Jahre, der Bräutigam war 30 Jahre alt. Doch der junge Ehemann, von Anfang an kränkelnd, starb 1616 und machte die Gräfin erneut zur Witwe.
Die häufigen Witwenschaften sowie der sich dank guter Wirtschaftsführung mehrende Reichtum machten die Herrin von Murau in der Bevölkerung verdächtig. Zweimal wurde sie in Hexenprozesse verwickelt und beschuldigt, Leute zum Wettermachen angestiftet zu haben, um für ihr Getreide bessere Preise zu erzielen. Aber gegen die mächtige Standesherrin erfolgte keine Anklage, während die beiden Denunzianten ihr Leben lassen mußten.
Als letzter Gemahl und zugleich Erbe ihres reichen Besitzes – nur Wasserleonburg und Treffen gingen an die Nachkommen ihrer Stiefschwester über – wurde der betagten Gräfin von Ortenburg vom Grazer Hof der Reichsgraf Georg Ludwig von Schwarzenberg empfohlen. Er hatte seine Karriere als Edelknabe in Graz begonnen und war dank der Protektion des Freiherrn Hans Ulrich

Abb. 177 *Unbekannter Künstler: Anna Neumann von Wasserleonburg als Schloßherrin von Murau (ca. 1600).*
Murau (Obersteiermark), Schloß.

Abb. 178 *Unbekannter Künstler: Katharina Elisabeth von Galler als Herrin der Riegersburg.*
Riegersburg (Oststeiermark), Weißer Saal.

von Eggenberg rasch weiter aufgestiegen. Eggenberg, der mit Anna verschwägert war, vermittelte die Heirat, die der reichen Gräfin einen würdigen Erben und dem talentierten jungen Grafen ein angemessenes Einkommen verschaffen sollte. Am 25. Juli 1617 heiratete die über 81jährige Anna auf Schloß Murau den erst 31jährigen Georg Ludwig; bereits wenige Monate später vermachte sie ihm die Herrschaft Murau. Sie finanzierte auch die Gesandtschaftsreise, die Georg Ludwig im Auftrag Kaiser Ferdinands II. unternahm, wobei er fast zwei Jahre von Murau fernblieb. Kurz vor ihrem Ableben kehrte er aber zurück und war beim Tod seiner 88jährigen Ehefrau am 18. Dezember 1623 zugegen. Als ihr Erbe verfügte er nun über reichen Besitz.
Die geplante prunkvolle Beisetzung der Gräfin Schwarzenberg in der Pfarrkirche von Murau scheiterte am Einspruch des Salzburger Konsistoriums, das ihr die Hinwendung zum lutherischen Glauben vorwarf. Nach einmonatiger Wartezeit wurde sie daher in einer Mauernische der Spitalskirche zur hl. Elisabeth beigesetzt. Der junge Witwer heiratete im folgenden Jahr, seine junge

Gemahlin schenkte ihm zwei Söhne, die aber noch als Kinder starben; die Besitzungen von weiland Anna Neumann gingen daher nach seinem Tod an einen anderen Zweig der Familie Schwarzenberg über, in deren Eigentum sie sich noch heute befinden. Sie selbst fand im 19. Jahrhundert in der Gruft der Loretokapelle des Kapuzinerklosters, das Georg Ludwig gestiftet hatte, neben ihm und seiner zweiten Gemahlin ihre letzte Ruhestätte.

Einen ähnlich bewegten Lebenslauf hatte die zweite adelige Witwe, die noch in reiferen Jahren erneut in den Ehestand trat: Katharina Elisabeth von Wechsler. Vermutlich 1607 in Radkersburg geboren, entstammte sie gleichfalls einer ursprünglich bürgerlichen Adelsfamilie, ihr Vater war aber Soldat und hatte seiner militärischen Verdienste wegen den Freiherrentitel erhalten. Eine Vorliebe für alles Kriegerische zeichnete auch seine einzige Tochter aus. Mit etwa 23 Jahren heiratete sie im Frühjahr 1630 den 31jährigen verwitweten Freiherrn Hans Wilhelm von Galler; er war Obrist und seit 1622 Hofkriegsratspräsident. Im darauffolgenden Sommer machte ihr Vater sein Testament, in welchem er, falls er und sein einziger Sohn Georg Seifried ohne eheliche Erben sterben sollten, seinen Bruder Sigismund Wechsler gemeinsam mit seiner Tochter, *Frauen Catharina Elisabeth Gallerin,* zu seinen Erben einsetzte.
Bruder Georg Seifried heiratete 1632 Maria von Urschenpeck, von deren Mutter er 1637 die Herrschaft Riegersburg kaufte. Da er im gleichen Jahr kinderlos starb und sein Vater zwischenzeitlich ebenfalls verschieden war, gelangte das reiche Gesamterbe an die Freifrau von Galler und ihren Onkel. Obwohl vorerst nur Miterbin der Riegersburg und anderer Besitzungen, begann sie sich bereits auf ihre künftige Rolle als Burgherrin vorzubereiten. Sie lebte abwechselnd in Radkersburg und auf der Riegersburg, bei ihrem Ehemann, der durch seine Tätigkeit in Graz festgehalten wurde, weilte sie selten. 1642 brachte sie eine Tochter zur Welt, die auf den Namen Katharina Regina getauft wurde; weiterer Kindersegen blieb ihr versagt.
1648 starb der Onkel, und die Gallerin wurde Herrin der Riegersburg (Abb. 178). Sie baute die auf einem mächtigen Basaltfelsen gelegene Burganlage in den folgenden Jahren zu einer uneinnehmbaren Festung aus, was angesichts der Türkengefahr aus dem Osten für die Landesverteidigung von großer Bedeutung war. Der Ausbau der Befestigungen sowie die bauliche Ausgestaltung der beiden auf dem Felsmassiv liegenden Burgen zu einem geschlossenen Ganzen war ihr nicht nur Verpflichtung,

sondern weit mehr noch ein Vergnügen, wie eine Inschrift über dem Eingang zum Rittersaal beweist: *Bauen ist eine schöne Lust, was es mich kost, ist mir bewußt.*

Da ihr als Frau kriegerischer Lorbeer versagt blieb, wollte sich die Gallerin offenbar wenigstens mit einer gewaltigen Festungsanlage, der noch heute imponierenden Riegersburg, im Gedächtnis der Nachwelt verankern. Über dem Eingangsportal des ersten Tores ließ sie ihre Leistungen poetisch verewigen: *Was ich in 16 Jahren hier hab lassen pauen – Das ist woll zusechen und anzuschauen – Kein Heller mich nicht reuen thuet – Ich mains dem Vaterland zu guet – Anno Domini 1653.*

1650 Witwe geworden, führte sie auch in den folgenden Jahren ein energisches Regiment. Eine Episode zeigt ihren mannhaften Charakter: Als Patronatsherrin der Pfarre Riegersburg verlangte sie vom dortigen Pfarrer die Entfernung seiner mit ihm angeblich in sündhaftem Verhältnis lebenden Köchin. Als ihre Forderung nicht erfüllt wurde, griff sie am 7. Februar 1654 persönlich ein. Sie kam mit ihrem Büchsenmeister und 20 Mann der Burgbesatzung *mit pixen, helleparten, Degen und großen Prigel* in den Pfarrhof, ließ die Pfarrersköchin festnehmen und aufs Schloß bringen. Sie selbst drang mit dem Büchsenmeister und sieben Soldaten in das Zimmer des Pfarrers, mit dem sie wegen des Patronatsrechts im Streit lag, ein und beschimpfte ihn. Am nächsten Tag wurde die Köchin von einem Gerichtsdiener und zwei Musketieren zum Gericht nach Feldbach gebracht. Dort unterzog man sie einem »peinlichen« Verhör, sie gestand das ihr vorgeworfene sündhafte Verhalten aber nur teilweise. Der bis in die Regierung nach Graz getragene Konflikt endete mit einem Sieg der Gallerin, der das Patronatsrecht vom Kaiser bestätigt wurde.

Nachdem ihre Tochter *Regerl* 1659 den Freiherrn Hans Ernst von Purgstall geheiratet hatte, dachte auch ihre unterdessen etwa 53jährige Mutter an eine neue Ehe. Der Auserwählte war ein ungefähr gleichaltriger Freiherr aus Norddeutschland, Obrist Detlef von Kapell, den sie 1660 ehelichte. Mit ihm wollte die Burgherrin auch das Kommando über die Riegersburg in ihren Händen behalten, was aber nicht gelang. Der tapfere Ehemann fiel 1664 in der Türkenschlacht bei Mogersdorf (St. Gotthard an der Raab) und hinterließ sie als 57jährige Witwe.

Zum zweiten Mal verwitwet, ging die Freiin von Kapell nach nur zehn Monaten eine neue Verbindung ein. Ihre Wahl fiel diesmal auf den 25jährigen Freiherrn Hans Rudolf von Stadl, Besitzer des nahegelegenen Schlosses Kornberg. Auch er war Soldat und hatte sich ruhmvoll ausgezeichnet. Das Vorbild des Reichsgrafen Georg Ludwig von Schwarzenberg vor Augen, hoffte er aus dieser Ehe reichen Nutzen zu ziehen. Es gelang ihm, seine Ehefrau 1667 zu einer gegenseitigen Schenkungsurkunde zu überreden, worin sie ihm ihr Schloß Johnsdorf, zwei Weingärten in Radkersburg und die Summe, die sie ihm für Schloß Kornberg vorgestreckt hatte, vermachte.

Der junge Haudegen begann sich auf der Riegersburg bereits als Herr aufzuspielen. Als Katharina Regina von Purgstall 1668 aber einen Sohn zur Welt brachte, besserte sich das gespannte Verhältnis zwischen ihr und ihrer Mutter, und die Freifrau von Stadl setzte ihre Tochter zur Erbin der Riegersburg ein. Der um seine Hoffnungen betrogene Ehemann wurde nun immer gewalttätiger, so daß sich die mißhandelte Gattin schließlich entschloß, diese unwürdige Situation zu beenden. 1669 ließ sie ihre Ehe mit dem Freiherrn von Stadl kirchlich trennen (Scheidung von Tisch und Bett) und fand ihn materiell ab; er behielt die in der Schenkung von 1667 genannten Besitzungen und Gelder, konnte aber laut Kirchenrecht nicht wieder heiraten, bevor seine Ehefrau starb.

Bald nach diesem Vergleich (31. Mai 1669) machte die Freifrau von Stadl ihr letztes Testament. In ihm hinterließ sie ihrem Ehemann nichts, da er von ihr bereits mehr bekommen habe, als er verdiente. Sie wollte bei ihrem zweiten Mann in der Pfarrkirche von Riegersburg beigesetzt werden, wozu sie 500 Gulden aussetzte. Den Armen vermachte sie 300 Gulden, die je zur Hälfte bei ihrer Beisetzung und am ersten Jahrtag verteilt werden sollten. Dem Spital von Riegersburg hinterließ sie 200 Gulden zum Ankauf eines Grundstücks zum Nutzen der armen Insassen. Am 12. Februar 1672 machte ein Schlaganfall ihrem Leben ein Ende. Universalerbin der Riegersburg sowie der übrigen Besitzungen wurde die Tochter Katharina Regina samt ihrem Mann und ihren beiden Söhnen. Die Familie lebte zumindest zeitweilig auf der Riegersburg. Als Graf Hans Ernst von Purgstall als Regierungskommissar die 1673 beginnenden Hexenprozesse führen mußte, war auch ein ehemaliges Stubenmädchen der Gallerin, Katharina Paldauf, unter den Opfern. Die von ihrem Mann ausgesprochenen Todesurteile sollen so schwer auf das Gemüt der jungen Burgherrin gedrückt haben, daß sie schwermütig *(gemythskrank)* wurde. Wenn diese für das Jahr 1675 belegte Angabe stimmt, so wäre sie das einzige Zeugnis für menschliches Mitgefühl in einer Zeit, in der Männer, Frauen und Jugendliche grausamsten Folterungen und barbarischen Tötungsarten unterzogen wurden. Graf Purgstall selbst wollte allerdings nur deshalb der Tortur nicht beiwohnen, weil es ihm *unmiglich were, ein so lange Zeit bey solchen gestankh undt schwere khelten zuverbleiben.* Und er fügte später hinzu: *Der Gestankh, so man in den kherkern der gefan-*

genen ausstehen muß, ist unbeschreiblich. Gestank und Kälte in den Kerkern der Inhaftierten störten also den Regierungskommissar, nicht das Leid derer, die oft bis zu einem Jahr unter diesen entwürdigenden Bedingungen zubringen mußten.

An Fürstenhöfen war die Stellung der Witwe wesentlich vom jeweils regierenden Herrscher abhängig. Er bestimmte ihren Hofstaat, ließ die ihr zustehenden Gelder auszahlen und führte die testamentarischen Bestimmungen ihres verstorbenen Gemahls aus. Näheres ist darüber vom Kaiserhof bekannt, besonders die Regelung des Aufenthalts der Kaiserinwitwe ist von Interesse. Denn das Zusammenleben mehrerer Herrscherinnen an einem Hof konnte leicht zu Spannungen führen, wie die Rangstreitigkeiten zwischen den beiden Kaiserinwitwen Eleonore Magdalena und Amalia, die den Anlaß für die *Pragmatische Sanktion* (1713) boten, zeigen.
Seit dem 17. Jahrhundert gab es eigene Witwensitze für Kaiserinnen. Ferdinand II. (gest. 1637) vermachte seiner Gemahlin Eleonore testamentarisch die *Katterburg*, die ihr bereits zuvor als Jagdschloß gedient hatte. Sie errichtete auf dem Gelände ein neues Lustschloß, das *Schönbrunn* genannt wurde und Vorläufer des heute weltberühmten Schlosses war. Es diente auch Kaiserin Eleonore, der dritten Gemahlin Ferdinands III. (gest. 1657), als Witwensitz. Die Kaiserinwitwe hatte zunächst 1667 den Leopoldinischen Trakt der Hofburg bezogen, den sie mit ihrem Witwendeputat mitfinanzierte; sie wich aber wegen Unstimmigkeiten mit Kaiserin Claudia Felicitas freiwillig vom Hof. In Schönbrunn und in der *Favorita*, ihrer Sommerresidenz, entfaltete sie auch in der Witwenzeit ein reges kulturelles Leben.
Kaiserin Amalia, die Witwe Josephs I. (gest. 1711), bewohnte zunächst den später nach ihr benannten Amalientrakt der Wiener Hofburg sowie Schloß Schönbrunn als Witwensitz; sie zog sich aber 1722 in das von ihr gegründete Salesianerinnenkloster zurück, wo sie auch starb.
Maria Theresia ließ für ihre Mutter Elisabeth Christine, die Witwe Karls VI. (gest. 1740), das Jagdschloß *Hetzendorf* nahe Schönbrunn zum Witwensitz umbauen und besuchte sie dort häufig.
Im Witwendasein spielt wohl stets die Versorgung der Kinder eine bedeutende Rolle. Auch fürstliche Witwen machten keine Ausnahme, wie die folgenden Beispiele zeigen:

Die bekannteste Witwe in der österreichischen Geschichte ist natürlich Maria Theresia. Sie war beim Tod Franz Stephans (1765) 48 Jahre alt, der überraschende Verlust traf sie tief; sie ließ

Abb. 179 *Unbekannter Wiener Hofmaler: Maria Theresia als Gründerin des Innsbrucker Damenstifts unter dem Medaillon Franz Stephans, mit Stiftungsurkunde und Ordenszeichen (nach 1765). Ihre Witwenkleidung wurde zur Tracht der Stiftsdamen.*
Innsbruck, Hofburg.

sich ihr schönes blondes Haar abschneiden, verschenkte ihren Schmuck und trug zeitlebens Trauerkleidung. Das Sterbezimmer des Kaisers in der Innsbrucker Hofburg wandelte sie in eine Kapelle um, im angrenzenden Gebäude errichtete sie ein adeliges Damenstift, dessen Mitglieder umfangreiche religiöse Verpflichtungen für das Seelenheil des Verstorbenen zu erfüllen hatten (Abb. 179). Nach 25 Jahren im Ehestand regierte sie noch 15 Jahre als Witwe (Abb. 180). Sie verheiratete während dieser Zeit alle heiratsfähigen Töchter und versorgte die jüngeren Erzherzöge. Auch die Ausgestaltung des Schlosses Schönbrunn und seiner Gartenanlagen ging zügig weiter.
Eine ähnliche Aufgabenstellung hat eine andere kinderreiche Witwe des Hauses Habsburg gleich bravourös gemeistert, Maria von Bayern (Abb. 181). Sie heiratete 1571 im Alter von 20 Jahren ihren um elf Jahre älteren Onkel Karl II. von Innerösterreich und kam mit gegenreformatorischem Eifer in ihre neue Heimat. Als Mitgift erhielt die wittelsbachische Prinzessin 50.000 Gulden,

Abb. 180 *Anton von Maron: Maria Theresia als Witwe vor der Statue des Friedens (1773). Als einzigen Schmuck trägt die Kaiserin das Kreuz des Sternkreuzordens, vor ihr liegt ein Plan des Schlosses Schönbrunn.*

Innsbruck, Schloß Ambras (KHM, IN 6201).

Abb. 181 *Cornelis Vermeyen: Erzherzogin Maria (1577). Die schmuckliebende Fürstin trägt eine Kette, an der ihr Monogramm mit dem Erzherzogshut hängt. Im Hintergrund ist die ehem. Kathedrale von Seckau zu sehen, die als Grablege vorgesehen war.*
Innsbruck, Schloß Ambras (KHM, IN 3102).

denen eine Widerlage in gleicher Höhe sowie eine Morgengabe von 20.000 Gulden seitens des Bräutigams gegenüberstanden; als Witwensitz war Schloß Görz vorgesehen.
Nahezu jedes Jahr brachte Erzherzogin Maria ein Kind zur Welt, insgesamt waren es fünfzehn. Als im Jahr 1580 keine Kindstaufe ins Haus stand, vermutete der Ehemann, seine Gemahlin *hab das kindertragen schier vergeßen*. Dem war aber nicht so, 1581 erblickte wieder eine Tochter das Licht der Welt. Das letzte Kind wurde erst nach dem Tod Erzherzog Karls geboren und erhielt zur Erinnerung an seinen Vater dessen Namen.
Mit 39 Jahren wurde Maria im Jahr 1590 Witwe. Alle zwölf überlebenden Kinder waren unversorgt und großteils minderjährig (Abb. 182). Der zwölfjährige Thronerbe Ferdinand, der spätere Kaiser Ferdinand II., studierte bei den Jesuiten in Ingolstadt.
Karl II. hatte in seinem Testament seinen Neffen Rudolf II., seinen älteren Bruder Ferdinand II. von Tirol und seinen Schwager, Herzog Wilhelm von Bayern, zu Vormündern sowie Maria zur Mitvormünderin ernannt. Die Erzherzoginwitwe war der Mei-

nung und wurde darin von ihrem Bruder bestärkt, daß sie bis zur Volljährigkeit ihres Sohnes die Regentschaft führen sollte. Als sie mit ihrer Forderung auf Ablehnung stieß, wies sie auf zwei erfolgreiche Regentinnen der Niederlande – Königin Maria von Ungarn und Herzogin Margarete von Parma – hin, vergebens. Die habsburgische Verwandtschaft war gegen das Regiment der energischen fürstlichen Witwe. Kaiser Rudolf II. bestellte 1591 seinen jüngeren Bruder Ernst zum Statthalter der innerösterreichischen Ländergruppe.

Umso entschiedener bestand Maria nun auf der Festlegung ihrer finanziellen Versorgung. Sie war eine kunst- und prachtliebende Fürstin, die einen entsprechenden Aufwand gewohnt war. Sie kaufte um hohe Beträge in Spanien, Venedig, Konstantinopel, München und in den Niederlanden ein, ließ kostbare Kunstgegenstände für ihre Kapelle und wertvollen Schmuck für sich selbst anfertigen, bestellte aus dem Ausland Kleidungsstücke, Kopfbedeckungen, Schleier, seidene Strümpfe, Handschuhe, Seidenstoffe, Tapeten, Teppiche und Schreibtische teils für den Eigenbedarf, teils für ihr Frauenzimmer und zum Verschenken. Auch als Witwe wollte sie sich keine wesentlichen Beschränkungen auferlegen. Sie setzte ihren kostspieligen Lebensstil fort und stieß damit auf Kritik. Erzherzog Ferdinand von Tirol wurde wohl von der landesfürstlichen Finanzbehörde, der Kammer, über ihre Aus-

Abb. 182 *Jacopo de Monte: Votivbild für den 1590 verstorbenen Erzherzog Karl II. (1591/93). Das Bild wurde von Erzherzogin Maria in Auftrag gegeben und zeigt die gesamte Familie mit ihrem jeweiligen Namenspatron, die bereits verstorbenen drei Kinder sind weiß gekleidet.*
Graz, Dom, rechte Seitenwand des Chores.

gaben informiert und ließ den Kaiser wissen, daß sie weiterhin viel anschaffe und ausgebe; man müsse daher der Kammer befehlen, Maria ohne Wissen des Statthalters nichts auszuzahlen.

Unter diesen Vorzeichen verliefen die Verhandlungen über den Unterhalt der Witwe und ihrer Kinder schleppend. Der Kaiser schlug zaghaft vor, sie möge sich mit ihrer Familie nach Judenburg, den testamentarisch vorgesehenen Witwensitz zurückziehen, weil dort die Unterhaltskosten geringer seien. Dazu war sie aber unter keinen Umständen zu bewegen, sie wollte in Graz, am Pulsschlag des Geschehens, bleiben. Schließlich einigte man sich auf einen jährlichen Etat von 45.000 Gulden, während sie selbst ihren Finanzbedarf mit über 61.000 Gulden veranschlagt hatte.

In allen wichtigen Dingen war die Witwe nun vom Kaiser als Familienoberhaupt abhängig. Da Rudolf II. wenig entschlußfreudig war, mußte sie sich oft in Geduld üben. Ihr vordringlichstes Ziel war zunächst, den von mehreren Seiten gewünschten Abbruch des Studiums ihres Sohnes zu verhindern. Es gelang ihr mit viel Mühe, vom Kaiser die Erlaubnis zu erhalten, daß Ferdinand seine Ausbildung bei den Jesuiten in Bayern beenden sollte. Erst 1595 kehrte der junge Fürst nach Graz zurück und übernahm 1596 die Regierung. Damit endete die Zeit der kaiserlichen Statthalter – auf Ernst war 1593 Erzherzog Maximilian gefolgt –, und Maria hatte wieder mehr Einfluß auf die Entscheidungen im Land.

In wesentlichen Familienangelegenheiten blieb sie aber weiterhin an den Willen des Kaisers gebunden. Vor allem die Verheiratung der Töchter lief über den Kaiserhof, auch wenn die Mutter im Einzelfall oft mitreden konnte.

Für die älteste Erzherzogin, die 1573 geborene Anna, waren noch zu Lebzeiten des Vaters Heiratsverhandlungen mit Polen begonnen worden. Da sie sich lange hinzogen, begann die Braut immer mehr Widerstand zu entwickeln, so daß das Projekt zu scheitern drohte. Aber sowohl der Kaiser wie auch die Mutter erinnerten sie an ihre Pflicht gegenüber der Familie, worauf sich Anna schließlich zur Heirat mit König Sigismund bereit erklärte; sie wünschte aber, in mütterlichem Geleit nach Polen zu reisen, was ihr zugestanden wurde (Abb. 183). Nachdem die Brautwerbung am Kaiserhof erfolgt und der Heiratsvertrag abgeschlossen war, fand am 4. Mai 1592 in der Wiener Augustinerkirche die prokuratorische Trauung statt. Anschließend brachen Mutter und Tochter nach Krakau auf, wo am 1. Juni die Krönungs- und Hochzeitsfeierlichkeiten stattfanden.

Auch die Verheiratung der nächsten Tochter wurde vom Kaiser bestimmt. Rudolf II. wollte die Beziehungen zum Großfürsten

Abb. 183 *Jacopo de Monte: Erzherzogin Anna im Alter von etwa 18 Jahren.*
Wien, KHM, IN 7247.

Abb. 184 *Ottavio Zanuoli (?): Erzherzogin Maria Christierna im Brautkleid, mit dem ihr von Kaiser Rudolf II. geschenkten Schmuck (1595).*
Innsbruck, Schloß Ambras (KHM, IN 3082).

von Siebenbürgen, Sigismund Bathory, festigen, der als Preis die Hand einer habsburgischen Prinzessin wünschte. Der Kaiser forderte daraufhin die Erzherzoginwitwe auf, ihm Bildnisse von zwei Töchtern zu schicken, ohne daß die Mutter wußte, für welche Partie sie gedacht waren. Die Wahl des Kaisers fiel auf Erzherzogin Maria Christierna. Nachdem die Heirat am Prager Hof vereinbart worden war, begab sich die siebenbürgische Gesandtschaft im Februar 1595 nach Graz und wollte selbst eine Wahl unter den Prinzessinnen treffen, was die Mutter empört ablehnte. Daraufhin drängten die Gesandten auf eine rasche Heirat der 21jährigen Erzherzogin Maria Christierna (Abb. 184). Nach der prokuratorischen Trauung in Graz reiste die Braut am 15. Juni in mütterlicher Begleitung in das ferne, von den Türken bedrohte Land auf dem Balkan. Die Hochzeit fand am 6. August 1595 in Weißenburg (Alba Julia) statt, aber das Eheglück wollte sich nicht einstellen. Sigismund behandelte seine Gemahlin schlecht und wollte sich bald ganz von ihr trennen. Als keine Aussicht auf Besserung des ehelichen Verhältnisses bestand, gestattete der Kaiser die Rückkehr der verstoßenen Großfürstin nach Graz. Da die Ehe nie vollzogen worden war, konnte sie 1599 annulliert werden.

Unterdessen war die nächste Erzherzogin, die 1576 geborene Katharina, ins heiratsfähige Alter gekommen, ohne daß der Kaiser für sie eine Eheverbindung ins Auge gefaßt hatte. Also wurde die Mutter selbst aktiv. Zur Jahreswende 1592/93 kam auf ihren dringenden Wunsch der kaiserliche Gesandte in Spanien, Hans Khevenhüller, nach Graz. Tagelang verhandelte sie mit ihm *vil wichtige sachen ihrer geliebsten kinder und anders*, sie erbat sich auch seinen Rat. Details dieser Verhandlungen hat Khevenhüller seinem Tagebuch nicht anvertraut, aber zweifellos ging es in den Gesprächen um Spanien, wo König Philipp II. seit 1580 verwitwet und der Thronfolger 15 Jahre alt war. Die spanischen Habsburger beherrschten ein Weltreich, sie geboten nicht nur über Spanien, sondern auch über Portugal, die Kolonien in Südamerika, die Philippinen und andere ostasiatische Inseln, die Niederlande, das Herzogtum Mailand sowie das Königreich Neapel-Sizilien. Der spanische König hatte wichtige weltliche Posten zu vergeben, er ernannte Statthalter für die Niederlande und Vizekönige für Neapel, er vergab Kommandos bei der spanischen Armee. Er konnte aber auch über lukrative kirchliche Benefizien verfügen, nominierte Personen seines Vertrauens zu Bischöfen, Äbten oder Großmeistern von Ritterorden. An all diesen Versorgungsmöglichkeiten war der relativ arme österreichische Zweig der Familie und natürlich auch der Grazer Hof höchst interessiert und wurde auch berücksichtigt.
Welche Pläne die verwitwete Erzherzogin konkret verfolgte, ist unbekannt, auf jeden Fall kam es nicht zu einer spanischen Hochzeit, da Katharina im Jahr 1595 überraschend starb. Zwischenzeitlich waren aber ihre drei jüngeren Schwestern Gregoria Maximiliana (geb. 1581), Eleonore (geb. 1582) und Margarete (geb. 1584) herangereift. 1596 kam ein spanischer Gesandter nach Graz und verlangte Bildnisse der drei Erzherzoginnen, Philipp II. wollte eine von ihnen mit seinem unterdessen 18jährigen Sohn und Nachfolger vermählen. Mit den Bildnissen konfrontiert, wählte der Infant die jüngste Erzherzogin, der Vater bestimmte aber die älteste zu seiner Braut. Gregoria Maximiliana starb jedoch noch während der Verlobungszeit am 20. September 1597, womit das Heiratsprojekt gescheitert war.
Die Mutter hoffte nun, daß eine der beiden anderen Töchter an die Reihe kommen würde. Tatsächlich warb Philipp II. um die erst 14jährige Margarete, so daß der Heiratsvertrag am 24. September 1598 in Graz abgeschlossen werden konnte. Bereits am 30. September brach die Erzherzogin mit ihrer Mutter und einem Gefolge von mehr als 600 Personen auf, um zunächst nach Ferrara zu ziehen, wo der Papst die Trauung vornehmen wollte. Unterwegs

Abb. 185 *Juan Pantoja de la Cruz: Verkündigung Mariä. Die Gottesmutter trägt die Züge der Königin Margarete von Spanien (1605).*
Innsbruck, Schloß Ambras (KHM, IN 2516).

Abb. 186 *Frans Pourbus d. J.: Erzherzogin Konstanze (ca. 1603/04).*
Innsbruck, Schloß Ambras (KHM, IN 3306).

erhielt die Reisegesellschaft die Nachricht, daß Philipp II. gestorben und sein Sohn als Philipp III. die Nachfolge angetreten hatte. Die blutjunge Margarete war damit überraschend schnell Königin von Spanien geworden (Abb. 185). Am 15. November 1598 fand im Dom von Ferrara die vorgesehene Trauungszeremonie *per procurationem* statt, die glanzvoll begangen wurde. Maria benützte die Gelegenheit aber auch, den päpstlichen Hof über den Stand der katholischen Religion in Innerösterreich zu informieren.

Den Plan der spanischen Abordnung, die Königinmutter anschließend nach Graz heimkehren zu lassen, durchkreuzte sie, weil sie sich die günstige Gelegenheit, wenigstens noch Mailand und Genua zu sehen, nicht entgehen lassen wollte. Insgeheim aber war sie von Anfang an entschlossen, ihre Tochter nach Spanien zu begleiten, wo sie mit König Philipp und Kaiserin Maria, der in Madrid lebenden Witwe Maximilians II., im Interesse ihrer Familie verhandeln wollte. Da die Spanier die Besuche ihrer österreichischen Verwandtschaft stets möglichst einschränkten, war ihr daher verboten worden, einen Sohn auf die Reise mitzunehmen. Trotz ihrer Angst vor der Überfahrt – *denn ich wollte doch nicht gerne auf dem Meere ertrinken*, schrieb sie am 7. Oktober 1598 an den daheimgebliebenen Ferdinand – bestieg sie Ende Februar 1599 in Savona eine der Galeeren und erreichte nach stürmischer Seefahrt und mehreren Zwischenstationen die spanische Küste. Sie war bei der glanzvollen Hochzeit in Valencia am 18. April 1599 zugegen und reiste mit dem Königspaar nach Madrid, wo sie die Kaiserin im Kloster der *Descalzas Reales* besuchte. Anschließend trat sie die Heimreise an und kehrte nach einem Abstecher über das Marienheiligtum Loreto sowie München im August 1599 wieder nach Graz zurück.

Von den Töchtern waren nun noch drei unversorgt: Eleonore (geb. 1582), Maria Magdalena (geb. 1587) und Konstanze (geb. 1588). Als erste wurde die jüngste Erzherzogin verheiratet. 1605 warb ihr Schwager Sigismund von Polen, der seit dem Tod ihrer Schwester Anna (gest. 1598) verwitwet war, beim Kaiser um sie (Abb. 186). Selbstverständlich begleitete Maria die Braut nach Krakau, wo am 11. Dezember 1605 Krönung und Hochzeit stattfanden. Es war dies die vierte Polenreise der Erzherzoginwitwe, zuvor hatte sie auch 1595 von Siebenbürgen aus einen Abstecher nach Krakau gemacht und war 1599 anläßlich der Beisetzung ihrer Tochter Anna in Polen gewesen.

Im Jahr 1605 wurde die Heirat zwischen der Erzherzogin Maria Magdalena und dem Thronerben von Florenz angebahnt (Abb. 187). Der Großherzog von Toskana warb, vom spanischen König unterstützt, beim Kaiser um sie, doch Rudolf II. zögerte die Entscheidung hinaus. Die erzherzogliche Mutter machte den Kaiser darauf aufmerksam, daß auch Frankreich sehr an einer Verbindung mit dem Hause Medici interessiert sei, während sie selbst beim Großherzog eine starke Türkenhilfe erwirken wollte. Im Januar 1608 kam endlich die kaiserliche Einwilligung, die Vermählung sollte im August 1608 stattfinden.

Unterdessen hatte Maria auch die zwei noch verbliebenen Töchter versorgt. Maria Christierna, die verstoßene Großfürstin, wollte keine neue Verbindung mehr eingehen, sondern sich in das Damenstift nach Hall zurückziehen; ihre um acht Jahre jüngere, kränkliche Schwester Eleonore schloß sich ihr an (Abb. 188). Die Mutter begleitete ihre Töchter selbstredend in ihre neue Heimstätte und gestaltete den Eintritt am 3. Oktober 1607 zu einem habsburgisch-wittelsbachischen Familienfest. An ihm nahmen nicht nur Erzherzog Ferdinand samt Gemahlin, seine drei Brüder und die Schwester Maria Magdalena aus Graz teil, es kamen auch die habsburgischen Verwandten aus Innsbruck sowie mehrere

Abb. 187 *Frans Pourbus d. J.: Erzherzogin Maria Magdalena (ca. 1603/04).*
Innsbruck, Schloß Ambras (KHM, IN 3385).

Abb. 188 *Frans Pourbus d. J.: Erzherzogin Eleonore (ca. 1603/04).*
Innsbruck, Schloß Ambras (KHM, IN 3070).

Mitglieder der bayerischen Verwandtschaft aus München. Zu Ehren der fürstlichen Gäste wurde im Haller Stiftshof ein geistliches Schauspiel aufgeführt, bei dem die königliche Stifterin Magdalena die neu eintretenden Habsburgerinnen begrüßte. Als die vornehme Verwandtschaft das Damenstift nach drei Tagen verließ, konnten die beiden Erzherzoginnen ihr frommes Leben in relativer Abgeschiedenheit beginnen.
Auch an der Versorgung ihrer Söhne nahm Erzherzogin Maria regen Anteil. Ihnen wurden großteils bereits in jungen Jahren geistliche Pfründen verschafft. Leopold erhielt 1598 das Bistum Passau und 1599 die Koadjutorie von Straßburg, Karl erlangte bis 1606 mehrere Kanonikate in Salzburg, Passau, Trient und Brixen, nur Maximilian Ernst wurde erst nach dem Tod der Mutter kirchlich ausgestattet.
Das Hauptinteresse der Erzherzoginwitwe konzentrierte sich aber stets auf den Thronerben Ferdinand. Auch nachdem er 1596 die Regierung in Innerösterreich übernommen hatte, beeinflußte sie ihn entscheidend. Sie bestärkte ihn in seinem Bemühen, den Protestantismus in seinen Ländern auszurotten und damit zugleich Adel und Bürgertum zum »schuldigen« Gehorsam zu zwingen. Sie vermittelte die Ehe des Erzherzogs mit seiner um vier Jahre älteren Cousine Maria Anna von Bayern (Abb. 189), obwohl sie als nicht gesund, nicht schön und nicht besonders intelligent galt und der Kaiser gegen diese Verbindung war. Sie setzte aber die Heirat durch, und aus der am 23. April 1600 in Graz geschlossenen Ehe gingen alle künftigen Habsburger in Österreich hervor. Die Erzherzogin kümmerte sich auch nach der Vermählung um die politischen Belange ihres Sohnes, beriet ihn im »Bruderzwist« (1608) und vermittelte seine Aussöhnung mit Rudolf II. Zu dieser Zeit war bereits abzusehen, daß »ihr« Ferdinand eines Tages Nachfolger im Reich sein würde. So konnte Maria mit ihrem Leben zufrieden sein. Ihr wesentliches Ziel, die katholische Religion in Innerösterreich zu sichern, hatte sie erreicht, durch ihre Söhne, Kaiser Ferdinand II. und Erzherzog Leopold V. von Tirol, wurden die Andersgläubigen später aus Österreich vertrieben.
Als vorsorgliche Fürstin hatte die Witwe bereits 1591 ihr Testament gemacht. Sie setzte darin ihren ältesten Sohn als Universalerben ein und verfügte, daß die 29 kostbarsten Kleinodien ihres Schatzes künftig als Hauskleinodien gelten und daher nicht verteilt werden sollten; durch Ferdinand II. kamen die wertvollen Stücke später in die Wiener Schatzkammer.
Für ihr soziales Empfinden spricht eine weitere Bestimmung des ergänzten Testaments. Demnach sollten ihre alten Diener und Dienerinnen bei ihrem Tod mit Ruhegehältern bedacht werden.

Abb. 189 *Joseph Heintz d. Ä.: Erzherzogin Maria Anna (1604).* Innsbruck, Schloß Ambras (KHM, IN 3133).

Überhaupt hatte sie zu ihrer Dienerschaft ein gutes persönliches Verhältnis und kümmerte sich um alles. Von ihren Reisen schickte sie Grüße an das Frauenzimmer und an das *Kindszimmer*. Als ihr der Tod 1607 ihre *liebe Cammerdienerin, die Agatha* entriß und einen Tag später ihre *liebe Madl, Närrin* starb, war die Erzherzogin sehr betrübt, denn sie hatte *zwei liebe Dienerinnen* verloren. Den Segenschatz der katholischen Religion schätzte Maria hoch. Auch an Fürbittgebeten war ihr viel gelegen. So ordnete sie in ihrem Testament nachträglich an, daß bei ihrem Tod 33 arme katholische Männer und ebenso viele Frauen sowie 50 Kinder je ein aschenfarbenes Gewand erhalten sollten, um für ihre arme Seele zu beten. Als überaus fromme Fürstin hörte sie täglich drei, oft auch vier Messen und begann den Tag meist schon um 4 bis 5 Uhr morgens mit einer geistlichen Betrachtung. Dem Vorbild der Königin Elisabeth, die als Witwe aus Frankreich zurückkehrte und 1582 ein Klarissenkloster in Wien gründete, wollte auch

Abb. 190 *Unbekannter Künstler: Erzherzogin Maria als Gründerin des Grazer Klarissenklosters (ca. 1602).*
Graz, Stadtmuseum.

Abb. 191 *Pietro de Pomis: Erzherzogin Maria auf dem Paradebett (1608).*
Innsbruck, Schloß Ambras (KHM, IN 9279).

Maria nacheifern, doch fehlten ihr die Mittel dazu. Hocherfreut war sie daher, als ihr die steirischen Stände ihre Stiftsschule in Graz, die 1599 im Zuge der Gegenreformation geschlossen worden war, zum Geschenk machten. Sie errichtete darin ein Klarissenkloster (Abb. 190), dessen erste Nonnen aus München kamen. Der von ihr und Ferdinand 1602 ausgestellte Stiftbrief versah die Schwestern mit dem nötigen Unterhalt, dafür sollten sie täglich für alle toten und lebenden Mitglieder der Häuser Habsburg und Wittelsbach sowie den Schutz ihrer Länder vor den Türken beten. Anläßlich einer schweren Erkrankung ordnete Maria 1607 an, daß sie ohne Gepränge im Gewand einer Klarissin im dortigen Kloster begraben werden wollte; sie hatte sich auch ein Zimmer im Klarissenkonvent eingerichtet und nahm mehrfach am klösterlichen Leben teil.

Weltlichen Freuden war Maria aber deswegen nicht abhold. So war sie bis zu ihrem Tod eine begeisterte Jägerin, die selbst vor Wildschweinen nicht zurückschreckte. Mit der Landwirtschaft

beschäftigte sie sich wohl ebenfalls nur zum Vergnügen. Im Schloß Karlau bei Graz unterhielt sie eine Meierei und bestückte sie mit Rindern aus der Schweiz und den Niederlanden. Auch in Innerberg (Eisenerz) und Dobl besaß sie solche landwirtschaftlichen Betriebe zu ihrer *Belustigung*, die allerdings dann getrübt war, wenn die Tiere starben. Als 1599 in Dobl das Rindvieh, *so in schöner Anzahl dort vorhanden war*, umkam, ließ sie in der Schweiz 40 Stück ankaufen und in die Meierei transportieren.
Im Frühjahr 1608 weilte Erzherzog Ferdinand als kaiserlicher Bevollmächtigter auf dem Reichstag in Regensburg, die Mutter kümmerte sich unterdessen in Graz um die militärischen Erfordernisse angesichts drohender Türkengefahr. Am 23. April 1608 wurde die bis dahin überaus rüstige Erzherzogin ernstlich krank, am 29. April 1608 verschied sie in der Grazer Burg. Nachdem man ihr das Herz entnommen hatte, trugen die Kammerherren die Leiche zum Wagen, der sie zu den Klarissen brachte. Dort zog man ihr die Ringe von den Fingern und schnitt ihr die Haare, um ihr im Tod das Äußere einer Klosterfrau zu geben (Abb. 191). Die Erzherzogin wurde wunschgemäß bei den Klarissen beigesetzt, als das Kloster 1783 aufgehoben wurde, brachte man den Sarg in das von ihrem Sohn, Kaiser Ferdinand II., errichtete Mausoleum; auch ihr Herz wird im dortigen »Herzgrüftl« aufbewahrt.

Als dreifache Klostergründerin ging eine weitere habsburgische Witwe in die Geschichte ein: Anna Katharina Gonzaga aus Mantua (Abb. 192). Erst 16 Jahre alt, heiratete sie 1582 ihren um 37 Jahre älteren, verwitweten Onkel Ferdinand II. von Tirol; der Erzherzog knüpfte daran die Hoffnung auf legitime Erben, da aus seiner Ehe mit Philippine Welser keine nachfolgeberechtigten Söhne hervorgegangen waren. Die Herzogin erhielt in ihrem Heiratsvertrag eine hohe Mitgift (120.000 Dukaten) zugesagt, der eine Widerlage von 50.000 Gulden sowie eine Morgengabe von 20.000 Gulden gegenüberstanden, als Witwendeputat sollten 4000 Gulden jährlich ausbezahlt werden. Ihre Aussteuer war sehr kostbar: Schmuck, Kleider, wertvolle Gebrauchsgegenstände (Kandelaber, Becher, Trinkpokale u. a. m.) sowie kleine Möbelstücke (Hocker, Fußschemel, Sessel, Truhen). Mit der Auszahlung der Mitgift ließ sich der Mantuaner Hof allerdings lange Zeit.
Nach der glanzvollen Hochzeit in Innsbruck (14. Mai 1582) bemühte sich die junge Erzherzogin, die Erwartungen ihres Gemahls zu erfüllen, aber sie gebar nur Töchter, von denen die erste bald nach der Geburt starb, während die zweite Tochter Maria (geb. 1584) nach einem Sturz körper- und sprechbehindert war und die 1585 geborene Anna kränkelte. Für diese Tochter stellte

die Mutter im Jahr 1600 ein Kochbuch zusammen, das Rezepte des erzherzoglichen Mundkochs enthielt.

Überhaupt interessierte sich Anna Katharina sehr für die Kochkunst, sie ließ sich vom heimatlichen Hof nicht nur Rezepte für Pasteten und Mostarde schicken, sondern bestellte auch südländische Lebensmittel (feines Obst, Melonen, Artischocken, Spargel, Salami etc.). Die Erzherzogin hatte überdies einen eigenen Händler, der italienische Waren nach Innsbruck lieferte: Austern, Meeresfische und Schalentiere aus Venedig, Obst und Zitrusfrüchte vom Gardasee, Wein aus Welschtirol. Als »Gärtnerin aus Liebe« züchtete sie in den Gärten ihrer Residenz *Ruhelust* Rosen und andere Gewächse, die sie sich aus Mantua kommen ließ. Sie bestellte auch Pflanzen und Bäume aus Italien, und wahrscheinlich besaß sie sogar ein Gewächshaus, da sie auch im Winter selbstgezogene Blumen und Gemüse verschenkte.

Abb. 192 *Unbekannter Künstler: Anna Katharina Gonzaga in jungen Jahren.*
Wien, KHM, IN 7948.

Abb. 193 *Unbekannter Künstler: Erzherzogin Anna Katharina als Witwe, Ausschnitt (ca. 1595).*
Wien, KHM, IN 8130.

Abb. 194 *Unbekannter Künstler: Erzherzogin Anna Katharina und ihre beiden Töchter vor dem Modell des Innsbrucker Regelhauses, Ausschnitt (1606).*
Innsbruck, Servitenkloster.

Neben Lebensmitteln und Pflanzen kamen Kunstgegenstände aus Italien, teils für die Hauskapelle der Erzherzogin, teils für die Porträtsammlung Ferdinands II. in Ambras. Darüber hinaus bemühte sie sich, Italiener in ihren Dienst zu nehmen, was ihr nur teilweise gelang; auf jeden Fall waren ihr Beichtvater Barchi, der später ihre Biographie verfaßte, und zwei Sekretäre italienischer Herkunft. Ein Stück Italien umgab die Fürstin also auch in ihrer neuen Heimat, in der sie sich nicht besonders wohl gefühlt haben dürfte. Einmal soll sie sogar einen Fluchtversuch unternommen haben.

1595 wurde Anna Katharina mit 29 Jahren Witwe (Abb. 193). In feierlichem Kondukt geleiteten sie und ihre beiden Töchter den Leichnam Ferdinands II. von Schloß Ruhelust in die Innsbrucker Hofkirche, wo aus diesem Anlaß Ende Juli 1595 erstmals ein Trauergerüst aufgestellt wurde. Testamentarisch erhielt sie ihre bisherige Residenz nebst zwei Gärten als Witwensitz zugesprochen, die Witwenbezüge waren aber erst nach langen Auseinandersetzungen gesichert.

Zeitlebens von großer Frömmigkeit nützte Anna Katharina ihre Witwenzeit zur Gründung von Klöstern. 1607 wurde mit dem Bau eines Servitinnenklosters begonnen, das *Versperrte Kloster* war der erste Frauenkonvent in Innsbruck. 1613 folgte ebenda ein Männerkloster für Serviten, die erste Niederlassung dieses Ordens nördlich der Alpen.

Von besonderem Interesse war für die Witwe jedoch die Gründung eines Regelhauses für Tertiarschwestern des Servitenordens in unmittelbarer Nähe des Servitinnenklosters, wozu sie sich 1606 entschloß (Abb. 194). Nachdem die jüngste Tochter Anna 1611 Kaiser Matthias geheiratet hatte, trat die schwerkranke Erzherzogin gemeinsam mit ihrer behinderten Tochter (Abb. 195) 1612 als Tertiarin in den Servitenorden ein. In den folgenden Jahren stattete sie unter dem Ordensnamen Anna Juliana das 1613 fertiggestellte *Regelhaus* mit Kunst- und Gebrauchsgegenständen aus, führte ein karitatives Leben und vergrößerte als Musikliebhaberin sogar noch ihre ehemalige Hofkapelle. Nach ihrem Tod (1621) wurde Anna Katharina in der Gruft der Servitinnenkirche beigesetzt; eine geplante Seligsprechung kam nicht zustande, der Prozeß wurde 1652 eingestellt. Sowohl das *Versperrte Kloster* wie auch das *Regelhaus* wurden Ende des 18. Jahrhunderts aufgehoben. Die Särge der Stifterin und ihrer Tochter kamen 1906 in das Servitenkloster in der Innsbrucker Maria-Theresien-Straße. Noch heute finden sich in der dortigen Kunstkammer Gegenstände, die von der frommen Erzherzogin stammen.

Abb. 195 *Unbekannter Künstler: Erzherzogin Maria als Tertiarschwester Anna Juliana im Innsbrucker Regelhaus (Anfang 17. Jh.). Das im Hintergrund sichtbare Gebäude stellt eine fiktive Palastarchitektur dar.* Innsbruck, Servitenkloster.

Die Dienerin

Dienen war in Zeiten, in denen es Herrscher gab, ein selbstverständliches Korrelat. Die ständische Gesellschaft war hierarchisch gegliedert, mit einem Monarchen, d. h. Alleinherrscher, an der Spitze, dem die übrige Bevölkerung zu Treue und Gehorsam sowie unterschiedlichen Diensten verpflichtet war. Der Adel übte seinerseits Herrschaftsfunktionen gegenüber den untertänigen Bauern aus, bis durch die Aufhebung der Leibeigenschaft (1781) und der Grundherrschaft (1848) auch die Bauern persönlich frei und von ihren Grundherren unabhängig wurden.
Aber nicht nur die gesellschaftliche Über- und Unterordnung bestimmte das Leben, auch die bis in unser Jahrhundert vielfach händisch verrichtete Arbeit in Haus und Hof führte zu einer entsprechenden Strukturierung im Arbeitsprozeß. Eine große Palette von dienenden Funktionen und Berufen war die Folge, wobei auch geschlechtsspezifische Differenzierungen vorgenommen wurden.
Der vornehmste Dienst war im dynastischen Zeitalter der Hofdienst, also der Dienst im Haus des Herrschers. Der fürstliche Haushalt entsprach grundsätzlich einem privaten Haushalt, war aber größer dimensioniert; das Hofgesinde hatte für das leibliche, geistige und geistliche Wohl des Herrschers und seiner Familie zu sorgen. Die Größe der Hofhaltung war natürlich vom Aufgabenbereich des Fürsten abhängig, der Hofstaat der Babenberger, die zunächst ein und später zwei Herzogtümer beherrschten, war kleiner als derjenige der Habsburger, die bald die gesamten Erblande und mehrere Königreiche regierten sowie die Kaiserwürde innehatten. Der Hofstaat Maximilians I. – unter ihm scheint diese Bezeichnung erstmals auf – umfaßte in seinem Todesjahr (1519) 472 Personen, der Hofstaat Karls VI. bereits über 2000 Personen.
Der Hofstaat des Herrschers war fast vollständig männlich aufgebaut. Nur das Waschen besorgten wohl immer Frauen. Seit Fer-

dinand I. sind spezielle Wäscherinnen bekannt: Die *leibweschin* sollte des Fürsten *leibgewant fleissiclich waschen und wol versehen, auch sonst kein ander gewant mitwaschen*, die *muntweschin* hatte die Wäsche in der Silberkammer zu waschen. Im 19. Jahrhundert war die Wascharbeit am Wiener Hof bereits sehr differenziert, es gab Mund-, Tafel-, Küchen-, Hofsilber- sowie Leibwäscherinnen. Im Küchendienst des Herrschers erhielten Frauen nur untergeordnete Aufgaben zugewiesen: In der Küche Erzherzog Sigismunds von Tirol waren laut Hofordnung von 1488 Hennendirnen beschäftigt, im kaiserlichen Haushalt des 19. Jahrhunderts gab es Küchenmägde. Auch für verschiedene Handarbeiten wurden Frauen aufgenommen, so unter Karl VI. eine Leibnäherin, eine Leibkröserin, eine Crepp- und Knöpfemacherin.

Der Hofstaat der Gemahlin des Herrschers entsprach dem des Fürsten, umfaßte also alle Funktionen in Küche, Keller, an der Tafel, im Aufenthalts- und Schlafbereich; es fehlten aber diejenigen Posten, die mit der Ausübung der Regierung zu tun hatten, daher war der weibliche Hof stets kleiner. Der Hofstaat der Fürstin war gemischt, an der Spitze stand ein Hofmeister, dem diverse männliche Bedienstete, darunter Ärzte, Sekretäre und Geistliche (Kapläne, Beichtväter), zugeordnet waren. Der weibliche Hofstaat, das Frauenzimmer, wurde von einer Hofmeisterin geleitet; sie gebot über weibliches und männliches Personal. So umfaßte der Hofstaat der Erzherzogin Katharina, der Gemahlin Sigismunds von Tirol, im Jahr 1488 einen Hofmeister, einen Schenk, einen Kaplan und zwei Türhüter; im Frauenzimmer gab es eine Hofmeisterin, 18 Jungfrauen und ihre Dienerinnen, sieben Edelknaben sowie einige Knechte der Hofmeisterin und der Jungfrauen.

Dem Hofstaat der Königin Bianca gehörten bereits 200 Personen an, jeweils geleitet von einem Hofmeister und einer Hofmeisterin. Das Hofstaatsverzeichnis der Erzherzogin Maria von Innerösterreich aus dem Jahr 1573 zeigt bereits eine große Differenzierung. Es verzeichnet für das Frauenzimmer folgende Bedienstete und deren Jahressold: eine Obersthofmeisterin (200 Gulden), eine Unterhofmeisterin (100 Gulden), eine Kammerfrau (50 Gulden), sechs Kammerjungfrauen und drei Kammerdienerinnen. Sie sollten teilweise jährlich auch ein Seidenkleid erhalten. Unter diesen Damen stand weiteres Dienstpersonal: eine Jungfrau der Kammerdienerinnen, eine Frauenzimmerjungfraudienerin, eine Leibwäscherin der Erzherzogin und ihres Gemahls, eine Leib- und Tafelwäscherin der Jungfrauen, eine Unterhofmeisterindienerin, eine Kinderwärterin sowie eine Kinderwäscherin und -köchin. An männlichen Bediensteten gab es einen Hofmeister, zwei Kammerdiener, einen Zimmertürhüter, einen Apotheker, einen Leibschneider samt Knecht, einen Frauenzimmertürhüter, einen Frauenzimmertafeldiener, einen Kammer- und Frauenzimmerheizer, einen Kinderwärterinbuben sowie einen Apothekerbuben.

Unter Maria Theresia waren die Jahresbezüge der unterdessen kräftig vermehrten Zahl weiblicher Hofstaatsmitglieder bereits wesentlich höher. So erhielten die Obersthofmeisterin 4120 Gulden, eine Hofdame 450 Gulden, ein Kammerfräulein 500 Gulden (nebst 90 Gulden Wäschegeld), eine Kammerfrau 400 Gulden, eine Kammerdienerin 300 Gulden, ein Kammerweib 150 Gulden, ein Kammermensch 150 Gulden, eine Leibwäscherin 800 Gulden, eine Mundköchin 230 Gulden sowie eine Haubenhefterin 300 Gulden. Die als Mund-, Leib- oder Kammerdienste bezeichneten Tätigkeiten drückten die Nähe zur fürstlichen Familie aus.

Der Hofstaat war rangmäßig zweigeteilt. Die höheren Posten waren adeligen Damen vorbehalten, die mittleren und unteren Dienste wurden von Frauen und Mädchen aus dem Bürgerstand versehen. Die Bezeichnung *Mensch* wies immer auf bürgerliche Herkunft hin. Neben den bereits erwähnten *Kammermenschern* gab es *Kuchel-Menscher*, *Abwasch-Menscher*, *Extra-Frauenzimmer-Menscher* sowie die auf der Skala weiblicher Hofdienstverrichtungen zuunterst stehenden *Strapazier-Menscher*.

Aus praktischen Gründen waren die Hofbediensteten in der Regel nicht verheiratet, die Obersthofmeisterinnen und die älteren Hofdamen allerdings häufig verwitwet. Um eine standesgemäße Verheiratung der jungen Hofdamen war die Fürstin meist sehr bemüht, weil sie dadurch neue Mitglieder in ihren Hofstaat aufnehmen konnte. Aber vielen Hofjungfrauen gefiel das sorglose Hofleben so gut, daß sie nicht ans Heiraten dachten. So klagte Maximilian I. im Jahr 1496, daß man am Hof nicht *hofjungfrawen, sonder wol hof alt frawen* unterhalten müsse.

Die Hofdamen erhielten bei ihrer Vermählung reiche Geschenke, an den Hochzeiten nahm oft auch das Fürstenpaar teil. Als 1580 Katharina von Boymont-Payrsberg, Kammerfräulein bei Philippine Welser, den Kämmerer Erzherzog Ferdinands II., Johann von Kolowrat, heiratete, dauerten die Hochzeitsfestivitäten in Innsbruck zehn Tage. Maria Theresia zahlte jedem Kammerfräulein bei seiner Verehelichung 3000 Gulden, den Kammerdienerinnen je 1000 bis 2000 Gulden. Sie betätigte sich auch bei ihrer niederen weiblichen Dienerschaft gern als Ehestifterin.

Der Hofdienst war völlig auf die Bedürfnisse der Herrscherin ausgerichtet, ihr Hofstaat bildete eine in sich geschlossene Lebensgemeinschaft mit zeremonieller Gliederung und Arbeitsteilung.

Die Hauptbeschäftigung der adeligen Damen im Frauenzimmer war das Anfertigen feiner Handarbeiten, von Gold- und Silberstickereien mit Gold- und Silberfäden. Königin Bianca brachte in Erwartung dieser Beschäftigung in ihrer Aussteuer 9000 Nähnadeln nach Innsbruck mit, Erzherzogin Maria von Innerösterreich ließ sich aus München Nähkissen schicken. Daneben führte man auch Tänze auf, veranstaltete Ballette, Theater- und Opernaufführungen oder Schlittenfahrten. Abwechslung in das Hofleben brachten darüber hinaus gemeinsame Ausflüge oder Wallfahrten. Die Hofdamen hatten nicht nur weltliche, sondern auch religiöse Verpflichtungen. Als die Statthalterin Eleonore während der Türkenfeldzüge ihres Gemahls in Innsbruck immerwährende Gebete abhalten ließ, wurden besonders die Damen des Hofes dazu reihum eingeteilt. Kammerfrauen hielten auch turnusweise die Totenwache bei ihrer verstorbenen Fürstin, doch wohl nur ausnahmsweise sollte eine Kammerfrau deren Leichnam waschen, wie es Kaiserin Eleonore Magdalena testamentarisch anordnete. Am Leichenbegängnis der Herrscherin nahm das Frauenzimmer ebenso teil wie am Kondukt des Herrschers, wenn seine Witwe ihm das letzte Geleit gab.

Der Dienst im Hofstaat einer Fürstin endete mit deren Tod; ihre Hofstaatsangehörigen wurden entlassen und abgefertigt. Als Versorgungseinrichtung für entlassene weibliche Hofdamen bot sich auch die Kirche an. So begaben sich nach dem Tod der Königin Bianca (1511) einige ihrer Hofjungfrauen ins Kloster Sonnenburg, die Äbtissin war aber mit diesem weltlichen Zuwachs nicht einverstanden und schickte sie kurzerhand wieder nach Innsbruck zurück. Manche Hofdamen folgten ihrer Fürstin, wenn diese vom Hofleben Abschied nahm und ein klosterähnliches Leben führen wollte. So begleiteten sechs Damen des fürstlichen Frauenzimmers die Erzherzoginnen Magdalena und Helena 1568 ins Haller Damenstift, ebenso viele traten gemeinsam mit Erzherzogin Anna Katharina 1612 in das Innsbrucker Regelhaus ein. Dienstunfähige Mitglieder des Hofstaats wurden bereits vorher entlassen und nach Möglichkeit in den Hofspitälern versorgt.

Außer im Hofdienst des Fürsten oder der Fürstin konnten Frauen auch im Dienst von Fürstenkindern eine Stellung antreten. Die Kinderstube war immer weiblich dominiert. Die wichtigste Bezugsperson war die Aja. Die hohe Wertschätzung, die man dieser stets adeligen Erzieherin am Kaiserhof beimaß, ist auch aus ihrer Besoldung zu erkennen: Gräfin Katharina von Saurau, die Aja Erzherzog Karl Josephs, erhielt von Maria Theresia ein Gehalt von 5120 Gulden (zuzüglich 120 Gulden Wäschegeld), also mehr als die Obersthofmeisterin.

Mit der Einrichtung eines eigenen Hofstaats, den die kaiserlichen Kinder ungefähr mit ihrem siebenten Lebensjahr bekamen, erfolgte eine Differenzierung. Nur noch die Erzherzoginnen hatten weitgehend weibliches Personal, allen voran die Aja; sie betreute ihre Schützlinge bis zur Heirat oder sonstigen Versorgung.
Da jedes erwachsene Mitglied des Kaiserhauses und der Höfe in Innsbruck und Graz einen eigenen Hofstaat besaß und zeitweise auch mehrere Witwenhofhaltungen bestanden, waren für dienstsuchende Frauen und Mädchen viele Verdienstmöglichkeiten gegeben.
Als »treue Dienerin ihrer Herrin« hat wohl so manche Österreicherin ihr Bestes gegeben, aber nur wenige sind aus dem Dunkel der Geschichte herausgetreten. Eine von ihnen hat allerdings durch ihr couragiertes Verhalten und die selbstbewußte Art, mit der sie davon berichtete, schon im vorigen Jahrhundert die Aufmerksamkeit der Historiker erregt, so daß ihre Lebensumstände besser bekannt sind:

Helene Kottanner, als Tochter des Kleinadeligen Peter Wolfram in Ungarn geboren, aber deutschsprachig, heiratete 1432 in zweiter Ehe den Wiener Bürger Johann Kottanner. Seit 1436 stand sie im Dienst Herzog Albrechts V., dessen Tochter Elisabeth sie betreute. Als der unterdessen König gewordene Herrscher zu Ostern 1439 nach Ungarn aufbrach, ließ er die Kottannerin mit seiner Tochter nachkommen; anschließend blieben beide bei Albrechts Gemahlin Elisabeth in Ungarn.
Der überraschende Tod des Königs im Oktober 1439 führte dann zu dramatischen Ereignissen. Im Mittelpunkt der Geschehnisse stand die 31jährige schwangere Königin, die sich der von den ungarischen Adeligen vorgeschlagenen Heirat mit dem 16jährigen König Wladislaw von Polen entziehen wollte, um die Krone Ungarns für den von ihr erwarteten Sohn zu sichern. Bei diesen Machinationen stand ihr die *liebe und getrewe Quottannerin* zur Seite, die in einem waghalsigen Unternehmen die Stephanskrone aus der Plintenburg entwendete und zu Elisabeth nach Komorn brachte; sie erwies sich auch als tatkräftige Helferin bei der Geburt des Thronerben Ladislaus, nähte anschließend in der abgesperrten Komorner Burgkapelle heimlich das Krönungsgewand für den Prinzen – der richtige Krönungsornat war in der Plintenburg zurückgeblieben – und hielt den zwölf Wochen alten und laut schreienden Ladislaus am 15. Mai 1440 bei der Schwertleite, Salbung und Krönung in Stuhlweißenburg auf ihrem Arm. Über all diese Ereignisse hat sie nach dem Tod der Königin Elisabeth (1442) Aufzeichnungen hinterlassen, die wohl für König Ladis-

Abb. 196 *Martin van Meytens: Gräfin Maria Karoline Fuchs (ca. 1730).*
Wien, Schloß Schönbrunn (KHM, IN 3423).

laus bestimmt waren; sie gelten als älteste Frauenmemoiren des deutschen Mittelalters.

Nicht durch ihre Kühnheit, sondern ihre Herzenswärme hat sich eine andere Dienerin und Vertraute des Hauses Habsburg ein bleibendes Gedächtnis geschaffen: Gräfin Maria Karoline Fuchs. 1681 als Tochter des Vizepräsidenten der Hofkammer, des Grafen Ferdinand Ernst Mollart, und seiner Gattin Katharina von Seeau in Wien geboren, war sie zunächst Hofdame der Erzherzogin Maria Anna, einer Tochter Kaiser Leopolds I. Als diese 1708 mit dem König von Portugal vermählt wurde, blieb Karoline Mollart in Wien und heiratete 1710 Graf Christoph Ernst Fuchs, der als Gesandter des Fürstbischofs von Würzburg am Kaiserhof weilte. 1719 wurde sie Witwe.
1728 war ein entscheidendes Jahr im Leben der Gräfin Fuchs. Sie wurde zur Aja der beiden Erzherzoginnen Maria Theresia und Maria Anna ernannt (Abb. 196). Die Erzieherin war ihren Zöglingen in besonderer Herzlichkeit zugetan, und speziell Maria Theresia erwiderte diese Zuneigung; sie nannte sie zärtlich *Mami*. Die Gräfin war ihre Vertraute bei der aufkeimenden Liebe zu Franz Stephan und dürfte auch so manches Mal in dieser schwierigen Herzensangelegenheit helfend eingegriffen haben. Zum Dank dafür trug sie am 12. Februar 1736 bei der Hochzeit der Kaisertochter mit dem landlosen Herzog von Lothringen in der Wiener Augustinerkirche die Schleppe des Brautkleides. Anschließend wurde sie Obersthofmeisterin Maria Theresias und begleitete das junge Fürstenpaar 1738 auf dessen Reise nach Florenz, nachdem Franz Stephan 1737 Großherzog der Toskana geworden war; gemeinsam mit ihrer Herrschaft kehrte sie im Frühjahr 1739 wieder nach Wien zurück. Als Maria Theresia nach dem Tod Karls VI. am 30. Oktober 1740 ihren ersten öffentlichen Kirchgang als Herrscherin hielt, geleitete sie nebst anderen die Obersthofmeisterin *mit den Adeligen Hoffrauenzimmern nach ihrem Rang* zum feierlichen Hochamt in die Hofburgkapelle. Sie war auch bei der für die Monarchie so bedeutsamen Geburt des Thronfolgers Joseph am 13. März 1741 zugegen, während Maria Theresias Mutter und Franz Stephan in der Hofburgkapelle vor dem ausgesetzten Allerheiligsten beteten.
Die Gräfin Fuchs bewohnte in der Hofburg eine Wohnung *(nächst der kaiserlichen zweiten Antikamera und der Josefikammerkapelle)*, außerdem besaß sie ein hübsches Schloß in Mannersdorf am Leithagebirge, wo das Kaiserpaar öfter zu Besuch war; 1743 nahm Maria Theresia hier sogar an einer Weinlese teil, was auf einer Gedenksäule verewigt wurde. Am guten Verhältnis zwi-

schen der Kaiserin und ihrer Obersthofmeisterin hatte auch Franz Stephan Anteil. Er war gewohnt, die Abende und müßigen Stunden bis zum Souper bei der Gräfin zu verbringen, wohin dann meist auch die Kaiserin kam.

Die rüstige Obersthofmeisterin bewahrte sich bis ins hohe Alter ihren angenehmen, munteren Geist und machte alle ermüdenden Einfälle der kaiserlichen Kinder mit. Als sie am Nachmittag des 27. April 1754 in ihrer Wohnung in der Hofburg vom Vikar des Hofburgpfarrers versehen wurde, begleiteten der Kaiser und die Erzherzöge das Allerheiligste mit Lichtern; noch in der Nacht verschied Karoline Fuchs. Maria Theresia nahm es übel auf, daß der Versehgang nicht vom Hofzeremoniär vorgenommen worden war, und sie ordnete an, daß die Augustinerkirche sowohl beim Begräbnis als auch bei den Exequien schwarz ausgeschlagen werden sollte. Als Zeichen ihrer besonderen Wertschätzung verfügte die Kaiserin außerdem, daß ihre ehemalige Erzieherin, obwohl nicht Mitglied der kaiserlichen Familie, in der Kapuzinergruft beigesetzt wurde; eine Tafel auf dem Sarg erinnert noch heute an die besondere Dankbarkeit Maria Theresias gegenüber ihrer ehemaligen Dienerin.

Mit den adeligen und bürgerlichen Hofbediensteten der habsburgischen Residenzen in Wien, Innsbruck oder Graz konnte sich das Dienstpersonal in den Haushalten und Wirtschaftsbetrieben des Adels und des Bürgertums sowie das Gesinde auf den Bauernhöfen nicht messen; trotzdem hatten sie alle drei Dinge gemeinsam: Sie standen zu ihrem Dienstgeber in einem Vertragsverhältnis, unterlagen der Züchtigungsgewalt des Hausherrn, in dessen Haus sie dienten, und waren in der Regel nicht verheiratet.

Das »normale« Dienstbotendasein war häufig konfliktgeladen. Die unbegrenzte Arbeitszeit, die permanente Kontrolle des gesamten Lebens durch den Dienstgeber oder die Dienstgeberin konnten leicht zu Spannungen führen, denen sich manche durch Flucht zu entziehen suchten. Wenn die geflüchteten und somit arbeitslosen Dienstboten ihren Unterhalt durch Betteln bestritten, gerieten sie mit den Ordnungshütern in Konflikt. Entlaufene Dienstboten gehören daher seit dem 16. Jahrhundert zum festen Bestandteil von Polizeiordnungen. In der 1527 von Ferdinand I. erlassenen Handwerks- und Polizeiordnung wurde das *haimlich aus dem dienst lauffen* bei Strafe verboten, festgenommene Dienstboten mußten die fehlende Dienstzeit nachdienen.

Die Polizeiordnungen der folgenden Jahrzehnte enthielten laufend Bestimmungen gegen angeblich faules und leichtfertiges Gesinde, das allmählich zum *herrenlosen Gesindel* verkam. Als Leopold I.

im Jahr 1671 in Wien das erste Zuchthaus Österreichs gründete, sollten darin u. a. ... *die leichtfertigen Weibsbilder, ... das Herrn- und haillose Gesindt* sowie ... *die übermüthigen Dienstbothen* erfaßt und zum Arbeiten angehalten werden.

Auch der Merkantilist Johann Joachim Becher schlug in Anwendung des alten Sprichworts »Müßiggang ist aller Laster Anfang« 1671 die Errichtung eines Arbeitshauses *(Werckhaus)* in Wiener Neustadt vor, um ... *ledig gehendes Gesind, worauß endlich Huren ... werden, von Land und Strassen* zu entfernen.

Die merkantilistischen Ideen führten im 18. Jahrhundert zur Gründung zahlreicher Zucht- und Arbeitshäuser in ganz Österreich, in denen die Arbeitskraft der Insassen für den Staat nutzbar gemacht werden sollte. Auch als 1804 in Wien ein Zwangsarbeitshaus eröffnet wurde, sollten darin ohne Unterschied des Geschlechts *diejenigen herrnlosen Dienstboten* aufgenommen werden, *welche aus ihrem Verschulden noch keinen Dienst gefunden haben.*

Der Erkenntnis, daß für ein gedeihliches Wirtschaften in Haus und Hof der soziale Friede zwischen Dienstgebern und Dienstboten unabdingbar war, veranlaßte den Staat allerdings auch, sich um die Lebensbedingungen des Gesindes zu kümmern. Mit Leopold I. begann in Österreich nicht nur die Ära der Zuchthäuser, sondern auch die Zeit der Gesindeordnungen. In ihnen wurde bis in unser Jahrhundert das Dienstverhältnis zwischen Dienstherr und Gesinde geregelt; der Dienstgeber sollte seinen Dienstboten angemessenen Lohn zahlen und ausreichende Kost verabreichen sowie am Ende der Dienstzeit ein Zeugnis ausstellen; die körperliche Züchtigung blieb bis ins 20. Jahrhundert unangefochten sein Hausherrnrecht. Erst 1920 wurden die aus der Monarchie stammenden Gesindeordnungen durch modernere Gesetze für Hausgehilfinnen und Landarbeiter(innen) ersetzt.

Das Leben der Dienstboten hing weitgehend vom jeweiligen Dienstgeber ab. Es gab aber auch generelle Unterschiede zwischen dem Dienst auf dem Land oder in der Stadt.

Die Landwirtschaft war das älteste Berufsfeld für dienende Frauen. Bereits die Stammesrechte des Frühmittelalters erwähnen die unfreie Magd *(ancilla)*, die auf dem Gut des Herrn arbeitete; ihre sexuelle Belästigung und Züchtigung kamen in der im 8. Jahrhundert niedergeschriebenen *Lex Baiuvariorum* zur Sprache. Das Wort »Magd« selbst machte einen Bedeutungswandel durch: Ursprünglich das jungfräuliche Mädchen bezeichnend, wurde es zur dienenden Jungfrau, also Magd (Abb. 197).

Nachdem die Hörigen im Mittelalter einen gewissen Grad an Freiheit erreicht hatten, konnten sie sich gegen Lohn auf einem

Abb. 197 *Unbekannter Künstler: Geburt Christi (1400/10). Ausschnitt: Ein hübsches Mädchen und eine dienende Magd beim Baden des Christuskindes.*
Wien, ÖG, IN 4894.

fremden Bauernhof verdingen. Das Zeitalter der Mägde begann. Das bäuerliche Leben blieb jahrhundertelang weitgehend gleich. Erst in der Neuzeit erfuhr die Arbeitswelt der Dienstboten wesentliche Veränderungen. Um die wachsende Bevölkerung zu ernähren, sollte im 18. Jahrhundert die Produktivität der Landwirtschaft gesteigert werden. Durch den Anbau neuer Pflanzen (Klee, Mais, Kartoffeln, Hackfrüchte), die Umstellung der Viehhaltung von der Weidewirtschaft auf Sommerstallfütterung sowie die Nutzung der Brache konnten höhere Erträgnisse erzielt werden; allerdings stieg dadurch auch die Arbeitsleistung der Dienstboten drastisch an (Abb. 198).

Abb. 198 *Salzburger Kostümbild (Ende 18. Jh.): Eine Pinzgauerin in Arbeitshose beim Heurechen.*
Salzburg, SMCA, IN 196/24.

Eine weitere Verschlechterung ihrer Lage trat durch die Abschaffung vieler Feiertage und der meisten Wallfahrten durch Maria Theresia ein. Die Berater der Kaiserin argumentierten damit, daß in den protestantischen Ländern Holland und Preußen wegen der geringeren Zahl an arbeitsfreien Tagen mehr produziert würde, vergaßen aber, daß besonders die ländliche Bevölkerung diese Zeit benötigte, um sich von der schweren körperlichen Arbeit zu erholen; außerdem erhielten die Dienstboten an Feiertagen bessere Kost, konnten beim Kirchgang Kontakte pflegen und auf Wallfahrten dem jeweiligen Kirchenpatron ihre persönlichen Anliegen vorbringen.

Die Aufhebung der Leibeigenschaft sowie der Grundherrschaft veränderte die Lebensbedingungen der Dienstboten in mehrerlei Hinsicht. Sie konnten nun ohne Einwilligung des Grundherrn ihren Arbeitsplatz frei wählen und auch ohne seine Zustimmung heiraten. Die Eheschließung blieb aber weiterhin von wirtschaftlichen Voraussetzungen abhängig. Da die wenigsten Bauern verheiratete Dienstboten auf ihrem Hof duldeten, mußte sich eine heiratswillige Magd erst eine eigene Existenz schaffen, ehe sie eine Familie gründen konnte. Die Heiratserlaubnis wurde von den Gemeinden restriktiv erteilt, um die Vermehrung der armen Bevölkerungsschicht einzudämmen. Allerdings konnte damit die Geburt unehelicher Kinder nicht verhindert werden. Der politische Ehekonsens wurde in den einzelnen österreichischen Ländern erst sukzessive abgeschafft, am spätesten in Tirol (1921).

Von der Grundherrschaft auf die Gemeinde ging auch die Altersversorgung der Dienstboten über. Eine Magd, die im Alter nicht aus christlicher Barmherzigkeit auf ihrem Bauernhof bleiben durfte, mußte ihren Lebensabend entweder im Armenhaus oder als Einlegerin verbringen; in letzterem Fall wurde sie in ihrem Heimatdorf reihum von Hof zu Hof geschickt, um Unterkunft und Verpflegung zu erhalten. Diese Einrichtung hielt sich bis in unser Jahrhundert, ehe die Sozialgesetzgebung auch die ländlichen Dienstboten erfaßte.

Der Dienst als Bauernmagd begann oft schon in jungen Jahren, Kinder aus ärmeren Familien wurden bereits als Zwölf- bis Vierzehnjährige außer Haus gegeben, bisweilen unter Mißachtung der Schulpflicht sogar noch früher. Die »Karriere« dieser Mägde begann als Kindsdirn, die die Kinder betreute, das Kleinvieh versorgte und leichtere Arbeiten im Haus verrichtete. Eine Stufe höher stand die Kucheldirn, die in der Küche arbeitete, darüber hinaus verfügten größere Bauernhöfe über eine Hausdirn, eine Hühnerdirn, eine Saudirn, eine Kuhdirn etc.

Der weiblichen Gesindehierarchie stand eine männliche gegen-

Abb. 199 *Unbekannter Künstler: Weibliche Dienstbotentätigkeiten (19. Jh.).*

Salzburg, UB, Graphiksammlung G 1125 II.

über, die Knechte verrichteten in der Regel die schwerere und verantwortungsvollere Arbeit und erhielten daher mehr Lohn. Auf kleinen Bauernhöfen ohne männliches Gesinde mußten Mägde aber auch bei Männerarbeit zupacken.

Die Arbeitszeit des Gesindes hing wesentlich von der Jahreszeit, der Hofgröße und der Produktionsform ab. Im Sommer dauerte die Arbeit von Sonnenaufgang bis Sonnenuntergang, im Winter war sie wegen der schlechten Lichtverhältnisse kürzer. In Viehbetrieben mußte das ganze Jahr über und auch sonn- und feiertags gearbeitet werden, auf Bauernhöfen mit Getreide- oder Weinanbau gab es saisonale Arbeitsspitzen.

Der Beginn des Dienstbotenjahres war regional unterschiedlich, meist wechselte das Gesinde aber zu Lichtmeß (2. Februar) den Dienst; die Tage bis zum Antritt einer neuen Stellung waren der einzige »Urlaub« der ländlichen Dienstboten. Im – mündlich fixierten – Dienstvertrag wurde der Lohn ausgemacht. Er bestand aus Bargeld und Naturalleistungen (Kost, Unterkunft, bestimmte Kleidungsstücke, Schuhe u. a. m.). Die Freizeit war karg bemessen, an Sonn- und Feiertagen war vormittags der Kirchgang obligatorisch, der Nachmittag galt als arbeitsfrei, war aber angefüllt mit Arbeiten für die eigenen Bedürfnisse.

Die Schlafplätze für die Mägde wurden stets streng separiert, auf manchen Bauernhöfen sperrte man die »Menscherkammer« sogar von außen ab, um unerwünschten Besuch fernzuhalten. Trotzdem ließen sich sexuelle Beziehungen nicht verhindern, wie die unehelichen Kinder bezeugten. Eine ungewollte Schwangerschaft konnte eine Magd in arge Bedrängnis bringen, da sie das Kind in der Regel nicht bei sich behalten durfte, als Kostplatz für die unehelichen Kinder kamen Verwandte oder Ziehfamilien in Frage. Aus den auf fremden Höfen aufgewachsenen Kindern rekrutierte sich meist das Gesinde der nächsten Generation.
Der Übergang vom 19. zum 20. Jahrhundert brachte für Österreich die Wende vom Agrar- zum Industriestaat. Dank neuer Techniken und Maschinen sowie verbesserter Anbaumethoden wurde der Einsatz von menschlicher Arbeitskraft zunehmend entbehrlich. Die Zahl der in der Landwirtschaft beschäftigten Knechte und Mägde sank von über 300.000 im Jahr 1902 auf etwa 25.000 im Jahr 1970. Die meisten in der Landwirtschaft freigesetzten Arbeitskräfte fanden Beschäftigungsmöglichkeiten in der Industrie und im Dienstleistungssektor.
Den Brückenschlag zu den bürgerlichen Dienstboten in den Städten soll der Adelshaushalt bilden. Viele Adelige besaßen nicht nur Gutsbetriebe auf dem Land, sondern auch Häuser und Paläste in der Stadt, vor allem in Wien. Sie ahmten hier wie dort die Hofhaltung des Fürsten nach, ihr Hof war zumindest tendenziell ein Fürstenhof in Miniatur. Dieser Intention entsprach auch die Sorge für ihre Untergebenen, die dem Adel in seiner Erziehung eingeschärft wurde; solange die Grundherrschaft bestand, gab es die entsprechenden Möglichkeiten dazu. Um den Adel an seine Fürsorgepflicht zu erinnern, legte z. B. Ferdinand I. fest, daß kein Grundherr aus der Umgebung Wiens sein Dienstpersonal in das Wiener Hofspital abschieben dürfe, vielmehr sei jeder Grundbesitzer schuldig, *seine leute und diener selbst zu versehen und inen die brößlein von seinem tisch zu geben.*
Bei der zeremoniellen Stilisierung des adeligen Alltags mit Hofmeister und Lakaien sowie der professionellen Betriebsführung hatten Frauen wenig Dienstmöglichkeiten, sie waren vor allem im hausfraulichen Bereich tätig. Mit dem Ende der Monarchie (1918) und der Abschaffung des Adels (1919) verloren die adeligen Haushalte und Gutsbetriebe ihre privilegierte Stellung und glichen sich allmählich dem bürgerlichen Milieu an.
Die weiblichen Dienstboten, die in den Haushalten der Gewerbetreibenden, Händler, Ärzte oder Beamten in den Städten beschäftigt waren, hatten ähnliche Lebensbedingungen wie ihre Kolleginnen auf dem Land. Sie waren meist unverheiratet, dienten

zeitlich weitgehend unbegrenzt, ihr gesamtes Tun und Lassen unterstand ständiger Kontrolle. Trotzdem gab es Unterschiede: Während es auf größeren Bauernhöfen immer auch männliches Gesinde gab, war dies in der Stadt nur in herrschaftlichen Haushalten der Fall.

Der häusliche Dienst spielte sich also meist in einer rein weiblichen Arbeitswelt ab, die je nach Größe des Haushalts differenziert und hierarchisch gegliedert war (Abb. 199). Auf der untersten Stufe stand in der Regel das Kindermädchen, das die Kinder zu betreuen hatte, etwas besser bezahlt wurden die Hausmädchen, die für die gröberen Reinigungsarbeiten zuständig waren. Küchenmädchen (Abb. 200) halfen der Köchin beim Kochen und mußten anschließend abwaschen, Stubenmädchen (Abb. 201) wurden für die feineren Arbeiten wie die Sorge für die kostbare Wäsche und Kleidung herangezogen, Kammerzofen standen zur persönlichen Bedienung der Hausfrau bereit. Über diesem niederen Dienstpersonal rangierten in großbürgerlichen Haushalten noch Ammen, Gouvernanten, Erzieherinnen und Gesellschafterinnen.

In kleineren Haushalten gab es entsprechend weniger Personal, viele Familien konnten sich überhaupt nur ein Dienstmädchen leisten, das als »Mädchen für alles« die gesamte Hausarbeit verrichten sollte; Dienstbotenhaltung galt selbst für verarmte »bessere« Kreise bis in unser Jahrhundert als Statussymbol.

Der Dienst der städtischen Dienstboten war das ganze Jahr über im wesentlichen gleich, sonn- und feiertags durften die Dienstboten die Messe besuchen, ansonsten hatten sie an diesen Tagen oft mehr zu tun als in der Woche, weil aufwendiger gekocht wurde und Gäste ins Haus kamen.

In ihrer kärglichen Freizeit knüpften manche Dienstmädchen sexuelle Beziehungen an, die zu unerwünschten Schwangerschaften führten; aus diesem Grund entlassen, konnten sie in den seit dem 18. Jahrhundert in vielen Städten errichteten öffentlichen Gebäranstalten niederkommen und anschließend ihr Kind im Findelhaus zurücklassen. Der Großteil der Kinder, die im 18./19. Jahrhundert in der Wiener Gebäranstalt zur Welt kamen, stammte von Dienstmädchen.

Entlassene jüngere Dienstboten waren in Gefahr, in die Prostitution abzugleiten. Im Jahr 1880 wurden über 1000 stellenlose Wiener Dienstmädchen wegen *liederlichen Wandels* perlustriert, 1914 waren es von 445 erstmals unter Kontrolle gestellten Prostituierten immerhin 192. Die Dunkelziffer der Geheimprostitution soll beträchtlich gewesen sein.

Ältere und kranke Dienstboten landeten häufig ebenfalls auf der

Abb. 200 *Salzburger Kostümbild (Ende 18. Jh.): Eine Küchenmagd mit Holzscheiten und Fischkessel.*
Salzburg, SMCA, IN 5814/49.

Abb. 201 *Salzburger Kostümbild (Ende 18. Jh.): Ein Stubenmädchen.*
Salzburg, SMCA, IN 7057/49.

Straße, fanden hier aber wenig Verdienstmöglichkeiten und mußten froh sein, in einem städtischen oder kirchlichen Versorgungshaus oder Asyl unterzukommen.
Die meisten Dienstboten kamen ungelernt vom Land in die Stadt, für Wien vor allem aus Böhmen und Mähren, Nieder- und Oberösterreich sowie aus Ungarn; nur zehn Prozent der Wiener Dienstmädchen stammten aus der Stadt selbst.
Die wichtigste Bezugsperson in ihrem Leben war nun die Hausfrau, das enge Arbeitsfeld machte die Beziehung zwischen der »Gnädigen« und der »Perle« oft zum Spannungsfeld mit Befehlsgewalt auf der einen und Gehorsamspflicht auf der anderen Seite. Mit dem Herrn des Hauses kam das weibliche Dienstpersonal weniger in Kontakt, außer er etablierte sich als heimlicher Liebhaber. Inwieweit, wie vielfach behauptet wurde, heranwachsende Söhne ihre ersten sexuellen Erfahrungen bei Dienstboten sammelten, entzieht sich aus naheliegenden Gründen der Überprüfbarkeit.
Im 19. Jahrhundert wurden die Beziehungen zwischen Dienstgebern und Dienstboten in der Regel schriftlich fixiert, jeder Dienstbote sollte auch ein Dienstbotenbuch besitzen, das beim Dienstplatzwechsel vorzulegen war.
Seit Beginn des 20. Jahrhunderts begann sich die Öffentlichkeit verstärkt mit der Dienstbotenproblematik zu beschäftigen, gab es doch 1890 in Österreich über 400.000 Dienstboten, größtenteils ohne soziale Sicherheit; nur in Salzburg war die Krankenversicherungspflicht für landwirtschaftliches und häusliches Gesinde bereits 1885 eingeführt worden. 1909 wurde der *Christliche Verband für weibliche Hausbedienstete* in Wien gegründet, der sozialpolitische Forderungen erhob; er betrieb auch kostenlose Stellenvermittlung und verfügte über eine Krankenkasse sowie ein Obdachlosenheim für Dienstmädchen. Als publizistisches Organ gab der Verein den *Ersten Österreichischen Dienstmädchen-Kalender* und die Zeitschrift *Hausgehilfin* heraus.
Bald gab es sozialdemokratische Konkurrenzunternehmungen: Seit 1911 wurde die wöchentlich in Wien erscheinende *Österreichische Dienstboten-Zeitung* herausgegeben, die sich als *unabhängiges Organ für die Wahrung der materiellen und sozialen Interessen und für den Rechtsschutz der dienenden Klassen* verstand und die Einführung einer Kranken-, Alters-, Invaliditäts- und Unfallversicherung, die Festsetzung eines Mindestlohnes sowie der Mindestfreizeit forderte. Die Zeitung empfahl ihren Leserinnen den Beitritt zu dem im gleichen Jahr gegründeten Dienstmädchenverein *Einigkeit*, der zwei Heime für stellenlose Dienstmädchen einrichtete.

Erst nach dem Ersten Weltkrieg wurden die wichtigsten Forderungen im *Hausgehilfengesetz* von 1920 erfüllt. Es beschränkte die tägliche Arbeitszeit der weiblichen und männlichen Dienstboten auf elf Stunden, sah Krankenversicherung und eine bescheidene Altersfürsorge, das Recht auf eine Woche bezahlten Urlaubs pro Jahr, Schutz im Erkrankungsfall, eine gesetzliche Kündigungsfrist, das Recht auf einen freien Wochennachmittag, anständige Verpflegung und Unterkunft sowie eine Abfertigung nach zehnjähriger Dienstzeit vor. Das Züchtigungsrecht wurde in diesem Gesetz zwar nicht mehr erwähnt, aber auch nicht ausdrücklich aufgehoben.

1962 wurde ein neues Bundesgesetz über die Regelung des Dienstverhältnisses der Hausgehilfen und Hausangestellten beschlossen. Es beschränkte die wöchentliche Höchstarbeitszeit von über 18jährigen Dienstnehmerinnen, die im Haushalt wohnten, auf 60 Stunden, diejenige der jüngeren auf 55 Stunden; Hausangestellte, die nicht im Haushalt wohnten, sollten nur 48 bzw. 44 Stunden pro Woche arbeiten dürfen. 1993 wurden die Arbeitszeiten noch einmal geringfügig verkürzt, 1994 die Mindestlöhne für die Beschäftigten in Privathaushalten erhöht. In der Praxis wird allerdings vieles privat ausgemacht.

Gab es im Jahr 1910 in Wien über 100.000 Dienstmädchen, so waren es 1994 vermutlich 5000 voll- oder teilzeitbeschäftigte Hausbedienstete; hinzu kamen allerdings 5000 bis 10.000 illegal Beschäftigte, meist Ausländerinnen.

Dienerin – der älteste und bis ins 20. Jahrhundert häufigste Frauenberuf in Österreich – war eine Tätigkeit mit vielen Variationen in Stadt und Land. Für manches Mädchen bedeutete das Dienstbotendasein nur ein Lernstadium, das Kenntnisse vermittelte, die es nach der Heirat im eigenen Haushalt nutzbringend anwenden konnte. Für Bedienstete in Adelshäusern eröffneten sich bisweilen ungeahnte Aufstiegschancen. Die bekannteste »Aufsteigerin« war zweifellos Anna (Nandl) Baldauf, Tochter eines Wiener Kutschers, die als Stubenmädchen *(Stoubmensch)* im Dienst des Fürsten Liechtenstein stand. Der Maler Jean-Etienne Liotard malte sie 1743 als *La belle Chocolatière*, das Aquarell wurde vom Kurfürsten von Sachsen angekauft und hängt bis heute in der Dresdener Gemäldegalerie (Abb. 172). Sie selbst profitierte offensichtlich auch von ihrer Grazie, sie heiratete einen Fürsten Dietrichstein.

Für die Mehrheit der Dienstboten war Dienen aber ein lebenslanger Beruf mit viel Kummer und Not, vor allem im Alter. Nicht umsonst hatte dieser Berufsstand im 19. Jahrhundert die höchste Selbstmordrate zu verzeichnen.

Abb. 202 *Die sog. Dienstbotenmuttergottes im Wiener Stephansdom, Langhaus (ca. 1320/30).*

Abb. 203 *Christoph Anton Mayr: Hl. Notburga (1745).*

Innsbruck, Volkskunstmuseum, IN 25.790.

Abb. 204 *Unbekannter Künstler: Die Legende der hl. Notburga (Ende 18. Jh.).*

Innsbruck, Volkskunstmuseum, IN F 838.

Die Religion vermochte betrübten Gemütern Trost zu bieten, war doch die Dienerin schlechthin, die »Magd des Herrn«, durch Demut und Gehorsam zur Himmelskönigin aufgestiegen. Die »Dienstbotenmuttergottes« im Wiener Stephansdom (Abb. 202) mag viele Stoßseufzer gepeinigter Wesen gehört haben, sie konnte sicherlich auch aufmunternd wirken. Denn die Legende besagte, daß durch das Gebet vor dieser Statue einmal die Unschuld eines Dienstmädchens erwiesen wurde, das man fälschlich des Diebstahls bezichtigte.

Aber auch eine eigene Heilige hatte dieser Stand aufzuweisen, die hl. Notburga (Abb. 203). Ihr Leben konnte als Leitbild für eine rechtschaffene Dienstmagd und auch die Durchsetzung ihrer

Rechte dienen, wenngleich der historische Kern dürftig ist: Notburga, angeblich eine Köchin, die Speisereste an Arme verteilte und anschließend als Bauerndirn den Dienst nach Feierabend verweigerte, lebte vermutlich im 9./10. Jahrhundert in Tirol. Ihr Kult wurde im 17. Jahrhundert vom Haller Arzt Hippolyt Guarinoni propagiert. Als man 1735 in der Rupertikapelle in Eben am Achensee Gebeine fand, die man für die Überreste der hl. Notburga hielt, begann eine rege Wallfahrt. Schließlich nahm auch die offizielle Kirche die Patronin der Dienstboten mit päpstlichem Dekret vom 27. März 1862 in das Verzeichnis der Heiligen auf (Abb. 204). Die »Dienstbotenwallfahrt« nach Eben findet unter großer Beteiligung bis heute statt.

Die politisch Engagierte

Als im Jahr 1789 in Paris die *Erklärung der Rechte der Menschen und der Bürger (Déclaration des droits de l'homme et du citoyen)* beschlossen wurde, die gleiche Rechte für alle forderte, waren damit vor allem Männerrechte gemeint. Die doppelte Bedeutung des Wortes *homme* – Mensch und Mann – verschleierte diese Tatsache, das Wort Bürger wies allerdings darauf hin, daß die politischen Rechte der männlichen Bevölkerung gemeint waren. Die politische Gleichberechtigung der Frauen stieß auf Widerstand, die französische Frauenrechtlerin Olympe de Gouges, die 1792 als Pendant eine *Erklärung der Rechte der Frauen und Bürgerinnen (Déclaration des droits de la femme et de la citoyenne)* veröffentlicht hatte, endete 1793 auf dem Schafott.
Die patriarchalische Gesellschaftsordnung mit ihrer Unterordnung der Frau unter den Mann blieb einstweilen unangetastet, erst die ökonomische Entwicklung des 19. Jahrhunderts führte zu einer zunehmenden Berücksichtigung der Rechte der Frauen, auch in Österreich. Der Kampf um die weibliche Gleichberechtigung war hier zwar nicht lebensgefährlich wie in Frankreich, aber in der Anfangsphase mit zahlreichen Diskriminierungen verbunden.
Am Beginn der politischen Bestrebungen österreichischer Frauen stand eine Demonstration: Am 21. August 1848 zogen Frauen demonstrierend durch die Wiener Innenstadt, um gegen Lohnkürzungen bei 8000 Erdarbeiterinnen zu protestieren; Arbeiter schlossen sich ihnen an. Die Nationalgarde griff ein, und die Unruhen wurden nach wenigen Tagen blutig niedergeschlagen. Als Antwort auf diese Ereignisse wurde am 28. August 1848 der *Wiener demokratische Frauenverein* gegründet, der politische Ziele verfolgte, aber bereits nach zwei Monaten verboten wurde. Frauen aus dem Bürgertum schreckte erst die mit dem verlorenen Krieg von 1866 verbundene Wirtschaftskrise auf. Sie zeigte vie-

len verheirateten Angehörigen des Mittelstandes, daß auch die »Versorgungsinstitution« Ehe keine absolute Sicherheit vor Verelendung bot. Im Gegensatz zu Frauen aus den sozialen Unterschichten, die bereits in großer Zahl in die Fabriken gingen, standen ihnen keine »standesgemäßen« Arbeitsmöglichkeiten zu Gebote. Um diesem Mangel abzuhelfen, wurde am 13. November 1866 der *Wiener Frauen-Erwerbsverein* gegründet, der der notleidenden weiblichen Mittelschicht den Weg in die Berufstätigkeit öffnen wollte. Es wurden eine Schule für Weißnäherinnen und eine Handelsschule eingerichtet sowie Kurse in Stickerei, Spitzenklöppeln, Frisieren, Schneidern, Kochen und Haushaltsführung abgehalten; auch eine vierjährige *Höhere Bildungsschule* wurde 1871 in Wien gegründet.

Initiativen anderer Frauenvereinigungen zugunsten erwerbssuchender und erwerbstätiger Frauen folgten, alle im Zeichen der Berufs- und Bildungsinteressen bürgerlicher Frauen und Mädchen.

Der Kampf um die soziale Besserstellung von Frauen der Arbeiterschaft und des verarmten Bürgertums führte bald zum Streben nach aktiver Mitgestaltung am politischen Leben, weil man sich davon mehr Möglichkeiten zur Durchsetzung weiblicher Interessen erwartete. Als 1848 erstmals eine parlamentarische Vertretung in Österreich gewählt wurde, hatten nur Männer das aktive und passive Wahlrecht zum Reichstag. Dagegen wurde im Gemeindegesetz von 1849 eigenberechtigt steuerzahlenden Frauen das aktive Wahlrecht zuerkannt, das stellvertretend durch Ehemänner oder Bevollmächtigte ausgeübt werden sollte. 1861 erhielten Frauen daraufhin auch in den Landtagen das aktive Wahlrecht. Seit 1873 wurden sie im Reichsrat in der Wählerklasse des Großgrundbesitzes als wahlberechtigt anerkannt, sofern sie eigenberechtigt und 24 Jahre alt waren; ob sie ihr Wahlrecht persönlich oder durch einen männlichen Bevollmächtigten ausüben sollten, wurde von der Landtagswahlordnung ihres Landes abhängig gemacht. Das passive Wahlrecht besaßen Frauen während der Monarchie nirgends.

Ein wichtiges Instrument zur Durchsetzung politischer Ziele war die Gründung von Vereinen. Das »Staatsgrundgesetz« vom 21. Dezember 1867 über die allgemeinen Rechte der Staatsbürger sah in Artikel 12 vor, daß die Staatsbürger das Recht haben sollten, sich zu versammeln und Vereine zu bilden. Das aus demselben Jahr stammende Vereinsrecht schloß allerdings in Paragraph 30 *Frauenspersonen* von der Mitgliedschaft in politischen Vereinen aus; demnach war auch die Gründung politischer Frauenvereine verboten.

Abb. 205 *Emma Hrncyrz: Auguste Fickert (ca. 1890).*

Abb. 206 *Foto: Rosa Mayreder (ca. 1905).*

Ähnlich erging es den Frauen bei den sich allmählich bildenden politischen Parteien. Sowohl die Liberalen wie auch die Christlichsozialen waren gegen die Mitwirkung von Frauen in der Politik. Selbst die Sozialdemokratische Partei, die in ihrem Einigungsparteitag von 1888/89 für das Frauenwahlrecht eintrat, war in der Praxis wenig an der Frauenemanzipation interessiert. Für die Sozialdemokraten stand der Klassenkampf, nicht der Kampf um die Rechte der Frauen im Vordergrund. Der Parteiführer Victor Adler verhinderte daher die Bildung selbständiger Frauenorganisationen innerhalb der sozialdemokratischen Bewegung.

Deshalb ergriffen Frauen selbst die Initiative, um sich politische Rechte zu erkämpfen. Die erste Aktion kam aus dem bürgerlichen Lager. Als 1890 die rund um Wien liegenden niederösterreichischen Gemeinden, in denen es ein begrenztes Frauenwahlrecht gab, nach Groß-Wien eingemeindet werden sollten, wo die Frauen nicht wahlberechtigt waren, organisierten die beiden Wiener Lehrerinnen Auguste Fickert (Abb. 205) und Marie Schwarz im Oktober 1890 die erste politische Frauenversammlung in Wien. Ihre Forderung, den Wiener Frauen ein Wahlrecht zu gewähren, blieb allerdings unerfüllt. Im Mai 1891 fand eine weitere

Frauenwahlrechtsversammlung in Wien statt, in der die Abschaffung des Paragraphen 30 des Vereinsrechts sowie das allgemeine Wahlrecht ohne Unterschied des Geschlechts, des Standes und der Steuerleistung gefordert und eine entsprechende Petition an das Abgeordnetenhaus des Reichsrats gerichtet wurde; auch diese Petition blieb ergebnislos.

Auguste Fickert gründete daraufhin am 28. Januar 1893 den *Allgemeinen Österreichischen Frauenverein*, der sich zwar, um das Verbot politischer Betätigung zu umgehen, offiziell nur um die Förderung der ökonomischen Interessen und der geistigen Bildung der österreichischen Frauen sowie um die Hebung ihrer sozialen Stellung kümmern wollte, insgeheim aber und längerfristig auf die politische Gleichberechtigung der Frauen hinarbeitete. Neben zwei Männern traten mehrere bekannte Feministinnen dem Verein bei, der im ersten Jahr seines Bestehens bereits über 200 Mitglieder zählte; in den folgenden Jahren schwankten die Mitgliederzahlen zwischen 200 und 300, wobei auch unterstützende Mitglieder gern gesehen wurden.

Das prominenteste Mitglied des Frauenvereins war sicher Rosa Mayreder. 1858 als Tochter des Gastwirts Franz Obermayer und seiner Frau Maria in Wien geboren, erhielt sie eine ungewöhnlich gute Ausbildung, setzte sich früh mit Richard Wagner, Arthur Schopenhauer und Friedrich Nietzsche auseinander und nahm Malunterricht. Ihre künstlerische Entwicklung setzte sie nach ihrer Heirat mit dem Architekturstudenten Karl Mayreder (1881) noch weiter fort, ihre Bilder wurden laufend auf Ausstellungen gezeigt (Abb. 206).

Nach ihrem Vereinsbeitritt widmete sich Rosa Mayreder der Öffentlichkeitsarbeit, trat der 1894 in Wien gegründeten *Ethischen Gesellschaft* bei und begann Novellen und Romane zu veröffentlichen; auch als Librettistin für Hugo Wolfs Oper *Der Corregidor* versuchte sie sich, allerdings mit geringem Erfolg. 1897 gründete sie gemeinsam mit Marianne Hainisch und anderen den Verein *Kunstschule für Frauen und Mädchen*, der eine bessere Kunstausbildung für Frauen ermöglichen sollte. Sie wandte sich bald auch kulturphilosophischen Themen zu, beschäftigte sich mit grundsätzlichen Fragen nach dem Wesen der Geschlechter, der Rolle der Sexualität, der Mission der Frau in der Gesellschaft u. a. m. Sie und andere visionäre Feministinnen glaubten an die Veränderung der Gesellschaft durch die Beseitigung der bestehenden Macht- und Ausbeutungsverhältnisse, an ein neues Zeitalter, frei von Elend und Gewalt.

Die schriftstellerische Begabung Rosa Mayreders kam auch dem *Allgemeinen Österreichischen Frauenverein* zugute. Gemeinsam

Abb. 207
Foto: Bertha von Suttner (1891).

mit Auguste Fickert und Marie Lang gab sie seit 1899 die *Dokumente der Frauen* heraus. Diese Zeitschrift wollte politisch objektive, dokumentierte Tatsachenberichte über die Lebensbedingungen arbeitender Frauen bringen und damit die weibliche Solidarität stärken. Nach Ansicht der drei Herausgeberinnen hatten die Frauen *eine soziale Mission zu erfüllen*, um der künftigen Kultur ihren Stempel aufzudrücken; in den unverbrauchten Kräften der Frauen liege *die beste Hoffnung der Kulturmenschheit*, der Eintritt der Frauen in das öffentliche Leben werde die Gesellschaft völlig verändern und vor allem jene Übel heilen, die *aus der einseitigen Bevorrechtung des männlichen Geschlechtes entstehen mußten*.

Die auf hohem intellektuellen Niveau stehende Zeitschrift zählte binnen kurzem über 1000 Abonnenten. Trotzdem war ihr kein langes Leben beschieden, denn das Herausgeberdreigestirn zerstritt sich bald, Mayreder und Fickert schieden aus, im September 1902 stellten die *Dokumente der Frauen* ihr Erscheinen ein.

Der *Allgemeine Österreichische Frauenverein* verstand sich als eine parteienübergreifende Kulturbewegung mit stark sozialem Einschlag. Man unterhielt auch Beziehungen zu anderen Frauen, die sich für die weiblichen Emanzipationsbestrebungen einsetzten. Die wichtigste von ihnen war Marianne Hainisch, die die bestehenden Machtverhältnisse zwar nicht verändern, aber den Frauen eine einflußreichere Stellung in Gesellschaft und Erwerbsleben verschaffen wollte; als sie 1902 den *Bund Österreichischer Frauenvereine* gründete, trat auch der *Allgemeine Österreichische Frauenverein* dieser Vereinigung bei. Damit hatte die Frauenbewegung bereits einen beachtlichen Umfang erreicht.

Abseits hielt sich überraschenderweise Bertha von Suttner (Abb. 207), die mit ihrem 1889 erschienenen Roman *Die Waffen nieder!* einen großen Erfolg errungen hatte und daraufhin 1891 die *Österreichische Gesellschaft für Friedensfreunde* gründete, deren Präsidentin sie wurde. Sie war überzeugt davon, daß hinsichtlich der Friedensfrage kein Unterschied zwischen Männern und Frauen bestand, daß sich beide Geschlechter gleichermaßen für Kriegstaten und Kriegshelden begeisterten. Sie bemühte sich daher, ihrer Gesellschaft keinen ausgesprochen weiblichen Charakter zu geben, und grenzte Frauenbewegung und Friedensbewegung klar voneinander ab. 1905 als erste Frau mit dem Friedensnobelpreis ausgezeichnet, stand sie zwar dem Friedenskomitee des *Bundes Österreichischer Frauenvereine* vor und spendete auch Bücher für die Bibliothek des *Allgemeinen Österreichischen Frauenvereins*, die Einladung von Auguste Fickert, am Kampf um das Frauenwahlrecht teilzunehmen, lehnte sie aber ab, angeblich aus Zeitmangel, in Wirklichkeit jedoch, weil sie den Frauen – im Gegensatz zu den Feministinnen – keine spezielle Rolle bei der Erneuerung der Gesellschaft zugestand. Sie schloß sich jedenfalls keinem Frauenverein an.

Nicht in den *Bund Österreichischer Frauenvereine* traten auch sozialdemokratische, katholische und nationale Frauenvereinigungen. Die sozialdemokratische Frauenbewegung lehnte die Zusammenarbeit mit den bürgerlichen Gruppierungen ab, weil sie sich von deren Aktivitäten wenig politische Erfolge erwartete. Ihr Ziel war es, den sozialdemokratischen Forderungen durch Streiks und Agitation Nachdruck zu verleihen.

Die Frauen hatten sich innerhalb der Sozialdemokratie bereits emanzipiert. 1890 wurde der *Arbeiterinnen Bildungsverein* gegründet, 1892 folgte die *Arbeiterinnen-Zeitung* als Sprachrohr sozialdemokratischer Ideen. Am 3. Mai 1893 fand der erste große

Frauenstreik in Wien statt, in dem ungefähr 500 Arbeiterinnen bessere Arbeitsbedingungen, die Verkürzung der täglichen Arbeitszeit auf zehn Stunden und die künftige Freigabe des 1. Mai – er wurde in Österreich 1890 erstmals gefeiert – forderten. Im Juli 1893 verlangte in einer sozialdemokratischen Volksversammlung im Hof des Wiener Rathauses eine Frau sogar das allgemeine Wahlrecht, eine Forderung, die eine Arbeiterinnenversammlung in Penzing am 1. Oktober desselben Jahres aufgriff.

In den folgenden Jahren stellten die sozialdemokratischen Frauen ihre eigenen Wünsche aber zugunsten des Stimmrechts für alle Männer zurück. Als im Gefolge der russischen Revolution von 1905 die Wahlrechtsfrage wieder aktualisiert wurde, kam es am 28. November in Wien zu einem 24stündigen Generalstreik und einem Schweigemarsch von 25.000 Arbeitern und Arbeiterinnen zum Parlamentsgebäude. Die Forderung nach einem Wahlrecht für Frauen, die von einer Wahlrechtsversammlung der Wiener Frauen erhoben worden war, wurde aber nicht nur vom Ministerpräsidenten und den Präsidenten beider Häuser des Reichsrats, sondern auch den Parteiführern – einschließlich Victor Adler – einhellig abgelehnt. Auch als im Herbst 1906 im Abgeordnetenhaus über das Frauenwahlrecht diskutiert wurde, erklärte Adler, daß er zwar grundsätzlich an dieser Forderung festhalte, aber derzeit davon absehe.

Erst als am 26. Januar 1907 das allgemeine gleiche Wahlrecht für Männer erreicht war, konnten sich die Sozialdemokraten, die stimmenstärkste Partei geworden waren, ihrem nächsten Ziel, der vollen staatsbürgerlichen Gleichberechtigung für Frauen, widmen. Noch im Jahr 1907 beantragte Victor Adler die Einführung des Frauenstimmrechts, allerdings ohne Erfolg. Lediglich die Streichung des ominösen Wortes *Frauenspersonen* im Vereinsgesetz von 1867 wurde am 10. März 1911 im Abgeordnetenhaus beschlossen, infolge der vorzeitigen Auflösung des Parlaments erlangte der Beschluß aber keine Gesetzeskraft.

Der Ausbruch des Ersten Weltkriegs verzögerte die Initiativen zur Durchsetzung des Frauenwahlrechts, die teilweise auch von Frauenorganisationen des bürgerlichen Lagers unterstützt wurden. Der Einsatz von Frauen auf männlichen Arbeitsplätzen machte aber deutlich, daß sie durchaus gleichwertige Mitglieder der Gesellschaft waren und daher auch gleiche Rechte beanspruchen konnten. Nach der Konstituierung der Provisorischen Nationalversammlung für Deutschösterreich am 21. Oktober 1918 richtete daher eine erkleckliche Zahl von Frauenvereinigungen – der *Allgemeine Österreichische Frauenverein*, der *Bund Österreichischer Frauenvereine*, die *Reichsorganisation der Hausfrauen*

Österreichs, das *Österreichische Frauenstimmrechtskomitee*, der *Verein der Lehrerinnen und Erzieherinnen*, die *Vereinigung der arbeitenden Frauen* sowie die *Sozialdemokratische Frauenrechtsorganisation* – an die Nationalversammlung eine Petition, in der um die Zuerkennung der vollen staatsbürgerlichen Gleichberechtigung für Frauen gebeten wurde. Bereits am 30. Oktober 1918 beschloß die Nationalversammlung die Vereins- und Versammlungsfreiheit für alle ohne Unterschied des Geschlechts, womit der odiose Paragraph 30 des ehemaligen Vereinsgesetzes außer Kraft gesetzt wurde. Gleichzeitig mit der Proklamation der Republik Deutschösterreich beschloß die Provisorische Nationalversammlung am 12. November 1918 auch das gleiche Wahlrecht für alle Staatsbürger(innen). In der Wahlrechtsordnung vom 18. Dezember 1918 wurde festgelegt, daß jeder deutschösterreichische Staatsbürger ohne Unterschied des Geschlechts, der vor dem 1. Januar 1919 das 20. Lebensjahr überschritten hatte, wahlberechtigt sei, also das aktive Wahlrecht besitze. Das passive Wahlrecht wurde allen deutschösterreichischen Staatsbürgern ohne Unterschied des Geschlechts, die vor diesem Termin das 29. Lebensjahr überschritten hatten, zuerkannt. Der jahrzehntelange Kampf um die politische Gleichberechtigung der Frau war siegreich beendet.

Bei den ersten Wahlen in der Republik (16. Februar 1919) errangen die Sozialdemokraten die meisten Stimmen. Da der Anteil der Wählerinnen über 50 Prozent lag und ihre Wahlbeteiligung fast überall über 80 Prozent betrug, kann man annehmen, daß es vor allem die Frauen waren, die dieser Partei zum Sieg verhalfen. Da die Sozialdemokratische Partei auch die meisten Frauen als Kandidaten aufgestellt hatte, zogen 1919 sieben Sozialdemokratinnen als Abgeordnete ins Hohe Haus ein (Abb. 208), während die Christlichsozialen und die Großdeutschen jeweils nur eine weibliche Abgeordnete entsandten. In den folgenden Jahren hatten meist ungefähr zehn Frauen einen Parlamentssitz inne.

Die weiblichen Abgeordneten der ersten Stunde brachten eine Reihe von Anträgen ein, von denen in den 1920er Jahren folgende Gesetzeskraft erlangten: Das Hausgehilfengesetz, beantragt von der sozialdemokratischen Abgeordneten Adelheid Popp, das Gesetz zur Regelung des Hebammenwesens, eingebracht von der sozialdemokratischen Abgeordneten Gabriele Proft, das Gesetz zur Regelung der Unterhaltspflicht, das Verbot der Ausgabe alkoholischer Getränke an Jugendliche sowie das Gesetz zur Regelung des Ammenwesens, alle drei beantragt von der christlichsozialen Abgeordneten Olga Rudel-Zeyn. Auch für weitere Belange des Frauenrechts, der Mädchenbildung und der

Abb. 208 *Foto: Sitzung der verfassunggebenden Nationalversammlung im Parlament am 4. März 1919, Sektor der weiblichen Abgeordneten der Sozialdemokratischen Partei.*

Kinderarbeit setzten sich die weiblichen Abgeordneten der verschiedenen Parlamentsparteien ein.
In der Zweiten Republik stellte die Sozialistische Partei ebenfalls die meisten weiblichen Abgeordneten im Nationalrat. Sie kümmerten sich hier vor allem um Sozialbelange. Die sozialistische Abgeordnete Wilhelmine Moik hatte wesentlichen Anteil an der Gestaltung des *Allgemeinen Sozialversicherungsgesetzes* (ASVG) von 1955. Auch in den Bereichen Jugendwohlfahrt, Schulwesen und Familienpolitik haben sich die weiblichen Abgeordneten aller Parteien um frauengerechte Lösungen bemüht. 1950 verlangte die bereits erwähnte Gabriele Proft die neuerliche Abschaffung der Todesstrafe, *um den Menschenrechten wieder zu Ehren und zur Geltung zu verhelfen*. Menschenrechte waren in diesem Zusammenhang nun eindeutig auch Rechte von Frauen.
Wenngleich nur in geringer Zahl im Parlament vertreten, haben Frauen hier wichtige Arbeit geleistet, vor allem in Belangen, die man dem weiblichen Geschlecht traditionell zuschreibt. Schließlich errangen sie im Hohen Haus auch Spitzenpositionen als Parlamentspräsidentinnen.
In der Regierung sind Frauen seit den 1960er Jahren vertreten. Als erste Frau erhielt Grete Rehor (ÖVP) 1966 das Bundesministerium für Soziale Verwaltung übertragen, 1970 saß mit

Dr. Hertha Firnberg (SPÖ) erstmals eine Sozialistin in der Regierung; sie übernahm das Ministerium für Wissenschaft und Forschung. Seit dieser Zeit gab es nicht nur eine Reihe von Ministerinnen (für Gesundheit und Umwelt, für Umwelt, Jugend und Familie, für Frauen), sondern auch zahlreiche Staatssekretärinnen.
Der Einsatz von Frauen beschränkte sich natürlich nicht auf die Bundespolitik, sondern hat auch die Länder- und Gemeindeebene erfaßt. Darüber hinaus gibt es Frauen in allen anderen wichtigen Gremien (Parteien, Gewerkschaftsbund, Arbeiterkammer etc.); das politische Leben in Österreich ist heute ohne die weibliche Beteiligung nicht mehr denkbar.
Die österreichischen Frauen haben sich ihre Rechte mit viel persönlichem Einsatz erkämpft, galt es doch, ein jahrhundertealtes, patriarchalisch geprägtes Rollenbild den modernen gesellschaftlichen Entwicklungen anzupassen. Zwei besonders engagierte Vertreterinnen ihres Geschlechts sollen abschließend mit ihrer Biographie die gesellschaftliche Spannweite der Frauenbewegung vom Beginn bis in unsere Tage beleuchten.

Abb. 209
Foto: Marianne Hainisch (1872).

Marianne Hainisch, die Gründerin der österreichischen Frauenbewegung, wurde 1839 in Baden bei Wien als Tochter einer begüterten Kaufmannsfamilie geboren (Abb. 209). Ihr Vater Josef Perger übernahm 1845 einen Kupferhammer in Hirtenberg, wo er auch eine Baumwollspinnerei errichtete; ihre Mutter Maria, eine gebürtige Wienerin, führte das Haus. Mit 18 Jahren heiratete Marianne den Teilhaber einer Baumwollspinnerei in Aue bei Schottwien, Michael Hainisch; der Ehe entstammten der Sohn Michael, der später Österreichs erster Bundespräsident wurde, sowie die Tochter Maria. Der Betrieb ihres Mannes beschäftigte 300 Arbeiter, die Haushaltsführung war entsprechend aufwendig.
Zur Vorkämpferin für die Gleichberechtigung der Frau wurde die Fabrikantengattin durch die Notsituation einer jungen Freundin, deren kranker Ehemann die Familie nicht ernähren konnte. Mit der traditionellen Bildung höherer Töchter war für sie keine Erwerbsmöglichkeit zu finden. Marianne Hainisch erkannte, daß auch bürgerliche Mädchen auf einen Beruf vorbereitet werden müßten, sie wurde – wie sie selbst später in ihren Erinnerungen schrieb – *an diesem Tag zur Frauenvorkämpferin.* Als sie 1870 zufällig las, daß der *Wiener Frauen-Erwerbsverein* seine dritte Generalversammlung abhalten würde, meldete sie dazu einen Antrag *Zur Frage des Frauenunterrichts* an und brachte ihn anschließend auf der Versammlung am 12. März 1870 selbst vor. Er

besagte, daß der Verein die Gemeinde Wien um die Errichtung von Parallelklassen für Mädchen an einem der Wiener Realgymnasien (für Knaben) ersuchen sollte; falls die Gemeinde diese Bitte abschlägig beantworten würde, sollte bei der Regierung um die Bewilligung zur Errichtung eines Unterrealgymnasiums für Mädchen angesucht und diese Schule in eigene Verwaltung übernommen werden.
Der Antrag fand Zustimmung, und Frau Hainisch selbst wurde zum Ehrenmitglied des Vereins ernannt. Doch obwohl verschiedene einflußreiche Männer das Unternehmen eines adäquaten Mädchenunterrichts befürworteten, standen die Vorstandsmitglieder des Vereins dem Unternehmen eines Realgymnasiums für Mädchen skeptisch gegenüber und wollten sich mit der Errichtung einer *Höheren Mädchenschule* begnügen.
Mit ihrer Bildungsinitiative stieß Hainisch aber nicht nur auf die Gegnerschaft innerhalb des Vereins, auch die Kloster- und Privatschulen, die Mädchenunterricht erteilten, waren dagegen, und selbst namhafte Wiener Universitätsprofessoren wie Billroth und Rokitansky sprachen sich gegen die Zulassung von Mädchen zu Gymnasien und anschließend zum Universitätsstudium aus. Hainisch ließ sich durch diese Schwierigkeiten aber nicht entmutigen. Gemeinsam mit dem *Allgemeinen Österreichischen Frauenverein* betrieb sie Propaganda für eine gleichwertige Mädchenausbildung und gründete schließlich aus privaten Mitteln ein sechsklassiges Lyzeum, das 1891 Öffentlichkeitsrecht erhielt. 1892 wurde das erste Gymnasium für Mädchen im deutschsprachigen Raum in der Rahlgasse in Wien errichtet.
Nach der Erreichung ihres ursprünglichen Hauptzieles arbeitete Marianne Hainisch weiter an der Verbesserung der Situation für Frauen. Als sie 1899 als Delegierte an der Generalversammlung des *International Council of Women* in London teilnahm, gründete sie 1902 den *Bund Österreichischer Frauenvereine*. Nach dem Tod von Bertha von Suttner, mit der sie befreundet war, übernahm sie als überzeugte Pazifistin die Leitung des Friedenskomitees in diesem Bund. 1919, als die österreichischen Frauen erstmals das aktive und passive Wahlrecht besaßen, war die engagierte Frauenrechtskämpferin politisch aktiv, allerdings nicht sehr erfolgreich.
Mehr Erfolg hatte sie mit einer anderen Initiative, die ihrer konservativen Gesinnung entsprach: Im Gegensatz zu manchen Feministinnen und Sozialdemokratinnen sah Marianne Hainisch stets die Familie als wesentliches Element der Gesellschaft an. Ihren Bemühungen war es zu verdanken, daß 1924 – während der zweiten Amtszeit ihres Sohnes als Bundespräsident – der »Mut-

tertag« in Österreich eingeführt wurde. Als sie 1936 im Alter von 97 Jahren starb, konnte sie daher auf ein langes und erfülltes Frauenleben zurückblicken.

Einem ganz anderen sozialen Milieu als die gutsituierte Industriellengattin entstammte Rosa Jochmann. 1901 in Wien als viertes Kind des Eisengießers Karl und seiner Frau Josefine Jochmann geboren, lernte sie materielle Not als ständige Begleiterscheinung ihres Lebens früh kennen. Die Eltern waren aus Mähren zugewandert – in der Familie sprach man meist tschechisch –, der Vater wurde als Sozialdemokrat oft entlassen, die streng katholische Mutter (gest. 1915) verdiente als Wäscherin und Bedienerin kaum das Nötigste.
Nach Abschluß der Volksschule begann Rosa mit 14 Jahren ihr Arbeitsleben in der Zuckerlfabrik Schmidt & Söhne. Dort saisonbedingt entlassen, arbeitete sie seit 1916 in der kriegswichtigen Simmeringer Kabelfabrik mit dem poetischen Namen »Ariadne«, wo sie in die Nachtschicht eingeteilt wurde und anschließend oft auch die Tagschicht übernehmen mußte. Wieder entlassen, kam sie noch nicht 16jährig in die Kerzenfabrik »Apollo«, wo eine ältere Kollegin sie zum Beitritt in die Gewerkschaft überredete. Aufgrund ihres Eintretens für eine benachteiligte Bedienerin wurde ein Vertreter des Chemiearbeiterverbandes auf sie aufmerksam und holte sie in den Verbandsausschuß. So begann sie ihre Karriere als Gewerkschaftsfunktionärin.
Die Ausrufung der Ersten Republik (12. November 1918) erlebte Rosa Jochmann persönlich mit, 1919 wurde sie Betriebsrätin bei der Firma Auer in Simmering, wo 350 Arbeiter und Arbeiterinnen Glasglühstrümpfe herstellten. Nebenher studierte sie Gesetzesliteratur und besuchte Vorträge oder Versammlungen der Sozialdemokratischen Partei; auf einer dieser Versammlungen lernte sie Dr. Käthe Leichter kennen, die in den folgenden Jahren ihre Beraterin und Freundin wurde. Jochmann besuchte auch den ersten Lehrgang der *Arbeiterhochschule* (1926–1930), die Funktionäre für die Partei- und Gewerkschaftsarbeit ausbildete; anschließend wurde sie als Sekretärin im Verband der chemischen Arbeiter angestellt (Abb. 210).
Am 15. Juli 1927, dem Tag des Justizpalastbrandes, marschierte Jochmann im Protestzug der Arbeiter mit, 1930 gründete sie im Verband der Chemiearbeiter ein eigenes *Frauenkomitee*, 1931 wurde sie Frauenzentralsekretärin und stand damit in der Partei an vorderster Linie, um Frauenfragen zu artikulieren. 1933 – im Alter von nur 32 Jahren – wurde sie Mitglied des Parteivorstands der Sozialdemokratischen Partei.

Abb. 210 *Foto: Rosa Jochmann als Sekretärin im Verband der chemischen Arbeiter (ca. 1930).*

Für die vielbeschäftigte Funktionärin begannen bald unruhige Zeiten. Als die Partei infolge der Ereignisse des 12. Februar 1934 verboten wurde, war Rosa Jochmann als einziges Mitglied des Parteivorstandes noch in Freiheit – die anderen waren geflüchtet oder verhaftet – und schloß sich den *Revolutionären Sozialisten* an; wegen der Verbreitung von Flugblättern wurde sie 1934 zu drei Monaten Polizeistrafe und einem Jahr Kerker verurteilt. Am berühmten »Wiener Sozialistenprozeß« gegen 28 Revolutionäre Sozialisten – unter ihnen Bruno Kreisky – und zwei Kommunisten im März 1936 nahm sie, unterdessen entlassen, als Zuhörerin teil. Anschließend wieder illegal tätig, arbeitete sie nach dem »Anschluß« in einem jüdischen Geschäft in Wien in der Nähe des ehemaligen Hotels *Metropol*, in dem während der NS-Zeit die Gestapo ihren Sitz hatte. Daneben war sie weiterhin politisch tätig und fiel so den Verfolgungsmaßnahmen der Nationalsozialisten gegen die »Marxisten« zum Opfer. Bereits im August 1939 wurde sie in Schutzhaft genommen, im März 1940 kam sie in das Frauen-KZ Ravensbrück, wo sie die kurz vor ihr angekommene Käthe Leichter antraf, die ihr gute Ratschläge gab.
Trotz unbeschreiblich harter Lagerbedingungen ließ Rosa Jochmann ihren Lebensmut nie sinken; wie viele ihrer politischen KZ-Mithäftlinge war sie der festen Überzeugung, daß das Hitler-Regime nicht ewig dauern könne. Als 1945 die Befreiung kam,

Abb. 211 *Foto: Rosa Jochmann in den 1950er Jahren.*

organisierte sie für die im Lager verbliebenen Österreicherinnen die Rückkehr in die Heimat.

In den folgenden Jahren setzte Jochmann ihre Arbeit als Frauenzentralsekretärin fort, organisierte Nähkurse, Kochkurse und ärztliche Vorträge. Als wiedergewähltes Mitglied des Parteivorstandes sowie Abgeordnete zum Nationalrat (bis 1967) bemühte sie sich im Interesse vieler Ehefrauen – sie selbst blieb unverheiratet – um die Rückkehr der österreichischen Kriegsgefangenen. Im Parlament war sie als Rednerin, Berichterstatterin und Antragstellerin vor allem für die Opfer der NS-Zeit und die Sozialgesetzgebung tätig (Abb. 211).

Die als »große alte Dame« der Innenpolitik allgemein geschätzte Sozialdemokratin war bis ins hohe Alter politisch aktiv. Sie starb am 28. Januar 1994, 93 Jahre alt, in Wien.

Die Gelehrte

Bildung als Mittel zur Persönlichkeitsentfaltung oder als Grundlage für eine qualifizierte Berufstätigkeit hat in Österreich eine verschieden lange Tradition. Unterschiedlich war in den vergangenen Jahrhunderten auch der Zugang zu den Bildungseinrichtungen, und zwar je nach Stand und Geschlecht; Frauen hatten dabei lange Zeit keine Möglichkeit, sich eine höhere Bildung anzueignen.

Der Grund für diese Benachteiligung lag in der Geschichte der Bildungsvermittlung. Die wichtigsten Bildungseinrichtungen wurden lange Zeit von Geistlichen geführt, die sich primär um den Klerikernachwuchs kümmerten. Andererseits kommt der Kirche das Verdienst zu, der gesamten christianisierten Bevölkerung das antike Bildungsgut wenigstens ansatzweise zugänglich gemacht zu haben. Als Buchreligion war das Christentum darauf angewiesen, daß zumindest seine Verkünder die lateinische Sprache beherrschten und lesen konnten, für die Verbreitung der Bibel mußten Schreibkundige sorgen.

Das Fundament der mittelalterlichen Bildung war die religiöse Unterweisung. Sie wurde allen Gläubigen im Rahmen der allumfassenden Pfarrorganisation zuteil. Der Pfarrer oder ein anderer Kirchendiener brachte den Kindern die wichtigsten Glaubenslehren und Gebete bei, auch Kirchenlieder wurden einstudiert. Die Wissensvermittlung erfolgte wohl immer in der Muttersprache, ob die Texte selbst in deutscher oder lateinischer Sprache auswendig gelernt werden mußten, ist ungewiß.

Nach der grundlegenden Einführung in den christlichen Glauben hatten Mädchen weniger weiterführende Bildungsangebote als Knaben. Für sie kamen als etablierte Bildungsinstitutionen nur Klöster in Frage. Seit dem 8. Jahrhundert gab es in Österreich eine Reihe von weiblichen Ordensniederlassungen (Benediktinerinnen, Zisterzienserinnen, Augustiner-Chorfrauen, Domini-

Abb. 212 *Darstellung der Grammatik mit Rute und Kochlöffel. Sie unterrichtet vier Kinder, die Wachstafeln halten, während ein Knabe gezüchtigt wird.*
Wien, ÖNB, Cod. 2975 (15. Jh.), fol. 1r (Detail).

kanerinnen und Klarissen), die Kinder bereits in jungen Jahren aufnahmen und ihnen daher innerhalb des Klosters eine grundlegende Bildung vermitteln mußten. Das klösterliche Bildungsangebot veranlaßte aber auch Eltern, die ihre Töchter nicht für den geistlichen Beruf bestimmten, Ordensniederlassungen als Erziehungs- und Unterrichtsstätten ins Auge zu fassen. Aus diesem Grund gab es in vielen österreichischen Frauenklöstern nicht nur Schulen für den eigenen Nachwuchs, sondern auch für weltliche Schülerinnen. Dabei machte sich bald das ständische Denken des Mittelalters bemerkbar: Die alten Ordensniederlassungen wie Nonnberg und Göß nahmen ausschließlich Töchter adeliger Familien auf, die jüngeren Bettelordensklöster auch Bürger- und Bauernkinder. In größeren Konventen wurden interne Klosterschülerinnen und weltliche Kostschülerinnen getrennt unterrichtet, in kleineren Klöstern gab es keine Trennung in *scola interior* und *scola exterior*.

Die Grundvoraussetzung jeglichen Unterrichts war, daß die Mädchen zunächst lesen lernten. Der Leseunterricht erfolgte anhand einer Fibel, die das Alphabet und einige lateinische Texte, meist religiösen Inhalts, umfaßte. Gelesen wurde im Mittelalter stets laut. An den Leseunterricht schloß sich eine Unterweisung im Schreiben an; dazu hatten die Schülerinnen Wachstafeln, in die sie die Buchstaben einritzten.

Das Lehrprogramm der Klosterschulen basierte auf dem antiken Bildungskanon, der aber nicht um seiner selbst willen gelehrt und gelernt wurde, sondern im Dienst der christlichen Glaubensvermittlung stand. Der Zugang zum Wissen der Antike war

Abb. 213 *Darstellung der Rhetorik mit Blütenzweigen. Sie unterweist drei Schülerinnen, deren kleinste einen Griffel in der Hand hält, um einen Brief an einen Geistlichen namens Johann zu schreiben.*

Wien, ÖNB, Cod. 2975 (15. Jh.), fol. 1v (Detail).

schwer, er setzte die Beherrschung der lateinischen Sprache voraus. Dazu gab es entsprechende Werke antiker Autoren. Das grundlegende Grammatiklehrbuch stammte von Aelius Donatus (4. Jh. n. Chr.), das natürlich für Schüler mit lateinischer Muttersprache verfaßt worden war. Die klösterliche Lehrmeisterin mußte also zunächst in deutscher Sprache den Text des Grammatiklehrbuches erklären, anschließend sprachen die Schülerinnen die Wörter und Sätze nach und lernten sie auswendig; gute Gedächtnisleistungen waren der Grundpfeiler der mittelalterlichen Wissensvermittlung, die weitgehend ohne Schulbücher auskommen mußte.

Der Lehrplan der Antike und daher auch des Mittelalters war stufenförmig aufgebaut. Er umfaßte jene Fächer, die in der antiken Welt als angemessene geistige Beschäftigung eines freien Mannes angesehen wurden, d. h. die sieben »freien Künste« *(artes liberales)*; im Gegensatz dazu galten die handwerklichen Künste – etwa Architektur, Malerei, Bildhauerei – als unpassende Tätigkeit, weil sie für Geld ausgeübt wurden.

Die sieben »freien Künste« bestanden aus drei sprachlichen Disziplinen (Grammatik, Rhetorik, Dialektik), die als *Trivium* (Dreiweg) bezeichnet wurden, sowie aus vier mathematischen Fächern (Arithmetik, Geometrie, Musik, Astronomie), *Quadrivium* (Vierweg) genannt. In der Grammatik (Abb. 212) eigneten sich die Schülerinnen die Kenntnis der lateinischen Sprache an, wofür mehrere Werke zur Auswahl standen. In der Rhetorik (Abb. 213) wurden die Mädchen nicht zu Rednern oder Predigern ausgebildet, sondern im Abfassen lateinischer Briefe und Urkunden unterrichtet. In der Dialektik erfolgte die Anleitung zu richtigem Definieren, Beweisen und Widerlegen, wozu man verschiedene antike Klassiker las.

Nach Abschluß des Triviums wurde das schwierigere Quadrivium in Angriff genommen. Im Fach Arithmetik, der Lehre von den Zahlen, wurde mathematischer Unterricht erteilt, meist anhand mittelalterlicher Kompendien. Bis ins Spätmittelalter rechnete man mit römischen Zahlen und ohne Null, als Hilfsmittel verwendete man verschiedene Fingerstellungen und das Rechenbrett. Erst durch die Verwendung der arabischen – eigentlich indischen – Zahlen und der Null wurde das Rechnen leichter gemacht. In der Geometrie, der Lehre von den Formen, wurde meist Geographie gelehrt; die Disziplin Musik beschäftigte sich mit der Lehre von den Tönen, also Musiktheorie. Astronomie war wichtig, um die beweglichen Feste des Kirchenjahres, vor allem das Osterfest, berechnen zu können.

Inwieweit die Nonnen der mittelalterlichen Klöster Österreichs diese schwierigen Materien beherrschten und weitergeben konnten, entzieht sich unserer Kenntnis; in vielen Fällen wird man sich wohl mit den Fächern des Triviums begnügt haben.

Neben der Wissensvermittlung kam die religiöse Unterweisung nicht zu kurz, oft lernten die Schülerinnen den gesamten Psalter auswendig. Weil Müßiggang als überaus gefährlich galt, erhielten die Mädchen auch Unterricht in handwerklichen Fertigkeiten wie Spinnen, Weben, Nähen und besonders Sticken. Weltliche Schülerinnen verließen die Klosterschule im Alter von 14 bis 15 Jahren. Sie galten zu diesem Zeitpunkt bereits als heiratsfähig und waren dank ihrer Ausbildung in der Lage, einen eigenen Haushalt zu führen.

Außer in Klöstern konnten Töchter vermögender Eltern auch privat durch Hauslehrer unterrichtet werden, etwa durch einen Hauskaplan auf einer Burg oder einen angehenden Geistlichen in einem Bürgerhaus. Seit dem 14. Jahrhundert entstanden in mehreren österreichischen Städten auch »deutsche« Schulen, um die Bildungsbedürfnisse des aufstrebenden Bürgertums zu befriedigen. Handel und Verkehr hatten zugenommen, vieles wurde bereits schriftlich niedergelegt; entsprechende Kenntnisse in Lesen, Schreiben und Rechnen waren gefragt. Der Unterricht in diesen Schulen wurde in deutscher Sprache erteilt, Buben und Mädchen im Alter von sieben bis zwölf Jahren nahmen gemeinsam daran teil. Die Unterweisung erfolgte gruppenweise, indem Kinder mit gleichem Wissensstand gemeinsam laut lasen und Texte aufsagten oder leise eine Aufgabe erledigten. Die Disziplin war hart, auch Lernfaulheit wurde mit der Rute bestraft. Da die Kinder die Rute auf blankem Hinterteil zu spüren bekamen (Abb. 214), waren manche Eltern bei dieser Koedukation um die Sittlichkeit besorgt. Daher wurden auch eigene Mädchenschulen eingerichtet, in denen Schulmeisterinnen Unterricht erteilten. Diese Schulen legten das Hauptgewicht ebenfalls auf die praktischen Fächer (Lesen, Schreiben, Rechnen), die in deutscher Sprache unterrichtet wurden. Frauen, die bis zum Ende des Mittelalters in verschiedenen Berufen tätig sein konnten, sollten hier die notwendigen Kenntnisse erwerben.

Abb. 214 *Züchtigung eines Schülers durch Rutenhiebe auf das nackte Gesäß.*

Wien, ÖNB, Cod. 5393 (Ende 15. Jh.), fol. 330r (Detail).

Die Mädchen der höfischen Oberschicht erhielten dagegen eine ethisch-musische Erziehung und Ausbildung. An größeren Adelshöfen brachte ihnen eine Zuchtmeisterin die grundlegenden Gebote ihres Standes bei, daneben wurden die jungen Damen in Spiel, Gesang und Tanz unterwiesen, auch Körperpflege war wichtig. Weibliche Fertigkeiten wie Spinnen und Weben sowie der Umgang mit Nadel und Faden wurden gleichfalls vermittelt, auch Reitunterricht kam hinzu.

Nicht selten wurden die heranwachsenden Töchter auf einige Zeit an einen befreundeten Adelshof gegeben, um dort den letzten Schliff zu erhalten. Besonders begehrt war die Aufnahme in das Frauenzimmer einer Fürstin, nicht nur wegen der hohen Qualität der dortigen Lebensführung, sondern auch in Anbetracht günstiger Heiratsmöglichkeiten.

Frauen des Adels lernten im Mittelalter häufiger lesen und schreiben als Männer ihres Standes. Die Bibliothek einer oberösterreichischen Landadeligen zu Beginn des 15. Jahrhunderts zeigt, was die gebildete Dame dieser Zeit las: die Bibel und den Psalter, alte Chroniken und Heldengedichte, Legenden, Lieder und Schwänke, Rechts-, Arznei- und Kräuterbücher sowie Erbauungs- und Gebetsliteratur.

Damen des Hochadels konnten sich noch mehr profilieren. So ließ sich die Habsburgerin Agnes (gest. 1364) von einem Bischof eine lateinische Lebensgeschichte der hl. Walburga sowie vom bekannten Mystiker Meister Eckhart ein deutschsprachiges Trostbuch schreiben; sie besaß neben der obligaten Bibel auch noch weitere Bücher religiösen Inhalts, darunter ein Gebetbuch mit der ältesten deutschen Mariensequenz und eine Sammlung von Heiligenleben.

Der ersten Gemahlin Herzog Sigismunds von Tirol, Eleonore von Schottland, wurde 1473 eine deutsche Übersetzung des Werkes *De claris mulieribus* des Boccaccio gewidmet; bis vor kurzem nahm man an, daß die 1483 gedruckte deutsche Übersetzung des französischen Ritterromans *Pontus und Sidonia* von ihr stammt, was aber unwahrscheinlich ist.

Der Buchdruck ermöglichte es bildungshungrigen Damen seit dem ausgehenden 15. Jahrhundert, sich eigenständig immer neue Wissensgebiete aus Büchern zu erschließen. Von der institutionalisierten höheren Bildung wurden Frauen dagegen weiterhin ausgeschlossen. Als Rudolf IV. 1365 in Wien die erste Universität in Österreich gründete, errichtete er eine geistliche Lehranstalt; Professoren und Studenten gehörten dem Klerikerstand an. Weibliche Studenten oder gar Professoren waren demnach nicht zugelassen. Auch als die Jesuiten auf Drängen Erzherzog Karls II. 1585 in Graz eine Universität errichteten, waren Frauen vom Studium ausgeschlossen. Das Interesse an dieser neuen Ausbildungsstätte war aber vorhanden, worauf die Eintragung der Erzherzogin Maria Anna, der Gemahlin Ferdinands II., in die Matrikel hindeutet; sie nahm allerdings nicht an den Vorlesungen teil, sondern war nur »Ehrenstudentin«. Die 1622 in Salzburg errichtete Benediktineruniversität war Frauen natürlich verschlossen, doch auch die 1669/77 in Innsbruck eröffnete Universität ließ keine weiblichen Hörerinnen zu, obwohl weltliche Professoren unterrichteten.

Ähnlich erging es Frauen bei jenen Schultypen, die im 16. Jahrhundert neu geschaffen wurden. Sowohl die von den protestantischen Landständen errichteten Landschaftsschulen als auch die von den Jesuiten geführten Gymnasien, die zum Universitätsbesuch hinführten, nahmen nur Knaben auf.

Die Reformation führte zusätzlich zu einer Reduktion der bisherigen Bildungseinrichtungen für Mädchen. Viele Nonnen wandten sich dem neuen Glauben zu, die Frauenklöster begannen sich zu leeren, die Klosterschulen gingen ein. Nur vereinzelt konnten neue Unterrichtsmöglichkeiten in Klöstern erschlossen werden. So wurde 1572 in dem im verlassenen Wiener Büßerinnenkonvent St. Hieronymus eingerichteten Waisenhaus aufgrund einer privaten Stiftung eine Schule geführt, die 20 arme und/oder verwaiste Wiener Bürgermädchen ab dem sechsten Lebensjahr aufnahm; sie mußten ehelich geboren und gesund sein. Kinder wohlhabender Eltern konnten gegen angemessenes Schulgeld ebenfalls Aufnahme finden. Alle Mädchen waren gleich gekleidet und sollten von der Schulmeisterin und ihren Gehilfinnen in Gottesfurcht und guten Sitten unterwiesen werden, jeglicher Umgang mit dem männlichen Geschlecht war streng verboten. Neben Religion, Lesen und Schreiben wurden auch hausfrauliche Fertigkeiten gelehrt, so daß die Mädchen, wenn sie mit etwa 15 Jahren diese *Junkgfrauen Zucht Schuell zu Sanndt Iheronimo* verließen, eine solide Grundausbildung besaßen.

Von den religiösen Wirren nicht unmittelbar betroffen waren die »deutschen« Schulen sowie die städtischen Mädchenschulen. Sie bestanden weiter, wie viele Nachrichten belegen. Der Unterricht wurde aber zunehmend vom Landesfürsten reglementiert, auch um die Sittlichkeit bei gemischtem Unterricht machte sich die Obrigkeit Sorgen. Die Salzburger Synode von 1569 forderte, die Mädchen in den »deutschen« Schulen von den Knaben abzusondern und jede Freundschaft zwischen ihnen zu verhindern. 1594 wurden die Salzburger Schulmeister angewiesen, die Schulzimmer räumlich zu unterteilen, sollte dies unmöglich sein, mußten die beiden Geschlechter wenigstens an verschiedenen und weit voneinander entfernten Tafeln sitzen. Die Tiroler Schulordnung von 1586 sah zwar keine getrennte Sitzordnung vor, doch sollten die Mädchen nicht vor den Knaben mit der Rute gezüchtigt werden.

Die religiöse Unterweisung der Jugend wurde im Zeitalter der Gegenreformation intensiviert. Seit dem Trienter Konzil (1545 bis 1563) bestand für Kinder die Pflicht, an Sonn- und Feiertagen nachmittags zur Christenlehre in die Kirche zu kommen. Dabei wurde Katechismusunterricht erteilt, der auswendig gelernte und abgefragte Katechismus sollte Buben und Mädchen im Glauben festigen.

Auch für die adeligen Töchter war der reformationsbedingte Ausfall der Klosterschulen von Nachteil. Kaiser Maximilian II. suchte diesem Mißstand abzuhelfen und plante Ende der 1560er Jahre die Errichtung einer höheren Bildungsstätte mit der ansprechenden Bezeichnung *Adeliges Jungfrauen Zuchthaus*; das Vorhaben wurde allerdings nicht realisiert, weil der Adel an dieser Anstalt kein Interesse zeigte. Die Ausbildung der adeligen Mädchen erfolgte daher weiterhin privat im elterlichen Haus oder bei befreundeten Familien und am Fürstenhof.

Dem protestantischen Adel war diese Ausbildungsmöglichkeit an den betont katholischen Habsburgerhöfen allerdings versperrt. In ärmeren Adelskreisen, die sich keinen Privatlehrer leisten konnten, nahm oft die Mutter die Unterweisung der Kinder in die Hand. So bekannte Wolf Helmhard von Hohberg, der bedeutendste Repräsentant des protestantischen Landadels Niederösterreichs, daß er seiner *liebsten Mutter seligen* die Grundlagen seines Wissens verdanke. Sie hatte als Kind gemeinsam mit ihren beiden älteren Brüdern Lateinunterricht erhalten und diese Sprache *nach ihrem fähigen ingenio* so gut gelernt, daß sie ihrem Sohn nach seines Vaters Tod in anderthalb Jahren die Grundkenntnisse beibringen konnte. Hohberg hat seine Bildung anschließend als Autodidakt vervollkommnet und in seinem Hauptwerk, *Georgica curiosa*, das 1682 erstmals erschien, der *Haus-Mutter* ein ganzes Buch gewidmet. Als ihren Aufgabenbereich bezeichnete er neben den hausfraulichen Tätigkeiten vornehmlich die Erziehung der Kinder, besonders der Töchter. Allerdings sollte die Mädchenerziehung praktisch ausgerichtet sein. Im Kapitel *Ob einem Weibs-Bild das Studiren wol anstehe* stellte er fest, daß für eine Frau eine gründliche hauswirtschaftliche Schulung wichtiger sei, als daß sie *100 Madrigal, Canzoni oder Sonnet* übersetzen oder selbst dichten könne.

Dieser Seitenhieb auf die literarische Beschäftigung adeliger Damen galt offenbar der auf dem benachbarten Schloß Seisenegg bei Amstetten schriftstellernden Katharina Regina von Greiffenberg. Auch sie war gemeinsam mit ihrer jüngeren Schwester von der verwitweten Mutter *in allen Tugenden* erzogen worden, hatte von ihr *Lesen, Beten und die Principia Pietatis* erlernt und sich in *Weiberarbeiten* geübt. Die weitere Unterweisung in Fremdsprachen und anderen Wissensgebieten übernahm allerdings ihr Onkel, worüber noch zu berichten sein wird.

Wesentlich professioneller als auf den adeligen Landsitzen konnte die Ausbildung der Töchter an den habsburgischen Höfen betrieben werden. In Graz sorgte Erzherzogin Maria von Bayern zu Ende des 16. Jahrhunderts besonders für eine intensive religiöse Erziehung. Von der ältesten Tochter, Erzherzogin Anna, ist bekannt, daß sie, nachdem sie bereits in deutscher Sprache lesen und schreiben gelernt hatte, mit sechs Jahren einen eigenen Präzeptor erhielt, der sie in Latein unterrichtete (Abb. 215). Anna verrichtete auch ihre Stundengebete und die Andacht stets in dieser Sprache und verfaßte sogar eine deutsche Übersetzung einer lateinischen Lebensbeschreibung des hl. Ignatius von Loyola.

Im Tagesablauf der jungen Erzherzogin wechselten religiöse Übungen mit weltlicher Unterweisung: Nach der Morgenandacht folgte der Unterricht in lateinischer und deutscher Sprache, danach hörte sie zwei Messen, ehe sie zum Mittagessen ging. Nach der Mahlzeit betete sie eine halbe bis eine ganze Stunde, anschließend wurden Handarbeiten (Klöppeln, Sticken, Flicken) gemacht. Die Hofmeisterin oder andere Mitglieder des Frauenzimmers unterwiesen die heranwachsende Fürstin, während der Arbeit wurden geistliche Bücher vorgelesen; nach Arbeitsende um vier Uhr nachmittags widmete sich Anna wiederum eine halbe Stunde dem Gebet. Die Rute hat sie sicher nie zu spüren bekommen, ein Blick der strengen Mutter genügte.

Wie Anna wurden auch die übrigen Erzherzoginnen des Grazer Hofes erzogen. 1589 überlegte Maria, ihre Töchter zur Erziehung in das adelige Nonnenkloster Göß, ins Königinkloster nach Wien oder ins Haller Damenstift zu schicken, kam davon aber wieder ab.

Der Wiener Hof war seit den Tagen Ferdinands II. ebenfalls stark religiös geprägt, die Erziehungsarbeit seiner Mutter und der Jesuiten trug reiche Früchte. Seit dem 17. Jahrhundert begann aber, ausgehend von Westeuropa, eine neue, diesseitsorientierte Sicht des Menschen, die das Wesen des Menschseins in der Vernunft ortete. Da die englischen und französischen Philosophen allen Menschen den Besitz der Vernunft zusprachen, forderten sie demgemäß für alle das Recht auf Bildung.
Für die Mädchenbildung war diese Forderung sehr wichtig, allerdings wurde die weibliche Erziehung auch weiterhin vor allem im Hinblick auf die künftige Ehe gesehen. Daher erhielt auch Maria Theresia, obwohl sie relativ bald als künftige Herrscherin feststand, keine Unterweisung in Regierungsgeschäften, da diese als männliche Domäne galten. Sie selbst ging bei der Erziehung ihrer Töchter ebenfalls nach diesen Prinzipien vor, zumal durch die Geburt mehrerer Söhne sichergestellt war, daß keine Erzherzogin je die Herrschaft in Österreich übernehmen würde; es bestand aber immerhin die Möglichkeit, daß die ausheiratenden Prinzessinnen im Falle früher Witwenschaft für den minderjährigen Thronfolger die Regentschaft führen mußten.
Maria Theresia bezeichnete die Erziehung ihrer Kinder als den *hauptsächlichsten und wichtigsten Gegenstand* ihrer Aufmerksamkeit. Tatsächlich hat sie die Richtlinien für die Ausbildung ihrer großen Kinderschar genau festgelegt. Die Erziehung der Erzherzoginnen war dabei weniger intensiv, sie sollten vor allem ein gewisses Maß an Allgemeinbildung erhalten und die höfischen Umgangsformen lernen. Nach der ersten Unterweisung in der Religion folgten Lesen und Schreiben, Französischunterricht, Geographie und Tanz; anschließend kamen Latein, Geschichte, Italienisch, Unterricht in Musik, Zeichnen, Malen sowie Reiten an die Reihe. Während der Unterweisung sorgten Kammerfrauen dafür, daß kein unnötiges Wort gesprochen wurde.
Der Stundenplan für die beiden gemeinsam erzogenen Erzherzoginnen Johanna Gabriele (Abb. 216) und Maria Josepha (Abb. 217) von 1756 zeigte gewisse Ähnlichkeiten mit dem einst am Grazer Hof praktizierten Erziehungsprogramm. Vormittags mußten die Mädchen eine Stunde *zum Lesen, Buchstabiren und Schreiben*, danach gingen sie in die Messe, um 11 Uhr hatten sie eine französische Lektion, um 12 Uhr war Mittagessen in ihren Gemächern. Nachmittags erhielten sie entweder Religionsunterricht oder es wurden geographische Karten studiert, Übersetzungen gemacht und dergleichen mehr. Um 4 Uhr nachmittags schloß der Unterricht, der auch sonn- und feiertags erteilt wurde. Dreimal wöchentlich erhielten die Erzherzoginnen Tanzunterricht, um

Abb. 215 *Giulio Licinio (?): Erzherzogin Anna im Alter von fünf Jahren (1578).*
Wien, KHM, IN 3487.

Abb. 216 *Martin van Meytens (Schule): Erzherzogin Johanna Gabriele mit Erzherzogshut.*
Wien, Schloß Schönbrunn (KHM, IN 2145).

Abb. 217 *Martin van Meytens (Schule): Erzherzogin Maria Josepha.*
Wien, Schloß Schönbrunn (KHM, IN 2147).

5 Uhr nachmittags folgte der Rosenkranz, abends gab es Spiel, Visiten, bisweilen auch Theater oder Ausgang. Für die Unterweisung der Töchter engagierte Maria Theresia oft keine eigenen Lehrer, sondern ließ sie von denjenigen der Erzherzöge unterrichten; vielfach erteilten auch Kammerfrauen Unterricht. Ferien gab es keine, allerdings wurde der Unterricht durch sommerliche Ausflüge und die Teilnahme an den zahlreichen religiösen Übungen verkürzt.

Die Kaiserin verfolgte die Lernfortschritte ihrer Töchter aufmerksam und kritisch. Als die achtjährige Maria Josepha sie bat, ihr *gnädigst zu erlauben, daß ich morgen mit meiner Frau Schwester bei euer Mayestätt speisen darf*, erntete sie statt einer Einladung nur Kritik. Maria Theresia schrieb in ihrem etwas holprigen Deutsch: *Die Schrift ist wohl sehr schlecht vor 8 Jahr.* Daraufhin verfaßte die Erzherzogin – sicher mit fremder Hilfe – einen zweiten Brief, der eindrucksvoll die Distanz zwischen der strengen Mutter und ihren Töchtern aufzeigt: *Eure Majestätt. Ich unterfange mich durch diese meine wenige zeilen anzufragen, wie sich eure majestätt befinden, nehme mir auch anbey die freuheit eure mayestätt gehorsamst zu bitten, mir gnädigst zu erlauben, daß ich einmahlen bey euer Mayestätt speisen darf, in dem getreuesten hoffnung lebe anbey mich zu hohen gnaden empfehle. Euer mayestätt gehorsamste Tochter Josepha.*

Dieses Schreiben fand Gnade bei der Kaiserin, Maria Josepha und ihre neunjährige Schwester Johanna Gabriele wurden zum Essen eingeladen.

Die Ausbildung der Kaisertöchter war auf ihre spätere Verheiratung ausgerichtet; sobald der Bräutigam feststand, wurden sie zusätzlich in Sprache, Geschichte und Kultur des betreffenden Landes unterrichtet. Mit der Heirat und Abreise aus Wien war ihr Bildungsprogramm beendet, bisweilen bereits mit 14 Jahren.

Für die noch nicht vermählten Töchter endete die Ausbildung mit dem 18. Lebensjahr. Sie erhielten nun einen eigenen Hofstaat, ihre bisherige Erzieherin wurde zur Obersthofmeisterin befördert. Für Erzherzoginnen, die wegen körperlicher Gebrechen nicht verheiratet werden konnten, stellte sich nun die Frage nach einer sinnvollen Beschäftigung. Eine der Töchter Maria Theresias begann ein privates Studium und kann damit gewissermaßen als erste habsburg-lothringische Studentin angesehen werden. Maria Anna, die zweitälteste Tochter des Kaiserpaares, war nach schwerer Krankheit durch eine Rückgratverkrümmung verunstaltet und konnte aus diesem Grund nicht an eine Heirat denken (Abb. 218). Sie hatte von ihrem Vater Franz Stephan das Interesse an den Naturwissenschaften geerbt und beschäftigte sich ab ihrem 18. Lebensjahr gemeinsam mit einigen Hofdamen täglich zwei Stunden lang mit experimenteller Physik. Anschließend studierte sie je ein Jahr lang Mechanik, Geometrie, Chemie und Botanik sowie Naturgeschichte. Sie ließ sich auch Unterricht in Münzkunde erteilen und verfaßte 1774 ein Werk über die von Maria Theresia geprägten Gedenkmünzen. In weiterer Folge sammelte sie Mineralien, Insekten und Fossilien, wozu sie einen regen Briefwechsel unterhielt, sehr zum Verdruß ihrer Mutter. Als sie nach dem Tod Maria Theresias die Hofburg verlassen mußte, konnte sie ihre umfangreichen Sammlungen nicht in ihr Palais in Klagenfurt mitnehmen, sondern verkaufte sie an die Universität Budapest. Sie mußte sich auch von ihrer Bibliothek trennen, ein Teil der Bücher gelangte an die Wiener Universität, der Rest an Wiener Schulen. Ein verheißungsvoller Anfang endete kläglich.

Abb. 218 *Jean-Etienne Liotard: Erzherzogin Maria Anna (1762).*

Die Ausbildung der habsburgischen Prinzessinnen stand ganz im Zeichen höfischer Repräsentation, ein Beruf kam für sie nicht in Betracht. Die neue Zeitströmung der Aufklärung forderte vom Herrscher aber, sich auch um die Bildung seiner Untertanen zu kümmern. Dieser Verpflichtung kamen die Fürsten des »aufgeklärten Absolutismus« umso bereitwilliger nach, je mehr sie den

Nutzen gebildeter Bürger für den Staat erkannten. Der Wille des absolutistischen Monarchen konnte weit wirkungsvoller bis ins hinterste Dorf dringen, wenn die Untertanen des Lesens und Schreibens kundig waren.

Auch in Österreich wurde das Bildungswesen im 18. Jahrhundert zum »Politikum«, so sehr sich die wiedererstarkte katholische Kirche auch bemühte, ihren jahrhundertelangen Einfluß auf Erziehung und Unterricht zu wahren.

Die österreichische Bildungslandschaft war im Lauf der Gegenreformation im Bereich der Mädchenerziehung um einige neue Bildungseinrichtungen bereichert worden, seitdem in der zweiten Hälfte des 17. Jahrhunderts mehrere Schulorden ihre Tätigkeit begannen. 1660 wurden die Ursulinen von Kaiserin Eleonore nach Wien berufen, anschließend ließen sie sich in Klagenfurt (1670), Linz (1679), Graz (1686), Salzburg (1695) und Innsbruck (1705) nieder. Sie führten bei jedem Kloster eine Schule, in der Mädchen unentgeltlich eine elementare Ausbildung in Lesen und Schreiben, Rechnen und Handarbeiten erhielten. Oft wurden in einem zusätzlichen Internat noch zahlende Schülerinnen unterrichtet.

Die Englischen Fräulein, zunächst auch Jesuitinnen genannt, faßten im Jahr 1627 in Wien Fuß. Ihre Gründerin, Mary Ward, war im Sommer dieses Jahres an den Kaiserhof gereist und erhielt von Ferdinand II. das Haus *Stoß am Himmel* gegenüber der Kirche Maria am Gestade übertragen. Sie richtete darin sofort eine Schule ein, in der drei deutschsprachige Lehrerinnen bald über 450 Mädchen unentgeltlich in Religion, Lesen und Schreiben, etwas Latein sowie in Handarbeiten unterwiesen. Für Kostfräulein wurde darüber hinaus Unterricht in Musik, Gesang und Malen, in der Zubereitung von Medikamenten aus Heilpflanzen, in der Herstellung von gesunden Getränken sowie in der Haushaltsführung erteilt. Die Finanzierung sicherten neben dem hohen Kostgeld – je Schülerin 120 Gulden jährlich – der Kaiser mit 600 Gulden sowie Kaiserin Eleonore mit 400 Gulden pro Jahr.

Das Wiener Institut mit seiner gut besuchten Schule mußte 1631 auf päpstlichen Befehl geschlossen werden, da der Papst die apostolische Tätigkeit der Englischen Fräulein verurteilte.

Nachdem die Regel 1703 endlich bestätigt worden war, erfolgten Gründungen der Englischen Fräulein in St. Pölten (1706) und Krems (1722). Die meist adeligen »Lehrfräulein« erteilten in diesen Instituten unentgeltlichen Unterricht in einer Elementarschule, während im Pensionat vermögende Mädchen nicht nur in Lesen, Schreiben, Rechnen und anderen *adelichen Kindern wohlanständigen Arbeiten und Künsten*, sondern auch in Französisch

und Tanzen unterwiesen wurden (Abb. 219); ihr hohes Kostgeld finanzierte die Schule für die ärmeren Kinder.
Die Salesianerinnen, die 1717 von Kaiserin Amalia nach Wien geholt wurden, waren eigentlich kein Schulorden, durften aber beschränkten Unterricht erteilen. Der Lehrplan umfaßte außer Lesen, Schreiben und Rechnen auch die obligaten weiblichen Handarbeiten sowie Malen, Geschichte und Geographie; besonderer Wert wurde auf die Kenntnis der französischen Sprache und auf religiöse Übungen gelegt.
Eigens auf die Erziehung der weiblichen Jugend ausgerichtet war das 1700 von Maria Hueber (Abb. 220) in Brixen gegründete Institut der Schulschwestern vom dritten Orden des hl. Franziskus. Die Brixner Schulschwestern erteilten unentgeltlichen Unterricht besonders an Mädchen aus der ärmeren Bevölkerung. Zweigstellen ihres Instituts entstanden noch im 18. Jahrhundert in Bozen (1712), Kaltern (1730) und Döllach (Großkirchheim) im Mölltal (1757); eine eigenständige Gründung war das Regelhaus in Hallein (1723).
Trotz aller Verdienste um die Frauenbildung hatten die geistlichen Institutionen nur einen geringen Radius, auch die weltlichen »deutschen« Schulen oder die speziellen Mädchenschulen waren für die weibliche Jugend auf dem Land relativ schwer erreichbar.

Abb. 219 *Daniel Gran (?): Die Aufnahme seiner Tochter bei den Englischen Fräulein in St. Pölten (um 1730). Das Bild zeigt deutlich, wie dankbar die weibliche Jugend vor der Einführung der allgemeinen Schulpflicht – und auch noch danach – für einen angemessenen Erziehungsunterricht sein mußte.*

St. Pölten, Institut der Englischen Fräulein, Linzerstraße (Aufnahme: Pressefoto Ferdinand Bertl, Gerersdorf).

Hier griff der Staat ein. Maria Theresia führte bald nach Beginn ihrer Regierung eine Erhebung über das Schulwesen durch, rief anschließend eine Kommission in Schulsachen ins Leben und übertrug ihr die Aufsicht über die Schulen. Im Hofdekret vom 27. Oktober 1770 erklärte sie dazu, daß sie *von den wichtigen Vortheilen, welche dem Staate durch die glückliche Bildung guter Christen und nützlicher Bürger verschaffet werden*, überzeugt sei und daher *die künftige Erziehung der gesammelten Jugend ... zu einem Hauptgegenstand ihrer weisesten Regierung* machen wolle. Die Einbeziehung der Mädchen in die staatliche Bildungspolitik war also gesichert.

Am 6. Dezember 1774 unterschrieb die Kaiserin die *Allgemeine Schulordnung für die deutschen Normal-, Haupt- und Trivialschulen in sämmtlichen Kaiserl. Königl. Erbländern* und schuf damit die Grundlage für ein einheitliches Elementarschulwesen in Österreich. Sie bezeichnete darin die Erziehung der Jugend *beyderley Geschlechtes* als die wichtigste Voraussetzung der *wahren Glückseligkeit der Nationen*. Vor allem aber ging es darum, durch eine solide Grundausbildung der gesamten Bevölkerung den Entwicklungsstand in allen volkswirtschaftlich wichtigen Bereichen zu heben.

Das von Abt Ignaz Felbiger von Sagan in Schlesien ausgearbeitete Schulsystem sah vor, daß alle Kinder ab dem sechsten Lebensjahr sechs bis sieben Jahre eine Schule besuchen mußten. Diese *gemeinen deutschen oder Trivialschulen* waren in allen Orten mit Pfarr- oder Filialkirche einzurichten, Buben und Mädchen wurden gemeinsam, aber räumlich getrennt sitzend, unterrichtet. Der Unterricht erfolgte klassenweise nach einer einheitlichen Methode und mit gleichen Schulbüchern.

Das Schuljahr war auf die großteils bäuerliche Bevölkerung abgestimmt, der Unterricht begann im Herbst nach der Ernte, zu Ostern gab es vierzehn Tage Ferien, während der Erntezeit im Sommer ruhte der Unterrichtsbetrieb.

In größeren Städten sollte eine Hauptschule als Musterschule eingerichtet werden, für eine geregelte Ausbildung der Lehrer hatten Normalschulen zu sorgen; ihnen galt das letzte Schriftstück der Kaiserin, die in einem Kodizill 100.000 Gulden für den Normalschulfonds stiftete. Der Schulbesuch war kostenpflichtig. Da die Eltern überdies für die Schulbücher und das Schreibmaterial aufkommen mußten, andererseits aber viel von der Arbeitskraft ihrer Kinder einbüßten und die Grundherren auch wenig Interesse an der Bildung ihrer untertänigen Bauern hatten, war der Schulbesuch unter Maria Theresia sehr schwach, zumal die Kaiserin für Säumigkeit keine Strafen angedroht hatte.

Abb. 220 *Unbekannter Künstler: Maria Hueber, die Gründerin des Tertiarinnenklosters in Brixen, posthum als Gottesbraut dargestellt (18. Jh.).*

Brixen, Mutterhaus der Tertiarschwestern des hl. Franziskus.

Abb. 221 *Unbekannter Künstler: Schulmädchen mit Schiefertafel (1852).*

Salzburg, SMCA, IN 1008/86.

Das änderte sich unter Joseph II. Der Kaiser ordnete Strafsanktionen bei mangelhaftem Schulbesuch an, sah aber auch die Probleme der ärmeren Bevölkerung. Er schaffte daher das Schulgeld für Knaben ab, wollte es aber für Mädchen beibehalten. Als sich Gottfried van Swieten, der oberste Leiter des Unterrichtswesens, gegen diese Diskriminierung der weiblichen Jugend wandte und auf die Bedeutung der Mütter für die Erziehung der Kinder hinwies, nahm der Kaiser von seinem Vorhaben wieder Abstand. Es folgte eine Reihe weiterer Maßnahmen auf dem Schulsektor. Das Schulnetz wurde verdichtet, für die Landjugend allerdings die Unterrichtszeit auf die Hälfte reduziert. Körperliche Züchtigung war erlaubt, sollte aber mit Maß betrieben werden. Da in den Normalschulen vorderhand nur männliche Lehrer ausgebildet wurden, richtete Joseph II. 1786 in Wien ein Zivil-Mädchenpensionat ein, das Lehrerinnen heranbilden sollte. Damit wurde bald die Frage aktuell, ob auch verheiratete oder schwangere Frauen Unterricht erteilen dürften.

Während die breite Masse der weiblichen Bevölkerung seit dem Ende des 18. Jahrhunderts wenigstens einen Elementarunterricht erhielt (Abb. 221), war höhere Bildung weiterhin nur wenigen

Frauen zugänglich. Außer Privatlehrern in Adels- oder Bürgerhäusern boten lediglich die Klöster ihren Internatsschülerinnen Unterricht in Fremdsprachen und standesgemäßen Fächern an. Diese Sonderstellung wurde staatlicherseits zunehmend beschränkt, wenngleich Joseph II. die Ordensniederlassungen, die Schulen unterhielten, nicht aufhob. Der Mangel an Bildungseinrichtungen für die höheren Gesellschaftsschichten war aber offenkundig. In der *Politischen Verfassung der deutschen Schulen von 1806* wurde daher angeordnet, daß in den erbländischen Hauptstädten *noch einige Mädchenschulen für gebildetere Stände* eröffnet werden sollten. An die Öffnung der einst von den Jesuiten geführten Gymnasien sowie der Universitäten für das weibliche Geschlecht dachte man aber nicht.
Das Revolutionsjahr 1848 sorgte auch auf dem Bildungssektor für Aufbruchsstimmung. Professoren und Studenten der österreichischen Universitäten forderten die in Deutschland bereits mit großem Erfolg praktizierte »Lehr- und Lernfreiheit«. Durch das neu geschaffene *Ministerium des öffentlichen Unterrichtes* wurden die Universitäten umstrukturiert und traten ihren philosophischen Grundkurs an die Gymnasien ab. 1849 erhielten die Fakultäten die ministerielle Erlaubnis, ausnahmsweise nur für Frauen bestimmte Vorlesungen anzusetzen, doch kam es nie dazu.
Für das reguläre Frauenstudium fehlte die Grundvoraussetzung, die Zulassung von Mädchen zu den Gymnasien. Die Initialzündung dazu ging von einer Frau aus: Am 12. März 1870 stellte die 31jährige Fabriksbesitzersgattin Marianne Hainisch auf der dritten Generalversammlung des *Wiener Frauen-Erwerbsvereines* den Antrag, die Gemeinde Wien um die Errichtung von Parallelklassen für Mädchen an einem Realgymnasium (für Knaben) zu ersuchen und im Falle der Ablehnung selbst ein Realgymnasium für Mädchen zu errichten. Beide Vorschläge wurden von den zuständigen Stellen abgelehnt, und auch die männliche Vereinsleitung entschloß sich 1871 nur zur Errichtung einer vierjährigen *Höheren Bildungsschule für Mädchen.*
1873 wurde in Graz ein neuer Mädchenschultyp, das Lyzeum, geschaffen, weitere Lyzeen und *Höhere Töchterschulen* in ganz Österreich folgten, stets auf privater Basis errichtet und wegen des hohen Schulgelds nur für wenige »höhere Töchter« zugänglich. 1892 gelang aber der Durchbruch: Der 1888 gegründete *Verein für erweiterte Frauenbildung* errichtete das erste Gymnasium für Mädchen in Wien. Es wurde ebenfalls privat geführt und durfte sich nur *gymnasiale Mädchenschule* nennen. Die Errichtung weiterer Mädchengymnasien wehrte die unterdessen in *Ministerium für Kultus und Unterricht* umbenannte oberste

Unterrichtsbehörde ab, weil sie die weibliche Konkurrenz im Berufsleben fürchtete. Im Schuljahr 1900/01 gab es daher in Österreich insgesamt nur 1295 Schülerinnen an Lyzeen und *Höheren Töchterschulen* sowie 156 weibliche Gymnasiastinnen. 1908 wurde als neuer Schultyp das Realgymnasium für Mädchen geschaffen, dessen Absolvierung zum Besuch der Universität berechtigte. Zwar konnten Mädchen bereits seit 1872 die Matura als Privatistin in einem Knabengymnasium ablegen, aber erst seit 1901 eröffnete die abgelegte Reifeprüfung automatisch den Zugang zur Universität.

Seit den 1880er Jahren war immer lauter die Zulassung von Frauen zum Universitätsstudium gefordert worden. Eine Petition eines Prager Frauenbildungsvereins brachte schließlich den Stein ins Rollen. Aufgrund dieses Ansuchens stellte ein tschechischer Abgeordneter am 29. April 1890 im Reichsrat den Antrag, an den Medizinischen und Philosophischen Fakultäten der österreichischen Hochschulen auch weibliche Hörerinnen zuzulassen. Das Ansinnen blieb zunächst ohne Wirkung. Erst als eine Wiener Frauenversammlung am 14. Mai 1891 eine weitere diesbezügliche Petition einbrachte, rief der tschechische Abgeordnete und spätere erste Staatspräsident der Tschechoslowakei, Thomas Masaryk, am 30. Oktober 1891 dazu auf, bei der Bildungspolitik nicht die Hälfte der Gesellschaft, nämlich die Frauen, zu vergessen, also für deren Zulassung zu Gymnasien und Universitäten zu sorgen. Daraufhin forderte das Ministerium schließlich in den nächsten Jahren die österreichischen Universitäten zu Stellungnahmen auf und ordnete am 23. März 1897 an, daß Frauen ab 1897/98 als ordentliche und außerordentliche Hörerinnen an den Philosophischen Fakultäten zuzulassen seien. Der erste Schritt zum regulären Frauenstudium war damit getan.

Gegen die Zulassung von weiblichen Studentinnen zum Medizinstudium gab es seitens der Professoren und der männlichen Ärzteschaft größere Bedenken. Andererseits benötigte die Monarchie mit ihrem Gemisch an Völkern und Religionen auch Ärztinnen. So war es notwendig, für die mohammedanischen Frauen in Bosnien Amtsärztinnen zur Verfügung zu haben. Die einzige Möglichkeit für österreichische Mädchen, die sich dem ärztlichen Beruf zuwenden wollten, war aber das Studium an einer ausländischen Medizinischen Fakultät.

Seit 1896 konnte das im Ausland erworbene Doktorat nostrifiziert werden, doch waren dazu alle Prüfungen an einer österreichischen Universität zu wiederholen. Am 3. September 1900 wurden schließlich durch ministeriellen Erlaß Frauen als ordentliche Hörerinnen zu den medizinischen Studien und zum Doktorat der gesamten Heilkunde zugelassen, desgleichen konnten sie auch Pharmazie studieren.

Die Juridischen Fakultäten versperrten sich aber weiterhin dem Zugang weiblicher Hörerinnen. Nachdem das Ministerium universitäre Stellungnahmen angefordert hatte, gingen in Wien entsprechende Gutachten und Berichte ein. Sie äußerten sich grundsätzlich positiv, da auch den Professoren die Notwendigkeit weiblicher Berufstätigkeit klar geworden war.

Ein Bericht des Innsbrucker Professorenkomitees vom 12. Juli 1900 schlug daher vor, der Staat möge, da auch noch so wohlerzogene arme Mädchen oft nicht verheiratet werden könnten, zulassen, *daß Frauenspersonen die Möglichkeit nicht verschlossen sei, einen Beruf zu ergreifen, bei welchem sie sich als Hilfsarbeiterinnen staatlicher Aufgaben nützlich machen und eine auskömmliche Existenz verschaffen können.* Es sei daher nicht nur unbedenklich, sondern auch wünschenswert, dem weiblichen Geschlecht den Besuch der Vorlesungen über *Staatsrechnungs-Wissenschaft* als außerordentliche Hörerinnen zu ermöglichen, zumal der Andrang von Studentinnen wegen der fehlenden Schulbildung gering sein werde. Auch im ergänzenden Bericht vom Oktober 1900 wurde auf den *Erwerbsnothstand* des weiblichen Geschlechtes hingewiesen: *Gerechtigkeit und Mitleid verlangen, daß er behoben oder doch nach Möglichkeit gemildert werde; ist doch neben ihm, wo dem weiblichen Wesen auch der gutwillige (parasitäre) Unterhalt durch Verwandte fehlt, der Abgrund des moralischen Falles.* Aufgrund dieser Stellungnahme, die sich um die Sittlichkeit der unverheirateten Mädchen Sorgen machte, war der Dekan der Innsbrucker Rechts- und Staatswissenschaftlichen Fakultät der Meinung, daß *dem hochschulreif erklärten Weibe gewiß auch die Befähigung für die Rechts- und Staatswissenschaften zuerkannt werden muß*, und beantragte am 30. Oktober 1900 gemeinsam mit drei Professoren, Frauen zu den rechts- und staatswissenschaftlichen Studien und Prüfungen zuzulassen und ihnen alle *jene öffentlichen Erwerbsstellungen (auch Conceptstellungen) zu eröffnen, die nicht die Naturanlage des Mannes verlangen.*

Trotz aller positiven Gutachten wurde Frauen das juridische Studium aber vorderhand nicht gestattet. Als Ersatzeinrichtung gründete der Wiener Ordinarius für Staats- und Verwaltungsrecht, Edmund Bernatzik, 1917 an dieser Universität eine Rechtsakademie für Frauen, die als zweijährige Fachschule geführt wurde und gut besucht war.

Erst nach dem Ende der Monarchie wurden Studentinnen mit 7. Mai 1919 zu den rechts- und staatswissenschaftlichen Studien,

zu den theoretischen Staatsprüfungen sowie zum Doktorat der Rechts- und Staatswissenschaften zugelassen.
Als letzte universitäre Teilbereiche öffneten sich die Theologischen Fakultäten dem Frauenstudium: 1922 die Evangelisch-Theologische Fakultät in Wien, nach 1945 die Katholisch-Theologischen Fakultäten aller österreichischen Universitäten.
Mit der Zulassung von weiblichen Hörerinnen ergaben sich weitere Fragen: Sollten Frauen auch Assistentinnen werden? Sollten sie lehren dürfen? Auch hier gab es heute amüsant klingende, seinerzeit aber völlig ernst gemeinte Äußerungen. So stellte ein mit dieser Thematik befaßtes Komitee an der Philosophischen Fakultät der Universität Innsbruck in seinem Bericht vom 1. Dezember 1905 beispielsweise fest, *dass gegen eine Zulassung von Frauen als Universitätsassistenten im Allgemeinen keine prinzipiellen Bedenken obwalten. Es muss anerkannt werden, dass unter Umständen Frauen den aus ihrer Stellung als Assistenten zu erwartenden Pflichten ganz ebenso gewachsen sein könnten, wie Männer.* Wenn es sich aber um den Posten eines »ersten« Assistenten handelte, der mit der Abhaltung von Lehrkursen, mit der Aufsicht über Laboratoriumsarbeiten etc. betraut werden sollte, werde *zu bedenken sein, ob die betreffende Candidatin in der Lage sein dürfte, sich das nötige Ansehen zu verschaffen, um dem Studentenmateriale mit genügender Autorität entgegenzutreten.* Die Möglichkeit, derartige Stellen mit Frauen zu besetzen, werde *wohl nur in seltenen Ausnahmefällen* gegeben sein, *wenn es sich um ältere Personen von bewährter wissenschaftlicher Bethätigung, eventuell Privatdocentinnen* handle. Anders beim Posten eines »zweiten« Assistenten, in dessen Pflichtenkreis mehr *die administrativen Bethätigungen am Institute fallen, als: Vorbereitung von Vorlesungs-Experimenten, Instandhalten von Inventargegenständen, Ordnung von Sammlungen, Anfertigung photographischer Bilder, von Praeparaten etc.* Das Komitee befürwortete daher die Zulassung von weiblichen Assistenten, gedachte ihnen aber eher die untergeordnete Rolle einer Hilfskraft zu.
Auch die Entscheidung über die Lehrbefähigung von Frauen mußte getroffen werden. 1905 wurden vom Ministerium für Kultus und Unterricht universitäre Gutachten angefordert, die sich mehr oder weniger positiv zugunsten der Erteilung der Privatdozentur – ohne Anspruch auf eine Anstellung – aussprachen. Der in Innsbruck zu diesem Zweck eingerichtete Ausschuß war der Meinung, daß es dem objektiven Gerechtigkeitsgefühl widerstrebe, *einem Teil der Studierenden, welche genau die gleichen Vorbedingungen erfüllen wie der andere Teil, die Verwer-*

tung der Früchte ihrer Studien nur deshalb zu verweigern, weil sie einem anderen Geschlechte angehören. Zweifelnd fragten sich die Ausschußmitglieder aber, ob *damit ein für die Stellung und Ausgestaltung des weiblichen Geschlechts günstiger Weg eröffnet* werde, doch hätte man darüber früher nachdenken müssen, als man den weiblichen Zuhörerinnen die vollen Rechte der ordentlichen Hörer einräumte.

Am 25. August 1907 gab der zuständige Minister die Erlaubnis, Frauen zum Assistentendienst an den Medizinischen und Philosophischen Fakultäten zuzulassen und ihnen dort auch die Habilitation zu gestatten. Als Argument wurde angeführt, daß Privatdozenten durch die Habilitation lediglich die Lehrbefugnis erlangen würden, *das heisst an der Universität über ihr Fachgebiet Vorträge abhalten dürfen, dass ihnen aus dieser Lehrbefugnis selbst weder eine Anwartschaft auf eine staatliche Besoldung noch auch auf eine Anstellung im staatlichen Lehramte erwächst.* Demnach würden Frauen *nach der in Geltung stehenden Organisation der Universitäten als Nachwuchs für Lehrkanzeln, das ist für staatliche Lehrämter nicht in Frage kommen.*

Aufgrund dieser ministeriellen Erlaubnis wurde Dr. Elise Richter 1907 als erste Österreicherin als Privatdozentin zugelassen. Sie erhielt an der Wiener Universität die Lehrbefugnis für Romanische Philologie (Abb. 222).

Abb. 222 *Foto (o. J.): Dr. Elise Richter, die erste österreichische Dozentin (1907). Gründerin des Verbandes akademischer Frauen Österreichs (1922), 1938 aus »rassischen« Gründen von der Universität Wien entfernt, 1942 in das KZ Theresienstadt deportiert, wo sie vermutlich am 21. Juni 1943 starb.*

Schließlich mußte auch die Hoffnung mancher Professoren, daß wenigstens die Lehrkanzeln eine männliche Bastion bleiben würden, aufgegeben werden. Aufgrund des bereits in der oktroyierten Verfassung von 1849 verankerten Grundsatzes, wonach die öffentlichen Ämter und Staatsdienste *für alle zu denselben Befähigten gleich zugänglich* sein sollten, konnten Frauen auch Lehrstuhlinhaberinnen werden.

Heute ist allen Österreicherinnen generell die wissenschaftliche Ausbildung an den Universitäten und Hochschulen des Landes möglich. Doch auch in der Vergangenheit haben sich abseits des Universitätsbetriebes oder noch vor Errichtung von Universitäten wissensdurstige Mädchen und Frauen ein erstaunliches Maß an Bildung und Gelehrsamkeit angeeignet, allerdings unter besonders günstigen Voraussetzungen. Drei interessante Vertreterinnen der gelehrten Weiblichkeit sollen davon Zeugnis ablegen.

Die erste hochgebildete Dame, von deren Existenz wir Kenntnis haben, war Ava. Sie verfaßte eine versifizierte Heilsgeschichte in deutscher Sprache, beginnend mit Johannes dem Täufer bis hin zum Jüngsten Gericht. Am Schluß ihres Werkes bat sie um die allgemeine Fürbitte für einen bereits verstorbenen und einen noch

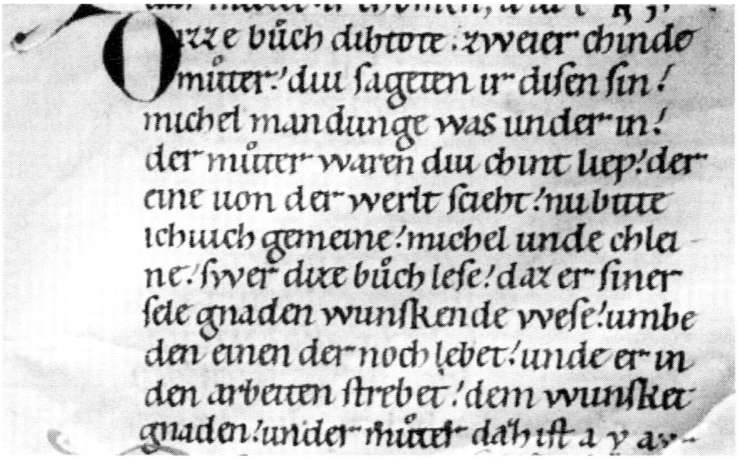
Dizze bůch dihtote zweier chinde
můter du sageten ir disen sin
michel mandunge was under in
der můter waren du chint liep der
eine von der werlt schiet nu bitte
ich iuch gemeine michel unde chle-
ne swer dize bůch lese daz er siner
sele gnaden wunskende wese umbe
den einen der noch lebet unde er in
den arbeiten strebet dem wunske
gnaden unde der můter dah ist a v a-

Abb. 223 *Schluß des »Jüngsten Gerichts«, gedichtet von Frau Ava: »Dizze bůch dihtote zweier chinde můter … dah ist ava«.*

Vorau, Stiftsbibliothek, Cod. 276, fol. 125r (Ausschnitt).

lebenden Sohn sowie für sich, deren Mutter: … *un der můter, dah ist Ava* (Abb. 223).

Man nimmt an, daß es sich bei dieser selbstbewußt als Dichterin auftretenden Frau um jene *Ava inclusa* handelt, deren Tod im Jahr 1127 die Melker Annalen verzeichnen. Sie schloß sich wohl als Witwe der Klostergemeinschaft von Melk an, nachdem ihre beiden Söhne in das dortige Benediktinerkloster eingetreten waren. Ihnen verdankte sie ihre theologischen Kenntnisse, sie unterwiesen die Mutter wohl auch in der lateinischen Sprache, deren Beherrschung die in ihre Dichtung eingefügten lateinischen Zitate beweisen. Frau Ava konnte als Inkluse, sofern ihre Klause mit der Kirche in direkter Verbindung stand, die gottesdienstlichen Verrichtungen der Mönche verfolgen, sie hat wahrscheinlich auch geistliche Spiele gesehen. Sie entstammte zweifellos dem Adel, da der von ihr aufgestellte Tugendkatalog weltliche Adelige im Auge hat. Ihre umfangreiche Gesamtkomposition *(Johannes, Leben Jesu, Der Antichrist, Das Jüngste Gericht)* war als Tischlektüre für ein bibelkundiges Publikum gedacht, das während der Mahlzeiten dem Vortrag lauschte.

Obwohl die älteste bekannte Dichterin des deutschsprachigen Raumes nach mehr oder weniger nachweisbaren Vorlagen arbeitete, gilt ihr Werk doch nicht nur des Umfangs, sondern auch der anspruchsvollen Thematik wegen als bedeutende dichterische und damit intellektuelle Leistung in einer an literarischen Arbeiten noch armen Zeit.

Ein großer zeitlicher Sprung führt uns zur zweiten hochgebildeten Österreicherin, die es vorzustellen gilt: Katharina Regina von Greiffenberg (Abb. 224). Die 1633 geborene Adelige wurde als

Abb. 224 *Gedenktafel für Katharina Regina von Greiffenberg, gesetzt vom lutherischen Kirchenrat und Superintendenten L. Stockfleth, abgebildet im Nekrolog von M. Georg Albrecht Hagedorn (Nürnberg 1694).*

Halbwaise von ihrem Onkel und Vormund Hans Rudolf von Greiffenberg *in Künsten und Sprachen* unterrichtet, lernte Französisch, Italienisch und Spanisch. Sie beschäftigte sich mit Naturgeschichte, Astronomie und wohl auch Geschichte, mit Rechts- und Staatswissenschaften, also mit allem, *was Ihrem hohen Stande gemäß in irdischen Wissenschaften vorgetragen wurde*. Das heimatliche Schloß Seisenegg in Niederösterreich dürfte die entsprechenden Werke in seiner Bibliothek verfügbar gehabt haben.

Mit 18 Jahren wurde ihr der Tod ihrer jüngeren Schwester zum Schlüsselerlebnis; als gläubige Protestantin beschloß sie, ihr Le-

ben künftig dem Ruhme Gottes zu weihen. Dieser Aufgabe wollte sie sich als geistliche Dichterin widmen, nachdem sie seit Beginn ihrer Lesefähigkeit zur *edlen Dichtkunst ein eiffriges Belieben getragen* und auch schon zu dichten begonnen hatte. An Petrarca lernte sie die Form des Sonetts, andere italienische und französische Dichter kannte und übersetzte sie. Ihr Oheim stellte fest, daß sich seine Nichte mangels passender Gesellschaft die Einsamkeit ihres Daseins mit der Lektüre guter Bücher vertrieb und also ... *in mangel der Lebendigen sich mit den Todten besprochen.*
Ihr erstes, aber nicht überliefertes Werk war ein Huldigungsgedicht für Kaiser Leopold I. anläßlich seiner Kaiserkrönung (1658). Im Jahr 1662 folgte, zusammengestellt von ihrem Onkel, ein Druckwerk in Nürnberg: *Geistliche Sonnette / Lieder und Gedichte / zu Gottseeligem Zeitvertreib / erfunden und gesetzt durch Fräulein Catharina Regina / Fräulein von Greiffenberg / geb. Freyherrin von Seyßenegg.* Die Gedichtsammlung wurde kein großer Verkaufserfolg, gilt aber als ihre bedeutendste literarische Leistung.
Nach der von ihrem um 26 Jahre älteren Oheim betriebenen Heirat (1664) lebte das nicht mehr ganz junge Paar teils in Nürnberg, teils auf Schloß Seisenegg. 1673 hatte Katharina ein neues Huldigungsgedicht für Kaiser Leopold I. fertiggestellt, das sie ihm als »Adler« widmete. Als der Kaiser in diesem Jahr Claudia Felicitas heiratete, ließ die Freifrau ihr diese *Adler-Grotta* überreichen, da die neue Kaiserin angeblich *Ihre gröste Freud Am Lesen und dichten* hatte; außerdem widmete sie der Herrscherin selbst drei Sonette.
Daneben arbeitete Katharina an erbaulichen Schriften, von denen ab 1672 mehrere im Druck erschienen; die Andachtsbücher kamen beim Publikum sehr gut an. Seit 1677 verwitwet, übersiedelte die überzeugte Protestantin 1680 nach Nürnberg, wo viele Emigranten aus Österreich lebten. Als sie 1694 starb, wurde sie auf dem Nürnberger St.-Johannis-Kirchhof begraben. Sie gilt heute als bedeutendste deutschsprachige Lyrikerin des Hochbarock, ihre gesammelten Werke erschienen 1983 in zehn Bänden als Nachdruck.

Als dritte Repräsentantin gelehrter Frauen soll schließlich Anna Freud, die große Tochter eines großen Mannes, die Bedeutung der jüdischen Intelligenz für die österreichische Wissenschaft aufzeigen.
Im Haus Berggasse 19 des IX. Wiener Gemeindebezirks kam am 3. Dezember 1895 Anna als jüngstes von sechs Kindern des Ehepaares Dr. Sigmund und Martha Freud zur Welt. Ihr Vater, seit

1885 Dozent an der Universität, hatte eine Privatpraxis als Psychoanalytiker, die Familie lebte großbürgerlich mit Dienstpersonal. Nach dem Besuch der Volksschule ging Anna in ein Lyzeum, dessen Abschlußprüfung nicht zum Besuch der Universität berechtigte. Sie begann daher eine Ausbildung als Volksschullehrerin und trat anschließend als Lehrerin in ihre ehemalige Schule ein (1915).

In die Welt der Psychoanalyse wurde Anna durch Gespräche mit ihrem Vater eingeführt. Sie las auch psychoanalytische Literatur und hörte ab 1914/15 Freuds Vorlesungen an der Universität; außerdem nahm sie an Krankenvisiten an der Wiener Psychiatrischen Klinik teil. Durch ihren Beruf mit Kindern konfrontiert, begann sie sich besonders für die psychische Entwicklung in der Kindheit zu interessieren. Ihre Beschäftigung mit der Psychoanalyse ging also nicht von kranken Erwachsenen, sondern von Menschen aus, die sich in einem normalen Entwicklungsprozeß befanden.

Gemäß ihrem Interesse für Kinder war Anna Freud 1919/20 auch im *Kinderheim Baumgarten* tätig, das 300 jüdische Kinder im Alter von drei bis 16 Jahren im Internats- und Schulbetrieb betreute. Daneben nahm sie an den Sitzungen der *Wiener Psychoanalytischen Vereinigung* teil und hielt dort 1922 ihren ersten Vortrag, der anschließend publiziert wurde: *Schlagephantasie und Tagtraum*. Sie wurde Mitglied und später Sekretärin dieser großteils jüdischen Vereinigung.

1923 hatte Anna Freud ihren Lehrberuf aus gesundheitlichen Gründen aufgegeben und sich intensiv der Übersetzung psychoanalytischer Arbeiten gewidmet; 1923 eröffnete sie, ohne eine spezielle Ausbildung erhalten zu haben, in der Wohnung ihres Vaters eine eigene Praxis (Abb. 225). Zu den ersten Patienten gehörten die Kinder der reichen Amerikanerin Dorothy Burlingham, die ihrerseits von Sigmund Freud behandelt worden war. Die zunehmend enger werdende Verbindung und schließliche Freundschaft zwischen Dorothy, deren geistig gestörter Mann später freiwillig aus dem Leben schied, und Anna bildete eine wesentliche Basis für das weitere Leben der Freudtochter. Diese betreute die vier Kinder ihrer Freundin auch pädagogisch, sie zog – nach den Worten Sigmund Freuds – die Kinder *mit fester Hand analytisch groß*. Die Kombination von Psychoanalyse und Erziehung verfestigte sich in ihrem Leben. Als 1924 in Wien das *Lehrinstitut der Wiener Psychoanalytischen Vereinigung* gegründet wurde, das Pädagogen und Kindergärtnerinnen ausbilden wollte, war Anna Freud selbstredend involviert, sie hielt Kurse ab und wurde schließlich Leiterin des Instituts. Seit 1937 führte sie

Abb. 225
Foto: Anna Freud in ihrem Arbeitszimmer in der Wohnung Berggasse 19 (ca. 1925).

darüber hinaus eine von der Amerikanerin Dr. Edith Jackson finanzierte Kinderkrippe, in der elf arme Wiener Kinder unter zwei Jahren betreut und zugleich in ihrem Verhalten beobachtet wurden.
Daneben ging ihre wissenschaftliche Produktion weiter. 1927 erschien die *Einführung in die Technik der Kinderanalyse*, die grundlegende Erkenntnisse für die Behandlung von Kindern vermittelte. 1936 folgte ihr wichtigstes Werk: *Das Ich und die Abwehrmechanismen*. Es wurde zum Klassiker der psychoanalytischen Literatur.
Durch die Erkrankung Sigmund Freuds – er litt an Kehlkopfkrebs – wuchs Anna gleichzeitig in die Rolle einer Pflegerin, Mitarbeiterin und Vertrauten ihres Vaters hinein. Sie übernahm zunehmend seine Vertretung, las seine Vorträge vor – dazu ließ sie sich stimmlich ausbilden – und empfing an seiner Statt Ehrungen. Dadurch wurde sie auf dem internationalen Parkett heimisch. Als 1933 die Nationalsozialisten in Deutschland die Macht übernahmen, geriet die jüdische Intelligenz in Bedrängnis. Die meisten der vorwiegend jüdischen Vertreter der Psychoanalyse emigrierten und sorgten so für die Verbreitung ihrer Lehren rund um die Welt. Anna Freud wurde in diesen Jahren vorübergehend in mehrere Funktio-

nen der *Internationalen Psychoanalytischen Vereinigung* gewählt. Nach dem »Anschluß« 1938 begann für die Familie Freud eine bange Zeit. Dank ihrer internationalen Beziehungen gelang es aber, eine Einreisegenehmigung nach England zu erhalten. So verließen Sigmund, Martha und Anna Freud samt zwei Hausangestellten am 4. Juni 1938 Wien. Über Paris ging die Reise nach London, wo die Familie im Vorort Hampstead ein passendes Domizil fand und auch den Großteil ihrer Bibliothek, Möbel und Sammlungen nachkommen lassen konnte.

Der neue Wohnort erforderte von der 43jährigen Anna Freud eine Umorientierung ihres bisherigen Lebens in sprachlicher, beruflicher und kultureller Hinsicht. Sie hat diese Schwierigkeiten glänzend gemeistert. Da sie zunächst keine Arbeitsbewilligung für psychoanalytische Behandlungen bekam, hielt sie Vorträge und betätigte sich als Lehranalytikerin. Vor allem aber baute sie eine Hilfsorganisation für Kinder, die durch die Kriegsereignisse vorübergehend oder auf Dauer elternlos geworden waren, auf. Im Oktober 1940 richtete sie in ihrem Wohnbezirk ein Kriegskinderheim *(Hampstead War Nurseries)* ein, in dem sie ihre Erfahrungen aus der Wiener Zeit verwerten konnte. Zugleich dienten ihr die in diesem Heim betreuten Kinder als Beobachtungsmaterial für neue Erkenntnisse, die sie anschließend publizierte. Entscheidend war ihrer Meinung nach nicht, daß jedes Kind von seiner leiblichen Mutter betreut wurde, sondern daß es – von wem immer – mütterliche Zuwendung erfuhr.

Nach Kriegsende wurde das Kinderheim geschlossen, statt dessen übernahm die nimmermüde *Miss Freud* die Betreuung von sechs jüdischen Waisenkindern, die aus dem KZ Theresienstadt nach England gekommen waren. Über die dabei gemachten Erfahrungen berichtete sie 1951 in englischer, 1961 auch in deutscher Sprache. Unterdessen hatte sie 1947 Lehrgänge für Kinderpsychologie *(Hampstead Child Therapy Courses)* ins Leben gerufen, 1952 wurde eine Kinderklinik für psychoanalytische Therapie angegliedert, woraus sich ein neuer Name für die Gesamtinstitution ergab: *Hampstead Child Therapy Course and Clinic*. Die »Hampstead-Methode« für die Kinderpsychoanalyse begann sich international durchzusetzen, sie basierte auf dem bereits in Wien entwickelten Modell. 1965 erschien in New York Anna Freuds umfangreichstes Werk, das 1968 auch in deutscher Übersetzung vorlag: *Wege und Irrwege in der Kinderentwicklung*. Es enthielt ihre Anschauungen über die normale und abnormale Entwicklung von Kindern.

Nach dem Tod Sigmund Freuds (6. September 1939) wurde seine Tochter die Nachlaßverwalterin seines Werkes. Sie gewann dadurch eine Schlüsselrolle unter den ihr keineswegs nur positiv gegenüberstehenden Psychoanalytikern. Allmählich wurde sie aber zu einer Leitfigur der Psychoanalyse, was sich auch in entsprechenden Einladungen und Ehrungen niederschlug, besonders in Amerika, wo die psychoanalytische Bewegung nun ihr Zentrum hatte. 1950 erhielt Anna auf ihrer ersten Amerikareise das Ehrendoktorat der *Clark-University* in Worcester (Massachusetts), an der bereits ihr Vater 1910 Vorträge gehalten hatte. Im Verlauf weiterer Besuche in den USA und in anderen Ländern wurde die Freudtochter laufend mit Ehrendoktoraten und Ehrungen bedacht. Schließlich zog auch Österreich nach.

Als 1971 der *Internationale Psychoanalytische Kongreß* erstmals in Wien abgehalten wurde, nahm die 75jährige Anna Freud daran teil. Sie interessierte sich besonders für das Museum, das aus diesem Anlaß in der ehemaligen Wohnung der Familie Freud in der Berggasse 19 eingerichtet worden war. Ein Jahr später verlieh ihr die Medizinische Fakultät der Wiener Universität ihr erstes Ehrendoktorat in Medizin, 1975 überreichte ihr der österreichische Botschafter in London das *Ehrenzeichen für Verdienste um die Republik Österreich*. In den folgenden Jahren kam Anna Freud noch mehrmals nach Österreich, aber stets nur auf Besuch (Abb. 226). Als die Stadt Wien sie durch die Errichtung eines psychoanalytisch ausgerichteten Modellkindergartens ehrte, konnte sie den *Anna-Freud-Kindergarten* (Wien-Währing, Gersthoferstraße 125) im Mai 1981 krankheitshalber nicht mehr persönlich eröffnen. Hochbetagt starb sie am 8. Oktober 1982 in ihrer zweiten Heimat London.

Anna Freud hat ihre grundlegende Prägung in Österreich erfahren, durch ihren Vater oder in Institutionen, in denen vielfach ebenfalls Juden den Ton angaben. Sie ließ sich durch diese Vorbilder anregen, entwickelte aber ihre Gedanken selbständig weiter. Unter dem Druck der politischen Verhältnisse zur Emigration gezwungen, führte sie ihre Arbeit, die stets praktische Tätigkeit mit wissenschaftlicher Forschung verband, in England fort und gewann durch ihre Publikationen in englischer Sprache ein größeres Publikum, als dies von Österreich aus möglich gewesen wäre. Ihre Bedeutung für eine neue Sicht der kindlichen Entwicklung und damit Erziehung ist heute unbestritten, sie erkannte aber auch die Gefahren, die aus einem allzu freien Gewährenlassen entstehen.

Beruflich und privat hat Anna Freud ihr Leben großteils der Betreuung von Kindern und Jugendlichen gewidmet, aus dieser Beschäftigung erwuchs ihr das Material für ihre wissenschaftlichen Studien. Sie war aber trotz aller Gelehrsamkeit kein »Blaustrumpf«, sondern oblag mit Hingabe auch Tätigkeiten, die als typisch weiblich gelten: stricken, weben, kochen. Die von ihr verfertigten und verschenkten Handarbeiten erhielten sogar ein eigenes Zertifikat: *Hand Made by Anna Freud*.

Abb. 226 *Foto: Anna Freud in Wien, anläßlich der Enthüllung des Sigmund Freud-Gedenksteines im »Bellevue« auf dem Cobenzl (6. Mai 1977).*

Die Verborgene

Österreich war in der Vergangenheit auch ein Klösterreich. Das Leben hinter Klostermauern galt als beste Lebensform für alleinstehende Frauen, die ohne direkten männlichen Schutz waren. Nicht nur Jungfrauen und Witwen konnten sich in kirchliche Obhut begeben, auch »gefallene Mädchen« erhielten die Chance, in einer religiösen Gemeinschaft wieder auf den schmalen Pfad der Tugend zurückzufinden.

Die patriarchalisch geprägte Gesellschaft und vorab die männlich dominierte Kirche waren überzeugt, daß eine Frau ohne den Schutz dicker Mauern und engmaschiger Gitter kein tugendhaftes und gottgefälliges Leben führen könne. Frauen galten als leicht verführbar, aber auch als gefährliche Verführerinnen, als *Tor zur Hölle*. Die mittelalterlichen Theologen definierten die Frau als verhinderten Mann, als ein Geschöpf zweiter Klasse, das wegen der Erschaffung aus Adam dem männlichen Geschlecht unterlegen und damit untergeordnet sei; die Geschöpfe bedurften ihrer Meinung nach männlicher Führung und Beaufsichtigung, die am leichtesten in einem abgeschlossenen Haus, einem *claustrum*, durchzuführen war.

Doch auch die Frauen selbst nahmen die Botschaft des Evangeliums ernst und wollten sich, abgeschirmt von weltlichen Verlokkungen und sicher vor Gefahren, in abgesonderten Behausungen ganz auf den »himmlischen Bräutigam« und ihr jenseitiges Leben konzentrieren. Die Hingabe an ein Klosterleben konnte allerdings auch von der Familie bestimmt werden, die unverheiratete Töchter versorgen wollte. So wirkten mehrere Faktoren zusammen, um klösterliches Dasein zu einer einst weit verbreiteten Lebensform zu machen.

Für ein religiös ausgerichtetes Frauenleben kamen im mittelalterlichen Österreich drei Varianten in Betracht: als Inklusin, als Begine oder als Klosterfrau.

Die Lebensform einer Inklusin oder Reklusin ist heute nur mehr schwer nachvollziehbar, vor allem aus hygienischen Gründen. Frauen und Mädchen ließen sich auf Lebenszeit in eine Zelle einschließen oder einmauern, um sich ungestört ihren religiösen Ambitionen widmen zu können. Ihr Leben bestand aus Beten und Fasten, frommen Bußübungen und geistlicher Lektüre, aber auch aus manueller oder geistiger Arbeit. Das Essen wurde den Eingeschlossenen durch ein Fenster gereicht, zwecks geistiger Nahrung sollten die Klausen möglichst in direkter Verbindung zu einer Kirche stehen. Die »Gefangenen Christi« waren völlig von ihren Mitmenschen abhängig und mußten von ihrer Umwelt in dieser entsagungsreichen und zugleich »elitären« Lebensform akzeptiert werden, um nicht elend zugrunde zu gehen.
Die meisten österreichischen Reklusinnen sind aus dem Umfeld von Klöstern bekannt, so bei den Männerkonventen in Melk, St. Florian, Dürnstein, Waldhausen und Suben oder beim Frauenkloster Nonnberg in Salzburg. Die berühmteste Inklusin Österreichs ist zweifellos die 1127 in Melk verstorbene Ava, zugleich die erste namentlich bekannte deutschsprachige Dichterin. Sie war vermutlich eine adelige Witwe, die sich erst in reiferen Jahren in die Einsamkeit zurückzog und zu dichten begann. Ihre beiden Söhne dürften Mönche im Benediktinerstift Melk gewesen sein. Das Reklusenwesen hat sich, wenn auch in der abgewandelten Form als Klausnerin oder Eremitin, bis heute erhalten, Einmauerung kommt aber nicht mehr vor.
Die Bezeichnung *inclusa* oder *reclusa* wird in den Quellen auch für Frauen verwendet, die sich allein oder zu mehreren von der übrigen Bevölkerung absonderten, um ein intensives religiöses Leben zu führen. Im Hochmittelalter hatte eine neue Welle christlicher Begeisterung breite Volksschichten erfaßt, Männer wie Frauen wollten die Nachfolge Christi leben und die Lebensweise der Apostel nachvollziehen. Alleinstehende Frauen in den Städten schlossen sich mit Gleichgesinnten zu losen oder engeren Wohngemeinschaften zusammen, um die *vita apostolica* zu praktizieren. Meist der mittleren Bevölkerungsschicht angehörend, mußten sie sich ihren Lebensunterhalt selbst verdienen. Sie betrieben Hauskrankenpflege, stellten handwerkliche Produkte her oder betätigten sich gegen Entlohnung als fromme Beterinnen bei Begräbnissen und Seelgerätstiftungen.
Bei der Betreuung von Kranken und Sterbenden konnten diese religiös ambitionierten Frauen, Beginen oder auch Betschwestern genannt, leicht auf ihre theologischen Ansichten zu sprechen kommen und möglicherweise auch mystisches Gedankengut vermitteln. Nach einer im Jahr 1502 verfaßten bischöflichen Anwei-

sung für die *pettschwestern* von Bruneck, die in ähnlicher Weise sicher auch für mittelalterliche Verhältnisse gelten kann, sollten die Frauen die Kranken zu Beichte und anderen *gueten werchen* antreiben, sie auch *trewlich* ermahnen, *das pitter leyden Jhesu Christi* zu bedenken und *irer sel hayl* zu betrachten.
Die Betschwestern hatten also die Patienten auch seelsorglich zu betreuen, ganz im Sinne der *ars moriendi*, der *Kunst des heilsamen Lebens und Sterbens*. Damit konnten sich die Beginen aber auf ein gefährliches Terrain begeben, da die Vermittlung von Glaubenswahrheiten als männliches Vorrecht angesehen wurde, getreu dem Wort des hl. Paulus *(1. Korintherbrief 14,34): Mulier taceat in ecclesia* – die Frau schweige in der Versammlung, d. h. in der Kirche.
Beginengemeinschaften entstanden in der Regel spontan und ohne viele Spuren zu hinterlassen. So gab es angeblich im Jahr 1222, sicher aber im Jahr 1253 *inclusae (sorores reclusae)* in Judenburg, 1323 bestand ein Beginenhaus in Friesach. Eine regelrechte Gründung soll durch Königin Konstanze von Böhmen (gest. 1240) in Wien erfolgt sein, ihre Gemeinschaft frommer Frauen *(dominae reclusae)* trug den Namen *Himmelpforte (Porta celi)*, war also gewissermaßen ein Pendant zum eingangs erwähnten *Tor zur Hölle*. Ein Mönch des Zisterzienserklosters Kleinmariazell stellte ihnen ein Haus zur Verfügung, von Pfarrer Gerhard von Wien erhielten sie ein größeres Gebäude, um dort als *reclusae* nach der Augustinerregel zu leben. 1270 nahmen die Himmelpförtnerinnen schließlich die Ordensregel der Prämonstratenser an und wurden damit zu einer regulären Klostergemeinschaft.
Das Zusammenleben unverheirateter Frauen, die sich ihre Unabhängigkeit bewahren wollten und vielleicht auch eigene Vorstellungen über religiöse Dinge entwickelten, mußte früher oder später das Mißtrauen und Mißfallen der offiziellen kirchlichen Stellen erregen. Die Verbindung westeuropäischer Beginen mit Ketzern führte auf dem Konzil von Vienne (1311/12) zur erwarteten Reaktion.
Die Konzilsväter verurteilten die Lebensweise *gewisser Frauen, Beginen genannt*, die ohne Gelübde und Regel zusammenlebten, gleich gekleidet waren und dadurch den Anschein einer Ordensgemeinschaft erweckten. Man warf ihnen vor, einige Beginen hätten *in ihrer geistigen Verblendung über die Trinität und das Wesen Gottes disputiert; auch verbreiteten sie über die Glaubensartikel und die kirchlichen Sakramente falsche Ansichten, täuschten so viele einfältige Seelen und seien ihnen zum Verderben, zumal sie unter dem Schein der Heiligkeit allerhand trieben, was*

den unsterblichen Seelen nur zum größten Schaden gereichen müßte.
Infolge der vom Papst 1317 ausgesprochenen Verurteilung des Beginendaseins suchten die meisten religiösen Frauengemeinschaften Anschluß an bestehende Männerorden, die ihr Leben bald in kontrollierbare Bahnen lenkten. Zumindest in Tirol wurden aber im 15. Jahrhundert neue Betschwesternhäuser gegründet.

Von den mittelalterlichen Beginen Österreichs hat sich lediglich eine einen Namen gemacht: Agnes Blannbek. Über ihr Leben ist allerdings nur soviel bekannt, wie sich aus den Aufzeichnungen ihres Beichtvaters, eines namentlich unbekannten Wiener Minoriten, herauslesen läßt. Da er keine Biographie verfassen wollte, sind seine Angaben nicht allzu ergiebig und zugleich schematisch.
Demnach war Agnes, geboren um die Mitte des 13. Jahrhunderts, eine Bauerntochter und stammte vielleicht aus dem niederösterreichischen Ort Plambach. Als Kind spielte sie nie, sondern blieb zu Hause und *betete Gottvater im Verborgenen an.* Vom Heiligen Geist erleuchtet, verteilte sie ihr Essen an Arme, so daß sie selbst Hunger litt und darüber bitterlich weinte. Mit diesem freiwilligen Hungern begann sie im Alter von sieben Jahren und hielt es zehn Jahre durch, auch danach fastete sie täglich außer Sonntag, Fleisch aß sie praktisch nie.
Bereits mit elf Jahren verspürte Agnes beim Kommunionempfang *im Munde eine unaussprechliche Süße* und beeilte sich daher, *Begine zu werden, um öfter kommunizieren zu können.*
Dazu begab sie sich offenbar nach Wien, wo sie als Sechzehnjährige im Kreise von Beginen *(devotae beginae)* bei einem Begräbnis aufscheint. Wie eng die Gemeinschaft war, läßt sich nicht abschätzen, nur einmal wird eine Gefährtin *(sodalis)* von ihr genannt, die von der österreichischen Herzogin an den Hof geholt und umhegt wurde. Das Domizil des Bauernmädchens, das lesen konnte und einigermaßen religiös gebildet war, dürfte in der Nähe des Minoritenklosters gelegen haben, sie bewohnte es offenbar allein, jedenfalls hatte sie einen eigenen Gebetsraum *(oratorium).*
In den folgenden Jahren – die Aufzeichnungen erwähnen Ereignisse der Jahre 1281 bis 1294 – führte sie ein intensives Leben in Gebet, Fasten und geistlichen Übungen; sie empfing jede Woche die Kommunion, besuchte laufend die Kirchen Wiens, betete das kanonische Stundengebet, geißelte sich am Karfreitag mit einem Ginsterzweig bis aufs Blut und vergoß – was als besondere Gnade galt – bei den Horen dieses Tages viele Tränen.

Sie sammelte aber auch Gebetseinheiten, wie es dem Brauch der Zeit entsprach. So gelobte sie einmal, für eine bestimmte Person 2000 *Ave Maria* zu beten; als sie 200 gesprochen hatte, wurde sie schwach, aber eine innere Stimme tröstete sie: *Gott wägt nicht die Vervielfachung des Gebets, sondern die Andacht.* Trotzdem hielt sie an ihrer Gewohnheit fest, während der Fastenzeit 5000 *Vaterunser* und 5000 *Ave Maria* mit ebenso vielen Kniebeugen, bei denen sie sich anschließend zu Boden warf, zu beten, um sie Christus am Ostersonntag als Dank für seine Passion darzubringen.

Trotz vieler Krankheiten ließ sich Agnes in ihrem religiösen Streben nicht entmutigen – und wurde belohnt. Während der Messe, aber auch in ihrem Oratorium fiel sie häufig in Ekstase, erlebte Visionen und Auditionen (ohne Bilder), kam mit Gottvater und Gottsohn in ein persönliches Verhältnis und erfuhr Offenbarungen; sie verlangte von ihren göttlichen Gesprächspartnern Wunderzeichen und erhielt sie. Nach einigem Zögern vertraute sie sich ihrem Beichtvater an, der ihre Berichte niederschrieb und so der Nachwelt überlieferte.

Die mystischen Erlebnisse entziehen sich natürlich historischer Beurteilung, sie geben aber Einblick in die Mentalität einer Frau, deren Leben sich im Verborgenen abspielte. Sie war mit ihrem Hexen-, Teufels- und Dämonenglauben ein Kind ihrer Zeit, auch die einer Vision zugrundeliegende Vorstellung, wonach Aussatz durch Unkeuschheit, Wassersucht durch Geiz oder Blindheit durch Stolz verursacht wurde, entsprach ganz der mittelalterlichen Auffassung.

Sie kritisierte – natürlich nur als göttliches Sprachrohr – die Geistlichkeit ihrer Umgebung, schaute visionär unwürdige Priester in ausdrucksvoller Verunstaltung, wurde aber auch selbst wegen ihrer Sucht nach Ablässen von Christus gerügt. Ihre innere Stimme gab ihr durchaus plausible Antworten auf ihre Zweifel, etwa als sie sich Sorgen machte, die Kommunion bereits am Vorabend eines Festtages zu empfangen. *Du bist von beschränktem Geiste,* ertönte es in ihrem Innern, *Gott ist keine verzehrbare Sache, sondern weilt dauernd in der andächtigen und Gott suchenden Seele.*

Agnes Blannbek hat die Feste des Kirchenjahres intensiv mitgefeiert, auch tief mitempfunden. So beweinte sie am Tag der Beschneidung des Herrn *(Circumcisio Domini)* stets *ängstlich aus großem Herzensleid das vergossene Blut Jesu Christi, das so zeitig am Anfang seiner Kindheit zu vergießen er geruht hat.* Dabei hatte sie einmal folgendes mystisches Erlebnis, als sie gerade mitleidend und weinend begann, *über die Vorhaut des*

Herrn nachzudenken, wo sie denn sei. Und siehe, alsbald spürte sie auf der Zunge ein kleines Häutchen nach Art eines Eihäutchens mit allergrößter Süße, das sie verschluckte. Nachdem sie es verschluckt hatte, spürte sie wiederum das Häutchen auf der Zunge mit Süße, wie vorher, und verschluckte es wiederum. Und dies geschah ihr wohl hundert Mal. Und als sie es so oft spürte, wurde sie versucht, es mit dem Finger anzurühren. Als sie das machen wollte, rutschte jenes Häutchen von sich aus in die Kehle hinab. Und es wurde ihr gesagt, daß die Vorhaut mit dem Herrn am Tag der Auferstehung auferstand.

Diese Offenbarung über das Schicksal der Vorhaut Christi war letztlich schuld daran, daß die fromme Begine bis in unsere Tage weitgehend unbekannt blieb. Denn als der gelehrte Melker Benediktiner Bernhard Pez die Berichte ihres Beichtvaters im Jahr 1731 unter dem Titel *Vita et Revelationes* drucken ließ, erwirkten die Wiener Jesuiten beim Kaiser die Einziehung der ganzen Auflage. Anstoß erregte vor allem die Vision über die Vorhaut des Herrn, aber nicht aus Prüderie, sondern weil die hl. Birgitta von Schweden von der Gottesmutter selbst die Versicherung erhalten hatte, die bei der Beschneidung des Jesuskindes entfernte Vorhaut sei an einem geheimen Ort versteckt worden; tatsächlich wurde diese Christusreliquie an verschiedenen Orten, teilweise bis in unser Jahrhundert, verehrt.

Mit der Einziehung dieses ersten Druckes wurde das Bekanntwerden der Visionen Agnes Blannbeks zwar nicht gänzlich verhindert – einige Exemplare sind noch vorhanden –, aber doch weitgehend eingeschränkt.

Die Visionärin, die nach Meinung von Fachleuten den berühmten zeitgenössischen Mystikerinnen unbedingt zur Seite gestellt werden muß, starb am 22. April *(X. Kal. Maji)* des Jahres 1315. Sie ist, wie ihr mit zeitaufwendigen Frömmigkeitsübungen angefülltes Leben nahelegt, keiner geregelten Arbeit nachgegangen, woher sie ihren Unterhalt bezog, bleibt unklar. Ungehindert konnte sie ihren frommen Neigungen folgen, ein seltenes Privileg für ein Bauernmädchen jener Zeit, die dem ständischen Ordo-Gedanken große Bedeutung zumaß und ihn auch im geistlichen Bereich verwirklicht sehen wollte.

Als Hauptform religiösen Lebens für Frauen kristallisierte sich damit das Ordensleben heraus. Mit streng geregeltem Tagesablauf in rigoros gehandhabter Klausur, mit klosterinterner Befehlshierarchie und zusätzlich durch Männer (Beichtvater, Visitator, Bischof) kontrollierter Lebensführung galt der Ordensstand als besonders heilbringende Lebensform.

Das Ordensleben basierte auf den drei Gelübden von Armut, Keuschheit – eigentlich Ehelosigkeit – und Gehorsam. Als sich in der Frühzeit des Christentums aus Eremitengemeinschaften und sonstigen Männergruppen die Orden bildeten, fanden auch religiös ambitionierte Frauen und Mädchen diesen neuen Lebensstil attraktiv. Sie suchten Anschluß an die Männerklöster, womit sie nicht immer auf Gegenliebe stießen, denn die Mönche wollten ihr Leben ja in Abgeschiedenheit verbringen. Um diese Entwicklung in geordnete Bahnen zu lenken, erhielten die meisten Männerorden schließlich einen weiblichen Zweig, so daß nun Doppelklöster entstehen konnten, in denen beide Geschlechter in räumlicher Nähe lebten. Das enge Zusammenleben bewährte sich aber nicht, und so ging diese Organisationsform monastischen Lebens in Österreich großteils noch im Mittelalter unter, d. h. jeweils die Frauenklöster gingen ein.

Selbständige Nonnenklöster gab es in Österreich bereits seit dem 8. Jahrhundert. Um 712/15 gründete der hl. Rupert auf dem Nonnberg hoch über der Stadt Salzburg ein Kloster, dem seine Nichte Erentrudis als erste Äbtissin vorstand. Die adeligen Nonnen befolgten zunächst keine bestimmte Ordensregel, erst im 12. Jahrhundert wurde die Regel des hl. Benedikt verbindlich eingeführt. Weitere Frauenklöster, die im 11. Jahrhundert gegründet und von Nonnberg aus besiedelt wurden – Göß, St. Georgen am Längsee, Traunkirchen, Gurk und Erla –, nahmen im Lauf der Zeit ebenfalls diese Regel an.

Als Reformzweig der Benediktiner entstand 1098 in Citeaux der Orden der Zisterzienser, der bald auch in Österreich Eingang fand. Ab dem Ende des 12. Jahrhunderts gab es Frauenklöster dieses Ordens in Wien (St. Niklas vor dem Stubentor und St. Niklas in der Singerstraße), in St. Bernhard bei Horn, in Schlierbach, Ybbs und Friesach.

Unterdessen hatte bereits ein dritter Orden in Österreich Fuß gefaßt, der von Norbert von Xanten in Premontré gegründete Prämonstratenserorden. Ein Prämonstratenserinnenkloster wurde um 1153 in Pernegg gegründet und dem Männerkloster Geras unterstellt.

Die nach der Augustinusregel lebenden Orden errichteten im 13. Jahrhundert ebenfalls Niederlassungen für weibliche Mitglieder in Österreich, so die Augustiner-Chorfrauenstifte in Klosterneuburg (Stadt), Herzogenburg, St. Pölten und Kirchberg. Auch in Wien folgten mehrere Klöster zeitweise der Augustinusregel. Unter ihnen ist besonders das Magdalenerinnenkloster vor dem Schottentor zu nennen, das für ehemalige Prostituierte (Büßerinnen) gedacht war. In Friesach wandelte der Salzburger Erzbischof

1323 ein Beginenhaus in ein Augustiner-Chorfrauenstift um, das aber 1464 wieder aufgehoben wurde.
Einen großen Aufschwung erlebte das Klosterwesen im 13. Jahrhundert durch die Bettelorden. Sowohl der hl. Dominikus wie auch der hl. Franziskus fanden sofort begeisterte Anhänger und Anhängerinnen, die dem evangelischen Ideal völliger Armut folgen wollten. Beide Ordensgründer unterwiesen ihre Anhängerschaft zunächst mündlich, als die Gemeinschaften sich ausbreiteten, mußten aber schriftliche Regeln geschaffen werden. Während sich diejenige für die Dominikanerinnen nicht wesentlich von der Regel des männlichen Ordenszweiges unterschied, gab Franz von Assisi der hl. Klara und deren Mitschwestern von Anfang an eine eigene Regel; sie wurde in etwas modifizierter Form anschließend für den gesamten Klarissenorden verbindlich.
Sowohl die Dominikanerinnen wie auch die Klarissen waren für ihren Unterhalt auf Almosen angewiesen, daher erfolgten Klosterniederlassungen in der Regel in oder bei Städten. Das erste Dominikanerinnenkloster Österreichs wurde um 1240 in Lienz gegründet, es folgte eine Niederlassung an der Stadtmauer von Wiener Neustadt (um 1250). In Folge wurden Dominikanerinnenklöster in Mariathal (1267), Imbach (1269), Tulln (1280), Bludenz (1286), Wien (um 1300) und Graz (1307) errichtet.
Das erste Klarissenkloster auf österreichischem Boden entstand noch im Todesjahr der hl. Klara (1253) in Judenburg, 1289 folgte eine Niederlassung in Dürnstein. 1305 stiftete Herzog Rudolf III. gemeinsam mit seiner Gemahlin Blanche das Kloster Zur hl. Klara in Wien, das vorwiegend adelige Damen aufnahm. 1323 gründeten die Aufensteiner außerhalb der Kärntner Herzogsstadt St. Veit an der Glan einen Klarissenkonvent, 1388 stiftete Graf Rudolf von Montfort-Feldkirch eine Niederlassung in Valduna bei Rankweil.
Zu Ende des Mittelalters besaß Österreich nahezu 30 selbständige Frauenklöster, von den einstigen Doppelklöstern bestand außer Klosterneuburg und Admont nur noch der Konvent der Petersfrauen in Salzburg (bis 1583).
Das Leben in einem mittelalterlichen Frauenkloster war hart und entbehrungsreich. Über Einzelheiten berichten die Quellen kaum etwas, der klösterliche Alltag verlief jahrhundertelang ungefähr gleich, da die Richtschnur des Lebens, die Ordensregel, unverändert beibehalten wurde. Der Zweck des Frauenlebens im Kloster war das intensive Lob Gottes, das in den beschaulichen Orden Tag und Nacht erschallen sollte. Die Gebetszeiten waren nicht von der Uhrzeit, sondern vom Sonnenstand abhängig; sie verschoben sich daher im Lauf des Jahres. Das kanonische Stunden-

gebet fand siebenmal täglich statt, am längsten dauerten die Gebete in der Nacht, tagsüber unterbrachen sie das Tagewerk nur kurz, abends beschlossen sie den Tag relativ früh.
Der klösterliche Tagesablauf mußte daher genauestens geplant werden, strenge Disziplin war erforderlich. Zeiten des Gebets und der frommen Betrachtung wechselten mit Stunden der Arbeit (Handarbeiten, Unterricht u. a. m.).
Klosterleben war Gemeinschaftsleben *(vita communis)*. Es gab weder eine Privatsphäre noch Privatbesitz. Man aß die gleichen Speisen im gemeinsamen Speisesaal (Refektorium), man schlief im gemeinsamen Schlafsaal (Dormitorium), man arbeitete gemeinsam, wenngleich je nach Erfordernis an verschiedenen Orten. Diese Lebensgemeinschaft verlangte von der einzelnen Klosterfrau sicher viel Selbstverleugnung, Demut und Gehorsam galten nicht umsonst als hohe Tugenden. Aber auch die Leitung dieser weiblichen Gemeinschaft dürfte nicht immer leicht gewesen sein.
Direkte Einblicke in das Leben mittelalterlicher Nonnen sind in Österreich nicht möglich, da keine zeitgenössischen Schilderungen überliefert sind. Wohl aber kann man anhand der Ordensregel sowie aufgrund von Urkunden, Visitationsprotokollen und sonstigen schriftlichen Quellen auf das interne Klosterdasein Rückschlüsse ziehen. Am besten sind wir darüber beim Konvent der Petersfrauen in Salzburg unterrichtet, da dieses seit Beginn des 12. Jahrhunderts nachweisbare Benediktinerinnenkloster dem Abt von St. Peter unterstand, wodurch relativ viele Nachrichten über den Schwesternkonvent auf uns gekommen sind (Abb. 227). Trotz seiner Sonderstellung als Doppelkloster soll es daher als Modellfall für benediktinisches Nonnenleben im mittelalterlichen Österreich dienen.
Der Tag begann bereits um 11 oder 12 Uhr nachts mit der Matutin (Mette), die werktags eineinhalb Stunden, an Sonn- und Feiertagen zwei Stunden dauerte. Pünktlich bei Tagesanbruch erklang das Lob Gottes, die Laudes. Um 5 oder 6 Uhr folgte das Stundengebet der Prim, um 7 oder 8 Uhr traf man sich zur Terz, um 11 oder 12 Uhr zur Non. Die Vesper wurde an Tagen mit zwei Mahlzeiten vor 4 Uhr, an Fasttagen vor 5 Uhr nachmittag beendet. Die Komplet, das Nachtgebet, beschloß den Tag im Sommer um 6 Uhr, im Winter um 5 Uhr nachmittag.
Von diesen Gebetszeiten abhängig waren die Mahlzeiten. In den sehr ausgedehnten Fastenzeiten aß man nur einmal täglich, zu den übrigen Zeiten gab es Mittag- und Abendmahlzeit. Ein Frühstück im heutigen Sinn war im Mittelalter in Klöstern nicht üblich, nur Kranke erhielten eine Morgensuppe.

Abb. 227 *Eine adelige Witwe als Wohltäterin der Petersfrauen in deren Graduale (um 1180).*
Salzburg, Stiftsbibliothek St. Peter, Cod. a IX 11, fol. 7r.

Gemäß der Benediktinerregel war Fleischgenuß völlig verboten. Der klösterliche Speisezettel enthielt daher nur Fische, Mehl- und Milchspeisen, Hülsenfrüchte, Eier und Käse. Fische wurden als Delikatesse an Sonn- und Feiertagen serviert, an Fasttagen war der Genuß von Milchspeisen und Eiern verboten. Als stärkendes Getränk, das auch in der Fastenzeit erlaubt war, reichte man Wein, der vermutlich gewässert getrunken wurde.

Während des Essens war Stillschweigen geboten, um der Tischlesung zu lauschen. Auch sonst verlief der Tag schweigend, nachts wurde das Schweigegebot besonders streng gehandhabt. Als Ersatz in dringenden Fällen diente die Zeichensprache. Einmal in der Woche durften die Nonnen miteinander sprechen, desgleichen auf ihren seltenen Spaziergängen im Garten. Mit Erlaubnis ihrer Oberin (Priorin) konnten die Petersfrauen auch im Krankenzimmer zusammenkommen und miteinander reden, natürlich nur *zur austreibung der schwermütigkeit.*

Mit Weltleuten durfte lediglich gesprochen werden, wenn die Priorin es gestattete. Die Unterredung mußte in ihrer oder einer anderen Nonne Gegenwart im Sprechzimmer stattfinden, als

Abb. 228 *Der Profeßzettel der Scholastika von Khuenburg (gest. am 23. März 1536) vom 20. August 1498. Der Totenkopf vor der Brust der Nonne symbolisiert den sog. Klostertod, also das völlige Ausscheiden aus der weltlichen Gemeinschaft.*

Salzburg, Stiftsarchiv St. Peter, Urkundenreihe.

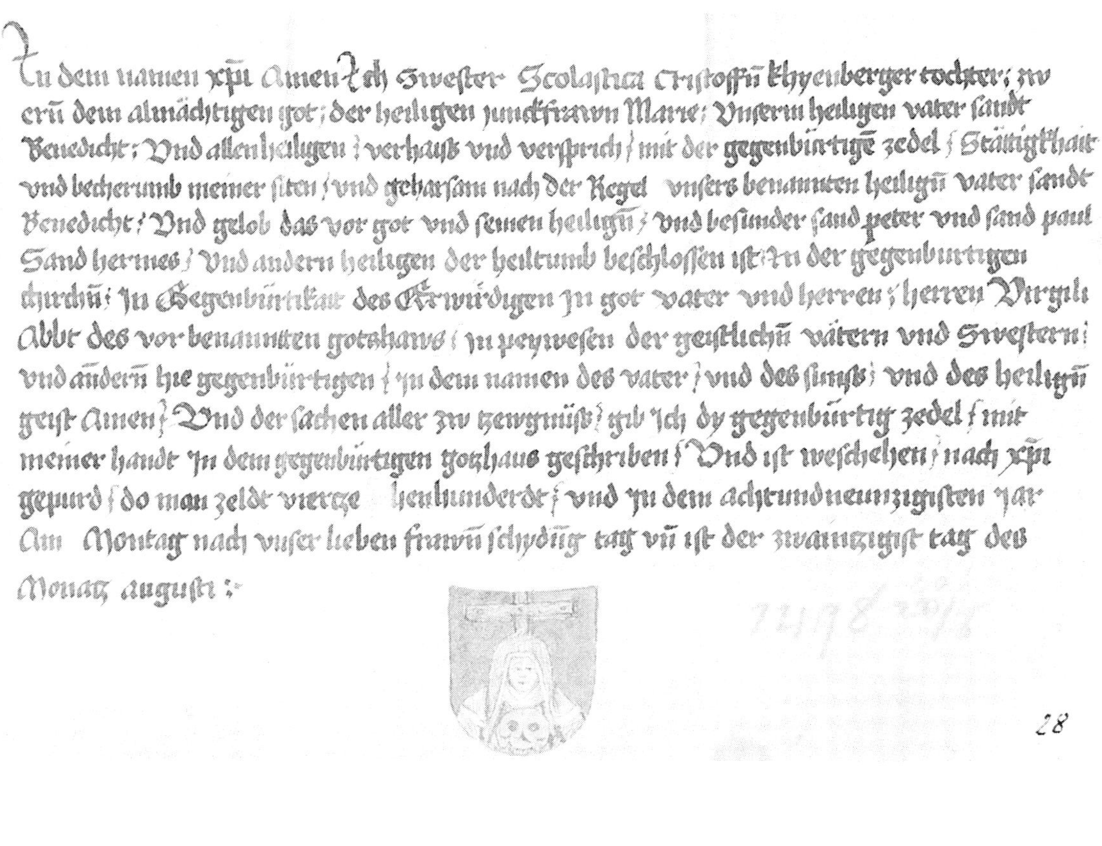
In dem namen xpi Amen Ich Swester Scolastica Cristoffn Khyenberger tochter; zw
ern dem almächtigen got; der heiligen junckfrawn Marie; Unserm heiligen vater sandt
Benedicht; Und allen heiligen; verhaiß und versprich; mit der gegenbürtige zedel; Stätigkhait
und becherumb meiner siten; und geharsam nach der Regel unsers benannten heiligen vater sandt
Benedicht; Und gelob das vor got und seinen heiligen; und besunder sand peter und sand paul
Sand hermes; Und andern heiligen der heiltumb beschlossen ist In der gegenburtigen
kirchen; In Gegenbürtikait des Erwirdigen In got vater und herren; herren Virgili
Abbt des vorbenannten gotshaws; In peywesen der geistlichen vätern und Swestern;
und andern hie gegenbürtigen; In dem namen des vater; und des suns; und des heiligen
geist Amen; Und der sachen aller zw zewgnüß; gib Ich dy gegenbürtig zedel; mit
meiner handt In dem gegenbürtigen gotshaus geschriben; Und ist weschehen; nach xpi
gepurd; do man zeldt viertze hundert; und In dem achtundneunzigisten jar
Am Montag nach unser lieben frawn schydung tag und ist der zwainzigist tag des
Monats augusti :
1498
28

Abb. 229 *Der hl. Benedikt unterweist die Petersfrauen in der Regel.*

Salzburg, Stiftsarchiv St. Peter, Hs. A 7 (Register des Abtes Otto Chalhochsperger 1375–1414), fol. Ir.

Kommunikationsmittel diente ein vergittertes Sprechfenster. Das Schreiben oder Empfangen von Briefen war verboten.

Die Klausur schirmte die Nonnen hermetisch von der Außenwelt ab. Es galt der Grundsatz: *Sint mortuae mundo* – sie sollen für die Welt gestorben sein (Abb. 228). Lediglich aus schwerwiegenden Gründen, etwa im Krankheitsfall, durften die Klosterschwestern die schützenden Mauern vorübergehend verlassen. Auf eine gute Krankenpflege wurde – wie in allen Klöstern – großer Wert gelegt, die Erkrankten kamen in ein eigenes Siechhaus (Infirmarie), erhielten sogar Fleischspeisen zur Stärkung und durften auch mehr sprechen. Viele Salben und Kräuterdestillate wurden in der hauseigenen Apotheke selbst hergestellt.

Die Kleidung der Petersfrauen war einfach und einheitlich, die Kopfbedeckung zunächst noch Variationen unterworfen. In der Frühzeit trug man karierte Kopftücher (Abb. 229), später einen schwarzen Schleier. Um im Winter die strenge Kälte beim Chorgebet besser ertragen zu können, besaßen die Schwestern Pelzmäntel und Pelzhauben.

Als ein wahres Vergnügen mußte daher das warme Bad empfunden werden. Es fand, von der Priorin eigens zu genehmigen, offenbar unregelmäßig statt. Einmal im Monat war Aderlaßtag, was als Mittel zur Erhaltung der Gesundheit galt. Vielleicht ließen sich die Nonnen auch deshalb gern zur Ader, weil sie anschließend bessere Verpflegung (Fische und süßen Wein) erhielten und

auch im Garten spazierengehen durften. Täglich nach der Prim begab sich der Konvent in den Kapitelsaal, wo zunächst das Martyrologium des Tages verlesen und verschiedene Gebete gesprochen wurden, woran sich die Lesung und Erklärung der Ordensregel in lateinischer und deutscher Sprache anschloß.
Das Kapitel war aber auch der Ort, wo die Verfehlungen der Klosterschwestern zur Sprache kamen. Die Nonne, die gefehlt hatte, mußte sich kniend selbst anklagen und erhielt dann von der Priorin die Strafe zubemessen. Sie bestand entweder aus einem Verweis, im Entzug von Essen und Trinken, im Essen auf dem Boden oder in körperlicher Züchtigung. Diese nahm man *mit gueten gerten*, also mit Ruten, vor. Klagte sich eine Klosterfrau nicht selbst an, wurde sie von anderen auf ihre Verfehlungen hingewiesen. Außer diesem täglichen Kapitel fand wöchentlich ein eigenes Schuldkapitel statt, in dem sich alle der Reihe nach ihrer Vergehen während der vergangenen Woche anklagten.
Soweit das Leben in einem Benediktinerinnenkloster. In den Niederlassungen der Bettelorden waren die Lebensbedingungen noch härter. In einem Klarissenkloster gab es selbstverständlich auch kein Fleisch zu essen, aber das ganze Jahr über – nicht nur an Fasttagen – lediglich eine Mahlzeit täglich. Zu Weihnachten aß man zur Feier des Tages zweimal, auch konnten junge, kranke und schwächliche Schwestern von der Äbtissin vom strengen Fastengebot dispensiert werden.
Bei Gesprächen im Sprechzimmer mußten die Klosterfrauen hinter einem Vorhang verborgen bleiben und zwei Nonnen anwesend sein, bei Unterredungen durch das Sprechgitter mußte dieses mit einem Tuch verhüllt sein, und drei Schwestern hatten das Gespräch zu verfolgen; das Gesicht der sprechenden Nonne durfte nie zu sehen sein.
Wenigstens einmal wöchentlich sollte das Kapitel stattfinden, bei dem sich Äbtissin wie Schwestern selbst anklagen mußten. Wenn eine Nonne schwer gefehlt hatte, sollte sie zunächst zur Besserung aufgefordert werden; wenn das nichts half, mußte sie im Refektorium, auf dem Boden sitzend, so lange mit Wasser und Brot vorliebnehmen, bis sie sich besserte. Auch härtere Strafen konnten verhängt werden.
Das rauhe Klima in den Alpen führte zu verschiedenen Abänderungen der Ordensregel für österreichische Klöster. So durften die Klarissen in Judenburg Pelzkleidung, Mäntel und wollene Strümpfe tragen, mit Heu oder Spreu gefüllte Decken und Kissen verwenden und, sofern sie krank waren, sogar auf einem Strohsack schlafen.

Über das Leben im Judenburger Konvent gibt auch ein aus dem beginnenden 15. Jahrhundert stammendes *Ordinarium sand Claren ordens* Auskunft. Demnach wurde in diesem Kloster das Stundengebet bei Tag und Nacht verrichtet, das Stehen, Knien und Sitzen, das Neigen und Beugen, das Sprechen und Singen war dabei genau geregelt und mußte einstudiert werden. Zur Kommunion gingen die Schwestern paarweise, auch den Priester, der das Sakrament zu einer kranken Mitschwester brachte, begleiteten zwei Nonnen mit brennenden Kerzen in den Händen. Vor dem Eintritt in das Refektorium mußten sich die Klosterfrauen waschen, nach dem Mittagessen durften sie sich im Sommer kurz ausruhen, mußten aber dabei – wie auch sonst – das Schweigegebot beachten. Fünfzehnmal im Jahr wurden ihnen die Haare geschnitten.

In den klösterlichen Gemeinschaften spiegelte sich das ständische Denken des Mittelalters wider. Meist gab es eine strenge Trennung zwischen adeligen und nichtadeligen Klosterschwestern. Sie führte in den beschaulichen Orden auch zu einer Arbeitsteilung. Während die gebildeten Chorschwestern das lateinische Chorgebet verrichteten, erledigten die Laienschwestern die körperliche Arbeit.

Im Klarissenorden kam diese Zweiteilung besonders kraß zum Ausdruck, es gab Herrinnen *(dominae)* und Dienerinnen *(servientes)*. Die dienenden Schwestern beteten statt des Stundengebetes unterschiedlich viele *Vaterunser*, sie machten keine feierliche Profeß, ihr Fasten war aber aus verständlichen Gründen weniger hart, auch durften sie – zumindest in Judenburg – statt der ordensüblichen Sandalen Schuhe tragen. Analog dazu verlief das Leben der Laienschwestern in den übrigen Orden.

Der Eintritt in ein Kloster erfolgte im Mittelalter oft bereits im Kindesalter. Die von ihren Eltern übergebenen Mädchen mußten daher, sofern es sich um künftige Chorschwestern handelte, entsprechend erzogen und unterrichtet werden. Der Unterricht erfolgte in größeren Konventen getrennt von den weltlichen Schülerinnen, ansonsten gemeinsam. Gelehrt wurden Lesen und teilweise auch Schreiben, die lateinische Sprache sowie Fächer des Triviums. Vom Bildungsstand der Klosterfrauen sollte man sich allerdings keine allzu hohe Vorstellung machen. Im Jahr 1418 konnte beispielsweise von den 14 Nonnen des adeligen Stiftes Göß keine einzige schreiben. Die Beschäftigung in den beschaulichen Orden war auf geistliche Lektüre und Betrachtung ausgelegt, nicht auf kreative Eigenproduktion. Andererseits gab es in Frauenklöstern auch tüchtige Schreiberinnen, die Handschriften und liturgische Bücher abschrieben. Das Schreiben und Zeichnen

mit spitzem Gänsekiel auf rauhem Pergament war Schwerarbeit und erforderte viel Geduld und Können (Abb. 230).
Sobald sich ein Mädchen – eintretende Witwen waren eher selten – für den Ordensberuf entschieden hatte, wurde es als Novizin eingekleidet und von der Novizenmeisterin in das Klosterleben eingeführt. War der Konvent mit ihrem Eintritt einverstanden, konnte die Novizin zunächst die einfachen sowie nach einer bestimmten Zeit die ewigen Gelübde ablegen, wodurch sie sich lebenslang an das jeweilige Kloster band *(stabilitas loci)*. Im Mittelalter war die Profeß im Alter von etwa 14 Jahren durchaus üblich, weil Mädchen zu diesem Zeitpunkt bereits als Erwachsene angesehen wurden. Dagegen war die Annahme eines Klosternamens kein allgemeiner Brauch.
Im klösterlichen Alltag wurden die verschiedenen Aufgabenbereiche auf die einzelnen Schwestern aufgeteilt, wer sich bewährte, konnte in der Klosterhierarchie aufsteigen. An der Spitze der Stufenleiter stand die Äbtissin (Priorin). Das Amt einer Klostervorsteherin war sehr verantwortungsvoll. Sie mußte nicht nur den weiblichen Konvent leiten, sondern auch die Aufsicht über das weltliche, teils männliche Dienstpersonal führen und mit der Außenwelt in Verbindung treten. Sie sollte sich als umsichtige Wirtschafterin bewähren, den oft ausgedehnten Klosterbesitz in Ordnung halten und sich den Untertanen als gerechte Herrin präsentieren. Sie hatte dabei vielfach mit Männern zu tun, wählte Beichtväter und Kapläne aus, bestellte den Schaffer zur Verwaltung des Klostergutes, den Anwalt zur Wahrung der klösterlichen Rechte. Wenn man bedenkt, daß manch künftige Äbtissin oder Priorin bereits im Kindesalter ins Kloster kam und seit dieser Zeit sorgsam von der Außenwelt abgeschirmt wurde, kann man die Leistungen dieser Vorsteherinnen erst richtig einschätzen.
Allerdings konnte die relative Freizügigkeit einer Klosterleiterin auch gefährlich werden. So kam die Äbtissin Agnes von St. Georgen am Längsee zu Beginn des 15. Jahrhunderts wegen allzu freier Lebensführung und der Verschwendung von Klostergut öffentlich in Verruf, worauf der Salzburger Erzbischof sie absetzen ließ. Gnädiger verfuhren die kirchlichen Autoritäten, wenn eine Verfehlung nicht öffentlich ruchbar wurde. So wurde die etwa 30jährige Dorothea von Laiming, Äbtissin von Frauenchiemsee, deren Verhältnis mit ihrem Kaplan nicht ohne Folgen geblieben war, 1427/28 sowohl vom Papst wie auch vom Salzburger Erzbischof absolviert und dispensiert; zu ihrer Verwandtschaft gehörten allerdings ein kurz zuvor verstorbener Landeshauptmann von Salzburg und ein künftiger Bischof von Passau.
Seitdem Adel und Bürgertum die Institution Kloster als Versor-

Abb. 230 *Das von Seckauer Chorfrauen um 1150 geschriebene Nonnenbrevier enthält u. a. eine Federzeichnung mit einer der ältesten Darstellungen namentlich genannter Frauen in Österreich: Richinza von Perg (rechts), deren Heiratsgut zur Gründung des Seckauer Doppelklosters mitverwendet wurde, und Kunigunde (links), vermutlich die erste Vorsteherin des Frauenkonvents.*
Graz, UB, Ms. 286, fol. 62v.

gungsanstalt für ihre Töchter erkannten, wurde es üblich, daß die neu Eintretenden eine Mitgift mitbringen mußten. Neben Grundstücken, Renten und Bargeld war auch Schmuck in den Klöstern sehr willkommen, weil er verkauft, getauscht oder zu Klosterschmuck umgearbeitet werden konnte. Besorgte Eltern wollten ihren Töchtern aber vielfach das entbehrungsreiche Klosterdasein erträglicher machen, indem sie ihnen Geldrenten zur Aufbesserung ihrer Kost oder Kleidung aussetzten. Auch Erbschaften konnten von Klosterschwestern angenommen werden, so daß viele Nonnen über entsprechende Mittel verfügten, um sich nicht nur Kleinigkeiten wie Handarbeitsmaterial oder Süßigkeiten zu kaufen, sondern auch Seelgerätstiftungen zu finanzieren. Auf diese Weise wurde das strenge Armutsgebot zunehmend durchlöchert.

Weitere Regelabweichungen wurden im Lauf der Zeit üblich. Dem Wunsch nach einer Privatsphäre entsprach die Einrichtung von Zellen, dem Verlangen nach mehr Behaglichkeit die Anschaffung von Federbetten und Leibwäsche aus Leinen. Diese humanere Auslegung der Regel wurde von den männlichen Visitatoren als »Verfallserscheinung« gerügt und die Rückkehr zur alten Disziplin gefordert. Der Ruf nach der ursprünglichen Lebensweise, also nach Reform, wurde im Spätmittelalter auch in Österreich vielfach erhoben.

Doch statt der Reform kam die Reformation. Sie stürzte die Klöster in eine existentielle Krise. Martin Luther wandte sich nicht nur gegen Mißstände im Ordensleben, sondern das Klosterwesen an sich, da es in der Bibel nicht vorkam. Er sprach ihm auch die Sinnhaftigkeit ab, weil der Mensch nicht durch seine noch so zahlreich angehäuften Verdienste, sondern allein durch den Glauben an Christus gerettet werde. Nicht nur Mönche, auch Nonnen nahmen diese Botschaft freudig auf, die österreichischen Frauenklöster begannen sich zu leeren. Aus einer im Jahr 1563 erstellten Statistik ist ersichtlich, daß die Konvente in Nieder- und Oberösterreich, Steiermark und Kärnten nur mehr von ein bis zehn Schwestern bewohnt waren, lediglich in Göß gab es 24 Nonnen (Abb. 231).

Erst die Gegenreformation brachte das Klosterwesen wieder in die Höhe. Es wurden neue Klöster gegründet oder Orden, die bislang in Österreich nicht vertreten waren, ins Land geholt. 1582 gründete Königinwitwe Elisabeth ein Klarissenkloster in Wien (Königinkloster), 1602 die verwitwete Erzherzogin Maria von Bayern einen Konvent in Graz. Ebenfalls als Witwe errichtete Erzherzogin Anna Katharina Gonzaga in Innsbruck für die Servitinnen das *Versperrte Kloster* (1612) und für deren dritten Orden das *Regelhaus* (1613), in das sie selbst mit ihrer unverheirateten Tochter eintrat.

Für die Karmelitinnen stiftete Kaiserin Eleonore 1629 einen Konvent in Wien (Siebenbücherinnen) und 1643 ein Kloster in Graz, 1667 gründete die Kaiserinwitwe Eleonore eine Niederlassung in Wiener Neustadt. 1637 erhielten die Dominikanerinnen ein Kloster in Altenstadt bei Feldkirch.

Auch neue Orden faßten in Österreich Fuß, ins Land geholt vielfach ebenfalls von Herrscherinnen. So gründete die aus Italien stammende Kaiserin Eleonore Gonzaga 1646 ein Kloster der Cölestinerinnen in Steyr, ihre Cousine Eleonore Gonzaga-Nevers holte 1660 die Ursulinen nach Wien, weitere Konvente in Klagenfurt, Linz, Graz, Salzburg und Innsbruck folgten. Ebenfalls zur Erweiterung des schulischen Angebots für die weibliche Jugend

gründete Kaiserinwitwe Amalia 1717 einen Salesianerinnenkonvent in Wien. Zu Ende des 17. Jahrhunderts kam schließlich auch der Krankenpflegeorden der Elisabethinen nach Österreich, der Niederlassungen in Graz, Wien, Klagenfurt und Linz errichtete. Die Neuzeit brachte einen neuen Typ klösterlichen Zusammenlebens hervor, die Kongregationen. Sie wandten sich speziellen Aufgabenstellungen zu, ihre Mitglieder hatten daher nur eine einfache Klausur und legten lediglich einfache Gelübde ab; auch ihre Gebetsverpflichtung war, von Ausnahmen abgesehen, geringer als in den alten Orden. Die weiblichen Kongregationen verbreiteten sich in Österreich rasch und in vielfachen Variationen. Sie widmeten sich besonders der Erziehung der Mädchen, der Krankenpflege, sozialen Aufgaben. Sie betreuten Armen- und Waisenhäuser, Greisenasyle, Kinderbewahranstalten und Kindergärten, Dienstbotenheime, Taubstummen-, Blinden-, Irren- und sog. Idiotenanstalten. Durch diese karitative Tätigkeit haben sie sich ohne Zweifel große Verdienste erworben.
Seit der Gegenreformation, verstärkt aber im Zeitalter des aufgeklärten Absolutismus, griff der Staat in kirchliche und damit auch klösterliche Belange ein. Als oberster Vogt der Kirche sah der katholische Landesfürst die Kirchenaufsicht nicht nur als sein Recht, sondern sogar als seine Pflicht an. Auch Maria Theresia nahm als *suprema advocata ecclesiae* dieses Aufsichtsrecht für sich in Anspruch. 1769 verbot sie die Klosterkerker – diese dienten vielfach zur Verwahrung geisteskranker oder psychisch

Abb. 231
Lienhard Astl (Werkstatt): Schreinretabel (um 1520/25) aus Dietmannsdorf (Obersteiermark). Auf der Predella unbekannte Stifterfamilie, die fünf Töchter zu versorgen hatte. Im Zeitalter der Reformation war der Gang ins Kloster nicht mehr allgemein üblich.
Graz, Joanneum, Alte Galerie, IN 424.

erkrankter Ordensmitglieder –, schränkte fromme Legate an die Klöster ein und erschwerte die Errichtung neuer Niederlassungen. Nachdem bereits das Trienter Konzil für die Ablegung der ewigen Profeß das vollendete 16. Lebensjahr festgesetzt hatte, verordnete die Kaiserin am 17. Oktober 1770, daß niemand vor Vollendung des 24. Lebensjahres – also vor Erreichung der Volljährigkeit – bindende Gelübde ablegen dürfe. Am 26. August 1771 folgte die Anweisung, daß die Mitgift beim Eintritt in ein Kloster 1500 Gulden nicht überschreiten und auch nur Mobilien umfassen dürfe.

Unter Joseph II. kamen Rationalismus und Nützlichkeitserwägungen voll zum Durchbruch. Der Zeitgeist der Aufklärung stieß sich daran, daß die Arbeitskraft der hinter Klostermauern lebenden Menschen nur beschränkt für die Allgemeinheit genutzt wurde und das klösterliche Vermögen der Volkswirtschaft entzogen war. Aus einem geringfügigen Anlaß – einige Kartäuser aus Mauerbach hatten sich bei den Behörden über die Mißwirtschaft in ihrem Kloster beschwert – kam 1781 eine Lawine ins Rollen, die vielen österreichischen Klöstern zum Verhängnis wurde. Der Kaiser fand, daß *diejenigen Orden, die dem Nächsten ganz und gar unnütz sind, nicht Gott gefällig sein können*. Er ließ daher mit Dekret vom 12. Januar 1782 die in den österreichischen Erblanden liegenden Klöster der Karmelitinnen und Klarissen aufheben, anschließend verfielen die Konvente der Dominikanerinnen, Benediktinerinnen und Cölestinerinnen *als für den Staat und den Nächsten unnütz* der Aufhebung. Das Vermögen der aufgehobenen Klöster wurde eingezogen und im Religionsfonds anderen kirchlichen Verwendungszwecken zugeführt. Die entlassenen Nonnen erhielten Pensionen und zogen sich meist zu ihren Verwandten zurück. Von den einst in Österreich befindlichen über 30 Frauenklöstern der beschaulichen Orden haben nur vier – Altenstadt, Bludenz und Lienz (Dominikanerinnen) sowie Nonnberg in Salzburg (Benediktinerinnen) – diesen »Klostersturm« überstanden.

Abb. 232 *Giuseppe Arcimboldo: Erzherzogin Magdalena (ca. 1557).*
Innsbruck, Schloß Ambras (KHM, IN 4510).

Ebenfalls der josephinischen Aufhebung verfiel eine klosterähnliche Gemeinschaft, die als habsburgische Stiftung begonnen hatte, das Haller Damenstift. Drei Töchter Ferdinands I., nämlich Magdalena (geb. 1532) (Abb. 232), Margarete (geb. 1536) und Helena (geb. 1543), wollten unverheiratet bleiben und ein gottgeweihtes Leben führen. Allerdings nicht in einem Kloster, wo sie der Gehorsamspflicht unterlagen, sondern in selbstgewählter Abgeschiedenheit und unter geistlicher Führung der Jesuiten.

Der kaiserliche Vater gab nur zögernd seine Zustimmung. Auf der

Suche nach einem passenden Ort für ihr zurückgezogenes Dasein entschieden sich die seit ihrer Jugend am Innsbrucker Hof lebenden Erzherzoginnen für das nahe Städtchen Hall. 1566 legte ihr Bruder, Erzherzog Ferdinand II., hier den Grundstein für ein entsprechendes Gebäude, auch mit dem Bau einer Stiftskirche sowie eines Kollegs für die Gesellschaft Jesu wurde begonnen.
Noch bevor die drei Fürstinnen (Abb. 233–235) in das Stiftsgebäude einziehen konnten, starb Margarete (1567). Die beiden anderen Schwestern bezogen das Haus 1569 gemeinsam mit dreien ihrer bisherigen Kammerjungfrauen, zwei Kammerdienerinnen, einem getauften türkischen Mädchen sowie zwei Dienstbotinnen (Köchin und Dienerin).
Die Haller Gemeinschaft, die bald durch mehrere gleichgesinnte Jungfrauen und Witwen vermehrt wurde, stand unter dem Kommando der tatkräftigen Erzherzogin Magdalena, besonders nach

Abb. 233 *Francesco Terzio: Erzherzogin Magdalena, in Trauerkleidung nach dem Tod ihres Vaters Ferdinand I. (1564). Das Trauergewand wurde zur Tracht der Haller Stiftsdamen.*
Innsbruck, Schloß Ambras (KHM, IN 8042).

Abb. 234 *Francesco Terzio: Erzherzogin Margarete in Trauerkleidung (ca. 1564).*
Wien, KHM, IN 8040.

Abb. 235 *Francesco Terzio: Erzherzogin Helena in Trauerkleidung (ca. 1564).*
Wien, KHM, IN 8050.

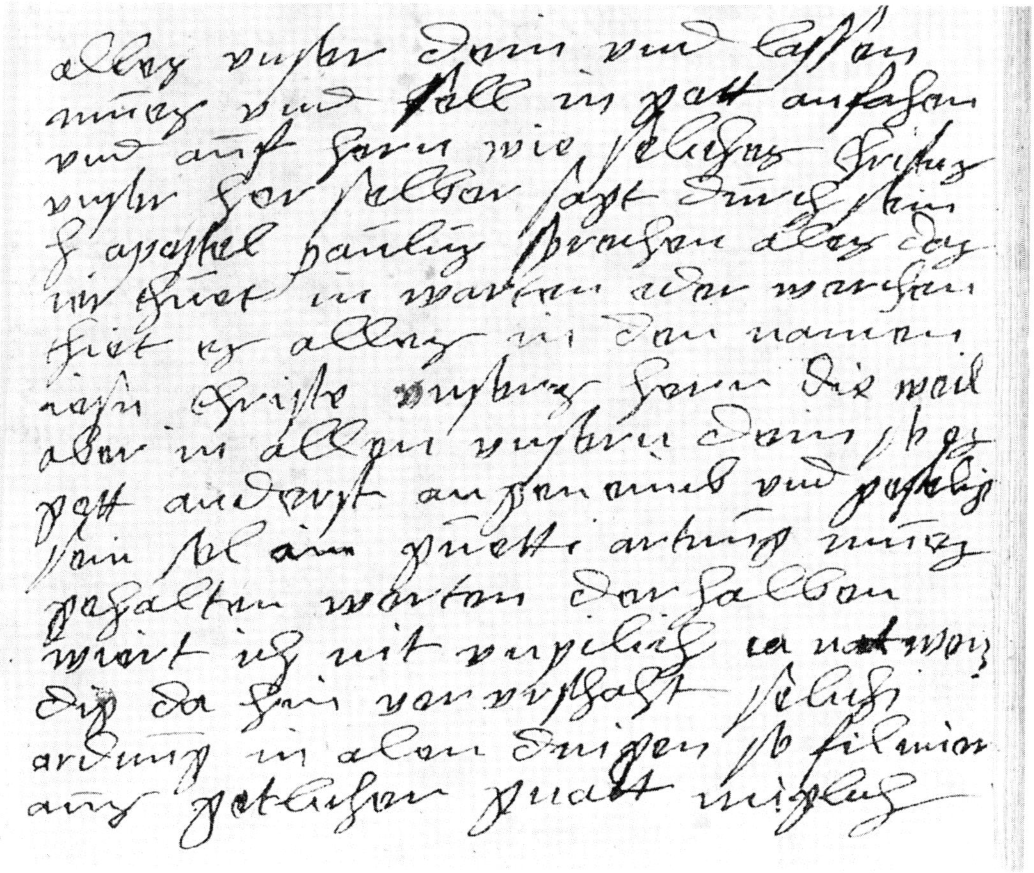

Abb. 236 *Anfang des Statutenbuchs des Haller Damenstifts, bis 1588 von Erzherzogin Magdalena eigenhändig geschrieben.*

Innsbruck, Landesmuseum Ferdinandeum, Bibl., F. B. 1964, S. 17.

dem frühen Tod ihrer Schwester Helena (gest. 1574). Sie kümmerte sich um das leibliche und geistliche Wohl aller, kaufte Grundstücke, legte einen großen Garten an, erwarb einen Ansitz zur Erholung; aus der Schweiz ließ sie bestes Vieh samt Sennern auf die von ihr gekauften Almen kommen. Ohne Stolz erledigte sie Haus- und Gartenarbeiten, werkte in der Küche und war niemals müßig. Daneben führte sie noch ein intensives religiöses Leben.

Als sich abzuzeichnen begann, daß die Gemeinschaft auch nach ihrem Tod Bestand haben würde, verfaßte Magdalena Statuten (Abb. 236). Aus ihnen ist der Tagesablauf im Damenstift gut zu erkennen. Vorrang hatte die Beschäftigung mit der Religion. Die Insassen sollten morgens, nachmittags und abends Gebetszeiten halten, täglich drei Messen besuchen, an Sonn- und Feiertagen zusätzlich das Hochamt. Das Leben im Stift war als Gemeinschaftsleben konzipiert, die Stiftsdamen mußten nach Möglich-

keit alle Hausarbeiten selbst erledigen und den Kontakt zur Außenwelt auf das Mindestmaß einschränken. Das Essen sollte gut, aber nicht üppig sein, es gab zwei Mahlzeiten täglich – das Frühmahl am Vormittag, das Nachtmahl um 5 Uhr nachmittag –, nur alte und schwache Frauen konnten eine Morgensuppe erhalten. Für den Eintritt in die Gemeinschaft war keine Mitgift erforderlich, sie wurde aber auch nicht verboten. Die Aufnahme sollte nicht vor dem 16. Lebensjahr erfolgen, nach einer einjährigen Probezeit hatte die Kandidatin in die Hände der Oberin ein Keuschheitsgelübde abzulegen, danach wurden ihr die Haare geschnitten und die Einkleidung vorgenommen.
Noch zu Lebzeiten der Stifterin traten 24 Frauen in die Gemeinschaft ein. Auch nach ihrem Tod – sie starb 1590 – florierte die Stiftung. 1607 wurde der Eintritt der beiden Nichten der Stifterin, der Erzherzoginnen Maria Christierna und Eleonore aus Graz, als großes Familienfest gefeiert. Sie vermehrten durch ihre hohe Mitgift nicht nur das Stiftsvermögen, sondern ließen auch eine eigene Kirche für die Jesuiten erbauen.
Die Oberin des Haller Damenstifts war stets adelig, die Insassen vielfach nicht; von den insgesamt 263 Stiftsdamen entstammten 87 dem Bürgertum. Als die Gemeinschaft 1783 aufgehoben wurde, befanden sich 42 Frauen im Stift, sie wurden mit Pensionen entlassen, lebten aber großteils weiterhin gemeinschaftlich.
Im 19. Jahrhundert entstanden wieder neue Niederlassungen beschaulicher Orden, die bis heute bestehen. Stellvertretend für alle sei das Kloster der Karmelitinnen in Mayerling genannt, das Franz Joseph 1889 als Sühnestiftung für seinen Sohn Rudolf, der in diesem Jagdschloß Mord und Selbstmord begangen hatte, gründete.

Was blieb vom Leben und Wirken all der Klosterfrauen über die Jahrhunderte hinweg? Viele Grabsteine, die für die Vorsteherinnen, nicht aber die Masse der Klosterinsassen errichtet wurden, Kunstwerke an Ort und Stelle oder in Museen, auch Bauten, mit denen der Name tüchtiger Äbtissinnen verknüpft ist. Wer in ein Kloster eintrat, sollte irdisches Sinnen und Trachten ablegen, sich nicht um seinen Nachruhm kümmern. Trotzdem stammt das vermutlich älteste weibliche Stifterbild der österreichischen Geschichte von einer Klosterfrau: Äbtissin Kunigunde II. von Göß (ca. 1231–1266) stickte gemeinsam mit ihren adeligen Nonnen liturgische Gewänder sowie Ausstattungsgegenstände und verewigte sich darauf bildlich.
Der sog. Gösser Ornat, der nur einmal jährlich verwendet wurde und daher verhältnismäßig gut erhalten geblieben ist, gilt wegen

Abb. 237 *Sog. Gösser Ornat, Pluviale: Äbtissin Kunigunde II. als Stifterin unter dem Marienmedaillon, Detail (Mitte 13. Jh.). Die Hakenkreuze galten als heilbringendes Symbol.*
Wien, Österreichisches Museum für angewandte Kunst, IN T 6903.

seiner anspruchsvollen Symbolik und handwerklichen Fertigkeit als ein romanisches Kunstwerk ersten Ranges. Er wurde 1873 auf der Wiener Weltausstellung gezeigt und befindet sich seit 1908 im *Museum für angewandte Kunst* in Wien. Auf dem Pluviale kniet unter dem Marienmedaillon – die Gottesmutter ist recht freizügig als *Maria lactans* dargestellt – die Stifterin mit betend erhobenen Händen (Abb. 237). Das Stifterbild war ursprünglich Teil der Glockenkasel und wurde erst nachträglich in das Pluviale eingesetzt, die Inschrift ist daher nur noch teilweise zu sehen: *CHVNEGUNDIS ABAT(ISSA)*. Auch auf dem Antependium deklarierte sich die Äbtissin selbstbewußt als Schöpferin dieses Meisterwerks: *CHUNEG(UNDIS) ABBA(TISSA) ME FEC(IT).* Mit diesem Glanzstück mittelalterlicher Stickkunst kann sich ein schlichtes Legendar aus dem ehemaligen Klarissenkloster in Judenburg natürlich nicht messen. Dennoch stellt auch dieses kleine Büchlein eine Rarität dar, denn es dürfte sich um das einzige erhaltene Werk handeln, das nachweislich auf eine einfache, wenngleich adelige Nonne zurückgeht. Sie lebte mehr als hundert Jahre nach der Gösser Äbtissin, aus Urkunden ist einiges über sie bekannt:

Anna von Goldegg trat gemeinsam mit ihrer Schwester Ursula 1364 in den Judenburger Konvent ein, ihre männlichen Verwand-

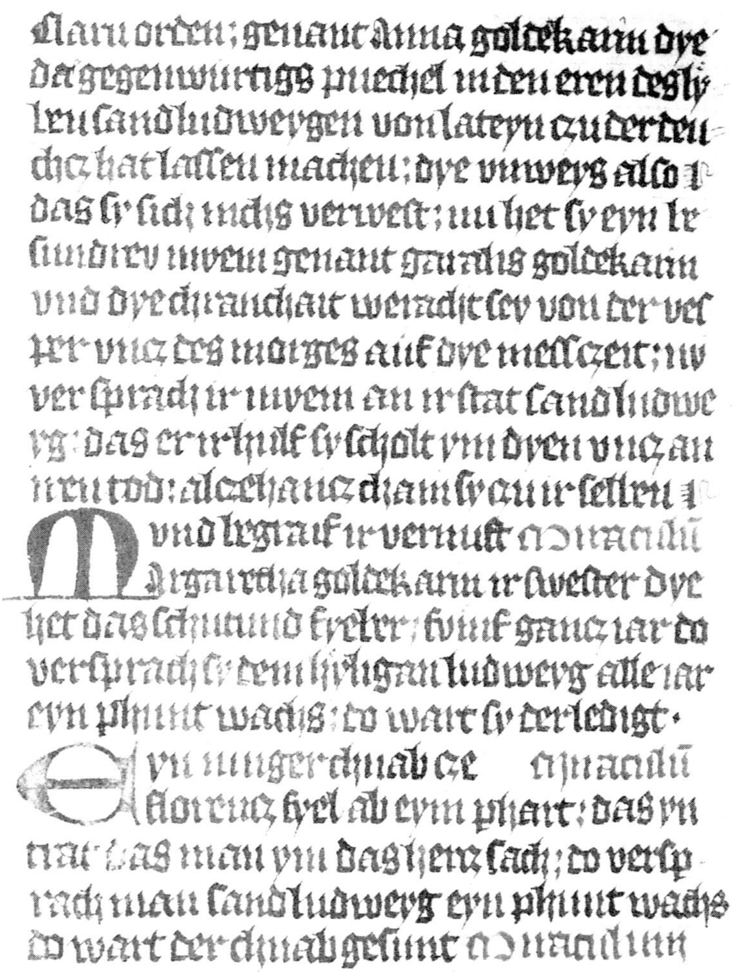

Abb. 238 *Lebensbeschreibung des hl. Ludwig, ins Deutsche übersetzt auf Veranlassung von Anna von Goldegg (um 1400).*
Graz, UB, Ms. 1620, fol. 12v.

ten übergaben dem Kloster aus diesem Anlaß als Mitgift eine Mühle und ein Gut. Mit gleichem Datum (4. November 1364) besserten sie auch die Pfründe ihrer beiden Muhmen auf, indem sie ihnen zwei Güter zu lebenslangem Fruchtgenuß überließen. 1393 kaufte Anna einen Acker, 1401 eine Wiese. Damit stiftete sie 1406 für sich und ihre bereits 1361 eingetretene Schwester Margarete – Ursula dürfte inzwischen verstorben sein – einen aufwendigen Jahrtag, der alljährlich am achten Tag nach der Translation des hl. Ludwig gehalten werden sollte.

Die Verehrung dieses 1317 heiliggesprochenen Königssohnes, der als ältester Sohn Karls II. von Neapel auf die Nachfolge verzichtete, in den Franziskanerorden eintrat, Bischof von Toulouse wurde und 1297 starb, lag Anna von Goldegg offenbar sehr am Herzen. Sie ließ eine lateinisch geschriebene Lebensgeschichte ins Deutsche übersetzen *(Hye hebt sich an dye hystori von sand Ludweyg ...)* und fügte zum Schluß – ebenfalls wohl nicht selbst – Wunder aus ihrer engeren österreichischen Heimat hinzu. Dabei nannte sie ihren Namen: *Eyn closterfrav cze Judenburk sand Clara orden, genant Anna Goldekarin dye das gegenwürtigs puechel in den eren des lyben sand Ludweygen von lateyn czu der deuchcz hat lassen machen ...* (Abb. 238). Zwei Wundertaten betrafen Goldeggerinnen, die letzte berichtete von einer Magd *(dyern)* der Judenburger Klosterfrauen, die über den hl. Ludwig spottete. Als sie sich einen Fuß brach und dem Heiligen 32 Paternoster in 32 Tagen gelobte, wurde ihr Fuß gesund *(do ward ir wider ir fues)* – ein offenkundiger Beweis für das Wirken dieses Heiligen im Kloster selbst.

Das Legendenbuch wurde noch im 17. Jahrhundert im Judenburger Kloster gelesen und hielt so die Erinnerung an Anna von Goldegg, die mindestens 42 Jahre hinter seinen Mauern, aber doch nicht ohne Kunde von der Außenwelt, verbracht hatte, wach.

Die Unangepaßte

Gegen den Strom zu schwimmen, ist anstrengend. Alternative Meinungen zu vertreten, kann gefährlich, unter Umständen sogar lebensgefährlich sein. Diese Erfahrung mußten auch Österreicherinnen machen, die sich den geltenden Normen nicht anpassen wollten. Staat und Kirche ließen Abweichungen vom vorgegebenen Verhalten meist nicht ungestraft, sondern suchten durch Repressalien Umkehr und Wiedereingliederung zu erzwingen. Auflehnung gegen gesellschaftliche Zwänge wurde zwar weniger rigoros verfolgt, trug den Verfechterinnen einer nonkonformistischen Lebensweise aber oft genug Spott und Hohn ein.
Die Ablehnung herrschender Vorstellungen und sanktionierter Normen manifestierte sich in Österreich zuerst auf religiösem Gebiet. Seit dem 13. Jahrhundert entdeckte man zunächst vereinzelte, später größere Gruppierungen von Ketzern, die von der verbindlich vorgeschriebenen christlichen Lehre mehr oder weniger abwichen. Zwei Sekten fanden den größten Zulauf, die Katharer – davon kommt das Wort Ketzer – und die Waldenser. Beide Häresien waren Ende des 12. Jahrhunderts entstanden und fanden großen Anklang in der Bevölkerung. Trotz unterschiedlicher Auffassungen im Detail hatten sie einiges gemeinsam: Sie waren Laienbewegungen, propagierten ein Leben streng nach dem Evangelium und der Apostelgeschichte, wandten sich gegen die verweltlichte und herrschende Kirche sowie den privilegierten Klerikerstand und die Amtshierarchie.
Sowohl die Katharer (»Reinen«), die sich selbst als die Seelen der gefallenen Engel betrachteten, wie auch die Waldenser – deren Gründer Waldes ein reicher Kaufmann aus Lyon war, der seinen Reichtum freiwillig aufgegeben hatte, um in apostolischer Armut zu leben – sprachen mit ihren Ideen auch Frauen an. Männer und Frauen betrieben gemeinsam intensives Bibelstudium in der Volkssprache, man lernte die Heilige Schrift auswendig und ver-

glich die Zustände in der Urkirche mit der Situation der Gegenwart. Frauen waren dabei nahezu gleichberechtigt, sie durften predigen und die Wandlung beim Abendmahl vornehmen, was in der Amtskirche alleiniges Vorrecht der Priester war.

Die in ihrer Existenz bedrohte Kirche mußte auf diese Angriffe natürlich reagieren. Auf dem 3. Laterankonzil (1179) wurden die Fürsten und alle Christen insgesamt aufgefordert, gegen Häretiker vorzugehen; da Ketzerei zum Majestätsverbrechen erklärt wurde, sollten die Güter der Häretiker konfisziert werden, was als Anreiz für ihre Verfolgung gedacht war.

In den folgenden Jahren wurde die Ketzergesetzgebung immer eingehender geregelt. Kaiser Friedrich II. übernahm in seinem Ketzergesetz von 1220 die Gleichsetzung von Ketzerei und Majestätsverbrechen und führte damit die Todesstrafe für Häresie auch im weltlichen Recht ein. Durch das Reichsgesetz von 1232 wurde die Todesstrafe für Ketzer im gesamten Reichsgebiet verbindlich vorgeschrieben und das Verfahren genau geregelt. Die Ketzer sollten aufgespürt, von der Kirche in Gewahrsam genommen und abgeurteilt werden, worauf der weltliche Arm für ihre Verbrennung zu sorgen hatte; Appellationen von diesen Ketzergerichten waren nicht vorgesehen, die Häuser der Häretiker sollten dem Erdboden gleichgemacht werden. Die Ketzerbulle *Ad extirpanda* vom 15. Mai 1252 befahl die Anwendung der Folter, um die gefangengenommenen Häresieverdächtigen zum Geständnis und zur Preisgabe weiterer Sektenanhänger zu veranlassen; die Tortur sollte aber »nur« soweit angewendet werden, daß dem Delinquenten nicht die Gliedmaßen zertrümmert wurden und er in Lebensgefahr geriet.

Am 15. Juni 1254 verkündete der Papst öffentlich das Anathem über alle Ketzer – namentlich aufgeführt wurden Katharer, Patarener, Waldenser, Passagier, Josseppiner, Arnaldisten und Speronisten – und rief die gegen Häretiker geltenden Strafen in Erinnerung: Der von der Kirche verurteilte Ketzer wird der weltlichen Obrigkeit zur Hinrichtung übergeben, wer sich bekehrt, wird mit ewigem Kerker bestraft; Begünstiger von Häretikern verfallen der Exkommunikation, wenn sie sich nicht innerhalb eines Jahres vom Verdacht der Anhängerschaft lösen, werden sie ebenfalls als Ketzer verurteilt. Alle Gläubigen sind verpflichtet, häresieverdächtige Personen den Inquisitoren – vor allem aus dem Dominikanerorden – zu melden. Und schließlich: Öffentliches oder privates Diskutieren über Glaubensdinge ist Laien streng verboten. Seit der Mitte des 13. Jahrhunderts mußte also jeder, der gegen diese Gesetze verstieß, mit harten Sanktionen der kirchlichen und weltlichen Obrigkeit rechnen.

Nachdem bereits die ersten in Österreich entdeckten Ketzer – wahrscheinlich Patarener – 1210 auf qualvolle Weise getötet worden waren, fand 1266 ein Inquisitionsverfahren statt, das ergab, daß in 42 nieder- und oberösterreichischen Orten Ketzer – vermutlich Waldenser – lebten. Sie besaßen hier sogar mehrere Ausbildungsstätten, in denen sie zusammenkamen, religiösen Unterricht erteilten und Zeremonien vollzogen. Da die Häretiker ihre Versammlungen in privaten Häusern abhielten, dürften sich unter den aufgespürten Ketzern auch Frauen befunden haben.

Erst die nächste Ketzerinquisition überliefert den Namen einer Frau: Von 1311 bis 1315 fanden in Ober- und Niederösterreich Gerichtsverfahren gegen Häretiker statt, wobei 1315 in Krems auch eine Frau namens Gisela *(quedam mulier Gysla nomine)* auf der Folter einvernommen wurde. Dabei stellte ihr der Inquisitor die an sich indiskrete, aber auf den ersten Blick nicht gefährlich erscheinende Frage, ob sie Jungfrau sei. Ihre Antwort lautete: *Super terram virgo sum, sub terra vero non* – über der Erde bin ich Jungfrau, unter der Erde nicht. Diese Aussage wurde als Ketzerei gewertet und Gisela den Flammen übergeben.

Die erste namentlich bekannte Häretikerin Österreichs dürfte somit eine Anhängerin der Sekte des freien Geistes gewesen sein. Diese Häretikergruppe, der zu Beginn des 14. Jahrhunderts auch viele Beginen in Deutschland anhingen, war 1311 auf dem Konzil von Vienne verurteilt worden, was zur Auflösung vieler Beginenhäuser führte.

Auch für das Jahr 1327 erwähnt der Kärntner Historiograph Johann von Viktring Anhänger dieser Häresie, wonach man unter der Erde nicht sündigen könne; viele Ketzer beiderlei Geschlechts seien damals verbrannt worden.

Gegen Ende des 14. Jahrhunderts wurden rund um Steyr zahlreiche Waldenser(innen) aufgespürt und zu demütigenden Kirchenbußen verurteilt. So mußte 1391 die 60jährige Witwe Els Feur aus Dambach lebenslang ein blaues Bußkreuz auf ihrer Kleidung tragen und an sieben aufeinanderfolgenden Sonntagen rund um die Kirche in Garsten gehen, wobei ein Priester sie tüchtig mit Ruten schlagen sollte; nach dem Eintritt in die Kirche hatte sie sich rücklings auf die Schwelle zu legen, um von den Kirchgängern mit Füßen getreten zu werden, bis der Geistliche ihr das Zeichen zum Aufstehen gab. Eine weitere Witwe namens Geisel von Lueg sollte das Bußkreuz 20 Jahre tragen und beim einmaligen Kirchenumgang vom Pfarrer gezüchtigt werden. 1397/98 wurden in Steyr über 100 Waldenser(innen), unter ihnen auch Els Feur, verbrannt sowie andere Sektenanhänger(innen) zum Tragen des Bußkreuzes verurteilt, die genaue Zahl ist unbekannt. Bekannt sind dagegen die Namen von drei Waldenserinnen, die am 27. Februar 1401 im steirischen Hartberg zum Tod verurteilt wurden: Wendel, Witwe des Jakob Richter aus Unterrohr, ihre Schwester Els Porsteyner sowie Peters, Frau des Friedrich Reat *de Stangendorff.*

Ohne direkte Verbindung zu den mittelalterlichen Häretikern – sie waren unterdessen ausgerottet worden – flammte im 16. Jahrhundert die Ketzerei erneut auf. Wie einst führte auch diesmal die eingehende Beschäftigung mit der Bibel zur Abweichung von den kirchlicherseits vertretenen Lehrmeinungen. Von Geistlichen initiiert, erfaßte die religiöse Erneuerungsbewegung bald auch die Laien und nahm teilweise sozialreformerische Züge an. Die radikalste dieser Strömungen war das Täufertum.

Ausgehend von der grundlegenden Ansicht Luthers, wonach der Christ allein durch seinen Glauben *(sola fide)* gerettet werde, begannen einzelne Reformatoren an der Sinnhaftigkeit der Kindertaufe zu zweifeln, weil unmündige Kinder noch keine eigene Vorstellung vom Glauben haben könnten. In Zürich schritten Konrad Grebel und seine Gesinnungsfreunde 1525 zur Tat und tauften ihre Anhänger nochmals. Mit dieser Erwachsenentaufe sollte eine neue Gemeinschaft der Heiligen entstehen, die ihr Vorbild in der Urkirche sah und in ein direkteres Verhältnis zu Gott treten wollte.

Folgerichtig lehnten die Vertreter dieser Glaubensrichtung, die von ihren Gegnern »Wiedertäufer« genannt wurden, die traditionelle Kirche als alleinige Glaubens- und Gnadenvermittlerin ab und verwarfen deren Lehrsätze und Kult. Vor allem die übliche Form der Messe und die Transsubstantiation wurden abgelehnt, desgleichen das privilegierte Priestertum und die kirchliche Hierarchie; alle Gläubigen sollten gleich sein und nur die Heilige Schrift als Grundlage ihres Glaubens und Lebens anerkennen.

Mit der Bibel als Richtschnur – durch den Buchdruck wurde Luthers deutsche Übersetzung weit verbreitet – verurteilten die Wiedertäufer die bestehenden sozialen Unterschiede, verweigerten Eid und Kriegsdienst und gerieten dadurch auch in Konflikt mit der weltlichen Obrigkeit, die sich zugleich als Hüterin der überkommenen christlichen Ordnung sah. Die im Mittelalter erlassenen Ketzergesetze schufen die Möglichkeit, scharf gegen die Anhänger der neuen Sekte vorzugehen. Da die Bewegung zeitgleich mit den Bauernkriegen entstanden war, wurde sie von den Repräsentanten von Staat und Kirche als besonders gefährlich eingestuft.

Auch auf dem Gebiet des heutigen Österreich verbreitete sich die

Häresie rasch, die ersten Wiedertäufer sind 1526 in Tirol nachweisbar. König Ferdinand I. erließ daher am 20. August 1527 als Landesfürst ein Mandat gegen alle Ketzer, vornehmlich aber gegen die Wiedertäufer, in dem er die geltenden Sanktionen gegen Häretiker in Erinnerung rief und, nach Schwere des Delikts, folgende Strafen androhte: Tod durch Feuer, Schwert oder Wasser, Konfiskation der Güter, Niederbrennen der Häuser, Gefängnis, Landesverweisung. Das königliche Mandat wurde in großer Zahl in alle habsburgischen Erbländer verschickt und sollte zu jedem Quatember, also viermal im Jahr, in den Kirchen verlesen werden. In Salzburg, das damals noch ein eigenständiges Erzstift war, gewann die neue Lehre ebenfalls Anhänger, obwohl der Salzburger Landesherr, Kardinal Matthäus Lang, seinen Untertanen seit Oktober 1527 mehrfach verbot, sich *diser falschen bruederschafft und secten der widertauff* anzuschließen. Die von den Wiedertäufern gelebte religiöse Praxis sowie ihr Gemeinschaftsgefühl – sie bezeichneten sich als Brüder und Schwestern – zog viele an, die sich von der offiziellen Kirche und Gesellschaft vernachlässigt fühlten. Ende Oktober 1527 wurden in Salzburg bereits die ersten Anhänger der Sekte getötet.
Das Verfahren gegen die Wiedertäufer fand im traditionellen Rahmen eines Ketzerprozesses statt. Nach der Gefangennahme wurden sie mit oder ohne Folter einvernommen und einer intensiven religiösen Unterweisung unterzogen, um sie von ihrer Überzeugung abzubringen; außerdem suchte man von ihnen die Namen weiterer Anhänger zu erfahren, um auch gegen sie vorgehen zu können. Blieben die Gefangenen standhaft, wurden sie als hartnäckige Ketzer zum Tod verurteilt. Für Männer war der Tod auf dem Scheiterhaufen vorgesehen, der durch vorherige Enthauptung mit dem Schwert abgemildert wurde, wenn sie sich zu Beichte und Kommunion bewegen ließen; in diesem Fall konnten sie auch in geweihter Erde, also auf dem Friedhof, beigesetzt werden. Frauen erlitten den Tod durch Ertränken, anschließend wurde ihr Leichnam verbrannt. Feuer galt nicht nur als Prinzip der Reinigung, sondern vernichtete auch alle Überreste der Ketzerei; daher wurden die Häuser, in denen die Wiedertäufer ihre Versammlungen abhielten, gleichfalls niedergebrannt oder, wenn dies in dicht verbautem Siedlungsgebiet nicht möglich war, niedergerissen.
Um die weitere Ausbreitung der Sekte, die unterdessen in Österreich bereits auf mehrere tausend Mitglieder geschätzt wurde, zu verhindern, erließ Ferdinand I. 1528 mehrere Mandate. Darin sicherte er den Wiedertäufern, die sich freiwillig stellten und zum Widerruf bereit fanden, die Rückkehr in die kirchliche Gemein-

schaft zu. Die Buße war allerdings hart: Sie mußten an drei aufeinanderfolgenden Sonntagen in der Kirche während des Hochamts öffentlich widerrufen, die ihnen auferlegte kirchliche Buße annehmen und die Namen der ihnen bekannten Sektenmitglieder bekanntgeben; als weltliche Strafe wurden ihnen acht bis 14 Tage Gefängnis bei wenig Nahrung und gegen Kostenersatz *(bey ringer speyß und bezallung der atzung)* zubemessen.

Trotz aller Mandate und Verbote hielt der Zuzug zu den Wiedertäufern an. Seit 1528 gab es daher in Österreich zahlreiche Prozesse und Hinrichtungen. Vermutlich als erster wurde am 10. März 1528 der ehemalige Priester und anschließend einer der bedeutendsten Anführer der Sekte, Dr. Balthasar Hubmaier, in Wien verbrannt; er war von Mähren, wo er auf den Gütern der Herren von Liechtenstein die erste Gemeinschaftssiedlung der Wiedertäufer gegründet hatte, ausgeliefert worden. Kurz nach ihm wurde, ebenfalls in Wien, seine Frau ertränkt.

Die genaue Zahl der Toten, die den Verfolgungen der nächsten Jahre und Jahrzehnte zum Opfer fielen, ist nicht bekannt. Die Wiedertäufer selbst erwähnen 581 Märtyrer ihres Glaubens auf heute österreichischem Territorium, die Innsbrucker Regierung gab 1530 in einem Schreiben an Ferdinand I. an, daß in ihrem Land (also Tirol einschließlich Südtirol) bis zu diesem Zeitpunkt ungefähr 200 Sektenanhänger *(manns- und weybspersonen)* hingerichtet worden seien; viele habe man des Landes verwiesen, noch mehr seien *in das ellend* geflohen.

Das Täufertum zog auch viele Frauen in seinen Bann. Da die Wiedertäufer ihr Leben nach den Gegebenheiten der Urkirche ausrichteten, waren weibliche Aktivitäten im religiösen Bereich durchaus möglich. Frauen hatten daher einen nicht geringen Anteil an der Verbreitung der Sekte. Sie begleiteten die Verkünder der neuen Lehre auf ihren oft gefährlichen Wegen, nahmen am Abendmahl, das als Gedächtnisfeier mit Brot und Wein gemeinsam begangen wurde, teil, lasen aus der Bibel vor und predigten sogar. 1529 fahndete die Innsbrucker Regierung nach einer Wiedertäuferin, die angeblich ein Register mit 800 Namen von Sektenanhängern bei sich trug, die von ihr getauft worden waren; ein Franziskaner aus Schwaz hatte davon in der Beichte gehört und Anzeige erstattet. Die Suchaktion, die zu vielen Verhören und auch mehreren Hinrichtungen führte, blieb erfolglos.

Wenn die Vorsteher der Sekte ihre Versammlungen und Lesungen in Privathäusern abhielten, konnten neben dem Hausherrn auch dessen Familie sowie das Gesinde teilnehmen. Daher finden sich sowohl Ehefrauen wie auch Mütter, Schwiegermütter und Töchter sowie Mägde von Bauern unter den Anhängerinnen. Sie traten oft

gemeinsam mit ihren männlichen Verwandten oder Arbeitgebern, vielfach jedoch unabhängig von diesen in die Sekte ein.
Wurden Wiedertäuferinnen festgenommen, erfuhren sie keine Schonung. Wenn sie nicht freiwillig von ihrem Glauben abließen, sollten sie mit Ruten geschlagen und durch Nahrungsentzug zum Widerruf gebracht werden. Zwei Frauen, die nach Ansicht des Innsbrucker Regiments möglicherweise vom Teufel besessen waren, sollten im Jahr 1534 zuerst von Priestern beschworen und mit Weihwasser besprengt werden, ehe man mit dem Auspeitschen begann. Der Folterung wurden auch weibliche Gefangene unterzogen, lediglich Schwangere und Kindbetterinnen blieben verschont. Wurden sie während dieser Zeit verurteilt, wartete man mit der Vollstreckung des Urteils, bis das Kind geboren und versorgt war; danach mußte die Mutter ihren letzten Weg antreten, so sah es die traditionelle Malefizgerichtspraxis vor. Auch bei kranken Gefangenen setzte man die Exekution bis zu deren Genesung aus. Bei geistig behinderten Wiedertäuferinnen fiel die Entscheidung schwer: 1528 fragte das Innsbrucker Regiment beim Stadtrichter von Hall nach, ob die inhaftierte Ursula Sailer tatsächlich geistesschwach – und daher unzurechnungsfähig – sei. Die Antwort fiel vermutlich bejahend aus, trotz ihrer *Irrsinnigkeit* wurde ihr aber eine Buße auferlegt. Wohl auf sie bezieht sich nämlich der Bescheid Ferdinands I. vom 18. August 1540, wonach die geistesschwache Weibsperson, die in Hall im Gefängnis festgehalten werde, in ein Spital eingewiesen und mit Ketten festgemacht werden solle.
Nur selten berichten die Quellen dagegen Erfreuliches speziell für weibliche Gefangene. So wurde Barbara Weylmesser aus Wattens 1529 aufgrund der Fürbitte, die bei Tochter und Sohn König Ferdinands für sie eingelegt worden war, begnadigt. Und als der Hauptmann von Kufstein im Sommer 1530 bei der Innsbrucker Regierung anfragte, ob er für die schwangeren Frauen eine heizbare Stube für den Winter bauen sollte, wurde ihm die Erlaubnis dazu sogleich erteilt.
Bei der Entlassung aus der Haft zwecks öffentlichem Widerruf gab es geschlechtsspezifische Unterschiede: In Salzburg mußten die *weybßpild* ohne Mantel, aber mit ihrem Schleier, auf dem ein schwarzes Kreuz aufgenäht war, mit unverhülltem Gesicht an einem bestimmten Sonn- oder Feiertag mit einer brennenden Kerze vor der Pfarrkirche stehen, nach Ende der Messe öffentlich widerrufen und den Pfarrer um Absolution bitten sowie anschließend mit der brennenden Kerze in die Kirche gehen und beten. In Tirol sollten Wiedertäuferinnen an einem festgesetzten Sonntag vor dem Umgang und Hochamt in der Kirche von der Kanzel

herab ihren Widerruf öffentlich bekanntgeben, anschließend mußten sie an diesem Tag sowie an den beiden folgenden Sonntagen barfuß an der Prozession um die Kirche mitgehen und während des Hochamtes vor dem Altar knien; sie waren bei dieser Zeremonie, sofern es sich um verheiratete Frauen handelte, aber nicht barhäuptig wie die männlichen Bußfertigen, sondern bedeckt. Die am 1. September 1530 erteilte Anweisung der Innsbrucker Regierung für den Widerruf einer hochschwangeren Witwe nach einem hingerichteten Wiedertäufer enthielt daher nur die Verpflichtung, an den vorgeschriebenen Prozessionen um die Kirche *parfueß, mit prinender kerzen in den händen* teilzunehmen.

Zur weltlichen Strafe wurden widerrufende Frauen jeweils an den Pranger (Abb. 239) gestellt und ausgepeitscht. Da nicht alle Orte über eine Schandsäule verfügten, mußte bisweilen improvisiert werden. So wies die Innsbrucker Regierung den Richter von Kolsaß 1528 an, die vier zum Prangerstehen verurteilten Wiedertäuferinnen auf einer Bank öffentlich zur Schau zu stellen und *mit rueten streichen* zu lassen.

Vor diesem Hintergrund, trotz Gefährdung von Leib und Leben, öffentlicher Schande und drohendem Verlust ihrer Kinder, kehrten nicht wenige Österreicherinnen der traditionellen kirchlichen Gemeinschaft den Rücken. Sie hätten sich damit über kurz oder lang auch von der bestehenden Gesellschaft abgesondert, wären sie nicht durch staatliche Repressionen zur Umkehr gezwungen worden.

Zu den ersten Opfern ihres Glaubens soll ein sechzehnjähriges Mädchen gehört haben, das der Salzburger Scharfrichter am 25. Oktober 1527 in der dortigen Pferdeschwemme ertränkte; sie war angeblich die Tochter des am gleichen Tag geköpften Salzburger Goldschmieds Georg Steiner. Zugleich mit ihr – oder identisch? – wurde Elisabeth, die Köchin dieses Goldschmieds, ertränkt, auch die Witwe Barbara Grünauer erlitt dasselbe Schicksal. Alle drei – oder zwei – Wiedertäuferinnen hatten den Widerruf abgelehnt.

Kurz danach nahm man in einem Bauernhaus nahe Salzburg elf Frauen und sechzehn männliche Sektenanhänger fest, von denen sechs – wie viele davon weiblich waren, ist unbekannt – nicht widerriefen, worauf man sie mitsamt dem Haus am 6. November 1527 verbrannte. Nachdem der Salzburger Erzbischof bei Selbstanzeige Schonung versprach, meldeten sich 25 Frauen, die am 10. November 1527 in der vorgeschriebenen Form, d. h. ohne Mantel, aber mit einem schwarzen Kreuz auf dem Schleier, absolviert wurden.

In den habsburgischen Erblanden wurden die ersten Wiedertäuferinnen im Jahr 1528 hingerichtet. Zu nicht näher bekanntem Zeitpunkt enthauptete man in Bruck an der Mur (Steiermark) neun Brüder und ertränkte drei Schwestern. Die weiblichen Sektenanhängerinnen beeindruckten durch ihren Bekennermut: *Die 3 Freylein oder schwestern ertrenckh man. Das jüngst lacht das wasser an. Ettlich hieltens für verstockhung vom Teufl, Etlichen aber bewegts ir hertz, das sie erkenneten: Gott müess es thuen, es wer sonst nit müglich.* Nach einer anderen Quelle wurden damals sogar fünf Wiedertäuferinnen in Bruck ertränkt.

In Vorarlberg fand das Täufertum in den 1520er Jahren Eingang, wurde aber erfolgreich bekämpft. Nur in Au im Hinteren Bregenzerwald konnte sich 1577 bis 1618 eine Täufergemeinde bilden, die rege Kontakte zu den Brüdern in Mähren unterhielt. Aus Au stammte auch die erste und zugleich letzte Märtyrerin ihres Glaubens, die 1618 mit dem Schwert hingerichtete Witwe Christine Brener. Sie hatte noch nicht die Erwachsenentaufe erhalten, wurde also noch vor ihrer Aufnahme in die »Gemeinde der Heiligen« zur Blutzeugin.

Das Zentrum der österreichischen Täuferbewegung war Tirol in seinen damaligen Grenzen, also einschließlich Südtirol. In Nordtirol, auf das sich die folgenden Angaben beschränken, lebten besonders in den Ortschaften des unteren Inntals viele Wiedertäuferinnen. Aber auch in den Gebirgstälern fanden die Vorsteher dieser Sekte, die weder Mühe noch Gefahren scheuten, Anhängerinnen. Die Bevölkerung ließ die wandernden Prediger in ihre Häuser ein und lauschte ihren Worten. An der Lesung aus der Heiligen Schrift nahmen nicht nur Hausgenossen, sondern vielfach auch Nachbarn teil. Wenn die Vorsteher der Sekte genügend Anhänger gewonnen hatten, wurde eine Versammlung *(Gemain)* abgehalten, meist im Freien auf Almen oder in einer Au. Bei dieser Gelegenheit, aber auch einzeln in Privathäusern oder gruppenweise in Bergwerksstollen wurden die neuen Mitglieder getauft.

Die Sympathie der religiös interessierten Tiroler(innen) für die neue Heilslehre war der Regierung ein Dorn im Auge. Durch mehrere Mandate suchte Ferdinand I. die Bewegung einzudämmen, indem er auch diejenigen, die Wiedertäufer beherbergten, mit Einkerkerung und Niederbrennen ihres Hauses bedrohte. Außerdem ließ er kontrollieren, wer seiner österlichen Christenpflicht nachkam, und befahl die Beichte zu Mittfasten und Ostern. Wer die Pfarrkirche mied, machte sich verdächtig. Durch ausgeschickte Kundschafter, vor allem aber durch die Verhöre der Inhaftierten gelang es der Innsbrucker Regierung immer wieder, verdächtige Wiedertäufer(innen) dingfest zu machen.

Abb. 239 *Ehemaliger Pranger in Graz, errichtet 1520/30 (?), renoviert 1669.*

Graz, Landhausgasse, nächst Joanneum.

Das Vorgehen der Behörden gegen die Sektenanhänger erschien der Tiroler Bevölkerung aber offenbar zu hart, zumindest weigerten sich manche Geschworene, die vorgesehenen schweren Strafen zu verhängen, oder wollten überhaupt nicht an den Gerichtsverfahren teilnehmen. Ferdinand I. erließ daher mehrmals Mandate, in denen er Richter und Urteilsfinder aufforderte, nicht nach ihrem Gutdünken und Gewissen, sondern gemäß den erlassenen Gesetzen zu entscheiden. Als Ausweg wurde erwogen, die schuldigen Wiedertäufer nicht zum Tod, sondern die Männer mit der Verschickung auf Galeeren, die Frauen mit Landesverweisung zu bestrafen.

Aus dem Lande verwiesen wurde 1544 eine junge Bauerntochter aus dem Ötztal, deren Schicksal die Härte ihrer Zeit drastisch vor Augen führt. Ursula Hellrigl, aus einer Familie mit mehreren Sektenanhängern stammend, wurde Anfang Mai 1538 gemeinsam mit neun weiteren Wiedertäufer(innen) in Schloß Petersberg bei Silz inhaftiert. Sie war 17 Jahre alt und verweigerte gemeinsam mit vier weiteren Gefangenen, darunter ihrer Mutter Anna und der 18jährigen Anastasia Rupp, den Widerruf. Um die Bekehrung zu erreichen, setzte man die Verpflegung der fünf Gefangenen auf das Mindestmaß – vermutlich kaltes Wasser und Brot – herab und ließ sie 26 Tage hungern, ohne Erfolg. Angesichts dieses ungewöhnlichen Falles bat die Innsbrucker Regierung den König am 15. Oktober 1538 um Bescheid, was weiter zu geschehen habe, vor allem mit den beiden jungen Mädchen. Man könnte sie auch an einem Ort einmauern lassen, was aber bedenklich sei, da die Bevölkerung in den Tiroler Tälern weder Strafen noch den Tod scheue. Ferdinand I. ging in seinem Antwortschreiben vom 5. November 1538 auf die Behandlungsdetails nicht ein, sondern forderte nur, daß alles aufgeboten werden müsse, um die Inhaftierten zum Widerruf zu bewegen und so ihre Seelen zu retten. Um die Bekehrung leichter vorantreiben zu können, befahl der König anschließend, die Gefangenen teilweise in andere Gerichte zu verlegen.

Ursula Hellrigl blieb in Petersberg und beharrte auf ihrer Überzeugung. Da Ferdinand I. keine Entscheidung über sie traf, liefen immer höhere Haftkosten auf, weshalb das Innsbrucker Regiment den Pfleger ihres Gefängnisses am 17. September 1539 anwies, ihr Erbgut einzuziehen. Am 18. August 1540 befahl Ferdinand I., die – nicht namentlich genannte – junge Gefangene nach Welschland oder in ein anderes Land zu verbannen, dessen Sprache sie nicht verstehe. Nach zwei weiteren Jahren wurde beschlossen, Ursula nach Sigmundskron bei Bozen zu überstellen, 1542 war sie aber noch in Innsbruck, der König ließ sie weiterhin gefangenhalten. 1543 sollte sie *umb weiplichen geschlechts blödigkhait willen*, aber auch wegen ihrer Jugend und der Bitte ihrer Familie freigelassen werden, davor jedoch schwören, Tirol zu verlassen und bei Verlust von Leib und Leben nicht mehr zurückzukehren; die Verwandtschaft wurde aufgefordert, die Gefängniskosten zu bezahlen. Da sie sich dazu außerstande erklärte, blieb Ursula Hellrigl weiterhin in Haft. Das Ansuchen ihres Vormundes und der Verwandtschaft, ihr die Haftkosten zu erlassen, wurde abgelehnt, da die Inhaftierte Besitz hatte. Erst als ihr Vormund mit 50 Gulden auf ihr Hab und Gut bürgte, wurde ihr im Februar 1544 der Rest nachgelassen. Bis zuletzt verweigerte sie gemäß den Grundsätzen der Wiedertäufer die eidliche Zusage, außer Landes zu ziehen; sie versprach nur, nach der Freilassung das Land zu verlassen, doch wollte sie nicht geloben, nie mehr zurückzukehren. Die Rückkehr wurde ihr aber strikt und unter Androhung entsprechender Strafen verboten. Über das weitere Geschick dieser standhaften Ötztalerin, die auch in sechsjähriger Haft nicht gebrochen werden konnte, ist nichts bekannt.

Die Tiroler Wiedertäuferinnen rekrutierten sich aus allen Schichten der Bevölkerung, vorwiegend natürlich aus dem Bauern- und Handwerkerstand. Doch auch Frauen von Bergknappen und Händlern, Selbständige sowie Mägde befanden sich darunter. Selbst eine Adelige war vertreten: Helena von Freiberg.

Geboren als Tochter des Gilg von Münichau, heiratete Helena 1506 Onofrius von Freiberg auf Hohenaschau (Bayern) und wurde Mutter von vier Söhnen. Im Frühjahr 1528 erfuhr die Innsbrucker Regierung vom Kitzbühler Pfleger, daß die Freifrau in ihrem Heimatschloß Münichau (bei Kitzbühel) einen Wiedertäufervorsteher sowie einen weiteren Sektenanhänger beherbergt habe, weshalb zu vermuten sei, *daß sy und die iren mit solher sect beflekt seyen*. Man beschloß, die Sache einstweilen nicht zu verfolgen, doch sollte der Pfleger die Augen offen halten. Als er im Juli 1528 mehrere Kitzbühler Wiedertäufer gefangensetzte, wies ihn die Regierung an, die *Munichawerin* nicht zu den Inhaftierten zu lassen, sondern zur Rechtfertigung *(purgacion)* nach Innsbruck zu schicken. Statt ihr erschien im April 1529 Onofrius von Freiberg und erklärte, *das er der lutterischen secten nicht anhengig gewesst etc.*, was die Innsbrucker Regierung auch nicht bezweifelte. Als Helena 1529 freies Geleit von Hohenaschau nach Kufstein begehrte, wurde ihr dies von der Regierung mit dem Bemerken abgeschlagen, daß sie laut Aussage von Wiedertäufern dieser Sekte angehöre. Tatsächlich gab ein Sektenmitglied an, daß sie die Taufe empfangen und den Brüdern und Schwestern elf Gulden zum Unterhalt geschickt habe.

Als die Freifrau in ihrem bayerischen Heim verhaftet werden sollte, flüchtete sie nach Tirol. Da die Innsbrucker Behörden vermuteten, daß sie sich in Schloß Münichau aufhalten könnte, stellten sie den Haftbefehl aus. Doch Helena flüchtete nach Südtirol. Ferdinand I. berief daraufhin am 21. April 1530 einen offenen Rechtstag nach Innsbruck, um über das ihm verfallene Hab und Gut der flüchtigen Adeligen zu entscheiden; am 18. Juni schenkte er die konfiszierten Güter ihren Söhnen.

Nach drei Jahren beschloß Helena, sich von der Sekte loszusagen und zu ihrem Mann zurückzukehren. Der König verlangte von ihr daraufhin den öffentlichen Widerruf *zu verhuetung des gemainen manns nachred und andern zu ainem schewchen und exempel.* Sollte sie nicht dazu zu bewegen sein, war er auch mit einem Widerruf vor der Innsbrucker Regierung einverstanden, doch sollte sie sich schriftlich verpflichten, zu beichten, die Kommunion zu empfangen und Buße zu tun, dann würde sie wieder zu ihren Gütern kommen. Die Innsbrucker Regierung erklärte sich mit diesem privaten Widerruf aber nicht einverstanden, da die Freifrau die Hauptursache gewesen sei, daß rund um Kitzbühel so viele getauft und zum Teil hingerichtet worden seien; sie sollte also den vorgeschriebenen Widerruf *vor menigclich* in der Kitzbühler Pfarrkirche leisten. Auch ein Interventionsschreiben der Stadt Augsburg zugunsten der Freibergerin half nichts, da eine Südtiroler Adelige, Elisabeth von Wolkenstein, ebenfalls den öffentlichen Widerruf in ihrer Pfarrkirche hatte leisten müssen. Wann Helena von Freiberg öffentlich abschwor, ist nicht bekannt, im Alter lebte sie jedenfalls bei ihrem Mann in Hohenaschau.

Die Verfolgungen, denen die Wiedertäuferinnen ausgesetzt waren, legten nicht nur der Freifrau von Freiberg die Flucht nahe, auch andere flohen aus dem Land. Viele wählten Mähren als Ziel, wo seit 1526 eine Gemeinde der Wiedertäufer in relativer Sicherheit lebte. Seit 1529 führte der bedeutendste Führer der Tiroler Täuferbewegung, der aus Moos im Pustertal (Südtirol) stammende Jakob Huter, zahlreiche Anhänger in diese Siedlung, die christliches Leben in Gütergemeinschaft praktizierte. Auf mehreren Reisen bewog er auch Frauen und Mädchen aus Nordtirol, ihre angestammte Heimat zu verlassen und bei den *Huterischen Brüdern* in Mähren einen Neubeginn zu wagen. Auf einer dieser Reisen wurde Huter am 30. November 1535 gefaßt und am 3. März 1536 vor dem *Goldenen Dachl* in Innsbruck verbrannt. Die Wanderbewegung nach Mähren riß aber nicht ab, und so zogen in diesen Jahren nicht nur ganze Familien heimlich aus dem Land, sondern auch einzelne Frauen und Mädchen. Ehefrauen und Witwen nahmen meist, aber nicht immer ihre Kinder mit; die zurückgelassenen Kinder wurden oft erst später nachgeholt. Ferdinand I. suchte die heimliche Abwanderung durch mehrere Mandate zu stoppen, die Fluchtwege zu Wasser und zu Land sollten überwacht und die aufgegriffenen Wiedertäufer(innen) eingesperrt werden; die Güter der Geflüchteten verfielen der Konfiskation.

Die Übersiedlung nach Mähren war aber nur eine vorübergehende Lösung. Da Ferdinand I. auch dort Landesherr war, drängte er die Stände zur Vertreibung der Wiedertäufer. So mußten die Huterer 1548 Mähren verlassen, zogen nach Ungarn, kehrten von dort wieder nach Österreich und Mähren zurück, doch ihr Dasein in den Bruderhöfen war stets bedroht. Aus diesem Grund, aber auch weil das Leben in Mähren nicht ihren Erwartungen entsprach, kehrten viele Wiedertäufer(innen) wieder nach Tirol zurück. Die weltlichen Obrigkeiten waren über dieses heimliche Kommen und Gehen sehr beunruhigt, die Innsbrucker Regierung verlangte von den zurückgekehrten Sektenanhängern, ehe sie ihren Besitz zurückerhielten, den üblichen öffentlichen Widerruf.

Als Ferdinand II. nach der siegreichen Schlacht auf dem Weißen Berg (1620) Böhmen und Mähren rekatholisierte und die Wiedertäufer 1622 aus Mähren sowie 1625 aus dem benachbarten Niederösterreich auswies, verebbte die Abwanderung aus Tirol, und das Täufertum erlosch allmählich. Reste der mährischen Wiedertäufer ließen sich in Siebenbürgen nieder, wo sie Religionsfreiheit genossen. Hier stießen Mitte des 18. Jahrhunderts Kärntner Transmigranten zu ihnen und sicherten das physische Überleben der *Huterer*. Als sich die Lage in Siebenbürgen verschlechterte, zogen sie nach Südrußland (Ukraine) weiter. Ihre Hoffnung, durch das Toleranzpatent Josephs II. (1781) Religionsfreiheit in Österreich zu erhalten, erfüllte sich nicht. Als der russische Zar die Huterer 1870 zum Gebrauch der russischen Sprache und zum Militärdienst verpflichtete, übersiedelten sie 1874 nach Nordamerika, wo sie noch heute in mehreren Bruderhöfen leben, als Enklaven in einer andersartigen Welt. Mit ihrer über die Jahrhunderte bewahrten deutschen Sprache und traditionellen Kleidung legen sie Zeugnis ab von der Überlebenskraft einer christlichen Gemeinschaft, die streng nach dem Wort der Heiligen Schrift lebt.

Auch die Anhänger Martin Luthers wurden zunächst als Häretiker angesehen, aber ihre Verfolgung verlief nicht so blutig wie diejenige der Wiedertäufer, da sie das gesellschaftliche Gefüge weniger radikal gefährdeten. Der Wittenberger Reformator hatte von Anfang an seinen Landesfürsten, Kurfürst Friedrich von Sachsen, hinter sich und gewann bald auch die Sympathie anderer

Reichsfürsten, die mit den bestehenden kirchlichen Verhältnissen unzufrieden waren. Luthers Zentraldogma, daß der Mensch allein durch seinen Glauben selig werde, wurde mit Freude akzeptiert, seine Ablehnung der Messe als Opferhandlung, des Priestertums und Zölibats, des Klosterlebens und des Papsttums fand weitgehende Zustimmung. Seine 1520 gedruckten Schriften *(An den christlichen Adel deutscher Nation von des christlichen Standes Besserung, Von der babylonischen Gefangenschaft der Kirche, Von der Freiheit eines Christenmenschen)* verbreiteten seine Ansichten in Windeseile im ganzen Reich. Obwohl als Häretiker in Acht und Bann getan, wurde Luther nicht inhaftiert, seine Anhänger blieben trotz Androhung der Reichsacht unbehelligt. Da die Habsburger für die Nachfolge im Kaisertum sowohl die deutschen Kurfürsten und Fürsten als auch den Papst benötigten, waren sie im Reich zum Lavieren gezwungen. 1530 grenzten die Lutheraner ihr religiöses Bekenntnis in der *Confessio Augustana* von der katholischen Glaubenslehre ab, womit die mittelalterliche Einheit der Kirche zerbrach. Im Augsburger Religionsfrieden (1555) wurde die offizielle protestantische Lehre als Augsburger Bekenntnis zur gleichberechtigten Konfession erklärt, die Protestanten hatten sich behauptet, die Ketzergesetze wurden einstweilen außer Kraft gesetzt; der jeweilige Landesfürst erhielt das Recht, die Religion seiner Untertanen zu bestimmen *(Cuius regio, eius religio)*.

Im Westfälischen Frieden (1648) wurde auch die dritte aus der Reformation erwachsene Glaubensrichtung, der Calvinismus, als Helvetisches Bekenntnis reichsrechtlich anerkannt; sie war allerdings in Österreich kaum vertreten. Nur die Wiedertäufer galten weiterhin als Häretiker und wurden verfolgt.

Als Kaiser im Reich zum Nachgeben gezwungen, versuchten die Habsburger wenigstens in ihren eigenen Territorien die Ausbreitung der Reformation zu verhindern. Die Ansichten Luthers fanden aber auch in Österreich rasch Anhänger, vor allem beim Adel und im Bürgertum. 1523 verbot Ferdinand I. – damals noch als Erzherzog – den Besitz, die Weitergabe sowie das Lesen lutherischer Bücher. Im bereits oben erwähnten Ketzermandat vom 20. August 1527 bedrohte er, unterdessen König von Böhmen und Ungarn geworden, alle Anhänger der Reformatoren mit empfindlichen Strafen und forderte sie zur Abgabe der ketzerischen Schriften auf.

In der Zwischenzeit hatte die Reformation ihr erstes Todesopfer in Österreich gefordert: Kaspar Tauber wurde am 17. September 1524 in Wien enthauptet. Doch auch in den Erblanden waren die Habsburger bald zu mäßigerem Vorgehen gezwungen, da sie die

finanzielle Unterstützung der Stände für den Kampf gegen die Türken benötigten. Offiziell zugestanden wurde die Ausübung des evangelischen Bekenntnisses allerdings nur den Adeligen in den östlichen Gebieten, also Ober- und Niederösterreich sowie Steiermark und Kärnten. Die übrige Bevölkerung suchte man durch intensive religiöse Betreuung zum alten Glauben zurückzuführen. Schließlich gewährte Ferdinand II. (1596–1637) keine Zugeständnisse mehr, sondern brachte die Gegenreformation systematisch zum Abschluß. Er sah die Bewahrung der Glaubenseinheit als seine herrscherliche Pflicht an und war durch das Reichsrecht gedeckt. Die Untertanen einschließlich des Adels wurden ultimativ aufgefordert, zur katholischen Kirche zurückzukehren. Die Bauern mußten sich unterwerfen, Bürger und Adelige durften auswandern. Es begann die Zeit der Emigration um des Glaubens willen. Schätzungsweise 100.000 Österreicher(innen) verließen als überzeugte Protestanten das Land, meist zogen sie ins Reich, vereinzelt auch nach Schweden. Die übrigen fügten sich, um die Heimat nicht verlassen zu müssen und Karriere im Dienst des katholischen Herrscherhauses machen zu können.
Die religiöse Uniformität war aber nur scheinbar. Manche kehrten zwar äußerlich zur katholischen Kirche zurück, blieben aber innerlich evangelisch gesinnt, lasen heimlich lutherische Schriften, versammelten sich auch an versteckten Orten zu Andachten und Predigtgottesdiensten. Als man zu Beginn des 18. Jahrhunderts diesen Geheimprotestantismus in Österreich entdeckte, begann erneut eine Zeit voller Bedrängnis für die Akatholischen. Aber statt die allen katholischen Bekehrungsversuchen trotzenden Protestanten ins Ausland zu schicken, wurden sie nun innerhalb des habsburgischen Herrschaftsbereiches zwangsumgesiedelt. 1734 ging der erste Transport mit protestantischen Transmigranten nach Siebenbürgen ab, weitere folgten. Insgesamt dürften bis 1736 etwa 1200 Österreicher(innen) in die entvölkerten Gebiete im Osten der Monarchie gebracht worden sein.
Auch unter Maria Theresia dauerten die Transmigrationen an, ab 1752 wurden über 2500 Personen aus Oberösterreich, Steiermark und Kärnten verschickt, der letzte Transport erfolgte 1776. Die Deportierten mußten ihre unmündigen Kinder in der Heimat zurücklassen, sie wurden einer katholischen Erziehung zugeführt.
Eine Wende in der Behandlung Andersgläubiger brachte die Aufklärung. Sie trat für religiöse Toleranz ein, aufgeklärte Monarchen begannen ihren Untertanen Religionsfreiheit zu gewähren. In diesem Sinn erließ auch Joseph II. am 13. Oktober 1781 das *Toleranzpatent*, das einen Meilenstein in der Geschichte der akatholischen Glaubensbekenntnisse in Österreich darstellt. In der

Überzeugung, *daß jeder Zwang, der dem Gewissen der Menschen Gewalt antut, höchst schädlich sei, im Gegenteil ein außerordentlicher Nutzen sowohl der Religion als dem Staate aus der echten Toleranz, wie sie die christliche Liebe vorschreibt, zufließe*, gestattete der Kaiser den Lutheranern und Calvinisten *(allen nichtkatholischen augsburgischen oder helvetischen Konfessionsverwandten)* die Ausübung ihres Glaubens; sie durften ihren Kult zwar nur mit gewissen Einschränkungen ausüben, mußten aber keine Verfolgung mehr befürchten. Damit war die Zeit der Zwangszugehörigkeit zur katholischen Kirche in Österreich zu Ende.

Im Erzstift Salzburg ging die Rekatholisierung dagegen bis ins 19. Jahrhundert weiter. Auch hier hatte sich der Protestantismus unter der Oberfläche behauptet und wurde sukzessive aufgespürt. Im Jahr 1666 entdeckte die Salzburger Regierung erste Spuren verborgenen Luthertums im Defereggental, aber erst 1684 wurde die Ausweisung derjenigen angeordnet, die sich der Bekehrung hartnäckig widersetzten. Im Dezember 1684, also mitten im Winter, mußten etwa 200 Defereggер ihre angestammte Heimat verlassen, alle Kinder unter 15 Jahren wurden zurückbehalten. Weitere Talbewohner folgten teilweise freiwillig, insgesamt emigrierten über 600 Personen.

Abb. 240 *Johann Heinrich Baum, Nachlese zu der Salzburgischen Emigranten Wanderschafft (Nürnberg 1734), Ausschnitt: Der Auszug der Emigranten (1731/32).*
Salzburg, SMCA, Bibl., Sign. 1825.

Abb. 241 *Unbekannter Künstler: Die Tiroler Kolonie »Mittel-Zillerthal« in Schlesien (19. Jh.).*
Innsbruck, Landesmuseum Ferdinandeum, Bibl., W 12.282.

1686 bis 1691 wurden ungefähr 70 Bewohner des Dürrnbergs bei Hallein ausgewiesen, 1731 folgte die Ausweisung von etwa 22.000 Pongauern. Da sie sich zuvor bei den evangelischen Reichsständen über ihre Unterdrückung beschwert hatten, verfolgten die Protestanten im Reich diese Aktion mit großer Aufmerksamkeit. Die Emigranten wurden großteils vom König von Preußen aufgenommen, einige wanderten nach Holland und sogar nach Georgia in Amerika aus (Abb. 240).
Schließlich wurden 1837 Reste lutherischer Gesinnung im teilweise salzburgischen Zillertal entdeckt, als mehrere Bauern aufgrund des Toleranzpatentes zum Augsburger Bekenntnis übertreten wollten. Die dem Protestantismus zugeneigte Bevölkerung wurde daraufhin aufgefordert, sich entweder zu bekehren, in einen anderen Teil der Monarchie zu übersiedeln, wo ihr Religionsbekenntnis toleriert war, oder auszuwandern. Ungefähr 460 Zillertaler *Inklinanten* wählten die dritte Alternative und wanderten ins preußische Schlesien aus (Abb. 241).
Zu denjenigen, die sich den verschiedenen Aufforderungen, zum katholischen Glauben zurückzukehren, widersetzten, gehörten auch Frauen. Nicht nur Ehefrauen folgten in der Regel ihrem Ehemann, auch unabhängige Witwen und unverheiratete Töchter wollten nach ihren Glaubensgrundsätzen leben und sich nicht

anpassen. Dafür nahmen sie den Verlust der Heimat, häufig auch ihres gesellschaftlichen Ansehens und gesicherten Einkommens in Kauf.

Stellvertretend für viele andere sei der steirischen Adeligen Cordula von Pranckh ein Denkmal gesetzt. Sie verließ aufgrund des Ausweisungsbefehls Ferdinands II. vom 1. August 1628 ihre Heimat, während die übrige Verwandtschaft sich zum katholischen Glauben »bequemte«, wie man damals sagte. 1629 zog sie mit befreundeten Protestanten nach Nürnberg, wo sich ihre finanziellen Verhältnisse immer mehr verschlechterten. Hier erlebte sie 1632 die Wirrnisse des Dreißigjährigen Krieges mit, als die kaiserlichen und schwedischen Truppen aufeinanderstießen. Ihre Hoffnung, daß Gustav Adolf die Lage der Protestanten doch noch zum Besseren wenden würde, erfüllte sich nicht. So geriet sie immer mehr ins Elend. Ihre Briefe an die daheimgebliebene Verwandtschaft wurden zu Klageschriften. In einem ihrer letzten Schreiben bat die unverheiratete Emigrantin ihre Schwester: *Nim dich noch meiner an, ich hab doch sonst niemdt, der sich mein annimbt* (Nürnberg, 7. September 1635). Über ihr weiteres Schicksal ist nur bekannt, daß sie 1640 starb.

Das harte Los der aus religiösen Gründen aus Salzburg Vertriebenen beschäftigte nicht nur die Mitwelt, sondern auch spätere Generationen. Die massenhafte Ausweisung des Jahres 1731 hat in vielen zeitgenössischen Liedern, Bildern und Schriften ihren Niederschlag gefunden (Abb. 242), das Leid der Deferegger, denen die Innsbrucker Regierung 1685 die heimlich mitgenommenen Kinder abnahm, hat der Tiroler Karl Schönherr in seinem 1910 uraufgeführten Drama *Glaube und Heimat* – richtiger sollte es heißen: *Glaube oder Heimat* – auf die Bühne gebracht.

Auf die religiöse Unduldsamkeit folgte im 20. Jahrhundert der Zwang einer pseudoreligiösen Weltanschauung. Die jahrhundertelange christliche Tradition, die von den Gläubigen u. a. Mitleid mit den Schwachen, Kranken und Alten, Respekt vor der Geistlichkeit sowie die Ablehnung der außerehelichen Sexualität gefordert hatte, wurde durch den »Anschluß« des Jahres 1938 jäh unterbrochen. Wieder war Anpassung gefordert, die den gesamten Lebensbereich erfaßte.

Den Frauen wies der Nationalsozialismus eine wichtige Rolle zu, allerdings speziell in biologischer Hinsicht. Nach Möglichkeit auf die häusliche Sphäre beschränkt, sollten sie das deutsche Volk durch ihre Gebärfreudigkeit am Leben erhalten. Als »Hüterin des Lebens« wurden sie gefeiert und bei entsprechender Kinderzahl mit dem »Ehrenkreuz der deutschen Mutter« geehrt.

Abb. 242 *Johann Heinrich Baum, Der Saltzburgischen Emigranten Freudenmüthige und höchst-gesegnete Wanderschafft … (Nürnberg 1732): Die Emigrantin Maria Steinbacher aus Werfen mit zwei Töchtern. Sie trägt auf dem Rücken eine eigens konstruierte Wiege, in der vermutlich zwei Säuglinge lagen.*
Salzburg, SMCA, IN 5486/49.

Die Wertschätzung des Weiblichen bezog sich aber nur auf die deutsche Frau mit »arischem« Blut; Frauen anderer, sog. »minderwertiger« Völker wie Polinnen oder Russinnen wurden verachtet und Tieren gleichgestellt, wie es Heinrich Himmler 1943 in einer Rede drastisch formulierte: *Wir Deutschen, die wir als einzige auf der Welt eine anständige Einstellung zum Tier haben, werden ja auch zu diesen Menschentieren eine anständige Einstellung einnehmen, aber es ist ein Verbrechen gegen unser eigenes Blut, uns um sie Sorge zu machen … Ob bei dem Bau eines Panzergrabens 10.000 russische Weiber an Entkräftung umfallen oder nicht, interessiert mich nur insoweit, als der Panzergraben für Deutschland fertig wird.*

Kein Mitleid mit »Blutsfremden« und »Artfremden« (d. h. Juden) zu haben, war ein wesentlicher Teil des weiblichen Rollenbildes im Nationalsozialismus; aber auch die Erhaltung schwacher, kranker oder »lebensunwerter« Mitglieder des eigenen Volkes gehörte nicht zu den erstrebenswerten Zielen weiblicher Sinnbestimmung. Nur gesunde und kräftige Kinder waren erwünscht.
Frauen wurden durch gezielte Maßnahmen in die Ehe gedrängt, doch auch uneheliche Mutterschaft war nicht diskriminiert, sofern sie im »arischen« Rahmen blieb. Für »hervorragende« Männer galt die Verbindung mit mehreren Frauen als wünschenswert und sollte nach dem »Endsieg« zwecks rascher Vermehrung des deutschen Volkes legitimiert werden.
Das nationalsozialistische Gesellschaftskonzept entsprach uralten Vorstellungen von der männlichen Superiorität. 1934 definierte Hitler in einer Rede vor der NS-Frauenschaft die Beziehung zwischen den Geschlechtern folgendermaßen: *So war die Frau zu allen Zeiten die Gehilfin des Mannes und damit seine treueste Freundin, und auch der Mann war zu allen Zeiten der Hüter seines Weibes und ihr bester Freund.* Erst gegen Ende des Krieges hieß es im *Völkischen Beobachter* vom 29. Oktober 1944: *Selbst ist die Frau*, womit sie allerdings nur zum eigenhändigen Reparieren von elektrischen Leitungen, Wasserleitungshähnen und Ventilen animiert werden sollte.
Österreicherinnen, die dem von der nationalsozialistischen Propaganda verherrlichten weiblichen Rollenverhalten ablehnend gegenüberstanden, mußten mit Sanktionen des Regimes rechnen, besonders während des Krieges. Durch die *Kriegssonderstrafrechtsverordnung* vom 17. August 1938 wurde *wegen Zersetzung der Wehrkraft* mit dem Tod bestraft, wer *öffentlich den Willen des deutschen oder verbündeten Volkes zur wehrhaften Selbstbehauptung zu lähmen oder zu zersetzen* suchte. Unerwünscht war auch offen gezeigtes Mitgefühl oder freundschaftlicher Umgang mit Fremdarbeitern und Kriegsgefangenen, von sexuellen Beziehungen ganz zu schweigen. *Verbotener Umgang mit Kriegsgefangenen* war gemäß *Verordnung zur Ergänzung der Strafvorschriften zum Schutz der Wehrkraft des deutschen Volkes* vom 25. November 1939 ein Delikt, das mit Gefängnis oder Zuchthaus geahndet wurde. Kritik an nationalsozialistischen Einrichtungen oder Führern konnte nach dem *Heimtückegesetz* vom 20. Dezember 1934 mit Gefängnis bestraft werden.
Frauen, die – meist im Rahmen der Kommunistischen Partei – auf den Sturz der NS-Herrschaft hinarbeiteten, rechneten bei ihrer Verhaftung von vornherein mit schweren Strafen. Österreicherinnen, die aus rein persönlichen Gründen »gesetzeswidrig« handel-

T a t o r t - A u f n a h m e.

Schulzimmer der Gemeinde Rietzenried i.Pitztal

zur Ermittlungssache II C 706/41 gegen die Lehrerin
Anna R e t t e n b a c h e r,wegen eines Vergehens gegen
das Heimtückegesetz.

▭ Stelle,wo das Transparent mit der Aufschrift " Deutschland muss siegen"hing.

☒ Stelle,wo das Bild eines Teiles der Illustr. Wochenschau hing.

× Stelle,wo das Bild " Führer mit [illegible] hing.

Abb. 243 *Gestapo-Aufnahme: Das Klassenzimmer in Rietzenried (Tirol), in dem Anna Rettenbacher am 3. November 1941 NS-Propagandaschriften von den Wänden riß.*

ten und dadurch in das Netz der NS-Justiz gerieten, waren meist über die Höhe der Strafe entsetzt. Die Richter bewerteten ihre Tat aber als Ausdruck einer ablehnenden Einstellung gegenüber dem nationalsozialistischen Regime und versuchten durch die Verurteilung die Opposition einzudämmen. Drei Frauen, aus unterschiedlichen Lebensbereichen stammend, aber einig in der Ablehnung des Nationalsozialismus, sollen zeigen, welche Folgen die Nichtanpassung an die herrschende Gesellschaftsordnung im 20. Jahrhundert haben konnte:

Anna Rettenbacher aus St. Leonhard im Pitztal (Tirol) war Volksschulamtsbewerberin und hielt am 3. November 1941 ihren ersten

Unterricht in Rietzenried. Die Wände des Klassenzimmers waren mit Zeichnungen und Bildern, die teilweise von den Schülern angefertigt worden waren, behängt. Die in der katholischen Jugend tätige Lehrerin bezeichnete die Wandbehänge als *Fetzen.* Kurz danach riß sie zwei Bilder, *von denen das eine die Feldherrnhalle und das andere das Ehrenmal der 16 Gefallenen darstellte*, von der Wand und warf sie in den Papierkorb. Schließlich entfernte sie nach Unterrichtsende ein Transparent mit der Aufschrift: *Deutschland muß siegen* sowie ein Bild von Reichsmarschall Hermann Göring (Abb. 243). Das Gericht war daher – zu Recht – der Meinung, daß Anna Rettenbacher *die ganz eindeutige Tat eben nur zu dem Zwecke setzte, um damit ihre Abneigung gegen die Partei sowie einzelne Personen und Einrichtungen derselben zum Ausdruck zu bringen.* Die 23jährige Junglehrerin wurde am 18. Mai 1942 wegen Vergehens nach dem *Heimtückegesetz* zu acht Monaten Gefängnis verurteilt.

Aloisia Gabl, Bäuerin in Schönwies (Tirol) und Mutter von zwei Söhnen, die an der Ostfront standen, geriet wegen *verbotenen Umgangs mit Kriegsgefangenen* mit dem Gesetz in Konflikt. Ihr Anwesen lag in nächster Nähe des Bahngleises, an dem im Juli 1942 *gefangene Sowjetrussen Arbeiten verrichteten. Dabei beobachteten sie und ihre Hausgenossen wiederholt, daß jene den Misthaufen nach Lebensmittelabfällen durchsuchten.* Sie beschloß daher, den hungernden Russen Brot zu geben, obwohl eine sechzehnjährige Erntehelferin sie auf das bestehende Verbot aufmerksam machte. Das schreckte sie aber nicht ab, *das sei ihr gleich, sie tue doch, was sie wolle*, erklärte sie. Einem anderen Zeugen gegenüber meinte sie, *die Gefangenen können doch nichts dafür, sie seien genauso in den Krieg gehetzt worden wie unsere Soldaten. Die armen Teufel könnten sich nicht einmal beim Essen niedersetzen.* Das Gericht ließ mildernde Umstände gelten und verurteilte die 45jährige Bäuerin am 18. November 1942 zu drei Monaten Gefängnis.

Helene Kafka, mit dem Ordensnamen Sr. Restituta, entstammte einer mährischen, nach Wien übersiedelten Schusterfamilie. Sie diente zunächst als Hausmädchen, führte dann eine Trafik und trat schließlich in den Orden der Barmherzigen Schwestern ein (Abb. 244). Seit 1919 war sie als Operationsschwester im Krankenhaus Mödling tätig und steckte dort verwundeten Soldaten, die wieder an die Front gingen, Flugblätter antimilitaristischen und pro-österreichischen Inhalts zu. Sie wurde dafür am 29. Oktober 1942 wegen *landesverräterischer Feindbegünstigung und Vorbereitung zum Hochverrat* zum Tod verurteilt und am 30. März 1943, 49 Jahre alt, hingerichtet.

Während die Mißachtung geltender religiöser und staatlicher Normen zu drastischen Repressalien führen konnte, war die Außerachtlassung gesellschaftlicher Zwänge nicht lebensbedrohend, erforderte aber doch eine gehörige Portion Mut. Bis in unser Jahrhundert war das weibliche Rollenbild von der patriarchalischen Vorstellung geprägt, daß Frauen des männlichen Schutzes und eines sicheren Hortes in Familie oder geistlicher Gemeinschaft bedurften. Das Haus schirmte sie gegen die angeblich oder tatsächlich gefährliche Außenwelt ab, beschränkte aber zugleich die weibliche Mobilität.

Ein Ausbruch aus dieser räumlichen und geistigen Enge wurde im Mittelalter nur aus religiösen Gründen toleriert. Pilgerfahrten einzelner Frauen zu den heiligen Stätten der Christenheit sind mehrfach bezeugt, die kirchlichen Hospize an den Pilgerstraßen boten frommen Frauen entsprechende Unterkünfte.

An einem Kreuzzug teilzunehmen, war wohl eine seltene Ausnahme. Doch auch sie ist für Österreich belegt: Markgräfin Ita, Witwe nach Leopold II., schloß sich im Jahr 1100 dem von Herzog Welf von Bayern geführten Kreuzzug an, von dem sie nicht mehr zurückkam. Der Legende nach soll sie im Harem eines Mohammedaners gelandet sein.

Von den Reisemöglichkeiten der mittelalterlichen Studenten oder der jungen adeligen Kavaliere der Neuzeit konnten Mädchen keinen Gebrauch machen. Badereisen aus gesundheitlichen Gründen waren gestattet, aber nur in männlicher Begleitung. Erst im 19. Jahrhundert lösten sich Frauen zunehmend vom überlieferten Rollenklischee und begaben sich, begünstigt durch die modernen Verkehrsmittel, allein auf Reisen. Zu den Vorreiterinnen gehörte eine Österreicherin, die zugleich das Verdienst in Anspruch nehmen kann, als erste Frau eine Weltreise gemacht zu haben: Ida Pfeiffer (Abb. 245).

Abb. 244 *Foto (o. J.): Helene Kafka, mit Ordensnamen Sr. Restituta.*

Geboren 1797 in Wien als Tochter der Kärntner Textilfabrikantenfamilie Reyer, wuchs Ida gemeinsam mit fünf Brüdern auf und erhielt aus Standesgründen nicht die Erlaubnis, eine Liebesheirat mit ihrem Hauslehrer einzugehen. 1820 heiratete sie den wesentlich älteren Lemberger Rechtsanwalt Dr. Mark Anton Pfeiffer, trennte sich aber nach einigen unerfreulichen Ehejahren von ihm und kehrte 1835 mit ihren beiden Söhnen nach Wien zurück. Nachdem die Söhne erwachsen waren, begann sie ihre jugendlichen Freiheits- und Reiseträume in die Tat umzusetzen. 1842 brach sie allein und mit wenig Geld nach Konstantinopel auf, um heimlich ins Heilige Land weiterzureisen.

Aufgrund der Notizen, die sie während dieser Fahrt machte, er-

schien 1844 zunächst anonym ihr erstes Buch: *Reise einer Wienerin in das heilige Land.* Der Verleger, der ihre privaten Reisenotizen gelesen hatte und sie zur Veröffentlichung überredete, respektierte aber ihre Bedingung, *daß ihr ehrenwerter Name ungenannt bleibe.* Zu sehr haftete einer allein reisenden und schreibenden Frau noch der Makel der Unseriosität an. Erst als sich das Werk als Verkaufsschlager erwies, gab Ida Pfeiffer in der dritten Auflage (1846) ihren Namen preis.
Vom Erfolg beflügelt, in ihrem Privatleben unausgefüllt, unternahm sie 1845 eine Reise nach Skandinavien und Island, 1846 bis 1848 sowie 1851 bis 1855 folgten zwei Weltreisen. 1856 bis 1858 reiste sie nach Madagaskar, von wo sie krank nach Wien zurückkehrte und bald danach, am 27. Oktober 1858, starb.
Ida Pfeiffer reiste bewußt als Frau und in weiblicher Kleidung, nur ein Strohhut und kurzgeschnittene Haare waren Zugeständnisse an die veränderten Umweltbedingungen. Während ihre erste Fahrt noch dem Typ der Pilgerreise zugerechnet werden konnte, waren die übrigen bereits eindeutig Erlebnisreisen und daher, auch wenn die unternehmungslustige Wienerin mittlerweile auf das »biblische« Alter zuging, in den Augen der Zeitgenossen anrüchig. Das Erstaunlichste aber war, daß die Globetrotterin trotz ihres Wagemuts und Durchhaltevermögens durchaus kein männliches Gehabe an den Tag legte, sondern im Gegenteil eher fromm und bieder wirkte. Ein früher Biograph urteilte: *Aeußerlich war diese merkwürdige Frau ganz unscheinbar. Nicht ein Zoll ihres Körpers trug den Typus der Emancipirten, der Amazone, des Mannweibes. Sie war in jedem Zuge das Bild der nüchternen, treuen Hausfrau, die nur im kleinsten Hause schaffen mag und sich nur da wohl befindet.* So konnte man sich täuschen.
Ida Pfeiffer riskierte Ablehnung und Spott, weil sie eigene Wege gehen wollte. Sie hatte aber nicht die Absicht, emanzipatorisch zu wirken. Sie warnte im Gegenteil alle Frauen, es ihr gleichzutun und fern der Heimat und Familie eigene Erfahrungen zu sammeln. Der Ausbruch aus dem gewohnten gesellschaftlichen Milieu fällt dann leicht, wenn man über genügend Mittel verfügt, um sich das neue Leben auch leisten zu können. Dies traf bei der ranghöchsten »Aussteigerin« Österreichs, der »roten Erzherzogin«, zweifellos zu (Abb. 246).

Elisabeth, die einzige Tochter Kronprinz Rudolfs, war beim Tod ihres Vaters (1889) fast sechs Jahre alt. Sie verlebte eine eher freudlose Kindheit in der Wiener Hofburg, aus der sie mit 19 Jahren in eine Ehe ausbrach. Sie hatte ihren um zehn Jahre älteren Mann, Otto von Windisch-Graetz, auf einem Hofball ken-

nengelernt und setzte beim Kaiser die Heirat mit dem als unebenbürtig geltenden Kavallerieoffizier durch. Daß sie anläßlich ihrer Hochzeit (1902) für sich und ihre Kinder auf alle Thronansprüche verzichten mußte, dürfte sie kaum gestört haben. Als die Ehe, aus der vier Kinder hervorgingen, immer unglücklicher wurde und sich die Kaiserenkelin scheiden lassen wollte, ließ Franz Joseph dies nicht zu. Als ihr nach dem Ende der Monarchie im Zuge eines Scheidungsverfahrens die Kinder weggenommen werden sollten, wandte sich die Fürstin Windisch-Graetz, die auf Schloß Schönau an der Triesting (Niederösterreich) lebte, um Hilfe an den dortigen Schutzbundkommandanten Leopold Petznek, der diese gewaltsame Aktion verhinderte.
Aus dem Kontakt mit dem sozialdemokratischen Lehrer Petznek wurde eine enge Verbindung. Die Aristokratin trat der Sozialdemokratischen Partei bei und betätigte sich auch aktiv an der Parteiarbeit. Als »Genossin« Windisch-Graetz besuchte sie Wahl-

Abb. 245
Foto: Ida Pfeiffer (1856).

Abb. 246
Foto: Erzherzogin Elisabeth, seit 1902 verehelichte Fürstin Windisch-Graetz (1901).
Wien, HM, IN 73.298/9.

versammlungen und marschierte bei den Aufmärschen am 1. Mai mit. Sie unterstützte Petznek in seiner politischen Tätigkeit als Abgeordneter und half den Parteiorganisationen materiell.
Persönlich hielt die Gutsherrin aber an ihrem feudalen Lebensstil fest, auch als sie 1929 Schloß Schönau verkaufte und in Wien-Hütteldorf ein Palais erwarb; Petznek folgte ihr. Als er 1934 verhaftet wurde, hielt die Fürstin treu zu ihm und besuchte ihn im Gefängnis; als er 1944 von der Gestapo verhaftet wurde, konnte sie seine Verschickung ins Konzentrationslager Dachau jedoch nicht verhindern. Nachdem Petznek im Juni 1945 nach Wien zurückgekehrt und die Scheidung von Fürst Windisch-Graetz erfolgt war, heirateten die ehemalige *Kaiserliche Hoheit* und der aus kleinbäuerlichen Verhältnissen stammende Sozialdemokrat am 4. Mai 1948.
Nach dem Tod ihres Gatten (1956) lebte Frau Petznek äußerst zurückgezogen, ohne Verbindung zu ihren adeligen Verwandten und Standesgenossen, aber auch die Kontakte zu den sozialdemokratischen Genossen erloschen immer mehr. Von ihren Bediensteten versorgt – nach einem Schlaganfall war sie zwei Jahre lang beidseitig gelähmt –, starb sie 1963.
Ihr Testament sorgte für eine Überraschung: Die Erzherzogin verfügte, daß sämtliche Kunstgegenstände und Bücher, die in kaiserlichem Besitz gewesen waren, gegen den Willen ihres ersten Mannes, der sie den gemeinsamen Kindern erhalten wollte, an Museen oder an ihren alten Platz kommen sollten. Sie war der Ansicht, daß kaiserlicher Besitz nicht an Ausländer übergehen oder auf Auktionen versteigert werden dürfe. Auf diese Weise gelangten weit über 500 Gegenstände an verschiedene Bundesmuseen oder wurden wieder in der Hofburg und in Schönbrunn aufgestellt.
Elisabeth wünschte in aller Stille auf dem Hütteldorfer Friedhof begraben zu werden, auf ihrer Gruft weist keine Inschrift auf sie hin. Namenlos wollte diese eigenwillige Habsburgerin das irdische Dasein verlassen, auch im Tod paßte sie sich den herrschenden Gepflogenheiten nicht an.

Die Ausgegrenzte

Wohl jede Gesellschaft sucht sich gegen unerwünschte Personen zu wehren, indem sie sie ausgrenzt. Auch Österreich macht darin keine Ausnahme, wobei die Motive über die Jahrhunderte hinweg unterschiedlich waren. Die Palette reicht von der Absonderung infizierter Kranker über die Landesverweisung unerwünschter Personen bis hin zur physischen Vernichtung angeblich schädlicher oder »lebensunwerter« Mitmenschen.
Die Praxis, beim Ausbruch einer Seuche den Kontakt zwischen den Erkrankten und den Gesunden zu unterbinden, war bereits im Mittelalter üblich. Obwohl man damals die Krankheitsursachen nicht kannte, sah man in der körperlichen Nähe ein wesentliches Moment der Ansteckung und handelte danach. Als besonders zur Zeit der Kreuzzüge die Lepra aus dem Orient nach Europa eingeschleppt wurde, setzte man die infizierten Männer, Frauen und Kinder aus. Die Leprosen oder Aussätzigen mußten eine spezielle Kleidung tragen, erhielten Wanderstab und Klapper (Abb. 247), um sich bemerkbar zu machen, und wurden aus der Stadt gewiesen; sie waren im bürgerlichen Leben gestorben.
Außerhalb der Siedlungen siechten die Kranken dahin, von immer stärkeren Entstellungen gezeichnet. Zunächst einzeln, dann in Gruppen suchten sie sich durch Betteln am Leben zu erhalten. Bald entstanden eigene Leprosenhäuser, in denen die lebenslang abgesonderten Leprakranken, die Sondersiechen, meist in Bruderschaftsverbänden lebten. Die Sondersiechenhäuser wurden zwar außerhalb der Siedlungen, aber in der Nähe von Straßen errichtet, wo die Kranken von vorüberziehenden Reisenden oder Pilgern Almosen erbetteln konnten; besonders günstig waren Wegkreuzungen, wo mildtätige Spender von zwei Straßen angebettelt werden konnten. Auf dem 3. Laterankonzil (1179) erhielten die Aussätzigengemeinschaften die Erlaubnis, eigene Kirchen zu bauen und Geistliche anzustellen.

Abb. 247 *Unbekannter Künstler: Christus als Herr der Bettler und Kranken (1510/20). Ausschnitt: Aussätziger mit Klapper.*
Maria Saal (Kärnten), Pfarrkirche.

Auch in Österreich wurden im Hochmittelalter zahlreiche Leprosenhäuser errichtet, das älteste möglicherweise in der Stadt Salzburg (um 1200). In Wien gründete Magister Gerhard, Pfarrer in der Stadt, 1267 eine Anstalt am Klagbaum, die sowohl Männer wie Frauen aufnahm; die Siechen wurden je nach Geschlecht von einem Meister oder einer Meisterin betreut und mußten auf ihrem Gewand einen roten Ring tragen. Der edle Stifter errichtete auch ein Sondersiechenhaus vor dem Stubentor, das dem hl. Lazarus geweiht war und vermutlich nicht nur Aussätzige aufnahm; im 16. Jahrhundert lebten in diesem Haus, dessen Patron nun der hl. Markus war, auch Blattern- und Syphiliskranke.

In Graz gab es im 13. Jahrhundert ebenfalls ein Leprosenhaus außerhalb der Stadt (Abb. 248), in Innsbruck wird erstmals im Jahr 1313 eine Sondersiechenanstalt bei der St.-Nikolaus-Kirche erwähnt; ihre Insassen bildeten gemeinsam mit den Leprakranken in Hall eine Bruderschaft *(confraternitas infirmorum leprosorum extra muros oppidorum Innsprugk et Hallis)*. In Schwaz wurde das ehemalige Leprosenhaus in der Au um 1780 als *Badhaus, so fir die armen pressthaften Leprosen gewiedmet*, bezeichnet.

Eigene Häuser für weibliche Leprakranke, wie in den großen deutschen Städten, gab es in Österreich nicht, dazu war die Zahl der erkrankten Frauen offenbar zu gering. Dank der rigorosen

Abb. 248 *Andreas Trost, Wahre Abbildung der Kayserlich- und Lands-Fürstlichen Haubt Stadt Graz (Anfang 18. Jh.). Ausschnitt: Das Leprosenhaus, später Pestlazarett am rechten Murufer außerhalb der geschlossenen Siedlung.*

Graz, Steiermärkisches Landesarchiv, HB 1166a.

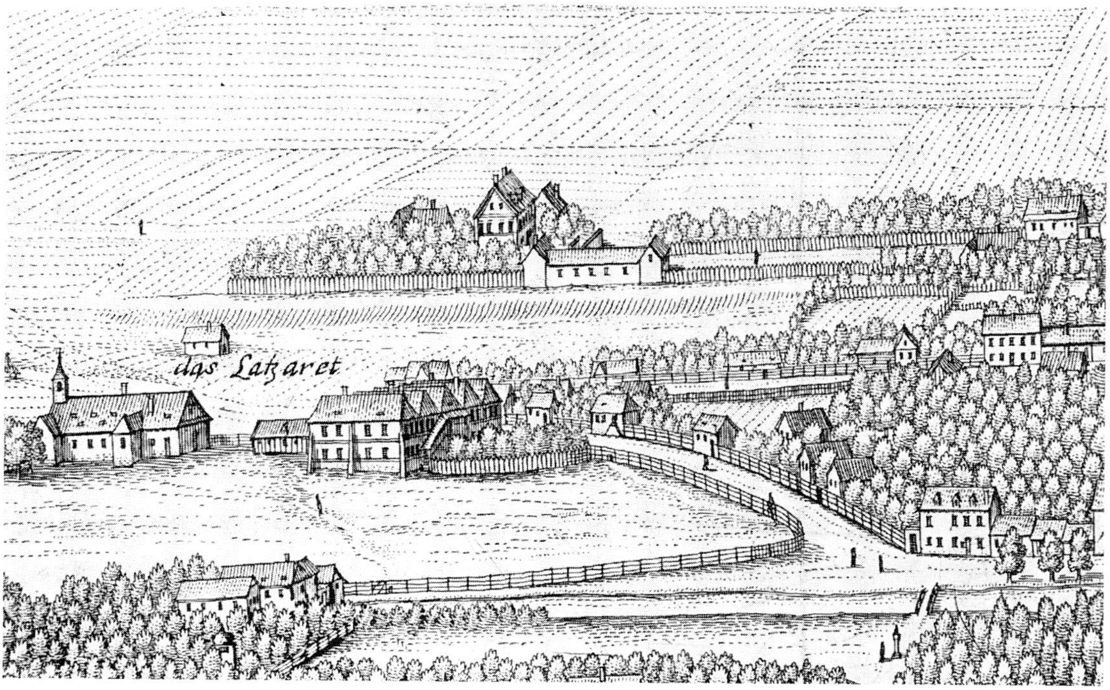

Ausgrenzung aller Leprosen war diese Seuche in den österreichischen Ländern im 16. Jahrhundert praktisch erloschen. Die Absonderung von Personen, deren Erkrankung als ansteckend galt, blieb aber bestehen (Abb. 249).

Abb. 249 *Salzburger Kostümbild (Ende 18. Jh.): Eine offenbar an einer ansteckenden Krankheit leidende Frau aus dem Salzburger Siechenhaus, mit Gabenzange und Sammelbüchse bettelnd.*
Salzburg, SMCA, IN 2562/49.

Als ansteckende Krankheit bezeichnete das christliche Mittelalter auch die Häresie, also die Abweichung vom sanktionierten rechten Glauben. Um die Ausbreitung dieser »Pest« zu verhindern, wurde sie mit Feuer und Schwert bekämpft. Zu den Ketzern im eigentlichen Sinn, den Katharern, Waldensern oder Wiedertäufern, rechnete man bald auch Hexen und Zauberer, denen man Glaubensabfall vorwarf. Der Verfolgung und Vernichtung dieser angeblichen Sekte widmete sich die österreichische Gesellschaft vom 15. bis zum 18. Jahrhundert mit unbarmherzigem Eifer.
Der Glaube an Hexen und Hexer, Zauberer und Zauberinnen bezog seine Spekulationen aus zwei Wurzeln, aus germanisch-heidnischem und christlich-jüdischem Gedankengut. Obwohl das Christentum den Sieg über die germanische Götterwelt davongetragen hatte, lebten heidnische Vorstellungen in der Bevölkerung weiter fort. So der Glaube an die Existenz nachtfahrender Frauen, die im Gefolge heidnischer Göttinnen durch die Lüfte flogen oder sich in Tiere verwandeln konnten. Auch die Möglichkeit, durch Zauberei Hagelschlag auszulösen, die Ernte und die Milch zu verderben, wurde als gegeben angesehen. In der *Lex Baiuvariorum* war Ernteschaden durch Zauberkünste ein strafbares Delikt. Die Kirche wandte sich gegen Zauberer und Zauberinnen und forderte deren Bestrafung. Sie stützte sich dabei auf eine Stelle im Alten Testament, wo es hieß: *Eine Zauberin darfst du nicht am Leben lassen (Exodus 22,17)*. Zauberei galt als Relikt aus heidnischer Zeit und wurde daher bekämpft, doch auch der Glaube an Zauberei sollte bestraft werden.
Im Verlauf der Jahrhunderte wurde die Lehre von Dämonen und Teufeln aufgrund biblischer Belegstellen weiter ausgebaut. Wie der hl. Augustinus war auch Thomas von Aquin (gest. 1274) davon überzeugt, daß es einen Pakt zwischen Menschen und dem Teufel geben könne, und hielt sogar, in Auslegung einer Bibelstelle *(Genesis 6,1–4)*, Sexualverkehr von Dämonen mit Menschen für möglich. Dabei legte sich der Dämon angeblich entweder in männlicher Gestalt als *Incubus* (der Aufliegende) oder in weiblicher Gestalt als *Succubus* (der Unterliegende) zum jeweiligen menschlichen Geschlechtspartner (Abb. 250).
Die phantasiereichen Überlegungen mittelalterlicher Theologen erhielten zur Zeit der Ketzerverfolgung im 13. Jahrhundert große Brisanz. Häresie war als Abfall von Gott ein todeswürdiges Ver-

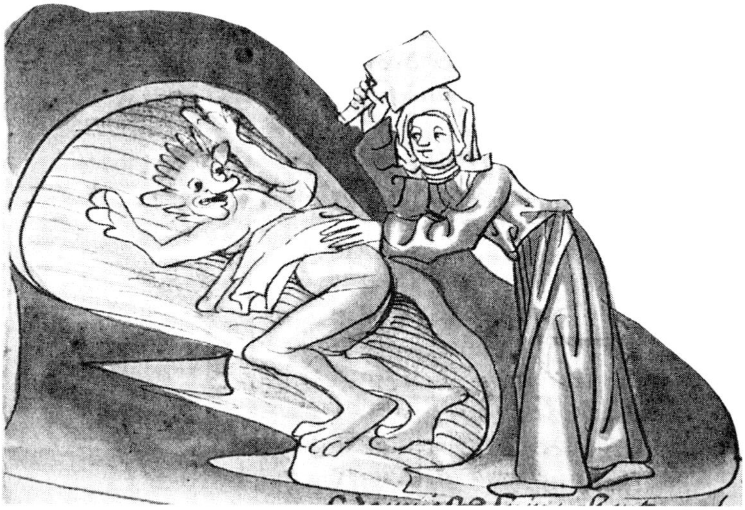

Abb. 250 *Ein als Teufel entlarvter Mann bekommt Schläge.*
Vorau, Stiftsbibliothek, Cod. 273 (Vorauer Volksbibel, 1467), fol. 439v (Detail).

brechen, das durch eigene Inquisitoren aufgespürt wurde. Nach Thomas von Aquin war es nicht Aufgabe der Kirche, den verstockten Ketzer zu retten, sondern die übrigen Menschen vor den Häretikern zu bewahren, indem man diese aus der kirchlichen Gemeinschaft ausschloß, d. h. exkommunizierte und anschließend dem weltlichen Arm zur Hinrichtung übergab. Die Annahme, daß hinter der Zauberei ein Bund mit dem Teufel und damit ein Glaubensabfall lag, machte das Zaubereidelikt *(crimen magiae)* zur Ketzerei. Als Doppeldelikt der ketzerischen Zauberei war es zugleich ein außerordentliches Verbrechen *(crimen exceptum)*, bei dessen Verfolgung man die gängigen Prozeßnormen außer acht lassen durfte und vor allem die Folter als Mittel zur Wahrheitsfindung einsetzte.

Das Bild der mit dem Teufel verbündeten ketzerischen Menschen verdichtete sich gegen Ende des Mittelalters zu folgender Vorstellung: Die Hexe oder der Hexer – anstelle der harmlosen Bezeichnung Zauberer oder Zauberin wurde nun dieser Begriff im Sinne von Teufelsbündlern verwendet – schließen mit dem Satan einen Pakt, der mit Blut besiegelt und durch Sexualverkehr gefestigt wird; durch diese Teufelsbuhlschaft werden die Anhänger des Satans zum Schadenzauber an ihren Mitmenschen angestiftet; sie fliegen, oft in Tiere verwandelt, zum Hexensabbat und verehren dort den Teufel (Abb. 251, 252).

Alle Elemente des unterdessen etablierten Hexenglaubens finden sich in der Bulle Papst Innozenz' VIII. vom 5. Dezember 1484, mit der die Hexenverfolgung in Österreich begann.

Die *Hexenbulle (Summis desiderantes affectibus)* wurde vom

Dominikaner Heinrich Institoris (Kramer) erwirkt, der als *inquisitor haereticae pravitatis* die Verfolgung von Ketzern in einigen deutschen Kirchenprovinzen beginnen sollte. Der Papst hatte angeblich – durch Institoris – erfahren, daß in einigen Teilen Deutschlands, darunter auch in der Kirchenprovinz Salzburg, viele Personen beiderlei Geschlechts, ihrer eigenen Seligkeit vergessend und vom katholischen Glauben abfallend, mit den Teufeln, die sich als Männer *(incubi)* oder Frauen *(succubi)* mit ihnen vermischten, Mißbrauch trieben und mit ihren Zauberkünsten die Geburten der Frauen, die Jungen der Tiere, die Früchte der Erde sowie die Rebstöcke und Bäume verdürben, Mensch und Vieh mit Schmerzen plagten, die Fruchtbarkeit bei Mann und Frau hemmten und den Liebesakt der Ehepartner verhinderten; außerdem würden sie auf Anstiften des Teufels ihren Glauben verleugnen und viele Laster begehen. Damit sich die Seuche der Ketzerei nicht weiter ausbreite, ernannte der Papst Institoris und dessen

Abb. 251 *Teufelsbuhlschaft.*

Graz, UB, Ink. I 7426
(Ulricus Molitoris, De laniis et phitonicis mulieribus), unfoliiert.

Abb. 252 *Hexenflug. Zwei Hexen und ein Hexenmeister – mit Esels-, Sperber- und Kalbskopf – reiten auf einer Heugabel zum Hexensabbat.*

Graz, UB, Ink. I 7426
(Ulricus Molitoris, De laniis et phitonicis mulieribus), unfoliiert.

Ordensbruder Jakob Sprenger, beide Doktoren der Theologie, zu Inquisitoren mit dem Recht, die Schuldigen in Haft zu nehmen, an Leib und Vermögen zu strafen und überall Predigten zu halten. Mit diesem päpstlichen Machtinstrument in Händen begann Institoris seinen Kampf gegen Hexerei in Tirol. Aus Rom kommend, suchte er zunächst den Brixner Bischof Georg Golser auf und präsentierte ihm die *Hexenbulle*. Am 23. Juli 1485 brachte Golser das Schriftstück seinem Klerus zur Kenntnis und gebot ihm, den Inquisitor und dessen Begleiter zur Predigt über das Hexenwesen freundlich aufzunehmen. Anfang August befand sich Institoris in Innsbruck, wo er offenbar in seinen Predigten dazu aufrief, ihm der Hexerei und Zauberei verdächtige Personen zu melden. Als Erkennungszeichen für Hexen sollte gelten, daß sie den Glauben verleugneten, sich bei der Kommunion die Hostie nicht auf, sondern unter die Zunge legen ließen, in der Beichte schwere Sünden verschwiegen und mit heiligen Dingen abergläubischen und gotteslästerlichen Unfug trieben; Hexen würden weder Mensch noch Vieh noch sonst etwas schonen, sondern allen schaden. Ihre häufigsten Verbrechen seien Wetterzauber, die Verwirrung des menschlichen Verstandes bis zum völligen Wahnsinn, die Erregung von Haß und Liebe in unwiderstehlichem Ausmaß, die Verhinderung von Fruchtbarkeit bei Mensch und Tier sowie deren Tötung; niemand solle sich fürchten, Hexen anzuzeigen, da die Beschuldigten die Namen ihrer Ankläger nicht erfahren würden. Ein besonderes Augenmerk sollte auf Hebammen gelegt werden, da diese oft die Kinder dem Teufel opferten.

Zahlreiche Innsbrucker und Innsbruckerinnen leisteten dem Aufruf zur Angabe verdächtiger Personen Folge, so daß bald mit den Einvernahmen begonnen werden konnte. Der erste Denunziant machte am 9. August 1485 seine Aussage. Er hatte einen kranken Fuß und beschuldigte eine Frau aus Hötting, dies und anderes verursacht zu haben: *Ein frauw, haist die Kleuberin zw Hettingen, sol ieren aygen son getet haben darump, das er ain weip nam wider iren willen, daz sy selber gesagt hat, wan sy 3 suntag vastet, so möcht er nit das iar über leben, das auch gescha. Sy hat auch einen armen man verzaubert, das er an einem foss gross leiden hat.*

Die weiteren Denunzianten waren teils männlich, teils weiblich, oft kamen auch Ehepaare zum Inquisitor. Sie wurden bis zum 14. September 1485 einvernommen und machten entweder detaillierte Angaben über eine bestimmte Person oder hatten nur gerüchteweise gehört, daß jemand als Hexe (Unhold) galt: *Die Steurerin hat einen bösen lumit zw einer unhulden, ouch hat sy den Matheis Ehinger auff ein zait getrogt: ›Se dir mein trauw, ich*

wil dirs zalen, ich kan die kunst wol.‹ Also wart im geworffen in sein hauss wachss, dat inwendig wunderlich gestalt hat, und brocht es einer, der bey der Steurerin wont. Also sint es 5 ior, daz die zwey elichen menschen ellendichen leben mit einander.
Außer einem Mann namens Andreas Fierer aus Ampaß, der als Hellseher den Fundort verlorener Dinge angeben konnte *(der mit kinsten verloren ding offenbart),* sowie einem Schulmeister und seiner Frau Dorothea, die den Leuten anboten, ihnen gestohlene Dinge wiederzubringen, waren alle Beschuldigten weiblichen Geschlechts. Insgesamt wurden rund 40 Frauen und Mädchen aus Innsbruck sowie zehn aus der näheren Umgebung denunziert.
Darüber hinaus erschien auch eine Reihe von nicht namentlich genannten Personen verdächtig: *Es sint personen, die mit kinsten umgen, den tüfel anzwrüffen, aber sy sollent daz nimmer beichten, es sey zw der lieb oder zw ander kranckhait der mönschen, hat gesagt etwan Lentz Büchlins uxor, die personen vast im land umblauffen.*
Die Mehrzahl der Beschuldigten war mit ihren Denunzianten bestens bekannt, ein Ehemann beschuldigte sogar seine eigene Frau: *Einer klagt wider sein aygen haussfraw, sy hab in in daz achtest iar verzaubert, daz er in steter kranckhait ist und keiner frauwen geweltig ist.* Vielfach hatten zunächst Liebesverhältnisse bestanden, die aber nicht zur Ehe führten. Verschmähte Liebe, Generationen- und Ehekonflikte sowie nachbarliche Feindschaft waren die häufigsten Ursachen für die Denunziation. Auf das Konto der Hexen bzw. Zauberinnen gingen angeblich verschiedene Krankheiten und Todesfälle, sie betrieben Liebeszauber, Milch- und Wetterzauber; ihre Schmähungen und Verwünschungen galten als überaus wirksam. Es gab auch Frauen, die ihre Geschlechtsgenossinnen in der Zauberkunst unterwiesen. Als Zaubermittel verwendeten die Denunzierten diverse Pulver, Haare von Mensch und Tier oder Gebeine von ungetauften Kindern, die sie mit der Zielperson in Berührung brachten. Einige Frauen wurden beschuldigt, Alraunen und andere Zaubermittel unter die Altartücher der Kirche zu legen, um deren Wirkung zu erhöhen. An glaubensfeindlichen Delikten meldeten die Denunzianten, daß eine getaufte Jüdin sowie zwei Christinnen *ein marterbild Unsers Heren* gegeißelt und dazu *viel lesterlicher wort* wider Gott gesprochen hätten. Auch eine Magd namens Bärbel trieb angeblich gotteslästerliche Dinge mit einem Christophorusbild. Von Anrufungen des Teufels war vereinzelt die Rede, nicht jedoch von einem direkten Teufelspakt mit Satanskult, Hexensabbat, Nachtfahrten oder sexueller Vereinigung zwischen Menschen und Dämonen. Der Inquisitor glaubte sich trotzdem von zahlreichen

Hexen umgeben und nahm bereits die ersten Verhaftungen vor. Um einen Inquisitionsprozeß beginnen zu können, benötigte Institoris allerdings die Mithilfe des Landesherrn sowie des zuständigen Diözesanbischofs. Er wandte sich an beide. Von Erzherzog Sigismund erbat er sich die Unterstützung durch den weltlichen Arm, vom Brixner Bischof wünschte er die notwendige Vollmacht zur Durchführung des Verfahrens. Gemäß der Dekretale *Multorum querela* des Konzils von Vienne (1311/12) konnten zwar sowohl der päpstliche Inquisitor wie auch der Ortsbischof unabhängig voneinander ein Inquisitionsverfahren beginnen, Verdächtige vorladen und gefangennehmen; schwere Kerkerhaft und Folter durften aber nur einvernehmlich verfügt werden und auch die Urteilsfindung mußte gemeinsam erfolgen.
Der Tiroler Landesfürst sandte das an ihn gerichtete Schreiben des Inquisitors an den Brixner Bischof, der ihm am 21. September 1485 antwortete, er möge für die Bestrafung der angeblich vorgefallenen Freveltaten sorgen, doch von Institoris Gnade für diejenigen erbitten, die weniger gefehlt hätten. Diejenigen, die in gotteslästerlicher Weise Bilder durch Geißelhiebe und Nadelstiche verunehrt oder Menschen durch Zaubermittel getötet hätten, sollten mit Urteilsspruch streng bestraft werden; gegen die anderen möge man aber ohne Prozeß *mit penen und penitentzen*, also mit weltlichen Strafen und Kirchenbußen, vorgehen und jene, die nicht aktiv tätig gewesen, sondern nur verführt worden seien, lediglich mit Kirchenbußen belegen. Künftig müsse man Zauberei – von Hexerei ist nicht die Rede – allerdings schwer bestrafen. In seinem gleichzeitigen Schreiben an Institoris legte Bischof Golser dem Inquisitor die Befolgung der bestehenden Rechtsnormen ans Herz, speziell jene päpstliche Konstitution, wonach den Beschuldigten die Namen der gegen sie aussagenden Personen bekanntgegeben werden müßten, sofern nicht zwingende Gründe dagegen sprachen. Da er selbst krankheitshalber nicht am Gerichtsverfahren teilnehmen konnte, übertrug er dem Inquisitor die Vollmacht zur Führung des Prozesses, riet ihm aber, einige gelehrte Räte des Erzherzogs beizuziehen.
Mit der bischöflichen Bevollmächtigung ausgestattet, begann Institoris das Inquisitionsverfahren. Er ließ sieben Frauen aus Innsbruck festnehmen, von denen nur eine – Barbara Hufeisen – bereits in den Denunziationen vom August/September 1485 genannt worden war; es sind demnach zumindest die Protokolle der gegen die übrigen sechs weiblichen Angeklagten vorgebrachten Beschuldigungen verlorengegangen.
Die erste Zeugeneinvernahme fand am 4. Oktober 1485 statt und betraf Helena Scheiber. Über sie war der Inquisitor besonders

erbost, nachdem er gehört hatte, daß sie seine Predigten schlecht fand und sogar die Kirche verließ, sobald er die Kanzel betrat. Dabei sollte sie folgende Verwünschung ausgestoßen haben: *Das dir das fallen übel in deinen grauwen scheitel sol; wen wil dich der tüfel hinfieren.* Der um 1430 geborene, 1485 also etwa 55 Jahre alte Institoris erhielt von der Scheiberin, als er sie aus dem Kerker vorführen ließ und nach dem Grund dieser ihrer Äußerung fragte, zur Antwort, daß er nur über Häresie predige. Als er weiter forschte, warf sie ihm vor, daß er lediglich gegen Zauberinnen *(contra maleficas)*, nicht aber – wie wohl zu ergänzen ist – gegen Zauberer predige.
Auf die Kunde von den Verhaftungen wandte sich Erzherzog Sigismund am 7. Oktober 1485 erneut an den Brixner Bischof, teilte ihm die Festnahme der sieben Innsbruckerinnen mit und bat dringend um die Entsendung eines sachkundigen bischöflichen Kommissars. Bischof Golser delegierte Sigismund Saumer, Lizentiat des Kirchenrechts *(licentiatus in decretis)* und Pfarrer von Axams. Unterdessen waren in Innsbruck die Zeugenverhöre weitergegangen, an ihnen nahmen außer Heinrich Institoris und einigen seiner Ordensbrüder sowie einem Notar mehrmals auch Saumer und ein Vertreter des Erzherzogs teil. Bis zum 21. Oktober 1485 wurden etwa 30 Zeugen einvernommen, die ähnliche Dinge gegen die Beschuldigten vorbrachten wie diejenigen im August/September. So sagte Margarete Grünpach am 8. Oktober 1485 unter Eid gegen Barbara Hufeisen aus und gab unter anderem zu Protokoll: Als die Angeklagte, die eine Zeitlang in ihrem Haus gewohnt hatte, die Wohnung räumen sollte, drohte sie: *Ich wil dich blind und lam machen und wie ich dich haben wil.* Dies hörten auch zwei andere Frauen, von denen eine zur Hufeisen sagte: *Berbil, Berbil, du soltest dir lossen ee ein finger abhauwen den solliche wort reden.* Tatsächlich begann die Zeugin sofort zu erblinden und an allen Gliedern lahm zu werden. Dieser Zustand dauerte so lange, bis ihr die Gottesmutter erschien und befahl, unter den Türstufen ihrer Wohnung zu kehren. Als sie dabei eine Menge eigenartiger Fleischstücke fand und anschließend ins Feuer warf, wurde sie wieder gesund.
Da auch andere Frauen von angehexten Krankheiten berichteten und behaupteten, Barbara Hufeisen gäbe Unterricht, wie man den Teufel anrufen müsse, um Liebe oder Krankheiten anwünschen zu können, war der Inquisitor von ihrer Schuld bereits überzeugt. Er glaubte natürlich auch das Gerücht, daß es in Innsbruck zwei Hexenvereinigungen gab *(societates maleficarum in oppido Ysbruck)*, von denen eine aus Barbara Hufeisen und Helena Scheiber, die andere aus den fünf weiteren inhaftierten Frauen

bestehen sollte. Er beschloß, die vorgebrachten Anschuldigungen auf der Folter verifizieren zu lassen. Die peinliche Befragung sollte aber nicht dazu dienen, Schuld oder Unschuld der Angeklagten zu erkennen – die Schuld stand für ihn bereits fest –, sondern sie zur Angabe weiterer Zauberinnen und Zaubereien veranlassen. Den im Kerker befindlichen Frauen drohte also, nicht zuletzt durch die Denunziation seitens eigener Geschlechtsgenossinnen, eine grausame Folterung.

Am Morgen des 29. Oktober 1485 fand im Innsbrucker Rathaus die erste Gerichtssitzung statt. An ihr nahmen außer dem Inquisitor drei weitere Dominikaner und zwei Notare sowie drei Abgesandte des Brixner Bischofs teil: Christian Turner, Lizentiat im Kirchenrecht, als bischöflicher Kommissar, Paul Wann, Doktor des Kirchenrechts und der Theologie, sowie Sigismund Saumer. Als erste Angeklagte wurde Helena Scheiber vorgeführt. Institoris vereidigte sie und begann dann mit seinen Fragen über ihre Lebensverhältnisse. Sie gab an, in Innsbruck geboren und aufgewachsen zu sein, seit acht Jahren war sie mit Sebastian Scheiber verheiratet; ihr Lebenswandel sei ehrbar. Dies veranlaßte Institoris, sie nach ihrem Sexualleben zu fragen, offenbar in der Hoffnung, dadurch auf eine Teufelsbuhlschaft zu stoßen. Der bischöfliche Kommissar wies diese Frage als nicht zur Sache gehörend zurück und drohte, die Sitzung zu verlassen, wenn der Inquisitor damit nicht aufhöre. Daraufhin begann Institoris, die Angeklagte über einzelne Punkte der Zeugenaussagen zu befragen, stieß damit aber beim Kommissar erneut auf Kritik; Turner protestierte gegen die Art, wie der Inquisitor die Verhandlung führte. Daraufhin wurde die Sitzung bis 11 Uhr unterbrochen, um Institoris Gelegenheit zu geben, das Schema über die zu stellenden Fragen auszuarbeiten.

Als die Gerichtssitzung um 11 Uhr fortgesetzt wurde, gab es eine Überraschung: Johann Merwais, Lizentiat im Kirchenrecht und Doktor der Medizin, stellte sich als Verteidiger der angeklagten Frauen vor, er war offenbar von den Brixner Delegierten herbeigeholt worden. Merwais hatte zwar wegen seiner überraschenden Bestellung noch keine schriftliche Vollmacht für die Verteidigung in Händen, wollte sie aber durch den eilends herbeigeholten Notar ausfertigen lassen. Alle Angeklagten, die in den Gerichtssaal geholt wurden, übertrugen ihm natürlich gern die Vollmacht zu ihrer Verteidigung.

Merwais bestand darauf, daß die Verhandlung noch einmal begonnen werde. Er erhob sogleich Nichtigkeitsbeschwerde gegen die vorgebrachten Anklagen, weil der Inquisitor nicht korrekt vorgegangen sei. Er verlangte daher die Freilassung aller Angeklagten, während Institoris selbst in Gewahrsam genommen werden sollte. Mit dieser Forderung drang er zwar nicht durch, der Inquisitor blieb weiterhin auf freiem Fuß, aber die eingekerkerten Frauen erhielten Hafterleichterung. Schließlich wurde beschlossen, in zwei Tagen wieder zusammenzukommen.

An dieser zweiten Gerichtssitzung am 31. Oktober 1485, die diesmal im Haus eines Innsbrucker Bürgers stattfand, nahmen dieselben Personen wie beim ersten Mal teil. Wieder stießen Institoris und Merwais hart aufeinander. Der Verteidiger wiederholte, daß das bisherige Verfahren null und nichtig sei, worauf Turner als bischöflicher Kommissar das Urteil fällte. Demnach war der Prozeß gegen die sieben Frauen nicht korrekt geführt worden und somit nichtig; die Inhaftierten sollten freigelassen werden, aber zwecks Vermeidung von Mißfallen unter der Bevölkerung Bürgschaft leisten, daß sie sich jederzeit zu einer neuen Gerichtsverhandlung oder zur Verhängung einer Kirchenbuße stellen würden. Anschließend erklärte Turner die Vollmacht des Brixner Bischofs für Institoris für erloschen und wollte sie ihm abnehmen, dieser gab sie aber nicht aus der Hand.

In den folgenden Tagen wurden die Bürgen für die freigesprochenen Frauen gesucht und am 3. November 1485 deren Namen protokolliert. Für Helena Scheiber bürgte ihr Mann Sebastian mit all seinem Hab und Gut, für die übrigen Denunzierten leisteten Innsbrucker Bürger die Gestellungsbürgschaft. Nachdem sich Erzherzog Sigismund großzügigerweise bereit erklärt hatte, die Kosten für das Gerichtsverfahren und den Aufenthalt des Inquisitors samt Gefolge zu übernehmen, war dieser erste Innsbrucker Zaubereiprozeß glimpflich zu Ende gegangen.

Aber Heinrich Institoris gab keineswegs auf. Er blieb weiterhin im Lande und sammelte Material für einen neuen Prozeß. Auch als ihm Bischof Golser am 14. November 1485 nahelegte, Tirol zu verlassen, brach er seine Zelte nicht ab, so daß ihn der Brixner Oberhirte am 8. Februar 1486 erneut aufforderte, in sein Kloster zurückzukehren und andere nicht zu behelligen.

Der Mißerfolg, den der alte, nach Ansicht des Brixner Bischofs bereits kindische Inquisitor mit seinen »Hirngespinsten« *(ipse realiter mihi delirare videtur)* in Tirol erlitten hatte, zeitigte verhängnisvolle Folgen: Er ging daran, ein großangelegtes Werk für die Verfolgung der Hexerei zu verfassen. Wohl auch deshalb, weil ihm in Innsbruck fast ausschließlich Frauen als zaubereiverdächtig angezeigt worden waren, nannte er es *Malleus maleficarum*, also »Hammer der Schadenstifterinnen«, d. h. Zauberinnen; seit dem 18. Jahrhundert bürgerte sich dafür der Name *Hexenhammer* ein. Er erschien 1487 im Druck, als Autor figurierte der

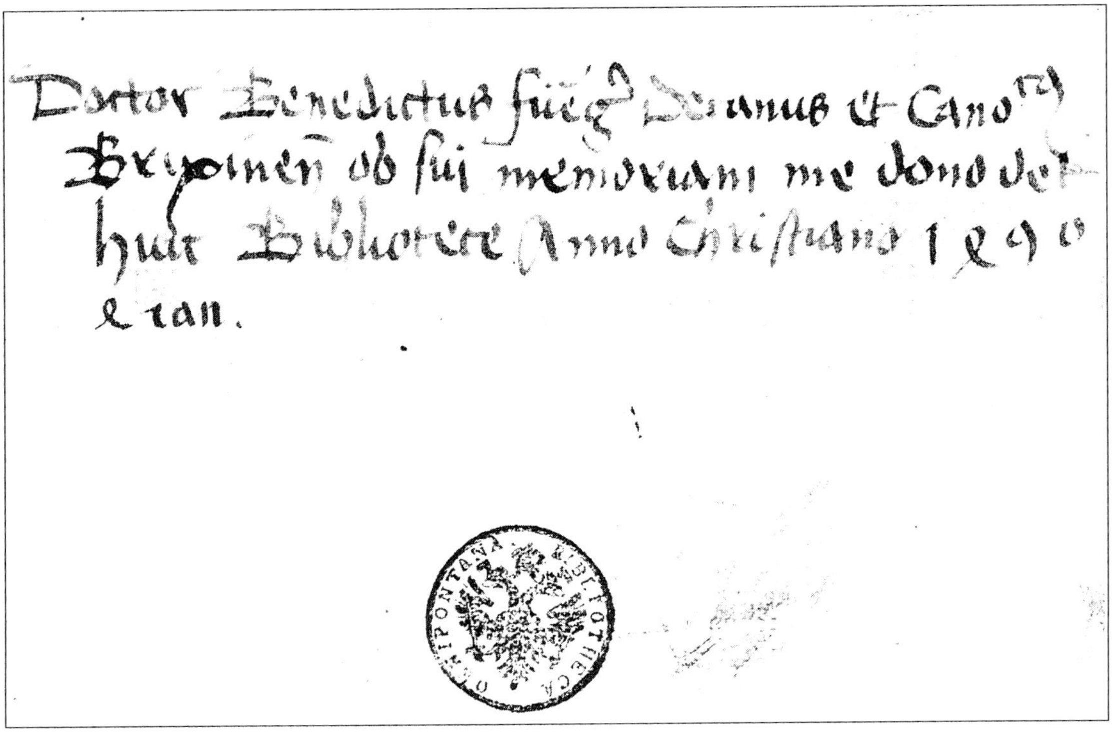

Abb. 253 *Jakob Sprenger – Heinrich Institoris, Malleus maleficarum. Der »Hexenhammer« sollte schadenstiftende Frauen zermalmen. Widmung des Brixner Exemplars der Erstausgabe (Speyer 1487) durch Domdekan Dr. Benedikt Füger an das Kloster Neustift (4. Januar 1490); von dort kam die Inkunabel im 19. Jahrhundert an die Innsbrucker Universitätsbibliothek.*
Innsbruck, UB, Sign. 157 C 2.

zweite in der päpstlichen *Hexenbulle* von 1484 genannte Inquisitor, der Dominikaner Jakob Sprenger. Die Hauptarbeit leistete aber Heinrich Institoris (Abb. 253).

Der *Hexenhammer* war systematisch angelegt. Im ersten Hauptteil wiesen die beiden Autoren anhand der Heiligen Schrift und anderer Autoritäten – angeblich – nach, daß es Hexen gab, die kraft ihres mit dem Teufel geschlossenen Paktes mittels Dämonen Hexenkünste vollbrachten; diese Frauen, durch die die Dämonen redeten oder Wundertaten bewirkten, würden Pythonen genannt. Als Grund, warum mehr Frauen als Männer dem Aberglauben verfielen, wurde behauptet, daß sie erstens leichtgläubiger seien und daher vom Teufel eher aufgesucht würden, daß sie zweitens von Natur aus *wegen der Flüssigkeit ihrer Komplexion* leichter zu beeinflussen seien, und drittens, daß sie sich, da sie keine Kraft hätten, leicht durch heimliche Hexenwerke rächen wollten. Diese Mängel seien durch die Erschaffung der Eva aus einer krummen Brustrippe Adams (Abb. 254) grundgelegt, der Defekt einer gekrümmten und dem Mann gleichsam entgegengesetzten Rippe bewirke, *daß, da das Weib nur ein unvollkommenes Tier ist, es immer täuscht.* An diese absurde Behauptung schloß sich eine etymologische Erklärung, warum eine Frau *(femina)* geringeren

Glauben habe als ein Mann: *Das Wort femina nämlich kommt von fe und minus (fe = fides, Glaube, minus = weniger, also femina = die weniger Glauben hat), weil sie immer geringeren Glauben hat und bewahrt, und zwar aus ihrer natürlichen Anlage zur Leichtgläubigkeit ...* Daraus folgerten die beiden Dominikaner: *Also schlecht ist das Weib von Natur, da es schneller am Glauben zweifelt, auch schneller den Glauben ableugnet, was die Grundlage für die Hexerei ist* (Abb. 255).

Im Anschluß an diese Feststellung folgte im *Hexenhammer* eine Aufzählung verschiedener Schandtaten von der Antike an, wobei die Verfasser fanden, *daß fast alle Reiche der Erde durch die Weiber zerstört worden sind.* Sie zogen daraus bezüglich der Frauen die Schlußfolgerung: *Alles geschieht aus fleischlicher Begierde, die bei ihnen immer unersättlich ist ... Darum haben sie auch mit Dämonen zu schaffen, um ihre Begierden zu stillen.* Es seien daher mehr Frauen als Männer mit der Hexerei besudelt, weshalb folgerichtig von der Ketzerei der Hexen, nicht der Hexer gesprochen werde. Zum Glück gehörten die beiden Inquisitoren selbst diesem verderblichen Geschlecht nicht an: *Gepriesen sei der Höchste, der das männliche Geschlecht vor solcher Schändlichkeit bis heute so wohl bewahrte.*

An diese grundsätzlichen Phantastereien schloß sich eine detaillierte Aufzählung der von den Hexen – angeblich – verübten Untaten (Liebeszauber, Unfruchtbarmachung, Tierverwandlung, Kinderschädigung durch Hebammen). Sie wurde auch im zweiten

Abb. 254 *Die Erschaffung der Eva aus einer Adamsrippe.*
Vorau, Stiftsbibliothek, Cod. 273 (Vorauer Volksbibel, 1467), fol. 13v (Detail).

Abb. 255 *Teufel und Frau, ein häufig abgebildetes Paar. Hier eine Darstellung aus dem 12. Jahrhundert.*
Graz, UB, Ms. 136, fol. 56r (Detail).

Hauptteil, der sich mit den verschiedenen Arten und Wirkungen der Hexerei beschäftigte, fortgeführt. Beschrieben wurden die beiden Arten des Teufelsbundes, die Hexenflüge, der Schadenzauber durch Hostien oder Gegenstände, die unter die Altardecken gelegt wurden, das Anhexen von Krankheiten, der Milch- und Wetterzauber und anderes mehr.

Besonders abstruse Vorstellungen entwickelten die beiden Inquisitoren in dem Kapitel, das sie folgendermaßen betitelten: *Wie gegenwärtig die Hexen mit den Incubi fleischliche Handlungen verüben und wie sie dadurch vermehrt werden.* Demnach gelang das rational schwer lösbare Kunststück, wie ein körperloser Dämon ein Kind zeugen konnte, auf folgende Art: *Ein Succubus bekommt von einem schändlichen Manne Samen; ist jener eigens diesem Mann zugeordnet und will sich nicht bei der Hexe zum Incubus machen, so wird jenen Samen derjenige Dämon dem Weibe oder der Hexe überbringen, der derselben zugeordnet ist; und zwar wird er sich bei der Hexe zum Incubus machen unter einer bestimmten Konstellation, die ihm dienlich ist, so daß ein also Geborener oder eine also Geborene an Kräften stark zur Vollbringung von Hexentaten werden wird.* Der Dämon oder die Dämonen mußten also zunächst in weiblicher Position als Succubus (= darunterliegend) den Samen auffangen und ihn anschließend in männlicher Position als Incubus (= daraufliegend) in den Körper der Hexe bringen. Daraus ergab sich die Wahnvorstellung, daß durch diese von Dämonen bewirkten Geburten das Reich des Satans auf Erden ständig vergrößert würde (Abb. 256).

In ihrer Gründlichkeit gingen Sprenger und Institoris auch der Frage nach, ob *der Incubus die Hexe immer mit Ergießung des Samens besucht.* Sie vermuteten, daß der Dämon sehr wohl erkannte, *ob die Hexe bejahrt und unfruchtbar ist oder nicht.* Wenn ersteres zutraf, dann ohne Ergießung des Samens, *da er ja nicht wirken würde und der Dämon in seinen Werken, soviel er kann, Überflüssiges vermeidet. Ist sie nicht unfruchtbar, so macht er sich an die Hexe, um ihr Ergötzung zu schaffen; ist sie der Schwängerung fähig, und kann er bequem von einem Manne vergossenen Samen haben, dann zögert er nicht, damit zu ihr zu gehen, um die Leibesfrucht zu infizieren.*

Im weiteren Verlauf des zweiten Hauptteils wurden dann kirchliche Heilmittel gegen die Hexenkünste aufgezählt, wobei die Autoren besonders dem Exorzismus als Mittel gegen angehexte Krankheiten breiten Raum widmeten, aber auch den Hagelschlag und die behexten Tiere nicht vergaßen. Die empfohlenen Heilmittel sollten vor allem dem männlichen Geschlecht zugute kommen, da es zwar mehr Hexen gebe, die von Frauen behexten Männer

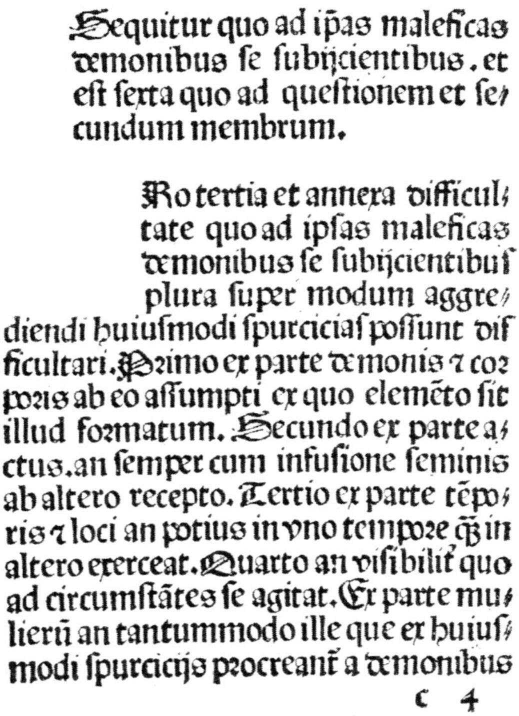

Sequitur quo ad ipsas maleficas demonibus se subiicientibus. et est sexta quo ad questionem et secundum membrum.

Ro tertia et annexa difficultate quo ad ipsas maleficas demonibus se subiicientibus plura super modum aggrediendi huiusmodi spurcicias possunt difficultari. Primo ex parte demonis et corporis ab eo assumpti ex quo elemento sit illud formatum. Secundo ex parte actus. an semper cum infusione seminis ab altero recepto. Tertio ex parte temporis et loci an potius in uno tempore quam in altero exerceat. Quarto an visibiliter quo ad circumstantes se agitat. Ex parte mulierum an tantummodo ille que ex huiusmodi spurciciis procreantur a demonibus

c 4

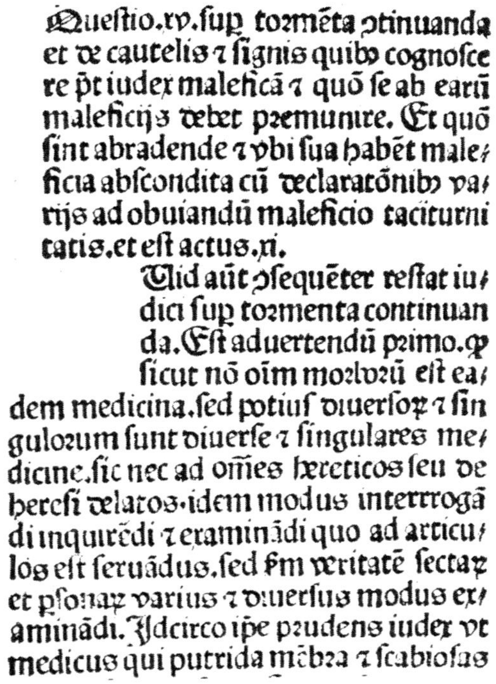

Questio. xv. super tormenta continuanda et de cautelis et signis quibus cognoscere potest iudex maleficam et quomodo se ab earum maleficiis debet premunire. Et quomodo sint abradende et ubi sua habent maleficia abscondita cum declarationibus variis ad obuiandum maleficio taciturnitatis. et est actus. xi.

Quid autem consequenter restat iudici super tormenta continuanda. Est aduertendum primo. quod sicut non omnium morborum est eadem medicina. sed potius diversorum et singulorum sunt diverse et singulares medicine. sic nec ad omnes hereticos seu de heresi delatos idem modus interrogandi inquirendi et examinandi quo ad articulos est servandus. sed secundum veritatem sectarum et personarum varius et diversus modus examinandi. Idcirco ipse prudens iudex ut medicus qui putrida membra et scabiosas

aber in der Überzahl seien. Als Hauptgelegenheit zur Behexung galt den beiden Dominikanern der Sexualakt, weil der Mann bei diesem leichter behext werden könne als eine Frau.

Im dritten Hauptteil erklärten die beiden Inquisitoren, die ihrer eigenen Aussage nach in ihrem bisherigen Wirkungsbereich in den vergangenen fünf Jahren bereits 48 Frauen wegen langjähriger Teufelsbuhlschaft auf den Scheiterhaufen gebracht hatten, sich von ihrer Inquisitionstätigkeit zurückziehen zu wollen. Daher wollten sie den geistlichen und weltlichen Richtern mit dem *Hexenhammer* eine Anleitung *über die Arten der Ausrottung oder wenigstens Bestrafung* von Hexen geben.

Zur Einleitung von Hexenprozessen sollte zunächst an der Pfarrkirche oder dem Rathaus ein öffentlicher Anschlag angebracht werden, wonach jedermann unter Strafandrohung verpflichtet sein sollte, der Ketzerei oder Hexerei verdächtige Frauen zu melden. In diesem Anschlag sollte eigens betont werden, daß niemand strafbar sei, dessen Anzeige nicht stichhältig sein würde; denn er biete sich nicht als Ankläger, sondern als Denunziant an. Die Aussagen der Denunzianten hätten aber unter Eid zu erfolgen.

Abb. 256 *Jakob Sprenger – Heinrich Institoris, Malleus maleficarum (Hexenhammer). Ausschnitt: Über den Sexualverkehr der Hexen mit Dämonen.*
Innsbruck, UB, Sign. 157 C 2 (Erstausgabe Speyer 1487), unfoliiert.

Abb. 257 *Jakob Sprenger – Heinrich Institoris, Malleus maleficarum (Hexenhammer). Ausschnitt: Frage 15 über die Fortsetzung der Folter.*
Innsbruck, UB, Sign. 157 C 2 (Erstausgabe Speyer 1487), unfoliiert.

Für die Eröffnung eines Hexenprozesses lehnten Sprenger und Institoris das allgemein übliche Anklageverfahren, bei dem der Prozeß durch einen Kläger in Gang gesetzt wurde, als in einer Glaubenssache nicht gebräuchlich und für die anklagende Person wegen der Hexenkünste als gefährlich ab. Der Richter sollte das Verfahren lieber aufgrund einer Denunziation oder durch Inquisition von Amts wegen auf ein Gerücht hin beginnen. Der Hexenprozeß müsse summarisch, ohne viel Aufhebens seitens der Advokaten und Richter sowie ohne Formalitäten ablaufen; um jede Verzögerung zu vermeiden, sollten u. a. Appellationen zurückgewiesen und die Zahl der Zeugen eingeschränkt werden. Bei Fluchtgefahr sollte der Richter die oder den Angeklagte(n) – es war also auch an Hexer gedacht – verhaften, ansonsten nur vorladen, aber in beiden Fällen das betreffende Haus gründlich nach verdächtigen Gegenständen durchsuchen.

Bei den allgemeinen Fragen an die Hexe oder den Hexer sollte zunächst nach den persönlichen Lebensverhältnissen und den Lehrmeistern der Hexerei geforscht werden, auch ob die Angeklagten an die Existenz von Hexen glaubten. Dies würden die Hexen meist leugnen, was sie nach Meinung der beiden Inquisitoren bereits der Ketzerei verdächtig machte. Wenn die Beschuldigten leugneten, sollte der Richter sie als der Hexerei überführt ansehen, sofern sie übel beleumundet seien, die Indizien der Tat *vor Augen lägen, nämlich in Gestalt der behexten Kinder oder der Haustiere, die öfters infiziert oder der Milch beraubt würden*, selbst wenn die Zeugen keine übereinstimmenden Aussagen machten. Wenn sich die Beweise aber als nicht stichhältig erwiesen, sollten die Angeklagten freigelassen werden.

Wenn sich der Verdacht jedoch erhärtete, mußte, um ein Bluturteil fällen zu können, ein Geständnis der Angeklagten vorliegen, wozu sie notfalls der Folterung auszusetzen waren. Dabei wurden die Richter gewarnt, daß die Hexen durch den Teufel oft schmerzunempfindlich gemacht würden, so daß *sie sich eher gliederweise zerreißen ließen als etwas von der Wahrheit zu gestehen*. Bisweilen stifte der Teufel die Hexen zum Selbstmord an, wodurch sie um die Beichte und damit Versöhnung mit Gott gebracht würden. Die beiden Inquisitoren gaben genaue Anweisung, wie die Einvernahme und Folterung zu erfolgen habe. Die angeklagte Hexe sollte von einer ehrbaren Frau entkleidet werden, um zu sehen, ob sie vielleicht ein Hexenwerkzeug, das üblicherweise *aus den Gliedern eines ungetauften Knaben hergestellt werde*, in ihre Kleidung eingenäht habe. Um zu verhindern, daß Hexen abergläubische Amulette an sich hätten, sollten ihnen alle Haare am Körper, einschließlich der Schamhaare, abrasiert werden. Bei der

Folterung sollte der Angeklagten – fälschlicherweise – versprochen werden, daß sie zu lebenslänglichem Kerker bei Wasser und Brot verurteilt werden könne, wenn sie die Namen anderer Hexen angeben würde. Außerdem möge der Richter bei dieser Gelegenheit achtgeben, ob sie weinen könne; vergieße sie keine Tränen, sei dies ein sicheres Hexenzeichen. Richter und Beisitzer sollten sich von der Angeklagten nicht berühren lassen, sondern geweihte Dinge – am Palmsonntag geweihtes Salz, geweihte Kräuter und geweihtes Wachs – als Schutz um den Hals tragen. Die Hexen sollten nur an besonders heiligen Tagen und während einer Messe verhört werden. Auch möge man ihnen geweihtes Salz und geweihte Kräuter sowie die sieben letzten Worte Christi am Kreuz, auf einen Zettel geschrieben, an den Hals binden; um den bloßen Leib sollte man ihnen die Länge Christi aus geweihtem Wachs gürten. Bevor sie zum zweiten Verhör am Seilzug hochgezogen würden, möge man ihnen Weihwasser zu trinken geben. Wenn eine Hexe ein Gottesurteil mit glühendem Eisen verlange, solle es ihr abgeschlagen werden (Abb. 257).

Auch für die Urteilsfindung gaben die Autoren detaillierte Anweisungen. So sollte, wenn ein Freispruch erfolgte, nicht erklärt werden, daß die Angeklagte unschuldig sei, sondern nur, daß gegen sie nichts bewiesen worden sei. Einer übel beleumdeten Person sollte die kanonische Reinigung – detailliert beschrieben – auferlegt werden; wer sich nicht reinigen wolle, müsse exkommuniziert werden. Nach einem Schuldspruch sollte der weltliche Arm aktiv werden, d. h. die Todesstrafe vollziehen. Der Richter sollte aber auch auf die Nachkommen der eingeäscherten oder festgenommenen Hexen achten, weil diese meist infiziert seien; die Mütter würden ihre Kinder den Dämonen darbringen und sie zweifellos in allen möglichen Schandtaten unterweisen.

Der *Hexenhammer* beschränkte sich nicht auf Frauen als Schadenstifterinnen und Teufelsbuhlerinnen, sondern bezog auch Männer als mögliche Hexer und Teufelsbündler in seine Betrachtung ein. Trotzdem lag der Schwerpunkt eindeutig auf Hexen, die frauenfeindliche Einstellung der Geistlichkeit kam in diesem Werk, das die Hexenlehre des Mittelalters zu einem geschlossenen Lehrgebäude zusammenfügte, voll zum Tragen (Abb. 258). Institoris flocht in seine Darlegung mehrmals auch Fakten aus dem Innsbrucker Prozeß ein, allerdings reichlich wahrheitswidrig. So behauptete er, daß ein ganzes Buch nicht ausreichen würde, um alle Fälle zu berichten, die in dieser Stadt aufgedeckt worden seien. Viele Blinde, Lahme, Abgezehrte und von verschiedenen Krankheiten Heimgesuchte hätten unter Eid ausgesagt, was ihnen von Hexen diesbezüglich prophezeit worden sei und danach wirk-

Abb. 258 *Kaiser Maximilian I., Der Weißkunig: Der junge Maximilian erlernt die Schwarzkunst. Hexe und Teufel sind in seine Welt bereits fest integriert.*
Wien, ÖNB, Cod. 3032, fol. 118v.

lich zustieß. Er wolle diese Einzelheiten aber nur zum Lobe und Ruhm Erzherzog Sigismunds erwähnen, der *in der Tat als ein katholischer Fürst und hervorragender Glaubenseiferer zur Ausrottung der Hexen unter Beihilfe des hochwürdigen Ordinarius von Brixen viel getan hat.* Eine ärgere Verdrehung der Tatsachen war kaum möglich. Der Tiroler Landesfürst bzw. seine Räte wandten sich im Gegenteil an einen erfahrenen Juristen, um ein Gutachten über das von Institoris behauptete Hexenunwesen einzuholen, nachdem sich auch der Tiroler Landtag von 1487 über die Hexenprozesse beschwert hatte. Ulrich Molitoris (Müller) von Konstanz, Doktor der Rechte und Prokurator des Konstanzer Bischofs, unterzog sich der heiklen Aufgabe. Er kleidete seine 1489 verfaßte Stellungnahme in die Form eines Trilogs zwischen ihm selbst, Erzherzog Sigismund und Dr. Konrad Schatz, der als Richter in Konstanz jahrelang Hexenverhöre geleitet hatte. Das in lateinischer Sprache abgefaßte und unter dem Titel *De laniis et phitonicis mulieribus, teutonice unholden vel hexen* später mehrfach gedruckte Werk (Abb. 259), in dem der Erzherzog die Rolle des wißbegierigen Zweiflers zugeteilt erhielt, beurteilte die an-

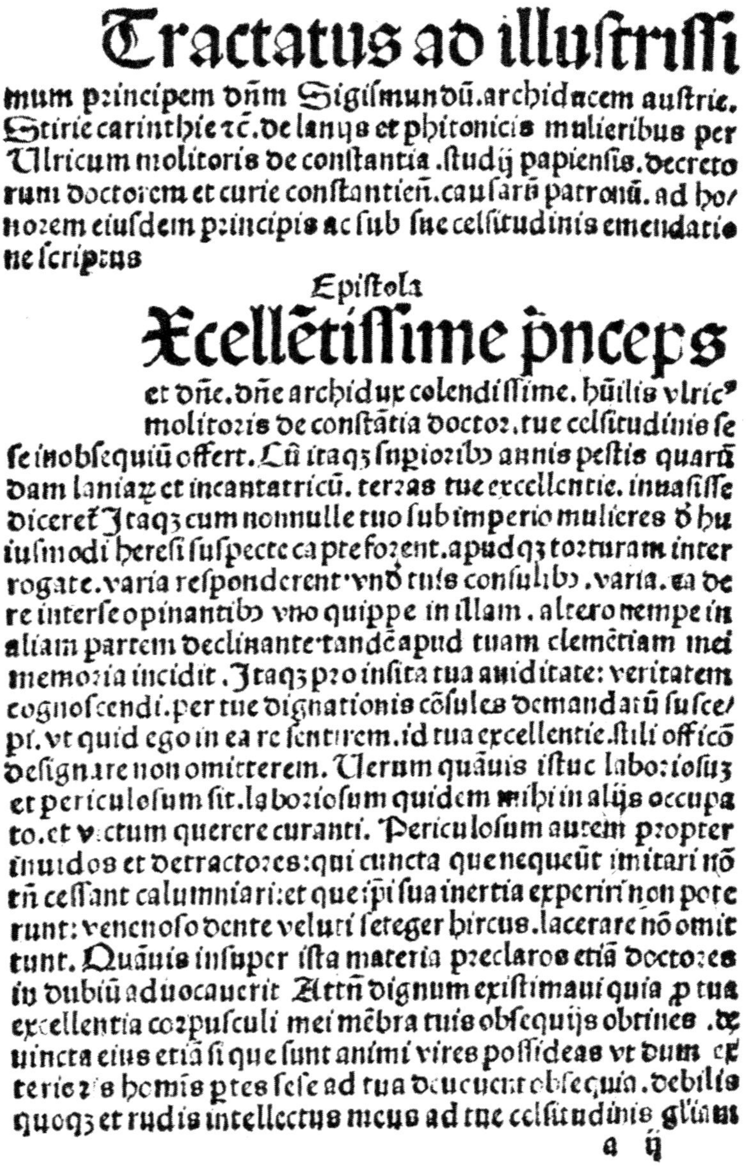
Tractatus ad illustrissi
mum principem dn̄m Sigismundū. archiducem austrie.
Stirie carinthie &c. de lanijs et phitonicis mulieribus per
Ulricum molitoris de constantia. studij papiensis. decreto
rum doctorem et curie constantieñ. causarū patronū. ad ho/
norem eiusdem principis ac sub sue celsitudinis emendatio
ne scriptus

Epistola

Excellētissime pnceps
et dn̄e. dn̄e archidux colendissime. hūilis vlric⁹
molitoris de constātia doctor. tue celsitudinis se
se in obsequiū offert. Cū itaq3 superioribꝫ annis pestis quarū
dam laniar̄ et incantatricū. terras tue excellentie. inuasisse
diceret Itaq3 cum nonnulle tuo sub imperio mulieres d̄ hu
iusmodi heresi suspecte capte forent. apudq3 torturam inter
rogate. varia responderent. vnd̄ tuis consulibꝫ. varia. ea de
re inter se opinantibꝫ vno quippe in illam. altero nempe in
aliam partem declinante. tandē apud tuam clemētiam mei
memoria incidit. Itaq3 pro insita tua auiditate: veritatem
cognoscendi. per tue dignationis cōsules demandatū susce/
pi. vt quid ego in ea re sentirem. id tua excellentie. stili officiō
designare non omitterem. Uerum quāuis istuc laboriosū
et periculosum sit. laboriosum quidem mihi in alijs occupa
to. et victum querere curanti. Periculosum autem propter
inuidos et detractores: qui cuncta que nequeūt imitari nō
tn̄ cessant calumniari: et que ipi sua inertia experiri non pote
runt: venenoso dente veluti seteger hircus. lacerare nō omit
tunt. Quāuis insuper ista materia preclaros etiā doctores
in dubiū aduocauerit Attn̄ dignum existimaui quia ꝑ tua
excellentia corpusculi mei mēbra tuis obsequijs obtines. et
uincta eius etiā si que sunt animi vires possideas vt dum ex
terioris homis ptes sese ad tua deuenerit obsequia. debilis
quoq3 et rudis intellectus meus ad tue celsitudinis glīam
a ij

Abb. 259 *Ulricus Molitoris, De laniis et phitonicis mulieribus ..., Anfang.*
Graz, UB, Ink. I 7426, unfoliiert.

geblichen Hexenkünste durchaus negativ; trotzdem sprach sich Molitoris abschließend dafür aus, daß Hexen als Glaubensabtrünnige mit dem Tod bestraft werden sollten. Daran fügte er eine Mahnung an alle Frauen, des Taufgelöbnisses eingedenk zu sein und den Versuchungen des Teufels zu widerstehen.

Sowohl der *Hexenhammer* wie auch Molitoris bezogen das Delikt der Hexerei vorwiegend auf das weibliche Geschlecht. Die ihren

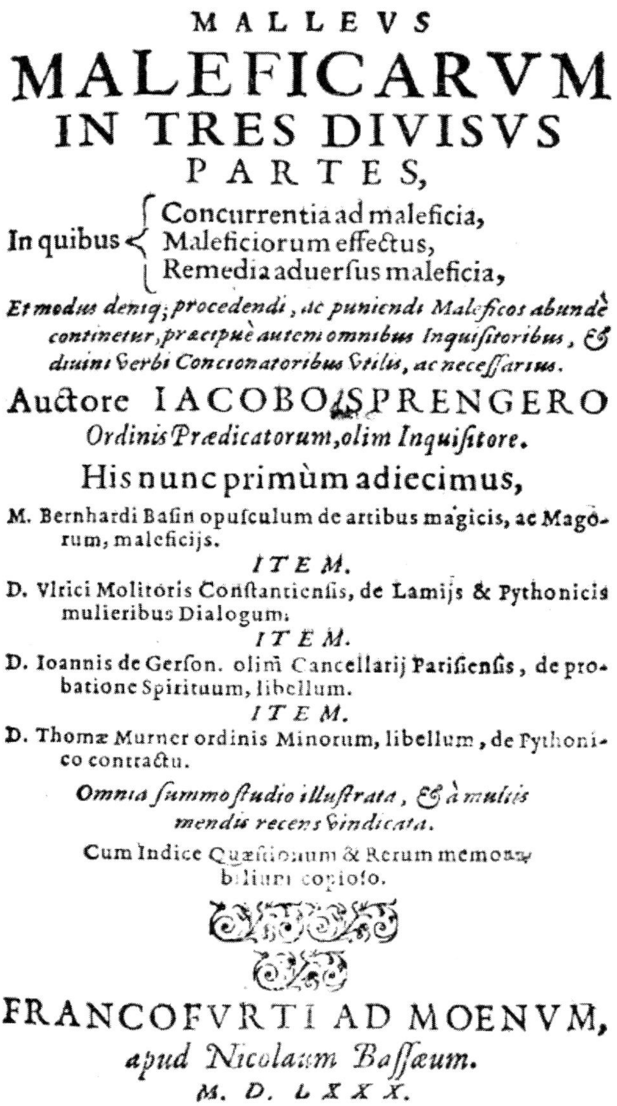
MALLEVS
MALEFICARVM
IN TRES DIVISVS
PARTES,
In quibus { Concurrentia ad maleficia, Maleficiorum effectus, Remedia aduerſus maleficia,
Et modus deniq; procedendi, ac puniendi Maleficos abunde continetur, praecipuè autem omnibus Inquiſitoribus, & diuini Verbi Concionatoribus Vtilis, ac neceſſarius.
Auctore IACOBO SPRENGERO
Ordinis Praedicatorum, olim Inquiſitore.
His nunc primùm adiecimus,
M. Bernhardi Baſin opuſculum de artibus magicis, ac Magorum, maleficijs.
ITEM.
D. Vlrici Molitoris Conſtantienſis, de Lamijs & Pythonicis mulieribus Dialogum.
ITEM.
D. Ioannis de Gerſon. olim Cancellarij Pariſienſis, de probatione Spirituum, libellum.
ITEM.
D. Thomae Murner ordinis Minorum, libellum, de Pythonico contractu.
Omnia ſummo ſtudio illuſtrata, & à multis mendis recens vindicata.
Cum Indice Quaeſtionum & Rerum memorabilium copioſo.
FRANCOFVRTI AD MOENVM,
apud Nicolaum Baſſaeum.
M. D. LXXX.

Abb. 260 *Jakob Sprenger – Heinrich Institoris, Malleus maleficarum, Ausgabe Frankfurt am Main 1580, Titelblatt. Diese Ausgabe des »Hexenhammers« enthält erstmals auch einige weitere einschlägige Schriften.*
Innsbruck, UB, Sign. 190 F 2.

Vorstellungen zugrundeliegende Annahme, daß Frauen eher einen Teufelspakt eingehen würden als Männer, war aber in der österreichischen Bevölkerung keineswegs verbreitet. Daher wurden auch in den folgenden Jahren und Jahrzehnten noch Zaubereiprozesse geführt, in denen man den Angeklagten keine Beziehungen zum Teufel vorwarf.

Langsam ging aber die verderbliche Saat des *Hexenhammers* auf, noch zu Lebzeiten von Heinrich Institoris erschienen zehn Auflagen (Abb. 260). Die in diesem »Standardwerk« enthaltenen

Spekulationen wurden zunächst von den lateinkundigen Juristen und Theologen, den Richtern und Seelsorgern aufgegriffen. Sie brachten durch ihre Suggestivfragen bei den Verhören oder durch ihre Predigten, in denen sie gegen das Hexenwesen wetterten, die abenteuerlichen Theorien der beiden gelehrten Dominikaner, die aber ihrerseits nur bereits vorhandene Ansichten zusammenfaßten, in weitere Bevölkerungskreise. Am Wirken des Teufels zweifelte offenbar niemand, wie ein Gerichtsverfahren im Jahr 1517 zeigt (Abb. 261).
Die weltlichen Gerichte bestraften auch weiterhin nur Zauberei. Die *Peinliche Gerichtsordnung (Constitutio Criminalis Carolina)*, die im Namen Karls V. im Jahr 1532 erlassen wurde und als Reichsgesetz nicht vorhandene Landesgesetze subsidiär ersetzte, sah für Zauberei mit schwerer Schädigungsabsicht die Todesstrafe durch Verbrennen vor, in leichteren Fällen sollten die Richter nach Ermessen handeln. Auch die in Österreich im Ver-

Abb. 261 *Das als real angesehene Wirken des Teufels war sogar Anlaß für ein Gerichtsurteil im November 1517. Demnach entführte er im Mai 1517 eine Kindbetterin aus Wolfsberg (Kärnten) durch die Lüfte an den Chiemsee in Bayern, wo ein Bauer sie fand und mißbrauchte; er wurde dafür gerädert. Ein Einblattdruck gab davon Kenntnis.*
Zürich, Zentralbibliothek, Graphische Sammlung, PAS II 12/16 (Anfang).

Ich herr Benedict von wolthausenn
ein Ritter vnd Pfleger des Thals Grassa genant/Gib vrkunde
mit sampt den Schöpffen des Landtgrichts/das ein solche ver-
handlung bey vns geschehñ ist/zů offenbarung aller menigklich
sich darvor zů hůten/vnd besonder die kindtpetterin. Ist gesche-
hen do man zalt. 1517. jar/im Weinmonat/in einer stat genant
Wolffsperg/leyt in Kerenten/ gehört zů dem Bistumb von Ba-
benberg/Da ist gesessen ein kauffmā/genant Osterberger/dem
ist gelegen sein haußfraw/vnd gebracht einen erben/am vierdē
tag des Weinmanats. Also ist sie gelegen biß auff den sibenden
tag/genant sant Colman/hat sich der Kauffman geschickt auß
zů reiten/vñ jr befolhen etlich geschefft seines handels halbñ/ist
damit abgeschyden/in dem ist sie entschlassen/ sindt von jr gan-
gen die kellerin vñ diern/zů pflegē jrer arbayt/In dem ist kum̄ē
der Teüfel für die stuben thür vnd jr gerůfft/hat gesagt kum̄ ich
wil dir anzeygen was dů solt hin geben/dieweyl ich auß bin. Ist
sie erwacht vñ auffgefarn/hat gemaynt es sey jr man. hat an ge
legt ein pfayt vñ schawben schwartz schamlot/pantoffel vñ ein
seydens steüchlein vm̄ das haubt geschlagñ/ in dem der Tewfel
offt geschreyen hat/hat sie geantwort ich kum/vnnd auf than die thür hinauß gangen zů im/ do hat sie der
Teüfel genom̄ē vñ zů einem ladē hinauß gerissen/vñ hat sie gefürt vō der stat Wolffsperg biß an den Kem-
see/gelegen am Grasser thal/der ist groß vñ weyt dreyer meyl/mitten darinn leyt ein Closter/da hat man ge-
leüt metten/da hat er sie lassen fallen neben dem see auff einem moß/zwischen einem wasserfluß/rechēt man
von dem see gen Wolffsperg. xxxiij. meyll die er sie gefürt hat/Also ist sie da beliben biß an den tag/ do ist ein
pawr gangen vō dem dorff genant Kirchbühel / an einem perg nechst da bey gelegen/zů hawen holtz vnd
flössen auff dem see/hat er gesehen dz weyb / vñ ist zů jr gefarn sie zůfragen wie sie da hin kum̄en sey/hat sie
angehaben vñ im geklagt wie sie ein man da her gefürt hab/in der gestalt jrs mans/aber sie mayt es sey der
Teüfel gewesen/vñ hat im auch gesagt/wie sie siben tag alt sey des kindes/des hat er kein erbarmūg gehabt
hat jr abgezogen die schawben/die pfayten/vñ das steüchlein/vñ jr geben seinen schürtzkitel/damit ist er vō
jr gefarn/hat sie im nach geschryen vñ jn gebetten durch Got vnd Maria vmb ein geweychts wachs jr zů-
bringñ/vñ vmb ein bissen prots. Also ist er nach mittag wider kum̄en/jr gebracht ein geweychts wachs/ein

lauf des 16. Jahrhunderts erlassenen Landesordnungen nahmen die Zauberei als Delikt auf und bestraften sie unterschiedlich mit Tod oder Geldbußen. Die von den Gerichten tatsächlich verhängten Strafen reichten dabei, den überlieferten Zaubereiprozeßakten zufolge, für Frauen je nach behauptetem Schaden von Geldzahlungen über Prangerstehen mit Auspeitschen und anschließender Landesverweisung bis hin zur Enthauptung wegen angeblich zauberischer Tötung; auch demütigende Kirchenbußen kamen vor.

Die auf heute österreichischem Territorium geführten Hexenprozesse – also diejenigen Verfahren, in denen die ursprüngliche Zaubereibeschuldigung auf Teufelsbundbezichtigung ausgedehnt wurde – fanden fast durchwegs vor weltlichen Gerichten statt. Wie das bisher ausgewertete Quellenmaterial zeigt, war der Anteil von weiblichen und männlichen Angeklagten ungefähr gleich groß, er variierte aber in den einzelnen Prozessen je nach Anzeige. Von einer systematischen Verfolgung von Frauen durch die Richter kann daher keine Rede sein. Wenn im folgenden lediglich einige Prozesse, die ausschließlich oder teilweise gegen weibliche Inkriminierte geführt wurden, repräsentativ vorgestellt werden, so ist das allein durch die Thematik des vorliegenden Buches begründet.

Der erste, bald nach Erscheinen des *Hexenhammers* geführte Hexenprozeß fand 1493 im Kärntner Ort Wolfsberg, der dem Bischof von Bamberg gehörte, statt. Die drei Bürgersfrauen Christina Trünkhl, Barbara Ösl und Wolf (ohne Vorname) hatten den Mord am adeligen Schloßherrn Wolfgang von Pain geplant, indem sie eine mit Nadeln durchbohrte Wachsfigur von zwei Männern vor der Brücke seines Schlosses eingraben ließen. Die auf Analogiezauber beruhende Malefiztat war angeblich Folge eines Teufelspaktes. Zwei der drei Frauen sagten nämlich in der Urgicht (= Geständnis) aus, sie hätten, bevor sie das *wäxsn mändl* anfertigten, mit Nadeln spickten und im Namen des Teufels auf Wolfgang tauften, Gott und die Jungfrau Maria geleugnet und dem christlichen Glauben abgeschworen; außerdem hatten alle drei Angeklagten angeblich einen eigenen *tewfl* (Abb. 262). Der Ausgang des Verfahrens ist unbekannt, es wurden aber wohl Todesurteile verhängt, da die ehrbaren Bürgerinnen schließlich auch gestanden, Wetterschäden verursacht zu haben.

Seit der Mitte des 16. Jahrhunderts lassen sich Hinrichtungen von Frauen, denen man Zauberei mit teuflischer Hilfe vorwarf, nachweisen. Die ersten Opfer waren drei Vorarlbergerinnen: Anna Gutter, Greta Förmler und Anna Berck. Sie bekannten Wetterzauber sowie Schadenzauber an Mensch und Vieh, wofür sie

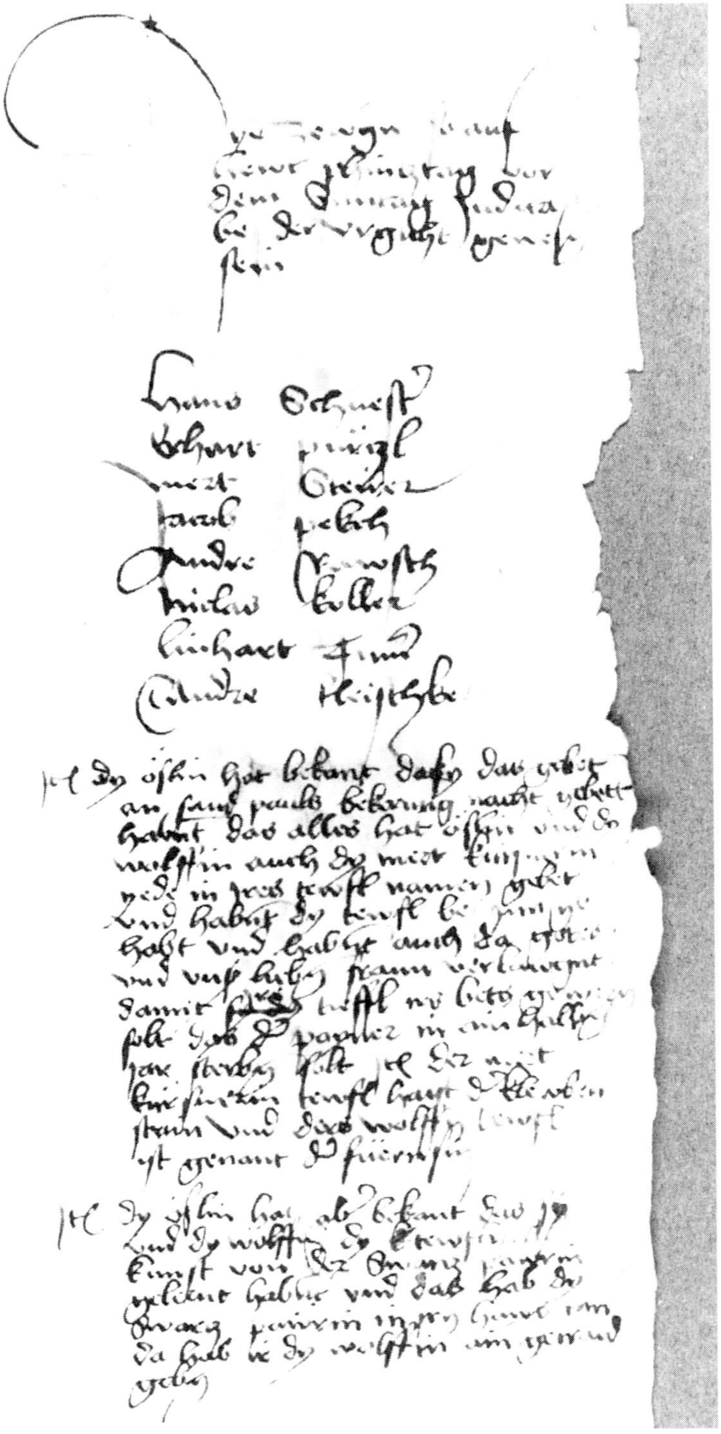

Abb. 262 *Geständnis der angeblichen Hexe Barbara Ösl, abgelegt in Gegenwart von acht männlichen Zeugen (21. März 1493).*

Klagenfurt, Kärntner Landesarchiv, GV-SA, Fasz. 35, Wolfsberg, fol. 28ff.

Abb. 263
Wetterhexen bei der Arbeit.

Graz, UB, Ink. I 7426 (Ulricus Molitoris, De laniis et phitonicis mulieribus), unfoliiert.

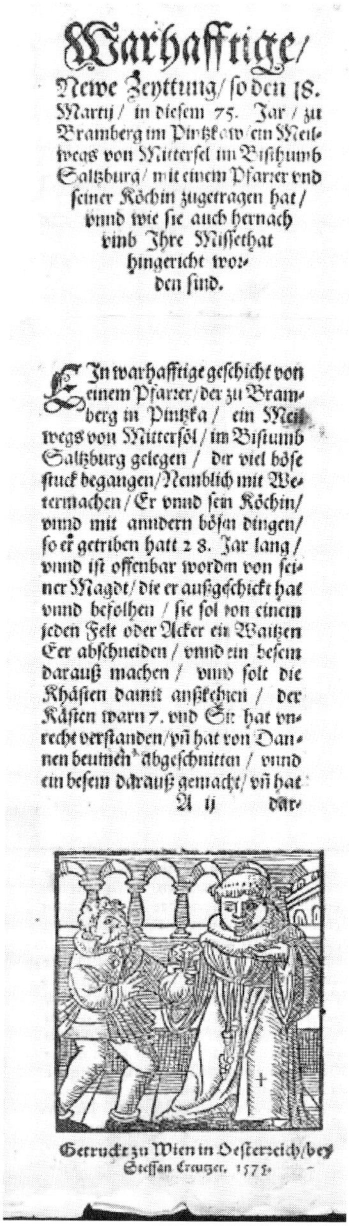

Warhafftige/
Newe Zeyttung/ so den 18.
Martij/ in diesem 75. Jar/ zu
Bramberg im Pintzkew/ ein Meil-
wegs von Mittersel im Bisthumb
Saltzburg/ mit einem Pfarrer vnd
seiner Köchin zugetragen hat/
vnnd wie sie auch hernach
vmb Jhre Missethat
hingericht wor-
den sind.

Ein warhafftige geschicht von
einem Pfarrer/ der zu Bram-
berg im Pintzka/ ein Meil-
wegs von Mittersöl/ im Bistumb
Saltzburg gelegen/ der viel böse
stuck begangen/ Nemblich mit We-
termachen/ Er vnnd sein Köchin/
vnnd mit anndern bösen dingen/
so er [e] getriben hatt 28. Jar lang/
vnnd ist offenbar worden von sei-
ner Magdt/ die er außgeschickt hat
vnnd befolhen/ sie sol von einem
jeden Felt oder Acker ein Waitzen
Eer abschneiden/ vnnd ein besem
darauß machen/ vnnd solt die
Khästen damit außkehren/ der
Kästen warn 7. vnd Sie hat vn-
recht verstanden/ vñ hat von Dan-
nen beumen [a] abgeschnitten/ vnnd
ein besem darauß gemacht/ vñ hat
A ij dar-

Getruckt zu Wien in Oesterreich/ bey
Steffan Creutzer. 1575.

Abb. 264 *Flugblatt über die Verbrennung des Bramberger Pfarrers Ruprecht Ramsauer und seiner Köchin Eva Neidegger, Wien 1575.*

Zürich, Zentralbibliothek, Handschriftenabt., Ms. F 24, S. 45.

1546/50 – vermutlich lebendig – verbrannt wurden. Bis Ende des 16. Jahrhunderts erlitten etwa 30 Frauen in Vorarlberg dasselbe Schicksal.

Ein besonders häufiger Anlaß für Anzeigen aus der Bevölkerung waren Wetterschäden. Wenn schwere Hagelunwetter oder Spätfrost die Ernte der Bauern und Weinbauern vernichteten, glaubte man zu wissen, wer den Wetterzauber begangen hatte, und forderte energisch die Bestrafung der angeblichen Verursacher, darunter oft auch Frauen (Abb. 263).

Ein aufsehenerregender Fall dieser Art ereignete sich in den 1570er Jahren im Erzstift Salzburg. Die Pfarrersköchin Eva Neidegger in Bramberg stand im Ruf, eine Wettermacherin zu sein. Die etwa 70 Jahre alte Frau wurde von den Bauern beschuldigt, bereits an ihrem früheren Pfarrort Wetter gemacht zu haben und nun auch in Bramberg für Hagelschäden zu sorgen. Als die Köchin im Jahr 1573 aus einem nicht näher bekannten Anlaß verhaftet wurde, nützten die Vertreter der zuständigen Gerichtsgemeinde Mittersill die Gelegenheit, eine Anklageschrift gegen sie beim dortigen Pflegsverwalter einzureichen. Sie hatten damit aber keinen Erfolg, da die Köchin gegen Bürgschaft ihres weit über 70 Jahre alten Pfarrers Ruprecht Ramsauer freigelassen wurde.

Als jedoch am 28. Juli 1574 ein schweres Hagelunwetter über den Pinzgau niederging, forderten die Bauern der betroffenen Orte ihre Obrigkeit auf, das Verfahren gegen die Wettermacherin zu eröffnen. Die Köchin wurde daraufhin ins Schloß Mittersill gebracht, und der Salzburger Erzbischof erteilte auf Wunsch der aufgebrachten Bauern den Auftrag, die Angelegenheit zu untersuchen. Man wollte in Salzburg zunächst geklärt wissen, ob die Beschuldigte lesen konnte und vielleicht Bücher besaß, aus denen sie ihre Zauberkünste gelernt hatte. Da Eva Neidegger nicht lesen konnte, war diese Vermutung hinfällig.

Im Verlauf des Verfahrens brachten die Zeugen unglaubliche Anschuldigungen gegen die Pfarrersköchin vor. Unter anderem sollte sie in ihrer Küche Schlangen halten, was ihr als Hexenzeichen ausgelegt wurde. Daraufhin wurde sie am 13. Dezember 1574 mit Daumenschrauben gefoltert und gestand, das verheerende Unwetter im Sommer gemacht zu haben. Als sie das Geständnis anschließend widerrief, wurde sie dem zweiten Foltergrad (Seilaufzug) unterworfen und besonders nach der eventuellen Mitschuld des ebenfalls des Wettermachens bezichtigten Pfarrers »peinlich« befragt. In der Folterung am 22. Januar 1575 belastete die alte Köchin ihren Dienstgeber, der daraufhin gleichfalls verhaftet wurde. Er gestand aber in einer in Ansehen seines Alters lind angelegten Tortur nichts.

Die aufgebrachten Bauern beschuldigten daher die Gerichtsorgane, die Wettermacher zu begünstigen, worauf der Salzburger Erzbischof drei Kommissare zur Fortführung des Prozesses nach Mittersill entsandte. Die beiden Angeklagten gestanden schließlich – wohl unter Einwirkung der Folter – die ihnen zur Last gelegten Delikte, worauf sie zur öffentlichen Gerichtsverhandlung gebracht wurden. Auf dieser allgemein zugänglichen Versammlung wurden sie am 18. März 1575 verurteilt und noch am selben Tag in Mittersill verbrannt.

Ein 1575 in Wien gedrucktes Flugblatt verbreitete die sensationelle Nachricht vor allem deshalb, weil ein Geistlicher als Wettermacher verurteilt worden war (Abb. 264). Das Flugblatt wußte auch zu berichten, daß den zum Scheiterhaufen gebrachten beiden Delinquenten auf Befehl einiger Pfleger die vorbereiteten Pulversäcke nicht umgehängt wurden, so daß sie eines qualvollen langsamen Todes sterben mußten (Abb. 265). Der Verfasser des Flugblattes hatte sogar erfahren, daß der Pfarrer das Wetterzaubern aus einem Buch gelernt hatte, das ihm von einem fahrenden Schüler verkauft worden war, und daß er dem Satan versprach, die Kinder im Namen des Teufels zu taufen. So erhielt das Verfahren gegen Eva Neidegger und den Bramberger Pfarrer nachträglich das Stigma eines Hexenprozesses.

Ein für die bäuerliche Bevölkerung sehr unangenehmes Vorkommnis war das Versiegen der Milchleistung der Kühe. Da man die Ursache dieses Defizits nicht erkannte, konnten Nachbarinnen

Abb. 265 *Flugblatt (wie Abb. 264): Verbrennungsszene mit Teufel.*
Zürich, Zentralbibliothek, Handschriftenabt., Ms. F 24, S. 56.

leicht in den Verdacht geraten, die Milch anderen Kühen weg- und den eigenen Kühen zuzuzaubern (Abb. 266). 1583 wurde aufgrund von *Weiberschelten* Anna Läner, *ein gar alts, krumps, schwachs Weib* und Ehefrau eines Tagelöhners, wegen Milchverzauberns festgenommen, bald darauf auch ihre Tochter Luzia Hochreitter, die mit einem Bauernknecht verheiratet war. Beim gütlichen Verhör, aber unter Androhung der Folter, gestand die Tochter den Milchzauber mittels Zauberkraut. Bei einem weiteren Verhör gab sie – wohl nach Suggestivfragen – an, der Teufel habe ihr dabei geholfen und zum Dank für die anderen Leuten weggezauberte Milch einen Lohn verlangt. Als sie diesen lange nicht geben konnte, habe er gewünscht, sie möge *dafür seins Willens pflegen und in bei ir ligen lassen;* danach sei er neunmal des Nachts durch das Kammerfenster zu ihr gekommen, wenn ihr Mann nicht zu Hause war. Daraufhin wurden Mutter und Tochter der Tortur unterworfen und schließlich verbrannt.

Ein weiteres Delikt, das die bäuerliche Bevölkerung fürchtete, war Viehzauber. Dabei wurden die Tiere angeblich durch Zaubermittel krank gemacht und verendeten. Kombiniert mit anderen Zaubereien galt diese Schädigung als besonders verwerflich. 1594 wurde in Kitzbühel Ursula Zangger, Ehefrau des Paul Riedl aus Mittersill, lebendig verbrannt, nachdem sie Vieh- und Milchzauber, Krankheitsanhexen und Wettermachen gestanden hatte. Zuvor war sie ihrer Aussage nach am Hexensabbat auf dem Wilden Kaiser gewesen und hatte dort feierlich einen Teufel geheiratet.

Unerklärliche Krankheiten – und deren gab es im Mittelalter und in der frühen Neuzeit viele – führten oft zur Beschuldigung des Schadenzaubers. Ein besonders tragischer Tod ereignete sich 1583 in Wien. Elsa Plainacher aus Mank (Niederösterreich) wurde bezichtigt, ihrer vermutlich an epileptischen Anfällen leidenden Enkelin Anna Schlutterbauer eine Legion Teufel angehext zu haben. Sie hatte das Kind, dessen Mutter im Kindbett starb und ihr die Tochter auf dem Totenbett anvertraute, großgezogen, ehe die Enkelin im Alter von 14 Jahren von ihrem Vater zurückgeholt wurde. Bald darauf setzten bei Anna die Anfälle ein, die man Dämonen zuschrieb und daher die angeblich Besessene mit Exorzismen behandelte. Als diese nichts fruchteten, wurde die Kranke auf Bitten des Vaters, der Kaiser Rudolf II. und dessen Statthalter in Österreich, Erzherzog Ernst, um Intervention gebeten hatte, in das Wiener Bürgerspital aufgenommen. Da sich der Zustand des unterdessen 16jährigen Mädchens nicht besserte, ersuchte der Vater den Erzherzog am 13. Mai 1583, den Wiener Bischof mit einem neuerlichen Exorzismus zu beauftragen. Sein

Abb. 266 *Drei Frauen beim Milchzaubern (1516). Die Milch wird mittels Axt von einer Wand, die durch Kräuterdämpfe behext ist, von der im Hintergrund sichtbaren Kuh in ein Schaff geleitet.*

Ansuchen wurde bewilligt, und Bischof Johann Kaspar Neubeck, zuvor Professor der Theologie an der Universität Freiburg, nahm sich der Sache sofort mit mörderischem Eifer an.
Offenbar durch Vater Schlutterbauer, der mit seiner lutherischen Schwiegermutter auf schlechtem Fuß stand, entsprechend instruiert, bat der Bischof den Erzherzog am 22. Mai 1583, die Großmutter als Verursacherin des Schadenzaubers angekettet inhaftieren zu lassen, am besten im Amtshaus des Wiener Stadtrichters; erst dann könne man Exorzismus und Beschwörung vornehmen. Als sich die Einlieferung der Bäuerin verzögerte, insistierte der Bischof beim Kaiser und bat um äußerste Vorsicht bei der Überstellung, da sich dergleichen diabolische Menschen unsichtbar machen könnten. Auch in einem weiteren Schreiben an Rudolf II. vom 23. Juli 1583 drängte er auf Eile. Als die Plainacherin im Wiener Amtshaus eingetroffen war, der Stadtrichter aber ohne ausdrücklichen kaiserlichen Befehl nicht gegen sie vorgehen wollte, ersuchte Neubeck den Kaiser um ein entsprechendes Mandat zur Eröffnung eines Zaubereiprozesses, den er als *ain gottlichs Christlichs serr nottwendigs Werkh* bezeichnete. Daraufhin erging am 31. Juli im kaiserlichen Auftrag der Befehl an den Wiener Stadtrichter, mit Tortur und *strenger Frag* gegen die Zaubereiverdächtige vorzugehen.
Unterdessen fragte der Bischof im Bürgerspital die Enkelin mehrmals aus, um Material für seine Beschuldigungen gegen die 70jährige Großmutter zu erhalten. Diese erklärte beim ersten Verhör, das bereits mit schwerer Folterung verbunden war, sie habe *Ir lebenlang mit dem Teufel nichts zue thun gehabt.* Bei der nächsten Einvernahme war sie bereits gesprächiger und gestand

Teufelsbuhlschaft. Daraufhin führte am 13. August 1583 der Bischof gemeinsam mit anderen Geistlichen ein Verhör durch und vernahm, was er hören wollte: Elsa Plainacher gestand nun Hexenflug, Hexensabbat mit über 40 Teilnehmerinnen sowie Hostienschändung. Bei einer zweiten bischöflichen Einvernahme am 16. August änderte sie zwar ihre Aussagen, gestand aber, Anna dem Teufel übergeben zu haben, und wollte durch den Bischof von ihrem eigenen Teufelspakt gelöst werden.

Neubeck dachte aber nicht an Schonung der alten Frau. Als einige der Meinung waren, man solle die Gefolterte in das Bürgerspital aufnehmen, wandte er sich am 19. August an den Kaiser und ersuchte, noch schwerere Folterungen zu befehlen *(das man noch scherpfere Examina mit der Alten Zaubererin furnembe)*, da vermutlich viel mehr in ihr stecke und sie wohl auch Kindern und Wöchnerinnen Schaden und Leid zugefügt habe.

Als die Greisin am 2. September 1583 auf einmal Kindsmord, Wetter-, Milch- und Viehzauber gestand und die Namen von drei Frauen nannte, die angeblich mit ihr gemeinsam Zauberei betrieben hatten, forderte der eifrige Bischof vom Kaiser, diese angeblichen *gespilen unnd Zauberische Socias* ebenfalls zum Verhör nach Wien zu bringen, erhielt darauf aber keine Antwort. Am 9. September wurde schließlich das Urteil über Elsa Plainacher gesprochen: *Die Thatterin soll ahn die gewonlich Richtstadt, auf die Gennsswaydt geschlaipfft werden, volgendts dasselbss lebendig mit dem Feuer zue Pulfer gebrandt.* Gegen dieses harte Urteil scheint der Stadtrichter Vorbehalte angemeldet zu haben. Am 24. September 1583 urgierte der Bischof jedenfalls beim Kaiser die Bestätigung des Urteils, worauf der Stadtrichter tags darauf angewiesen wurde, das *geschopffte Urtl unverzogenlich exequieren* zu lassen und die Angelegenheit nicht weiter zu verzögern. Somit konnte am 27. September 1583 das Urteil in der vorgesehenen Weise vollstreckt werden: Elsa Plainacher wurde zum Richtplatz auf der Gänseweide in Erdberg bei Wien geschleift und dort lebend verbrannt. Befriedigt vermerkte Neubeck im Protokoll, daß die Delinquentin seelisch gut vorbereitet und reumütig gestorben war.

Bereits am 14. August – einen Tag vor Mariä Himmelfahrt – war vor einer staunenden Zuschauermenge der Exorzismus an Anna Schlutterbauer erfolgreich durchgeführt worden. 12.652 Teufel fuhren dabei unter großem Getöse und Gestank aus der Kranken aus, gefolgt vom Oberteufel. Das Mädchen wurde anschließend auf eigenen Wunsch dem Dominikanerinnenkloster St. Laurenz in Wien – als Pflegefall? – übergeben (Abb. 267).

Im 17. Jahrhundert hatte sich der Hexenglaube bereits so ver-

Abb. 267 *Die Austreibung von Teufeln galt als große geistliche Leistung. Hier dargestellt an einem Fall auf dem sog. Kleinen Mariazeller Wunderaltar von 1512 (Ausschnitt).*

Graz, Joanneum, Alte Galerie, IN 386.

festigt, daß die Richter bei den Verhören bald auf dieses Delikt zu sprechen kamen. So stand 1603 Luzia Neunegger in Gmünd (Kärnten) vor Gericht, weil ihre Nachbarn sie beschuldigten, am Karfreitag an verschiedenen Wegkreuzungen Erde ausgehoben zu haben – Erde von Kreuzwegen galt als besonders zauberwirksam. Nach anfänglichem Leugnen gestand sie schließlich, auf Anstiften des Teufels Unwetter gemacht zu haben; sehr verdächtig schien auch, daß sie nach der Beichte im Haus des Landrichters die Hostie aus dem Mund nahm. Aufgrund dieser »Beweise« wurde sie am 27. August 1603 hingerichtet, die Todesart ist nicht überliefert.

Bei der Einvernahme wurden die beschuldigten Frauen nicht geschont. So saß 1649 die 60jährige Rankweiler Pfarrersköchin Martha Lochbüchler, die man mit mehreren ungeklärten Todesfällen in Verbindung brachte, in Feldkirch zwölf Stunden ununterbrochen auf dem sog. Bock, einem gefürchteten Marterinstrument (Abb. 268). Sie überlebte diese Tortur nur kurz und wurde, da sie nicht mehr beichten konnte, als Hexe nachts unter dem Galgen begraben. Ein ähnliches Schicksal erlitt die 70jährige Barbara Kolhaubt aus Hard. Sie gestand 1651 auf der Folter den Teufelsbund, widerrief diese Aussage aber trotz weiterer Folterungen, an denen sie starb. Stadtrat, Bürgerschaft und Pfarrer von Bregenz weigerten sich, sie auf dem städtischen Friedhof beisetzen zu lassen, auch die umliegenden Gemeinden lehnten ihre Beerdigung ab. Wo die alte Frau schließlich ihre letzte Ruhe fand, ist unbekannt.

In den Verhören der Inhaftierten wurde meist auch nach dem Teufelsmal *(stigma diabolicum)* gefragt und, wenn die Angeklagten es nicht freiwillig herzeigten, am ganzen Körper (einschließlich der Körperöffnungen) genauestens danach gesucht. Als verdächtig wurden besonders Wunden, Narben, Geschwülste, Muttermale oder krumme Finger angesehen, die angeblich »Eigentumsvermerk« des Teufels waren. Mit dem aus dieser Körperstelle entnommenen Blut schrieb er nach Meinung der Richter den Teufelspakt. Wenn die Delinquenten das Teufelsmal nicht zugaben, wurde mit der Nadelprobe nachgeholfen. Dabei stieß der Scharfrichter in die entsprechende Körperstelle und wartete, ob die angeblichen Hexen schrien oder Blut aus dem Einstichloch floß; war dies nicht der Fall, galten die Beschuldigten als überführte Hexen. Notfalls durch Folterung erpreßte das Gericht auch die Namen weiterer Personen, die am angeblichen Hexensabbat teilgenommen hatten. Auf diese Weise konnte die Festnahme eines einzigen Menschen oft die Verhaftung zahlreicher anderer Verdächtiger nach sich ziehen.

1687 kam auf diese Weise, d. h. durch »Besagung«, Agatha Gorleka vor Gericht. Ein »Zauberer« hatte sie und acht andere Frauen angegeben, sechs von ihnen – ihre Namen sind unbekannt – waren bereits verbrannt, als man Agatha festnahm. Sie wurde beschuldigt, Läuse gemacht zu haben. Nach anfänglichem Leugnen gestand sie unter der Folter Teufelsbund, Teufelsbuhlschaft und Teilnahme am Hexensabbat, wobei sie 20 weitere Personen der Teilnehmerschaft bezichtigte. Sie selbst wurde am 29. November 1687 von den Rechtsprechern und Beisitzern des Landgerichts Obertrixen (Kärnten) zum Tod durch das Schwert mit anschließender Verbrennung verurteilt.

Ungefähr gleichzeitig forderten zwei Monsterprozesse dieser Art noch mehr Opfer. In beide Massenverfolgungen waren Frauen involviert, zum Teil sogar initiativ.

Abb. 268 *Johann Christoph Froelich von Froelichsburg, Commentarius in Kayser Carl V. u. d. Hl. Röm. Reichs Peinliche Halsgerichtsordnung (Frankfurt–Leipzig 1741), Frontispiz: Blick in eine Gerichtsstube. Im Hintergrund die Folterkammer mit dem gefürchteten Bock (links).*
Innsbruck, UB, Sign. 141 E 12.

Der erste Prozeß wurde durch die ledige Bettlerin Katharina Lorenzer ausgelöst, die am 28. September 1673 in Riegersburg (Oststeiermark) eine Anzeige erstattete. Sie gab an, vor mehr als einem Jahr beim Pilzesuchen auf eine fröhlich tafelnde Gesellschaft beim Hatzendorfer Kreuz gestoßen zu sein, die sie zum Mittrinken einlud; als sie sich weigerte, sei sie verprügelt worden. Als Teilnehmer an diesem Trinkgelage bezeichnete sie den Hatzendorfer Pfarrer Gregor Agricola sowie einige Männer und Frauen. Die von ihr namentlich genannten Personen wurden daraufhin verhaftet.
Eine der festgenommenen Frauen, die 72jährige Martha Peurin, wurde von ihrem eigenen Sohn, mit dem sie in Unfrieden lebte, der Zauberei bezichtigt; sie selbst beschuldigte 25 weitere Perso-

nen und brachte sie damit ins Gefängnis. Im »peinlichen« Verhör am 7. November 1673 gestand sie den Teufelsbund, im Verhör am 4. Dezember gab sie bei der Folterung dritten Grades, d. h. auf dem mit spitzen Nägeln gespickten Stuhl, noch mehr Details preis und bezeichnete den Riegersburger Schaffer Jakob Kropf sowie den Hatzendorfer Pfarrer Agricola als ihre Komplizen. Beide konnten ihr nicht mehr gegenübergestellt werden, da die Peurin noch in derselben Nacht (4./5. Dezember 1673) an den Folgen der Marter starb.

Im weiteren Verlauf dieses Prozesses wurden nicht nur der Schaffer und nahezu seine gesamte Familie hingerichtet, sondern auch der beschuldigte Pfarrer immer mehr in die Enge getrieben. Schließlich gestand er sowohl Wetterzauber wie Hostienschändung; außerdem hatte er angeblich seit 1670 die Kinder seiner Pfarre im Namen des Teufels getauft. Seiner bereits festgesetzten Hinrichtung entging er, weil er zuvor im Kerker starb.

Das angesehenste Opfer dieses in Feldbach geführten Prozesses war die etwa 50jährige Gattin des Pflegers der Riegersburg, Katharina Paldauf (Abb. 269). Sie wurde von der Riegersburger Bäckerin Maria Treiber, die sie öfters beschimpft hatte, denunziert. Die Denunziation erfolgte aber erst, als das Pflegerehepaar den Riegersburger Posten bereits verlassen hatte. Nach anfänglichem Leugnen gestand die später als »Blumenhexe« bezeichnete Paldauf – sie soll mitten im Winter Blumen zum Blühen gebracht haben – die Teilnahme an den Hexengesellschaften, bei denen es sich in Wirklichkeit um Trinkgelage verschiedener Geistlicher handelte; drei von ihnen wurden daraufhin aufgrund ihrer Aussagen festgenommen, aber nicht verurteilt. Sie selbst wie auch die Bäckerin wurden verbrannt, der genaue Zeitpunkt ist nicht bekannt.

Abb. 269 *Unbekannter Künstler: Katharina Paldauf (?), die sog. Blumenhexe.*
Riegersburg (Oststeiermark), Sybillenzimmer.

Das letzte weibliche Opfer dieses Feldbacher Hexenprozesses war Maria Maurer, Tochter von Jakob Kropf und Gattin des Schulmeisters von Ilz, die als *ser Gscheites Weib* beschrieben wurde; ihre Hinrichtung erfolgte vermutlich im Sommer/Herbst 1675. Insgesamt wurden in diesem Prozeß (1673–1675) 95 Personen gerichtlich belangt, davon 42 Frauen und 53 Männer; mindestens 16 von ihnen mußten ihr Leben lassen.

Als 1689/90 im benachbarten Gleichenberg nach heftigen Hagelunwettern, wie sie in der gewitterreichen Oststeiermark immer wieder vorkamen, ein weiterer Hexenprozeß geführt wurde, stieg die Zahl der Hinrichtungen in diesem Gebiet auf über 50 an. Diesmal wurden insgesamt 39 Personen – davon 24 Frauen und 15 Männer – teils erdrosselt und teils geköpft, bevor man die Leichen verbrannte.

Abb. 270 *Foto: Das 1678 eingerichtete Salzburger Gefängnis, der sog. Hexenturm, vor der Zerstörung im Jahr 1944.*
Salzburg, Salzburger Landesarchiv, Fotosammlung.

Die größte Hexenverfolgung auf österreichischem Boden fand ab 1675 auf Salzburger Gebiet statt. Anlaß war die Verhaftung der Abdeckerswitwe Barbara Koller, die mit ihrem Sohn bettelnd und stehlend durchs Land zog.
Die wohl 1625 in Werfen geborene Barbara Koller war mit dem Abdecker (= Schinder) Jakob Tischler verheiratet gewesen und hatte sich nach dessen Tod (1664) vergeblich bemüht, vom Salzburger Hofrat die Abdeckerberechtigung zu erhalten. Daraufhin bestritt sie ihren Lebensunterhalt vor allem durch Opferstockdiebstähle. Als sich diese Diebstähle im Jahr 1674 im Gebiet um Golling mehrten, verstärkte der dortige Pfleger seine Bemühungen, den Täter auszuforschen. Anfang Januar 1675 wurde ein 15jähriger Bettlerbub festgenommen, der Barbara Koller und ihren Sohn Jakob als Mittäter angab; die Mutter wurde daraufhin verhaftet, der Sohn konnte nicht dingfest gemacht werden.
Beim ersten Verhör in Golling gab die Kollerin mehrere Diebstähle zu. Da der Pfleger sie in seinem Amtsbericht nach Salzburg als alt und schwach, aber beherzt schilderte, kam von dort die Weisung, sie in der Folterkammer mit Daumenschrauben zu verhören, ob sie vielleicht noch andere Delikte begangen habe. Beim

daraufhin am 24. Januar 1675 durchgeführten »peinlichen« Verhör gab sie tatsächlich weitere Diebstähle zu. Als der Pfleger sie in seinem Bericht nach Salzburg erneut als beherzt und zugleich verstockt bezeichnete, gab der Salzburger Hofrat Befehl, sie mit Seilaufzug zu foltern. Bei dieser Folterung am 5. Februar 1675 gestand sie erstmals Viehzauber.

Da der Pfleger sie einmal mit offenen Handschellen und geöffnetem Schloß vorgefunden hatte und dies pflichteifrig nach Salzburg meldete, wurde er von dort angewiesen, sie mit noch härterer Folter zu befragen. Beim Verhör am 20. Februar 1675, das mit der gewünschten Folterung durchgeführt wurde, behauptete die Kollerin, sie habe den Teufel zum Öffnen der Handschellen angerufen. Da die Gefolterte keine Träne vergoß und der Pfleger vermutete, daß sie noch weitere Delikte begangen habe, bat er um ihre Überstellung nach Salzburg, was am 7. März 1675 geschah (Abb. 270).

In Salzburg wurden die Verhöre weitergeführt. Dabei gestand die Gepeinigte immer neue Schandtaten. So wollte sie verschiedene Bauern deshalb durch Zauberei geschädigt haben, weil man sie beim Betteln nicht ausreichend verköstigt hatte. Am 28. Juni 1675 gab sie Teufelspakt mit vielen Details, Hexensabbat mit Teufelsanbetung, Teufelsbuhlschaft, Hostienschändung, Abfall vom katholischen Glauben sowie Gottes- und Heiligenverleugnung zu, offenkundig aufgrund entsprechender Suggestivfragen. Damit war ihr Tod unvermeidbar. Der zuständige Salzburger Kommissar schlug vor, die Delinquentin gemäß der *Carolina* zum Feuertod zu verurteilen. Aus besonderer Gnade, wie es in Salzburg als an einem geistlichen Hof üblich sei, sollte die Hinrichtung folgendermaßen vor sich gehen: Nach der Urteilsverkündigung auf der Schranne wird Barbara Koller einmal mit glühenden Zangen gezwickt, ein weiteres Mal beim St.-Ehrentruds-Tor auf dem Weg zur Richtstätte; dort angekommen, wird sie erdrosselt und danach verbrannt. Erzbischof Max Gandolf erließ ihr aber »gnädigerweise« das zweimalige Zwicken, die Malefikantin sollte nur einmal auf der Brust gezwickt werden, wenn sie bereits auf dem Scheiterhaufen stand. In dieser Weise wurde das Urteil Anfang August 1675 – das genaue Datum steht nicht fest – vollstreckt. Noch aber war der Sohn der Hingerichteten, der etwa 20jährige Jakob Tischler, auf freiem Fuß. Als der Salzburger Hofrat 1677 erfuhr, daß er im April dieses Jahres gestorben war, schien der Fall Koller–Tischler abgeschlossen. Nach der Verhaftung eines jungen Bettlers im Mai 1677 wurde aber klar, daß der Abdeckersproß noch lebte, und es begannen intensive Bemühungen, seiner habhaft zu werden. Da Jakob Tischler dem Vernehmen nach viele

Abb. 271 *Meister des Krainburger Altars: Das Martyrium der hl. Cantius, Cantianus und Cantianilla (1505/15). Ausschnitt: Scharfrichter mit Fallbeil.*
Wien, ÖG, IN 4884.

Zauberkunststücke beherrschte und eine Bande von jugendlichen Bettlern um sich geschart hatte, witterte man in Salzburg höchste Gefahr. Es wurden Razzien veranstaltet, um den *Zaubererjackl* und seine Gefolgschaft dingfest zu machen. Von 1678 bis 1681 wurden insgesamt rund 200 Personen festgenommen und des Teufelspaktes bezichtigt. Ein Großteil der Verhafteten waren Jugendliche unter 20 Jahren, die entsprechende Geständnisse ablegten und daraufhin hingerichtet wurden. Ab Februar 1678 fanden im Erzstift Salzburg massenweise Exekutionen statt, wobei erstmals eine neue Tötungsmaschine, das Fallbeil (Abb. 271), zum Einsatz kam. Die letzte Hinrichtung aus diesem Anlaß erfolgte in der Stadt Salzburg im Jahr 1682.

Unter den 133 Hingerichteten des *Zaubererjackl*-Prozesses waren 38 Frauen und Mädchen. Fast alle hatten vom Betteln gelebt, ihr Alter bewegte sich zwischen zehn bis zwölf und 80 Jahren. Einige Delinquentinnen täuschten Schwangerschaft vor, um der Folterung zu entgehen und ihr Leben zu verlängern, andere waren tatsächlich schwanger. Anna Händl, die am 30. April 1678 in Salzburg erdrosselt wurde, hatte Ende März im dortigen Gefängnis eine Tochter zur Welt gebracht, die auf Befehl des Salzburger Erzbischofs an einem unbekannten Ort aufgezogen wurde. Auch von den inhaftierten jungen Mädchen wurden zwei entlassen, um aufgezogen zu werden.
Von den in Salzburg eingesperrten Frauen wurden zwölf wieder auf freien Fuß gesetzt, da sie nichts gestanden; drei Delinquentinnen, die ebenfalls keine Geständnisse machten, erhielten Landesverweisung.
Wie in anderen Hexenprozessen war die Bevölkerung auch beim *Zaubererjackl*-Prozeß daran interessiert, die inkriminierten Personen unschädlich zu machen. So wurde Anna Schweinacher, die 1689 aus Windischmatrei (Matrei in Osttirol) nach Salzburg gebracht worden war, ein Jahr lang in Haft gehalten, weil der zuständige Pfleger angab, er und seine Frau hätten seit der Verhaftung dieser Malefikantin Schmerzen an Kopf und Gliedern; man möge die Verdächtige in der Folterkammer befragen, welchen Zauber sie ihnen angehext habe. Im Juli 1690 ersuchte derselbe Pfleger die Salzburger Behörden, die Schweinacherin erst nach der Ernte freizulassen, weil er offenbar ihren Wetterzauber fürchtete. Da die Gemeinde Windischmatrei aber nicht bereit war, für die Gefängniskosten aufzukommen, wurde die Haft nach einem Jahr beendet und die Inkriminierte auf freien Fuß gesetzt.
Außer in der Stadt Salzburg fanden ab 1682 auch in Moosham Hexenprozesse im Zusammenhang mit dem *Zaubererjackl* statt. 34 Personen wurden hingerichtet, darunter 21 Frauen. Zu den Opfern der ersten Verbrennung im Sommer 1682 gehörte Christine Staudinger, die als »Hexe von Steindorf« in der Sagenwelt weiterlebte. Eine Delinquentin namens Eva Platzer ging im Gefängnis von Moosham noch vor der Exekution zugrunde, auf Befehl des Salzburger Hofrats wurde ihre Leiche an einem abgelegenen Ort tief vergraben. Auch zwei weitere inhaftierte Frauen starben im Mooshamer Kerker. Fünf weibliche Angeklagte gestanden nichts und wurden freigelassen, zwei von ihnen hatte man zuvor mit Ruten gestrichen. Das letzte Todesurteil für eine Frau wurde in Moosham 1689 gesprochen, die Hinrichtung der Rosina Katschtaler *(Kazstallerin)* erfolgte am 29. Juli 1689 in Tamsweg

durch das aus Salzburg herbeigeschaffte Fallbeil. Der gesuchte *Zaubererjackl* selbst konnte nie gefaßt werden.
Das 18. Jahrhundert brachte endlich das Ende der Hexenverfolgungen. Aber nicht humane Beweggründe waren zunächst dafür ausschlaggebend, sondern die Kostenfrage. Da die massenhafte Inhaftierung und Hinrichtung armer Malefikanten den Gerichtsinhabern hohe Auslagen verursachten, die sie bei den Hinterbliebenen der Opfer nicht hereinbringen konnten, erlahmte ihr Interesse, Hexen- und Zaubereiprozesse zu beginnen. Auch die Eingriffe übergeordneter Behörden, die ergangene Urteile nicht bestätigten und so ein neuerliches Verfahren in Gang setzten, wirkten sich verteuernd auf die Gerichtsbarkeit und damit dämpfend auf den Eifer der unteren Gerichtsinstanzen aus. Schließlich brachen sich aber die grundlegenden Ideen der Aufklärung auch in Österreich Bahn und führten zu einem grundsätzlichen Zweifel an der Existenz von Hexen und Zauberern.
Der letzte große Hexenprozeß wurde in den österreichischen Erblanden 1729 bis 1731 geführt. Die Bäuerin Magdalena Grillenberger und sechs ihrer Kinder wurden von ihrer Enkelin Sibylla Wenigwiser, die wegen Verdachts der Brandstiftung festgenommen worden war, der Teufelsbuhlschaft und Hostienschändung bezichtigt. Das Gericht in Prandegg (Bezirk Freistadt in Oberösterreich) ließ bei der Großmutter eine verdächtig erscheinende Narbe aufschneiden, um die dort angeblich eingeheilte Hostie zu finden; der beigezogene Pfarrer von Zell bei Zellhof fing das herausfließende Blut – als Teil der geweihten Hostie – mit einem reinen Tuch auf. Magdalena Grillenberger wurde am 10. Oktober 1731 in Zellhof durch Erdrosseln am Scheiterhaufen nach zweimaligem Zwicken mit glühenden Zangen und Abhauen der rechten Hand hingerichtet, von den weiteren acht Angeklagten dieser Familie kamen sieben ebenfalls um.
Maria Theresia kann für sich das große Verdienst in Anspruch nehmen, den Hexenhinrichtungen in Österreich ein Ende bereitet zu haben. Gleich zu Beginn ihrer Regierung ließ sie, auf ihren gesunden Hausverstand gestützt *(auf Bemerkung, daß bey diesem so genannten Zauber- und Hexenproceß aus unbegründeten Vorurtheilen viel unordentliches sich einmenge)*, in den Erbländern anordnen, daß alle diesbezüglichen Verfahren vor der Urteilsverkündung *zu Unser höchsten Einsicht und Entschliessung eingeschicket werden sollen*. Diese Verordnung hatte, wie die Herrscherin 1768 betonte, *die heilsame Wirkung hervorgebracht, daß derley Inquisitionen mit sorgfältigster Behutsamkeit abgeführet, und in Unser Regierung bishero kein wahrer Zauberer, Hexenmeister oder Hexe entdecket worden, sondern derley Proceße*

allemal auf eine boshafte Betrügerey, oder eine Dummheit, und Wahnwitzigkeit des Inquisiten, oder auf ein anderes Laster hinausgeloffen seyen, und sich mit empfindlicher Bestraffung des Betrügers, oder sonstigen Uebelthäters, oder mit Einsperrung des Wahnwitzigen geendet haben.

Als 1755 in Mähren mit Beteiligung von Geistlichen Leichenschändungen aufgrund des Vampirglaubens vorkamen, erging eine entsprechende Resolution der Kaiserin, die jegliche Zauberei für Betrug hielt und in ihren Überlegungen bezeichnenderweise eher an das männliche Geschlecht dachte. Sie befahl daher am 1. März 1755, *das künftig in allen derley sachen von der Geistlichkeit ohne Concurrenz des publici nichtes vorgenommen, sondern allemahl, wann ein solcher casus eines Gespenstes, Hexerey, Schazgraberey oder eines angeblichen vom Teufel besessenen vorkommen sollte, derselbe der Politischen Instanz sofort angezeiget, mithin von dieser mit beyziehung eines vernünftigen Physici die Sach untersuchet und angesehen werden solle, ob und was für Betrug darunter verborgen und wie sodann die Betrüger zu bestraffen seyn werden.*

Anläßlich eines ihr vorgelegten Zaubereiverfahrens aus Böhmen, bei dem man nach Teufelszeichen gesucht hatte, resolvierte Maria Theresia am 30. Juli 1756: *Das ist sicher, daß allein Hexen sich finden, wo die Ignoranz ist, mithin selbe zu verbessern, so wird keine mehr gefunden werden.*

Trotz dieser grundsätzlich negativen Einstellung gegenüber dem Hexen- und Zauberwesen enthielt das von ihr sanktionierte Strafgesetzbuch, die 1768 erlassene *Constitutio Criminalis Theresiana*, einen *Artikel von der Zauberey, Hexerey, Wahrsagerey und dergleichen*. In § 1 dieses Artikels 58 wurde zunächst eine Definition des *crimen magiae vel sortilegii* gegeben: *Durch die Zauberey, Schwarzkünstlerey, Hexerey, und dergleichen wird insgemein ein solches Laster verstanden, da wer mit dem Teufel Umgang, und Gemeinschaft zu haben, mit selben eine ausdrücklich oder heimliche Bundniß einzugehen, und mit solch-bedungener Hülffe des Teufels verschiedene über die menschliche Macht, und Kräften sich erstreckende Dinge mit oder ohne Fremder Beschädigung hervorzubringen, und so geartete Unthaten auszuüben sich anmasset.*

Im Anschluß an diese Definition, in der in zeitgenössischem Juristendeutsch der Teufelsbund als durchaus möglich dargestellt wurde, folgten in insgesamt 16 Paragraphen Angaben über die verschiedenen Arten der Zauberei und Hexerei, die Anwendung der Folter sowie die Abwicklung des Verfahrens. Die Kaiserin verbot die gängigen Hexenproben wie die Suche nach einem

Teufelsmal, speziell *an geheimen Orten* (d. h. an verborgenen Körperstellen), das Abscheren der Haare am ganzen Leib, die Eingabe eines Getränks und das Beschmieren mit allerhand Salben, die Verhinderung der Bodenberührung durch den Zaubereiverdächtigen oder die Wasserprobe *und was mehr dergleichen nichtige, und theils selbst aberglaubische Zaubergegenmittel vormals üblich gewest seyn dürfften.* Betrüger sollten mit einer angemessenen *Leibstraffe* belegt werden, falls das Delikt *aus phantastischer Einbildung und Narrheit* geschehen sei, möge der *Irrsinnige in ein Narren- oder Krankenhaus* gebracht werden. Wenn das Gericht die Angaben *eines vorhandenen Gespensts, eines umgehenden Geistes, oder einer Besessenheit vom Teufel für wahr, oder für zweifelhaft* halten würde, sollten diese Vorfälle *allemal zu Unser eigenen höchsten Schlußfassung einzuberichten* sein.
Durch den Vorbehalt, eventuelle Fälle von Hexerei und Zauberei ihr persönlich vorzulegen, hat Maria Theresia die Hexen- und Zaubereiprozesse in Österreich zum Erliegen gebracht. Die Streichung dieses Delikts aus dem Katalog der strafbaren Handlungen erfolgte allerdings erst unter Joseph II. Das 1787 publizierte *Allgemeine Gesetzbuch über Verbrechen und deren Bestrafung*, die *Josephina*, nahm Zauberei nicht mehr als Verbrechen auf, und auch die Folter als Mittel der Wahrheitsfindung war bereits abgeschafft.
Im Erzstift Salzburg ging die Ära des Hexenwahns später als in den österreichischen Erblanden zu Ende. Die letzte Hinrichtung einer angeblichen Hexe fand 1750 in der Stadt Salzburg statt, das Opfer war die 16jährige Kindsmagd Maria Pauer aus Mühldorf. Das auslösende Moment waren Spukerscheinungen. Das Mädchen gestand Teufelspakt, Luftfahrt auf der Gabel, Hexensabbat, Teufelsmal, Sexualverkehr mit einem satanischen Dämon, Hostienschändung u. a. m. Die Richter glaubten ihre – durch Suggestivfragen provozierten – Behauptungen kritiklos. Das Todesurteil konnte demnach nicht ausbleiben, der Salzburger Erzbischof Andreas Jakob von Dietrichstein lehnte eine Begnadigung ab. Am 6. Oktober 1750 wurde Maria Pauer auf der Salzburger Richtstätte enthauptet und anschließend verbrannt.
Die Hexenverfolgungen stellen wohl das schrecklichste Kapitel der österreichischen Geschichte dar. Schrecklich deshalb, weil die Bevölkerung durch die phantastischen Spekulationen mittelalterlicher Theologen animiert wurde, mißliebige Mitmenschen auf grausame Weise aus der Welt zu schaffen. Die mit den Anzeigen befaßten Gerichte suchten aufgrund der Vorstellung einer schädlichen Hexensekte ihrerseits nach weiteren Personen, so daß

oft eine einzige Denunziation eine Kettenreaktion auslöste. Der Tod der angeblichen Hexen war erwünscht, weil man annahm, dadurch die Gesellschaft vor Schaden zu bewahren. Vereinzelt wurde allerdings lebenslange Haft erwogen, wenn die Indizien für die Verhängung der Todesstrafe nicht ausreichten. So schlug ein juristischer Gutachter vor, die 1628/29 wegen angeblicher Krankheitsanhexung zunächst im Innsbrucker Kräuterturm und danach im Landgericht Sonnenburg eingesperrte 70jährige Ursula Schleiffer bis an ihr Lebensende im Landgericht Vellenberg festzuhalten, damit sie keinen Schaden anrichten könne.
Der aus der heidnischen Zeit stammende Glaube an magische Kräfte, der die Ausbreitung der kirchlichen Hexenlehre begünstigt hatte, blieb auch bestehen, als die Zeit der Verfolgungen zu Ende gegangen war. Magische Praktiken wurden weiterhin angewandt, weil man sich davon Nutzen versprach. Eine Personengruppe war davon als Opfer und Täter besonders betroffen, die herumziehenden Bettler(innen) und Landstreicher(innen). Sie versuchten nicht selten, ihren Lebensunterhalt durch Zauberkunststücke zu verbessern, oder wollten Personen, die ihnen unfreundlich entgegenkamen, durch Zauberei schädigen. Sie gehörten daher zu denjenigen, die die ländliche Bevölkerung gern als Verursacher von Hagelschlag, Viehsterben oder sonstigem Unglück ansah und zur Anzeige brachte.

Die schlechte Behandlung nicht seßhafter Bettler und Vaganten hat in Österreich eine lange Tradition. Während man bereits im Mittelalter soziale Einrichtungen für die Versorgung der ansässigen Armen, speziell der Alten und Kranken, schuf (Abb. 272), die in Spitäler aufgenommen und mit Stiftungen bedacht wurden, waren umherziehende fremde Bettler von dieser christlichen Barmherzigkeit, die vor allem von der Hoffnung auf ewigen Lohn gespeist wurde, weitgehend ausgeschlossen. Besonders feindlich reagierte die Obrigkeit auf bettelnde Ausländer, die als unliebsame Konkurrenz für die einheimische Bettlerschaft angesehen wurden. Am wenigsten gern gesehen waren Zigeuner, die man nach Möglichkeit überhaupt nicht ins Land ließ.
Seit dem ausgehenden Mittelalter erließen die österreichischen Behörden Mandate, in denen die lokalen Obrigkeiten angewiesen wurden, Fremden das Betteln in ihrem Gebiet nur drei Tage zu erlauben, danach sollten sie das Land wieder verlassen; vielfach wurden ausländische Bettler überhaupt nicht geduldet.
Bald wurde zwischen arbeitsfähigen und arbeitsunfähigen Bettlern unterschieden, nur letzteren gestand man die Bettelberechtigung zu. Im 16. Jahrhundert ging man dazu über, den

Abb. 272 *Meister von Niederolang: Werke der Barmherzigkeit, »Die Hungrigen speisen« (1510/20). Arme, die wohl nicht landfremd sind, erhalten Brot und Suppe.*
Neustift (Südtirol), Stiftsgalerie.

geduldeten Bettlern Konzessionen zu erteilen, indem man Bettelmarken aus Blei austeilte, mit denen sie in einem genau abgegrenzten Territorium betteln durften. Obrigkeiten, die zu viele Arme zu versorgen hatten, konnten diese mit einem Armenbrief versehen, der sie zum Betteln auch in einem anderen Gebiet berechtigte. Grundsätzlich sollte die Versorgung aber durch diejenige Grundherrschaft erfolgen, in der die/der Arme geboren war. Seit dem Ende des Dreißigjährigen Krieges nahm die Zahl der herumstreifenden Bettler und Vaganten in Österreich offenbar stark zu. Gleichzeitig war diese Epoche die klassische Zeit der Hexenverfolgungen. Wie gefährlich die Zeitläufte für alleinstehende arme Frauen sein konnten, zeigt ein Prozeß, der 1662 in

Paternion (Kärnten) stattfand. Regina Paumann, eine krumme, von Haus zu Haus geführte Bettlerin, wurde festgenommen und bekannte Teufelspakt, Teufelsbuhlschaft und Wetterzauber; unter der Tortur gestand sie zusätzlich noch Hostienfrevel. Das Urteil lautete auf Erdrosselung am Scheiterhaufen und Verbrennen.

Eine ganze Bettlerinnengruppe wurde 1671 in der Steiermark behördlich verfolgt. Im November dieses Jahres ließ die innerösterreichische Regierung, durch geheime Anzeigen veranlaßt, die greise Martha Meßner aus Lankowitz, deren Töchter Maria und Christina, die beiden Enkelinnen Ursula (zehnjährig) und Christina, letztere stumm und debil, sowie die 13jährige Ursula Draxl verhaften und nach Graz bringen. Alle Festgenommenen lebten hauptsächlich vom Betteln, als Delikt wurde ihnen Zauberei vorgeworfen. Die alte Großmutter, die zunächst standhaft leugnete, aber nach mehreren Torturen die üblichen Aussagen machte, starb bald nach der Einlieferung und wurde am 28. Dezember 1671 mit dem Feuer vertilgt. Die beiden Töchter, die ebenfalls schwer gefoltert wurden, erwürgte man am 3. Februar 1672 am Scheiterhaufen und verbrannte ihre Leichen. Die Enkelin Ursula sowie Ursula Draxl wurden gleichfalls zum Tod verurteilt, wegen ihrer Jugend sollte ihnen aber die Stadthebamme im warmen Bad die Adern öffnen und sie ausbluten lassen; danach wollte man die Körper verbrennen. Die stumme Christina wurde als unzurechnungsfähig betrachtet und, da sie keine Familie mehr hatte, dem Landgericht Voitsberg als Hauskretin übergeben. Die beiden zum Tod durch Ausbluten verurteilten Mädchen blieben aber schließlich am Leben; über Intervention des Jesuitenpaters Elias Stanislaus Otto ließ die Regierung sie ins Bürgerspital bringen, wo sie allerdings fast verhungerten.

Als Zauberin hingerichtet wurde im August 1672 eine als Bettlerin herumziehende Frau, die der Verwalter der Propstei Piber dem Landgericht Greißenegg ausgeliefert hatte; auch eine kurz danach überstellte Frau *(ein armes krumbs weib)* dürfte den Tod erlitten haben.

Die fieberhafte Suche der Salzburger Behörden nach Jakob Tischler, dem *Zaubererjackl*, führte Ende des 17. Jahrhunderts zu zahlreichen Verhaftungen und Hinrichtungen von Bettlerinnen. Besonders tragisch mutet das Vorgehen gegen eine Bettlerfamilie an, die in Lienz dingfest gemacht wurde. 1678 hatte ein später in Salzburg hingerichteter Malefikant unter anderem mehrere Frauen in Osttirol als Teilnehmerinnen am Hexensabbat bezeichnet, worauf die Tiroler Behörden die Suche nach ihnen begannen. Im Zuge dieser Razzien wurde zu Beginn des Jahres 1679 die Landstreicherin Emerentia Pichler mit ihrer Mutter und vier Kin-

Abb. 273 *Protokoll des Prozesses gegen Emerentia (korrigiert aus: Emerentiana) Pichler und ihre Familie 1679/80: Erste Einvernahme am 7. März 1679.*

Innsbruck, Landesmuseum Ferdinandeum, Bibl., Dip. 911, fol. 2r.

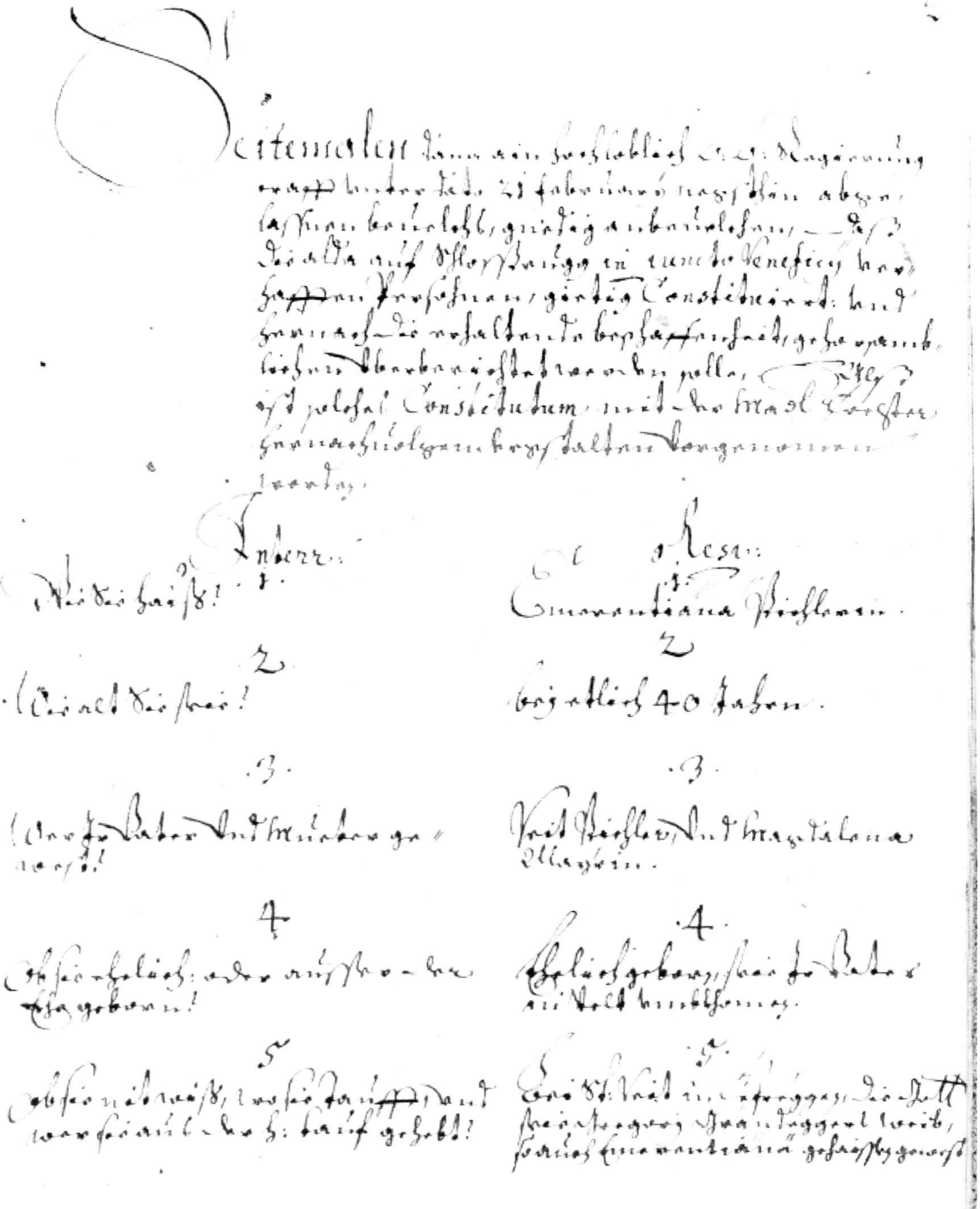
Interr.

Resp.

1

Emerantiana Pichlerin.

2

Wie alt sie sei?

beiläufig 40 Jahr.

3

4

5

dern in Lienz aufgegriffen und nach Schloß Bruck gebracht (Abb. 273). Die alte Mutter starb bald nach ihrer Einlieferung, auch ihr elfjähriger Enkel Sebastian ging im Lienzer Gefängnis zugrunde. Die Pichlerin gestand in mehr als 60 Einvernahmen die üblichen Verbrechen einer angeblichen Hexe und wurde dafür am 25. Mai 1680 in Lienz erdrosselt und verbrannt. Ihre beiden älteren Kinder, der 16jährige Michael und die 13jährige Anna, wurden am 27. Mai 1680 ebendort mit dem Schwert gerichtet, die neunjährige Tochter Maria war noch strafunmündig. Sie mußte der Hinrichtung ihrer Geschwister *zu einem schreckenden exempl* zusehen und erhielt einige Rutenstreiche, bevor sie in die Zwangserziehung kam.

Im 18. Jahrhundert verschärften die Behörden den Kampf gegen umherziehende Bettler, Landstreicher und Zigeuner (Abb. 274). So erließen die Vorarlberger Herrschaften Bregenz und Hohenegg am 2. Oktober 1720 eine Bettlerordnung, die harte Strafsanktionen enthielt: Gesunde fremde Bettler sollten künftig, wenn sie sich das erste Mal unerlaubterweise in den beiden Herrschaften aufhielten, mit empfindlicher Züchtigung und Landesverweis bestraft werden, sie mußten schwören, nicht mehr zurückzukehren. Bei einer zweiten Übertretung galten sie daher als Meineidige, sollten mit Ruten gestrichen und gebrandmarkt werden. Bei der dritten Übertretung war für Männer und Frauen die Todesstrafe vorgesehen, auch wenn keine spezielle Untat vorlag.

Das *gottlose und verruchte* Volk der Zigeuner hatte nach dieser Bettlerordnung eine besonders harte Strafe zu gewärtigen: Unabhängig davon, ob sie bei einer Missetat ertappt oder auf andere Weise angetroffen wurden, sollten sie *ohne weitläuffige Untersuchung und langwierigen Proceß und nur auf einig vorläuffiges Examen zum Rad condemnirt*, also auf das Rad geflochten werden. Sie sollten nicht mehr wie bisher mit dem Schwert, sondern auf entehrende Weise mit dem Strang getötet werden. Die Hehler und diejenigen, die ihnen freiwillig oder notgedrungen Unterschlupf gewährten sowie wissentlich gestohlenes Gut abkauften, wurden ebenfalls mit dem Tod durch Erhängen bedroht. Wer Zigeuner, Gauner und ähnliche Leute den Behörden meldete, konnte mit Belohnungen rechnen, sein Name wurde zum Schutz geheimgehalten; Mitglieder dieser Banden, die Kameraden verrieten, erhielten Straffreiheit und sicheres Geleit in ein anderes Land zugesichert.

Nicht weniger radikal wollten die Tiroler Behörden die ungeliebten fremden Bettler und Fahrenden vom Land fernhalten. In der Bettlerordnung von 1728 wurden bettelnde und umherziehende Ausländer(innen) bei ihrer Festnahme mit zwölf bis 24 Ruten-

Abb. 274 *Verbotstafel für Zigeuner mit drastischer Darstellung der ihnen drohenden Strafen (Anfang 18. Jh.). Eine junge Zigeunerin (rechts) wird mit Zangenzwicken gepeinigt.*
Graz, Volkskundemuseum, IN 35.867.

streichen bedroht, danach sollten sie abgeschoben werden. Wer ein zweites Mal gefaßt wurde, erhielt vom Gerichtsdiener ein Brandmal in Form eines T (= Tirol) auf der rechten Schulter eingebrannt, ehe er/sie ausgewiesen wurde; jüngeren Bettlern wollte man diese Kennzeichnung zunächst ersparen, sie sollten statt dessen vier bis fünf Tage bei Wasser und Brot eingesperrt und täglich verprügelt werden. Wurde ein fremder Bettler ein drittes Mal erwischt, sollte er in den Kräuterturm nach Innsbruck kommen, von wo die stärkeren Männer auf die Galeeren verbannt wurden; schwächere Männer sowie Frauen sollten mit einem *ganzen schilling* – d. h. 48 (?) Rutenstreichen auf entblößtem Oberkörper – gezüchtigt und danach abgeschoben werden.
Trotz aller Verfolgungsmaßnahmen war das Bettler- und Vagabundentum aber nicht auszurotten, im Gegenteil. Auch Frauen organisierten sich und zogen bandenmäßig durchs Land. Am 14. November 1748 wurde eine solche Frauengruppe in Lustenau

(Vorarlberg) verhaftet. Kopf der Bande war die etwa 50jährige Barbara Waldner, die unter Androhung der Folter mehrere Einbrüche zugab. Das wichtigste Bandenmitglied war die etwa 19jährige Magdalena Krieg, die aus einer typischen Vagantenfamilie stammte und vaterlos aufwuchs; bereits als Dreizehnjährige wurde sie wegen Taschendiebstahls *(Sackgreifereien)* festgenommen und mit Ruten gezüchtigt. In den folgenden Jahren wirkte sie in verschiedenen Banden an mehreren Einbrüchen und Diebstählen mit, erst kurz vor der Verhaftung hatte sie sich mit zwei Geschwistern der Gruppe Waldner angeschlossen.

Zum Trupp gehörten auch mehrere Kinder der beiden Frauen sowie zwei Waisenmädchen namens Sofia und Margarete, beide etwa 13 Jahre alt, deren Eltern hingerichtet worden waren. Die Bande, die durch mehrere Männer vervollständigt wurde, verübte Taschen- und Marktdiebstähle. Die beiden Frauen planten die Einsätze, teilten den Kindern ihre Aufgaben zu und verwalteten die Beute. Wenn sich die Kinder aus Angst verweigerten oder Fehler machten, reagierten die Anführerinnen hart, sogar mit Gewalt. Bärbel Waldner wurde 1749 in Lustenau hingerichtet, die schwangere Magdalena Krieg mußte der Enthauptung zusehen, anschließend wurde sie mit Ruten ausgepeitscht und des Landes verwiesen. Steckbriefe sollten zur Verhaftung weiterer Vaganten und Vagantinnen führen (Abb. 275).

Die österreichischen Behörden suchten die Armut als Grundursache für Bettel und Landstreicherei auch anders in den Griff zu bekommen. Seit Ende des 17. Jahrhunderts wurden arbeitsfähige Bettler und Vagabunden in Zucht- und Arbeitshäuser gebracht, um dort zu arbeiten. Die erste dieser Anstalten wurde 1671/73 durch ein Privileg Kaiser Leopolds I. in der Wiener Leopoldstadt ins Leben gerufen, weitere Anstalten folgten im 18. Jahrhundert in ganz Österreich. Auch umherstreifende Frauen, Bettlerinnen oder Prostituierte wurden eingezogen und zur Zwangsarbeit angehalten. »Müßiggang« galt als Laster, das bekämpft werden mußte, Arbeit wurde zum Sinn des Lebens erklärt, niemand sollte sich der Arbeitspflicht entziehen.

Als angemessenster Platz für die Versorgung von Armen und Vagabunden wurde von den Behörden aber weiterhin deren Geburtsort angesehen. Wie unangenehm sich diese Ansicht für die Betroffenen auswirken konnte, soll am Beispiel eines »liederlichen Weibsbildes« aus der Steiermark aufgezeigt werden. Agnes Krauß, Tochter eines Hausierers, wurde im kleinen obersteirischen Dorf Sillweg bei Fohnsdorf geboren und am 1. Januar 1731 in der Fohnsdorfer Pfarrkirche getauft. Um 1733/34 übersiedelte die Familie nach Judenburg, wo der Vater zusätzlich zu seinem

Beſchreibung

Des im Lande herum vagirenden Diebs- und Jauners-Geſindes / Mann- und Weiblichen Geſchlechts / welches mit der zu Hohenems eingezogen / und zum Theil den 7. Februarii 1749. daſelbſt durch das Rad / den Strang / und das Schwerdt hingerichteten Räuber- Zigeuner- und Diebs-Rotte in Complicität geſtanden / oder ſonſten als Jauner / Spitzbuben / und Diebes-Purſche angegeben worden.

In corpore ſi quid ejusmodi eſt, quod reliquo corpori noceat, uri, ſecarique patimur, ut membrorum aliquod potius, quàm totum corpus intereat. Sic in Reipublicæ corpore, ut totum ſalvum ſit, quidquid eſt peſtiferum, amputetur. *Cicero Philipp. VIII.*

Bregentz / gedruckt durch Ferdinand Caſpar Daſcheck. Factor.

Abb. 275 *Gedruckter Steckbrief (Bregenz 1749), Titelblatt: Darstellung einer Hinrichtung von Vaganten in Hohenems am 7. Februar 1749.*

Bregenz, Vorarlberger Landesarchiv, HA 78, 2.

Abb. 276 *D. Louis, Tyrol und die Tyroler, 2. Auflage (Hamburg-Altona o. J.), Stich nach S. 88: Wandernder Tiroler (= Karrner) mit Ehefrau und Kindern, aber ohne Haus und Hof.*

Innsbruck, Landesmuseum Ferdinandeum, Bibl., F. B. 1253.

Hausiererberuf das Amt eines Nachtwächters übernahm. Als er 1746 starb, ließ er seine Frau und die drei Töchter praktisch unversorgt zurück. Als älteste Tochter mußte die 15jährige Agnes nun eine Arbeit suchen, um zur Ernährung der Familie beizutragen. Sie ging als Dienstbotin nach Graz, wo sie durch den Umgang mit Soldaten auf die schiefe Bahn geriet. Schließlich ohne feste Anstellung, lebte sie hauptsächlich von Bettel und Geheimprostitution.

Ab 1751 wurde die Vagantin von den Behörden insgesamt sechsmal in Graz, Bruck und Leoben aufgegriffen und wegen ihres Lebenswandels zu Körper- und Schandstrafen verurteilt. Nach Verbüßung dieser Strafen brachte man sie jedesmal zwangsweise nach Sillweg zurück und quartierte sie bei Bauern ein, obwohl sie seit ihrer Kindheit keine Beziehung zu ihrem Geburtsort und dessen Bewohnern hatte. Um ihr Leben nicht als gnadenweise geduldete Bauernmagd zu verbringen, verließ sie ihren unfreiwilligen Aufenthaltsort jeweils nach wenigen Tagen wieder. Im Herbst 1755 wurde die unterdessen 24 Jahre alte Agnes erneut in Graz aufgegriffen und zu einer dreijährigen Freiheitsstrafe im Grazer Zuchthaus verurteilt. Ihr weiterer Lebensweg ist unbekannt.

Joseph II. setzte in der Sozialreform neue Akzente. Er löste 1783 die bestehenden religiösen Bruderschaften auf und wies ihr Vermögen teilweise den von ihm ins Leben gerufenen Pfarrarmen-

instituten zu. Nicht arbeitsfähige Arme sollten turnusweise auf Bauernhöfen eingelegt werden, Wirte, Handelsleute und Geistliche waren von dieser Aufnahmeverpflichtung aber ausgenommen. Fremde Bettler und Landstreicher wurden selbstredend nicht in die Betreuung einbezogen, gegen sie ging der Kampf der Behörden weiter.
Um die Zahl potentieller Armer in Grenzen zu halten, wurden seit dem 18. Jahrhundert Heiratsbeschränkungen erlassen; Verehelichung war nur erlaubt, wenn entsprechende Einkünfte vorgewiesen werden konnten. Der politische Ehekonsens der Gemeinden – in Tirol bis 1921 in Kraft – wurde von Nicht-Seßhaften bisweilen durch eine »Romehe« umgangen, d. h. sie ließen sich durch einen Priester in Rom trauen.
Das Problem der bettelnden und umherziehenden Armen konnte erst in unserem Jahrhundert durch verbesserte Erwerbsmöglichkeiten und Fürsorgemaßnahmen gelöst werden. Auch Hausierer(innen) und Wanderarbeiter(innen) konnten oder mußten nun durch die veränderten Verhältnisse in Wirtschaft und Handel ihre Tätigkeit einstellen (Abb. 276). Eine Gruppe unter den ehemaligen Fahrenden geriet aber gerade im 20. Jahrhundert in Gefahr, physisch vernichtet zu werden: die Zigeuner.

Die Zigeuner, die sich selbst als Roma (= Mensch) bezeichnen, waren in Österreich mit zwei Stämmen vertreten, den Roma und Sinti. Unter Maria Theresia wurden viele Roma im damals ungarischen Burgenland zur Seßhaftigkeit gezwungen, indem man ihnen die Kinder wegnahm oder Zwangsehen mit Nicht-Zigeunern arrangierte. Die mehr in Westösterreich lebenden Sinti verdienten sich ihren Lebensunterhalt meist als kleine Handwerker, Musikanten, Marktfahrer oder Landarbeiter, daneben aber auch als Bettler und Hausierer; Frauen waren oft als Wahrsagerinnen tätig. Die österreichischen Zigeuner waren zu Beginn unseres Jahrhunderts gleichberechtigte Staatsbürger, sie mußten Steuern zahlen, die Kinder waren schulpflichtig, die Männer wurden zum Militär eingezogen.
Nach dem »Anschluß« 1938 begann die Diskriminierung der Zigeuner, obwohl sie als Arier galten. Vor allem die nicht seßhaften Sinti, etwa 3000 Personen, wurden von den Nationalsozialisten als mögliche Kriminelle angesehen und im Sinne der »vorbeugenden Verbrechensbekämpfung« verfolgt. Auf die Festnahme einzelner vagabundierender Zigeuner folgten im Sommer 1939 systematische Aktionen, die sich auch gegen die seßhaften Roma, ungefähr 8000 Personen, richteten; einige hundert Zigeuner wurden in verschiedene Konzentrationslager gebracht. Im

Oktober 1939 ordnete Heinrich Himmler an, alle Zigeuner zu registrieren, sie sollten nach Polen transferiert werden.
Der Plan wurde wieder aufgegeben, statt dessen brachte man die »artfremden« Zigeuner ab 1940 in Sammellager, wo sie schwer arbeiten mußten. Die bekanntesten Lager waren Lackenbach im Burgenland und Leopoldskron in Salzburg. 1943 wurde das Salzburger Zigeunerlager aufgelöst, die Insassen kamen nach Auschwitz. Das Lager Lackenbach bestand bis 1945, von hier gingen von Zeit zu Zeit Transporte mit nicht mehr arbeitsfähigen Zigeunern oder Zigeunerkindern in die Vernichtungslager in Polen ab. Insgesamt haben 4500 österreichische Zigeuner und Zigeunerinnen die NS-Zeit nicht überlebt.

Ausgrenzung bis hin zur Vernichtung erlebte auch ein weiterer Teil der österreichischen Bevölkerung: die Juden. Sie hatten mit anderen diskriminierten Personengruppen manches gemeinsam (spezielle Kennzeichnung, Vorwurf des Hostienfrevels und Kindermords), unterschieden sich aber von ihnen in einem wesentlichen Punkt: Sie waren Nichtchristen innerhalb einer geschlossenen christlichen Gesellschaft. Daraus resultierte gegenseitige Unkenntnis der jeweils anderen Sitten und Gebräuche, was christlicherseits zu falschen Verdächtigungen mit anschließenden Verfolgungen führen konnte.
Bereits vor der Babenbergerzeit lebten Juden auf heute österreichischem Gebiet, die Raffelstetter Zollordnung (903/06) erwähnt sie als Kaufleute. Sie waren als Fernhändler begehrte Vermittler von Luxusgütern für die Oberschicht. Entlang ihrer Handelswege entstanden Judendörfer, die noch heute an ihre ehemalige Präsenz erinnern (Judenburg in der Obersteiermark, mehrere Orte namens Judendorf in einigen Bundesländern). Durch ihr Leben in der Diaspora – der selbständige jüdische Staat hatte nach der römischen Eroberung (70 n. Chr.) zu bestehen aufgehört – waren die Juden für internationale Handelsbeziehungen prädestiniert, sie hatten den Umgang mit Geld seit der Antike nicht verlernt und waren auch durch ihre Sprachkenntnisse sowie Schreib- und Lesefähigkeit der heimischen Bevölkerung überlegen. Allmählich durch christliche Kaufleute aus dem Handel verdrängt, wandten sich die Juden im Mittelalter vermehrt dem Geldgeschäft zu und waren im Dienst der Babenberger und später anderer Fürsten auch im Münzwesen tätig. Vor allem aber wurden sie Kreditgeber für Landesfürst, Adel und Klerus, da den Christen durch das kanonische Zinsverbot der Geldverleih gegen Zinsen verwehrt war. Durch die von den jüdischen Gläubigern verlangten hohen Zinsen, speziell im Verzugsfall, kamen christliche Schuldner nicht

selten in Schwierigkeiten, doch ließen sich die Fürsten den Schutz der Juden, deren Schutzgelder und oft auch Sonderabgaben ihnen zuflossen, angelegen sein.
Unter den jüdischen Geldleihern befanden sich auch viele Frauen. So kam eine Witwe namens Plume vermutlich auf Veranlassung des Landesfürsten in den 1320er Jahren nach Klosterneuburg und war hier als Kreditgeberin tätig. Auch in Kärnten lassen sich zu dieser Zeit Jüdinnen im Geldgeschäft nachweisen: 1336/37 nahm die verwitwete Margarete von Silberberg mehrmals Darlehen bei der Jüdin Lea *(Leen der Voglin)* von Völkermarkt auf, die sie nicht zurückzahlen konnte. 1365 wird die Jüdin Hanna *(Chaenlein)* von Villach als Gläubigerin genannt, ein Bürger dieser Stadt nahm bei ihr einen Kredit zu 86,6 Prozent Zinsen auf und verpfändete dafür sein Haus. Von 1404 bis 1420 war Hanna, Witwe des Juden Peltlin von Salzburg, die ihren Wohnsitz nach Wien verlegt hatte, häufig als kleine Pfandleiherin für Wiener Bürger tätig.
Das Verhältnis zwischen Juden und Christen war wesentlich von der Kirche bestimmt. Seitdem das Christentum den Sieg über seine Mutterreligion davongetragen hatte, wurden die Beziehungen im Mittelalter zunehmend gespannter. Die Juden betrachteten sich als das auserwählte Volk Gottes, die Christen warfen ihnen Verstocktheit vor, in Jesus nicht den verheißenen Messias zu erkennen. Durch die Kreuzzüge wurde die christliche Animosität gegen die Juden wesentlich verstärkt und führte zu Verfolgungen. In Österreich fiel ihnen der erste namentlich bekannte Jude, der babenbergische Münzmeister Schlom (= Salomon), zum Opfer. In seinem Haus in Wien lebten auch christliche Dienstboten, von denen einer ihn bestahl und daraufhin inhaftiert wurde. Seine Frau beschwerte sich bei durchreisenden Kreuzfahrern, daß ihr Mann eines Juden wegen im Gefängnis sei. Daraufhin erschlugen sie 1196 Schlom und alle anderen in seinem Haus lebenden Juden, 15 an der Zahl. Die Rädelsführer dieser Tat wurden von Herzog Friedrich I. hingerichtet.
Die erste nachweislich auf heute österreichischem Territorium verbrannte Jüdin war Hanna. Ihr Tod in Salzburg erfolgte im Jahr 1298 aus unbekannter Ursache.
Judenverfolgungen größeren Ausmaßes waren in Österreich meist von ähnlichen Vorkommnissen in Deutschland beeinflußt. Zu den pauschalen Vorwürfen, die man den Juden im Mittelalter machte, gehörten Hostienschändung, Kindermord und Brunnenvergiftung. Als 1338 in Pulkau (Niederösterreich) vor dem Haus eines Juden eine angeblich blutende Hostie gefunden wurde, tötete die aufgebrachte Bevölkerung die Juden dieses Ortes (Abb. 277); anschlie-

Abb. 277 *Meister von Pulkau: Der Hostienfrevel von 1338 (um 1520), Ausschnitt aus der Predella des Flügelaltars. Fünf Juden durchstechen eine geweihte Hostie und töten damit symbolisch das Christuskind.*
Pulkau, Filialkirche Hl. Blut.

ßend wurden auch Juden in benachbarten Dörfern verbrannt. Ähnliche Vorwürfe, 1338 gegen Juden in der Kärntner Stadt Wolfsberg erhoben, zeitigten die gleichen Folgen: Nach dem Bericht des Historiographen Johann von Viktring *durchstachen die Juden eine ihnen überlieferte Hostie so lange, bis Blutstropfen herauskamen.* Diese angebliche Schandtat kostete vermutlich 70 Juden, darunter auch Frauen und Kinder, das Leben. Sowohl in Pulkau wie in Wolfsberg entwickelte sich aufgrund vermeintlicher Wunder bald ein Heiligenblutkult.

Als 1348 die große Pest Österreich heimsuchte, kam es auch hier – wie in den Nachbarländern – zu blutigen Judenpogromen. In Unkenntnis der Ursache für die Pestepidemien wurden die Juden beschuldigt, die Brunnen der christlichen Bevölkerung vergiftet zu haben.

Hostienfrevel, Ritualmord und Entwendung von Kirchengerät wurde Juden im Erzstift Salzburg 1404 vorgeworfen. Nachdem man von einigen gefangengenommenen Juden entsprechende Geständnisse erpreßt hatte, wurden am 10. Juli 1404 die jüdischen Bewohner der Städte Salzburg und Hallein zusammengetrieben und öffentlich verbrannt. Lediglich einige Männer, die zum christlichen Glauben übertreten wollten, sowie die Kinder unter elf Jahren und die schwangeren Jüdinnen blieben verschont. Die unmündigen Kinder und wohl auch die noch Ungeborenen wurden vermutlich zwangsgetauft, was mit den Schwangeren nach der Entbindung geschah, ist nicht überliefert.

Eine angebliche Hostienschändung in Enns war Vorwand für die schwerste Judenverfolgung im mittelalterlichen Österreich. 1420 ließ Herzog Albrecht V. alle Juden im Herzogtum Österreich festnehmen, die ärmeren wurden des Landes verwiesen und zu diesem Zweck in Booten auf der Donau ausgesetzt; sie trieben stromabwärts nach Ungarn. Die reicheren Juden ließ Albrecht V. in Wien inhaftieren, sie sollten die Verstecke ihrer Schätze gestehen. Nachdem zahlreiche Juden Selbstmord begangen hatten, wurden die übrigen – über 200 – am 12. März 1421 auf der Erdberger Lände vor Wien verbrannt. Nur die Jüdin Barbara aus Klosterneuburg ließ sich taufen und heiratete anschließend einen Christen.

Ritualmord an christlichen Kindern war ebenfalls ein beliebter und in ganz Europa häufig vorkommender Vorwurf gegenüber Juden. In Österreich wurde diese Beschuldigung vor allem an zwei Orten erhoben, in Lienz und Rinn in Tirol.

Die Lienzer Legende besagte, daß die etwa vierjährige Ursula Pöck am Gründonnerstag/Karfreitag 1442 oder 1443 von Juden rituell gemartert und getötet wurde. Als man das Mädchen, das zahlreiche Stichwunden aufwies, fand, fiel der Verdacht sofort auf die zwei in der Stadt ansässigen jüdischen Familien, die daraufhin festgenommen wurden. Die beiden Männer räderte und erhängte man, die beiden jüdischen Frauen und eine Christin, die ihnen das Kind in die Hände gespielt hatte, verbrannte man bei lebendigem Leib. Die hinterlassenen jüdischen Kinder wurden zwangsgetauft und entgingen so dem Tod. Der Kult um das angebliche Judenopfer Ursula kam nie richtig in Schwung, Spuren davon sind aber bis in unsere Tage greifbar.

Größere Verbreitung fand die Verehrung des *Anderl von Rinn*, der folgende Tradition zugrunde lag: 1462 marterten drei jüdische Kaufleute, die sich auf dem Rückweg vom Bozner Fronleichnamsmarkt befanden, auf einem großen Stein bei Rinn den dreijährigen Andreas Oxner und töteten ihn; der Vormund des Knaben hatte ihn den Juden zu ihrem schändlichen Tun überlassen

Abb. 278 *Jakob Andrä Fridrich nach Josef Anton Funck: Legende des sel. Anderl von Rinn (Anfang 18. Jh.). Die angebliche Marterung auf dem Stein.*
Innsbruck, Volkskunstmuseum, IN 12.686/8.

(Abb. 278). 1475, als in Trient angeblich der kleine Simon von jüdischer Hand getötet wurde, erinnerte man sich in Rinn des ungeklärten Todes des Anderl, exhumierte seine Leiche und setzte sie in einer Mauernische der Pfarrkirche von Rinn bei. Der aus Trient stammende Haller Stiftsarzt Dr. Hippolyt Guarinoni (1571 bis 1654) hörte von der Ritualmordlegende und veranlaßte die Erbauung einer eigenen Kirche über dem angeblichen Judenstein. Er schrieb auch um 1620 die Legende auf, wobei er sie detailreich ausschmückte. Als Grund, warum Juden Christenblut benötigten, gab er an: Nur mit Hilfe dieses Blutes könnten ihre Frauen gebären, jüdische Kinder kämen mit geballter Faust zur Welt und müßten mit Christenblut bestrichen werden, damit sie sich öffne. Weiters werde christliches Blut zur Zubereitung des Osterweins und der Osterbrote benötigt, mit Wasser verdünnt diene es zur Besprengung von Synagogen und Wohnungen, wobei es als Abwehrzauber wirke.

Die in der Kirche am Judenstein ausgestellten Reliquien des angeblich von Juden getöteten Christenknaben wurden bald Mittelpunkt der Verehrung (Abb. 279). Die geplante Seligsprechung gelang nicht, Papst Benedikt XIV. (1740–1758) gestattete aber den lokalen Kult *des seligen Kindes und Märtyrers Andreas von Rinn*. Der Zulauf der Gläubigen, die hier himmlische Hilfe für ihre kranken Kinder erflehten, für sich selbst aber um eine glückliche Entbindung oder um Kindersegen beteten, machte Judenstein zu einem weitum bekannten Wallfahrtsort. Die Abschaffung des Kultes sowie verschiedene Maßnahmen des Innsbrucker Bischofs Dr. Reinhold Stecher, der 1989 die angeblichen Reliquien in eine Mauernische transferieren und eine Tafel anbringen ließ, auf der er *an manches Unrecht, das von Christen an Juden begangen wurde*, erinnerte, stießen auf heftigen Widerstand zahlreicher Verehrer des *Anderl von Rinn*.

Seit dem frühen Mittelalter versuchte die Kirche, die Juden von den Christen abzusondern. Dies sollte einerseits durch räumliche Trennung erfolgen, indem man den Juden einen eigenen Wohnbezirk – später Ghetto genannt – zuwies, andererseits durch entsprechende Kleidung. Die Anlage abgegrenzter Wohnviertel wurde auf dem 3. Laterankonzil (1179) angeordnet, kam aber in Österreich während des Mittelalters nirgends zur Durchführung. Das 4. Laterankonzil (1215) befahl, daß Juden außerhalb ihrer Wohnbezirke eine bestimmte – nicht näher definierte – Kleidung tragen sollten, um sie von den Christen unterscheiden zu können. Für jüdische Männer setzte sich der Spitzhut, Teil ihrer alten aschkenasischen (= ostjüdischen) Tracht, als Kennzeichnung durch.

Abb. 279 *J. A. Fridrich (wie Abb. 278): Blick in die 1670 über dem sog. Judenstein (rechts vor dem Triumphbogen) erbaute Kirche.*
Innsbruck, Volkskunstmuseum, IN 12.686/22.

Für Österreich wurden die Bestimmungen des 4. Laterankonzils auf der Salzburger Provinzialsynode, die 1267 in Wien stattfand, näher ausgeführt und verbindlich vorgeschrieben. Demnach sollte der Kontakt zwischen Christen und Juden möglichst eingeschränkt werden; Juden durften keine christlichen Bäder und Wirtshäuser besuchen, keine christlichen Dienstboten haben, keine Ämter bekleiden. Christen sollten bei Juden keine Lebensmittel kaufen, da sie vergiftet sein könnten. Bei christlichen Prozessionen sollten Juden ihre Häuser nicht verlassen und sich besonders am Karfreitag nicht auf der Straße zeigen.
Speziell für Jüdinnen sah das Salzburger Provinzialkonzil von 1418 ein eigenes Erkennungszeichen vor; sie sollten an ihrer Kleidung ein Glöckchen anbringen. Diese diskriminierende Vorschrift dürfte aber kaum durchgeführt worden sein.

Seitdem sich die christliche Bevölkerung immer mehr über das kanonische Zinsverbot hinwegsetzte, wurden Juden als Geldverleiher überflüssig. Die maßgeblichen Repräsentanten der österreichischen Bevölkerung, die Landstände, drängten daher im Spätmittelalter ihre Landesherren, denen vor allem aus fiskalischen Interessen am Aufenthalt von Juden in ihren Gebieten gelegen war, zu deren Ausweisung.

1496 gab Maximilian I. dem Drängen der Kärntner und steirischen Stände nach und wies die Juden beider Herzogtümer aus, nachdem er sich eine hohe Abfindung für den damit verbundenen finanziellen Verlust gesichert hatte; als offizielle Begründung für die Vertreibung der Juden wurden Hostienschändungen und Ritualmorde angegeben. Auch im Erzstift Salzburg wies der Erzbischof die Juden 1498 auf Betreiben der Landstände aus.

Im Herzogtum Österreich, also im heutigen Nieder- und Oberösterreich, sowie in Tirol erfolgten zunächst keine Ausweisungen, die im Land verbliebenen Juden waren aber in ihren Erwerbsmöglichkeiten beschränkt. Nur jüdische Händler, die Hof und Heer belieferten, sicherten sich angemessene Einkünfte. Auch jüdische Ärzte genossen weiterhin hohes Ansehen und wurden im Land geduldet.

Seit Beginn der Neuzeit ergingen zahlreiche landesfürstliche Vorschriften, die den Juden das Tragen eines kennzeichnenden Flecks befahlen. Erstmals erließ Maximilian I. diese Vorschrift 1511 für niederösterreichische Juden, die auf städtische Märkte kamen. Sein Enkel Ferdinand I. erneuerte das Gebot und beschrieb im Mandat vom 1. August 1551 das jüdische Zeichen als einen gelben Stoffring, den Juden – nicht Jüdinnen – an ihrer Kleidung (links auf der Brust) anbringen mußten, sobald sie Siedlungen betraten (Abb. 280). Juden, die zum dritten Mal ohne dieses Kennzeichen ergriffen wurden, sollten samt ihrer Familie auf ewig des Landes verwiesen werden.

Das jüdische Zeichen wurde Juden auch in vielen österreichischen Polizeiordnungen der folgenden Jahrzehnte vorgeschrieben. Reiche Juden konnten sich von dieser diskriminierenden Verpflichtung allerdings loskaufen.

Die weitgehende Vertreibung der österreichischen Juden hatte besonders in Kriegszeiten negative Folgen, da nur die Juden in der Lage waren, rasch Geld und Proviant in größeren Mengen aufzubringen. Dieser Erkenntnis beugte sich auch Kaiser Ferdinand II., der alle Andersgläubigen rigoros aus seinen Ländern auswies. Am 6. Dezember 1624 gestattete er den in Wien verstreut lebenden Juden die Errichtung eines eigenen jüdischen Wohnquartiers im Unteren Werd. Die Juden errichteten in diesem

Ghetto insgesamt 132 Häuser, in denen bald über 1300 Personen wohnten. 1625 erhielten sie die Erlaubnis, weiterhin in der Stadt Handel zu treiben und Märkte auf dem Land zu besuchen. In dieser abgeschirmten Judenstadt lebten die privilegierten Juden unbehelligt, die Landjuden wurden aber vom Kaiser nicht geduldet. Am 7. Januar 1625 erließ er ein Mandat, worin den niederösterreichischen Juden befohlen wurde, *samt weib, kind und gesindt* binnen dreier Monate das Land zu verlassen.
Die Zeit der kaiserlichen Gnade für die Wiener Judengemeinde ging 1670 zu Ende. Vermutlich auf Betreiben seiner spanischen

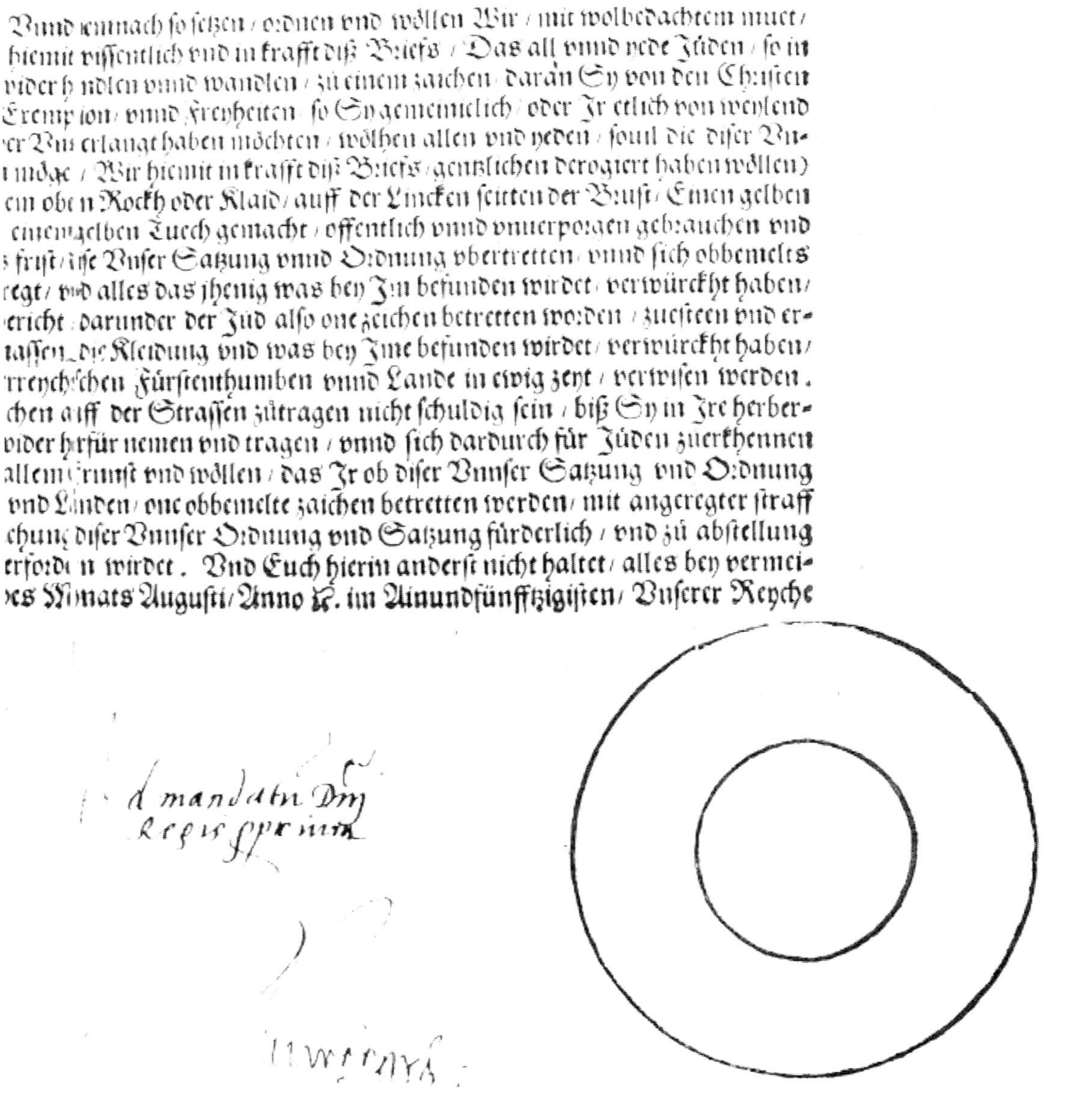
Vnnd demnach so setzen / ordnen vnd wöllen Wir / mit wolbedachtem muet /
hiemit wissentlich vnd in krafft diß Brieffs / Das all vnnd yede Jüden / so in
vider h ndlen vnnd wandlen / zu einem zaichen / daran Sy von den Christen
Exemp ion / vnnd Freyheiten / so Sy gemainclich / oder Jr etlich von weylend
er Vn erlangt haben möchten / wölhen allen vnd yeden / souil die diser Vn-
t möge / Wir hiemit in krafft diß Brieffs / gentzlichen derogiert haben wöllen)
em obe n Rockh oder Klaid / auff der Lincken seitten der Brust / Einen gelben
einem gelben Tuech gemacht / offentlich vnnd vnuerporgen gebrauchen vnd
s frist / ise Vnser Satzung vnnd Ordnung vbertretten / vnnd sich obbemelts
regt / vnd alles das jhenig was bey Jm befunden wirdet / verwürckht haben /
ericht / darunder der Jud also one zeichen betretten worden / zuesteen vnd er-
lassen / die Kleidung vnd was bey Jme befunden wirdet / verwürckht haben /
rreychischen Fürstenthumben vnnd Lande in ewig zeyt / verwisen werden.
chen auff der Strassen zutragen nicht schuldig sein / biß Sy in Jre herber-
vider herfür nemen vnd tragen / vnnd sich dardurch für Jüden zuerkhennen
allem Ernnst vnd wöllen / das Jr ob diser Vnnser Satzung vnd Ordnung
vnd Landen / one obbemelte zaichen betretten werden / mit angeregter straff
chung diser Vnnser Ordnung vnd Satzung fürderlich / vnd zu abstellung
erfordern wirdet. Vnd Euch hierin anderst nicht haltet / alles bey vermei-
des Monats Augusti / Anno &c. im Ainundfünfftzigisten / Vnserer Reyche

Abb. 280 *Mandat Ferdinands I. vom 1. August 1551, worin allen Juden in den Erblanden befohlen wird, beim Betreten von Siedlungen einen gelben Stoffring (Durchmesser 7,5 cm) auf der linken Brustseite zu tragen (Ausschnitt).*
Innsbruck, Tiroler Landesarchiv, Pestarchiv XXIX, 37.

Gemahlin Margarete verfügte Kaiser Leopold I. am 28. Februar 1670, daß alle österreichischen Juden das Land bis zum 25. Juli verlassen müßten. Die Synagoge in der Wiener Judenstadt wurde niedergerissen und an ihrer Stelle eine Kirche zu Ehren des hl. Leopold, des kaiserlichen Namenspatrons, erbaut. Am 18. August 1670 legte Leopold I. eigenhändig den Grundstein, am 6. September 1671 fand mit großem Gepränge und unter Teilnahme des Kaiserpaares die Kirchweihe statt. In die ehemaligen Judenhäuser zogen nun christliche Familien ein, auch das erste österreichische Zuchthaus wurde hier errichtet. Der Stadtteil erhielt den Namen Leopoldstadt.

Die aus Wien vertriebenen Juden zerstreuten sich in die Nachbarländer, 50 reiche Familien wurden in Preußen aufgenommen; die preußische Zuwanderungspolitik bot also nicht nur den österreichischen Protestanten, sondern auch Juden Aufenthaltsmöglichkeiten.

Die negativen Folgen der Vertreibung der Juden machten sich am Wiener Hof bald bemerkbar. Der Hof und vor allem das Heer waren auf jüdisches Kapital angewiesen. Daher wurden wieder finanzkräftige Juden in Österreich geduldet. Der erste war Samuel Oppenheimer (1630–1703), der 1682 als kaiserlicher *Kriegsfaktor* (= Armeelieferant) das Proviantwesen der Armee übernahm. Als 1683 die Türken Wien belagerten, lieferte er Proviant für das Entsatzheer. In den anschließenden Türkenkriegen des Prinzen Eugen bewerkstelligte er die notwendigen Getreide- und Munitionslieferungen. Auch der Kaiserhof bediente sich seiner für Großaufträge.

Oppenheimers Nachfolger Samuel Wertheimer (1658–1724) galt bereits als der reichste und angesehenste Jude seiner Zeit. Die Wiener Hofjuden mußten sich ihre Aufenthaltsgenehmigungen aber durch hohe »Geschenke« erkaufen. Sowohl die Karlskirche wie auch die kaiserliche Hofbibliothek – heute Österreichische Nationalbibliothek – wurden teilweise mit Geldspenden jüdischer Familien finanziert.

Unter Maria Theresia ging der Wiener Hof daran, das Verhältnis zu den Juden durch spezielle Regelungen zu ordnen. Die Judenordnung von 1754 bestimmte, daß die privilegierten Hofjuden mit jenen Waren handeln durften, die sie vertragsgemäß dem Hof lieferten; sie durften aber keinen Grund und Boden erwerben. Allen anderen Juden, die in Wien Handel treiben wollten, wurde der Aufenthalt nur für eine jeweils genau festgesetzte Zeit gestattet.

Auch die Judenordnung von 1764 stellte die Nützlichkeit der Juden für den Staat in den Vordergrund. Man wollte Juden ermuntern, Manufakturen und Fabriken zu gründen, um die Wirtschaft zu beleben. Durch die Gründung solcher Anlagen eröffnete man ihnen aber gleichzeitig die Möglichkeit, ständig in Österreich zu bleiben. An einer Vermehrung der Judenschaft war man dagegen nicht interessiert. Nur der jüdische Hausvater durfte verheiratet sein, die übrigen Mitglieder des Haushalts mußten ledig bleiben. Männliche Juden mußten einen Judenbart tragen, alle Juden durften sich sonn- und feiertags nicht vor Mittag auf den Straßen zeigen.

Maria Theresia erließ die beiden Judenordnungen aus rein wirtschaftlichen Motiven, persönlich war sie sehr judenfeindlich gesinnt, wie eine eigenhändige Bemerkung auf einem Schriftstück der Hofkanzlei vom 14. Juni 1777 bewies: *Ich kenne keine ärgere Pest von Staatt als dise Nation, wegen Betrug, Wucher und Geldvertragen, Leüt in Bettelstab bringen, all üble Handlungen ausüben, die ein anderer ehrlicher Mann verabscheuete.*

Trotzdem vermehrte sich während ihrer Regierungszeit die Zahl der Juden innerhalb der Monarchie drastisch: 1765 fiel die Grafschaft Hohenems mit ihrer Judengemeinde an die Habsburger, 1772 kam durch die erste polnische Teilung Galizien mit etwa 250.000 jüdischen Einwohnern hinzu.

Vor allem aus wirtschaftlichen, weniger aus humanitären Erwägungen entschloß sich Joseph II. zu einem entscheidenden Schritt in der Judenpolitik: Am 2. Januar 1782 erließ er das Toleranzpatent für die Juden, das zu einem Meilenstein in der Geschichte der jüdischen Bewohner Österreichs wurde. Juden durften künftig alle Berufe ausüben, sie konnten sich in Wien überall niederlassen, sie mußten kein Judenzeichen mehr tragen, das Ausgehverbot an Sonn- und Feiertagen fiel. Der Kaiser wollte die Juden in das Wirtschaftsleben der Monarchie integrieren, ihren Anteil an der Bevölkerung aber nicht vergrößern.

Vor allem durch die Eingliederung der galizischen Juden, deren Ghettos aufgehoben wurden, ergab sich die Notwendigkeit, grundlegende Regelungen zu treffen. Am 23. Juli 1787 verordnete Joseph II., daß alle Juden ab dem 1. Januar 1788 eingedeutschte Vornamen (z. B. Maria statt Marjom, Sara statt Sarai oder Sarl, Susanna statt Schuschanno) sowie Familiennamen tragen sollten; die Beschneidungs-, Geburts-, Sterbe- und Trauungsbücher waren ab diesem Zeitpunkt in deutscher Sprache zu führen.

Der Staat kontrollierte nun auch das Privatleben der Juden. Gemäß den Bestimmungen des *Allgemeinen Bürgerlichen Gesetzbuches* von 1811 hatten Juden zur Schließung einer gültigen Ehe eine Bewilligung des Kreisamts zu erwirken, in dessen Bezirk sich ihre Gemeinde befand. Die Trauung mußte in der Synagoge

oder im Bethaus vorgenommen und in das Trauungsbuch eingetragen werden. Eine Judenehe, die ohne Beobachtung der gesetzlichen Vorschriften geschlossen wurde, war ungültig, Zuwiderhandelnde wurden mit Strafen bedroht. Rabbiner oder jüdische Religionslehrer, die die Trauungsbücher nicht vorschriftsmäßig führten, sollten mit einer angemessenen Geld- und Leibesstrafe belegt und von ihrem Amt entfernt werden. Die Scheidung einer jüdischen Ehe war erlaubt, wobei der Mann der Frau den Scheidebrief übergab; hatte die Frau einen Ehebruch begangen, konnte der Ehemann sie auch gegen ihren Willen entlassen.
Der soziale Aufstieg der jüdischen Großhändler, Fabrikanten und Bankiers, die nun bald auch nobilitiert wurden, spiegelte sich im gesellschaftlichen Leben wider. Zur Zeit des Wiener Kongresses (1814/15) führte Fanny Arnstein (1758–1818) einen vielbesuchten Salon. Sie entstammte einer Berliner Bankiersfamilie, ihr Mann Nathan Anton war 1798 geadelt worden. Die Baronin Arnstein hatte auch wesentlichen Anteil an der Gründung der *Gesellschaft der Musikfreunde* in Wien.
Trotz allen Aufstiegs, der sich allerdings auf die städtische Judenschaft beschränkte, während die im Land umherziehenden Juden den Bettlern und Landstreichern gleichgestellt wurden, waren die Juden nur toleriert, nicht gleichberechtigt. Der Kampf um die politische und gesellschaftliche Gleichstellung wurde daher 1848 besonders von Juden geführt und unterstützt. Sie errangen im Anschluß an die Revolution auch ihre ersten Erfolge.
In der Pillersdorf'schen Verfassung vom 25. April 1848 wurde allen Staatsbürgern die volle Glaubens- und Gewissensfreiheit gewährleistet und neben den gesetzlich anerkannten christlichen Glaubensbekenntnissen dem *israelitischen Cultus* freie Ausübung des Gottesdienstes zugesichert (§ 17 und 31). Auch nach der vom Kaiser am 4. März 1849 erlassenen sog. oktroyierten Verfassung sollten alle Reichsbürger vor dem Gesetz gleich sein sowie alle öffentlichen Ämter und Staatsdienste für alle *zu denselben Befähigten* (= Männern) gleich zugänglich sein (§ 27 und 28).
Da die Märzverfassung von 1849 im Jahr 1851 sistiert wurde, brachte erst die Dezemberverfassung von 1867 den jüdischen Österreichern die ersehnte Gleichberechtigung. Im Gesetz über die allgemeinen Rechte der Staatsbürger wurde nicht nur die Gleichstellung vor dem Gesetz und der gleiche Zugang zu den öffentlichen Ämtern dekretiert (Artikel 2 und 3), es wurde auch jedermann volle Glaubens- und Gewissensfreiheit gewährleistet; der Genuß der bürgerlichen und politischen Rechte war vom Religionsbekenntnis unabhängig, doch durfte den staatsbürgerlichen Pflichten durch das Religionsbekenntnis kein Abbruch

geschehen; jede gesetzlich anerkannte Kirche und Religionsgemeinschaft erhielt das Recht zur gemeinsamen öffentlichen Religionsausübung (Artikel 14 und 15).
Da gleichzeitig jedem Staatsbürger erlaubt wurde, seinen Wohnsitz innerhalb des Staatsgebietes frei zu wählen (Artikel 6), setzte bald ein reger Zustrom von Juden aus dem Osten der Monarchie in die Kaiserstadt ein. Lebten 1848 in Wien – die übrigen österreichischen Länder können wegen ihres geringen Judenanteils außer Betracht bleiben – 5000 Juden, so stieg ihre Zahl bis 1870 auf 40.200, bis 1890 auf 118.500 und bis 1910 auf 175.000.
Der Zuzug armer Ostjuden sowie der auffällige Reichtum der assimilierten Wiener Juden verschärften den Gegensatz zwischen der heimischen Bevölkerung und den jüdischen Mitbürgern. Konkurrenzangst und Konkurrenzneid machten sich breit. Zu den »Neureichen« in Handel und Bankwesen kamen zunehmend jüdische Ärzte und Juristen, deren Studium die einheimische Studentenschaft gegen sie aufbrachte. Jüdische Journalisten beherrschten weitgehend die Presse. Das alles führte zu latenter oder offener Judenfeindschaft. Sie wurde von den neuen Massenparteien zu ihren politischen Zielen genutzt. Sowohl die Christlichsoziale Partei unter Karl Lueger wie die Deutschnationalen unter Georg von Schönerer verdankten ihre Wahlerfolge maßgeblich ihren antisemitischen Parolen. Lediglich die Sozialdemokratische Partei, in deren Reihen sich viele Juden an führender Stelle betätigten, hielt sich aus verständlichen Gründen von judenfeindlichen Aktivitäten frei.
Die Judenfeindschaft erhielt bald einen neuen Akzent: Der Antisemitismus – der Begriff wurde 1879 von Wilhelm Marr in seinem Buch *Der Sieg des Judentums über das Germanentum – vom nicht konfessionellen Standpunkt aus betrachtet* geprägt – wurde rassisch begründet. Die Juden galten als eigene, minderwertige Rasse, die ausgesondert werden sollte; das religiöse Bekenntnis war dabei ohne Belang, auch getaufte Juden, bis dahin als Christen integriert, wurden damit wieder ausgegrenzt. Theodor Herzl, der in Ungarn geborene jüdische Journalist, reagierte auf diese Tendenzen mit dem Plan, den Juden ihre alte Heimat Palästina wiederzugeben. 1896 erschien in Wien sein Buch *Der Judenstaat*, das großes Aufsehen erregte und letztendlich zur Gründung des heutigen Staates Israel führte.
Die meisten österreichischen Juden der Monarchie wollten aber nicht nach Palästina auswandern, zu sehr waren sie bereits mit Österreich verwachsen. Viele Juden hatten der Kaiserstadt als Künstler und Intellektuelle ihren Stempel aufgedrückt, die meisten waren allerdings nicht hier geboren, sondern aus verschiede-

nen Teilen des Habsburgerreiches in die Metropole gekommen. Das Wien der Jahrhundertwende war aber nicht nur eine Epoche kultureller Hochblüte, es war auch die Zeit, in der der junge Adolf Hitler in dieser Stadt mit ihrem bunten Völkergemisch lebte (1910–1913) und seine judenfeindliche Einstellung festigte. Als er, vor der Einberufung zur k. u. k. Armee nach Deutschland geflüchtet, 1920 in München das Programm der *Nationalsozialistischen Deutschen Arbeiterpartei* verkündete, enthielt dieses bereits grundlegende antijüdische Forderungen. Alle Juden, die während des Ersten Weltkriegs nach Deutschland gekommen waren, sollten das Land wieder verlassen, kein Jude sollte Volksgenosse, d. h. gleichberechtigter Staatsbürger sein.

Nach der »Machtergreifung« 1933 gingen die deutschen Nationalsozialisten an die Durchführung ihrer judenfeindlichen Absichten. Am 15. September 1935 wurden die *Nürnberger Rassengesetze* erlassen, die das Leben der Juden entscheidend verschlechterten. Im *Reichsbürgergesetz* wurde festgelegt, daß nur Staatsangehörige *deutschen oder artverwandten Blutes* Reichsbürger, also vollberechtigte Bürger sein könnten. Mit dem *Gesetz zum Schutz des deutschen Blutes und der deutschen Ehre* wurden Ehen zwischen Juden und Staatsangehörigen *deutschen oder artverwandten Blutes* verboten; Eheschließungen, die gegen dieses Gesetz verstießen, waren ungültig. Juden durften keine nichtjüdischen weiblichen Staatsangehörigen unter 45 Jahren in ihrem Haushalt beschäftigen und auch nicht die Reichsflagge hissen. Die Juden wurden je nach Blutsanteil in Voll-, Dreiviertel-, Halb- oder Vierteljuden eingeteilt. Als Voll- bzw. Dreivierteljude galt, wer unter seinen zwei Großelternpaaren drei oder vier jüdische Personen aufwies, als Halb- oder Vierteljude bzw. Mischling ersten oder zweiten Grades wurde derjenige eingestuft, der einen oder zwei jüdische Vorfahren hatte.

Die Nürnberger Gesetze und die übrigen Schikanen veranlaßten viele deutsche Juden zur Emigration, einige wandten sich nach Österreich. Doch der »Anschluß« 1938 holte sie auch hier ein und machte sie gemeinsam mit den österreichischen Juden zur Zielscheibe massiver Verfolgung.

In Österreich fielen die nationalsozialistischen Parolen gegen die Juden angesichts einer langen antijüdischen Tradition auf fruchtbaren Boden. So kam es unmittelbar nach dem 13. März 1938 zu spontanen Gewalttätigkeiten und Bosheitsakten gegen Juden. Da die *Israelitische Kultusgemeinde* die von Schuschnigg geplante Volksbefragung finanziell unterstützt hatte, mußten Juden und Jüdinnen die Ja-Parolen auf den Straßen abreiben, zum Teil mit Zahnbürsten (Abb. 281).

Abb. 281 *Foto: Jüdische Frauen und Männer müssen in einer Wiener Straße die Parolen der geplanten Volksbefragung vom 13. März 1938 wegwaschen.*

Nach dem »Anschluß« galten die Nürnberger Rassengesetze, durch die die Juden wieder zu Fremden wurden, auch in Österreich. Gleich in den ersten Tagen erfolgte die Entlassung jüdischer Staatsdiener: Beamte, Richter und Staatsanwälte, Universitätsprofessoren. Jüdische Kinder wurden aus den öffentlichen Schulen, jüdische Studenten von den Hochschulen ausgeschlossen.

Im Zuge der *Reichskristallnacht* (9./10. November 1938) kam es auch in Österreich zu Ausschreitungen gegen Juden, angeblich aus spontanem Volkszorn; Fensterscheiben jüdischer Geschäfte wurden eingeschlagen, Synagogen in Brand gesteckt, Juden in ihren Wohnungen überfallen, mißhandelt und teilweise getötet.

Daneben gingen die wirtschaftlichen und legistischen Maßnahmen gegen jüdische Mitbürger weiter: Liegenschaften und Geschäfte wurden »arisiert«, d. h. an nichtjüdische Besitzer übertragen. Auf Wunsch der Schweiz, die sich gegen einreisende Juden schützen wollte, wurde im Frühjahr 1939 für Österreicher wieder der Visumzwang eingeführt, österreichische Juden mußten ihre Pässe abgeben und erhielten ein rotes J (= Jude) hineingestempelt; außerdem wurde den männlichen Vornamen jeweils ein *Israel*, den weiblichen ein *Sara* beigefügt.

Das Ziel der Nationalsozialisten war es, möglichst alle Juden aus Österreich zu entfernen, das Land »judenrein« zu machen. Bis

Ende November 1941 verließen 128.500 Juden ihre österreichische Heimat, sie emigrierten in 89 Länder auf der ganzen Welt. Für diejenigen, die aus Alters- oder Krankheitsgründen nicht auswandern konnten, aber auch für jene, die in Mischehen lebten und daher zunächst geduldet wurden, begann nun eine harte Zeit. Seit 1. September 1941 wurde allen Juden das Tragen des »Judensterns« in der Öffentlichkeit verpflichtend vorgeschrieben. Der schwarz ausgezogene Sechsstern aus gelbem Stoff mit der schwarzen Aufschrift *Jude* mußte am Kleidungsstück auf der linken Seite in Brusthöhe fest aufgenäht werden (Abb. 282). Diese Kennzeichnung war auch an der Wohnungstür anzubringen, um ungewollten Kontakt mit den in der Wohnung befindlichen, nicht sterntragenden Juden zu vermeiden.
Die Ausgrenzung aus der mitmenschlichen Gemeinschaft wurde immer radikaler. Juden durften sich nicht auf öffentliche Parkbänke setzen, keine öffentlichen Bibliotheken, Bäder und Gasthäuser besuchen, öffentliche Verkehrsmittel nur eingeschränkt benutzen. Theater und Kinobesuch war ebenso verboten wie das Betreten von Luftschutzräumen. In Spitäler sollten Juden nur in Notfällen gebracht werden, sie durften hier nicht von »arischem« Personal betreut werden. Das Einkaufen in den Geschäften war für sie auf zwei Stunden täglich beschränkt. Die arbeitslos gewordenen Juden wurden zu Zwangsarbeiten (Erd-, Aufräumungs- und Ladearbeiten etc.) eingeteilt.
Seit Beginn der NS-Herrschaft wurden Juden in Konzentrationslager gebracht. 1941, nach Ende der normalen Auswanderung, war Polen mit seinen verschiedenen Lagern Ziel zahlreicher Judentransporte aus Wien. Für alte und prominente Juden war Theresienstadt in Böhmen vorgesehen. Es galt als »Musterghetto«, das von den Nationalsozialisten als jüdischer Alterssitz angepriesen wurde; in Wirklichkeit war Theresienstadt meist nur eine Zwischenstation auf dem Weg nach Auschwitz.
Um der drohenden Deportation in ein Konzentrationslager zu entgehen, trieben sich Hunderte Wiener Juden unterstandslos herum oder flüchteten in die Provinz. Einige wurden auch von »arischen« Freunden unter Einsatz ihres Lebens versteckt.
Die Ausgrenzung und physische Vernichtung der österreichischen Juden durch die Nationalsozialisten war nahezu total. Lebten am 11. März 1938 in Österreich 185.028 Juden – der Großteil in Wien –, so waren es am 31. Dezember 1944 noch 5799; über 120.000 waren emigriert, etwa 60.000 hatten ihr Leben verloren. Unter den Opfern der Judenverfolgung der NS-Zeit befanden sich auch Frauen, die genaue Zahl war nicht eruierbar. Viele Jüdinnen emigrierten, so Anna Freud und die Psychologin Charlotte Bühler

Abb. 282 *NS-Propagandafoto: Wiener Jüdinnen mit aufgeheftetem Judenstern, aufgenommen im Sammellager in der Seegasse (1941).*

nach England. Ihren Verbleib in Österreich büßten die Akademikerinnen Käthe Leichter und Elise Richter mit dem Tod. Erstere, eine überzeugte Sozialdemokratin, kam 1942 beim Abtransport aus dem KZ Ravensbrück um, letztere, die erste Dozentin an einer österreichischen Universität, starb 1943 in Theresienstadt.

Keine Zeit der Gnade: Das galt während der NS-Herrschaft für eine weitere Personengruppe, deren Schicksal in Österreich stets hart gewesen ist: Geisteskranke und Geistesschwache.
Im Mittelalter wurden Irre und Debile – auf eine nähere Definition kann hier mangels entsprechender Kenntnisse nicht eingegangen werden – meist in Klöstern oder Spitälern untergebracht, in Gemeinschaft mit Alten, Kranken und sonstigen Pflegebedürftigen. Von einer Behandlung konnte keine Rede sein, da man die Ursachen der Defekte nicht kannte. Nur von der Anwendung von Exorzismen für die angeblich vom Teufel besessenen Kranken versprach man sich Heilung (Abb. 283).
In den seit der Barockzeit errichteten Zucht- und Arbeitshäusern bildeten geistig und psychisch Behinderte ein Konglomerat mit Kriminellen, Arbeitsunwilligen und ähnlichen Zwangsinternierten. Da sie häufig mit Spinnarbeiten beschäftigt wurden, wurde »spinnen« zum Synonym für geistig abnormal.

Abb. 283 *Exorzismus an einer Besessenen, dargestellt auf dem sog. Großen Mariazeller Wunderaltar (1518/22), Teilbild.*
Graz, Joanneum, Alte Galerie, IN 390.

Als Pionierleistung gilt bis heute die Errichtung des »Narrenturms« im Bereich des Wiener *Allgemeinen Krankenhauses* durch Joseph II. im Jahr 1784 (Abb. 284). Er war für gefährliche *Wahnwitzige* bestimmt und damit erstmals eine eigene Anstalt für Geisteskranke. Das *Tollhaus des Hauptspitals* konnte 200 bis 270 Kranke aufnehmen, darunter auch Frauen. Die Unterbringung mutet heute erschreckend an: Die gefährlichsten *Rasenden* erhielten nur Stroh, keine Betten in ihre Zellen, die ohne Heizung und Abtritte gebaut worden waren; Ringe am Fußboden und an der Wand dienten dazu, die Insassen anzuketten. Trotzdem war Kaiser Josephs »Gugelhupf« Vorbild für andere Irrenanstalten in Europa. In den folgenden Jahren und Jahrzehnten entstanden in Österreich weitere Einrichtungen für Geisteskranke (Abb. 285). An den psychiatrischen Kliniken wurde versucht, die unterschiedlichen

Erscheinungsformen geistiger Behinderung und psychischer Erkrankung zu diagnostizieren und vielleicht zu heilen.

Die Absicht, unheilbar kranke Menschen zu töten, um der Gesellschaft Kosten zu ersparen, wurde in unserem Jahrhundert erst offen ausgesprochen, als man die christliche Vorstellung vom Sinn und Wert des Lebens in Frage zu stellen begann. 1920 erschien in Leipzig eine Schrift des Juristen Karl Binding und des Psychiaters Alfred Hoche mit dem Titel: *Die Freigabe der Vernichtung lebensunwerten Lebens, ihr Maß und ihre Form*. Darin wurden rationale Gründe für die Tötung bestimmter Menschen, etwa der Pfleglinge von Irrenanstalten, aufgeführt. Der Begriff Euthanasie kam darin nicht vor, er wurde aber bald zum Tarnwort für die Tötung unerwünschter Kranker. Von der Sterbehilfe über die Entscheidungsfreiheit über den eigenen Tod (Tötung auf Verlangen) führte der Weg zur Aktion »Gnadentod« der Nationalsozialisten.

Abb. 284 *Wiener Extrablatt (15. April 1884): »Kaiser Joseph's Guglhupf«.*
Wien, HM, IN 94.670.

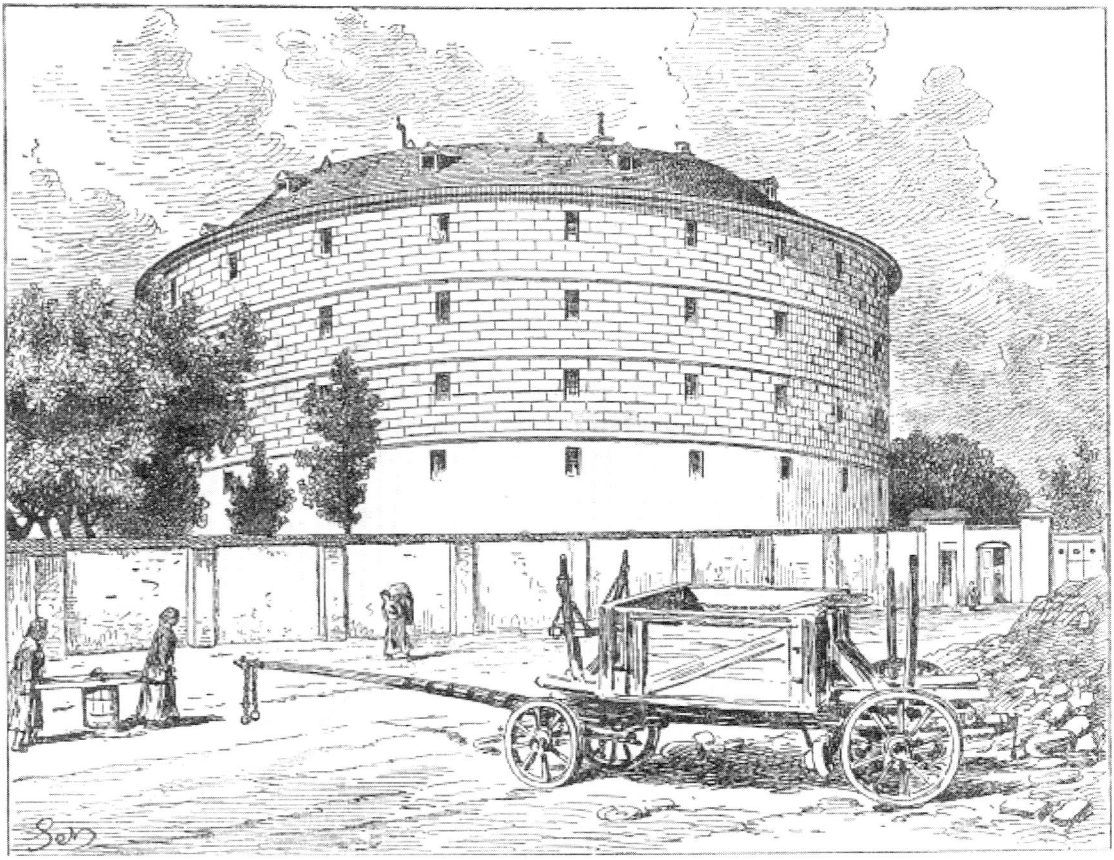

Abb. 285 *Zeitungsartikel (nach 1870): Szenen aus der Wiener Landesirrenanstalt Brünnlfeld, Detail: »Ein Salon in der weiblichen Abtheilung«.*
Wien, HM, IN 108.729/32.

1933 wurde im Dritten Reich das *Gesetz zur Verhütung erbkranken Nachwuchses* beschlossen, durch das bestimmte Krankheiten und Defekte mittels Sterilisation zum Verschwinden gebracht werden sollten: angeborener Schwachsinn, Schizophrenie, zirkuläres (manisch-depressives) Irresein, erbliche Fallsucht, erblicher Veitstanz, erbliche Blindheit und Taubheit sowie schwere körperliche Mißbildungen.
Auf dem mit dieser gesetzlichen Regelung eingeschlagenen Weg schritt man bei Ausbruch des Zweiten Weltkrieges weiter. Aus einem konkreten Anlaß heraus – ein deutsches Ehepaar hatte Hitler auf Betreiben des behandelnden Arztes um die Erlaubnis

zur Tötung seines mehrfach mißgebildeten Kindes gebeten – wurde im Frühjahr 1939 mit der Euthanasieaktion an Kindern begonnen. Ende 1939 ging man an die Tötung »lebensunwerter« Erwachsener. Es wurde eine Organisation mit der Tarnbezeichnung T 4 (= Tiergartenstraße 4, Berlin) geschaffen, die die in Frage kommenden Insassen der Heil- und Pflegeanstalten ermittelte. Da viele dieser Einrichtungen von Orden und religiösen Vereinen betreut wurden, waren sich katholische wie evangelische Stellen in Deutschland bald über den Zweck der Abtransporte ihrer Kranken im klaren. Bereits am 24. August 1941 wurde die Aktion daher aufgrund kirchlicher Proteste offiziell abgebrochen, insgeheim liefen die Tötungen aber weiter.

In Österreich wurde die Aktion »Gnadentod« vor allem in Schloß Hartheim bei Linz durchgeführt. Die eingelieferten Geisteskranken und Geistesschwachen wurden teils durch Einspritzung hoher Dosen von Betäubungsmitteln, teils durch Kohlenmonoxyd, das aus den Duschhähnen einströmte, getötet. Insgesamt dürften in Hartheim 15.000–18.000 Personen umgebracht worden sein, dazu kommen noch einige tausend Menschen, die in ihren eigenen Pflegeanstalten durch Verhungernlassen, Vergiften und auf andere Weise getötet wurden.

Unter den Opfern befand sich auch ein nicht näher quantifizierbarer Prozentsatz an Frauen, von denen stellvertretend für alle eine genannt sei: Irene Maretich, eine Patientin der Heil- und Pflegeanstalt Hall in Tirol. Sie bat, durch Gerüchte verunsichert, ihren Vormund 1940, sie vor der drohenden »Verurnung« zu retten, vergeblich. Sie war bereits beim ersten Transport nach Hartheim (10. Dezember 1940) dabei. Auf die Anfrage des Vormunds teilte ihm die Hartheimer Anstalt am 27. Februar 1941 mit, daß sein Mündel am 7. Januar 1941 *infolge Herzschlag* gestorben sei; zum Zwecke der Bekämpfung von Bazillen habe die zuständige Ortspolizeibehörde Hartheim im Einvernehmen mit den beteiligten Stellen weitgehende Schutzmaßnahmen angeordnet *und gemäß § 22 der Verordnung zur Bekämpfung übertragbarer Krankheiten die sofortige Einäscherung der Leiche und die Desinfektion des Nachlasses verfügt.* Einer Einwilligung der Angehörigen habe es in diesem Fall nicht bedurft. Wenn innerhalb von 14 Tagen keine Nachricht komme, werde man über die Urne und den Nachlaß der Verstorbenen selbst verfügen.

Mit einer offenkundigen Lüge löschten die Nationalsozialisten nicht nur dieses, sondern Tausende andere »lebensunwerte« Leben aus. Von der Ausgrenzung war oft nur ein kleiner Schritt zur Ausmerzung.

SCHLUSSBETRACHTUNG

Geschichte als verdichtetes Geschehen geschieht nicht, sie wird von Menschen gemacht. Aber nicht alle Menschen »machen Geschichte«, der überwiegende Teil der Bevölkerung scheint in der »Geschichte«, verstanden als Tradition, die weitergegeben wird, überhaupt nicht auf. Ihre Einzelschicksale waren der Aufzeichnung nicht wert, sie gingen im historischen Bewußtsein unter.

Auch der Blick in die österreichische Vergangenheit zeigt, daß die Mehrzahl der Menschen und vor allem die Frauen darin großteils nicht greifbar sind, obwohl sie durch ihre Arbeit wesentlich zur geschichtlichen Entwicklung beigetragen haben. Wer das Leben der »Österreicherin« nachvollziehen will, stößt daher an Grenzen. Dabei zeigt sich, daß die einzelnen Bevölkerungsschichten natürlich unterschiedlich viele Spuren hinterlassen haben. Die Lebensverhältnisse und Schicksale der Dynastie sind quellenmäßig am besten dokumentiert, was auch ihre stärkere Berücksichtigung im vorliegenden Buch begründet; nicht nostalgische Bewunderung, sondern die Quellenlage bedingte diese Bevorzugung. Da das Leben der höfischen Kreise zugleich tonangebend für die übrige Bevölkerung war, kommt ihm aber auch Modellcharakter für die Rekonstruktion der Lebensbedingungen des jeweiligen Zeitalters zu.

Die österreichische Gesellschaft hat sich in den vergangenen tausend Jahren wesentlich verändert. Während zunächst der Besitz an Grund und Boden die Lebensverhältnisse bestimmte, die Bevölkerung in Herren mit Grundbesitz und Untertanen ohne eigenes Land unterteilte, signalisierte die Aufhebung der Grundherrschaft – Grund-Herrschaft – im Jahr 1848 den allmählichen Transformationsprozeß. Aus der ständisch gegliederten, weitgehend agrarisch ausgerichteten Gesellschaft des Mittelalters wurde die homogene demokratische Industriegesellschaft ohne Monarchie und Adel, mit gleichen Rechten für alle.

Der Gang durch die österreichische Geschichte zeigt auch, daß die ursprünglich monolithische christliche Gesellschaft mit ihrer kirchlichen Tradition, die kein Anderssein zulassen wollte, im Lauf der Zeit zerbrach. Wer sich in früheren Epochen neu aufkommenden religiösen Bewegungen anschloß, riskierte Verfolgung, Ausweisung oder Tod. Noch härter ging man seit Beginn der Neuzeit gegen Menschen vor, die des Bundes mit dem Teufel beschuldigt wurden. Die Hexenverfolgungen, basierend auf kirchlichen Lehren und ihrer Umsetzung in gesetzliche Bestimmungen, enthüllen eine heute kaum nachvollziehbare Bereitschaft der Bevölkerung zu phantastischen Spekulationen, gepaart mit einem erschreckenden Ausmaß an Grausamkeit, die lesend zu erfassen das Gemüt belastet und die zu schildern sich die Feder sträubt. Die heutige humanere, religiös tolerante Gesellschaft war erst ein Produkt der Aufklärung.

Der von den Aufklärern vertretenen Idee der Gleichheit aller Menschen verdanken letztlich auch die Frauen ihre Emanzipation aus der Unterordnung unter den Mann. Die unterdessen unbestrittene Gleichwertigkeit der beiden Geschlechter bestimmt das Leben der Österreicherin heute. Die Gleichberechtigung, der sinnvollerweise auch eine Gleichverpflichtung zugeordnet werden muß, stößt aber an naturbedingte Grenzen.

Männer standen in diesem Buch im Hintergrund. Das bedeutet aber nicht, daß sie auch im wirklichen Leben in den Hintergrund gedrängt werden sollen. Im Gegenteil: Nur in einem harmonischen Miteinander der Geschlechter beruht in der Regel das Glück für den Einzelmenschen, auf jeden Fall aber das Wohl der menschlichen Gesellschaft.

ABKÜRZUNGEN

AÖG	=	Archiv für österreichische Geschichte
Bibl.	=	Bibliothek
HHStA	=	Haus-, Hof- und Staatsarchiv
HM	=	Historisches Museum der Stadt Wien
IHS	=	Innsbrucker Historische Studien
IN	=	Inventar-Nummer
Ink.	=	Inkunabel
KHM	=	Kunsthistorisches Museum
Kl.	=	Klasse
MGSL	=	Mitteilungen der Gesellschaft für Salzburger Landeskunde
MIÖG	=	Mitteilungen des Instituts für österreichische Geschichtsforschung
MÖSTA	=	Mitteilungen des Österreichischen Staatsarchivs
NF	=	Neue Folge
ÖG	=	Österreichische Galerie · Belvedere
ÖNB	=	Österreichische Nationalbibliothek
SB	=	Sitzungsberichte
Sign.	=	Signatur
SMCA	=	Salzburger Museum Carolino Augusteum
UB	=	Universitätsbibliothek

LITERATURVERZEICHNIS

Adel im Wandel. Politik – Kultur – Konfession 1500–1700, Katalog der Niederösterreichischen Landesausstellung 1990 (Katalog des NÖ Landesmuseums NF 251), Wien 1990.

Adelslexikon des Österreichischen Kaisertums 1804–1918, hg. und kommentiert von Peter Frank-Döfering, Wien–Freiburg–Basel 1989.

Ammann, Hartmann: Der Innsbrucker Hexenprocess von 1485, Zeitschrift des Ferdinandeums für Tirol und Vorarlberg, 3. Folge, Heft 34 (1890), S. 1–87.

Anderson, Harriet: Vision und Leidenschaft. Die Frauenbewegung im Fin de Siècle Wiens, Wien 1994.

Andritsch, Johann (Bearb.): Die Matrikeln der Universität Graz, Bd. 1 (1586–1630), Publikationen aus dem Archiv der Universität Graz 6/1, Graz 1977.

Arneth, Alfred: Geschichte Maria Theresia's, 10 Bde., Wien 1863–1879.

Aufbruch in das Jahrhundert der Frau? Rosa Mayreder und der Feminismus in Wien um 1900, 125. Sonderausstellung des Historischen Museums der Stadt Wien 1989/1990, Wien 1989.

Baltl, Hermann – Gernot Kocher: Österreichische Rechtsgeschichte. Unter Einschluß sozial- und wirtschaftsgeschichtlicher Grundzüge. Von den Anfängen bis zur Gegenwart, Graz 1993.

Bandion, Wolfgang J.: Steinerne Zeugen des Glaubens. Die heiligen Stätten der Stadt Wien, Wien 1989.

Barth-Scalmani, Gunda: Die Reform des Hebammenwesens in Salzburg zwischen 1760 und 1815, MGSL 134 (1994), S. 365–398.

Bauer, Wilhelm: Die Anfänge Ferdinands I., Wien–Leipzig 1907.

Baum, Wilhelm: Margarete Maultasch. Erbin zwischen den Mächten, Graz–Wien–Köln 1994.

Beck, Josef: Die Geschichts-Bücher der Wiedertäufer in Österreich-Ungarn, Fontes Rerum Austriacarum II/43, Wien 1883.

Beimrohr, Wilfried: Die öffentliche Armenfürsorge in Tirol vom 16. bis 19. Jahrhundert, in: Historische Blickpunkte (siehe dort), S. 11–33.

Beiträge zur Tiroler Frauenforschung. Ein Arbeitsbericht, Veröffentlichungen der Universität Innsbruck 170, Innsbruck 1989.

Berger, Karin: Zwischen Eintopf und Fließband. Frauenarbeit und Frauenbild im Faschismus. Österreich 1938–1945, Österreichische Texte zur Gesellschaftskritik 21, Wien 1984.

Bevölkerung, Familie und Sozialpolitik in Österreich. Zur Internationalen Konferenz über Bevölkerung und Entwicklung (ICPD) der Vereinten Nationen im September 1994 in Kairo, Schriften des Instituts für Demographie der Österr. Akad. der Wiss. 9, Wien 1994.

Bibl, Viktor: Maximilian II. Der rätselhafte Kaiser. Ein Zeitbild, Hellerau bei Dresden 1929.

Historische Blickpunkte. Festschrift für Johann Rainer zum 65. Geburtstag, hg. von Sabine Weiss, Innsbrucker Beiträge zur Kulturwissenschaft 25, Innsbruck 1988.

Bolognese-Leuchtenmüller, Birgit: Bevölkerungsentwicklung und Berufsstruktur, Gesundheits- und Fürsorgewesen in Österreich 1750–1918, Materialien zur Wirtschafts- und Sozialgeschichte 1, Wien 1978.

Bolognese-Leuchtenmüller, Birgit – Michael Mitterauer (Hg.): Frauen-Arbeitswelten. Zur historischen Genese gegenwärtiger Probleme, Beiträge zur Historischen Sozialkunde, Beih. 3, Wien 1993.

Borscheid, Peter: Geschichte des Alters. 16.–18. Jahrhundert, Studien zur Geschichte des Alltags 7/1, Münster 1987.

Borst, Arno u. a. (Hg.): Tod im Mittelalter, Konstanzer Bibliothek 20, Konstanz 1993.

Die Braut. Geliebt · verkauft · getauscht · geraubt. Zur Rolle der Frau im Kulturvergleich, hg. von Gisela Völger und Karin v. Welck, 2 Bde., Köln 1985.

Brix, Michael: Die Trauerdekorationen für die Habsburger in den Erblanden. Studien zur ephemeren Architektur des 16. bis 18. Jahrhunderts, phil. Diss. Kiel 1971.
– Trauergerüste für die Habsburger in Wien, Wiener Jahrbuch für Kunstgeschichte 26 (1973), S. 208–265 mit Abb. 199–247.
Bruckmüller, Ernst: Sozialgeschichte Österreichs, Wien–München 1985.
Brunner, Otto: Adeliges Landleben und europäischer Geist. Leben und Werk Wolf Helmhards von Hohberg 1612–1688, Salzburg 1949.
Bucholtz, Franz Bernhard: Geschichte der Regierung Ferdinand des Ersten, 9 Bde., Wien 1831–1838 (Nachdruck Graz 1968–1971).
Bücking, Jürgen: Kultur und Gesellschaft in Tirol um 1600. Des Hippolytus Guarinonius' »Grewel der Verwüstung Menschlichen Geschlechts« (1610) als kulturgeschichtliche Quelle des frühen 17. Jahrhunderts, Historische Studien 401, Lübeck–Hamburg 1968.
Byloff, Fritz: Hexenglaube und Hexenverfolgung in den österreichischen Alpenländern, Quellen zur deutschen Volkskunde 6, Berlin–Leipzig 1934.

Caramelle, Franz – Richard Frischauf: Die Stifte und Klöster Tirols, Innsbruck–Wien–Bozen 1985.
Caroline Auguste (1792–1873). Namenspatronin des Salzburger Museums. Kaiserliche Wohltäterin in Salzburg, Katalog zur 167. Sonderausstellung des Salzburger Museums C. A., Salzburg 1993.
Cassels, Lavender: Der Erzherzog und sein Mörder. Sarajevo, 28. Juni 1914, Köln–Wien–Graz 1988.
Codex Juris Canonici. Codex des kanonischen Rechtes, lateinisch-deutsche Ausgabe, Kevelaer [2]1984.
Constitutio Criminalis Theresiana oder der Römisch-Kaiserl. zu Hungarn und Böheim etc. etc. Königl. Apost. Majestät Mariä Theresiä Erzherzogin zu Oesterreich etc. etc. peinliche Gerichtsordnung, Vollständiger Nachdruck der Trattnerschen Erstausgabe Wien 1769. Mit einem Nachwort von Egmont Foregger, Graz 1993.
Coreth, Anna: Kaiserin Maria Eleonore, Witwe Ferdinands III., und die Karmelitinnen, MÖSTA 14 (1961), S. 42–63.
– Pietas Austriaca. Österreichische Frömmigkeit im Barock, Österreich Archiv, Wien 1959, [2]1982.

Dapunt, Otto (Hg.): Fruchtbarkeit und Geburt in Tirol, Oberschleißheim bei München 1987.
Dedic, Paul: Kärntner Exulanten des 17. Jahrhunderts, Klagenfurt 1979.
Dienst, Heide: Agnes. Herzogin – Markgräfin, Ehefrau und Mutter, Wien 1985.
Dietrich, Elisabeth: Übeltäter – Bösewichter. Kriminalität und Kriminalisierung in Tirol und Vorarlberg im 19. Jahrhundert, Innsbruck–Wien 1995.
Dinzelbacher, Peter: Mittelalterliche Frauenmystik, Paderborn–München–Wien–Zürich 1993.
Dissertori, Alois: Auswanderung der Deferegger Protestanten 1666–1725, Schlern-Schriften 235, Innsbruck 1964.
Dopsch, Heinz (Hg.): Geschichte Salzburgs. Stadt und Land, Bd. 1, Salzburg 1983–1984.
Drabek, Anna u. a.: Das österreichische Judentum. Voraussetzungen und Geschichte, Wien–München 1974.

Egg, Erich – Oswald Trapp: Totenschilde in Tirol, Veröffentlichungen des Tiroler Landesmuseums Ferdinandeum 52 (1972), S. 17–150.
Ehmer, Josef: Heiratsverhalten, Sozialstruktur, ökonomischer Wandel, Kritische Studien zur Geschichtswissenschaft 92, Göttingen 1991.
– Sozialgeschichte des Alters, Edition Suhrkamp 1541, NF 541, Frankfurt am Main 1990.
Elisabeth von Oesterreich. Einsamkeit, Macht und Freiheit, 99. Sonderausstellung des Historischen Museums der Stadt Wien 1986/87, Wien 1986.
Engelbrecht, Helmut: Erziehung und Unterricht im Bild. Zur Geschichte des österreichischen Bildungswesens, Wien 1995.
– Geschichte des österreichischen Bildungswesens, 5 Bde., Wien 1982–1988.

Familie. Ideal und Realität, hg. von Elisabeth Vavra, Katalog des NÖ Landesmuseums NF 316, Horn 1993.
Fichtenau, Heinrich: Der junge Maximilian (1459–1482), Wien 1959.
Fidler, Katharina: Mäzenatentum und Politik am Wiener Hof: Das Beispiel der Kaiserin Eleonora Gonzaga-Nevers, IHS 12/13 (1990), S. 41–68.
Fillitz, Hermann: Die Schatzkammer in Wien. Symbole abendländischen Kaisertums, Salzburg–Wien 1986.
Fischer, Heinz – Gerhard Silvestri (Hg.): Texte zur österreichischen Verfassungs-Geschichte. Von der Pragmatischen Sanktion zur Bundesverfassung (1713–1966), Wien 1970.
Flossmann, Ursula – Oskar Lehner (Hg.): Frau · Recht · Gesellschaft, Sozialwissenschaftliche Materialien 11, Linz [2]1986.
Flotzinger, Rudolf: Geschichte der Musik in Österreich. Zum Lesen und Nachschlagen, Graz–Wien–Köln 1988.
Frank, Horst-Joachim: Catharina Regina von Greiffenberg. Leben und Welt der barocken Dichterin, Göttingen 1967.

Franzl, Johann: Ferdinand II. Kaiser im Zwiespalt der Zeit, Graz–Wien–Köln 1978.
Frau und spätmittelalterlicher Alltag, Veröffentlichungen des Instituts für mittelalterliche Realienkunde Österreichs 9 (SB der Österr. Akad. der Wiss., phil.-hist. Kl. 473), Wien 1986.
Freund, Florian – Hans Safrian: Vertreibung und Ermordung. Zum Schicksal der österreichischen Juden 1938–1945. Das Projekt »Namentliche Erfassung der österreichischen Holocaustopfer«, Wien 1993.
Friedinger, Carl: Denkschrift über die Wiener Gebär- und Findelanstalt, Wien 1887.
Friedrich III. Kaiserresidenz Wiener Neustadt, Ausstellungskatalog Wiener Neustadt 1966 (Katalog des NÖ Landesmuseums NF 29), Wien 1966.
Friess, Godfrid Edmund: Patarener, Begharden und Waldenser in Oesterreich während des Mittelalters, Oesterreichische Vierteljahresschrift für katholische Theologie 11 (1872), S. 209–272.
Eines Fürsten Traum. Meinhard II. – Das Werden Tirols, Tiroler Landesausstellung 1995.

Gerhartl, Gertrud: Wiener Neustadt. Geschichte, Kunst, Kultur, Wirtschaft, Wien 1978.
Das Allgemeine bürgerliche Gesetzbuch, 15. Aufl., hg. von Hans Kapfer, Wien 1987. Diese Auflage enthält mehr historische Angaben als die neueste Ausgabe.
Allgemeines bürgerliches Gesetzbuch für die gesammten Deutschen Erbländer der Oesterreichischen Monarchie, Wien 1811.
Gismann-Fiel, Hildegund: Das Täufertum in Vorarlberg, Forschungen zur Geschichte Vorarlbergs 4, Dornbirn 1982.
Gosler, Sieglinde: Hexenwahn und Hexenprozesse in Kärnten. Von der Mitte des 15. Jahrhunderts bis zum ersten Drittel des 18. Jahrhunderts, phil. Diss. Graz 1955.
Grass, Nikolaus: Der normannische Brauttor-Vermählungsritus in den Bistümern Brixen und Chur, in: Kunst und Kirche in Tirol, hg. von Josef Nössing und Helmut Stampfer, Bozen 1987, S. 19–36.
– Der normannische Brauttor-Vermählungsritus und seine Verbreitung in Mitteleuropa, Forschungen zur Rechtsarchäologie und Rechtlichen Volkskunde 5, Zürich 1983, S. 69–97.
Grössing, Sigrid-Maria: Kaufmannstochter im Kaiserhaus. Philippine Welser und ihre Heilkunst, Wien 1992.
Groner, Richard: Wien wie es war. Ein Nachschlagewerk für Freunde des alten und des neuen Wien, neu bearb. von Felix Czeike, Wien–München [5]1965.
Gross, Inge – Beatrix Wiedenhofer – Werner Vötsch: Die wirtschaftliche und soziale Rolle der Frau in Österreich. Analyse statistischer Daten, Wien 1994.
Grossegger, Elisabeth: Theater, Feste und Feiern zur Zeit Maria Theresias 1742–1776. Nach den Tagebucheintragungen des Fürsten Johann Joseph Khevenhüller-Metsch, Obersthofmeister der Kaiserin, SB der Österr. Akad. der Wiss., phil.-hist. Kl. 476 (Veröffentlichungen des Instituts für Publikumsforschung 12), Wien 1987.
Guschlbauer, Elisabeth: Der Beginn der politischen Emanzipation der Frau in Österreich (1848–1919), phil. Diss. Salzburg 1974.

Hajos, Geza: Schönbrunn, Wiener Geschichtsbücher 18, Wien–Hamburg 1976.
Hamann, Brigitte: Elisabeth. Kaiserin wider Willen, Wien–München 1982.
– Meine liebe, gute Freundin! Die Briefe Kaiser Franz Josephs an Katharina Schratt aus dem Besitz der Österreichischen Nationalbibliothek, Wien 1992.
– Rudolf. Kronprinz und Rebell, Wien–München 1982.
– (Hg.): Die Habsburger. Ein biographisches Lexikon, Wien 1988.
Hansen, Joseph: Quellen und Untersuchungen zur Geschichte des Hexenwahns und der Hexenverfolgung im Mittelalter, Bonn 1904.
Hartmann, Peter Claus: Karl Albrecht – Karl VII. Glücklicher Kurfürst. Unglücklicher Kaiser, Regensburg 1985.
Hauch, Gabriella: Vom Frauenstandpunkt aus. Frauen im Parlament 1919–1933, Studien zur Gesellschafts- und Kulturgeschichte 7, Wien 1995.
Haupt, Herman: Waldenserthum und Inquisition im südöstlichen Deutschland seit der Mitte des 14. Jahrhunderts, Deutsche Zeitschrift für Geschichtswissenschaft 3 (1890), S. 337–411.
Hauser, Susanna Elisabeth: Caroline Auguste von Bayern, die vierte Gemahlin Kaiser Franz' I. von Österreich, phil. Diss. Wien 1991.
Hawlik-van de Water, Magdalena: Die Kapuzinergruft. Begräbnisstätte der Habsburger in Wien, Wien–Freiburg–Basel 1987.
Heiltum und Wallfahrt, Katalog der Tiroler Landesausstellung 1988, Innsbruck 1988.
Heimbucher, Max: Die Orden und Kongregationen der katholischen Kirche, 2 Bde., Neudruck München–Paderborn–Wien 1965.
Heindl, Waltraud – Marina Tichy: »Durch Erkenntnis zu Freiheit und Glück ...«. Frauen an der Universität Wien (ab 1897), Schriftenreihe des Universitätsarchivs der Universität Wien 5, Wien 1990.

Heinz, Günther: Studien zur Porträtmalerei an den Höfen der österreichischen Erblande, Jahrbuch der Kunsthistorischen Sammlungen in Wien 59 (1963), S. 99–224.
Heiss, Gernot: Königin Maria von Ungarn und Böhmen (1505–1558). Ihr Leben und ihre wirtschaftlichen Interessen in Österreich, Ungarn und Böhmen, phil. Diss. Wien 1971.
– Politik und Ratgeber der Königin Maria von Ungarn in den Jahren 1521–1531, MIÖG 82 (1974), S. 119–180.
Hellbling, Ernst C.: Grundlegende Strafrechtsquellen der österreichischen Erbländer vom Beginn der Neuzeit bis zur Theresiana, bearb. und hg. von Ilse Reiter, Wien–Köln–Weimar 1996.
Hemma von Gurk. Katalog der Ausstellung auf Schloß Straßburg/Kärnten 1988, Klagenfurt 1988.
Hergemöller, Bernd-Ulrich (Hg.): Randgruppen der spätmittelalterlichen Gesellschaft. Ein Hand- und Studienbuch, Warendorf 1990.
Hersche, Peter: Wider »Müßiggang und Ausschweifung«. Feiertage und ihre Reduktion im katholischen Europa, namentlich im deutschsprachigen Raum zwischen 1750 und 1800, IHS 12/13 (1990), S. 97–122.
Hexen und Zauberer, Katalog der Steirischen Landesausstellung Riegersburg/Oststeiermark 1987, hg. von Helfried Valentinitsch und Ileane Schwarzkogler, Graz–Wien 1987.
Hexenhammer siehe Segl, Sprenger.
Hinterhuber, Hartmann: Ermordet und vergessen. Nationalsozialistische Verbrechen an psychisch Kranken und Behinderten in Nord- und Südtirol, Innsbruck–Wien 1995.
Hippolytus Guarinonius (1571–1654). Zur 300. Wiederkehr seines Todestages, Schlern-Schriften 126, Innsbruck 1954.
Hirn, Joseph: Erzherzog Ferdinand II. von Tirol. Geschichte seiner Regierung und seiner Länder, 2 Bde., Innsbruck 1885–1888.
Hochenegg, Hans: Der Adel im Leben Tirols. Eine soziologische Studie, Veröffentlichungen der Universität Innsbruck 70, Innsbruck 1971.
Hochrinner, Heidemarie: Bianca Maria Sforza. Versuch einer Biographie, phil. Diss. Graz 1966.
Höglinger, Andrea – Gerhard Berka: Arbeit in Privathaushalten. Alte Probleme in neuer Zeit, Wien 1994.
Hoensch, Jörg K.: Przemysl Otakar II. von Böhmen. Der goldene König, Graz–Wien–Köln 1989.
Hohberg, Wolf Helmhard: Georgica curiosa aucta. Das ist umständlicher Bericht und klarer Unterricht von dem vermehrten und verbesserten Adelichen Land- und Feld-Leben, 3 Teile, Nürnberg ^{5}1715–1716.
Huber, Alfons: Geschichte der Vereinigung Tirols mit Oesterreich und der vorbereitenden Ereignisse, Innsbruck 1864.
– Das kirchliche Strafverfahren gegen Margaretha von Tirol wegen der Verjagung ihres ersten Gemahls und ihrer Verheiratung mit Ludwig dem Brandenburger, AÖG 72 (1888), S. 305–332.
Huber, Helmut: Totenbrauchtum in Niederösterreich. Häusliche Leichenwache in der alpinen Zone. Erscheinungsformen des 20. Jahrhunderts, Dissertationen der Universität Wien 149, Wien 1981.
Hurter, Friedrich: Friedensbestrebungen Kaiser Ferdinand's II. Nebst des apostolischen Nuntius Carl Carafa Bericht über Ferdinand's Lebensweise, Familie, Hof, Räthe und Politik, Wien 1860.
– Maria, Erzherzogin zu Oesterreich, Herzogin von Bayern, Schaffhausen 1860.

Ingrao, Charles W.: Josef I. Der »vergessene« Kaiser, Graz–Wien–Köln 1982.

Jerouschek, Günter: Lebensschutz und Lebensbeginn. Kulturgeschichte des Abtreibungsverbots, Medizin in Recht und Ethik 17, Stuttgart 1988.
Jetter, Dieter: Geschichte des Hospitals 5: Wien von den Anfängen bis um 1900, Wiesbaden 1982.
– Geschichte der Medizin. Einführung in die Entwicklung der Heilkunde aller Länder und Zeiten, Stuttgart–New York 1992.
– Grundzüge der Krankenhausgeschichte (1800–1900), Grundzüge 33, Darmstadt 1977.
– Das europäische Hospital. Von der Spätantike bis 1800, Köln 1987.
Johann von Viktring: Das Buch gewisser Geschichten, übersetzt von Walter Friedensburg. Die Geschichtsschreiber der deutschen Vorzeit 86, Leipzig 1888.
John, Michael – Albert Lichtblau: Schmelztiegel Wien – einst und jetzt. Zur Geschichte und Gegenwart von Zuwanderung und Minderheiten, Wien–Köln–Weimar ^{2}1993.
Judenstein. Das Ende einer Legende. Dokumentation, Innsbruck 1995.
Jütte, Robert (Hg.): Geschichte der Abtreibung. Von der Antike bis zur Gegenwart, Beck'sche Reihe 1018, München 1993.

Katzinger, Willibald: Das Theresianische Waisenhaus. Ein Kapitel über Kinderarbeit im Linz des 18. Jahrhunderts, Historisches Jahrbuch der Stadt Linz 1982 (1984), S. 75–113.
Khevenhüller-Metsch, Georg (Hg.): Hans Khevenhüller, kaiserlicher Botschafter bei Philipp II., Geheimes Tagebuch 1548–1605, Graz 1971.

Khull, Ferdinand (Hg.): Sechsundvierzig Briefe der Erzherzogin Maria an ihren Sohn Ferdinand aus den Jahren 1598 und 1599, Graz 1898.

Killmeyer, Franz: Friedhöfe in Wien, Wien–München 1986.

Kindsein in Wien. Zur Sozialgeschichte des Kindes von der Aufklärung bis ins 20. Jahrhundert, 159. Sonderausstellung des Historischen Museums der Stadt Wien, Wien 1992.

Klammer, Peter: Auf fremden Höfen. Anstiftkinder, Dienstboten und Einleger im Gebirge, Damit es nicht verlorengeht … 26, Wien–Köln–Weimar 1992.

Klein, Herbert: Die älteren Hexenprozesse im Lande Salzburg, MGSL 97 (1957), S. 17–50.

Kleindel, Walter: Urkund dessen … Dokumente zur Geschichte Österreichs von 996 bis 1955, Wien 1984.

Klucsarits, Richard – Friedrich G. Kürbisch (Hg.): Arbeiterinnen kämpfen um ihr Recht. Autobiographische Texte zum Kampf rechtloser und entrechteter »Frauenspersonen« in Deutschland, Österreich und der Schweiz des 19. und 20. Jahrhunderts, Wuppertal 1981.

Das Kochbuch der Philippine Welser siehe Lemmer.

Köfler, Gretl – Michael Forcher: Die Frau in der Geschichte Tirols, Innsbruck 1986.

Körper, Gerlinde: Studien zur Biographie Elisabeth Christines von Braunschweig-Lüneburg-Wolfenbüttel (Gemahlin Kaiser Karls VI. und Mutter Maria Theresias), phil. Diss. Wien 1975.

Kolb, Franz: Die Wiedertäufer im Wipptal, Schlern-Schriften 74, Innsbruck 1951.

Koller-Neumann, Irmtraud: Eine Statistik zum österreichischen Klosterwesen von 1563, in: Historische Blickpunkte (siehe dort), S. 331–344.

Konrad, Helmut (Hg.): Der alte Mensch in der Geschichte, Österreichische Texte zur Gesellschaftskritik 11, Wien 1982.

Koschatzky, Walter: Maria Theresia und ihre Zeit, Salzburg–Wien 1980.

Koschatzky, Walter – Selma Krasa: Herzog Albert von Sachsen-Teschen 1738–1822. Reichsfeldmarschall und Kunstmäzen, Wien 1982.

Kovács, Elisabeth: Die ideale Erzherzogin. Maria Theresias Forderungen an ihre Töchter, MIÖG 94 (1986), S. 49–80.

Kramer, Hans: Herzog Karl V. von Lothringen und Königinwitwe Eleonore in Tirol, MIÖG 62 (1954), S. 460–489.

Krapf, Michael: Alexander Colins Konzeption des Grabmals Erzherzog Ferdinands II. in der Silbernen Kapelle in Innsbruck, Wiener Jahrbuch für Kunstgeschichte 26 (1973), S. 199–207.

Krenn-Simon, Heidemarie: »Beystandt in Kindtsnöthen« – Grazer Hebammen in der frühen Neuzeit und die Anfänge des staatlich reglementierten Hebammenwesens, Historisches Jahrbuch der Stadt Graz 23/24 (1993), S. 11–50.

Kreuzer, Anton: Die Stifte und Klöster Kärntens, Klagenfurt 1986.

Küchler, Winfried: Zur Hochzeit der Infantin Isabella von Aragón mit Herzog Friedrich dem Schönen von Österreich. Kosten – Aussteuer – Mitgift, in: Gesammelte Aufsätze zur Kulturgeschichte Spaniens 22, hg. von Johannes Vincke (Spanische Forschungen der Görresgesellschaft I/22), Münster 1965, S. 176–187.

Kühn, Joachim: Ehen zur linken Hand in der europäischen Geschichte, Stuttgart 1968.

Kühnel, Harry: Mittelalterliche Heilkunde in Wien, Studien zur Geschichte der Universität Wien 5, Graz–Köln 1965.

– Die Leibärzte der Habsburger bis zum Tode Kaiser Friedrichs III., MÖSTA 11 (1958), S. 1–36.

– (Hg.): Alltag im Spätmittelalter, Graz–Wien–Köln [3]1986.

Kunst des Heilens. Aus der Geschichte der Medizin und Pharmazie, Katalog des NÖ Landesmuseums NF 276, Wien 1991.

Kusej, J. R.: Joseph II. und die äußere Kirchenverfassung Innerösterreichs (Bistums-, Pfarr- und Kloster-Regulierung), Kirchenrechtliche Abhandlungen 49/50, Stuttgart 1908.

Längin, Bernd G.: Die Hutterer. Gefangene der Vergangenheit, Pilger der Gegenwart, Propheten der Zukunft, Hamburg–Zürich 1986.

Laessig, Hildegard: Marianne Hainisch und die österreichische Frauenbewegung, phil. Diss. Wien 1949.

Leben und Offenbarungen der Wiener Begine Agnes Blannbekin (gest. 1315). Edition und Übersetzung von Peter Dinzelbacher und Renate Vogeler, Göppinger Arbeiten zur Germanistik 419, Göppingen 1994.

Lechner, Gregor Martin: Maria Gravida. Zum Schwangerschaftsmotiv in der bildenden Kunst, Münchner Kunsthistorische Abhandlungen 9, München–Zürich 1981.

Lechner, Karl: Die Babenberger. Markgrafen und Herzoge von Österreich 976–1246, Veröffentlichungen des Instituts für österreichische Geschichtsforschung 23, Wien–Köln–Weimar 1994.

Leitgeb, Hildegard: Kaiserin Amalie Wilhelmine, geb. Prinzessin von Braunschweig-Lüneburg-Hannover (1673–1742), Gemahlin Kaiser Josephs I. Eine biographische Studie, phil. Diss. Wien 1984.

Lemmer, Manfred (Hg.): Das Kochbuch der Philippine Welser, Transkription und Glossar von Gerold Hayer, 2 Bde., Innsbruck 1983.
Lesky, Erna: Meilensteine der Wiener Medizin. Große Ärzte Österreichs in drei Jahrhunderten, Wien–München–Bern 1981.
– Ignaz Philipp Semmelweis und die Wiener medizinische Schule, SB der Österr. Akad. der Wiss., phil.-hist. Kl. 245/3, Wien 1964.
Lex Baiuvariorum, hg. von Konrad Beyerle, München 1926.
Lienzer Buch. Beiträge zur Heimatkunde von Lienz und Umgebung, Schlern-Schriften 98, Innsbruck 1952.
Lohrmann, Klaus: Die Juden im mittelalterlichen Klosterneuburg, in: Klosterneuburg. Geschichte und Kultur, Bd. 1, Klosterneuburg 1992, S. 209–223, Bd. 2, ebd. 1993, S. 34–38.
– (Hg.): 1000 Jahre österreichisches Judentum, Ausstellungskatalog, Studia Judaica Austriaca 9, Eisenstadt 1982.
Loserth, Johann: Zur Emigration des steiermärkischen Herren- und Ritterstandes. Vierundzwanzig Briefe der Cordula Freiin v. Pranckh, Beiträge zur Erforschung steirischer Geschichte NF 9 (1918), S. 1–64.
Luschin-Ebengreuth, Arnold: Österreichische Reichsgeschichte des Mittelalters, Bamberg 1914.

Mannhart, Fritz Leo: Das Bildnis in der Tiroler Grabplastik, Schlern-Schriften 187, Innsbruck 1959.
Maria – Abbild oder Vorbild? Zur Sozialgeschichte mittelalterlicher Marienverehrung, hg. von Hedwig Röckelein, Claudia Opitz, Dieter R. Bauer, Tübingen 1990.
Maria Theresia als Königin von Ungarn, Ausstellungskatalog, Eisenstadt 1980.
Maria Theresia und Tirol, Ausstellungskatalog, Innsbruck 1958.
Marsch, Angelika: Die Salzburger Emigration in Bildern, Weißenhorn ²1979.
Mazohl-Wallnig, Brigitte (Hg.): Die andere Geschichte. Eine Salzburger Frauengeschichte von der ersten Mädchenschule (1695) bis zum Frauenwahlrecht (1918), Salzburg 1995.
Mecenseffy, Grete: Geschichte des Protestantismus in Österreich, Graz–Köln 1956.
– Habsburger im 17. Jahrhundert. Die Beziehungen der Höfe von Wien und Madrid während des Dreißigjährigen Krieges, AÖG 121 (1957), S. 1–91.
– Quellen zur Geschichte der Täufer. Österreich, Teil 1–3, Quellen zur Geschichte der Täufer 11, 13, 14 (Quellen und Forschungen zur Reformationsgeschichte 31, 41, 50), Gütersloh 1964–1983.
Meyer, Theresia: Die soziale, wirtschaftliche und rechtliche Stellung der landwirtschaftlichen Dienstboten in Oberkärnten vom 18. bis zur Mitte des 19. Jahrhunderts, phil. Diss. Innsbruck 1987.
Mikoletzky, Hanns Leo: Der Haushalt des kaiserlichen Hofes zu Wien (vornehmlich im 18. Jahrhundert), Carinthia I/146 (1956), S. 658–683.
– Kaiser Franz I. Stephan und der Ursprung des habsburgisch-lothringischen Familienvermögens, Wien 1961.
Mitterauer, Michael: Familie und Arbeitsteilung. Historischvergleichende Studie, Kulturstudien 26, Wien–Köln–Weimar 1992.
– Ledige Mütter. Zur Geschichte unehelicher Geburten in Europa, München 1983.
Mollay, Karl (Hg.): Die Denkwürdigkeiten der Helene Kottannerin (1439–1440), Wiener Neudrucke 2, Wien 1971.
Moser, Heinz: Die Scharfrichter von Tirol. Ein Beitrag zur Geschichte des Strafvollzugs in Tirol von 1497 bis 1787, Innsbruck 1982.
Mraz, Gerda und Gottfried: Maria Theresia. Ihr Leben und ihre Zeit in Bildern und Dokumenten, München 1979.
Müller, Ewald: Das Konzil von Vienne 1311–1312. Seine Quellen und seine Geschichte, Vorreformationsgeschichtliche Forschungen 12, Münster in Westfalen 1934.
Mumelter, Gerhard: Die Hutterer, Innsbruck 1986.

Nagl, Heinz: Der Zauberer-Jackl-Prozeß. Hexenprozesse im Erzstift Salzburg 1675–1690, MGSL 112/113 (1972/73), S. 385–539, MGSL 114 (1974), S. 79–241.
Neugebauer, Wolfgang: Zwangssterilisierung und »Euthanasie« in Österreich 1940–1945, Zeitgeschichte 19 (1992), S. 17–28.
Neunteufl, Herta: Kochkunst im Barock. Aus der Welt der steirischen Küche um 1686, Graz–Wien 1976.
Niederkorn, Christine: Der Hof Maximilians I. und das höfische Leben. Ein Beitrag zur höfischen Kulturgeschichte, phil. Diss. Graz 1985.
Niederstätter, Alois – Wolfgang Scheffknecht (Hg.): Hexe oder Hausfrau. Das Bild der Frau in der Geschichte Vorarlbergs, Sigmaringendorf 1991.
Nowotny, Ernst: Geschichte des Wiener Hofspitals. Mit Beiträgen zur Geschichte der inkorporierten Herrschaft Wolkersdorf, Forschungen zur Landeskunde von Niederösterreich 23, Wien 1978.

Obermayer, Peter: Der Wiener Hexenprozeß des Jahres 1583, phil. Diss. Wien 1963.
Österreicher im Exil: Großbritannien 1939–1945. Eine Dokumentation, Wien 1992.

Oestreich, Gerhard: Geschichte der Menschenrechte und Grundfreiheiten im Umriß, Historische Forschungen 1, Berlin 1968.

Ogris, Werner: Die Rechtsentwicklung in Österreich 1848–1918, Wien 1975.

Ohler, Norbert: Sterben und Tod im Mittelalter, München–Zürich 1990.

Opll, Ferdinand – Karl Rudolf: Spanien und Österreich, Wien 1991.

Ortner, Franz: Reformation, katholische Reform und Gegenreformation im Erzstift Salzburg, Salzburg 1981.

Packull, Werner O.: Die Anfänge des Täufertums in Tirol, in: Wegscheiden der Reformation. Alternatives Denken vom 16. bis zum 18. Jahrhundert, hg. von Günter Vogler, Weimar 1994, S. 179–209.

Pangels, Charlotte: Die Kinder Maria Theresias. Leben und Schicksal in kaiserlichem Glanz, München [2]1983.

Paracelsus (1493–1541). »Keines anderen Knecht …«, hg. von Heinz Dopsch, Kurt Goldammer und Peter F. Kramml, Salzburg 1993.

Perger, Richard – Walther Brauneis: Die mittelalterlichen Kirchen und Klöster Wiens, Wiener Geschichtsbücher 19/20, Wien–Hamburg 1977.

Peters, Henriette: Mary Ward. Ihre Persönlichkeit und ihr Institut, Innsbruck–Wien 1991.

Peters, Uwe Henrik: Anna Freud. Ein Leben für das Kind, München 1979.

Pickl, Othmar (Hg.): Erzherzog Johann von Österreich. Sein Wirken in seiner Zeit. Festschrift zur 200. Wiederkehr seines Geburtstages, Forschungen zur geschichtlichen Landeskunde der Steiermark 33, Graz 1982.

Plöchl, Willibald M.: Geschichte des Kirchenrechts, 4 Bde. (Bd. 4/1 ist nicht erschienen), Wien–München 1960–1966.

Pörnbacher, Hans: Margareta von Schwangau. Herrn Oswalds von Wolkenstein Gemahlin, Weißenhorn 1983.

Pohl, Walter: Die Welt der Babenberger. Schleier, Kreuz und Schwert, hg. von Brigitte Vacha, Graz–Wien–Köln 1995.

Porträtgalerie zur Geschichte Österreichs von 1400 bis 1800, Führer durch das Kunsthistorische Museum 22, Wien 1976.

Praschl-Bichler, Gabriele: Alltag im Barock, Graz–Wien–Köln 1995.

Praschl-Bichler, Gabriele – J. Cachée: »… von dem müden Haupte nehm' die Krone ich herab.« Kaiserin Elisabeth privat, Wien–München–Berlin 1995.

Rainer, Johann: Die Hutterer – Evangelische Kommunisten aus Kärnten, in: 800 Jahre Spittal 1191–1991, Spittal 1991, S. 334–343, 572.

Rapp, Ludwig: Die Hexenprozesse und ihre Gegner in Tirol, Brixen [2]1891.

– Königin Magdalena von Oesterreich, Stifterin des königlichen Stiftes zu Hall in Tirol, Brixen [2]1899.

Reformation · Emigration · Protestanten in Salzburg, Ausstellungskatalog, Salzburg 1981.

Reicke, Siegfried: Das deutsche Spital und sein Recht im Mittelalter, 2 Bde., Kirchenrechtliche Abhandlungen 111–114, Stuttgart 1932 (Nachdruck Amsterdam 1961).

Reingrabner, Gustav: Protestanten in Österreich. Geschichte und Dokumentation, Wien–Köln–Graz 1971.

Reissenberger, Karl: Prinzessin Maria Christierna von Innerösterreich (1574–1621), Mitteilungen des historischen Vereins für Steiermark 30 (1882), S. 27–72.

Rieser, Susanne E.: Sterben, Tod und Trauer. Mythen, Riten und Symbole im Tirol des 19. Jahrhunderts, Innsbrucker Beiträge zur Kulturwissenschaft, Sonderheft 77, Innsbruck 1991.

Rigler, Edith: Frauenleitbild und Frauenarbeit in Österreich vom ausgehenden 19. Jahrhundert bis zum Zweiten Weltkrieg, Sozial- und wirtschaftshistorische Studien 8, München 1976.

Rill, Bernd: Friedrich III. Habsburgs europäischer Durchbruch, Graz–Wien–Köln 1987.

Rischar, Klaus: Das Leben und Sterben der Wiedertäufer in Salzburg und Süddeutschland. Nach einem Schreiben des Prof. Dr. Johannes Eck an Herzog Georg von Sachsen aus dem Jahre 1527, MGSL 108 (1968), S. 197–207.

Röhrig, Floridus: Leopold III. der Heilige. Markgraf von Österreich, Wien–München 1985.

Rosenkranz, Herbert: Verfolgung und Selbstbehauptung. Die Juden in Österreich 1938–1945, Wien 1978.

Rossi, Anita: Grenz(en)erfahrungen. Frauen des deutschen Vormärz reisen in den Orient. Die Reiseberichte von Ida Pfeiffer, Anna Forneris und Gräfin Ida Hahn-Hahn, geisteswiss. Diplomarbeit Innsbruck 1993.

Roth, Elke: Erzherzogin Anna von Innerösterreich, Königin von Polen und Schweden. Leben und Stellung in der habsburgischen Politik ihrer Zeit (1573–1598), phil. Diss. Graz 1967.

Rudolf, Rainer: Ars moriendi. Von der Kunst des heilsamen Lebens und Sterbens, Köln–Graz 1957.

Saathen, Friedrich (Hg.): Anna Nahowski und Kaiser Franz Joseph. Aufzeichnungen, Wien–Köln–Graz 1986.

Adelige Sachkultur des Spätmittelalters, Veröffentlichungen des Instituts für mittelalterliche Realienkunde Österreichs 5 (SB der Österr. Akad. der Wiss., phil.-hist. Kl. 400), Wien 1982.
Salber, Wilhelm: Anna Freud in Selbstzeugnissen und Bilddokumenten, Reinbek bei Hamburg 1985.
Sandgruber, Roman – Harry Kühnel (Hg.): Genuß und Kunst. Kaffee · Tee · Schokolade · Tabak · Cola, Ausstellung Schloß Schallaburg 1994 (Katalog des NÖ Landesmuseums NF 341), Innsbruck 1994.
Schacks, Kurt (Hg.): Die Dichtungen der Frau Ava, Wiener Neudrucke 8, Graz 1986.
Scheffknecht, Wolfgang: Armut – Mobilität – Kriminalität. Zwei in Vorarlberg gedruckte Gaunerlisten als sozialgeschichtliche Quelle, Biblos 39 (1990), S. 219–229.
– Armut und Not als soziales Problem. Aspekte der Geschichte vagierender Randgruppen im Bereich Vorarlbergs vom 16. bis zum 18. Jahrhundert, IHS 12/13 (1990), S. 69–96.
– Scharfrichter. Eine Randgruppe im frühneuzeitlichen Vorarlberg, Konstanz 1995.
Scheiber, Georg: Franz I. Stephan. An der Seite einer großen Frau, Graz–Wien–Köln 1986.
Schellhorn, Maurus: Die Petersfrauen. Geschichte des ehemaligen Frauenkonvents bei St. Peter in Salzburg (1130–1583), MGSL 65 (1925), S. 113–208.
Schölnast, Christian: Die Gallerin und die Riegersburg, Graz 1985.
Schramm, Percy Ernst – Hermann Fillitz: Denkmale der deutschen Könige und Kaiser, Bd. 2 (Veröffentlichungen des Zentralinstituts für Kunstgeschichte in München 7), München 1978.
Schwarz-Oberhummer, Gertraud: Die Auswanderung der Gasteiner Protestanten unter Erzbischof Leopold Anton v. Firmian, MGSL 94 (1954), S. 1–85.
Schwind, Ernst – Alfons Dopsch: Ausgewählte Urkunden zur Verfassungsgeschichte der deutsch-österreichischen Erblande im Mittelalter, Innsbruck 1895 (Neudruck 1968).
Schwob, Anton: Oswald von Wolkenstein. Eine Biographie, Bozen [3]1989.
Schwob, Ute Monika: »Herrinnen« in Tiroler Quellen. Zur rechtlichen und sozialen Stellung der adeligen Frau im Mittelalter, in: Literatur und bildende Kunst im Tiroler Mittelalter, Innsbrucker Beiträge zur Literaturwissenschaft, Germ. Reihe 15, Innsbruck 1982, S. 157–182.
Segl, Peter: Ketzer in Österreich. Untersuchungen über Häresie und Inquisition im Herzogtum Österreich im 13. und beginnenden 14. Jahrhundert, Quellen und Forschungen aus dem Gebiet der Geschichte NF 5, Paderborn–München–Wien–Zürich 1984.
– (Hg.): Der Hexenhammer. Entstehung und Umfeld des *Malleus maleficarum* von 1487, Bayreuther Historische Kolloquien 2, Köln–Wien 1988.
Senoner, Anton: Das kaiserliche Hofspital zu Innsbruck, phil. Diss. Innsbruck 1976.
Silbert, Johann Peter: Eleonore, römische Kaiserin, Gemahlin Leopolds des Ersten, Wien 1837.
Soldan, W. G. – Heinrich Heppe: Geschichte der Hexenprozesse, neu bearb. von S. Ries, 2 Teile, Essen 1990.
Spielman, John P.: Leopold I. Zur Macht nicht geboren, Graz–Wien–Köln 1981.
Sporrer, Maria – Herbert Steiner: Rosa Jochmann. Zeitzeugin, Wien–München–Zürich 1983.
Sprenger, Jakob – Heinrich Institoris: Der Hexenhammer. Zum ersten Mal ins Deutsche übertragen und eingeleitet von J. W. R. Schmidt, Wien–Leipzig [4]1938.
Steibl, Maria: Frauenstudium in Österreich vor 1945. Dargestellt am Beispiel der Innsbrucker Studentinnen, geisteswiss. Diss. Innsbruck 1985.
Steier, Gabriele Helga: Die Erzherzogin. Studien zu ihrer Erziehung und gesellschaftspolitischen Funktion im 19. Jahrhundert, phil. Diss. Wien 1990.
Steinböck, Wilhelm (Hg.): 850 Jahre Graz 1128–1978, Graz–Wien–Köln 1978.
Steinmetz, Selma: Österreichs Zigeuner im NS-Staat, Wien–Frankfurt–Zürich 1966.
Stekl, Hannes: Österreichs Zucht- und Arbeitshäuser 1671–1920. Institutionen zwischen Fürsorge und Strafvollzug, Sozial- und wirtschaftshistorische Studien 12, Wien 1978.
Stöckelle, Angela: Geburten und Taufen am barocken Kaiserhof, Österreich in Geschichte und Literatur 18 (1974), S. 129–141.
Stoklaska, Anneliese: Zur Entstehung der ältesten Wiener Frauenklöster, Dissertationen der Universität Wien 175, Wien 1986.
– Weibliche Religiosität im mittelalterlichen Wien unter besonderer Berücksichtigung der Agnes Blannbekin, in: Religiöse Frauenbewegung und mystische Frömmigkeit im Mittelalter, hg. von Peter Dinzelbacher und Dieter R. Bauer, Archiv für Kulturgeschichte, Beih. 28 (1988), S. 165–184.
Sutter Fichtner, Paula: Ferdinand I. Wider Türken und Glaubensspaltung, Graz–Wien–Köln 1986.

Talos, Emmerich – Karl Wörister: Soziale Sicherung im Sozialstaat Österreich. Entwicklung – Herausforderungen – Strukturen, Baden-Baden 1994.
Tamussino, Ursula: Isabella von Parma, Gemahlin Josephs II., Wien 1989.

Thiel, Viktor: Die innerösterreichische Zentralverwaltung 1564–1749, Teil I, AÖG 105 (1916), S. 1–210.

Thomas, Heinz: Ludwig der Bayer (1282–1347). Kaiser und Ketzer, Regensburg und Graz–Wien–Köln 1993.

Thurner, Erika: Nationalsozialismus und Zigeuner in Österreich, Veröffentlichungen zur Zeitgeschichte 2, Wien–Salzburg 1983.

Tichy, Marina: Alltag und Traum. Leben und Lektüre der Wiener Dienstmädchen um die Jahrhundertwende, Kulturstudien 3, Wien–Köln–Graz 1984.

Tidl, Georg: Die Frau im Nationalsozialismus, Wien–München–Zürich 1984.

Topka, Rosina: Der Hofstaat Kaiser Karls VI., phil. Diss. Wien 1954.

Triumph des Todes? Ausstellungskatalog, Eisenstadt 1992.

Trybek, Sieglinde: Endstation Hartheim. Das Schloß als NS-Vernichtungsstätte, geisteswiss. Diplomarbeit Wien 1988.

Tschaikner, Manfred: »Damit das Böse ausgerottet werde.« Hexenverfolgungen in Vorarlberg im 16. und 17. Jahrhundert, Studien zur Geschichte und Gesellschaft Vorarlbergs 11, Bregenz 1992.

Turba, Gustav: Die Pragmatische Sanktion, Wien 1913.

Uhlig, Otto: Die Schwabenkinder aus Tirol und Vorarlberg, Tiroler Wirtschaftsstudien 34, Innsbruck–Stuttgart–Aalen 1978.

Unterkircher, Franz: Ambraser Handschriften. Ein Tausch zwischen dem Kunsthistorischen Museum und der Nationalbibliothek im Jahre 1936, Jahrbuch der Kunsthistorischen Sammlungen in Wien 59 (1963), S. 225–264.

– Bücher aus dem Besitz der Kaiserin Bianca Maria in der Österreichischen Nationalbibliothek, in: Domus Austriae. Festgabe Hermann Wiesflecker, hg. von Walter Höflechner u. a., Graz 1983, S. 407–411.

Urbanski, Hans: Karl von Lothringen. Österreichs Türkensieger, Wien–München 1983.

Die Ursulinen in Klagenfurt. 325 Jahre im Dienste der Erziehung und Bildung, Klagenfurt 1995.

Valentinitsch, Helfried: Frühneuzeitliche Familien- und Kindergrabmäler in der Steiermark, Blätter für Heimatkunde 66 (1992), S. 123–138.

– (Hg.): Hexen und Zauberer. Die große Verfolgung – ein europäisches Phänomen in der Steiermark, Graz–Wien 1987.

Vasold, Manfred: Pest, Not und schwere Plagen. Seuchen und Epidemien vom Mittelalter bis heute, München 1992.

Vehse, Eduard: Maria Theresia und ihr Hof, München–Leipzig 1924.

Vocelka, Karl: Habsburgische Hochzeiten 1550–1600. Kulturgeschichtliche Studien zum manieristischen Repräsentationsfest, Veröffentlichungen der Kommission für neuere Geschichte Österreichs 65, Wien–Köln–Graz 1976.

Wachter, Friederike: Die Erziehung der Kinder Maria Theresias, phil. Diss. Wien 1968.

Wadl, Wilhelm: Geschichte der Juden in Kärnten im Mittelalter. Mit einem Ausblick bis zum Jahre 1867, Das Kärntner Landesarchiv 9, Klagenfurt 1981.

Wallas, Monika E.: Anna Catherina Gonzaga. Leben und Wirken der zweiten Gemahlin Erzherzog Ferdinands II., Hausarbeit aus Geschichte der Neuzeit, Innsbruck o. J.

Wallinger, Sylvia – Monika Jonas: Der Widerspenstigen Zähmung. Studien zur bezwungenen Weiblichkeit in der Literatur vom Mittelalter bis zur Gegenwart, Innsbrucker Beiträge zur Kulturwissenschaft, Germ. Reihe 31, Innsbruck 1986.

Wallner, Viktor: Zwischen Fächer und Bubikopf (Die »vergessene« Emanzipation in Baden). Fanny Arnstein, Karoline Pichler, Betty Paoli, Marianne Hainisch, Adolfine Malcher, Neue Badener Blätter 4/2, Baden 1993.

Waschek, Hans (Hg.): Rosa Jochmann. Ein Kampf, der nie zu Ende ging. Reden und Aufsätze, Wien 1994.

Weber, Therese: Mägde. Lebenserinnerungen an die Dienstbotenzeit bei Bauern, Damit es nicht verlorengeht … 5, Wien–Köln–Weimar 1991.

Wehner, Johanna: Maria von Bayern, Erzherzogin von Österreich. Ihr Leben bis zum Tode ihres Gemahls (1590), phil. Diss. Graz 1965.

Weidinger, Ingrid: Zur historischen Struktur von Altenheimen. Die Fallstudie Mauerbach, phil. Diss. Wien 1978.

Weinzierl, Erika: Emanzipation? Österreichische Frauen im 20. Jahrhundert, Wien–München 1975.

– Zu wenig Gerechte. Österreicher und Judenverfolgung 1938–1945, Graz–Wien–Köln [2]1985.

Weiß, Karl: Geschichte der öffentlichen Anstalten, Fonde und Stiftungen für die Armenversorgung in Wien, Wien 1867.

Weiß, Sabine: Das Bildungswesen im spätmittelalterlichen Österreich. Ein Überblick, in: Die österreichische Literatur. Ihr Profil von den Anfängen im Mittelalter bis ins 18. Jahrhundert (1050–1750), hg. von Herbert Zeman, Graz 1986, S. 209–259.

– Kurie und Ortskirche. Die Beziehungen zwischen Salzburg und dem päpstlichen Hof unter Martin V.

(1417–1431), Bibliothek des Deutschen Historischen Instituts in Rom 76, Tübingen 1994.
Weissensteiner, Friedrich: Franz Ferdinand. Der verhinderte Herrscher. Zum 70. Jahrestag von Sarajevo, Wien 1983.
– Die anderen Habsburger. Reformer, Republikaner und Rebellen aus dem österreichischen Herrscherhaus, Wien 1987.
Weyrather, Irmgard: Muttertag und Mutterkreuz. Der Kult um die »deutsche Mutter« im Nationalsozialismus, Frankfurt am Main 1993.
Wichner, Jacob: Geschichte des Clarissenklosters Paradeis zu Judenburg in Steiermark, AÖG 73 (1888), S. 365–465.
Widerstand und Verfolgung in Tirol 1934–1945, 2 Bde., Wien–München 1984.
Widmoser, Eduard: Das Tiroler Täufertum, in: Beiträge zur Geschichte Tirols, Innsbruck 1971, S. 229–258.
Widmoser, Eduard – Werner Köfler (Bearb.): Botenbuch der Bruderschaft St. Christoph auf dem Arlberg. Tiroler Handschrift »Codex Figdor«, Innsbruck–München 1976.
Widorn, Helga: Die spanischen Gemahlinnen der Kaiser Maximilian II., Ferdinand III. und Leopold I., phil. Diss. Wien 1959.
Wiedemann, Inga: Herrin im Hause. Durch Koch- und Haushaltsbücher zur bürgerlichen Hausfrau, Schnittpunkt Zivilisationsprozeß 5, Pfaffenweiler 1993.
Wieland, Wolfgang: Anna Neumanin von Wasserleonburg. Die Herrin von Murau, Judenburg 1986.
Wiesenberger, Dorothea: Das Dienstbotenbuch. Ein Beitrag zum steirischen Dienstbotenwesen von 1857 bis 1922, Mitteilungen des Steiermärkischen Landesarchivs 34 (1984), S. 113–136.
Wiesflecker, Hermann: Kaiser Maximilian I. Das Reich, Österreich und Europa an der Wende zur Neuzeit, 5 Bde., Wien 1971–1986.
Winau, Rolf – Hans Peter Rosenmeier (Hg.): Tod und Sterben, Berlin–New York 1984.
Wisinger, Marion: Land der Töchter. 150 Jahre Frauenleben in Österreich, Wien 1992.
Wolfsgruber, Cölestin: Die k. u. k. Hofburgkapelle und die k. u. k. geistliche Hofkapelle, Wien 1905.
Wurzbach, Constant: Biographisches Lexikon des Kaiserthums Oesterreich, 60 Bde., Wien 1856 bis 1891.
Wyklicky, Helmut: Das Josephinum. Biographie eines Hauses. Die medicinisch-chirurgische Josephs-Akademie seit 1785. Das Institut für Geschichte der Medizin seit 1920, Wien–München 1985.

Young-Bruehl, Elisabeth: Anna Freud. Eine Biographie, Teil 1: Die Wiener Jahre (deutschsprachige Ausgabe: Reihe Frauenforschung 30), Wien 1995.

Zak, Alfons: Österreichisches Klosterbuch. Statistik der Orden und Kongregationen der katholischen Kirche in Österreich, Wien–Leipzig 1911.
Zedinger, Renate: Hochzeit im Brennpunkt der Mächte. Franz Stephan von Lothringen und Erzherzogin Maria Theresia, Schriftenreihe der Österreichischen Gesellschaft zur Erforschung des 18. Jahrhunderts 3, Wien–Köln–Weimar 1994.
Zeissberg, Heinrich von: Elisabeth von Aragonien, Gemahlin Friedrich's des Schönen von Österreich (1314–1330), SB der Kais. Akad. der Wiss. in Wien, phil.-hist. Kl. 137/7, Wien 1898.
Zelfel, Hans Peter: Ableben und Begräbnis Friedrichs III., Dissertationen der Universität Wien 103, Wien 1974.
Zeman, Herbert (Hg.): Geschichte der Literatur in Österreich von den Anfängen bis zur Gegenwart, Bd. 1: Fritz Peter Knapp: Die Literatur des Früh- und Hochmittelalters in den Bistümern Passau, Salzburg, Brixen und Trient von den Anfängen bis zum Jahre 1273, Graz 1994.
Zglnicki, Friedrich: Geburt. Eine Kulturgeschichte in Bildern, Braunschweig 1983.
– Geburt und Kindbett im Spiegel der Kunst und Geschichte, Aachen 1990.
Zierl, Antonia: Kaiserin Eleonore und ihr Kreis. Eine Biographie (1436–1467), phil. Diss. Wien 1966.
Zitzenbacher, Walter (Hg.): Landes-Chronik Steiermark, Wien 1988.
Zöllner, Erich (Hg.): Wellen der Verfolgung in der österreichischen Geschichte, Schriften des Institutes für Österreichkunde 48, Wien 1986.
Zykan, Marlene: Der Stephansdom, Wiener Geschichtsbücher 26/27, Wien–Hamburg 1981.

REGISTER

Nicht in das Register aufgenommen wurden: Wien (Wiener Hof, Kaiserhof), die Namen von Ländern, Gewässern, Stadtschlössern, Dynastien, Persönlichkeiten aus der Antike oder nur peripher genannten Personen und Orten sowie die Künstler und Standorte in den Bildlegenden. Die römischen Könige und Kaiser sowie die Markgrafen, Herzöge und Erzherzöge von Österreich werden ohne diese spezielle Bezeichnung aufgeführt.

BILDNACHWEIS

Die Abbildungen wurden teils von den in der jeweiligen Bildlegende genannten Standortinstitutionen oder den von ihnen beauftragten Fotolabors, teils von folgenden Fotosammlungen und Fotofirmen zur Verfügung gestellt:

Graz, Foto Christian Jungwirth: Abb. 182.
- Steiermärkisches Landesmuseum Joanneum, Abt. Bild- und Tonarchiv: Abb. 5, 29, 49–51, 79, 105, 129, 130, 149, 175, 177, 178, 190, 239, 266, 269, 274.
- Sammlung Univ.-Prof. Dr. Helfried Valentinitsch: Abb. 81.

Innsbruck, Foto Frischauf: Abb. 58, 146, 179, 194, 195.

Krems, Institut für Realienkunde des Mittelalters und der frühen Neuzeit: Abb. 8–11, 54, 59, 63, 64, 72, 145, 148, 165, 197, 247, 271, 272, 277.

Salzburg, Salzburger Museum Carolino Augusteum (Fremdbestände): Abb. 59, 61, 161.

Wien, Bundesdenkmalamt: Abb. 4, 60, 76, 77, 102.
- Dokumentationsarchiv des österreichischen Widerstands: Abb. 173, 222, 243, 244, 281, 282.
- Österreichische Nationalbibliothek, Bildarchiv: Abb. 22 (167.123/118-D), 33 (NB 521.896), 78 (WB 20), 91 (420.244), 94 (167.122/23-D), 131 (NB 521.773), 132 (NB 509.190), 133 (NB 534.714), 134 (NB 526.403), 135 (Pf 39.431-C/1), 136 (NB 532.349), 138 (NB 531.310), 139 (NB 522.556), 140 (RV 2002), 141 (NB 502.006), 202 (L 20.958), 205 (NB 507.749), 206 (NB 529.022), 207 (NB 525.811), 208 (436.697), 209 (NB 524.217), 210 (140.573), 211 (NB 533.051), 218 (Pf 43.458-C/2), 224 (282.241), 225 (NB 516.394), 226 (Pf 40.849-C/2), 245 (NB 501.715).
- Fotostudio Udo Otto: Abb. 67, 89, 101.

Aus dem Archiv des Verlags Styria stammen Abb. 41, 75, 98, 100, 123, 125 und 172, aus Privatbesitz Abb. 74 und 80.

Die Initiale „S" auf dieser Seite ist einem Salzburger Missale des 15. Jahrhunderts entnommen (Graz, UB, Ms. 109, fol. 109r).